Cost-Managerial
원가관리회계
Accounting

Cost-Managerial
원가관리회계
Accounting

| 정경수 |

전남대학교출판부

▌머리말

기업이나 다른 모든 조직과 단체의 경영자나 관리자는 조직의 자원을 효율적으로 사용하고 조직의 목표를 달성하기 위해서는 원가에 대한 기본적인 지식과 원가의식이 필요하다. 만일 기업의 경영자가 자기 기업에서 생산되는 제품원가를 정확하게 알지 못한다면 이익추구라는 기업의 목표는 달성될 수 없게 된다. 경영자뿐만 아니라 모든 조직이나 단체, 일반개인의 경우에도 원가의 개념이 필요하게 된다. 원가회계는 경영자의 의사결정에 필요한 정보를 제공하는 관리회계의 역할을 주로 수행하면서 또한 재무제표작성에 필요한 매출원가와 재고자산을 평가하므로 재무회계의 역할도 수행한다.

원가관리회계는 회계정보시스템에서 학문적으로도 중요할 뿐 아니라 실무적으로 자원의 효율적 사용과 원가절감을 위해서도 필요하다. 또한 공인회계사나 세무사 시험을 비롯한 회계분야의 각종 자격시험에서도 원가관리회계의 출제빈도와 비중이 높아지고 있다. 본서는 원가관리회계를 공부하려는 학생들을 대상으로 집필한 것이다. 저자는 여러 해 동안 회계학과 관련된 과목을 강의하면서 많은 교재들이 원가관리회계의 기본개념을 쉽게 설명하지 못하고 있으며, 많은 학생들이 원가회계를 어렵고 재미없는 과목으로 인식하고 있는 것을 느꼈다. 따라서 본서는 원가관리회계분야에서 필요한 기본적인 지식과 기법을 가능한 이해하기 쉽게 쓰려고 노력하였으며, 특히 다음과 같은 점에 중점을 두었다.

첫째, 원가관리회계가 어렵게 느껴지지 않도록 일상적인 예를 들어 설명하였으며, 용어를 명확히 정의하고, 원가계산과정을 체계적으로 정리하였다. 회계원리를 수강한 사람이면 누구라도 이 책을 사용하는데 어려움이 없을 것으로 생각한다.

둘째, 원가분야에서는 제품원가계산의 문제풀이에 비중을 두고 주제별로 예제를 제시하고 문제풀이과정을 비교적 충실하게 설명하였다. 경영환경이 변화되고 있지만 현실적으로 대부분의 기업에서 전통적인 제품원가계산을 가장 많이 사용하고 있기 때문이다.

셋째, 기업실무와 각종 자격시험에서 제품원가계산과 함께 관리회계분야에 대한 비중이 증가하고 있으므로 원가정보의 관리적 이용에 대한 주요 주제와 함께 활동기준원가계산, 역류원가계산, 관련원가분석 등 원가 관리회계분야의 새로운 이론과 기법에 대하여 설명하였다.

넷째, 원가관리회계의 기초적인 이론을 체계적으로 이해하고 문제풀이능력을 배양할 수 있도록 다양한 형태의 예제문제와 연습문제를 수록하였다. 특히 연습문제는 각종 자격시험의 준비에 도움이 되도록 최근 출제된 문제들을 많이 수록하여 초급문제에서 고급문제까지 풀어볼 수 있도록 하였다.

다섯째, 본서는 원가회계와 관리회계에 대한 이론과 문제풀이에 관한 내용이 중심을 이루고 있으나 재무회계의 관련된 개념이나 기업회계기준과 관계되는 내용은 2011년부터 전면적으로 적용되는 한국채택국제회계기준(K-IFRS)에서 규정하고 있는 용어와 회계기준을 사용하였다. K-IFRS에 의하면 기업에서는 포괄손익계산서를 작성하며, 회계학에서 많이 사용되는 영업이익의 개념이 포함되어 있지 않다. 그러나 실무적 차원에서는 이익관리목적으로 영업이익의 개념이 계속적으로 사용될 것으로 판단된다. 따라서 본서에서 사용되는 이익개념은 기존의 손익계산서 양식에 따른 영업이익을 중심으로 설명하였다.

그동안 강의과정에서 학생들에게 이해하기 어려웠던 부분을 상세히 설명하고, 원가회계와 관리회계에 대한 기본적인 용어와 개념들을 체계적으로 정리하였다. 본서는 원가관리회계에 대한 모든 내용을 수록하기 보다는 기본개념과 원리의 이해를 위하여 가능한 알기 쉽게 설명하도록 노력하였다. 따라서 본서를 충실히 공부한다면 원가관리회계에 대한 기본적인 지식을 배양하고, 원가계산능력을 높이는데 도움이 될 수 있을 것으로 확신한다.

본서가 원가관리회계에 대한 기본적 지식을 이해하는데 도움이 되도록 노력하였으나, 부족하고 미흡한 점이 많을 것으로 생각한다. 이러한 부문에 대해서는 앞으로도 원가관리회계에 대한 계속적인 연구 검토를 통하여 개정판에서 수정할 것이며, 경영환경변화에 따른 새로운 개념과 이론들을 소개하고 실무에 적용할 수 있도록 수정 보완할 것을 약속한다.

끝으로 본서를 출간할 수 있도록 도움을 주신 많은 분들과 전남대학교출판부 여러분들에게 감사의 말씀과 함께, 본서를 집필하는데 따뜻한 격려와 성원을 보내준 가족들에게 고마움을 표시한다.

2012. 2.
저자 씀

▌차 례

제1부 원가관리회계의 기초개념

제1장 원가관리회계의 역할

제2장 원가의 개념과 분류

제5장 개별원가계산

제6장 종합원가계산

제7장 결합원가계산

제8장 변동원가계산

제9장 활동기준원가계산과 역류원가계산

제3부 원가정보의 관리적 이용

제11장 원가의 추정

제12장 원가-조업도-이익의 분석

제13장 의사결정과 관련원가: 단기적 특수의사결정

제14장 종합예산

제15장 책임회계와 성과평가

제16장 전략적 원가관리

부 록

제 1 부

원가관리회계의 기초개념

제1장 원가관리회계의 역할

제2장 원가의 개념과 분류

제3장 원가의 흐름과 집계

CHAPTER 1 원가관리회계의 역할

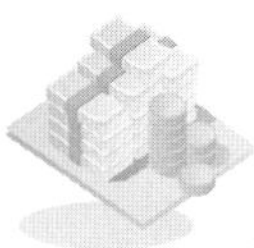

원가관리회계는 제품원가계산, 원가관리와 통제, 성과평가를 위한 정보를 제공하고 내부경영자의 의사결정에 필요한 정보를 제공하는 것을 목적으로 한다. 본장에서는 원가정보의 필요성과 회계정보시스템, 재무회계와 관리회계의 차이점, 원가관리회계의 역할, 그리고 경영환경의 변화와 원가관리회계의 최근의 동향 등에 관하여 설명한다.

제1절 원가정보의 필요성과 회계정보시스템

1. 원가정보의 필요성

현대사회는 영리조직과 비영리조직, 공기업과 사기업 등 다양한 형태의 조직과 단체를 형성하여 운영되고 있으며, 각 조직이나 단체들은 자신들의 목적과 목표를 달성하기 위하여 여러 가지 경영활동을 수행한다. 다양한 조직 중에서 대표적인 형태는 영리조직인 기업이라고 할 수 있으며, 기업운영의 책임자인 경영자는 기업의 성장발전과 기업목표의 달성을 위하여 노력하며 다양한 경영활동을 수행한다. 기업의 경영자는 기업의 목표를 설정하고, 설정된 목표를 보다 효율적으로 달성하기 위하여 다양한 형태의 정보를 필요로 한다.

오늘날과 같은 글로벌 경쟁시대에서 기업이 존속 발전하기 위해서 회계정보의 필요성이 강조되고 있다. 특히 경영활동이 불확실성하에 이루지게 되므로 경영자는 과거의 경영성과를 평가하고 미래성과를 예측하기 위하여 기업의 경영활동에 관한 보다 많은 정보를 필요로 한다. 기업은 이익의 추구와 기업가치 극대화라는 본질적 목적을 달성하기 위하여 제품을 생산 판매하거나 서비스를 시장에 제공하게 된다. 경영자는 제품의 생산량과 판매가격을 결정할 때 제품원가에 대한 정보는 물론, 시장수요예측이나 경쟁사의 판매전략, 경제정책과 환경의 변화 등에 대한 보다 정확한 정보를 수집하여 최선의 의사결정을 해야 한다.

기업은 여러 가지 형태로 분류될 수 있지만 주요 영업활동에 따라 서비스를 제공하는 서비스기업과 완성품을 구매하여 판매하는 상품매매기업, 제품을 제조하여 판매하는 제조기업으로 분류된다. 서비스업은 재화를 판매하지 않고 용역을 제공하므로 제조업이나 상품매매업과는 그 본질을 달리한다. 제조기업과 상품매매업의 차이는 제품원가계산에 있다. 제조기업은 상품매매업과는 달리 제조시설을 보유하고 제품을 직접 제조하여 판매하게 되므로 제조과정에서 발생하는 원가를 집계하고 계산하여 정보이용자에게 보고하는 과정이 필요하게 된다. 제품을 생산하는 과정에서 재료와 노동력 등 다양한 생산요소들이 투입되며 이때 투입된 모든 생산요소들의 경제적 가치를 집계하고 측정하여 제품원가를 산출한다. **원가**(costs)는 재화나 용역을 획득하는 과정에서 소비되는 일체의 경제적 가치이며, 제품원가는 기업의 이익을 결정하는 가장 중요한 원천이 된다. 기업의 매출이익은 판매액에서 매출원가를 차감하여 계산된다. 이 경우 만일 경영자들이 제품의 원가에 대하여 정확히 알지 못한다면 경영계획을 수립하거나 통제하는 것이 불가능하게 되며 기업이 추구하는 이익극대화의 목표는 달성될 수 없을 것이다.

원가에 대한 지식이나 원가회계는 경영자 외에도 기업이나 다른 모든 조직과 단체에서 일하는 모든 관리자와 구성원들에게 필요하다. 왜냐하면 조직의 구성원들은 누구나 자신이 속한 조직이나 단체의 자원을 사용하게 되며, 자원의 사용이 곧 원가이기 때문이다. 어떤 자원이 사용되며, 자원을 어떻게 사용하는 것이 원가를 절감할 수 있는지 알기 위해서는 원가가 무엇이며 어떻게 발생되는지를 알아야 한다. 즉 원가의식(cost mind)이 누구에게나 필요하다. 따라서 생산경제의 주체인 기업의 경영자나 관리자는 물론이고 국가나 공공단체의 공직자, 그리고 소비경제의 주체인 일반개인이나 가정주부들에게도 원가의 개념이 필요하다.

기업조직의 경우를 예로 들면, 원가회계는 회계분야뿐 아니라 모든 부서의 구성원에게 필요하다. 예를 들면 기획부서에서는 기업의 미래 사업계획의 수립과 예산편성, 연구개발에 의한 투자안의 평가, 미래손익의 추정 등에 원가관리회계의 지식이 필요하다. 구매부서에서는 생산에 필요한 원자재 구입을 위해 원가를 추정하고 납품업체와 가격협상을 하기 위해서 원가회계의 지식이 필요하다. 판매부서에서는 마케팅과 판매활동에 대한 원가와 효익을 비교 분석하고, 생산부서에는 제품생산과정에서 원가를 최소화하는 방법을 찾기 위해서 원가에 대한 지식이 필요하다.

2. 회계와 회계정보시스템

오랜 기간 동안 회계는 조직의 경영에 있어서 중요한 역할을 해 왔으며, 회계정보의 필요성은 조직의 변화에 따라 변화해 왔다. 기업의 규모가 작은 노동집약적 기업에서는 경영의사결정에 필요한 정보의 내용이 비교적 단순하였다. 그러나 기업규모가 확대되고 경영내용이 복잡해지면서 재무상태와 경영성과를 측정하는데 필요한 회계정보는 양적으로 많아지고 질적으로 복잡하게 되었으며, 경영자는 물론 기업과 이해관계를 갖는 이해관계자들은 기업의 활동에 대한 많은 정보를 필요로 하고 있다.

회계(accounting)는 기업의 경제활동을 화폐단위로 기록 · 측정 · 요약하여 정보이용자들의 합리적 의사결정에 유용한 정보를 제공하는 과정이다. 즉, 회계는 기업내부의 경영자에게 경영의사결정에 필요한 정보를 제공하며, 또한 외부의 주주와 채권자, 거래처 등 다양한 이해관계자들에게 자원의 효율적 사용에 필요한 정보를 제공한다. 따라서 회계는 정보이용자들의 경제적 의사결정에 유용한 정보를 제공하는 것을 목적으로 한다.

기업에서는 회계정보이용자들에게 경제적 의사결정에 유용한 정보를 제공하기 위하여 여러 가지 요소들이 유기적으로 결합된 계산체계를 설계하고 운영하게 되는데 이를 **회계시스템**(accounting system)이라고 한다. 시스템은 일정한 목적을 달성하기 위하여 다수의 구성요소들이 유기적으로 결합된 것이다. 회계시스템은 기업의 영업활동과 거래를 인식 측정하여 의사결정자들에게 유용한 정보로 변환시키므로 기업회계의 본질은 **정보시스템**(information system)이다. 기업의 영업활동과 거래가 유용한 정보로 전환되기 위해서는 회계시스템에서 정한 자료의 수집, 분류, 처리, 요약을 통하여 가능하게 된다. 회계정보는 재무상태표나 포괄손익계산서, 현금흐름표와 같은 일반목적의 재무보고서를 통하여 외부이용자에게 제공되며, 제품제조원가의 계산과 원가차이분석, 성과보고서와 같은 특수목적의 보고서를 통하여 내부이용자에게 제공된다.

회계정보시스템은 기업의 경제적 활동에 의하여 발생하는 많은 양의 재무적 자료를 복식부기와 원가회계라고 하는 회계처리방법을 이용하여 기업내부와 외부의 이해관계자들에게 제공함으로써 한정된 사회적 자원(social resources)의 효율적 배분이 가능하도록 유용한 정보로 가공한다. 회계정보시스템을 그림으로 표시하면 〈그림 1-1〉과 같다. 여기에서 주의할 점은 기업의 경제활동에 의하여 발생하는 재무적 자료를 의사결정에 유용한 재무회계정보나 관리회계정보로 가공하기 위해서는 복식부기와 원가회계 모두가 필요하지만, 재무회계정보는 복식부기와 더 밀접한 관련이 있고, 관리회계는 원가회계와 원가정보에 더 밀접한 관련이 있다는 것이다.

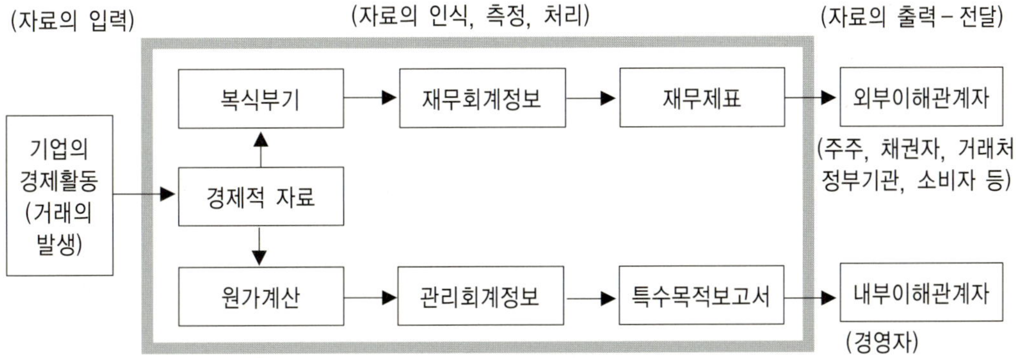

〈그림 1-1〉 회계정보시스템

회계정보시스템이 제공하는 회계정보의 유형은 다음과 같이 분류된다.[1)]

① **실적기록정보**(score keeping information)를 제공한다. 실적기록정보는 경영활동을 기록 측정하여 이해관계자들에게 보고함으로써 내부 또는 외부이해관계자가 기업의 재무상태와 경영성과를 판단하기 위하여 필요한 정보이다. 이 정보는 재무회계나 관리회계의 기초가 되는 정보며, 재무제표는 실적기록정보로부터 작성된다.

② **주의환기정보**(attention directing information)를 제공한다. 주의환기정보는 내부경영자의 의사결정에 필요한 정보이다. **주의환기**란 계획이나 목표를 실적과 비교하고 차이를 명확히 함으로써 경영자의 관심을 이끌어내는 것이다. 이는 일상적인 영업활동에 대하여 계획이나 목표, 표준과 실제성과를 비교하고 차이를 분석함으로써 이루어진다. 주의환기정보는 계속적으로 반복되는 경영활동의 계획과 통제에 유용한 정보이며 경영자가 특정한 업무에 관심을 갖도록 하는 **예외에 의한 관리**(management by exception)를 가능하게 한다.

③ **문제해결정보**(problem solving information)를 제공한다. 문제해결은 미래에 선택할 수 있는 여러 대안 중에서 어느 안이 최선인가를 결정하는 것이다. 문제해결정보는 경영자가 장기적 계획을 수립하거나 특별의사결정을 하는데 유용한 정보로서 여러 대안의 결과를 계량화하여 최선의 선택을 하도록 한다.

회계정보시스템은 기업내외의 정보이용자에게 재무회계정보와 관리회계정보를 제공한다. 실적기록정보는 재무회계에서나 관리회계에서 공통적으로 이용되는 정보이지만, 주의환기정보와 문제해결정보는 관리회계에서만 사용되는 회계정보이다.

3. 재무회계와 관리회계

회계정보의 이용자는 정보접근의 용이성에 따라 내부이용자와 외부이용자로 구분할 수 있다. **내부이용자**는 경영자이며, 최고경영자는 물론 중간관리자와 하위관리자도 직무수행과 관련된 회계정보를 이용하는 경우에는 내부이용자에 포함된다. **외부이용자**는 주주와 채권자, 거래처, 종업원, 소비자, 정부기관 등 기업과 관련된 의사결정을 위하여 회계정보를 이용하는 다양한 외부의 이해관계자들이며, 경영자이외의 대부분의 정보이용자가 포함된다. 회계는 정보이용자에 대한 보고목적과 대상에 따라 재무회계와 관리회계로 구분할 수 있다.

(1) 재무회계

재무회계(financial accounting)는 기업의 외부이해관계자에게 기업의 재무상태와 경영

---

1) Horngren, C. T., G. L. Sundem and W. O. Stratton, Introduction to management Accounting, Prentice Hall International, Inc., 14th ed., 2008, p.5.

성과에 대한 정보를 제공할 목적으로 이루어지는 회계이다. 재무회계는 **일반회계**(general accounting)라고도 하며, 재무제표의 작성과 보고에 대한 내용을 다루는 회계이다. 재무회계에 의하여 작성되는 재무제표는 모든 회계의 기본이 되고 있다. 이 경우에 재무제표의 하나인 포괄손익계산서의 매출원가와 재무상태표에서 재고자산의 금액을 결정하기 위해서는 원가회계정보가 필요하게 된다.

재무회계에서 제공하는 정보의 주된 이용자는 기업외부의 다양한 목적을 가진 이해관계자이다. 따라서 기업이 제공하는 재무회계정보를 외부이용자들이 올바르게 이해하기 위해서는 기업의 경제활동을 이해하고 회계에 관한 지식을 가지고 회계정보를 이해하기 위하여 노력해야 하며, 기업내부의 정보생산자는 일정한 회계원칙에 따라 재무제표를 작성해야 한다. 재무회계에서는 다양한 외부이해관계자에게 회계정보를 제공하기 위해서 **일반적으로 인정된 회계원칙**(generally accepted accounting principles, GAAP)이 적용되며, 일정한 양식에 의하여 정기적으로 보고된다. 재무회계에서 기업의 외부이용자에게 주로 재무제표 형태로 정보를 제공하며, 재무회계가 제공하는 정보의 성격은 기본적으로 기업의 과거 경영활동에 관한 정보이며 정기적으로 보고된다.

(2) 관리회계

관리회계(managerial accounting)는 기업의 내부경영자에게 경영의사결정에 필요한 정보를 제공하기 위하여 이루어지는 회계이다. 경영자는 경영관리목적으로 원가정보를 포함하여 다양한 회계정보를 필요로 한다. 특히 기업의 목표달성을 위한 경영계획의 수립과 통제, 성과평가를 위하여 재무회계와는 다른 관점에서 회계정보를 수집하고 정리하여 관리적으로 이용하게 된다. 즉 관리회계는 내부의사결정자인 경영자의 의사결정, 통제 및 성과평가에 필요한 정보를 제공하는 회계이며, 주로 원가회계에서 제공하는 제품원가정보를 이용한다.

관리회계가 재무회계와 구분되는 점은 회계정보의 보고목적과 대상이 다르다는 점이다. 관리회계는 기업이나 단체를 운영하는 최고경영자나 중간관리자의 의사결정에 필요한 정보를 제공하며, 재무회계는 기업에 관심을 갖고 있는 외부의 다양한 이해관계자에게 회계정보를 제공한다. 관리회계는 내부경영자에 대한 정보제공이 주된 목적이므로 관련된 회계정보를 산출하는데 반드시 적용되어야 할 일정한 규범이 있는 것이 아니며, 합리적이고 과학적인 방법을 이용하여 산출한 정보를 경영자에게 제공하게 된다. 또한 재무회계에서 제공하는 정보는 과거의 기업 활동을 요약한 정보이나 관리회계정보는 주로 미래의 경영활동을 수행하기 위한 의사결정에 필요한 미래 지향적 정보이다.

〈표 1-1〉 재무회계와 관리회계

구 분	재 무 회 계	관 리 회 계
보고목적	외부정보이용자의 의사결정에 유용한 정보의 제공	내부 경영자의 경영의사 결정에 유용한 정보의 제공
보고대상	외부이용자(주주, 채권자, 정부, 소비자, 등)	내부이용자(경영자)
적용기준	일반적으로 인정된 회계원칙	일정한 기준이 없음
보고수단과 형식	재무제표 (일반목적의 재무제표)	일정한 형식이 없음 (특수목적보고서)
보고시기	정기적으로 보고됨	수시로 보고됨
정보의 시간성	과거의 기업활동 관련정보	미래의 기업활동 관련정보
정보의 특성	객관성, 신뢰성, 비교가능성	목적적합성, 융통성, 경제성
정보의 범위	기업전체에 대한 통합적 정보	제품별/부문별 구체적 정보

제2절 원가회계의 의미와 역할

1. 원가회계의 의의

원가회계(cost accounting)는 재무회계와 관리회계에 필요한 원가정보를 제공하기 위하여 제품의 제조과정에서 발생하는 원가정보를 식별하여 측정하고 분류 요약하는 회계분야이다. 즉, 원가회계는 기업이 생산하는 제품원가의 계산과 측정을 주로 다루며, 재무상태표의 재고자산을 평가하고 포괄손익계산서의 매출원가를 결정한다. 또한 예산편성, 가격결정, 경영활동의 통제, 성과평가 등과 같은 관리적 의사결정을 수행하는데 필요한 원가정보를 제공하는 회계분야이다. 원가정보의 주된 이용자는 기업내부의 경영자이며, 원가회계는 경영자들의 일상적 영업의사결정과 전략적 의사결정에 필요한 정보를 제공한다. 현대원가회계가 관리회계라고 불리는 이유는 원가회계에서 제공하는 정보의 주된 이용자가 경영자들이기 때문이다.

원가회계정보를 올바로 제공하기 위해서는 일정한 규범이 있어야 하며 이러한 규범 중의 하나가 **원가계산준칙**이다. 재무회계에서 재무제표작성을 위한 원가정보가 사용되기 때문에 기업의 원가계산방식을 최소한으로 규정하는 원가계산준칙이 존재하며, 기업은 원가회계에서 이 준칙을 적용하여야 한다. 원가계산준칙은 원가계산에 대한 주요 용어와 방법만을 정리하였으며, 기업의 제품생산과 생산과정 등의 구체적인 내용에 따라서 자체 원가계산방법을 개발하여야 한다.[2]

---

2) 현재 우리나라에서 적용되고 있는 원가계산준칙은 1998년 4월 1일 증권선물위원회에서 제정된

원가회계는 외부보고의 재무회계보고서와 내부관리의 관리회계보고서의 작성을 위한 원가정보를 제공한다. 원가회계정보는 재무 및 관리회계 활동을 지원하는 기초적 자료이다. 재무회계에서 원가회계의 역할은 주로 매출원가나 기말재고자산의 금액을 산정하는데 있다. 관리회계에서의 역할은 경영계획의 수립과 통제, 경영의사결정에 필요한 정보의 제공을 위한 기초적 자료가 된다는 것이다.

회계시스템에서 원가회계의 역할은 과거에는 주로 재무제표의 작성에 필요한 정보의 제공이었다. 그러나 현대회계에서는 원가정보의 관리적 이용이 더 중요하게 다루어진다. 특히 원가회계는 제품의 가격결정, 제품의 생산 또는 중단이나 외부구입여부, 부품의 직접생산 또는 외부구입, 설비의 구입여부, 생산방법의 계속유지 또는 변경, 특정사업부분의 확장 또는 축소, 종업원의 승진과 업적평가, 기업 활동의 낭비적 요인의 평가 등에 필요한 유용한 정보를 제공하여야 한다. 따라서 현대적 의미의 원가회계는 외부공표용 재무제표를 작성하고, 내부관리용 경영계획을 수립 통제하며, 장·단기적 특수한 의사결정에 필요한 원가정보를 제공하기 위하여 생산과 영업활동에 대한 원가자료를 집계·배분·분석하는 것이라고 할 수 있다. 원가회계는 재무회계뿐만 아니라 관리회계 목적에 적합한 정보를 제공하기 위한 회계분야로 발전되어 온 것이다.

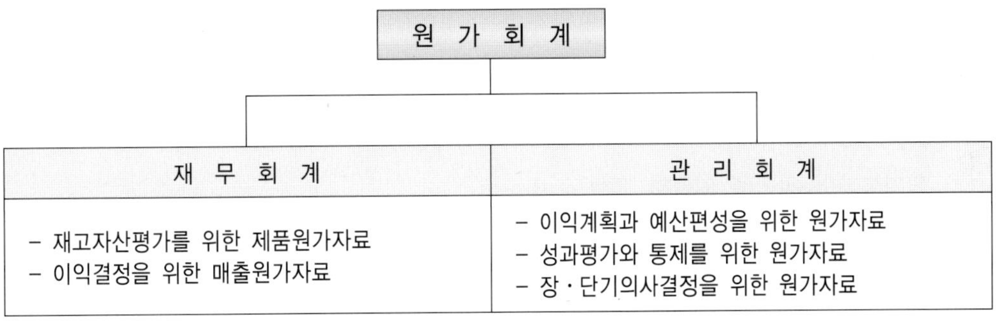

〈그림 1-2〉 원가회계와 재무·관리회계의 관계

2. 원가회계와 관리회계의 관계

기업내부에서 경영자가 이용하는 정보는 주로 제품원가에 관한 정보이므로 관리회계는 원가회계와 비슷한 내용이다. 그러나 원가회계는 제품의 원가계산과 측정, 원가의 배분, 성과의 측정과 평가를 위한 정보의 제공을 목적으로 하며, 관리회계는 제품원가 정보를 비롯하여 회계정보의 관리적 이용과 경영의사결정을 위한 관리적 기법을 다루는 회계이다. 즉 원가회계는 원가의 측정과 계산을 다루며 관리회계는 계산된 원가를 의사결정에 사용하는 기법을 다룬다. 원가의 계산과 활용은 서로 밀접하게 관련되어 있

것이며, 이후 2차례(99.12, 02.8)의 개정이 있었으며, 부록에 첨부되어 있다.

으므로, 본서에서는 원가관리회계의 이름으로 원가회계와 관리회계의 기본적 분야를 모두 다루기로 한다.

일반적으로 원가회계와 관리회계라는 용어가 구별없이 사용된다. 우리나라 회계교과서는 원가회계와 관리회계란 명칭을 분리하여 사용하고 있으나, 대부분의 외국회계교과서는 명칭이 관리회계이든 원가회계이든 구분하지 않고 원가회계와 관리회계의 모든 주제를 다루고 있다. 현대원가회계가 관리회계라고 부르는 이유는 원가회계담당자들이 제공하는 원가정보의 주된 이용자가 경영자들이기 때문이다.

3. 원가 · 관리회계의 역할

원가관리회계는 제품의 원가를 계산하고 내부경영자의 의사결정에 유용한 원가정보를 제공하는 것을 목적으로 한다. 이러한 목적은 일반목적의 재무제표나 특수목적의 보고서를 통하여 달성된다. 원가관리회계의 목적과 관련하여 원가관리회계의 역할을 살펴보면 다음과 같다.

(1) 경영성과와 재무상태의 결정

원가관리회계는 재무제표 작성에 필요한 원가정보를 제공한다. 즉 외부보고와 관련하여 제품의 제조과정에서 소비된 재료원가의 측정, 급여의 지급, 경비의 지출과 같은 원가자료를 수집하고 이를 제품이나 특정 원가부문에 배분하여 포괄손익계산서의 작성에 필요한 매출원가와 재무상태표의 작성에 필요한 재고자산의 평가액을 결정한다.

(2) 원가통제와 관리에 필요한 정보의 제공

원가통제(cost control)는 원가의 실제 발생내용이 원래 계획된 예산에서 벗어나지 않도록 관리하고, 만일 벗어나는 경우 그 원인을 분석하여 필요한 조치를 수행하는 활동이다. 원가의 통제 및 절감을 효과적으로 수행하기 위해서는 원가의 실제 발생액과 발생시점 및 발생장소를 알아야 하며 목표로 하는 예산이나 표준액도 알아야 한다. 원가관리회계는 기업의 원가통제를 효율적으로 수행할 수 있도록 경영자에게 원가관리에 대한 정보를 제공한다.

(3) 조직구성원에 대한 동기부여

원가관리시스템에서 제공되는 원가에 대한 예산과 실제 발생에 대한 자료는 조직구성원들의 성과평가에 사용되어 조직구성원들의 보상과 동기부여에 직접적인 영향을 미친다. 경영자는 특정 원가부문에 대한 성과보고서에서 불리한 차이가 나는 경우 그 원인을 규명하고 시정조치를 요구해야 하며, 반면에 유리한 차이가 나는 경우에는 그에 상응하는 보상을 지급하여 조직의 목표를 달성할 수 있도록 동기부여를 해야 한다.

(4) 경영계획과 의사결정을 위한 정보의 제공

원가관리회계는 경영자의 경영계획의 수립과 의사결정에 필요한 정보를 제공한다. 경영계획은 기업의 목표를 설정하고 그것을 달성하기 위한 수단으로서, 기업이 이용 가능한 자원을 어떻게 사용할 것인가를 결정하는 과정이다. 원가관리회계는 기업의 생산활동이나 판매과정에 소요되는 원가정보를 제공하여 생산계획, 인적자원의 교육계획, 판매계획과 판매가격의 결정, 자금조달계획, 투자결정 등의 다양한 의사결정에 필요한 정보를 제공한다.

4. 경영자의 역할과 회계담당자

관리회계는 기본적으로 기업의 내부 경영자에게 경영의사결정에 유용한 정보를 제공하는 것을 목적으로 하므로 관리회계를 이해하기 위해서는 경영자의 역할을 이해하는 것이 필요하다. 경영자는 기업의 경영관리과정에서 다음과 같은 역할을 수행한다.

(1) 계획수립

계획(planning)이란 기업의 목표를 설정하고 그 목표를 달성하기 위한 여러 가지 대안을 탐색하고, 최선의 결과를 얻기 위한 방법을 사전에 결정하는 것이다. 가장 중요한 계획수단은 예산이다. **예산**(budget)은 조직의 미래 활동계획을 계량화하여 화폐가치로 표시한 것이다. 경영자는 계획을 수립하고 조직이 달성하여야 할 목표를 제시한다. 예산액을 추정하는데 사용되는 정보는 회계시스템에서 제공되는 재무적 정보뿐만 아니라 비재무적 정보도 포함된다. 계획은 기간에 따라 장기계획과 단기계획으로 나누어지며, 계획에 포함되는 범위에 따라 일정기간 기업전체에 대한 계획과 부문별 계획, 계획의 내용에 따라 전략적 계획과 구체적 계획으로 나누어지기도 한다. 전략적 계획은 장기적이며 기업전체에 영향을 주는 제품생산계획이나 판매계획이며, 구체적 계획은 단기적이며 전략적 계획을 달성하기 위한 구체적인 방법, 즉, 공장입지의 선정, 생산시간, 종업원채용, 신용결정, 가격할인 등에 관한 계획이다.

(2) 조직화와 지휘

조직화(organizing)는 수립된 계획을 효과적으로 달성하기 위하여 경영자가 조직 내의 인적・물적 자원을 적절하게 배합하는 것이다. 즉, 계획을 달성하기 위하여 적합한 조직형태를 유지하며, 업무를 각 개인에게 할당하고 그 업무수행에 필요한 권한과 책임을 위임하는 것이다. **지휘**(directing)는 경영자가 조직구성원에게 업무를 지시하고, 그 진행상황을 감독하며 목표를 달성하도록 동기 부여하는 것이다.

(3) 통제

통제(controlling)는 조직의 각 부서가 수립된 계획을 적절하게 수행하고 있는가를 확인하고 계획을 달성하기 위하여 필요한 조치를 취하는 것이다. 통제과정을 통하여 경영자는 각 부서가 사전에 설정된 목표를 달성하고 있는가를 확인할 수 있으며, 업무성과가 경영자에게 보고되는 것을 피드백(feedback)이라고 한다. 각 종업원이 수행한 성과는 최고경영자와 하위경영자에게 보고되며 경영자는 기업이 원하는 목표를 달성할 수 있도록 필요한 조치를 취하게 되는데 이러한 피드백에 필요한 정보를 제공하는 것이 관리회계정보이다.

경영조직에서 경영자는 라인(line)경영자와 스텝(staff)경영자로 구분할 수 있다. **라인경영자**는 구성원들을 지휘 통솔하여 기업의 목표를 효율적으로 달성하기 위한 직접적 책임을 부담하는 경영자이며, **스텝경영자**는 라인경영자들이 목표를 달성하는데 필요한 조언을 하고 보조적인 역할을 수행하는 경영자이다.

〈그림 1-2〉에서와 같이 제품을 생산하거나 판매하는 것과 같이 기업의 주된 활동을 수행하는 부문의 경영자는 라인경영자이며, 재무나 인사, 회계업무와 같이 라인부서의 활동이 원활히 수행되도록 보조하는 활동을 수행하는 부문의 경영자는 스텝경영자이다. 스텝경영자도 자신이 속한 부문에서는 라인경영자와 같이 구성원을 지휘하고 명령할 권한을 가진다.

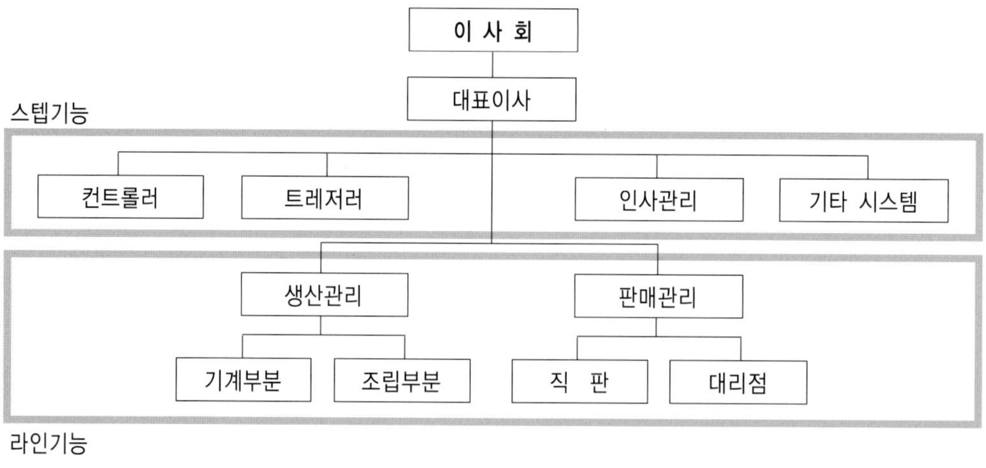

〈그림 1-2〉 경영조직과 회계담당자

회계부서를 전반적으로 관리하고 감독하는 **회계책임자**(chief accounting officer)를 **컨트롤러**(controller)라고 한다. 컨트롤러는 재무회계와 관리회계를 모두 책임지는 재무담당 중역이며, 스텝경영자이면서 회계조직 내에서는 라인권한을 갖는다. 규모가 작은 기업에서는 컨트롤러가 단순히 재무제표를 작성하고 회계처리를 담당하는 것이 주된 업무이지만, 기업의 규모가 커지고 업무가 복잡해짐에 따라 관리업무의 비중이 증가하고 컨트롤러의 지위가 높아지는 경향이 있다. 컨트롤러는 최고경영진의 일원으로서 경영계획의 수립과 통제 및 의사결정에 참여하며, 기업의 내부 및 외부에 대한 회계보고, 원가계산, 세무관리, 내부감사, 성과평가에 대한 직접적인 책임을 지고 있다.

기업조직에서 컨트롤러는 **재무담당책임자**(chief financial officer, CFO)의 지휘를 받는다. 재무관리책임자는 조직의 재무관리와 회계업무를 관리 감독하는 책임을 부여받은 고위관리자로서 스텝경영자이다. 조직에 따라 책임의 정도가 다르지만, 재무담당책임자는 일반적으로 회계와 재무의 통제, 위험관리, 재무보고, 세무관리, 내부감사 등의 업무를 총괄한다. 컨트롤러와 관련하여 기업과 조직의 재무관리담당자를 **트레저러**(treasurer)라고 한다. 트레저러는 장·단기 자금관리의 일차적 책임을 가지며, 주된 기능은 자본조달과 투자결정, 유가증권의 발행, 현금관리, 신용정책과 대금회수, 보험관리, 재고관리 등을 담당한다.

제3절 경영환경의 변화와 원가관리회계의 동향

1. 경영환경의 변화

관리회계는 경영자의 경영의사결정에 필요한 정보를 제공하는 회계이므로, 기업환경의 변화는 관리회계의 변화를 의미한다. 관리회계시스템이 본래의 기능을 충실하게 수행하기 위해서는 기업환경변화에 적절히 대응할 수 있도록 필요한 정보를 제공할 수 있어야 한다. 오늘날 기업을 둘러싸고 있는 경제적 사회적 환경이 급속하게 변화하고 있으며 이에 따라 혁신적인 원가관리회계 실무를 요구하고 있다. 생산기술과 정보통신기술의 발전, 소비자의 가치관과 기호의 변화, 제품수명주기의 단축, 생산자중심에서 소비자중심으로 변화, 글로벌경쟁시대 등과 같은 환경변화는 기업에게 위협과 기회의 두 측면을 갖게 한다. 특히 1980년대 이후 기업환경이 급격히 변화하였으며, 전통적인 관리회계는 이러한 환경변화에 적합한 정보를 제공하지 못하고 있다는 비판을 받고 있다. 환경의 변화에 따라 많은 기업들은 관리회계정보가 효율적인 경영을 위한 유용한 수단이 되도록 관리회계시스템을 설계하고 있으며, 이러한 변화를 가져온 주요한 요인은 다음과 같다.

(1) 정보기술의 발전과 컴퓨터의 실용화

컴퓨터를 중심으로 정보기술의 발전과 함께 생산기술에 많은 변화를 가져왔다. 정보기술의 발전은 컴퓨터를 이용한 생산을 가능하게 하였으며, 자동화된 생산방식에서 컴퓨터는 공정을 감시하고 통제하는 역할을 수행한다. 또한 컴퓨터가 사용되므로 엄청난 양의 유용한 정보가 수집되어 분석 가능하게 되었다. 컴퓨터와 자동화된 설비를 이용하여 제품생산량과 재료소비량, 작업폐물, 제품원가를 실시간으로 파악할 수 있게 되었고 그 결과 생산과 마케팅, 회계자료를 통합하는 정보시스템이 가능하게 되었다. 컴퓨터를 이용하여 원가정보를 신속하고 정확하게 분석할 수 있으며, 전자문서는 보고서의 형태를 감소시키고 있다.

(2) 생산기술의 변화

외부환경의 변화에 순응하여 생산성향상을 설비투자의 증가와 함께 생산기술의 발전은 제조환경에 커다란 변화를 미치고 있다. 이와 같은 변화는 제품원가계산과 통제시스템, 자본예산 등 관리회계실무에 영향을 미치고 있다. JIT생산체제(just-in-time manufacturing, 적시생산체제), CIM(computer-integrated manufacturing, 컴퓨터통합생산), FMS(flexible manufacturing system, 유연생산시스템)기법, TQM(total quality management, 통합적 품질관리) 등이 도입되었다. 적시생산시스템은 소비자들이 원하는 제품을 필요한 때에 즉시 생산하여 공급하고자하는 시스템이다. 전통적인 제조환경에서 적시생산체제로 이행함에 따라 품질과 생산성에 중점을 두게 되며 제품원가를 보다 정확하게 측정할 수 있게 된다. 컴퓨터를 이용한 생산체제는 완전자동화시스템으로 생산공정을 컴퓨터가 통제하는 시스템이며, 컴퓨터지원설계(computer-aided design, CAD)시스템을 이용하여 제품이 설계되고, 컴퓨터지원생산(computer-aided manufacturing, CAM)시스템을 이용하여 제품을 제조하고, 정보시스템이 자동화된 부품을 연결하는 것이다. 유연생산시스템은 로봇이나 자동화된 설비를 이용하여 다양한 제품을 높은 생산성으로 유연하게 제조하게 된다. 통합적 품질관리는 품질향상을 강조하여 기업이 완전한 제품을 생산할 수 있는 환경을 만들도록 노력하는 것이며, 품질과 관련된 품질원가보고서, 품질원가추세분석과 같은 재무적·비재무적 정보를 제공해주는 관리회계시스템을 요구하고 있다.

(3) 전세계적인 경쟁

현대는 교통수단과 통신수단의 발달되고 국가 간의 경제교류확대로 기업은 전세계적인 경쟁(global competition)을 하고 있다. 과거에는 외국기업은 경쟁자가 아니었고 시장은 지역별로 분할되었으나, 현대에는 단시간 내에 외국에서 생산된 제품이 자국시장에서 판매될 수 있게 되었다. 오늘날 전 세계는 하나의 시장을 이루고 있으며 기업은 세계 각국의 기업들과 경쟁하고 있다. 또한 새로운 경제제도와 무역협정들이 계속 등장하여 국제적 상거래를 변화시키고 있다. 경쟁이 심화될수록 의사결정을 위하여 보다 정확하고 신속한 정보가 요구되며 만일 잘못된 의사결정을 내리는 경우에는 기업에 막대한 손실을 초래하게 된다. 국제적 경쟁시대에서 기업은 이전보다 우수한 품질의 제품과 서비스를 제공하게 되므로 이를 뒷받침할 수 있도록 보다 적절한 관리회계시스템을 요구하고 있다.

2. 원가관리회계의 새로운 주제

경영환경변화와 함께 관리회계분야에서 제시되고 있는 새로운 패러다임(paradigm) - 전략적 관리회계는 활동기준원가계산(activity based costing, ABC), 공정가치분석(process value analysis), 목표원가계산(target costing), 변동예산(flexible budget), 품질원가(quality cost)와 제품수명주기원가(product life cycle cost), 그리고 적시생산체제(JIT)와 FMS상황에 적합한 원가관리시스템의 설계 등이다. 활동기준원가계산은 각 활동별로 원가를 추적하고 활동을 소비하는 제품이나 부문에 원가를 배부하여 보다 정확한 제품원가를 계산하는 것이다.

또 한편으로는 역동적인 경쟁환경에서 기업의 전략적 경영을 효율적으로 수행할 수 있도록 균형성과표(balanced scorecard, BSC)와 같은 성과평가시스템을 설계하는 것도 관리회계의 주요과제가 되고 있다. 균형성과표는 기업가치를 향상시키기 위해서 전통적인 재무지표이외에 다양한 관점의 성과지표가 측정되어야 한다는 것을 강조하며, 균형된 성과평가를 통하여 구성원을 동기부여하여 기업가치를 향상시키는 행동을 하도록 하는 관리시스템이다.

3. 가치사슬과 기업경영

가치사슬(value chain)이란 기업의 가치창출과정이 연구개발 - 공정 및 제품설계 - 생산 - 판매 - 유통 - 판매 후 서비스 등으로 연결되어있는 과정을 말한다.[3] 즉 기업이 제공하는 제품이나 서비스에 대하여 가치를 제공하는 모든 기능들이 상호 관련된 일련의 활동으로 연결되어 마치 사슬처럼 형성되어 있는 것을 의미한다. 가치사슬은 기업의 제품이나 서비스에 유용성을 부가하는 경영기능을 의미하며, 연구개발에서 고객서비스에 이르기까지의 모든 경영기능을 포함한다. 여기에서 말하는 **가치**(value)는 기업이 제공하는 재화나 서비스에 대하여 고객이 기꺼이 지불할 용의가 있는 것을 의미하며, 금액(매출액)으로 측정할 수 있다. 가치분석은 조직 내의 어떤 활동이 수행되면 이것은

3) 포터(M. Porter, 1985)교수가 제시한 가치사슬모형에서 가치창출을 위한 기업활동은 본원적 활동과 지원업무활동으로 구분할 수 있다. 본원적 활동(primary activities)은 기업의 제품제조에 직접적으로 관련되는 원자재구매, 제조, 판매, 판매 후 서비스 등의 활동이며, 지원업무활동(support activities)은 기업의 제품제조에 관련된 전체과정이 원활히 수행될 수 있도록 지원하는 전략기획, 재무, 회계 등 기업 인프라, 인력관리, 기술개발 등의 활동이다.

가치를 만들어내는 활동이라는 가정에서 출발한다. 가치사슬을 분석하는 목적은 보다 효율적인 가치사슬을 찾아서 기업의 경쟁력을 높이는데 있다. 전략적 원가관리에서 경영자들은 경쟁우위를 확보하기 위하여 가치사슬을 분석하고 이러한 분석을 위하여 원가자료를 활용하게 된다. 따라서 경영자들은 기업이 선택한 전략에 따라 기업의 가치사슬을 재구축하여야 한다. 구체적인 가치사슬은 기업에 따라 다르게 구성되지만 일반적으로 다음과 같은 6 가지 주요활동으로 구성된다.

① 연구와 개발(research and development): 새로운 제품, 서비스에 대한 아이디어의 창출
② 제품설계(design of products): 제품, 서비스 또는 공정의 상세한 계획과 설계
③ 생산(production): 제품의 생산을 위한 자원의 배합과 가공
④ 판매(marking): 제품이나 서비스를 고객에게 판매하는 과정
⑤ 유통(distribution): 제품, 서비스를 고객에게 배달하는 활동
⑥ 고객서비스(customer service): 판매 후 고객에게 제공되는 지원활동

〈그림 1-3〉에서와 같이 가치사슬과정은 생산이전단계, 생산단계, 생산이후의 단계로 구분할 수 있다. 전통적 원가회계에서는 일반적으로 제조단계에서 발생하는 원가계산과 원가배부 등 주로 제품원가의 측정을 강조하였다. 그러나 현대 기업경영에서 경영자는 제품과 관련된 제조과정 이외의 원가를 측정 평가하는데 많은 관심을 갖게 되었다. 제품과 관련된 이러한 원가는 연구개발, 제품설계, 그리고 생산시스템엔지니어링과 같은 생산이전단계에서 발생된 것이다.

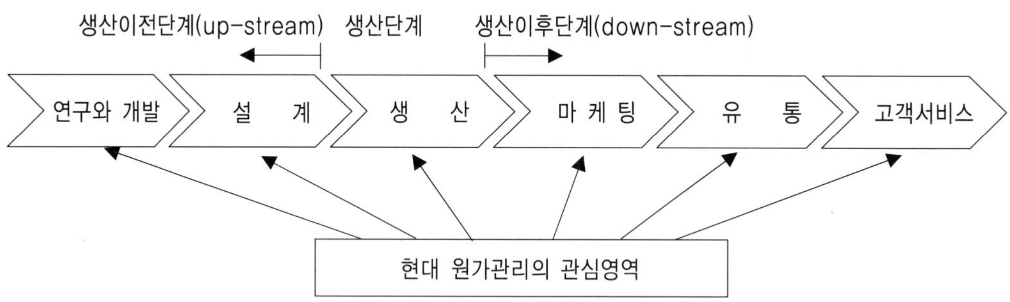

〈그림 1-3〉 경영기능과 가치사슬

이에 추가하여 경영자들은 완성된 제품의 보관과 취급비용, 판매, 유통, 고객서비스 및 보증비용 등과 같은 생산이후단계에서 발생된 원가를 분석한다. 이러한 모든 원가들은 제품의 수익성에 지대한 영향을 미치며 제품의 수명주기와 관련된 업적평가에도 영향을 주게 된다. 특정제품이나 서비스와 관련된 이러한 가치사슬 기능의 원가를 측정하여 보고하는 것을 **가치사슬 원가계산**(value chain costing)이라고 한다.

전통적 원가회계에서는 일반적으로 제조단계에서 발생하는 제품제조원가의 측정을 강조하였다. 이러한 원가는 제조성과나 제조원가의 추세를 파악하는데 중요한 정보이며 또한 외부보고목적을 충족시키는데 필요한 정보이다. 그러나 제품수명주기에 걸쳐 제품을 평가하고 관리하는 데에는 개발, 마케팅, 대고객서비스 기능 등 제조 이외의 기능에서 발생된 원가들이 제조원가보다 더 중요할 수 있다. **제품수명주기원가**(products life cycle costs)는 제품의 수명주기 동안 제품과 관련하여 발생하는 모든 원가를 말한다. 경영자들은 제품의 수명주기 동안 발생하는 원가를 절감하기 위하여 특정 활동의 원가동인(cost drive), 즉 원가를 발생시키는 요인을 조절하거나 제거하는 등의 원가관리활동을 수행한다. 따라서 원가관리는 가치사슬활동을 분석하여 가치를 창조하지 못하는 비부가가치활동을 제거하고 자원을 과다 소비하는 비능률적 활동을 개선하는 것이다.

회계는 경영자들이 가치사슬과정에 제시된 개별기능을 효과적으로 관리하고 이러한 기능을 조직의 전체적인 구조 안에서 관리 조정하는데 필요한 정보를 제공하는 중요한 수단이다. 기업이 얼마나 성장 발전할 것인가는 고객들이 기업의 제품이나 서비스에 대하여 얼마나 오랫동안 만족하는가에 달려있다. 따라서 경영자들은 제품이나 서비스에 대한 고객의 평가에 항상 관심을 가져야 한다. 또한 관리회계담당자들은 조직 내에서 경영자들이 회계정보를 어떻게 이용하고 있는가를 파악하고 경영자들에게 의사결정에 유용한 정보를 제공하여야 한다.

토의문제

1. 재무회계와 관리회계를 비교 설명하시오.
2. 현대원가회계를 관리회계라고 하는 이유는 무엇인가?
3. 원가회계는 재무회계와 관리회계에서 어떤 역할을 수행하는가?
4. 조직 내에서 원가관리회계의 역할은 무엇인가?
5. 기업 내에서 라인조직과 스텝조직은 어떤 관계에 있는지 설명하시오.
6. 컨트롤러(controller)의 의미와 임무에 대하여 설명하시오.
7. 기업환경의 변화에 따른 전통적 관리회계의 적합성을 평가하시오.
8. 원가관리회계의 변화와 새로운 주제에 대하여 설명하시오.
9. 가치사슬내의 경영기능을 설명하시오.

연습문제

(1-1) 회계시스템의 목적

한양(주)은 전자제품을 판매하는 회사이며 대부분의 매출은 자체 판매점을 통하여 이루어진다. 판매점은 주로 도심권의 번화가에 위치하고 있다. 최근에는 비중이 낮기는 하지만 인터넷을 이용한 매출이 증가추세를 보이고 있으며, 관리회계담당자는 최근 다음과 같은 6가지 보고서를 작성하였다.

① 주주총회에 제공되는 연차재무제표
② 각 판매점의 판매소장에게 보내는 분기별보고서
③ 사업담당 부사장에게 보고하는 온라인 판매의 예상수익과 예상원가보고서
④ 전자제품 판매업자에게 보내는 상위매출품목과 하위매출품목의 보고서
⑤ 보험회사에 보내는 제품의 운송보관과정의 화재손실보고서
⑥ 거래은행에 제출한 자금대출신청서와 재무보고서

(요구사항)

1. 회계시스템의 3가지 주요목적을 서술하시오.
2. 위의 6가지 보고서가 제공하는 주요 목적을 위(1)의 목적과 관련시켜 기술하시오.
3. 각 보고서별로 내부경영자나 외부이해관계자가 수행하는 계획과 통제의 의사결정내용을 말하시오

(1-2) 회계정보의 유형

회계정보시스템이 제공하는 정보는 실적기록정보, 주의환기정보, 문제해결정보로 분류되며, 의사결정자들에게 필요한 정보를 제공하게 된다.

1. 제품생산에 필요한 특정부품을 외부에서 구입할 것인가 자체에서 직접 생산할 것인가를 결정하는데 필요한 정보로 이용된다.
2. 제 1 공장과 제 2 공장의 보조부문의 원가를 제조부문의 원가에 배부한다.
3. 각 영업소별로 매출액 대비 판매비와 관리비의 비율을 나타내는 보고서를 작성한다.
4. 서로 다른 제품에 대한 생산 판매로부터 예상되는 생산량과 제조원가, 판매관리비를 각 제품별로 산출하고 이 중에서 한 제품만을 생산할 예정이다.
5. 제품판매로부터 회수되는 현금을 계정에 기록한다.
6. 생산부문에서 발생한 초과근무수당에 대한 보고서를 작성한다.
7. 자동차회사에서 연구개발비에 대한 예산을 편성한다.
8. 공장을 다른 지역으로 이전하는데 소요되는 비용을 추정한다.
9. 감독자가 새로 도입된 기계설비의 사용이 원가에 미치는 영향을 분석하는데 지원한다.
10. 공장 동력부의 예산과 실제발생액과의 차이를 분석한다.

(요구사항)

위의 각 문장은 회계정보시스템의 어떤 정보와 관련되는지를 분류하시오.

(1-3) 가치사슬과 원가의 분류: 전자제품제조회사

1. 제품 조립공정에서 발생하는 동력비
2. 완성제품을 판매점에 운송하기 위한 운송비
3. 제품설계를 위하여 벤처설계회사에 지불한 설계용역비
4. 차세대 전자제품개발을 위하여 개발부 연구원에게 지급한 급여
5. 다른 제품과의 호환성을 증명하기 위하여 주요 판매업소를 방문하는 종업원의 여비
6. 경쟁업체 제품과의 성능실험을 위하여 구입한 경쟁업체의 제품구입비
7. 신문과 텔레비전을 이용한 제품광고비
8. 관련제품에 사용될 부품의 구입원가

(요구사항)

위의 원가항목을 가치사슬의 경영기능 중의 하나로 분류하시오.

CHAPTER 2 원가의 개념과 분류

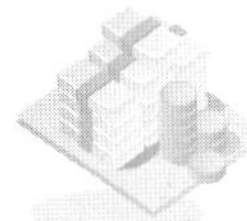

본장에서는 원가회계를 이해하는데 필요한 원가의 기초개념과 다양하게 사용되고 있는 원가회계의 주요 용어들을 정의하고, 일반적으로 이용되고 있는 원가의 분류에 대하여 설명한다.

제1절 원가의 일반적 개념

1. 원가의 정의

원가(cost)는 특정한 목적을 달성하기 위하여 사용된 경제적 자원을 화폐가치로 측정한 것이며, 재화나 용역을 얻기 위하여 희생된(sacrificed) 일체의 경제적 가치이다. 즉, 원가는 제품을 생산하기 위하여 필요한 재료, 노동력, 기계설비 등 경제적 가치를 가지는 자원이며, 과거에 이미 소비된 것은 물론이고 미래에 잠재적으로 소비될 자원까지 포함한다. 원가의 개념은 자산과 비용을 포함하며, 원가의 개념을 이해하기 위해서는 자산과 원가, 비용의 관계에 대한 이해가 필요하다.

원가 중에서 수익(revenue)의 획득과정에 아직 사용되지 않는 부분이 자산이며, 수익획득에 사용된 부분은 비용이다. **자산**(assets)은 과거의 거래나 사건의 결과로 획득된 미래의 경제적 효익 또는 용역잠재력이며, **미소멸원가**(unexpired cost)라고 한다. 미래의 경제적 효익은 기업의 미래에 현금유입을 유발하는 현금창출능력을 의미한다. 자산은 미래에 현금흐름을 가져오는 경제적 자원이며, 생산과 판매과정에 투입되어 소멸된다.

경제적 자원이 소멸되어 미래에 더 이상 경제적 효익을 제공할 수 없게 된다고 예상되는 원가를 **소멸원가**(expired cost)라고 한다. 소멸된 원가는 그것이 수익창출에 기여하였는가의 여부에 따라 비용과 손실로 구분된다. **비용**(expense)은 수익을 창출하는 과정에서 소비된 자산의 가치이다. 생산과정에서 발생된 제품원가는 그 제품이 판매될 때 매출원가인 비용이며, 판매과정에서 소비된 자산의 가치는 판매비와 관리비인 비용이 된다. **손실**(loss)은 소멸된 원가 중에서 수익실현에 기여하지 못한 부분이다.[4]

---

4) 재무보고를 위한 개념체계에서 비용과 손실(차손, loss)을 별개의 요소로 보지 않으며, 기업회

자산과 원가, 비용과 손실의 관계를 요약하여 표시하면 〈그림 2-1〉과 같다.

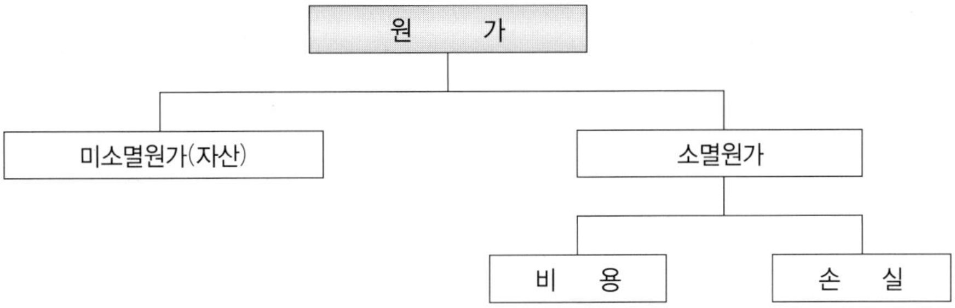

〈그림 2-1〉 자산, 원가, 비용의 관계

원가 중에서 미소멸된 부분은 자산으로 재무상태표에 기록된다. 소멸된 원가는 수익의 실현에 기여하였는가의 여부에 따라 비용이나 손실로 구분되며, 포괄손익계산서에 기록된다. 예를 들면, 제품을 생산하기 위해서는 재료와 작업자, 기계 그리고 전기, 수도 등이 투입되어야 한다. 이 과정에서 재료구입비, 작업자의 노무비, 기계의 감가상각비, 전기수도료 등의 비용이 발생하게 되며, 이들은 모두 제품의 원가를 구성하는 요소이다. 제품생산에 사용될 재료를 구입하여 보관하고 있다면 원재료로서 자산이며, 원재료를 사용하여 제품생산에 사용하였다면 제품원가이며 재고자산이다. 그리고 제품이 판매되어 수익이 실현되었다면 매출원가로서 비용이며 소멸된 원가이다. 만일 제품이 도난이나 화재로 소실되었다면 수익을 발생시키지 못하였으므로 손실이 된다.

기업이 원재료를 구입하여 제품의 생산과 판매에 이르기까지 관련된 자산과 비용의 회계처리는 다음과 같다.

① 원재료가 생산공정에 아직 투입되지 않는 경우: 원재료계정에 기록하고, 기말재료재고액(자산)에 포함시킨다.

② 원재료가 생산공정에 투입되었으나 아직 제품이 완성되지 않는 경우: 재공품계정에 기록하고 기말재공품재고액(자산)에 포함시킨다.

③ 원재료가 생산공정에 투입되어 제품이 완성되었으나 아직 판매되지 않는 경우: 제품계정에 기록하고, 기말제품재고액(자산)에 포함시킨다.

④ 생산된 제품이 판매되어 수익이 실현된 경우: 판매된 제품(재고자산)의 원가는 매출원가라는 비용에 포함된다.

⑤ 생산된 제품이 판매되지 않고 도난 분실된 경우: 수익의 실현에 기여하지 못하였으므로 재고자산감모손실(손실)이 된다.

원가나 비용은 현실적으로 구분 없이 사용된다. 기업실무와 현장에서는 원가와 비용

계기준서에 의한 재무제표에는 모두 비용으로 표시된다.

이 거의 동의어로 사용되고 있으며 구분의 실익이 없지만, 회계학적으로는 두 개념을 구별할 수 있다. 원가는 제품을 생산하기 위하여 소비된 경제적 가치이며, 그 가치가 기업 내 어딘가에 남아 있는 것이다. 비용은 수익을 얻기 위하여 소비된 경제적 가치이며, 수익을 발생시키면서 그 가치가 기업외부로 유출되어 소멸된 것이다. 또한 원가는 자원의 취득시점에서 발생하며, 비용은 수익을 얻기 위한 자원의 소비시점에서 발생한다. 매출원가는 대표적인 비용이며, 제조원가(제품원가)는 자산이다. 손실을 비용에 포함시키는 것은 재무회계에서의 항목분류에 의한 것이다. 비용은 손익을 계산하기 위하여 수익과 대응되는 개념이며, 원가는 경제적 가치의 소비이며 제품과 관계되는 개념이다.

2. 원가의 특성

원가는 기업이 수익을 얻기 위하여 특정제품이나 서비스를 구매하거나 제조하는 과정에서 소비되는 일체의 경제적 가치이며 다음과 같은 특성이 있다.

(1) 원가는 경제적 가치를 가진 자원이다. 경제적 자원은 원재료, 노동력, 기계설비, 기타 서비스 등 경제적 가치를 갖는 자원이며, 이미 소모된 것은 물론이고 미래에 소모될 것까지 포함한다. 따라서 자연의 요소(공기, 바람 등)와 같이 경제적 가치를 가지고 있지 않는 것은 원가가 될 수 없다.

(2) 원가는 정상적인 영업활동과정에서 소비액이다. 원가는 정상적 영업활동과정에서 소비된 가치만을 포함하고, 비정상적인 상황에서 발생한 가치의 감소는 포함하지 않는다. 예를 들면, 제품의 제조과정에서 정상적으로 소비된 것은 원가에 산입되지만 비정상적으로 발생하는 감모 소비액은 원가에 산입되지 않는다.

(3) 원가는 화폐가치로 측정 가능한 것이다. 경제적 자원을 물량 그대로 표현할 수도 있으나 일반적으로 원가는 각종 자원의 가치를 공통척도인 화폐단위를 이용하여 측정된다. 따라서 화폐가치로 측정할 수 없는 것들은 제품원가에 포함되지 않는다.

(4) 원가는 재화나 서비스의 소비액이다. 원가는 특정한 목적을 달성하기 위하여 소비된 경제적 가치이다. 수익활동에 필요한 재화나 용역을 단순히 구입하는 것은 제품원가에 포함되지 않으며 이를 소비하여야 원가가 된다. 예컨대, 기업이 구입한 공장용 토지는 소비되는 것이 아니므로 원가가 아니라 자산이며, 구입한 원재료 중에서 제품생산에 사용되지 않는 재료의 가치는 제품원가에 포함되지 않는다.

(5) 원가는 경제활동에서 발생된 것이다. 원가는 재화나 용역을 얻기 소비된 경제적 가치이므로 제조 및 판매활동과 관계없이 발생되는 재화나 서비스의 소비는 원가에 포함되지 않는다. 예를 들면 제품의 제조 및 판매활동이외의 경영활동에 필요한 자금조달과 관련하여 발생한 이자비용은 원가에 산입되지 않는다.

3. 총원가와 단위당 원가

총원가(total cost)는 원가회계에서 2가지 의미로 사용된다. 첫째는 제품의 제조과정에 발생된 모든 원가를 의미하며, 재료원가와 노무원가, 경비(제조간접원가)로 구성된다. 이때의 총원가는 제조원가명세서에 당기총제조원가로 표시된다. 원가계산의 핵심인 종합원가계산에서 총원가는 총제조원가를 의미한다.

> 총원가(총제조원가) = 재료원가 + 노무원가 + 경비(제조간접원가)
> = 고정제조원가 + 변동제조원가

다른 의미에서 총원가는 제품이 제조되어 판매되기까지 발생하는 모든 원가를 의미하며, 제조원가에 판매비와 관리비가 포함된 원가이다.

> 총원가 = 제조원가 + 판매비와 관리비
> = 고정원가 + 변동원가

단위당 원가(unit cost)는 평균원가(average cost)라고도 하며, 총원가를 생산수량으로 나눈 것이며, 제품 1개당 제조원가이다.

$$\text{단위당 원가} = \frac{\text{총원가}}{\text{생산수량}}$$

예를 들어, 제품 100개를 생산하기 위하여 총제조원가 ₩120,000이 발생하였다면 단위당 원가는 다음과 같이 ₩1,200이 된다.

$$\text{단위당 원가} = \frac{\text{총원가}}{\text{생산수량}} = \frac{120,000\text{원}}{100\text{개}}$$
$$= 1,200\text{원}$$

만일 생산된 제품 100개 중에서 80개가 판매되고 20개는 판매되지 않고 재고자산으로 남아 있다면 포괄손익계산서에 매출원가는 ₩96,000(1,200×80개)으로 기록되고, 재무상태표에는 기말 재고자산으로 ₩24,000(1,200×20개)이 기록된다.

제2절 원가의 분류

원가는 여러 가지 관점과 기준에 따라 다양하게 분류된다. 원가 관리회계에서는 “상이한 목적에 따라 상이한 원가를 적용한다"는 것을 강조한다. 이것은 원가정보를 이용하는 목적이 여러 가지가 있으며 원가를 정의하고 측정하는 방법도 여러 가지가 있다는 것을 의미한다. 일반적인 원가의 분류기준과 종류는 〈표 2-1〉과 같다.

〈표 2-1〉 원가의 분류

분 류 기 준	원가의 종류
개별적인 추적가능성	직접원가와 간접원가
투입된 자원의 형태	재료원가, 노무원가, 제조간접원가
제조활동과의 관련성	제조원가, 비제조원가
원가의 행태(조업도와의 관련성)	고정원가, 변동원가
경영자의 통제가능성	통제가능원가, 통제불가능원가
원가의 측정범위	전부원가, 변동원가
의사결정과의 관련성	관련원가, 차액원가, 기회원가, 매몰원가

1. 원가의 추적가능성에 따른 분류

원가는 특정 원가대상에의 추적가능성에 따라 직접원가와 간접원가로 분류한다. **원가대상**(cost object)이란 제품, 부문, 활동, 서비스, 공장전체 등과 같이 원가를 부담하는 목적물(대상)이며, 원가를 측정하고자 하는 항목이나 활동으로 **원가집적대상**이라고도 한다. **추적가능성**(traceability)은 원가가 발생한 경로를 최종 제품까지 추적하여 해당 제품별로의 집계가능성이며, 원가가 특정 원가대상(제품)에 사용 소비된 것임을 직접적 또는 개별적으로 확인할 수 있는 것이다. 원가를 추적가능성에 따라서 직접원가와 간접원가로 분류하기 위해서는 추적의 기술적 측면과 경제성(중요성)을 고려하여 결정한다.

(1) 직접원가

직접원가(direct cost)는 특정 원가대상에 직접 추적할 수 있는 원가이며, 어떤 원가가 발생(=자원의 소비)되었을 때 특정 제품이나 부문에 직접 관련시킬 수 있는 원가이다. 직접원가는 원가가 특정 원가대상과 직접적인 관련이 있는 원가이며, 그 원가대상에 직접적으로 추적(trace)할 수 있는 원가이다. 직접원가는 **개별원가**(separable cost)라고도 하며 원가대상별로 분리 또는 추적이 가능한 원가이며, 경제적 방법으로 쉽게 추적될 수 있는 원가이다. 예를 들어 자동차의 엔진, 가구의 목재의 원가는 특정의 제품과 관련하여 용이하게 추적할 수 있으므로 직접원가이다. 직접원가는 각 제품별로 직접재료원가나 직접노무원가 등과 같은 원가요소가 얼마나 소비되었는가를 파악할 수 있으며, 특정 원가대상에 직접 부과하거나 **할당**(assignment)할 수 있다.

(2) 간접원가

간접원가(indirect cost)는 원가가 특정제품에 직접적으로 추적이 불가능하지만 제품제조에 발생되는 원가이다. 간접원가는 특정원가가 원가대상과 관련을 갖고 있더라도 실질적으로 발생액을 추적할 수 없는 원가이다. 간접원가는 **공통원가**(common cost)라고 하며, 여러 원가대상과 관련되는 원가로서 경제적 방법으로 쉽게 추적될 수 없는 원가이다. 예를 들어, 감가상각비나 수선부문의 원가는 제품생산에 필요한 원이나 이들 원가의 발생액을 특정제품에 직접적으로 추적할 수 없으므로 간접원가이다.

제품원가계산(개별원가계산)에서 직접원가와 간접원가의 구분은 중요하다. 여러 제품을 생산하는 경우 직접원가는 해당 제품에 직접 부과할 수 있지만, 간접원가는 일정한 기준을 이용하여 제품별로 **배부**(allocation)하게 된다. 따라서 간접원가의 배부기준과 배부방법은 제품원가계산에서 중요한 문제이다. 대표적인 직접원가는 직접재료원가와 직접노무원가이며, 간접원가는 간접재료원가나 간접노무원가, 경비 등의 제조간접원가이다.

특정원가가 직접원가인가 또는 간접원가인가 하는 것이 항상 고정되어 있는 것이 아니므로 실제로 직접원가와 간접원가로 구분하는 것은 어려운 일이다. 직접원가는 특정원가대상에 추적할 수 있는 원가이므로 동일한 원가일지라도 원가대상이 달라지면 추적가능성도 달라질 수 있다.어떤 원가를 직접원가로 분류하기 위해서는 일반적으로 두가지 기준이 적용될 수 있다. 첫째는 원가대상에 대한 **추적가능성**(traceability)이며, 둘째는 **중요성**(materiality)이다. 원가대상에 추적 가능하여도 그 금액이 중요하지 않으면 일반적으로 간접원가로 분류된다. 예를 들어, 목재책상과 가구를 만들 때 못이 사용되고 있는데 그 못의 사용량을 제품별로 추적하는 것은 추가적인 인건비와 관리비가 필요하다. 못의 사용량을 추적하여 직접원가로 인식하여도 제품원가의 정확성은 크게 차이가 나지 않는다. 따라서 특정 원가대상에 실질적으로 추적할 수 있는 원가라 하여도 그 원가를 추적함으로써 얻을 수 있는 효익이 비용보다 적은 경우에는 간접원가로 분류하는 것이 일반적인 관행이다.

2. 제조원가의 형태에 따른 분류

제품을 생산하기 위해서는 원재료와 노동력, 기계설비와 전기, 수도와 같은 부대설비와 기타의 생산요소들이 제조과정에 투입되어야 한다. 제조과정에 투입된 자원의 형태에 따라 원가는 재료원가, 노무원가, 경비로 분류한다. 이는 우리나라 원가계산준칙에서 제시하고 있는 원가의 분류방법이다. 재료원가와 노무원가, 경비를 **제조원가의 3요소**라고 한다.

(1) 재료원가

재료원가(material cost, 재료비)는 제품제조를 위해 투입된 재료의 소비액이다. 예를 들면, 자동차의 엔진과 타이어, 가구의 목재, 컴퓨터의 반도체, 기계의 윤활유 등 제품 생산에 소모되는 재료의 가치이다. 재료원가는 특정제품의 생산에 직접 관련되거나 추적할 수 있는 재료원가인 **직접재료원가**(direct material cost)와 여러 제품에 공통적으로 사용되어 특정제품(또는 특정원가대상)과 관련하여 추적이 어려우며, 금액이 적은 재료원가인 **간접재료원가**로 분류할 수 있다.

(2) 노무원가

노무원가(labor cost, 노무비)는 제품을 생산하는 데 투입된 노동력의 가치이다. 예를 들면 공장직원에게 지급되는 임금, 초과근무수당, 휴식시간에 지급하는 임금 등이다. 노무원가에는 특정 제품생산과 직접 관련되며 구체적으로 추적할 수 있는 **직접노무원가**(direct labor cost)와 특정 제품에 직접적으로 추적할 수 없는 노동에 지급된 원가인 **간접노무원가**가 있다. 제품생산에 직접 투입된 종업원의 임금은 직접원가이며, 생산설비를 유지 보수하는 종업원이나 감독자에 대한 임금은 간접노무원가이다.

(3) 제조경비와 제조간접원가

제조경비(other manufacturing cost)는 재료원가와 노무원가를 제외하고 생산과정에서 발생되는 기타의 모든 원가이다. 제조경비는 제조간접원가와 유사하지만 동일한 것은 아니다. 제조경비 중에서 외주가공비나 특정제품 제조를 위한 기계설비의 감가상각비와 같이 특정제품에 직접 추적가능한 직접경비가 있을 수 있으며, 재료원가와 노무원가 중에서 간접재료원가와 간접노무원가는 제조간접원가에 포함되기 때문이다. 그러나 직접경비와 같은 예외적인 경우를 제외하고 **대부분의 제조경비는 제조간접원가이다.**

제조간접원가(manufacturing overhead costs)는 직접재료원가와 직접노무원가를 제외한 모든 원가요소이다. 제조간접원가는 간접재료원가, 간접노무원가, 기타의 제조원가이며, 구체적으로 건물과 기계설비의 감가상각비, 전력비, 수도료, 통신비, 공장사무비 등 다양한 항목으로 구성되어 있다.

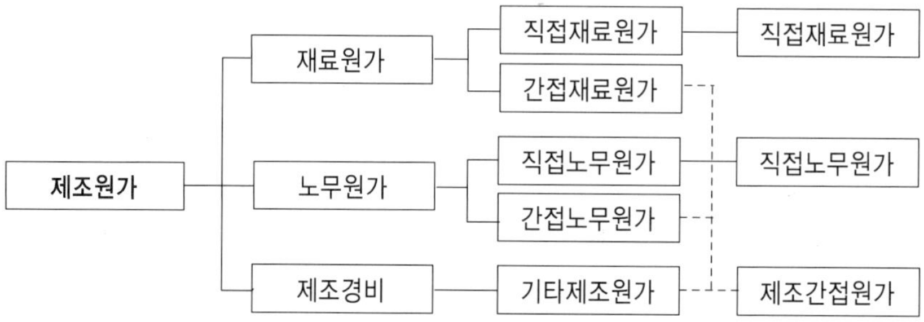

〈그림 2-2〉 제조원가의 구성요소

3. 제조활동과 관련성에 따른 분류

(1) 제조원가

원가를 제조활동과의 관련성에 따라 분류하면 제조원가와 비제조원가로 나눌 수 있다. **제조원가**(manufacturing cost)는 제품을 생산하는 과정에서 발생되는 모든 원가이다. **제조원가는 직접재료원가, 직접노무원가 및 제조간접원가로 구성된다.** 제품제조에 투입된 원가의 형태를 강조하는 관점에서 제조원가를 재료원가, 노무원가, 경비로 분류한다. 제조과정이 진행됨에 따라 직접재료원가와 직접노무원가, 제조간접원가는 재공품에 부과하고 제조과정이 완료됨에 따라 제조원가는 **제품원가**로 대체된다.

직접재료원가와 직접노무원가는 제품을 제조하는데 직접적으로 관련된 원가이므로 **기초원가**(prime cost, **기본원가**, **주요원가**)라고 하며, 제품제조의 기초가 되는 원가이다. 기초원가는 **제1원가**(first cost) 또는 **소가**(素價)라고도 한다. 기초원가에 제조간접원가를 더한 것이 제조원가이며, **공장원가**(factory cost), **생산원가**라고 한다. 직접노무원가와 제조간접원가는 재료를 가공하여 제품을 제조하는데 사용된 원가이므로 **가공원가**(conversion cost, **전환원가**)이며, 재료를 제품으로 전환하는 과정에서 발생된 원가이다.

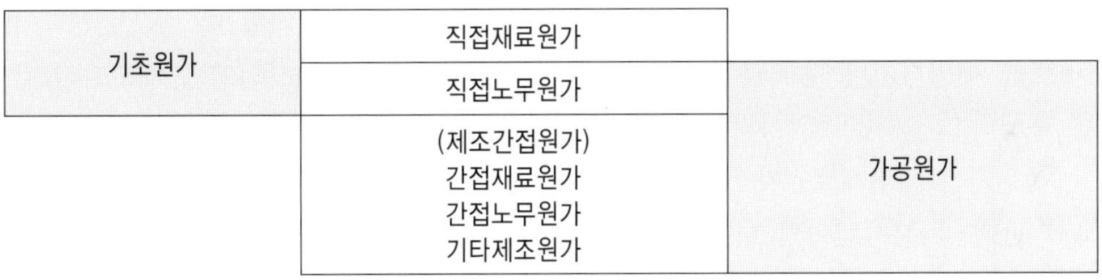

(2) 비제조원가

비제조원가(non-manufacturing cost)는 기업의 제조활동과 직접적인 관련이 없이 발생한 원가이며, 판매과정이나 기업 관리활동과 관련하여 발생하는 **판매비**와 **관리비**이다. 판매비는 제품을 판매하는 과정에 발생하는 비용이며, 광고비, 판매수수료, 운송비 등이다. 관리비는 기업을 운영하고 유지하기 위하여 소요되는 비용이며, 경영자와 사무직원의 급여, 관리부서의 건물감가상각비 등이 여기에 해당한다.

제조원가와 비제조원가, 판매가격의 관계를 보면 〈그림 2-3〉과 같다.

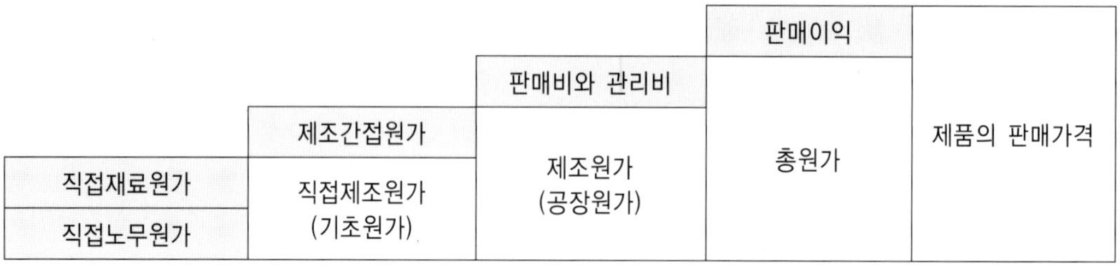

〈그림 2-3〉 원가의 구성요소와 제품가격

4. 자산화의 용이성에 따른 분류: 수익과의 대응관계에 따른 분류

원가는 **자산화의 여부** 또는 **수익과의 대응관계**에 따라 제품원가와 기간원가로 분류할 수 있다. **자산화** 또는 **자본화된 원가**(capitalized cost)는 처음에 자산으로 기록되었다가 그 후 비용으로 되는 원가이다. 예를 들면 공장건물과 기계설비의 취득원가는 구입 당시에는 자산으로 기록되었다가 기간이 경과되면 사용된 부분만큼 감가상각비라는 비용으로 처리되는 원가이다.

(1) 제품원가

제품원가(production cost)는 판매목적으로 제조된 제품에 부과할 수 있는 원가이다. 즉 재료를 매입하거나 제조과정에 발생한 원가이며, 발생하는 시점에는 재고자산의 원가를 구성하고, 제품이 완성되어 판매되는 시점에서 매출원가라는 비용이 되는 원가이다. 제품원가는 직접재료원가, 직접노무원가, 제조간접원가의 합계액이며, 재고자산의 원가로서 판매·처분시점까지 비용화가 이연된다는 점에서 **재고가능원가**라고 한다. 제품원가는 제조원가와 유사한 개념이며, 전부원가계산제도에서는 동일한 개념이다.

(2) 기간원가

기간원가(period cost)는 제품원가 이외의 모든 원가이며, 일정기간의 수익에 간접적으로 대응되는 원가이다. 광고선전비, 판매사원의 급여, 사무용품비 등의 판매비와 관리비가 기간원가에 해당되며, 제품원가에 포함되지 않고 발생한 기간에 즉시 비용으로 인식되는 원가이다. 기간원가는 재고자산원가를 구성하는 것이 아니고 미래기간까지 이연되는 것이 아니므로 **재고불능원가**라고 하며, 비제조원가와 유사한 개념이다.

(예제 2-1) 다음은 전자제품을 생산하는 Y기업의 제품단위당 원가자료이다.

직접재료원가	₩ 200,000	직접노무원가	₩90,000
간접재료원가	150,000	간접노무원가	30,000
기타제조간접원가	70,000	판매비와 관리비	20,000

(요구사항)

단위당 기초(기본)원가, 가공원가, 제조간접원가, 제조원가, 총원가는 얼마인가?
또한 이익이 총원가의 20%일 때 판매가격은 얼마인가?

(풀이)

① 기초원가: 200,000 + 90,000 = ₩290,000
② 가공원가: 90,000 + 150,000 + 30,000 + 70,000 = ₩340,000
③ 제조간접원가: 150,000 + 30,000 + 70,000 = ₩250,000
④ 제조원가(제품원가) : 290,000 + 250,000 = ₩540,000
⑤ 총원가: 540,000 + 20,000 = ₩560,000
⑥ 판매가격: 560,000 × (1 + 0.2) = ₩672,000

5. 원가행태에 따른 분류

원가행태(cost behavior)는 조업도 수준의 변화에 따라 총원가가 변화하는 양상이다. **조업도**(volume)는 일정기간동안 생산설비의 이용정도 또는 기업이 보유한 자원의 활용정도를 나타내는 수치이며, 생산량, 판매량, 매출액, 작업시간 등 여러 가지로 표시될 수 있다. 경영계획과 통제에 유용한 정보를 제공하기 위하여 원가행태에 따른 원가의 분류가 중요하다. 원가의 계획과 통제를 효율적으로 수행하기 위하여 조업도 수준의 변동에 따라 원가가 어떻게 변동하는가를 알아야 한다. 다시 말하면, 산출량 또는 투입량의 변화에 따라 원가가 어떻게 변화할 것인가를 알 수 있어야 원가자료를 계획과 통제 목적에 유용하게 사용할 수 있다. 따라서 원가의 행태를 파악한다는 것은 미래의 계획수립과 의사결정에 중요한 정보가 되며, 원가회계 담당자의 중요한 업무이다. 일반적으로 원가행태에 따라 원가를 분류하면 기본적으로 고정원가와 변동원가로 분류되며, 이를 세분하면 순수고정원가, 순수변동원가, 준고정원가, 준변동원가 등으로 나눌 수 있다.

(1) 고정원가

고정원가(fixed cost)는 조업도의 변동에 관계없이 총원가가 일정하게 발생하는 원가이다. 즉, 조업도가 0인 수준에서도 원가가 발생하며 조업도가 증가하거나 감소하여도 원가총액이 항상 일정하게 발생하는 원가이다. 고정원가의 예를 들면 건물감가상각비, 감독자급여, 임차료, 보험료 등이며, 기간별로 일정하게 발생하는 원가이다. 이러한 순수고정원가를 **설비원가**(capacity cost)라고도 한다. 왜냐 하면, 순수고정원가는 기업이 현재의 조업도수준을 유지하기 위하여 반드시 필요한 원가이기 때문이다.

일반적으로 고정원가는 순수고정원가를 의미하며, 고정원가의 원가함수식은 다음과 같다.

$FC = a$

FC : 고정원가

a : 고정원가 발생액(일정)

고정원가는 조업도 변동에 관계없이 총원가가 일정하게 발생하지만, 조업도가 증가할수록 단위당 고정원가는 감소한다. 반대로 조업도가 감소하면 단위당 고정원가는 증가한다. 예를 들어 임차료가 연간 2,000만원이고 제품을 연간 1,000개 생산한다면 단위당 고정원가는 2만원(2,000만원÷1,000개)이지만, 제품을 2,000개 생산한다면 단위당 고정원가는 1만원(2,000만원÷2,000개)으로 감소한다. 고정원가와 조업도와의 관계를 총원가와 단위당 원가로 나누어 표시하면 〈그림 2-4〉와 같다.

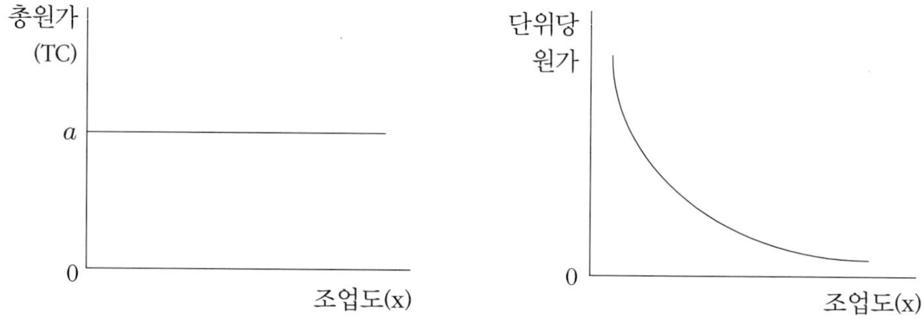

〈그림 2-4〉 고정원가

그러나 고정원가는 모든 조업도수준에서 일정하게 발생하는 것이 아니라 일정한 조업도범위, 즉 관련범위 내에서만 일정한 금액으로 발생한다. 예를 들어 조업도 수준이 낮아 감독자를 해고하면 고정원가가 감소한다. 또한 조업도 수준을 높이기 위하여 기계설비를 추가로 구입하는 경우 고정원가인 감가상각비가 증가한다. 따라서 고정원가는 일정한 조업도의 범위 즉, 관련범위 내에서만 조업도의 변화에 관계없이 총원가가 일정하게 발생한다고 가정한다. 이와 같이 순수고정원가는 관련범위 내에서만 일정하기 때문에 관련범위를 벗어나면 그 크기가 얼마든지 변할 수 있는 원가이다.

관련범위(relevant range)는 원가와 조업도 간의 일정한 관계가 유지되는 조업도의 범위이며, 현실적으로 달성 가능한 최저조업도와 최대조업도 사이의 범위이다. 또한 관련범위는 원가와 원가동인의 관계가 지속적으로 유지될 것으로 기대되는 범위이다. 여기서 **원가동인**(cost driver)은 작업이나 제조활동을 유발하는 원인이며, 원가대상의 총원가에 변화를 유발시키는 요인이다. 즉, 원가에 영향을 미치는 주요 활동이며, 원가발생인자(cost generator) 원가결정인자(cost determinant)고도 한다. 원가동인은 다음 표에서와 같이 생산량, 판매량, 작업시간 등 조업도개념 뿐 아니라 품질, 기술수준, 공급자의 수 등 원가대상에 따라 다양하다.

〈표 2-2〉 원가동인의 예

원 가 대 상	원가동인
제　　품	생산량, 작업시간, 작업준비횟수, 부품의 수
광고활동	광고매체, 작업시간, 광고시간, 출연모델수
구매부서	구매주문서의 수, 공급자의 수, 운송시간

(2) 변동원가

변동원가(variable cost)는 조업도의 변동에 따라 총원가가 비례하여 증감하는 원가이다. 예를 들면 직접재료원가, 직접노무원가, 제품의 부품원가, 판매수수료 등과 같이 조업도수준이 증가 감소하면 원가총액이 증가 또는 감소하는 원가이다. 변동원가는 조업도의 변동에 따라 비례하여 변동하는 원가이므로 조업도수준이 0이거나 조업이 중단되었을 때는 전혀 발생하지 않는 원가이다. 일반적으로 변동원가는 순수변동원가를 의미한다.

변동원가는 다음과 같은 원가함수로 표시되며, 그래프로 나타내면 〈그림 2-5〉와 같다.

$VC = ax$

VC : 변동원가

a : 단위당 변동원가

x : 조업도수준

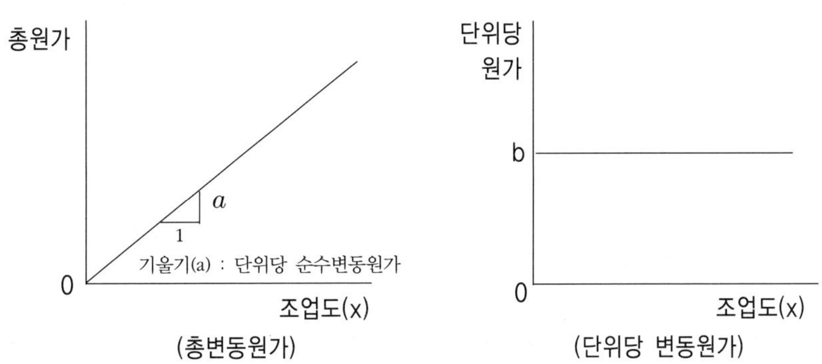

〈그림 2-5〉 변동원가

변동원가는 조업도의 변동에 따라 총원가가 비례하여 변동하지만, 단위당 변동원가는 일정하다. 예를 들어 재료원가가 제품 1개당 4만원이고 연간생산량이 1,000개이면 총원가는 4,000만원(4만원×1,000개)이다. 조업도가 증가하여 연간 2,000개를 생산하면 총재료원가는 8,000만원(4만원×2,000개)이나 단위당 원가는 4만원(8,000만원÷2,000개)이다. 제품단위당 소요되는 재료원가는 1,000개를 생산하거나 2,000개를 생산하거나 동일하며, 조업도가 0이면 발생하지 않는다. 그러나 현실적으로 보면 수량할인이나 물가상승 등으로 재료원가가 일정하지 않기 때문에 변동원가의 발생이 선형이라는 가정은 성립되기 어렵다.

지금까지 설명한 고정원가와 변동원가의 총원가와 단위당 원가가 조업도의 변동에 따라 어떻게 변화하는가를 정리하면 〈표 2-3〉과 같다.

〈표 2-3〉 조업도 변동에 따른 고정원가와 변동원가의 변동

구 분	총 원 가	단위당 원가
고정원가	관련범위 내에서 일정하게 발생	조업도 증가에 따라 감소
변동원가	조업도 변화에 비례하여 변화	조업도와 관계없이 일정

(3) 준변동원가

준변동원가(semi-variable cost)는 조업도가 0인 경우에도 일정한 원가가 발생하고, 조업도가 증가함에 따라 총원가도 비례적으로 증가하는 원가이다. 고정원가와 변동원가의 성격을 동시에 갖고 있으므로 **혼합원가**(mixed cost)라고도 한다. 준변동원가의 전형적인 예로는 전화요금, 수도요금, 가스요금, 수선유지비 등이며, 기본요금이 있고 사용량에 따라 요금이 증가하는 형태이다. 판매실적에 따라 급여가 지급되는 판매원의 급여도 준변동원가의 형태이며, 기본급 이외에 판매실적에 따라 추가적으로 수당을 지급받을 수 있다.

준변동원가를 식으로 표시하면 다음과 같으며, 〈그림 2-6〉과 같이 나타낼 수 있다.

$$VC = a + bx$$

VC : 준변동원가

a : 조업도가 0인 경우에도 발생하는 고정원가

b : 단위당 변동원가

x : 조업도수준

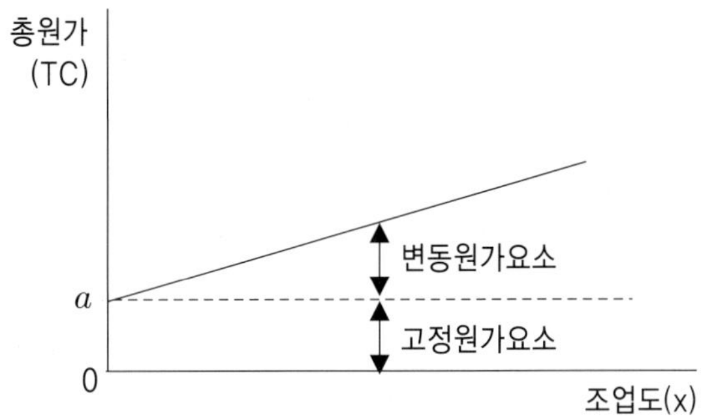

〈그림 2-6〉 준변동원가

(4) 준고정원가

준고정원가(semi-fixed cost)는 일정한 관련범위 내에서는 조업도의 변동에 관계없이 일정하게 발생하지만, 그 범위를 벗어나면 총원가가 일정액만큼 증가하는 원가이다. 준고정원가는 조업도의 변동에 따라 계단형태로 원가가 달라지므로 **계단원가**(step cost)라고 한다. 이러한 준고정원가의 예로는 생산감독자의 급여, 기계감가상각비 등이다. 생산감독자는 일정한 수의 작업자를 감독할 수 있으나 작업자의 수가 많아지면 추가적으로 감독자가 필요하게 되므로 계단형태의 준고정원가가 발생한다.

준고정원가의 원가행태를 식으로 표시하면 다음과 같으며, 〈그림 2-7〉은 준고정원가를 그래프로 나타낸 것이다.

$$
\begin{aligned}
FC &= a_1,\ 0 \le x < x_1 \\
&= a_2,\ x_1 \le x < x_2 \\
&= a_3,\ x_2 \le x < x_3
\end{aligned}
$$

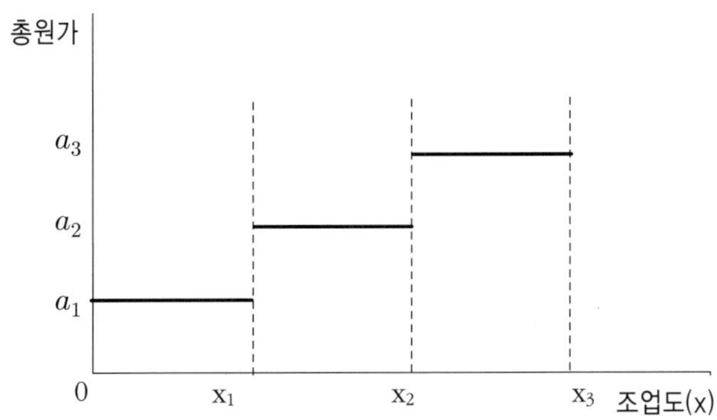

〈그림 2-7〉 준고정원가

6. 통제가능성에 따른 분류

(1) 통제가능원가

통제가능원가(controllable cost)는 단기간에 있어서 특정 경영자에 의하여 통제가능한 원가이다. 통제가능하다는 것은 경영자가 특정원가를 관리 통제할 수 있는 권한을 갖고 있다는 것을 의미한다. 기업 내에서 원가의 발생이 경영자에 의하여 통제가능하다면 경영자는 그 원가의 발생에 책임을 갖고 있다는 의미이다. 예를 들면 광고선전비, 연구개발비 등은 경영자의 입장에서 통제가능하나 종업원의 입장에서는 통제불가능한 원가이다.

통제가능원가와 통제불가능원가는 경영자의 성과평가에 유용한 개념이므로 책임회계에서 중요시 된다. 경영자와 부문관리자의 성과를 평가하기 위해서는 통제할 수 있는 원가와 통제할 수 없는 원가를 명확하게 구별해야 한다. 따라서 경영자의 성과를 평가할 때에는 광고선전비를 비용으로 포함시키지만, 종업원의 업적을 평가할 때에는 포함시키지 않는다.

원가를 통제가능성이라는 측면에서 분류할 때에는 시간적인 차원도 함께 고려하여야 한다. 단기간에 있어서는 통제불능한 원가라도 장기적인 수준에서는 통제가능할 수도 있기 때문이다. 예를 들면 광고계약을 체결하였다면 경영자는 계약기간 내에는 광고비 지출액을 변경할 수가 없다. 그러나 계약이 만료되면 광고비금액을 다시 결정할 수가 있기 때문에 경영자는 장기간에 걸쳐서는 광고비를 통제할 수가 있다.

(2) 통제불가능원가

통제불가능원가(uncontrollable cost)는 특정경영자의 수준에서 통제할 수 없으며 책임도 없는 원가이다. 일반적으로 회계기간 동안에 일정액이 발생하는 고정원가, 특히 감가상각비와 같이 과거의 의사결정에 의하여 발생한 원가는 이미 정해져 있으므로 경영자가 통제할 수 없는 통제불가능원가이다. 또한 직접재료원가와 노무원가와 같은 변동원가는 제품이나 생산기술이 변경되지 않는다면 원가의 발생에 경영자의 자유재량(discretion)이 개입될 여지가 없는 원가이다. 그러나 통제불가능원가와 통제가능원가를 항상 명확하게 구분할 수 있는 기준이 있는 것은 아니다.

7. 원가의 측정범위에 따른 분류

(1) 전부원가

전부원가(absorption cost)는 제품제조에 관련된 모든 원가를 제품원가에 포함시켜 계산된 원가이다. 일반적으로 원가행태에 관계없이 제품생산에 관련된 모든 원가, 즉 직접재료원가, 직접노무원가, 변동제조간접원가, 고정제조간접원가 모두를 제품원가에 포함시켜 계산된 원가이다. 재무회계에서는 전부원가만을 제품원가로 인정하며, 재무제표 작성에서도 전부원가계산에 따라 재고자산을 평가해야 한다.

(2) 변동원가

변동원가(variable cost): 변동제조원가만을 제품원가에 포함하여 계산된 원가이며, **직접원가**(direct cost)라고도 한다. 변동원가는 직접재료원가, 직접노무원가, 변동제조간접원가만을 제품원가에 포함하여 계산된 원가이며, 고정제조간접원가는 기간비용으로 처리한다. 변동원가는 경영관리목적, 특히 단기적 경영의사결정목적에 적합한 개념이다. 변동원가에 의한 원가계산은 제품원가를 과소평가하므로 외부보고목적으로는 허용되지 않고 있으나 의사결정이나 성과평가 등 관리적 의사결정에 유용한 정보를 제공한다.

8. 의사결정과의 관련성에 따른 분류

전통적인 원가회계에서 제품원가에 관련된 원가개념과는 달리 현대관리회계에서는 의사결정목적과 성과평가목적, 전략적 원가관리 등 경영관리목적에 적합한 다양한 원가개념이 사용되고 있다. 의사결정 측면에서 특정원가의 목적적합성여부는 의사결정의 내용에 따라 달라진다. 즉 의사결정내용에 따라 원가의 종류가 달라지며 실무적으로 다양한 원가용어가 사용되고 있다. 의사결정과의 관련성에 따라 일반적으로 자주 사용되는 주요한 원가개념을 정리하면 다음과 같다.

(1) 관련원가

관련원가(relevant costs)는 고려중인 의사결정 대체안 간에 차이가 있는 미래원가(future cost)이며, 특정 의사결정과 관련된 원가이다. 즉, 관련원가는 경영자의 의사결정에 영향을 미칠 수 있는 원가이며, ①기대되는 미래원가(expected future costs)이며 ② 의사결정 대체안 간에 차이가 있는 원가이다.

여러 대체안 중에서 하나는 선택해야 하는 경우에 고려되어야 하는 원가는 관련원가이며, 의사결정에서 관련원가와 비관련원가를 구분하지 못하면 잘못된 의사결정을 내릴 수 있다. 이에 비하여 **역사적 원가**는 과거에 이미 발생한 원가이므로 그 자체로는 관련원가가 아니다. 다만 미래원가의 대용치로 사용된다면 역사적 원가도 관련원가가 될 수 있다.

비관련원가(irrelevant cost)는 특정의사결정과 관련이 없으며, 대체안 간에 차이가 없는 원가이다. 비관련원가는 이미 발생한 과거의 원가이므로 의사결정에 영향을 주지 못하는 역사적 원가(기발생원가)이다.

어떤 원가항목이 관련원가인가 아닌가의 여부는 항상 일정한 것이 아니며, 의사결정 내용에 따라 달라진다. 즉 어떤 의사결정에서는 특정원가항목이 관련원가이지만, 다른 의사결정을 할 때는 비관련원가일 수 있다. 대체안 간의 원가차이를 **차액원가**(differential cost)라고 한다. 일반적으로 차액원가는 관련원가이며 매몰원가는 비관련원가이다.

(예제 2-2) 다음은 매달 전자제품 100개씩 생산하는 Y회사의 자료이다.

제품단위당 변동재료원가	₩2,000	제품단위당 변동노무원가	₩1,000
건물감가상각비	150,000	제품단위당 판매가격	6,000

Y회사는 이화상사로부터 제품 1개당 ₩3,500에 구입하겠다는 새로운 주문을 받았다.

(요구사항)

관련원가와 비관련원가를 구분하고 주문수락여부를 결정하시오.

(풀이)

① 관련원가: 변동재료원가 2,000 +변동노무원가 1,000 = ₩3,000
비관련원가: 단위당 고정원가 ₩1,500 (=150,000원÷100개)
- 감가상각비는 주문수락여부와 관련 없이 발생한다.

② 주문수락여부: 관련수익(단위당 주문가격)₩ 3,500이 관련원가(차액원가)를 초과하므로 주문을 수락한다.

(2) 차액원가

차액원가(differential cost)는 여러 대체안을 상호 비교하는 경우 특정 대체안과 다른 대체안과의 원가차이이다. 차액원가는 각 원가요소별로 계산할 수도 있고 총원가의 차이로 계산할 수도 있다. 의사결정시 고려대상이 되는 관련원가는 대부분 차액원가이다. 변동원가는 차액원가라고 생각하기 쉬우나, 차액원가는 대체안 간의 차이가 있는 원가이며, 변동원가뿐 아니라 고정원가도 차액원가가 될 수 있다.

차액원가는 **증분원가**(incremental cost)와 유사한 개념이다. 증분원가는 어떤 의사결정을 선택함으로써 나타나는 원가의 증가액을 의미한다. 차액원가에 대응되는 수익개념으로 **차액수익**(differential revenue)이 있다. 차액수익은 특정대체안의 수익과 다른 대체안의 수익의 차이이다. 의사결정에서는 원가가 최소화되는 대체안을 선택하게 되므로, 차액원가(증분원가)가 차액수익보다 적은 경우에는 대체안을 선택하거나 주문을 수락하게 된다.

(예제 2-3)

(주) 제일물산은 1일 500단위의 제품을 생산하였으나 수요증가로 1일 1,500단위로 생산량을 증가시키고자 한다. 단위당 변동원가는 ₩100이고, 고정원가는 ₩40,000이다. 생산을 증가시키는 경우 단위당 변동원가는 일정하지만, 고정원가는 ₩60,000으로 예상된다. 제품의 단위당 판

매가는 ₩200이다.

(요구사항)

차액수익, 차액원가, 차액영업이익을 계산하시오.

(풀이)

- 차액원가는 변동원가와 고정원가를 모두 포함할 수 있다.

구 분	500단위 생산	1,500단위 생산	차액수익(원가)
매 출 액	₩100,000	₩300,000	₩200,000
변동원가	(50,000)	(150,000)	(100,000)
고정원가	(40,000)	(60,000)	(20,000)
영업이익	10,000	90,000	80,000

(총차액원가는 120,000원이다.)

(3) 기회원가

기회원가(opportunity cost)는 선택 가능한 여러 대체안 중에서 하나를 선택하고 나머지를 포기하는 경우 포기되는 차선의 대체안으로부터 기대되는 이익이다. 즉, 자원을 현재의 용도가 아닌 다른 용도에 사용하였을 때 실현될 수 있는 최대의 금액이며, 차선의 대체안을 포기함으로써 상실한 효익(benefit)이라고도 할 수 있다. 의사결정에서 선택되는 최선의 대체안에 대한 기회원가는 선택되지 못한 차선의 대체안으로부터 기대되는 이익이다. 예를 들면, 보유중인 기계를 이용하여 제품 A를 생산하기로 결정하였다고 가정하자. 그러나 이 기계를 이용하여 제품 B를 생산할 수도 있고, 기계를 다른 기업에 매각할 수도 있다. 제품 B로부터 기대되는 이익이 ₩10,000이고 매각하는 경우 기대이익이 ₩12,000이면, 제품 A의 생산에 대한 기회원가는 ₩12,000이다.

기회원가는 제한된 자원의 활용과 관련하여 발생하며, 보유자원을 여러 가지 용도에 사용할 수 있을 때 나타난다. 만일 자원이 무한정하거나 제한된 자원의 용도나 대체안이 하나뿐인 경우에 기회원가는 발생하지 않는다. 또한 기회원가는 회계장부에는 기록되지 않지만 대체안을 평가하는 의사결정과정에서 반드시 고려되어야 하는 원가이다. 합리적 의사결정은 선택된 대체안으로부터 기대이익이 기회원가보다 커야 한다. 특히 의사결정과정에서 여러 가지 선택 가능한 대체안의 차이를 비교하거나, 분석해야 할 대체안의 수를 줄이는데 유용하다.

기회원가와 대비되는 개념은 **현금지출원가**(outlay cost)이다. 현금지출원가는 특정대체안을 선택함으로써 발생하는 실제 현금지출액을 의미한다. 예를 들면 현재의 설비를 새로운 설비로 대체하는 경우 신규설비의 취득원가에서 구설비의 매각대금을 공제한 금액이다.

(4) 매몰원가

매몰원가(sunk cost)는 과거 의사결정의 결과에 의하여 이미 발생한 원가이며, 현재 또는 미래의 의사결정과 관련이 없는 원가이다. 매몰원가는 **기발생원가**, 또는 **역사적 원가**라고도 하며, 이미 발생하였으므로 미래의 의사결정과는 관련이 없고 경영자가 통제할 수 없는 원가이다. 따라서 매몰원가는 미래의 의사결정과정에서 고려할 필요가 없다.

예를 들면 신제품개발과 관련하여, 신제품을 생산하여 판매할 것인가의 문제는 제품의 예상되는 제조원가와 예상판매가격, 시장수요에 의하여 결정되어야 한다. 이 경우 이미 지출된 연구개발비용은 제품의 생산에 대한 의사결정에 영향을 미치지 않으므로 매몰원가이다. 미래에 대한 의사결정은 미래에 대한 정보를 기초로 수행하여야 하며 과거에 이미 발생된 역사적 원가에 집착하면 불합리한 의사결정을 내릴 수도 있다.

(예제 2-4) 의사결정을 위한 원가의 개념

다음에 제시된 원가를 선택하여 아래 문항의(　　)에 넣어 보시오.

[증분원가, 매몰원가, 변동원가, 고정원가, 준변동원가, 기회원가]

(1) 제일전자는 전자제품을 단위당 ₩20,000에 구입하여 ₩ 30,000에 판매하여 왔다. 그러나 최근 제품시장에서 가격의 하락으로 더 이상 판매할 수 없게 되었다. 제일전자는 현재 제품재고를 10단위 가지고 있는데 어느 구매자가 이 제품을 단위당 ₩10,000에 구입하겠다고 제안하였다. 이때 ₩20,000은 (　　)이다.

(2) 제일전자는 현재 사용 중인 설비를 새로운 설비의 리스를 고려하고 있다. 새로운 설비에 대한 리스비용은 연간 ₩2,000,000이다. 원가를 행태별로 분류하는 경우 연간 리스비용은 (　　)이다.

(3) 기계설비를 작동하는 직원에게는 기본급에 추가로 생산단위당 일정금액을 지급하려고 한다. 이 직원의 급여는 원가행태별 분류에서 (　　)이다.

(4) 제일전자는 사용 중인 설비를 새로운 설비로 대체하는 경우 (2)에서 언급한 현재의 설비는 ₩2,000,000에 처분할 수 있으나 제일전자는 현재의 설비를 계속 사용하기로 하였다. 이때 처분예정가격₩2,000,000은 (　　)이다.

(5) 제일전자는 현재의 기계설비에 대한 조업도수준을 10% 증가시키려고 하며, 조업시간의 증가와 함께 추가로 수선비용이 소요된다. 이러한 경우 수선비용은 (　　)이다.

(6) 제일전자는 기계설비의 사용비용을 각 부서의 사용시간당 일정금액으로 할당시키고 있다. 이때 기계설비의 사용비용은 (　　)이다.

(해 답)

(1) 매몰원가 (2) 고정원가 (3) 준변동원가 (4) 기회원가 (5) 증분원가 (6) 변동원가

토의문제

1. 원가와 비용을 구분하여 설명하시오.
2. 원가대상을 정의하고 예를 들어보시오
3. 직접원가와 간접원가를 어떻게 구분하는가?
4. 제조원가의 구성요소는 무엇인가?
5. 조업도 변동에 따라 고정원가와 변동원가의 총원가와 단위당 원가는 어떻게 변화하는가?
6. 관련범위와 고정원가의 관계를 설명하시오.
7. 다음 용어를 설명하고 예를 들어보시오.
   기초원가 가공원가 기간원가 준변동원가
   관련원가 기회원가 매몰원가 차액원가

연습문제

(2-1) 원가의 분류: 원가의 3요소, 직접원가와 간접원가

다음은 소형차와 중형차를 생산하는 (주)한성자동차의 1개월간 생산원가자료이다.

① 소형차의 생산에 직접 사용되는 엔진의 원가는 ₩300,000이며, 중형차의 엔진원가는 ₩500,000이다. 엔진의 원가이외에 소모품과 페인트 등의 원가 ₩200,000이 소비되었다.

② 소형차생산 라인의 종업원 임금은 ₩250,000이고, 중형차생산라인의 임금은 ₩350,000이다. 생산라인을 감독하는 공장장의 급여는 ₩100,000이다.

③ 차량생산에 사용된 전력비는 ₩20,000, 수도료 ₩10,000이 발생하였고, 생산관련 기계의 감가상각비는 ₩15,000이 발생하였다.

④ 영업사원의 급여는 ₩80,000, 영업소장의 급여는 ₩100,000이며, 본사 건물감가상각비는 ₩12,000이다.

(요구사항)

1. 자동차생산과 관련하여 소비된 원가를 원가의 3요소인 재료원가, 노무원가, 경비로 분류 하시오
2. 발생된 원가를 추적가능성에 따라 직접원가와 간접원가로 분류하시오.
3. 제조원가에 포함되지 않는 원가는 얼마인가?

(2-2) 제품원가와 기간비용, 변동원가와 고정원가

다음은 가구제조업의 원가계산에서 자주 사용되는 원가항목이다.

① 공장건물의 감가상각비	② 본사건물의 감가상각비	③ 기계설비의 유지보수비용
④ 책상의 나무	⑤ 공장의 난방용 연료	⑥ 제품검사직원의 급여
⑦ 작업자의 산재보험료	⑧ 제품포장재료	⑨ 생산설비의 재산세

⑩ 완성품 창고의 관리인급여 ⑪ 외주가공비 ⑫ 생산직원의 야유회비
⑬ 생산감독자의 급여 ⑭ 감사인의 수수료 ⑮ 광고선전비

(요구사항)

원가의 성격에 따라 제품원가와 기간비용, 고정원가와 변동원가로 구분하시오.

(2-3) 기초원가와 가공원가

(주) 제일전자의 3월 중 생산량은 100단위이며 원가자료는 다음과 같다

단위당 직접재료원가	₩ 2,000	단위당 직접노무원가	₩ 1,500
단위당 변동제조간접원가	1,000	총고정제조간접원가	50,000

(요구사항)

1. 단위당 기초원가는 얼마인가?
2. 단위당 가공원가는 얼마인가?

(2-4) 직접원가와 간접원가, 기초원가와 가공원가

다음은 (주)이화산업의 3월 한달간 발생한 원가자료이다.

재료기초재고액	₩100,000	재료당기매입액	₩ 500,000
재료기말재고액	200,000	직접노무원가	150,000
감가상각비	60,000 (60%는 공장건물, 40%는 본사건물)		
수도광열비	40,000 (70%는 공장사용, 30%는 본사사용)		
보험료	30,000 (60%는 공장건물, 40%는 본사건물)		
간접노무원가	20,000		

재료사용액 중 80%는 원가대상에 직접 추적가능한 원가이며, 나머지는 추적불가능하다.

(요구사항)

(1) 직접원가와 간접원가는 얼마인가?
(2) 기초원가와 가공원가는 얼마인가?

(2-5) 기초원가와 가공원가, 제품원가

(주) 서울은 20×1년에 20,000개의 제품을 생산하였다. 제품생산에 사용된 재료원가는 ₩950,000이며 이중 80%는 직접재료원가이다. 노무원가는 ₩800,000이 발생하였으며, 70%가 직접노무원가이다. 기타자료는 다음과 같다.

수도광열비	₩350,000	감가상각비	₩100,000	재 산 세	₩150,000
수 선 비	50,000	판 매 비	300,000	광고선전비	100,000

(물음)

(1) 기초원가와 가공원가는 얼마인가?
(2) 직접원가와 간접원가는 얼마인가?

(3) 제품원가는 얼마인가?

(2-6) 원가의 분류

다음은 섬유제품을 생산하는 KS산업(주)의 20×2년 3월의 원가자료이다.

직접노무원가	₩350,000	판매원과 관리직원의 급여	₩200,000
사무용품비	40,000	상표사용료	30,000
고정제조간접원가	150,000	직접재료원가	260,000
판매원수당	90,000	변동제조원가	120,000

(요구사항)

3월에 발생된 다음의 원가를 계산하시오.

① 가공원가 ② 재고가능원가 ③ 제조원가 ④ 변동제조원가 ⑤ 총고정원가
⑥ 기초원가 ⑦ 직접원가 ⑧ 총변동원가 ⑨ 제품원가

(2-7) 총원가와 단위당 원가

이화생명(주)은 새로운 보험설계사를 채용하면서 다음과 같은 3가지 급여지급방안을 고려하고 있다.

제 1 안 : 월 ₩1,000,000의 고정급여

제 2 안 : 월 ₩ 500,000의 고정급여+새로운 보험실적 건당 ₩100,000

제 3 안 : 새로운 보험실적 건당 ₩150,000

(요구사항)

1. 각 급여체계에 대하여 총급여를 고정원가와 변동원가로 구분하시오.
2. 매월 보험계약이 평균적으로 6건의 실적이 예상될 때 이화생명(주)의 입장에서 어떤 급여체계가 가장 유리한가?

(2-8) 고정원가와 변동원가

다음은 한성전자(주)의 20×2년 4월에 생산된 제품 100개에 대한 원가자료이다.

수도광열비와 간접노무원가는 70%가 고정원가이며 나머지 30%는 변동원가이다.

직접재료원가	₩300,000
직접노무원가	250,000
간접재료원가	50,000
간접노무원가	60,000
감가상각비	40,000
수도광열비	20,000
화재보험료	10,000

(요구사항)

1. 각 원가를 변동원가와 고정원가로 구분하시오.

2. 원가자료를 이용하여 원가함수식을 추정하시오.
3. 다음 달 생산량이 110개일 경우 총원가의 추정액은 얼마인가?

(2-9) 기초원가와 가공원가, 변동원가와 고정원가

중앙(주)은 단일품목을 제조하고 있다. 다음은 생산량 50단위를 기준으로 한 단위당 원가자료이다.

원가항목	단위당 원가
직접재료원가	₩20,000
직접노무원가	10,000
변동제조간접원가	5,000
고정제조간접원가	15,000
변동판매비와 관리비	2,000
고정판매비와 관리비	3,000

(요구사항)

1. 단위당 기초원가는 얼마인가?
2. 단위당 가공원가는 얼마인가?
3. 단위당 총변동원가는 얼마인가?
4. 총고정원가는 얼마인가?

(2-10) 원가의 분류: 원가행태

다음 그래프는 기업의 원가구조에서 발견될 수 있는 원가행태를 표시한 것이다. 가로축은 조업도, 세로축은 총원가를 나타내며, 그래프는 한번 이상 사용이 가능하다.

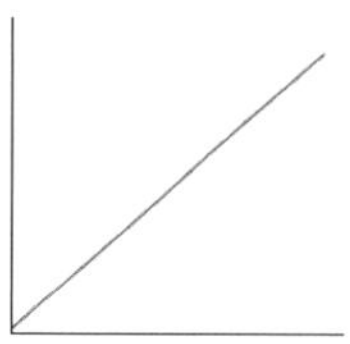
(A)
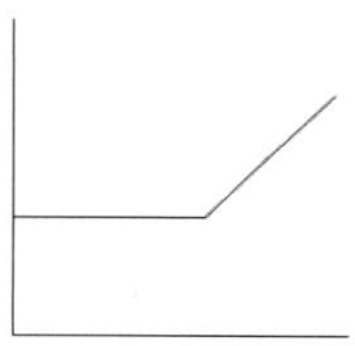
(B)
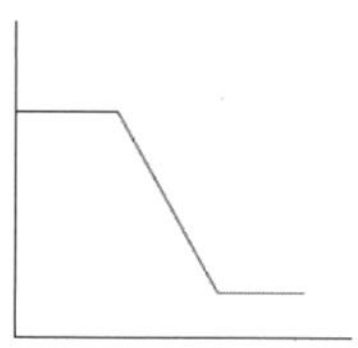
(C)
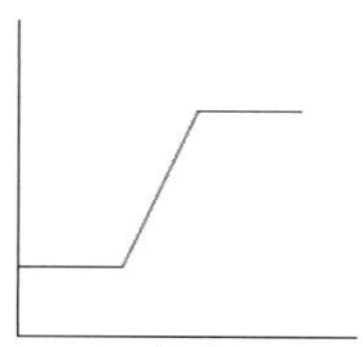
(D)
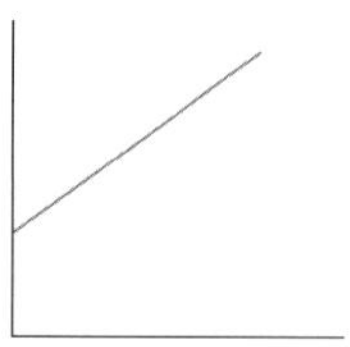
(E)
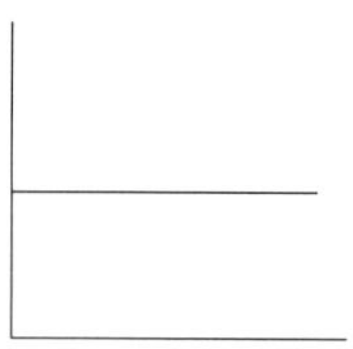
(F)
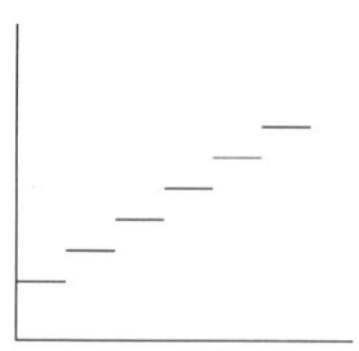
(G)
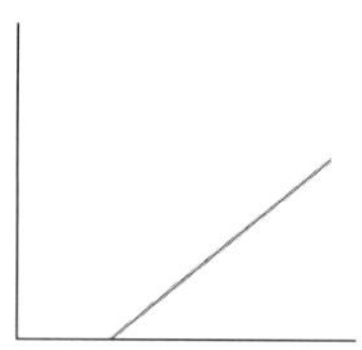
(H)
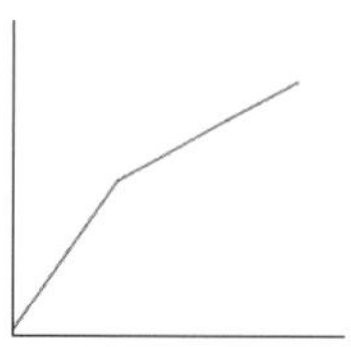
(I)
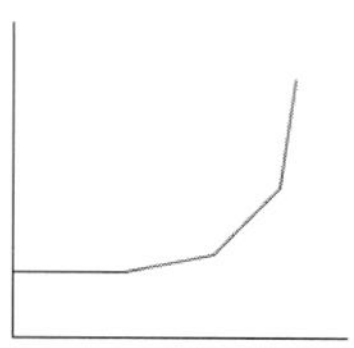
(J)
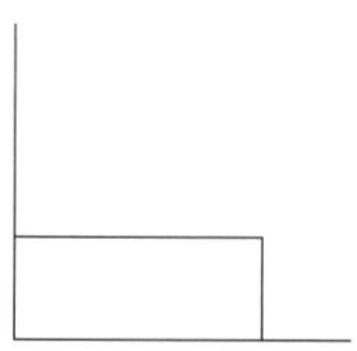
(K)
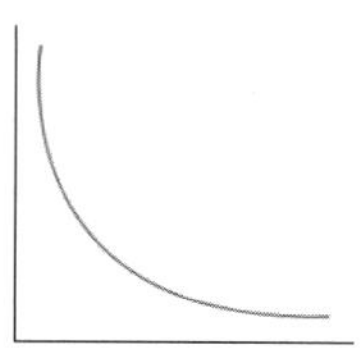
(L)

① 다음과 같이 계산되는 전기요금

월간사용량	부과기준
최초 1,000kw	기본요금 ₩50,000
추가 1,000kw	₩100/kw당
추가 1,000kw	150/kw당
추가 1,000kw	200/kw당

② 기본사용료가 부가되고, 사용시마다 별도로 분당 ₩70이 부과되는 전화요금
③ 생산에 사용된 직접재료의 원가. 사용량에 비례하여 발생하며, 수량할인은 없다.
④ 정액법에 의한 공장건물의 감가상각비나 임차료
⑤ 공장 감독자급여. 일정한 조업도 범위 내에서 일정수준을 유지하나, 일정수준에 도달하면 추가인력이 필요하다.
⑥ 기계사용시간에 따라 계산된 기계설비의 연간 감가상각비
⑦ 지방자치단체에서 제공한 토지에 대한 임차료. 생산량이 10,000단위를 초과하는 경우에는 초과생산량에 대하여 기준임차료₩200,000에서 ₩100씩 감소되며, 최저임차료는 ₩20,000이다.
⑧ 인터넷 사용료. 월간 기본요금 ₩30,000을 지급하고 100시간까지는 별도 요금없이 사용하고 그 이상 사용하는 경우에는 분당 ₩100씩 지급하며 최고사용료는 ₩200,000이다.
⑨ 일정 수준 이상의 생산량을 달성한 작업자에게는 단위당 ₩1,000씩 임금을 지급한다.
⑩ 기계운전시간 5,000시간마다 수선공 한사람씩 증원되는 경우의 임금
⑪ 생산단위당 평균고정원가
⑫ 기계윤활류의 원가. 단위당 원가는 사용량에 따라 점차 감소하며 최저원가는 ₩100이다.
⑬ 지방자치단체에서 제공한 공장에 대한 임차료. 직접작업시간이 월 20,000시간 이하이면 고정임차료를 지급하고 그 이상 작업하면 임차료가 없다.
⑭ 전력요금 및 수선유지비. 제품을 전혀 생산하지 않아도 일정수준의 비용이 발생한다.

(2-11) 제조원가와 단위원가

경기산업(주)은 단일품목을 생산하여 판매하고 있다. 20×1년 1월에 10,000단위를 생산하여 8,000단위를 판매하였으며, 1월중에 발생된 원가는 다음과 같다.

직접재료원가	₩ 80,000
직접노무원가	160,000
변동제조간접원가	100,000
고정제조간접원가	200,000
변동판매비와 관리비	120,000
고정판매비와 관리비	200,000

(요구사항)

1. 1월중 생산된 제품의 단위당 원가는 얼마인가?
2. 생산량이 20,000단위일 때 단위당 원가는 얼마인가? 단, 10,000단위와 20,000단위는 관련범

위 내에 있다.

(2-12) 차액원가

서강(주)은 지금까지 월 500단위의 제품을 생산하였으나 수요의 증가로 생산량을 1,000단위로 증가시킬 것을 고려하고 있다. 지금까지 제품 단위당 변동원가는 ₩250이고 총고정원가는 ₩400,000이었다. 제품의 생산을 1,000단위로 증가시키는 경우 단위당 변동원가는 변화가 없으나 고정원가는 ₩500,000으로 증가될 것으로 예상된다.

(요구사항)

차액원가는 얼마인가?

(2-13) 관련원가와 비관련원가

다음은 발전기를 생산하는 한양정밀(주)의 원가자료이다.

단위당 변동재료원가	₩10,000	단위당 변동노무원가	₩15,000
단위당 고정원가	5,000	제품의 정상 조업도	1,000대
단위당 판매가격	40,000		

발전설비용량을 증가시키려고 하는 전력회사로부터 발전기를 단위당 ₩28,000에 50대를 구입하겠다는 주문을 받았다. 이 주문을 수락하면 ₩100,000의 추가적인 고정원가가 발생할 것으로 추정된다.

(요구사항)

1. 전력회사의 주문을 받아들여야 하는지를 결정하시오.
2. 의사결정과 관련된 관련원가와 비관련원가는 각각 얼마인가?

(2-14) 관련원가와 비관련원가

(주)서울은 전자제품을 생산 판매하고 있으며, 20×1년도 제품생산과 관련된 단위당 원가자료는 다음과 같다.

직접재료원가	₩ 30,000	직접노무원가	₩15,000
변동제조간접원가	6,000	고정제조간접원가	9,000
변동판매비와 관리비	3,000	고정판매비와 관리비	2,000

제품의 단위당 판매가격은 ₩75,000이며 연간 정상적인 생산량은 300,000단위이다.

(주)경기산업으로부터 20×2년에 정상적인 판매 외에 10,000단위를 단위당 ₩50,000에 구입하겠다는 특별주문을 받았다. 이 주문을 수락하는 경우 ₩10,000,000의 추가적인 고정원가가 발생할 것으로 예상된다.

(요구사항)

특별주문과 관련된 관련원가와 비관련원가는 각각 얼마인가?

(2-15) 기회원가와 매몰원가

서강(주)은 새로운 기계장치를 ₩12,000,000에 구입하여 다음과 같은 용도로 사용할 것을 고려하고 있다.

대안 1: 제품 A를 생산하는 경우 순현금유입액은 ₩15,000,000으로 예상된다.
대안 2: 기계장치를 외부에 임대하는 경우 ₩10,000,000의 임대수익이 예상된다.
대안 3: 기계장치를 건국상사에 ₩13,000,000에 판매하는 것이다.

(요구사항)

1. 대안 1을 선택하는 경우 기회비용은 얼마인가?
2. 위의 문제에서 매몰원가를 계산하고 그 의미를 설명하시오.

(2-16) 기회원가와 매몰원가

제일물산(주)은 유행이 지난 의류제품을 보관하고 있는데 제품의 제조원가는 ₩50,000이다. ₩20,000을 투입하여 디자인을 변경하면 ₩29,000에 판매할 수 있으나 현재상태로 처분하면 ₩8,000에 처분할 수 있다.

(요구사항)

1. 위의 의사결정에서 기회원가는 얼마인가?
2. 위의 의사결정에서 매몰원가는 얼마인가?

CHAPTER 3 원가의 흐름과 집계

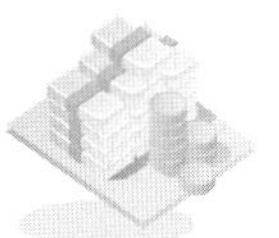

제조기업의 경영활동은 상품매매업이나 서비스업과는 달리 제조과정이 있으며 제품의 제조과정에서 발생된 원가를 산출하기 위하여 원가회계시스템을 필요로 한다. 제조기업은 외부보고목적의 재무제표에 표시되는 매출원가를 산정하고 재고자산을 평가하기 위하여 제조원가를 산정해야 한다. 제조원가는 제품을 제조하는 과정에서 발생된 모든 원가이며, 직접재료원가, 직접노무원가, 제조간접원가로 나누어진다. 본장에서는 제조기업의 경영활동과 관련된 제조원가의 흐름을 살펴보고, 제조과정에서 발생된 원가요소의 회계처리와 제품원가계산의 절차를 설명한다. 또한 회계기말에 작성되는 재무제표 부속명세서인 제조원가명세서의 작성방법에 대하여 설명한다.

제1절 제조원가의 흐름

1. 제조기업의 경영활동과 재고자산

제조기업과 상품매매업은 서비스업과는 달리 재고자산이 존재한다. 그러나 상품매매업은 이미 완성된 제품을 구입하여 외부에 판매하므로 제조과정이 없으나, 제조기업은 생산요소를 외부에서 구입하고 이를 가공하여 완성품을 생산하여 판매하기 때문에 서비스업이나 상기업과는 달리 회계시스템이 복잡하다. 즉, 제품원가계산을 위해서는 직접재료원가, 직접노무원가, 제조간접원가를 특정제품의 생산과 관련시키는 것이 필요하다. 따라서 제조기업의 회계시스템에서는 재료를 완성품으로 전환하는 과정에서 발생되는 모든 제조원가를 기록하는 재공품계정이 중요하다.

제조기업의 회계처리를 위해서는 제조기업의 경영활동 과정을 이해하는 것이 필요하다. 제조기업의 경영활동은 일반적으로 다음과 같은 3가지 과정으로 수행되고 있다.

① **구매과정** : 구매과정은 제품제조에 필요한 각종 생산요소를 외부로부터 구입하는 과정이며, 외부와의 거래이므로 외부활동이라고 한다. 구입대상은 제품생산에 필요한 원재료와 부재료, 노동력, 기계설비 및 각종 용역이다.

② **제조과정** : 구매과정에서 구입한 생산요소를 결합하여 제품을 제조하는 과정이며, 기업내부에서 이루어지는 거래이므로 내부활동이라고 한다. 제조과정에서 수행되는 활동은 제품원가계산과 밀접한 관계가 있다.

③ **판매과정** : 제조과정에서 생산된 제품을 기업외부로 판매하는 과정이며, 판매되지 않는 제품은 재고자산으로 관리하게 된다. 판매과정은 외부와의 거래이므로 외부활동이다.

제조기업의 경영활동과정으로 그림으로 나타내면 〈그림 3-1〉과 같다.

〈그림 3-1〉에서와 같이 제조기업은 외부로부터 원재료를 매입하고 노동력과 생산수단을 투입하여 제조과정에서 가공하여 제품을 생산하므로 원가회계시스템을 필요로 한다. 원가회계의 가장 중요한 기능은 제조과정에서 발생되는 원가를 집계하고 경영성과를 파악하여 정보이용자에게 보고하는 것이다.

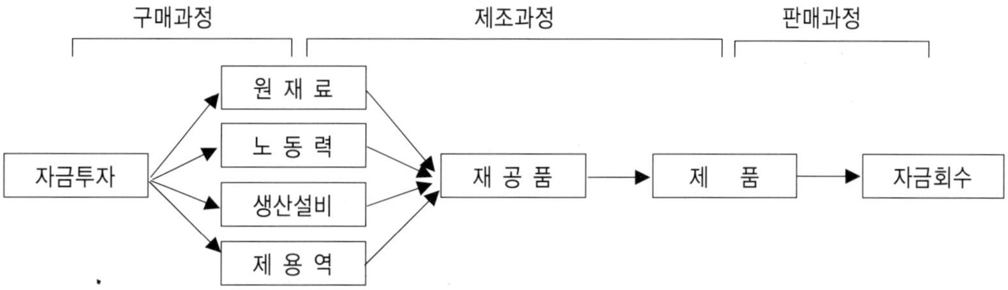

〈그림 3-1〉 제조기업의 경영활동

제조기업은 원재료를 투입하여 완제품을 생산하는 과정에서 가공정도에 따라 여러가지 형태로 재고자산이 존재한다. 따라서 제조기업은 제품원가를 계산하기 위하여 재고자산의 가공정도에 따라 **재고자산을 원재료, 재공품, 제품 등 3가지 유형으로 구분한다.**

첫째, 제품제조에 사용되는 직접재료와 간접재료, 소모품과 같은 기본적인 자원이나 자재를 **원재료**(raw materials)라고 한다. 원재료는 목재, 철광석 등과 같이 완전히 가공되지 않는 기본적인 자원일 필요는 없다. 생산되는 제품에 따라서 상당부분 가공된 제조물이 사용될 수도 있다.

둘째, 완제품으로 전환되는 과정에 있는 미완성인 제품을 **재공품**(work in process)이라고 한다. 재공품은 제조과정에 투입되었지만 아직 완성되지 않고 제조과정 중에 있는 재고자산이다. 제조과정에 투입된 모든 원가, 즉 직접재료원가, 직접노무원가 및 제조간접원가를 기록하는 재공품계정은 제조과정에서 발생된 모든 원가를 집계하는 수단으로 이용된다. 모든 제품원가는 일단 발생되면 재공품계정에 기록되고 생산이 완료되면 제품계정으로 대체된다.

셋째, 제조과정이 완료되어 판매를 위하여 보관하고 있는 재고자산을 **제품**(finished goods) 또는 완제품이라고 한다. 제품은 완성된 제품이며, 상기업에서 상품재고액과 같은 의미이다.

2. 제조원가의 흐름

기업에서 제품을 생산하기 위해서는 원재료와 노동력 및 생산설비와 각종 용역이 필요하다. **제조원가**(manufacturing costs)는 제품을 생산하는 제조과정에서 소비된 모든 원가이다. 제조원가는 제조과정에 투입되는 생산요소의 형태에 따라 직접재료원가, 직접노무원가, 제조간접원가로 분류되며, 이를 **제조원가의 3요소**라고 한다.

① **직접재료원가**(direct material costs): 제품의 제조과정에 투입되어 소비된 재료의 원가로서 특정 제품제조에 소비되어 그 제품의 원가에 직접적으로 추적할 수 있는 원가이다. 예를 들면, 정유업에서 원유, 건축업에서 목재와 철근 등이다. 재료원가 중에서 특정제품의 원가로 직접 추적할 수 없는 원가는 간접재료원가이며 제조간접원가로 분류된다.

② **직접노무원가**(direct labor cost): 제조과정에 투입된 종업원에게 노동력의 대가로서 지급되는 금액이며, 특정제품에 직접적으로 추적할 수 있는 원가이다. 제조과정에 직접 참여하는 종업원에 대한 임금은 직접노무원가이며, 설비수선이나 동력공급과 같이 간접적으로 제조활동에 참여하는 종업원의 임금은 간접노무원가로 분류한다.

③ **제조간접원가**(manufacturing overhead cost): 직접재료원가와 직접노무원가 이외의 모든 제조원가이다. 제조간접원가는 간접재료원가와 간접노무원가, 감가상각비, 동력비, 보험료 등 다양한 형태로 발생한다.

생산요소를 제조과정에 투입하는 이유는 재료를 가공하여 완성된 제품을 생산하기 위해서이다. 그런데 제품이 완성되기까지는 제품의 종류에 따라 수많은 제조과정을 거쳐야 한다. 생산요소가 제조과정에 투입되어 발생한 원가 중에서 제조과정 중에 있는 원가는 재공품계정에 기록된다. 즉, 직접재료원가, 직접노무원가, 제조간접원가와 같은 모든 제조원가가 재공품계정에 집계되므로, 재공품계정은 원가의 흐름에서 가장 중요시되는 계정이다.

제조과정 중에 투입된 모든 원가는 **재공품계정**에 집계되며, 이중에서 당기에 완성된 제품의 원가는 재공품계정에서 제품계정으로 대체된다. **제품계정**은 제조공정이 완료되어 판매를 위해 보관하고 있는 제품에 대한 제조원가를 기록하는 계정이다. 제품이 판매되면 **매출원가계정**에 대체되어 비용화되고, 영업기간 중에 판매되지 않고 보유하고 있는 제품은 **기말재고자산**에 포함된다. 이와 같은 제조원가의 흐름을 그림으로 표시하면 〈그림 3-2〉와 같다.

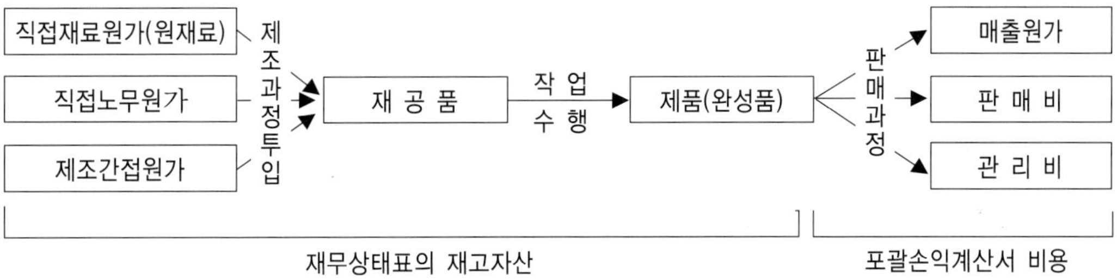

〈그림 3-2〉 제조원가의 흐름

3. 제품원가의 계산절차

제조원가의 흐름을 기초로 제품원가의 계산은 당기총제조원가의 집계와 당기제품제조원가, 매출원가계산의 순서로 이루어진다.

(1) 당기총제조원가

당기총제조원가(total manufacturing cost)는 당기의 제조과정에 투입된 모든 제조원가를 의미하며, 이는 직접재료원가와 직접노무원가, 제조간접원가의 합계액을 말한다.

당기총제조원가 = 직접재료원가 + 직접노무원가 + 제조간접원가

직접재료원가는 특정제품을 제조하기 위하여 당기에 제조과정에 투입한 재료의 원가이며, 이는 기초재료재고액에 당기재료매입액을 가산한 금액에서 기말재료재고액을 차감하여 계산한다. 특정제품 제조에 직접 사용된 원가는 직접재료원가이며, 여러 제품제조에 공통으로 사용된 원가는 간접재료원가로 분류한다.

직접재료원가 = 기초재료재고액 + 당기재료매입액 − 기말재료재고액

예를 들면, 기초재료재고액 ₩100,000, 당기매입액 ₩480,000, 기말재료재고액 ₩80,000이면, 당기직접재료원가는 ₩500,000(=100,000 + 480,000 − 80,000)이다.

직접노무원가는 특정제품생산을 위하여 당기에 제조과정에 투입된 생산직 근로자의 임금이며, 이는 실제로 지급한 금액뿐만 아니라 기말까지 아직 지급되지 못한 임금이 포함된 금액이다. 직접노무원가는 기초재고와 기말재고액이 발생하지 않으며, 제품제조에 직접 사용된 임금은 직접노무원가로 분류하고, 간접적으로 사용된 간접노무원가는 제조간접원가로 분류한다.

제조간접원가는 직접재료원가와 직접노무원가 이외의 당기에 발생된 모든 제조원가이며, 간접재료원가, 간접노무원가, 기계설비나 공장건물에 대한 감가상각비와 보험료, 수선유지비, 소모품비 등이다. 제조간접원가는 구성항목이 매우 다양하므로 발생시점에서 제조간접원가계정에 집계한 후 재공품계정에 대체한다.

(2) 당기제품제조원가

당기제품제조원가(cost of goods manufactured)는 당기에 완성된 제품의 제조원가이며, 이는 기초재공품재고액에 당기총제조원가를 가산한 금액에서 기말재공품재고액을 차감하여 계산한다.

당기제품제조원가 = 기초재공품재고액 + 당기총제조원가 - 기말재공품재고액

당기총제조원가와 당기제품제조원가는 명칭이 유사하지만 서로 다른 개념이므로 유의하여야 한다. 당기총제조원가는 당기에 투입된 제조원가로서, 직접재료원가, 직접노무원가, 제조간접원가의 합계액이다. 당기총제조원가는 재공품계정의 차변에 기록된 금액이며, 당기에 제품제조과정에 투입된 원가이며, 제품의 완성여부와는 관계가 없다.

이에 비하여 당기제품제조원가는 제조과정에 투입된 제조원가 중에서 당기에 완성된 제품의 원가이며, 재공품계정의 대변에서 제품계정의 차변으로 대체되는 금액이다. 당기제품제조원가는 제조원가의 투입시기와는 관계없이 총제조원가 중에서 당기에 완성된 제품의 원가이다. 당기제품제조원가는 상품매매업에서 당기상품매입액과 같은 의미이다.

(예제 3-1) 당기제품제조원가

(주)KS전자는 20×1년 초에 영업을 개시하였으며, 20×1년과 20×2년에 발생한 원가는 다음과 같다.

원가항목	20×1년	20×2년
기초재공품	-	?
직접재료원가	₩1,200,000	₩1,750,000
직접노무원가	900,000	1,500,000
제조간접원가	1,000,000	2,000,000
기말재공품	200,000	170,000

(요구사항)

20×1년과 20×2년의 당기제품제조원가를 계산하시오.

(풀이)

1. 20×1년 당기제품제조원가 :

₩ 0 + 1,200,000 + 900,000 + 1,000,000 - 200,000 = ₩ 2,900,000

(기초재공품) (당기총제조원가) (기말재공품)

2. 20×2년 당기제품제조원가 :

₩ 200,000* + 1,750,000 + 1,500,000 + 2,000,000 − 170,000 = ₩ 5,280,000
(기초재공품) (당기총제조원가) (기말재공품)
*20×1년의 기말재공품 금액임.

(3) 매출원가

매출원가(cost of sales)는 당기에 판매된 제품의 원가이며, 기초제품재고액에 당기제품제조원가를 합한 금액에서 기말제품재고액을 차감하여 계산된다. 판매된 제품의 원가는 재고자산계정인 제품계정의 대변에서 비용계정인 매출원가계정 차변으로 대체된다.

> 매출원가 = 기초제품재고액 + 당기제품제조원가 − 기말제품재고액

제조기업의 제조활동과정에서 매입채무의 상환, 미지급임금의 지급, 미지급비용의 지급, 제품의 매출액, 매출채권의 회수, 판매관리비의 발생과 지급이 발생하지만, 제조원가흐름과는 직접적인 관련이 없다. 이들 계정의 의미와 회계처리는 재무회계내용과 동일하다.

(예제 3-2) 매출원가

다음은 KS전자(주)의 20×1년 원가계산자료이다.

직접재료원가	₩ 275,000	기초재공품	₩25,000	기초제품	₩ 60,000
직접노무원가	150,000	기말재공품	27,000	기말제품	41,000
제조간접원가	200,000				

(요구사항)

20×1년의 매출원가를 계산하시오.

(풀이)

1) 당기총제조원가 = 직접재료원가 + 직접노무원가 + 제조간접원가
= 275,000 + 150,000 + 200,000 = ₩625,000

2) 당기제품제조원가 = 기초재공품재고액 + 당기총제조원가 − 기말재공품재고액
= 25,000 + 625,000 − 27,000 = ₩623,000

3) 매출원가 = 기초제품재고액 + 당기제품제조원가 − 기말제품재고액
= 60,000 + 623,000 − 41,000 = ₩642,000

제2절 제조원가의 회계처리

1. 직접재료원가

직접재료원가는 특정 제품을 제조하기 위하여 사용된 재료의 원가이며, 재료원가를 산출하기 위하여 사용되는 계정은 원재료계정(또는 재료, 직접재료계정)이다. 당기에 원재료를 구입한 경우에는 원재료계정의 차변에 기입하고, 원재료를 제조과정에 사용한 경우에는 재공품계정의 차변과 원재료계정의 대변에 기입한다. 원재료가 특정 제품제조에 직접 사용되지 않는 간접재료원가는 제조간접원가계정의 차변에 기록한다.

원재료의 구입

차)원 재 료	×××	대)현 금	×××
		매입채무	×××

원재료의 사용(제조과정의 투입)

차)재 공 품	×××	대)원 재 료	×××
제조간접원가	×××		

원재료

차변	대변
기초재고액	당기사용액
당기매입액	기말재고액

재 공 품

차변	대변
기초재고액	
직접재료원가*	

* 직접재료원가 = 기초재료재고액 + 당기재료매입액 - 기말재료재고액

당기의 제조활동에 사용된 직접재료원가는 기초재료재고액에 당기재료매입액을 더한 금액에서 기말재료재고액을 차감하여 계산된다. 당기에 제품제조에 사용된 직접재료원가는 기말에 재공품계정으로 대체된다. 당기 제조활동에 사용된 원재료는 보조장부인 원재료재고장에 기록되며, 원재료재고장에는 원재료의 입고와 출고에 관한 사항을 기록한다.

(예제 3-3) 직접재료원가

기초재료원가는 ₩50,000이며, 당기에 외상으로 매입한 재료는 ₩180,000이다. 생산공정에 투입된 재료는 직접재료 ₩130,000 간접재료는 ₩20,000이다.

(요구사항)

재료원가와 관련된 회계처리를 하시오.

(풀이)

1) 재료의 구입

차)원 재 료	180,000	대)매입채무	180,000

2) 재료의 사용

차)재 공 품	130,000	대)원 재 료	150,000
제조간접원가	20,000		

2. 직접노무원가

직접노무원가는 특정 제품을 생산하기 위하여 당기에 제조과정에 투입된 생산직 근로자의 임금이며, 직접노무원가를 산출하기 위하여 사용되는 계정은 노무원가계정이다. 노무원가는 임금이외에 급여, 보험료, 상여수당, 복리후생비, 잡급 등 다양한 형태로 존재하며, 특정 제품제조에 투입된 작업자에게 지급된 직접노무원가는 재공품계정의 차변에 기입하고, 간접노무원가는 제조간접원가계정의 차변에 기록한다.

노무원가의 발생

차)노무원가	×××	대)현 금	×××
(또는 급여)		미지급임금	×××

노무원가의 대체*

차)재 공 품	×××	대)노 무 원 가	×××
제조간접원가	×××		

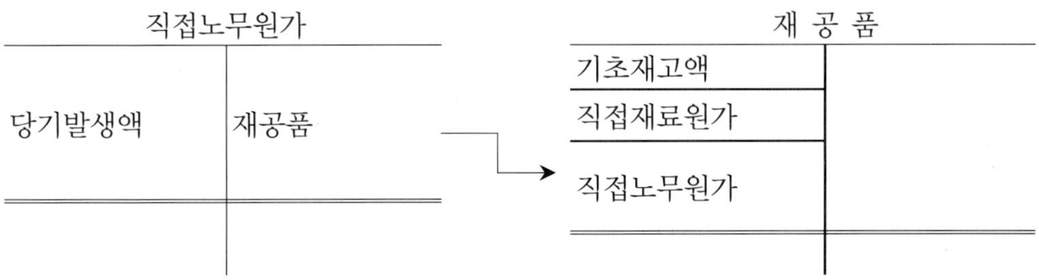

*노무원가의 발생과 대체의 분개를 하나로 통합하여 기록할 수도 있다.

차)재 공 품	×××	대)미지급임금	×××

(예제 3-4) 직접노무원가

당기에 직접노무원가로 ₩150,000이 발생하였으며, 이 중 ₩130,000을 지급하였으나, 지급되지 않는 임금은 ₩20,000이다.

(요구사항)

노무원가와 관련된 회계처리를 하시오.

(풀이)

1) 노무원가의 발생

차)노무원가	150,000	대)현 금	130,000
		미지급임금	20,000

2) 노무원가의 대체

차)재 공 품	150,000	대)노 무 원 가	150,000

3. 제조간접원가

제조간접원가는 직접재료원가와 직접노무원가를 제외한 모든 제조원가이며, 제조간접원가계정을 사용한다. 제조간접원가는 기계장치나 공장건물에 대한 감가상각비, 보험료, 수선비, 생산직관리자의 급여, 가스·수도료, 운임 등 여러 가지 형태로 발생하므로 원가계산기간 중에는 제조간접원가계정의 차변에 집계하고, 기말에 제품원가계산을 위해서 재공품계정 차변에 대체시킨다.

제조간접원가의 집계

차)제조간접원가 ×××	대)감가상각비 ×××
	동 력 비 ×××
	수 도 료 ×××
	보 험 료 ×××

제조간접원가의 대체

차)재 공 품 ×××	대)제조간접원가 ×××

제조간접원가

차변	대변
간접재료원가	재 공 품
감가상각비	
동 력 비	
수 도 료	
보 험 료	

재 공 품

차변	대변
기초재고액	
직접재료원가	
직접노무원가	
제조간접원가	

(예제 3-5) 제조간접원가

당기에 발생된 제조간접원가는 다음과 같다.

기계감가상각비 ₩20,000 공장건물감가상각비 ₩ 30,000

보험료 ₩18,000 (₩ 10,000은 공장건물보험이며, 나머지는 사무실보험이다.)

전력비 ₩30,000 간접재료 ₩20,000

(요구사항)

제조간접원가에 관한 회계처리를 하시오.

(풀이)

1. 제조간접원가의 집계

차)제조간접원가	110,000	대)감가상각비	50,000
		보 험 료	10,000
		전 력 비	30,000
		간 접 재 료	20,000

2. 제조간접원가의 대체

차)재 공 품	110,000	대)제조간접원가	110,000

4. 재공품계정과 제품계정

재공품은 제조공정에 투입되었지만 완성되지 않고 가공 중에 있는 제품을 말하며, 생산요소가 제조공정에 투입되면 재공품계정의 차변에 기록한다. 즉, **재공품계정의 차변에는 당기에 발생된 모든 제조원가인 직접재료원가, 직접노무원가, 제조간접원가가 집계되고, 대변에는 당기에 완성된 제품원가가 기록된다.**

재공품계정에는 기초재공품과 기말재공품이 존재하며, 기말재공품은 당기에 완성되지 못하고 제조과정 중에 있는 제품이 존재한다는 것을 의미한다. 재무제표의 부속명세서인 제조원가명세서는 재공품계정의 변동사항과 동일하며, 그 내역을 상세하게 나타내고 있다. 따라서 원가의 흐름을 이해한다면 제조원가명세서를 작성하는데 어려움이 없다.

제품은 제조공정이 완료되어 판매를 위해 보관하고 있는 제품이며, 당기에 완성된 제품의 원가는 제품계정의 차변에 기록된다. 즉, **제조공정에서 제품이 완성되면 제품원가는 재공품계정의 대변에서 제품계정의 차변으로 대체된다. 제품이 판매되면 제품계정의 대변에서 매출원가계정의 차변으로 대체된다.** 제품계정에는 기초재고액과 기말재고액이 존재한다. 보유중인 기초제품과 당기에 완성된 제품 중에서 당기에 판매된 제품은 제품계정의 대변에서 매출원가계정의 차변으로 대체된다. 판매된 제품이 매출원가계정으로 대체됨으로써 제품원가는 수익에 대응되어 비용이 되고, 제품원가계산에 대한 회계처리가 완료된다.

제조원가의 집계

차)재 공 품 ×××	대)원 재 료	×××
	미 지 급 임 금	×××
	제조간접원가	×××

제품의 완성

차)제 품 ×××*	대)재 공 품 ×××

*당기제품제조원가 = 기초재공품재고액 + 당기총제조원가 - 기말재공품재고액

제품의 판매

차)매출원가 ×××* 대)제 품 ×××

*매출원가 = 기초제품재고액 + 당기제품제조원가 − 기말제품재고액

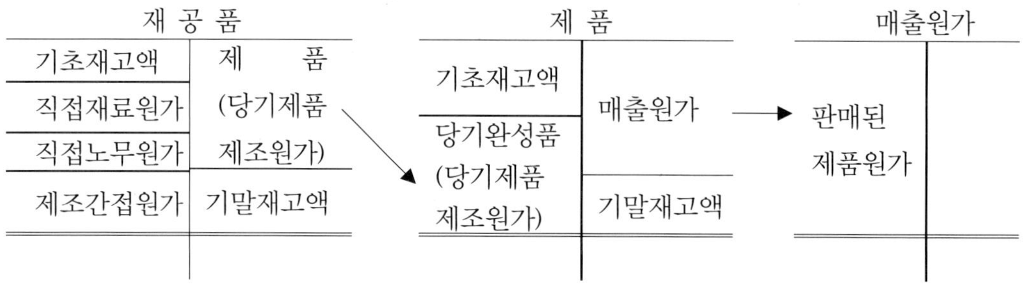

(예제 3-6) 재공품계정과 제품계정

당기에 발생된 원가는 다음과 같다.

직접재료원가	₩130,000	직접노무원가	₩ 150,000	제조간접원가	₩ 110,000
기초재공품	150,000	기말재공품원가	170,000		
기초제품	60,000	기말제품	45,000		

(요구사항)

당기제품제조원가와 매출원가를 산출하기 위한 회계처리를 하시오.

(풀이)

1) 당기총제조원가(제조원가의 집계)

차)재공품 390,000 대)원 재 료 130,000
노무원가 150,000
제조간접원가 110,000

2) 당기제품제조원가(제품의 완성)

차)제 품 370,000* 대)재 공 품 370,000

* 150,000 + 390,000 − 170,000 = ₩ 370,000

3) 제품의 판매

차)매출원가 385,000* 대)제 품 385,000

* 60,000 + 370,000 − 45,000 = 385,000

지금까지 살펴본 제조원가의 흐름을 전체적으로 나타내면 〈그림 3-2〉와 같다. 이러한 제조원가의 흐름은 제품원가계산의 기본이 된다.

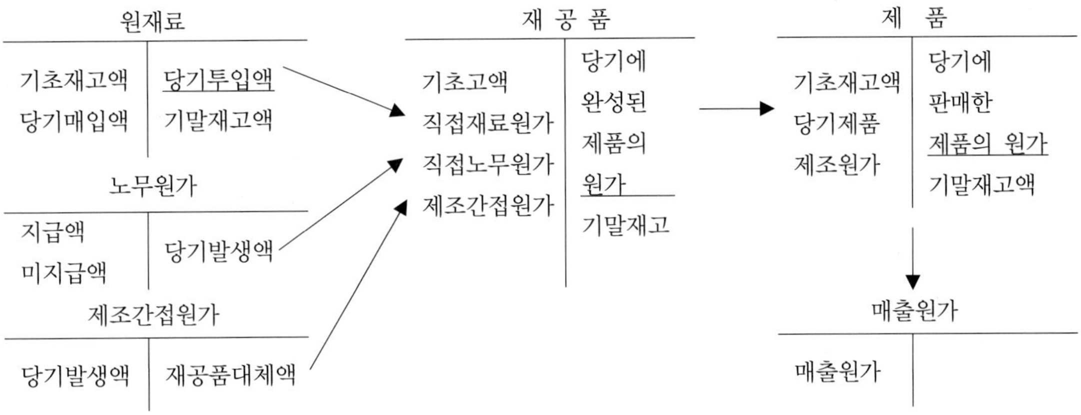

〈그림 3-3〉 제조원가 흐름의 관련계정

(예제 3-7) 제조원가흐름과 회계처리

다음은 제일전자(주)의 20×1년 4월 중 A제품의 제조관련 자료이다.

기초재고: 원재료 ₩20,000, 재공품 ₩15,000, 제품 ₩25,000

① 원재료 ₩200,000을 외상으로 구입하다.

② 직접재료 ₩140,000, 간접재료 ₩10,000을 생산에 투입하다.

③ 시간당 임률 ₩10, 작업자 50명이 200시간 근무하였으며, 임금은 지급되지 않았다.

④ 제조간접비 발생액은 다음과 같다.

전력비 ₩20,000 복리후생비 ₩40,000 수도광열비 ₩30,000

⑤ 공장설비의 감가상각비는 ₩35,000이다.

⑥ 기말 재고자산의 평가액은 다음과 같다.

원재료 ₩70,000 재공품 ₩60,000 제품 ₩40,000

(요구사항)

1) 원가의 흐름을 분개하시오

2) 분개된 내용을 계정에 기록하시오

(풀이)

1) 원가흐름의 분개

① 재료의 매입

차)원 재 료 200,000 대)매입채무 200,000

② 재료의 제조공정투입

차)재 공 품 140,000 대)원 재 료 150,000

제조간접원가 10,000

③ 노무원가발생

차)노무원가 100,000 대)미지급임금 100,000

차)재 공 품	100,000	대)노 무 원 가	100,000

④ 제조간접원가발생

차)제조간접원가	125,000	대)전 력 비	20,000
		복리후생비	40,000
		수도광열비	30,000
		감가상각비	35,000

⑤ 제조간접원가의 대체

차)재 공 품	135,000	대)제조간접원가	135,000

⑥ 제품의 완성

차)제 품	330,000*	대)재 공 품	330,000

* 15,000 + 140,000 + 100,000 + 135,000 − 60,000 = 330,000

⑦ 제품의 판매

차)매출원가	315,000*	대)제 품	315,000

* 25,000 + 330,000 − 40,000 = 315,000

2) 계정기입

원 재 료

기초재고	20,000	재공품	140,000
		제조간접원가	10,000
매입채무	200,000	기말재고	70,000
	220,000		220,000

재 공 품

기 초 재 고	15,000	제 품	330,000
직접재료원가	140,000	기말재고	60,000
직접노무원가	100,000		
제조간접원가	135,000		
	390,000		390,000

노무원가

미지급임금	100,000	재공품	100,000
	200,000		200,000

제 품

기초재고	25,000	매출원가	315,000
재 공 품	330,000	기말재고	40,000
	355,000		355,000

제조간접원가

간 접 재 료	10,000	재공품	135,000
전 력 비	20,000		
복리후생비	40,000		
수도광열비	30,000		
김가상각비	35,000		
	135,000		135,000

매출원가

제 품	315,000		

제3절 재무제표의 작성

1. 재무상태표와 포괄손익계산서

제조기업의 회계순환과정은 상품매매업기업과 비교하여 제조활동과 관련된 원가요소 계정의 회계처리가 추가되는 것 외에는 동일하다. 즉, 기중에는 거래의 발생 → 분개장의 기입 → 원장에 전기 → 기말결산 → 재무제표의 작성과 같은 순환과정을 거치게 된다.

그러나 제조활동의 존재로 인하여 결산기에 제조기업의 재무상태표와 포괄손익계산서의 작성은 상품매매기업의 경우와는 다소 차이가 있다. 재무상태표에서 재고자산을 비교하면, 상품매매기업의 재고자산은 판매를 목적으로 외부에서 구입한 상품이며, 취득원가로 기록된다. 그러나 제조기업의 재고자산은 제조과정에서 완성된 제품과 원재료, 재공품, 반제품 등을 보유하게 되며, 원가계산과정을 거쳐 제품원가가 결정된다.

포괄손익계산서에서는 매출원가의 산출방법과 용어에서 차이가 있다. 〈표 3-1〉과 같이, 첫째, 상품매매기업은 상품과 매입이라는 용어를 사용하지만, 제조기업은 제품과 제조라는 용어를 사용한다. 둘째, 상품매매기업에서 당기상품매입액은 상품구입대가와 부대비용을 합한 금액이다. 그러나 제조기업에서 당기제품제조원가는 제 2절에서 설명한 바와 같이 직접재료원가, 직접노무원가, 제조간접원가 등을 이용하여 원가계산과정을 거쳐서 산출되며, 제조원가명세서의 금액과 일치하게 된다. 따라서 상기업과 비교하여 제조기업의 재무제표는 다음과 같은 특징을 가지고 있다.

① **재고자산의 차이** : 제조기업은 외부에서 구입한 재화나 서비스는 상품으로, 직접 제조한 제품이나 서비스는 제품으로 구별하여 관리한다. 이에 비하여 상기업의 재고자산은 판매를 목적으로 구입한 상품만을 의미한다. 또한 제조기업에는 재공품, 반제품, 원재료 등의 재고자산도 존재한다는 점에서 상기업과 차이가 있다.

② **제품원가계산의 절차** : 제조기업의 원가계산과정은 이미 살펴본 바와 같이 상기업에 비하여 복잡하다. 상품매매업의 매출원가는 당기상품매입액에 기초상품재고액을 가산하고 기말상품재고액을 차감하여 간단히 계산된다. 그러나 제조기업의 매출원가는 당기제품제조원가에 기초제품재고액을 가산하고 기말제품재고액을 차감하여 계산되며, 당기제품제조원가는 제조원가명세서를 이용하여 제품제조과정에서 소비된 직접재료원가, 직접노무원가, 제조간접원가 등 모든 원가를 계산하는 복잡한 계산과정을 갖게 된다.

〈표 3-1〉 상품매매기업과 제조기업의 재무상태표와 포괄손익계산서의 비교

상품매매업의 재무상태표			
유동자산		유동부채	
현　　금	×××	매입채무	×××
매출채권	×××	차 입 금	×××
상　　품	×××		

제조기업의 재무상태표			
유동자산		유동부채	
현　　금	×××	매입채무	×××
매출채권	×××	차 입 금	×××
제　　품	×××		
반 제 품	×××		
재 공 품	×××		
원 재 료	×××		

상품매매기업의 포괄손익계산서		
매　　출		×××
매출원가		×××
기초상품재고액	×××	
당기상품매입액	×××	
기말상품재고액	×××	
매출총이익		×××
물류비와 관리비		×××
당기순이익		×××
기타포괄손익		×××
총포괄손익		×××

제조기업의 포괄손익계산서		
매　　출		×××
매출원가		×××
기초제품재고액	×××	
당기제품제조원가	×××	
기말제품재고액	×××	
매출총이익		×××
물류비와 관리비		×××
당기순이익		×××
기타포괄손익		×××
총포괄손익		×××

2. 제조원가명세서

제조원가명세서는 특정제조기간의 제조활동과 관련하여 발생한 모든 원가를 요약한 보고서이며, 재무제표의 부속명세서이다. 이는 당기에 발생한 원가를 재료원가, 노무원가, 제조간접원가로 구분하고, 그 합계액에 기초재공품재고액을 가산하고 기말재공품재고액을 차감하여 당기제품제조원가를 나타낸 표이다. 제조기업에서 손익계산서를 작성하기 위해서는 사전에 제조원가명세서를 작성하여야 한다.

제조원가명세서는 재공품계정에서 발생한 원가의 변동사항을 요약한 표라고 할 수 있다. 제조원가명세서에는 당기총제조원가, 기초재공품재고액, 기말재공품재고액, 제품계정으로 대체된 당기제품제조원가 등이 기록되며, 재공품계정의 차변과 대변금액에 대한 상세한 내역이 보고된다. 이 중에서 **당기총제조원가**에는 당기에 발생된 직접재료원가, 직접노무원가, 제조간접원가가 세분되어 상세히 기록된다. **당기제품제조원가**는 당기에 완성된 제품의 원가이며, 기초재공품재고액에 당기에 발생된 총제조원가를 더한 금액에서 기말재공품재고액을 차감하여 계산되며, 포괄손익계산서의 매출원가 계산에서

총액으로 표시된다. 즉 제조원가명세서에 최종적으로 표시되는 당기제품제조원가는 손익계산서에서 매출원가의 산출을 위한 당기제품제조원가와 항상 일치되어야 한다. 제조기업에서 제조원가명세는 재무제표의 중요한 부속명세서이므로 반드시 작성되어야 하며, 기본양식은 〈표 3-2〉와 같다.

〈표 3-2〉 제조원가명세서 양식

제조원가명세서 (단위 : 원)

과 목	금 액	
Ⅰ. 직접재료원가		
1. 기초재료재고액	×××	
2. 당기재료매입액	×××	×××
3. 기말재료재고액	×××	
Ⅱ. 직접노무원가		×××
Ⅲ. 제조간접원가		
1. 간접재료원가	×××	
2. 간접노무원가	×××	
3. 감가상각비	×××	
4. 전 력 비	×××	
5. 수선유지비	×××	
……	×××	×××
Ⅳ. 당기총제조원가		×××
Ⅴ. 기초재공품원가		×××
합 계		×××
Ⅵ. 기말재공품원가		(×××)
Ⅶ. 당기제품제조원가(Ⅳ+Ⅴ－Ⅵ)		×××

제조원가명세서는 당기에 완성되어 제품으로 대체된 원가가 얼마인지를 알려주며, 여기에는 제품생산과정에서 발생하는 모든 원가, 즉 직접재료원가, 직접노무원가 및 제조간접원가가 포함된다. 당기제품제조원가를 계산하기 위해서는 당기총제조원가에 기초재공품재고액을 가산한 후 기말재공품재고액을 차감하여야 한다. 당기제품제조원가는 완성품원가로서 전기에 착수한 것이든 당기에 착수한 것이든 관계없이 당기에 완성되어 제품계정으로 대체된 제품의 원가이다. 반면에 당기총제조원가는 제품을 완성한 시기와는 상관없이 당기에 발생한 제조원가이다. 이와 같이 계산된 당기제품제조원가는 1개월 혹은 1년과 같이 특정기간에 완성된 제품의 원가를 나타낸다.

제조부문 경영자는 특정회계기간 동안에 제조부문에서 발생한 원가에 대해서 책임을 지게 되는데, 이때의 원가는 특정회계기간 동안 재공품계정의 차변에 기록된 제조원가이다. 만일 제조원가가 아니라 매출원가를 이용하여 제조부문 경영자의 성과를 평가한다면 재고수준의 변동에 따라 제조부문 경영자의 성과가 달라지는 불합리한 결과가 나타난다. 즉, 재고가 증가는 경우에는 당기에 발생한 제조원가 중 일부는 그 재고가 판매될 때까지 재고자산으로 기록되어 자산이 증가하고 비용이 감소되는 결과를 가져오게 되므로 생산과잉으로 인한 재고누적을 유발하게 된다. 반면에 기말재고가 감소하면 당기의 매출원가는 당기에 발생한 제조원가뿐만 아니라 기초제품재고로부터 판매된 제품과 관련된 과거의 제조원가까지 포함된다. 따라서 제조부문 경영자의 성과평가는 매출원가가 아니라 각 제조부문에 부과된 제조원가를 사용하여야 한다.

(예제 3-8) 제조원가명세서와 손익계산서의 작성

제일전자(주)의 (예제 3-7)의 사례를 참조하고, 다음사항을 추가하여 물음에 답하시오.

(추가자료)

① 당기 매출액은 ₩500,000이다.

② 당기의 물류비와 관리비는 ₩50,000이다.

(요구사항)

1) 당기 제조원가명세서를 작성하시오.

2) 포괄손익계산서를 작성하시오.

(풀이)

1. 제조원가명세서의 작성

제조원가명세서 (단위 : 원)

과 목	금 액	
Ⅰ. 직접재료원가		
1. 기초재료재고액	20,000	
2. 당기재료매입액	190,000	
3. 기말재료재고액	70,000	140,000
Ⅱ. 직접노무원가		100,000
Ⅲ. 제조간접원가		
1. 간접재료원가	10,000	
2. 전 력 비	20,000	
3. 복리후생비	40,000	
4. 수도광열비	30,000	
5. 감가상각비	35,000	135,000
Ⅳ. 당기총제조원가		375,000
Ⅴ. 기초재공품원가		15,000
합 계		390,000
Ⅵ. 기말재공품원가		(60,000)
Ⅶ. 당기제품제조원가(Ⅳ+Ⅴ-Ⅵ)		330,000

2. 포괄손익계산서의 작성

포괄손익계산서 (단위: 원)

Ⅰ. 매 출 액		500,000
Ⅱ. 매출원가		
1. 기초제품재고액	25,000	
2. 당기제품제조원가	330,000	
3. 기말제품재고액	40,000	(315,000)
Ⅲ. 매출총이익		185,000
Ⅳ. 물류비와 관리비		(50,000)
Ⅴ. 당기순이익		135,000

토의문제

1. 제조기업과 서비스기업, 상기업의 경영활동을 비교 설명하시오.
2. 제조기업의 회계시스템이 다른 업종의 회계시스템보다 복잡한 이유는 무엇인가?
3. 제품원가계산절차를 체계적으로 설명하시오.
4. 당기제조원가와 당기제품제조원가를 구분하여 설명하시오.
5. 당기제품제조원가와 매출원가의 금액이 차이가 나는 이유를 말해보시오.
6. 상기업의 재무상태표와 제조기업의 재무상태표의 차이점을 말해보시오.
7. 상기업의 포괄손익계산서와 제조기업의 포괄손익계산서를 비교 설명하시오.
8. 제조원가명세서의 작성방법을 설명하시오.
9. 제조원가명세서의 당기제품제조원가는 포괄손익계산서의 어느 항목 금액과 일치하여야 하는지 설명하시오.

연습문제

(3-1) 당기제품원가와 제조간접원가

다음은 경기산업(주)의 20×1년 4월의 생산활동과 관련된 원가자료이다. 기초재공품재고액은 ₩100,000이며 기말재공품재고액은 ₩150,000이다.

직접재료원가	₩ 134,000	직접노무원가	₩ 72,000	공장설비임차료	₩ 20,000
간접재료원가	10,000	간접노무원가	50,000	공장설비보험료	10,000
기계감가상각비	18,000	판매수수료	14,000	관리비	20,000

(요구사항)

1. 실제 발생한 제조간접원가는 얼마인가?
2. 당기제품제조원가는 얼마인가?

(3-2) 당기제품제조원가

다음은 (주)서울의 20×1년의 제조원가자료이다.

원가항목	기 초		기 말
직접재료	₩ 100,000		₩ 80,000
재 공 품	120,000		150,000
제 품	150,000		200,000
직접재료매입액		₩ 200,000	
기초원가		370,000	
가공원가		300,000	

(요구사항)

(주)서울의 20×1년 제조원가명세서의 당기제품제조원가는 얼마인가?

(3-3) 당기제품제조원가

(주)제일전자는 판매된 제품에 대하여 15%의 매출총이익을 얻도록 판매가격을 결정하며, 생산된 제품의 원가자료는 다음과 같다.

매 출 액	₩ 900,000	기초재공품원가	₩100,000
직접재료원가	200,000	기말재공품원가	50,000
직접노무원가	250,000	기말제품원가	50,000
제조간접원가	230,000		

(요구사항)

1. 당기제품제조원가는 얼마인가?
2. 기초제품재고액을 계산하시오.

(3-4) 빈칸채우기 : 제품원가계산절차와 매출원가 계산

다음은 서로 독립적인 사례이다. 각 번호에 해당하는 숫자를 구하시오.

	사례 1	사례 2
직접재료원가	₩280,000	₩300,000
직접노무원가	(①)	150,000
제조간접원가	200,000	200,000
당기총제조원가	740,000	(⑥)
기초재공품원가	100,000	(⑦)
기말재공품원가	(②)	50,000
당기제품제조원가	720,000	700,000
매출액	(③)	1,050,000
기초제품재고액	40,000	125,000
기말제품재고액	(④)	75,000
매출원가	680,000	(⑧)
매출총이익	520,000	(⑨)
물류비와 관리비	(⑤)	175,000
순이익	160,000	(⑩)

(3-5) 제조원가와 매출원가

다음 자료는 20×1년도 한성(주)의 제품제조원가 관련자료이다.

원가항목	20×1. 1. 1	20×1년중	20×1. 12. 31.
원 재 료	₩90,000	₩720,000	₩120,000
재 공 품	120,000	-	140,000
직접노무원가	-	400,000	-
제조간접원가	-	510,000	-
제　　품	150,000	-	180,000

(요구사항)

당기제품제조원가와 매출원가는 각각 얼마인가?

(3-6) 제품제조원가와 매출원가

다음은 대한상사의 20×1년 3월중 원가자료이다.

	20×1. 3. 1	20×1. 3. 31
원 재 료	₩ 20,000	₩ 25,000
재 공 품	35,000	30,000
제　　품	100,000	110,000

회사의 20×1년 3월의 원재료매입액은 ₩125,000이고 제조간접원가는 직접노무원가의 50%이며, 매출원가는 ₩340,000이었다.

(요구사항)

20×1년 3월의 기본원가(prime cost)는 얼마인가?

(3-7)제품제조원가와 매출원가

한국기술(주)의 당기 기초와 기말재고에 관련된 자료는 다음과 같다.

	기초재고	기말재고
원 재 료	₩ 360,000	₩ 300,000
재 공 품	180,000	120,000
제　　품	540,000	720,000

당기 원가관련자료는 다음과 같다.

재료구입액	₩500,000
직접노무원가	600,000
시간당 노무원가	100
시간당제조간접원가배부율	140

(요구사항)

1. 당기 기초원가와 가공원가는 얼마인가?
2. 당기총제조원가는 얼마인가?

3. 당기제품제조원가는 얼마인가?
4. 당기매출원가는 얼마인가?

(3-8) 제조원가의 흐름

(주)서울의 4월중 재고자산 관련자료는 다음과 같다.

	기초잔액	기말잔액
제 품	₩ 60,000	₩ 50,000
재 공 품	40,000	20,000
원 재 료	30,000	10,000

4월의 비용과 수익의 내역은 다음과 같다.

영업사원급여	₩ 50,000	공장임차료	₩ 100,000
공장감가상각비	10,000	본사임차료	30,000
공장냉난방비	30,000	매 출 액	800,000
공장수도광열비	20,000	가 공 비	400,000
공장기타경비	50,000	기 초 원 가	350,000

(요구사항)

1. 제조간접원가는 얼마인가?
2. 원재료매입원가와 직접재료원가 및 직접노무원가를 계산하시오.
3. 당기제품제조원가는 얼마인가?
4. 매출총이익을 계산하시오.

(3-9) 제조원가명세서의 작성

다음은 제일전자(주)의 3월중에 발생한 비용과 월초 및 월말 재고자산 자료이다. 3월중에 직접재료의 매입은 발생되지 않았다.

직접노무원가	₩ 300,000	공장감가상각비	₩ 50,000
영업소감가상각비	50,000	본사건물감가상각비	100,000
공장감독자 급여	100,000	기타간접제조원가	200,000
기초재공품재고액	900,000	기말재공품재고액	700,000
기초직접재료재고액	300,000	기말직접재료재고액	100,000

(요구사항)

제일전자(주)의 3월 제조원가명세서를 작성하시오.

(3-10) 재고자산의 추정

경기물산(주)에 화재가 발생하여 공장이 전소됨에 따라서 회계자료 중 일부만 남게 되었다. 이용가능한 원가자료는 다음과 같다.

기초재료재고액	₩ 25,000	기초재공품재고액	₩25,000

기초제품재고액	30,000	재료구입액	35,000
매 출 액	187,500	직접노무원가	50,000
매출총이익률	20%	기초원가	90,000
총판매가능제품	200,000	제조간접원가	가공원가의 60%

(요구사항)

소실된 재고자산은 얼마인가? 기말재료, 기말재공품, 기말제품별로 각각 계산하시오

(3-11) 원가의 추정

제일산업(주)의 기초와 기말재고는 다음과 같다.

	기초재고	기말재고
원 재 료	₩ 25,000	₩ 33,000
재 공 품	11,000	20,000
제 품	22,000	25,000

기말재고는 대차대조표상의 금액이며 재고자산감모손실을 반영한 금액이다. 당기 중 원가와 기타자료는 다음과 같다.

기초원가	₩ 60,000	가공원가	₩ 40,000
매 출 액	100,000	재고자산감모손실	10,000
매출총이익률	20%		

(요구사항)

위의 자료에서 재료매입액, 제조간접원가, 순이익은 각각 얼마인가?

(3-12) 제조원가명세서의 작성

한성산업(주)의 기초와 기말재고자산은 다음과 같다.

	기초재고	기말재고
원 재 료	₩ 40,000	₩ 48,000
재 공 품	85,000	(?)
제 품	148,500	162,000

재료매입액은 ₩165,000이며 매출원가는 ₩488,000이다. 기말재공품은 기초재공품의 90%수준을 유지하였으며 제조간접원가는 직접노무원가의 50%이다.

(요구사항)

1. 기초원가와 가공원가는 각각 얼마인가?
2. 제조원가명세서를 작성하시오.

(3-13) 원가의 흐름

이화산업(주)의 4월중 제조활동과 영업활동자료는 다음과 같다.

① 4월초 기초재고액은 원재료 ₩3,000, 재공품 ₩4,500, 제품 ₩6,500이다.

② 재료 ₩10,000을 외상으로 구입하였으며, ₩9,000을 생산에 투입하였다.
③ 노무원가 ₩15,000이 발생하였다. 80%는 직접노무원가이고 나머지는 간접노무원가이다.
④ 공장감가상각비 ₩1,300, 공장소모품비 ₩1,400, 수선유지비 ₩2,300이 발생하였다.
⑤ 4월말 재공품재고액은 ₩3,500이며 제품재고액은 ₩1,500이다.
⑥ 4월중 현금매출액은 ₩40,000이며 외상매출액은 ₩20,000이다. 또한 판매관리비는 ₩5,000이 발생하였다.

(요구사항)
1. 4월중 거래내역을 분개하시오.
2. 제조간접원가와 재고자산의 각 계정에 원가흐름을 전기하시오.
3. 제조원가명세서를 작성하시오.
4. 포괄손익계산서를 작성하시오.

(3-14) 원가의 집계와 재무제표

삼일제조(주)의 20×1년 4월의 기초 및 기말재고자산은 다음과 같다.

	20×1. 4. 1	20×1. 4. 30
원 재 료	₩100,000	₩ 30,000
재 공 품	130,000	200,000
제 품	110,000	70,000

20×1년 4월의 거래내역은 다음과 같다.

원재료매입액	₩580,000	직접재료사용액	₩630,000
직접노무원가	300,000	간접노무원가	90,000
공장감가상각비	100,000	판매비와 관리비	320,000
매 출 액	1,900,000	기타제조간접원가	240,000

(요구사항)
1. 4월의 거래내역에 대한 분개를 하시오.
2. 4월의 제조원가명세서를 작성하시오.
3. 4월의 포괄손익계산서를 작성하시오.

(3-15) 제조기업의 재무제표작성

다음은 중앙기업(주)의 20×1년 재고자산, 수익과 비용의 기능별 분류자료이다. 중앙기업의 결산일은 매년 12월 31일이다.

(1) 재고자산자료

	20×1. 1. 1	20×1. 12. 31
원 재 료	₩50,000	₩ 30,000
재 공 품	50,000	70,000
제 품	60,000	80,000
계	₩160,000	₩180,000

당기 재료매입액은 ₩100,000이다.

(2) 비용의 기능별 분류

	제조활동	물류활동	일반관리활동	마케팅활동
종업원급여	₩ 340,000	₩ 30,000	₩ 40,000	₩ 150,000
감가상각비	150,000	20,000	80,000	10,000
기타비용	220,000	10,000	80,000	20,000
계	₩ 710,000	₩ 60,000	₩ 200,000	₩ 180,000

(3) 당기 매출액은 ₩1,300,000이며 기타수익은 ₩200,000이다. 또한 법인세비용은 ₩ 70,000이다.

(요구사항)

1. 당기총제조원가를 계산하시오.
2. 당기제품제조원가와 매출원가를 계산하시오.
3. 기능별 분류법에 의하여 기말정리분개(원가계산)와 포괄손익계산서를 작성하시오.
4. 성격별 분류법에 의하여 기말수정분개(원가계산)와 포괄손익계산서를 작성하시오.

제2부

제품원가계산시스템

CHAPTER 4 원가의 배부

원가는 특정 원가대상에 대한 추적가능성에 따라 직접원가와 간접원가로 구분되며, 직접원가는 특정 제품에 추적 가능하므로 직접 부과할 수 있으나 간접원가는 원가의 발생을 추적할 수 없으므로 원가배부과정을 거치게 된다. 또한 제품을 생산하는 제조기업의 조직은 제조부문과 보조부문으로 구성되어 있다. 여러 부문에 공통적으로 발생한 부문공통원가는 각 부문별로 배부하여야 하며, 보조부문원가는 제품과의 직접적인 관련성을 확인할 수 없으므로 제조부문에 배부한 후 제조부문원가를 제품별로 하여야 한다.

본장에서는 원가배부의 목적과 기준을 설명하고, 원가배부의 3단계 절차에 따라 부문공통원가의 배부와 보조부문원가의 배부절차와 방법, 제조부문원가의 제품별 배부에 대하여 설명한다.

제1절 원가배부의 개요

1. 원가배부의 의의와 목적

제품은 여러 부문들의 직접적인 제조활동과 보조적인 용역제공활동으로 생산된다. 제조부문은 제품제조에 직접 참여하는 부문이고 보조부문은 제조부문을 보조하는 활동을 수행한다. 이 과정에서 다양한 원가가 발생되는데, 제조부문이나 보조부문과 같이 원가가 발생되는 장소를 **원가중심점**(cost center) 또는 **원가부문**(cost department)이라고 한다. 발생된 원가는 발생장소, 즉 원가중심점별로 집계된다.

각 부문에서 발생한 원가는 특정 원가대상(cost object)에의 추적가능성에 따라 직접원가(direct costs)와 간접원가(indirect costs)로 구분된다. **직접원가**는 특정 제품이나 부문과 같은 원가대상과 직접적인 관련이 있는 원가이며, 경제적으로 실행 가능한 방법에 의해 추적(trace)될 수 있는 원가이다. **간접원가**는 특정원가대상과 관련이 있지만 경제적으로 실행 가능한 방법에 의해 추적될 수 없는 원가이다. 직접원가는 원가대상별로 각 원가요소가 어느 정도 소비되었는지 추적이 가능하므로 그 원가대상에 직접 할당(assignment)할 수 있다. 그러나 공장전체의 감가상각비나 수선부문의 원가와 같은 간접원가는 제품제조를 위하여 발생된 것은 사실이나 특정 원가대상에 직접적으로 추적할 수 없으므로 인위적인 원가배부의 과정을 거치게 된다.

원가배부(cost allocation, 원가배분)는 제조간접원가와 같은 공통원가를 일정한 배부기준에 따라 하나 또는 둘 이상의 원가대상에 합리적으로 대응시키는 과정이다. **공통원가**(common costs)는 하나의 원가가 두 개 이상의 원가대상에 공통적으로 발생하는 경우의 원가이다. **원가대상(원가집적대상)**은 원가를 부담하는 목적물이며, 특정제품이나 활동, 부문, 조직의 하부단위 등을 말한다. 원가를 부과할 수 있는 단위이면 그것이 제품이든, 부문이든 모두 원가대상이 될 수 있다. 일반적인 원가계산제도에서 다루어지고 있는 **원가대상과 원가배부의 예**는 ① 부문 (예: 보조부문의 원가배부), ② 제품 (예: 제조간접원가의 배부), ③ 기간 (예: 감가상각비의 기간배부) 등이 있다.

원가대상과 원가배부의 개념을 이해하기 위하여 다음과 같은 예를 살펴보기로 한다. 제품의 제조공장에서 기계를 보유하고 있으며, 이 기계를 두 개의 사업부문이 공동으로 이용하고 있다고 하자. 이 기계설비에 대한 감가상각비가 공통원가이다. 공통원가를 기계이용시간에 비례하여 각 부문에 배부한다면 기계이용시간이 배부기준이고, 각 부문이 원가대상이다.

이러한 원가배부의 예는 무수히 많다. 즉, 제조간접원가를 제품에 배부하거나, 보조부문의 원가를 제조부문에 배부하는 것 등이다. 원가배부는 모든 기업의 원가계산에서 중요한 문제로 다루어지므로 원가회계에서 핵심적인 부분을 차지하고 있다. 원가배부는 제조간접원가를 발생장소나 부문별로 분류 집계하는 것이 중심내용이므로 **부문별 원가계산**이라고도 한다.

원가배부의 목적은 다음과 같이 다섯 가지로 설명할 수 있다.

(1) 정확한 제품원가의 계산

제품의 제조원가는 직접원가와 간접원가의 합으로 구성된다. 따라서 정확한 제품원가를 계산하기 위해서는 직접원가와 간접원가를 모두 포함하여야 하며, 직접원가는 원가추적을 통하여 쉽게 계산될 수 있으나 간접원가는 일정한 기준에 의하여 제품에 배부하여야 한다. 제품의 생산과정에 여러 제조부문과 보조부문이 있는 경우에 공장전체에서 발생하는 제조간접원가에 대하여 하나의 배부율을 사용하면 제품별로 배부된 제조간접원가는 매우 불합리한 금액이 된다. 제조간접원가를 부문별로 집계하고 각 부문에서 실시한 용역제공의 정도에 따라 제조간접원가를 배부하면 제품원가를 정확하게 계산할 수 있다.

(2) 최적자원배분을 위한 의사결정

미래 경영계획의 수립이나 자원배분과 관련된 의사결정을 위해서는 이와 관련된 원가정보를 파악하여야 한다. 원가정보에는 직접원가뿐만 아니라 간접원가도 포함되어야 최적의 대안을 선택할 수 있다. 원가배부를 통하여 제품에 대한 원가정보를 알게 되면 판매가격결정이나 부품의 외부조달여부 등에 대한 경제적 의사결정에 도움이 된다.

(3) 동기부여와 성과평가

원가배부는 경영자와 종업원의 행동에 영향을 미칠 수 있으므로 그들의 행동이 기업 전체의 목적에 일치하도록 합리적인 원가배부를 해야 한다. 원가배부를 통하여 원가를 발생장소별로 분류 집계하게 되므로 종업원들은 원가절감을 위한 노력을 하게 되고 배부된 원가는 경영자의 성과평가기준으로 활용될 수 있다. 또한 각 부문별로 원가가 배부되므로 원가의 발생책임을 명확하게 하고 원가발생에 따른 필요한 조치를 취할 수 있다.

(4) 외부보고를 위한 이익과 자산측정

원가배부는 외부보고를 위한 이익의 측정과 자산평가를 가능하게 한다. 이익의 측정에 영향을 미치는 기말재고자산의 평가와 매출원가를 정확하게 산출하기 위하여 원가를 배부하여야 한다. 재무보고나 세무보고에서 재고자산측정을 위해서는 원가배부가 필수적이며, 원가배부에 의하여 매출원가가 결정되므로 이익에도 영향을 미치게 된다.

(5) 계약금액과 판매가격의 결정

원가배부는 계약금액의 결정을 위한 원가계산목적으로 실시되며, 원가를 정당화하고 보상액을 계산하는데 도움이 된다. 특히 원가가산계약(cost plus contract)에 이루어지는 경우에는 원가정보가 중요한 역할을 한다. 또한 합리적인 원가배부를 통하여 산출한 제품원가를 기준으로 적정판매가격을 설정함으로써 제품가격의 정당성을 입증할 수 있으며 매출증가에 기여할 수 있다.

2. 원가배부의 기준

원가배부에서 가장 중요한 문제는 원가배부기준을 설정하는 것이다. 하나 또는 둘 이상의 원가배부대상에 원가를 배부하기 위해서는 **원가배부기준**(cost allocation base)이 필요하다. 원가배부기준은 발생한 원가를 각 원가집적대상에 체계적으로 대응시키는 기준을 말한다. 배부기준은 논리적으로 타당해야 하며, 경제적으로 이용 가능해야 하고, 합리적이어야 한다. 만일, 원가배부대상과 배부될 원가사이에 직접적인 인과관계가 존재한다면 별도의 배부기준이 필요 없이 직접 원가배부대상에 부과하면 된다. 이러한 직접적인 관계가 존재하지 않는다면 합리적인 기준을 설정하여 인위적인 배부를 해야 한다. 본질적으로 원가배부는 임의적(arbitrary)이라는 한계가 있으나 일반적인 배부기준은 다음과 같다.

(1) 인과관계기준

인과관계기준(cause and effect criterion)은 원가가 발생한 원인을 파악하여 원가를 배부하는 것이다. 원가배부대상과 배부될 원가 간의 인과관계에 기초하여 원가를 배부하는 것이며 원가배부에서 가장 이상적이고 우선시되는 기준이다. 인과관계란 특정 활동의 수행으로 원가가 발생할 때 그 활동(원인)과 원가사이의 관계이다. 예를 들면 원가배분대상에 제공되는 서비스나 활동에 비례하여 원가를 배부하는 것이다. 즉 수선부문의 원가를 다른 부문에 제공된 수선시간에 비례하여 배부하는 것이 이에 해당한다.

(2) 수혜기준

수혜기준(benefits received criterion)은 원가집적대상이 제공받는 경제적 효익의 정도에 따라 원가를 배부하는 것이며, 수익자부담원칙에 따른 배부기준이다. 예를 들면, 전력비는 각 원가대상이 사용한 전기의 양에 따라 원가를 배부하는 것이며, 물량기준법에 의한 원가의 배부방법이 수혜기준에 해당한다.

(3) 부담능력기준

부담능력기준(ability to bear criterion)은 각 원가대상이 원가를 부담할 수 있는 능력에 따라 원가를 배부하는 기준이다. 예를 들면, 매출액이나 이익을 기준으로 원가를 배부하는 것이며, 보다 많은 수익을 발생하는 원가배부대상이 원가를 더 부담할 능력을 가진다는 가정에서 원가를 배분하는 방법이다. 그러나 이 기준에는 문제점이 있다. 첫째, 제품의 원가에 의하여 제품가격이 결정되지 않고 반대로 제품가격(매출액)에 의하여 원가가 결정되는 경우이다. 또한 매출액과 같이 매기 변동하는 것을 기준으로 공통원가를 배분하면 특정부문에 배부되는 원가가 다른 부문의 활동에 의하여 영향을 받게 되므로 공정하지 못하게 된다. 특정 부문은 매출액의 증대에 노력하고 있으나 다른 부문이 소홀히 하는 경우, 많은 노력을 하는 부문에게 보다 많은 원가를 배분하는 모순을 초래한다.

(4) 공정성 기준

공정성기준(fairness criterion)은 원가배부에 공정성과 공평성이 반영되어야 한다는 기준이다. 예를 들면, 원가를 기초로 판매가격을 결정하는 것이며, 상호 만족할만한 가격을 결정하기 위한 수단으로 주로 사용된다. 이 기준은 원가를 배부하는 방법을 의미하기 보다는 원가배부를 통하여 달성해야 하는 목표를 의미한다.

3. 원가배부의 과정

제조기업의 조직은 기업의 규모나 영업내용, 생산되는 제품의 특성에 따라 다르지만 수행하는 기능에 따라 제품을 직접 생산하는 역할을 담당하는 **제조부문**과 생산을 직접 담당하지 않고 다른 부문의 활동을 촉진하거나 보조하는 용역을 제공하는 **보조부문**으로 나눌 수 있다. 각 부문에서 발생한 작업수행과정에서 발생한 원가요소는 부문개별원가와 부문공통원가로 구분할 수 있다. **부문개별원가**(direct departmental cost)는 **부문직접원가**라고도 하며, 특정부문에서 대하여 발생하고 그 부문에 직접 부담시킬 수 있는 원가이다. 예를 들면 특정 부문에서만 발생된 재료원가, 노무원가, 수선비 등이다. 부문개별원가는 특정부문에서만 발생하며 해당부문별로 집계되므로 원가배부대상이 아니다.

부문공통원가(indirect departmental cost)는 **부문간접원가**라고도 하며, 여러 부문 또는 공장전체에 대하여 공통적으로 발생된 원가요소이다. 부문 공통원가는 특정부문에 대하여 직접 소비액을 파악할 수 없으므로 인위적인 배부기준에 의하여 각 부문에 배부하여야 한다. 예를 들면 공장책임자의 급여, 재산세, 공장건물의 감가상각비와 보험료 등이다

원가배부가 이루어지는 과정은 다음과 같다.

첫째, 원가를 배부할 원가배부대상을 선정한다. 일반적으로 원가배부대상은 독립적인 원가측정이 가능한 활동이나 부서이며, 책임중심점, 원가행태, 기능별로 설정되며, 최종적인 원가배부대상은 제품인 경우가 일반적이다.

둘째, 원가집적대상별로 원가를 집적(집계)한다. 선택한 원가배부대상에 추적가능한 직접원가는 직접대응시키고, 두 개 이상의 원가배부대상에 관련된 공통원가는 **원가풀**(cost pool)에 집계한다. 원가풀은 원가대상에 배부될 관련원가의 집합체이다. 원가풀에 집계된 원가는 두 개 이상의 원가대상에 기여하기 위하여 발생하므로 공통원가이다.

셋째, 원가배부기준과 방법을 선택하여 집계된 원가를 각 원가배부대상에 배부한다. 집계된 공통원가를 원가배부대상과의 인과관계를 가장 잘 반영하는 배부기준과 방법을 선택하여 각 원가배부대상에 배부한다.

다수의 부문이 존재하는 경우 제품원가계산과정에서 원가배부는 다음과 같이 3단계 절차를 거쳐 실시된다.

제1단계: 부문공통원가를 제조부문과 보조부문에 배부하는 단계이다. 이는 원가를 각 부문이나 발생장소, 책임중심점별로 배부하는 단계이며, 원가배부의 가장 기초적인 단계이다. 각 부문별로 직접적으로 추적이 가능한 부문개별원가는 각 부문에 직접 집계하고, 추적이 불가능한 부문공통원가는 합리적인 배부기준에 따라 각 부문에 배부하는 단계이다.

제2단계: 보조부문의 원가를 제조부문으로 배부하는 단계이다. 보조부문은 제품생산을 직접 담당하지 않고 제조부문과 다른 보조부문에 용역을 제공하는 부문이다. 따라서 보조부문원가는 제품과 직접적인 관련성을 확인할 수 없으므로 제품원가를 계산하기 위해서 보조부문에 집계된 원가를 제조부문으로 배부하는 절차가 필요하다.

제3단계: 제조부문에 집계된 원가를 제품별로 배부하는 단계이다. 제조부문은 제품생산에 직접 참여하는 부문이며, 부문별 원가계산을 통하여 제조부문에 집계된 원가를 제품

별로 배부한다. 개별원가계산에서 원가를 개별 작업이나 제품별로 산출하는 과정이나 종합원가계산에서 원가를 완성품원가와 기말재공품원가로 구분하는 과정이 이에 해당한다.

여기서 유의하여야 할 점은 이러한 원가배부는 제조간접원가의 경우에만 해당한다는 것이다. 직접재료원가와 직접노무원가는 개별제품이나 작업별로 추적이 가능하므로 제품이나 작업에 직접 부과되며 원가배부의 문제가 발생하지 않는다. 원가배부과정이 완료되면 제조과정에서 발생한 모든 제조간접원가와 직접재료원가, 직접노무원가가 각 제품에 집계되어 제품원가를 구성한다. 이러한 원가배부과정을 그림으로 표시하면 〈그림 4-1〉과 같다.

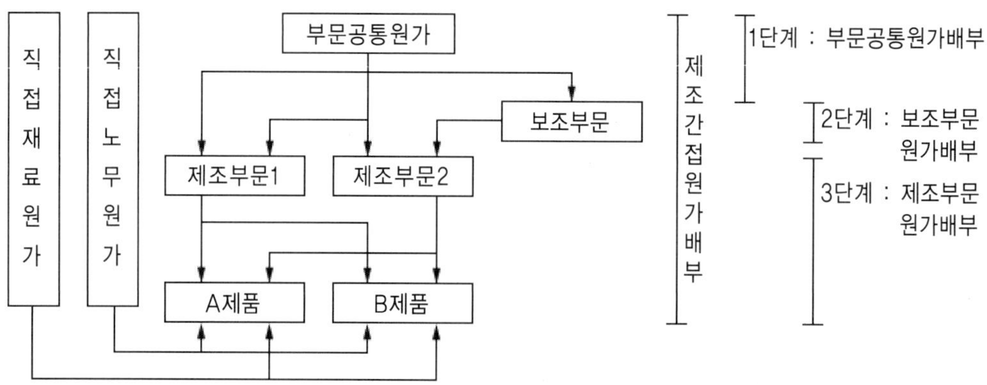

〈그림 4-1〉 제조간접원가의 배부과정

제2절 부문공통원가와 보조부문의 원가배부

1. 부문공통원가의 배부

제조간접원가의 1단계 배부에 해당하는 절차가 부문공통원가의 배부이다. 각 부문에서 발생한 원가는 특정부문에서 개별적으로 발생하였는가를 추적할 수 있는가의 여부에 따라 부문개별원가와 부문공통원가로 구분한다. **부문개별원가**는 특정 원가부문에서만 개별적으로 발생한 원가이며, 해당 부문에 직접 집계된다. **부문공통원가**는 둘 이상의 원가부문에서 공통적으로 발생하는 원가이며, 각 부문의 원가로 집계하기 위해서는 일정한 배부기준을 적용하여 각 부문에 배부하여야 한다. 부문공통원가를 배부하기 위한 일반식은 다음과 같다.

$$\text{부문별 배부액} = \text{배부율} \times \text{당해부문과 관련된 배부기준}$$

$$\text{배부율} = \frac{\text{부문공통원가}}{\text{배부기준총량}}$$

부문공통원가는 각 부문에 직접 추적이 가능하지 않는 원가이므로 일정한 배부기준에 따라 각 부문에 배부한다. 따라서 각 원가부문에 공통원가를 배부하기 위해서는 먼저 배부기준을 선택해야 한다. 무엇을 배부기준으로 선택할 것인가는 부문공통원가에 따라 다르며, 반드시 원가와 배부기준간의 인과관계, 수혜기준 등을 고려하여야 한다.

① **노무관련 공통원가** : 복리후생비, 종업원 모집비, 교육훈련비 등은 종업원수, 노동시간, 직접노무원가 등에 따라 배부한다.

② **기계작동 관련원가** : 전력비, 기계보험료 등은 기계작동시간, 현행가치, 기계대수 등을 기준으로 배부한다.

③ **공간관련 공통원가** : 감가상각비, 임차료, 건물·기계보험료 등은 점유면적, 기계대수, 장부가액 등을 기준으로 배부한다.

④ **서비스 관련원가** : 수선비, 시험연구비 등은 작업시간, 서비스량 등을 기준으로 배부한다.

일반적으로 부문공통원가를 각 부문으로 배부하는데 사용될 수 있는 배부기준의 예는 〈표 4-1〉 다음과 같다.

〈표 4-1〉 부문공통원가와 배부기준의 예시

부문공통원가의 예	배부기준의 예
건물감가상각비와 보험료	각 건물의 점유면적
기계감가상각비	각 부문의 기계사용시간
전력비	각 부문의 전력사용량
복리후생비	각 부문의 종원수 또는 노무원가
건물임차료	각 부문의 점유면적

(예제 4-1) 부문공통원가의 배부

서울공업(주)은 2개의 제조부문(절단부, 조립부)과 2개의 보조부문(동력부, 수선부)으로 구성되어 있으며, 당기 중의 원가자료는 다음과 같다.

원가항목	제조부문		보조부문		합 계
	절단부문	조립부문	동력부문	수선부문	
부문개별원가	₩12,000	₩17,000	₩5,000	₩3,000	₩37,000

부문공통원가 :

공장감가상각비	₩4,000
기계보험료	9,000

- 부문공통원가를 각 부문에 배부하기 위한 기준은 다음과 같다.

배부기준	절단부문	조립부문	동력부문	수선부문	계
면적(m^2)	200	350	100	150	800
기계가액(₩)	40,000	15,000	30,000	5,000	90,000

(요구사항) 부문 공통원가를 각 부문에 배부하시오.

(풀이) 배부기준의 선정: 감가상각비는 면적, 기계보험료는 기계가액으로 배부한다.

부문원가배부표

원가항목	제조부문		보조부문	
	절단부문	조립부문	동력부문	수선부문
부문개별원가	₩12,000	₩17,000	₩5,000	₩3,000
부문공통원가				
감가상각비	1,000[1)]	1,750	500	750
기계보험료	4,000[2)]	1,500	3,000	500
합　　계	₩17,000	₩20,250	₩8,500	₩4,250

*부문공통원가의 배부액계산

1) 공장감가상각비 : 절단부문 : ₩4,000 $\times \frac{200}{800} =$ ₩1,000

2) 기계보험료 : 절단부문 ₩9,000 $\times \frac{40,000}{90,000} =$ ₩4,000

2. 보조부문원가 배부의 의의

제조기업에서 제품을 생산하기 위해서는 여러 가지 제조부문을 거치게 되며, 제조부문은 여러 보조부문으로부터 용역제공을 받게 된다. 여기에서 **부문**(department)은 기업의 제조과정을 기능에 따라 구분하여 관리하는 단위이며, 제조와 관련된 부문은 제조부문과 보조부문으로 나누어진다. **제조부문**(production department)은 제품생산에 직접 참여하며, 기업의 중심적인 제조활동을 수행하는 부문 또는 구성단위이다. 예를 들면, 기계제조업에서는 조립부문, 주조부문, 절단부문, 도장부문 등으로 구성되며 어떤 제조부문을 설정할 것인가는 업종에 따라 다르다. **보조부문**(service department)은 지원부문(support department)이며 제품생산에 직접 참여하지는 않지만 제조활동을 촉진시키거나 보조하는 활동을 수행하는 부문이나 구성단위이며 동력부분, 수선부문, 자재부문, 검사부문, 구매부문 등이 있다.

〈그림 4-2〉에 제조부문과 보조부문을 예시하였다.

제조부문과 보조부문이 업무를 수행하는 과정에서 원가가 발생한다. 이러한 원가에는 감가상각비나 보험료와 같이 공장 전체적으로 발생하는 부문공통원가와 동력비나 수선

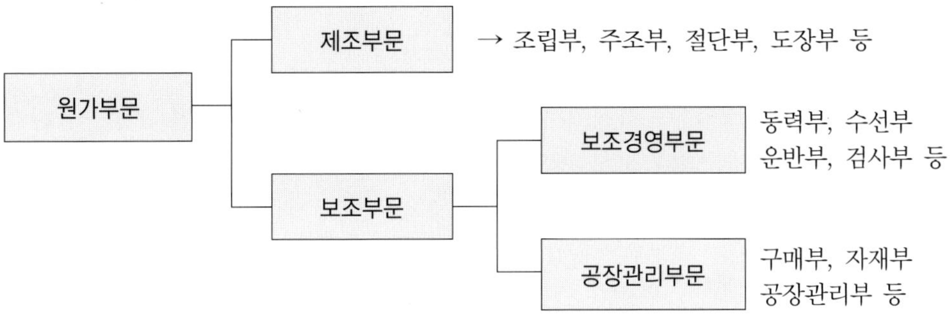

〈그림 4-2〉 제조부문과 보조부문의 예

비와 같이 특정부문에만 개별적으로 발생하는 부문개별원가가 있다. 부문공통원가는 모든 부문이 공통적인 혜택을 받고 있으므로 제조부문과 보조무문 등에 배부하게 되며, 그 결과 원가가 발생장소별로 분류 집계되며, 각 부문별 원가는 제품에 배부하게 된다.

제조부문은 제품의 생산과 직접적인 관련이 있으므로 제조부문의 원가를 제품에 배부하는데 어려움이 없다. 그러나 보조부문은 제품과 직접적인 관련성을 갖지 않으므로 보조부문의 원가를 제품에 직접 배부하는 것은 쉽지 않다. 따라서 보조부문의 원가를 제조부문에 먼저 배부하고, 그 다음으로 제조부문의 원가를 제품에 배부하는 과정을 거치게 된다. 보조부문의 원가를 제조부문으로 배부하지 않으면 보조부문에서 발생한 원가는 제품원가에 포함되지 않게 된다. 보조부문의 활동은 궁극적으로 제조부문의 활동을 보조하기 위한 것이므로 보조부문의 원가를 제조부문에 배분하여야 한다.

보조부문의 원가가 제조부문에 배부되면, 제조부문에는 자체에서 발생한 부문개별원가와 배부받은 부문공통원가, 보조부문에서 배부받은 금액이 모두 집계되어 있다. 이렇게 집계된 제조간접원가는 일정한 배부기준에 따라 제품별로 배부된다. 직접원가는 특정제품에 추적가능한 원가이므로 배부과정없이 제조지시서별로 제품에 직접 할당한다. 이 과정이 완료되면 제조과정에서 발생한 모든 원가는 제품에 집계된다.

3. 보조부문원가의 배부방법

제조간접원가의 2단계 배부에 해당하는 것이 보조부문원가를 제조부문으로 배부하는 것이다. 보조부문원가를 제조부문으로 배부하는 목적은 최종원가대상인 제품이 보조부문을 통과 하지 않고 제조부문 만을 통과하면서 완성되기 때문에 보다 정확한 제품원가를 산정하고, 제조부문의 원가능률을 측정하기 위해서이다. 따라서 보조부문에 집계된 원가를 제조부문으로 먼저 배부하고, 제조부문에서 자체적으로 발생한 제조원가에 보조부문으로부터 배부된 원가를 합하여 제품에 배부함으로써 정확한 제품원가를 계산할 수 있다. 또한 보조부문원가를 제조부문에 배부하면 제조부문 경영자들이 보조부문의 비능률로 인한 원가부담을 하지 않기 위하여 보조부문을 통제 감시하므로 원가절감에 도움이 된다.

보조부문원가에는 각 보조부문자체에서 발생한 부문개별원가와 배부된 부문공통원가가 포함되어 있으며, 이 금액이 모두 제조부문에 배부되어야 한다. 보조부문원가를 제조부문에 배부함에 있어 유의해야 할 사항은 합리적인 배부기준과 배부방법을 선택하는 것이다. 보조부문원가의 배부와 관련하여 배부기준의 선택에서 유의해야 할 사항은 다음과 같다.

첫째, 배부기준을 선택하는데 있어서 가장 바람직한 기준은 인과관계기준이다. 보조부문원가의 발생과 배부기준 사이에 합리적인 인과관계가 존재하여야 한다. 그러나 현실적으로 정확한 인과관계를 찾기가 어려우므로 수혜기준을 이용하는 것이 일반적이다. 즉, 보조부문으로부터 용역을 제공받은 정도에 따라 비례적으로 보조부문원가를 제조부문에 배부한다.

둘째, 배부기준은 간단명료해야 한다. 보조부문원가를 배분함으로써 얻는 효익이 배부기준을 적용하는데 발생하는 비용보다 커야 한다. 복잡한 계산과정은 원가배분을 통한 효익보다 비용이 커질 수 있다

일반적으로 사용되는 보조부문원가의 배부기준은 다음 〈표 4-2〉와 같다.

〈표 4-2〉 보조부문원가의 배부기준

보조부문	배부기준의 예
동력부문	전기사용량
수선부문	수선유지횟수, 수선시간
전산부문	CPU사용시간
창고부문	창고면적, 취급품목수
검수부문	검수량, 검사시간, 수취와 출하횟수
구매부문	주문횟수, 주문비용
건물관리부문	건물점유면적
공장사무부문	각부문 종업원수
자재부문	용역제공시간, 취급품목수

이러한 배부기준을 이용하여 보조부문원가를 제조부문에 배부하는 방법에는 보조부문 상호간의 용역수수관계를 어느 정도 반영하는가에 따라 3가지 방법으로 나누어진다.

(1) 직접배부법

직접배부법(direct allocation method)은 보조부문 상호간의 용역수수관계를 무시하고

제조부문에만 용역을 제공하는 것으로 간주하여 보조부문원가를 제조부문에만 직접 배부하는 방법이다. 즉, 보조조문원가를 제조부문이 사용한 용역의 상대적 비율에 따라 제조부문에 모두 배분하고, 다른 보조부문에는 배부하지 않는 방법이다. 이 방법은 배분절차가 간편하므로 실무적으로 널리 사용되고 있으며 보조보문 상호간의 용역수수가 중요하지 않을 때 타당한 방법이다. 그러나 보조부문 상호간의 용역수수관계를 무시하므로 제품원가의 결정을 왜곡시킬 수 있다.

(예제 4-2) 보조부문원가의 배부: 직접배부법

(주) KS전자는 2개의 제조부문과 2개의 보조부문으로 구성되어 있으며, 각 부문에서 발생한 원가와 부문 간의 용역제공관계는 다음과 같다.

사용부문 / 용역제공부문	보조부문		제조부문		합 계
	동력부문	수선부문	조립부문	가공부문	
동력부문(전력공급량)	-	800Kw	1,200Kw	2,000Kw	4,000 Kw
수선부문(수선작업시간)	200h	-	700h	100h	1,000 h
자체발생원가(부문비합계)	₩150,000	₩60,000	₩100,000	₩50,000	₩360,000

(요구사항) 직접배부법으로 보조부문원가를 제조부문에 배부하시오.

(풀이)

- 이 문제는 두 개의 보조부문과 두 개의 제조부문이 있는 예이며, 동력부문원가는 전력공급량, 수선부문원가는 수선작업시간을 기준으로 제조부문에 배부한다.

부문원가배부표

원가항목	제조부문		보조부문		합계
	조립부문	가공부문	동력부문	수선부문	
부문개별원가	₩100,000	₩50,000	₩150,000	₩60,000	₩360,000
동력부문원가	56,250[1)]	93,750			
수선부문원가	52,500[2)]	7,500			
계	₩208,750	₩151,250	-	-	₩360,000

주: 1) $₩150,000 \times \frac{1,200}{3,200} \frac{(\text{조립부문에 제공된 전력량})}{(\text{조립부문과 가공부문에 공급된 전력량})} = ₩56,250$

2) $₩60,000 \times \frac{700}{800} \frac{(\text{조립부문에 제공된 수선작업시간})}{(\text{조립부문과 가공부문에 제공된 수선작업시간}} = ₩52,500$

(2) 단계배부법

단계배부법(step allocation method)은 계단식 배부법 또는 순차배부법이라고도 하며 보조부문상호간의 용역수수관계를 일부만 고려하는 방법이다. 즉, 보조부문 가운데 다른 부문에 용역을 가장 많이 제공한 부문부터 순차적으로 배부순서를 정하여 보조부문원가를 제조부문과 다른 보조부문에 배부한다. 이 방법에서 일단 배부를 완료한 보조부문은 다른 보조부문으로부터 배분받지 않으며, 차순위의 보조부문은 자체의 보조부문원가와 다른 부문으로부터 배부 받은 금액을 합하여 제조부문에 배부한다.

단계배부법은 보조부문간의 용역수수관계를 일부만 인식하며, 배부순서가 적절하지 않은 경우에는 원가배부결과가 왜곡될 수 있다는 점에 유의해야 한다. 따라서 단계배부법에서 가장 중요한 것은 배부순서를 정하는 것이며, 일반적으로 다음과 같은 기준으로 사용한다.

① 용역을 제공하는 부문의 수가 많은 보조부문원가를 우선 배부한다.
② 다른 보조부문에 대한 용역제공의 비율이 큰 보조부문부터 배부한다.
③ 보조부문원가의 금액이 큰 부문부터 우선적으로 배부한다.

(예제 4-3) 보조부문원가배부: 단계배부법
(요구사항)
앞의 (예제 4-2)의 자료를 이용하여 단계배부법에 따라 보조부문원가를 배부하시오.

(풀이)
1) 배부순서의 결정: 1차는 동력부문원가, 2차는 수선부문원가를 배부한다.
2) 부문원가배부표를 작성한다.

부문원가배부표

원가항목	제조부문		보조부문		합 계
	조립부문	가공부문	수선부문	동력부문	
부문개별원가	₩100,000	₩50,000	₩60,000	₩150,000	₩360,000
동력부문원가	45,000[1]	75,000	30,000	(150,000)	
수선부문원가	78,750[2]	11,250	(90,000)		
합 계	₩223,750	₩136,250	-	-	₩360,000

주: 1) $₩150,000 \times \frac{1,200}{1,200+2,000+800} = ₩45,000$

2) $₩90,000 \times \frac{700}{800} = ₩78,750$

(3) 상호배부법

상호배부법(reciprocal allocation method)은 보조부문 상호간의 용역수수를 전부 고려하는 방법이며, 각 보조부문비를 제조부문뿐만 아니라 다른 보조부문에도 용역을 사용한 만큼 배부한다. 즉 보조부문 상호간에도 용역을 주고 받은 사실을 그대로 반영하여 원가를 배부하는 방법이다. 상호배부법에서는 ① 상호직접배부법 ② 상호연속배부법 ③ 연립방정식법 등이 있다. 상호직접배부법은 각 부문간의 용역수수관계를 모두 반영하여 1차 배부를 하고, 2차배부에서는 직접배부법으로 제조부문에만 배부한다. 상호연속배부법은 각 부문간의 용역수수관계를 모두 반영하여 1차배부를 하고, 보조부문의 잔액이 0이 될 때까지 계속 배부하는 방법이다. **연립방정식법**은 보조부문 상호간의 용역수수관계를 연립방정식으로 계산한 다음 이를 이용하여 보조부문원가를 배부하는 방법이다.

연립방정식법에서 특정부문의 총원가는 다음과 같은 방정식으로 표시할 수 있다.

특정부문의 원가 = 자기부문의 발생원가 + 다른 보조부문으로부터 배부된 원가

예를 들어, 보조부문이 두 개인 경우 각 보조부문원가(X_1, X_2)는 다음의 연립방정식이 성립한다.

X_1 =보조부문 1의 원가 + 다른 보조부문(2)을 이용한 비율 × X_2

X_2 =보조부문 2의 원가 + 다른 보조부문(1)을 이용한 비율 × X_1

연립방정식법의 해를 구하여 이를 용역제공비율에 따라 원가를 배부하며, 제조부문에 배부된 원가만을 집계한다. 보조부문의 수가 많아지면 연립방정식을 풀기 어렵게 되므로 행렬식 또는 선형대수법이나 컴퓨터 프로그램을 이용한다.

상호배부법은 이론적으로 타당하나 계산이 번거롭고, 상호배부법의 결과와 직접배부법이나 단계배부법에 의한 결과와 차이가 크지 않으므로 많이 사용되지 않는다.

(예제 4-4) 보조부문원가배부: 상호배부법

(요구사항)

앞의 (예제 4-2)의 자료를 이용하여 상호배부법(연속방정식법)에 따라 보조부문원가를 배부하시오.

(풀이)

1) 연립방정식의 표시:

총동력부문원가를 X_1 , 총수선부문원가를 X_2 라고 하면

$X_1 = 150,000 + 0.2X_2$ ----- ①

$X_2 = 60,000 + 0.2X_1$ ------- ②

(보조부문 1의 총원가X_1 = 보조부문 1의 원가 + 다른 보조부문(2)을 이용한 비율 × X_2)

①을 ②에 대입하여 풀면 동력부문원가X_1 = 168,750원, 수선부문원가X_2 = 93,750원이다.

2) 각 부문원가를 제조부문과 보조분에 배부한다.

X_1= 168,750을 수선부, 조립부, 가공부에 20, 30, 50% 의 비율로 배부

X_2= 93,750을 동력부, 조립부, 가공부에 20, 70, 10% 의 비율로 배부

부문원가배부표

원가항목	제조부문		보조부문		합 계
	조립부문	가공부문	수선부문	동력부문	
부문개별원가	₩100,000	₩50,000	₩60,000	₩150,000	₩360,000
동력부문원가	50,625[1)]	84,375	33,750	(168,750)	
수선부문원가	65,625[2)]	9,375	(93,750)	18,750	
합 계	₩216,250	₩143,750	-	-	₩360,000

주: 1) 168,750 × 0.3 ≒ 49,687

2) 93,750 × 0.7 ≒ 54,687

4. 단일배부율법과 이중배부율법

지금까지 설명한 보조부문원가를 제조부문으로 배부하는 3가지 방법, 즉 직접배부법과 단계배부법, 상호배부법은 하나의 배부율, 즉 단일배부율을 이용하여 보조부문원가를 제조부문으로 배부하였다. 그러나 보조부문원가를 변동원가와 고정원가로 구분하느냐에 따라서 단일배부율법과 이중배부율법으로 나눌 수 있다.

(1) 단일배부율법

단일배부율법(single rate method)은 보조부문의 원가를 변동원가와 고정원가로 구분하지 않고 각 보조부문의 원가를 하나의 배부기준을 적용하여 제조부문으로 배부하는 방법이다. 이 방법은 사용하기는 간편하지만 원가행태에 따른 정확한 배분이 되지 않기 때문에 부문의 의사결정이 기업전체 차원에서는 최적의사결정이 되지 않을 수도 있다는 문제점이 있다.

(2) 이중배부율법

이중배부율법(dual rate method, **이분배부율법**)은 보조부문의 원가를 원가행태에 따라 고정원가와 변동원가로 구분하여 각각 다른 배부기준을 적용하여 제조부문으로 배부하는 방법이다. 일반적으로 ①고정원가는 제조부문에서 사용할 수 있는 최대사용량 또는 예산사용량을 기준으로 배부하고, ②변동원가는 실제사용량을 기준으로 배부한다.

이와 같이 보조부문의 원가를 고정원가와 변동원가로 구분하여 서로 다른 배부기준을 사용하는 이유는 고정원가는 용역을 제공하는데 필요한 설비와 관련된 것인 반면에 변동원가는 용역의 실제 사용량과 관련이 있기 때문이다. 일반적으로 유형자산은 각 원가부문의 최대조업도(또는 예산조업도)에 맞추어 구입되는 것이 일반적이므로 고정원가는 최대사용량을 기준으로 배부하는 것이 합리적이다, 변동원가는 인과관계 관점에서 실제조업도와 관련이 있으므로 실제사용량을 기준으로 배부하는 것이 합리적이다.

공통원가와 원가집적대상 사이에 서로 다른 두 가지 관계가 존재할 때 두 가지 배부기준을 사용하여야 한다. 하나의 원가에 대하여 원가발생형태별로 서로 다른 배부기준을 사용하여 원가를 배부하는 것이 이분배부율법이다. 즉, 두 개 이상의 원가대상에 공통으로 발생하는 원가에 고정원가와 변동원가가 포함되어 있는 경우에는 고정원가와 변동원가의 성격이 서로 다르므로 서로 다른 배부기준을 사용하여야 한다. 변동원가는 조업도의 변동과 직접적으로 비례하여 발생하므로 조업도에 비례하여 원가대상에 배분한다. 고정원가는 장기간 경제적 효익을 제공하는 설비자산을 보유함으로써 발생하는 원가이므로 사전에 정해진 기준에 따라 원가대상에 균등하게 배부하는 것이 합리적이다. 예를 들면, 생산설비를 최대조업도수준에 맞추어서 구입한 것이라면 생산설비의 감가상각비는 각 제조부문의 최대조업도를 기준으로 배부하는 것이 합리적이다.

고정원가의 배부기준을 결정하면 기간마다 배부방법을 변경하면 안 된다. 왜냐하면, 고정원가의 배부기준은 장기적인 측면에서 각 부문의 최고조업도나 평균조업도에 기초하여 결정된 것이므로 단기적으로 특정설비를 적게 사용하였다고 해서 고정원가를 적게 배부하는 것은 바람직하지 못하기 때문이다. 만일 고정원가를 배분하면서 사전에 정한 기준에 의하지 않고 매기 변화하는 기준을 사용한다면, 한 부문에 배부하는 원가가 다른 부문의 활동에 의하여 영향을 받기 때문에 원가배분이 불공평하게 된다.

이론적으로는 이분배부율법에 의해서 보조부문원가를 제조부문으로 배부해야 하지만, 현실적인 문제로서 보조부문의 원가를 고정원가와 변동원가의 구분이 어렵고, 용역사용량의 측정과 이분배부율의 계산이 복잡하므로 효익보다 비용이 커지는 경우가 많다. 또한 배부대상이 되는 제조간접원가의 대부분이 고정원가라는 점에서 결과적으로 단일배부율법과 큰 차이가 없는 경우가 많다.

(예제 4-5) 이분배부율법에 의한 보조부문원가의 배부

앞의 (예제 4-2)의 자료를 이용하며, 보조부문이 다른 부문에 제공하는 용역의 실제사용량과 예산사용량은 다음과 같다.

제공부문 \ 사용부문		보조부문		제조부문		합 계
		동력부문	수선부문	조립부문	가공부문	
동력부문	예산사용량	-	600Kw	1,200Kw	2,200Kw	4,000Kw
	실제사용량	-	800Kw	1,200Kw	2,000Kw	4,000Kw
수선부문	예산사용량	400시간	-	500시간	100시간	1,000시간
	실제사용량	200시간	-	700시간	100시간	1,000시간

각 부문에서 발생한 원가를 고정원가와 변동원가로 구분하면 다음과 같다. (단위: 원)

구 분	동력부문	수선부문	조립부문	가공부문	합 계
변동원가	50,000	40,000	40,000	10,000	140,000
고정원가	100,000	20,000	60,000	40,000	220,000
합 계	150,000	60,000	100,000	50,000	360,000

(요구사항)

보조부문원가를 직접배부법과 이분배부법에 의하여 제조부문에 배부하라.

(풀이)

부문원가배부표 (단위: 원)

원가항목		합계	제조부문		보조부문	
			조립부문	가공부문	동력부문	수선부문
부문개별원가		360,000	100,000	50,000	150,000	60,000
동력부문원가	변동원가	50,000	18,750[1]	31,250		
	고정원가	100,000	35,294[2]	64,706		
수선부문원가	변동원가	40,000	35,000[3]	5,000		
	고정원가	20,000	16,667[4]	3,333		
합 계		360,000	205,711	154,289		

주: 1) 조립부문: $50,000 \times \frac{1,200}{1,200+2000} = 18,750$ 가공부문$50,000 \times \frac{2,000}{1,200+2,000} = 31,250$

2) 조립부문:$100,000 \times \frac{1,200}{1,200+2,200} = 35,294$ 가공부문$100,000 \times \frac{2,200}{1,200+2,200} = 64,706$

3) 조립부문: $40,000 \times \frac{700}{700+100} = 35,000$ 가공부문: $40,000 \times \frac{100}{700+100} = 5,000$

4) 조립부문: $20,000 \times \frac{500}{500+100} = 16,667$ 가공부문: $20,000 \times \frac{100}{500+100} = 3,333$

제3절 제조간접원가의 배부: 제조부문원가의 배부

1. 제조간접원가배부의 의의

제조기업에서 제품을 생산하기 위해서는 원재료를 투입하여 여러 제조과정을 거치게 되며, 생산기능별로 구분된 개별 제조단위가 제조부문이다. 제조부문은 제품생산에 직접 참여하는 부서이며, 제조부문에서 발생, 집계된 원가 중에서 직접재료원가나 직접노무원가는 특정원가대상과 직접적인 관련성을 갖으며 추적 가능한 원가이므로 원가배부문제가 발생되지 않는다. 그러나 감독자의 급여, 재산세, 감가상각비 등의 제조간접원가는 특정제품과의 직접적인 관련성이 없으므로 제품원가로 배부하기 위하여 배부절차가 필요하게 된다.

제품의 제조원가는 재고자산의 평가기준이며 매출원가를 결정하는 기준이다. 제조원가는 제조과정에서 직접 간접으로 발생된 모든 원가가 포함되어야 하므로 제조간접원가를 제품에 배부하여야 한다. 그러나 제조간접원가는 다음과 같은 이유로 개별제품이나 개별작업과 관련시키는 것이 어렵기 때문에 인위적인 배부절차를 통하여 배부하게 된다.

첫째, 제조간접원가는 간접원가이므로 개별제품에 직접적으로 추적할 수 없다.

둘째, 제조간접원가는 성격이 상이한 변동원가와 고정원가가 혼합되어 있으므로 다양한 원가를 개별작업에 일괄적으로 대응시키는 것이 어렵다.

셋째, 제조간접원가는 생산량과 관계없이 일정하게 발생하는 고정원가가 대부분을 차지하며, 고정원가를 생산량과 관련시키면 생산량의 변동에 따라 제품의 원가가 변동하게 된다.

이와 같이 제조간접원가를 제품에 직접 부과시키는 것이 어렵기 때문에 인위적인 배부절차를 통하여 배부하게 된다.

2. 제조간접원가 배부기준과 배부방법

제조간접원가의 3단계 배부에 해당하는 것이 제조부문에 집계된 제조간접원가를 각 제품에 배부하는 것이다. 보조부문의 원가가 제조부문에 배부되면 제조부문원가에는 ①제조부문 자체에서 발생된 제조간접원가와 ②부문별계산의 1단계에서 배부된 부문공통원가와 ③2단계에서 배부된 보조부문원가 배부액이 모두 집계되어 있다. 제조부문에 집계된 제조간접원가를 일정한 배부기준을 선택하여 각 제품에 배부하는 것이 제조간접원가의 배부이며, 원가배부절차의 최종단계이다.

제조간접원가를 제품원가에 배부하기 위해서는 모든 제품의 작업을 공통적으로 측정할 수 있는 배부기준을 선정하여야 한다. 즉 제조간접원가를 모든 작업에 공정하게 배부할 수 있는 기준을 선택하여야 한다. **어떤 배부기준을 사용하느냐에 따라 각 제품에 배부되는 금액이 달라질 수 있으므로 배부기준의 선택이 중요하다.** 이것은 부문공통원가를 각 개별부문이 배부하는 경우에나 보조부문원가를 제조부문에 배부하는 경우, 제조부문원가를 제품에 배부할 때 모두 적용된다. 그만큼 배부기준의 선택이 중요하다는 의미이다. 제조간접원가를 재고자산에 배부하기 위한 일반적인 기준은 직접재료원가, 직접노무원가, 직접노동시간, 기계작업시간 등이 있다.

① **직접재료원가**: 제조간접원가의 발생이 직접재료의 사용량과 밀접하게 관련되어 있

는 경우에는 타당한 기준이 될 수 있다. 예를 들어, 조립부문에서 직접재료의 사용에 따라 제조간접원가의 대부분이 발생한다면 직접재료원가를 배부기준으로 사용한다.

② **직접노무원가**: 제조간접원가의 발생이 직접노무원가의 발생과 밀접하게 관련되어 있는 경우에 타당한 기준이 될 수 있다. 예를 들어 숙련작업자들이 고가의 기계를 사용하고 미숙련 작업자들이 저가의 기계를 사용하고 있는 경우에 제조간접원가의 배부에 적용될 수 있다.

③ **직접노동시간**: 제조간접원가가 임금구조와 관계없이 발생하는 경우에는 직접노동(작업)시간이 적절한 배부기준이 될 수 있다.

④ **기계작업시간**: 고가의 기계나 많은 동력을 소비하는 기계를 사용하는 경우에는 제조간접원가의 적절한 배부기준이 될 수 있다.

배부기준을 선택하면, 각 공정을 통과하는 모든 개별 작업에 제조간접원가를 배부하기 위하여 **제조간접원가 배부율**을 구하여야 하며, 이는 실제 또는 예정 총제조간접원가를 배부기준으로 나누어 계산된다.

$$\text{제조간접원가 배부율} = \frac{\text{제조간접원가 총액}}{\text{배부기준의 합계}}$$

제조간접원가 배부율의 식에서 배부기준 단위당 해당 제조부문의 제조간접원가를 산출할 수 있다. 예를 들어 배부기준이 직접노동시간이면 직접노동시간당 제조간접원가 금액을 구할 수 있다 이렇게 구해진 배부율을 이용하여 제조간접원가를 각 제품에 배부하게 되는데 이때 각 제품들이 배부기준인 직접노동시간을 얼마나 발생시켰는지를 알아야 한다. 제품별로 배부기준의 소비량을 알아야만 해당 제조부문의 제조간접원가를 배부율에 따라 각 제품에 배부할 수 있다.

제품별 제조간접원가 배부액 = 제품별 배부기준 사용정도 × 제조간접원가 배부율

이와 같이 제조간접원가가 제품에 배부되면 제품별로 집계된 직접원가와 제조간접원가를 기초로 제조과정이 완료된 제품의 제품원가가 산출된다. 제품원가 중에서 당기에 판매된 제품의 원가는 매출원가로 수익에 대응되고, 판매되지 않고 보유하고 있는 제품의 원가는 기말재고자산으로 분류된다.

3. 제조간접원가 배부율의 종류

기업이 단일의 제조부문만을 가진다면 발생된 원가를 집계하고 제품에 배부하는 것이 어렵지 않게 된다. 그러나 현실적으로는 제품제조 작업은 여러 제조부문을 순차적으로 거치면서 수행되므로 각 부문별로 발생된 원가를 집계하여 제품에 배부하는 것이 필요하다. 이와 같이 둘 이상의 제조부문을 가지고 있을 때 **제조간접원가를 개별작업이나 개별제품에 배부하는 방법은 공장전체에서 발생하는 제조간접원가에 대하여 하나의 배부율을 적용하는 방법과 각 제조부문별로 다른 배부율을 적용하는 방법이 있다.** 어느 방법을 적용하든지 제조간접원가를 제품에 배부하기 위해서는 먼저 배부기준을 선택해야 하며, 배부기준을 선택한 다음에는 제조간접원가 배부율을 계산해야 한다. 그 다음에는 배부율을 이용하여 제조부문의 제조간접원가를 각 제품에 배부한다.

(1) 공장전체 제조간접원가 배부율

공장전체 제조간접원가 배부율(plant-wide overhead rate)은 모든 제조간접원가를 단일의 배부기준으로 나누어 단일 배부율을 산정한 다음 개별제품에 배부하는 것이다. 이 방법에서는 모든 제조간접원가를 하나의 통제계정에 집합하여 공장전체의 제조간접원가 변동요소를 가장 잘 나타내는 기준을 선택하여 여러 제조부문에서 생산되는 모든 제품에 공통적으로 적용한다. 제품에 배부되는 제조간접원가와 배부율의 공식은 다음과 같다.

> 제품별 제조간접원가 배부액=제품별 실제 배부기준(사용정도) × 공장전체배부율
>
> $$\text{제조간접원가 배부율}=\frac{\text{공장전체의 제조간접원가(실제발생 또는 예산액)}}{\text{공장전체의 배부기준(예정조업도)}}$$

제조간접원가의 배부에서 예정배부율이 사용되는 경우가 있다. **예정배부율**은 연간제조간접예산액을 예정조업도로 나누어 계산한다.

공장전체의 단일배부율을 이용하는 경우에는 보조부문의 원가가 어떤 방법으로 배분되든지 관계없이 전체의 제조간접원가는 동일하므로 제조간접원가 배부율이 보조부문원가 배분방법에 영향을 받지 않는다. 또한 공장전체 제조간접원가배부율은 계산과 사용이 간편하지만, 제조간접원가의 규모나 성격이 제조부문 간에 상이하고 작업과정 중에 있어서 각 제조부문에 소요되는 기계시간이나 직접작업시간 등이 크게 다를 때는 정확한 제품원가를 계산할 수 없게 된다.

(2) 부문별 제조간접원가 배부율

부문별 제조간접원가 배부율(departmental overhead rate)은 각 제조부문에 집계된 제조간접원가를 각 부문의 특성을 잘 나타내는 서로 다른 배부기준을 사용하여 제조간접원가를 배부하는 방법이다. 보다 구체적으로 설명하면, 각 제조부문별로 제조간접원가를 집계하고 이를 해당 제조부문의 특성에 맞는 배부기준으로 나누어 각 제조부문별로 서로 다른 배부율을 산정하여 개별제품에 제조간접원가를 배부하는 방법이다. 제품에 배부되는 부문별 제조간접원가 배부율과 배부액의 공식은 다음과 같다.

$$\text{제품별 제조간접원가 배부액} = \sum(\text{제품별 실제 배부기준} \times \text{부문별 배부율})$$

$$\text{제조간접원가 배부율} = \frac{\text{부문별 제조간접원가(실제 또는 예산액)}}{\text{부문별 배부기준(예정조업도)}}$$

부문별 예정배부율이 사용되는 경우에는 배부율을 계산하기 위해서는 먼저 보조부문의 예산을 제조부문에 배부하고, 제조부문의 개별원가와 보조부문에서 배부된 금액을 합계한 제조간접원가예산액을 부문별 예정조업도(기준조업도)로 나누어서 배부율을 산출한다.

부문별 제조간접원가배부율을 사용하는 경우 각 제조부문별로 원가배부기준이 상이하므로 각 보조부문의 원가배분방법에 따라 제품에 배부되는 제조간접원가도 차이가 발생하게 된다. 부문별 배부율을 사용하면 각 제조부문의 특성에 따라 제조간접원가를 제품에 배부하므로 보다 합리적으로 정확한 제품원가를 계산할 수 있다. 예를 들면, 기계집약적인 제조부문은 기계작동시간을 기준으로 배부하며, 노동집약적인 제조부문은 직접노동시간이나 직접노무원가를 기준으로 배부하면 제조간접원가를 보다 합리적으로 배부할 수 있다.

(예제 4-6) 제조간접원가의 배부

(주) KS의 제조부문별 제조간접원가와 원가자료는 다음과 같다.

원가발생액: 기계부문 ₩287,139 조립부문 ₩162,861

기계부문비는 기계작업시간, 조립부문비는 직접노무원가를 기준으로 제품에 배부한다.

배부기준	제품별	기계부	조립부
기계작업시간	A제품	150	100
	B제품	100	80
	계	250시간	180시간
직접노무비	A제품	₩300,000	₩250,000
	B제품	200,000	150,000
	계	₩500,000	₩400,000

(요구사항)

1) 제조간접원가 배부율을 구하시오

2) 제품별 제조간접원가는 얼마인가?

(풀이)

1) 제조간접원가배부율: 기계부: $\frac{287,139}{250} = 1,148.56$/기계시간

조립부 $\frac{162,861}{400,000}$ = 0.40715/직접노무원가

2) 배부액:

A제품: 기계부문 1,148.56 × 150 = 172,283

조립부문 0.40715 × 250,000 = 101,788 계: ₩274,071

B제품: 기계부문 1,148.56 × 100 = 114,856

조립부문 0.40715 × 150,000 = 61,073 계: ₩175,929 (총계 ₩450,000)

토의문제

1. 제조간접원가의 배부 또는 부문별 원가계산을 실시하는 목적은 무엇인가?
2. 부문개별원가와 부문공통원가에 대하여 설명하시오
3. 제조부문과 보조부문의 차이를 비교 설명하고 예를 들어보시오.
4. 제조간접원가의 배부절차를 설명하시오.
5. 보조부문의 원가를 제조부문에 배부하는 방법을 설명하시오.
6. 원가배부기준에는 어떤 것들이 있는가? 원가배부기준을 나열하고 예를 들어보시오.
7. 단일배부율법과 이분배부율법에 대하여 설명하고 각각의 장단점을 말하시오.
8. 제조간접원가의 제품별 배부에 대하여 설명하시오.

연습문제

(4-1) 부문개별원가와 부문공통원가

서울전자(주)의 각 부문에서 발생한 원가와 원가배부기준은 다음과 같다.

(1) 각 부문 발생원가 (단위 : ₩)

원가항목	제조부문		보조부문		합계
	TV생산부	냉장고생산부	동력부	수선부	
간접재료원가	70,000	62,000	60,000	38,000	230,000
간접노무원가	112,000	104,000	34,000	22,000	272,000
건물보험료					16,100
건물감가상각비					17,200
전 력 비					180,000
복 리 비					12,600

(2) 부문공통원가 배부기준

구 분	제조부문		보조부문		합계
	TV생산부	냉장고생산부	동력부	수선부	
점유면적(m^2)	120	110	70	50	350
종업원수(명)	20	18	10	6	54
전력사용(kw/h)	40	30	20	10	100

(요구사항)

1. 부문개별원가와 부문공통원가를 구분하시오
2. 부문공통원가를 각 부문에 배부하시오.

(4-2) 보조부문원가의 배부

경기산업(주)의 제조부문과 보조부문의 제조간접원가 예산은 다음과 같다.

제조부문: 기계부 ₩44,700 조립부문 ₩48,900 (계 ₩93,600)

보조부문: 인사부 1,000 공장관리부 26,090 식당부 1,640 창고부 2,670
(계 ₩31,400)

회사는 부문별 제조간접원가 배부율을 적용하고 있으며, 보조부문원가를 제조부문에 배부하기 위한 배부기준은 다음과 같다.

부 문	배부기준	종업원수	노동시간	작업명령서 수
인 사	종업원수	-	-	-
공장관리	노동시간	35	-	-
식 당	종업원수	10	1,000	-
창 고	작업명령수	5	1,000	-
기 계	-	50	8,000	2,000
조 립	-	100	17,000	1,000
계		200	27,000	3,000

제조간접원가 배부율을 구하기 위한 직접노동시간은 기계부문은 5,000시간이고 조립부문은 15,000시간이다.

(요구사항)

1. 직접배부법과 단계배부법을 이용하여 보조부문원가를 배부하고, 기계부문과 조립부문의 제조간접원가 배부율을 계산하시오. 단계배부법에서 보조부문원가의 배부순서는 문제에서 주어진 순서를 적용한다.
2. 두 개의 개별작업에 대한 다음 자료를 이용하여 직접배부법과 단계배부법에서 구한 배부율을 이용하여 각 작업에 배부되는 제조간접원가를 구하시오.

	직접노동시간	
	기계작업	조립작업
작업지시서 NO. 12	18	2
작업지시서 NO. 13	3	17

(4-3) 보조부문의 부문별 배부

다음은 부문별 개별원가계산을 채택하고 있는 대한조선의 원가계산자료이다.

(1) 제조간접원가의 부문별 원가

제조부문		보조부문		
제1공장	제2공장	수선부	동력부	생산관리부
₩380,000	₩320,000	₩110,000	₩90,000	₩200,000

(2) 보조부문의 원가는 단계(계단식)배부법을 이용하여 제조부문에 배부하며, 보조부문 상호간의 배부순서는 다음기준을 적용하여 생산관리, 동력, 수선부문의 순으로 배부한다.

	제1공장	제2공장	수선부	동력부
생산관리부	40%	40%	15%	5%
동 력 부	50%	40%	10%	
수 선 부	60%	40%		

(3) 제품별 제조간접원가 배부를 위한 공정별 작업시간집계표

	제1공장	제2공장
여객선	800시간	400시간
화물선	500	300
유조선	700	300
계	2,000시간	1,000시간

(요구사항)

여객선에 배부될 제조간접원가는 얼마인가?

(4-4) 보조부문원가의 제조부문 배부

한국기계(주)는 제조부문(성형, 조립)과 보조부문(동력, 수선)을 이용하여 공작기계를 제작하고 있으며, 5월 중에 발생한 제조부문과 보조부문의 원가자료는 다음과 같다.

사용부문 / 제공부문	제조부문		보조부문		계
	성형	조립	동력	수선	
동력	4,000kw	4,000kw	2,000kw	8,000kw	18,000kw
수선	400시간	200시간	400시간	100시간	1,100시간

수선부문과 동력부문에 집계된 원가는 각각 ₩160,000과 ₩80,000이다.

(요구사항)

상호배부법에 의하여 조립부문에 배부될 보조부문원가는 얼마인가?

(4-5) 보조부문원가의 제조부문 배부

한성기계(주)는 두 개의 생산부문(절단, 조립)과 두 개의 보조부문(동력, 수선)을 두고 있다. 6월 한달 동안 동력부문에서 발생한 원가는 ₩244,800이고, 수선부문에서 발생한 원가는 ₩202,000이다. 각 보조부문에서 생산된 용역의 부문별 사용비율은 다음과 같다.

사용부문 / 제공부문	용역사용부문				총사용량
	절단부분	조립부문	동력부문	수선부문	
동력부분	0.4	0.3	-	0.3	2,000kw
수선부문	0.3	0.3	0.4	-	1,000시간

(요구사항)

1. 상호배부법에 의하여 절단부문에 배부될 보조부문원가는 얼마인가?
2. 회사는 7월부터 수선부문에서 제공하는 용역을 외부에서 구입하고자 한다. 생산부문의 용역 사용량이 6월과 동일한 경우 외부에서 구입하여야 할 수선부문의 용역시간은 얼마인가?

(4-6) 보조부문의 원가배부

다음은 KS산업(주)의 4월 한 달 동안의 공장 각 부문에서 발생한 원가자료이다.

배부기준	보조부문			제조부문	
	관리부	전산부	수선부	기계부	조립부
관 리 부(종업원수)	-	30	10	50	70
전 산 부(작업시간)	40	-	10	20	20
수 선 부(서비스시간)	-	-	-	200	300
발생원가(제조간접원가)	₩10,000	₩25,000	₩15,000	₩50,000	₩40,000

*관리부문에 제공된 서비스는 생략한다.

(요구사항)

1. 직접배부법을 이용하여 보조부문원가를 제조부문으로 배부하시오.
2. 단계배부법을 이용하여 보조부문원가를 제조부문으로 배부하시오.
3. 상호배부법을 이용하여 보조부문원가를 제조부문으로 배부하시오.

(4-7) 보조부문원가의 배부와 제조간접원가의 배부

한양전자(주)에서는 제품 A와 제품 B를 생산하고 있으며, 다음은 각 부문에서 발생한 원가자료이다.

제조부문: 절단부문 ₩155,000 조립부문 ₩ 92,500 (계 247,500)

보조부문: 창고부문 ₩ 45,000 동력부문 ₩ 77,500 (계 122,500) 합계 ₩ 370,000

보조부문원가를 배부하기 위한 배부기준은 다음과 같다.

사용부문 / 제공부문	제조부문		보조부문		합 계
	절단부문	조립부문	창고부문	동력부문	
창고부문	40	50	-	10	100%
동력부문	50	30	20	-	100%

제조간접원가의 배부에서 절단부문은 직접노무원가, 조립부문은 기계작업시간을 기준으로 배부하며 제조부문원가자료는 다음과 같다.

구 분	제 품	절단부문	조립부문
기계작업시간	A	10시간	12시간
	B	6	8
	합계	16시간	20시간
직접노무원가	A	₩60,000	₩100,000
	B	30,000	80,000
	합계	₩90,000	180,000

(요구사항)

1. 직접배부법을 사용하여 제조간접원가배부율과 제품별 제조간접원가를 산출하시오.
2. 단계배부법을 사용하여 제조간접원가배부율과 제품별 제조간접원가를 산출하시오.
3. 상호배부법을 사용하여 제조간접원가배부율과 제품별 제조간접원가를 산출하시오.

(4-8) 단일배부율과 이중배부율법

한성산업(주)은 보조부문인 동력부문과 제조부문 A, B를 운영하고 있으며, 20×1년 원가예산자료는 다음과 같다.

변동원가: 기계시간당 ₩80　　고정원가: 연간 ₩1,500,000

동력부문원가는 각 원가행태에 적합한 기계작업시간에 따라 제조부문에 예정 배부되며, 관련된 정보는 다음과 같다.

제조부문	최대조업가능기계시간	당기예정기계시간
A	800시간	700시간
B	2,400시간	1,800시간

(요구사항)

1. 단일배부율을 적용하는 경우 보조부문원가를 제조부문에 배부하시오.
2. 이중배부율을 적용하는 경우 보조부문원가를 제조부문에 배부하시오.

(4-9) 제조간접원가의 배부

서강전자(주)의 20×1년 원가자료는 다음과 같으며, 각 부문의 %는 부문간의 용역수수비율이다.

사용부문 / 제공부문	제조부문		보조부문	
	포장부	조립부	수선부	동력부
부문별원가	₩90,000	₩380,000	₩70,000	₩63,000
수 선 부	25%	45%	-	30%
동 력 부	20	70	10%	-

총기계작업시간: 포장부 200시간, 조립부 300시간.

제품 #101의 기계작업시간: 포장부 10시간, 조립부 20시간.

제조간접원가의 제품별 배부기준은 기계작업시간이다.

(요구사항)

1. 직접배부법을 이용하여 보조부문원가를 배부하고 제조부문별 제조간접원가배부율을 구하시오.
2. 위의 결과를 이용하여 제품 #101의 제조간접원가배부액을 구하시오.

(4-10) 보조부문원가의 배부: 단일배부율과 이분배부율

(주)서울은 두 개의 보조부문과 두 개의 제조부문으로 제품 A를 생산하고 있다. 보조부문의 각 부문에 대한 월간 최대사용량과 실제사용량은 다음과 같다.

(1) 최대사용가능량

용역제공부문	보조부문		제조부문		합계
	관리부문	동력부문	조립부문	기계부문	
관리부문	-	50명	50명	150명	250명
동력부문	600kw	-	450kw	450kw	1,500kw

(2) 실제사용량

용역제공부문	보조부문		제조부문		합계
	관리부문	동력부문	조립부문	기계부문	
관리부문	-	20명	30명	50명	100명
동력부문	375kw	-	300kw	75kw	750kw

(3) 각 부문의 원가발생액

용역제공부문	보조부문		제조부문		합계
	관리부문	동력부문	조립부문	기계부문	
변동원가	₩ 20,000	₩10,000	₩ 40,000	₩ 30,000	₩100,000
고정원가	90,000	30,000	120,000	210,000	450,000
합 계	₩110,000	₩40,000	₩160,000	₩240,000	₩550,000

(요구사항)

1. 다음 방법을 이용하여 단일배부율법에 따라 보조부문원가를 제조부문으로 배부하시오
   (1) 직접배부법　　(2) 상호배부법
2. 단계배부법을 이용하여 이분배부율법에 따라 보조보문원가를 배부하시오.
3. 제조지시서 #201은 당기에 착수하여 제품 A를 100개 완성하였으며 직접재료원가 ₩40,000 직접노무원가 ₩50,000이 발생하였고 조립부문에서 직접노동시간 150시간, 기계부문에서 기계작업시간이 200시간 발생하였다. 조립부문의 당기 총직접노동시간은 2,000시간 기계부문의 총기계작업시간은 4,000시간이고 회사가 (요구사항2)에 의한 단계배부법에 따라 제조간접원가를 배부하는 경우 제품 A의 단위당원가는 얼마인가?

(4-11) 보조부문의 원가배부와 외부구입여부의 결정

제일산업(주)은 두가지 제품을 생산하고 있으며, 제품 A는 제1공장에서 생산하고 제품 B는 제2공장에서 생산한다. 두 제품의 생산을 위하여 자재관리부문과 동력부문의 두 개의 보조부문을 운영하고 있다. 보조부문의 작업내용은 다음과 같다.

부　　문	자재부문	동력부문	제 1 공장	제 2 공장	합 계
자재부문	-	100	250	150	500시간
동력부문	500	-	100	400	1,000kg

자재부문의 작업은 직접노동시간에 의하여 측정되며 동력부문의 작업은 전력소비량에 의하여 측정된다. 연간 보조부문의 예산원가는 다음과 같다.

원가항목	자재부문	동력부문
간접노무원가	₩70,000	₩20,000
복리후생비	10,000	10,000
감가상각비	20,000	20,000
계	₩100,000	₩50,000

제조부문의 연간예산원가는 제 1 공장이 ₩1,500,000이고 제 2 공장은 800,000이다. 복리후생비는 작업장의 환경개선비이며, 감가상각비는 정액법을 적용하며 내용연수 25년 중 19년째의 상각비이다.

(요구사항)

1. 다음 방법에 의하여 보조부문의 원가를 배부하시오
   ① 직접배부법 ② 단계배부법(동력부문원가를 먼저 배부) ③ 상호배부법
2. 외부의 발전설비회사로부터 제일산업에서 필요한 모든 동력과 동력부문의 서비스를 kg당 ₩50에 제공할 것을 제안하였다. 이 제안을 받아들인 것인가를 결정하시오.

(4-12) 보조부문원가의 배부와 제조부문원가의 배부

다음은 경기산업(주)의 예상원가와 제조관련자료이다.

구 분	보조부문		제조부문	
	전력부문	수선부문	조립부문	기계부문
직접재료원가	-	-	75,000	120,000
간접재료원가	3,630(변동원가)	7,536(변동원가)	-	-
직접노무원가	-	-	30,000	40,000
간접노무원가	-	5,000(변동원가)		
제조간접원가	7,500변동원가)	6,000(고정원가)	104,000	155,000
합계	₩11,130	₩18,536	₩209,000	₩315,000
현재전력공급량(kw)	300	800	3,800	6,400
장기전력공급량(kw)	300	1,000	6,000	8,000
직접노동시간	-	-	6,000	10,000
점유면적(m^3)	800	1,500	8,000	12,000

보조부문원가의 배부기준은 다음과 같다.

구 분	원가행태	배부기준
전력부문	변동원가	현재전력공급량
	고정원가	장기전력공급량
수선부문	변동원가	직접노동시간
	고정원가	점유면적

(요구사항)

1. 단계배부법을 적용하여 보조부문원가를 제조부문에 배부하시오.

2. 제조부문의 제조간접원가 예정배부율을 계산하시오. 단, 배부기준은 직접노동시간이다.
3. 기계부문의 제품생산량이 20,000단위일 때 기계부문의 제품 단위당 원가를 계산하시오. 단, 제조간접원가는 예정원가를 이용한다.

(4-13) 제조간접원가의 배부

한성중공업(주)의 제품원가자료는 다음과 같다.

원가항목	제조부문		보조부문			합계
	제 1 공장	제 2 공장	수선부	동력부	관리부	
간접재료비	₩40,000	₩60,000	₩80,000	₩20,000	-	₩200,000
간접노무비	28,000	30,000	2,000	8,000	12,000	80,000
교육훈련비						60,000
감가상각비						40,000

부문공통원가의 배부자료는 다음과 같다.

구 분	합계	제1공장	제2공장	수선부	동력부	관리부
점유면적	1,000m^2	500	200	150	100	50
인 원 수	50명	20	15	5	5	5

보조부문원가의 배부는 단계배부법을 적용하며 부문간 용역제공비율은 다음과 같다.

구 분	제1공장	제2공장	수선부	동력부
관리부	40%	40%	10%	10%
동력부	50	40	10	
수선부	60	40		

제조부문에서는 제품 A, B, C에 대하여 제조작업을 실시하였으며, 공장별 작업시간과 제품별 작업시간은 다음과 같다.

구 분	제품 A	제품 B	제품 C	합 계
제1공장	800시간	500시간	700시간	2,000시간
제2공장	400	300	300	1,000
합 계	1,200시간	800시간	1,000시간	3,000시간

(요구사항)

1. 제조간접원가의 부문별 합계액을 구하시오.

원가항목	합계	제조부문		보조부문		
		제1공정	제2공장	수선부	동력부	관리부
부문별원가						

2. 보조부문원가를 단계배부법으로 배부하시오
3. 부문별 제조간접원가 배부율을 구하고, 제품별 제조간접원가 배부액을 계산하시오. 단, 제조간접원가는 작업시간을 기준으로 배부한다.

CHAPTER 5 개별원가계산

제품의 단위당 원가를 계산하는 원가계산제도는 기업이 수행하는 생산활동의 형태 또는 원가의 집계방식에 따라 개별원가계산과 종합원가계산으로 구분된다. 개별원가계산은 개별작업별로 원가를 집계하는 방법이며, 주로 주문에 의하여 여러 종류의 제품을 생산하는 형태에서 적용된다. 개별작업은 제조과정에 투입된 노력이나 재료를 명백히 구분하여 인식할 수 있는 단위를 말하며, 개별원가계산은 성격이 상이한 제조과정을 이용하여 제품을 생산하는 경우에 이용된다. 즉, 개별원가계산은 어떤 작업도 동일하지 않으며 모든 작업이 동일한 공정을 거치지 않는다는 사실에 기초하고 있다.

개별원가계산의 주요목적은 각 개별작업에 직접재료원가, 직접노무원가, 제조간접원가를 보다 정확하게 관련시킴으로써 수익과 비용을 적절하게 대응시키고, 경영자의 관리의사결정에 유용한 정보를 제공하는 것이다. 본장에서는 원가계산의 종류와 개별원가계산의 절차, 제조간접원가의 실제배부와 예정배부 등에 대하여 설명한다.

제1절 개별원가계산의 의의

1. 원가계산의 종류

기업에서 사용하고 있는 원가계산방법은 관점에 따라 여러 가지로 분류할 수 있다. 원가계산의 일반적인 분류형식은 기업이 속한 업종이나 생산형태, 원가계산의 범위, 원가의 측정방법 등에 따라 원가계산을 분류할 수 있다.

(1) 생산형태 또는 원가의 집계방법에 따른 분류

기업이 생산하고 있는 제품의 생산형태나 생산방법이 다르면 원가의 집계방법이 다르고 원가계산절차도 다르게 된다. 기업의 생산형태에 따라 개별원가계산과 종합원가계산으로 분류된다.

① **개별원가계산**(job-order costing)은 종류를 달리하는 제품을 개별적으로 제조하는 생산형태에서 적용하는 원가계산이다. 제품 1단위 또는 일정수량의 제품에 대하여 작업지시서(job order)를 발행하고 각 작업지시서별 또는 제품별로 원가를 집계하는 원가계산방법이다. 개별원가계산은 주문에 의하여 소량의 제품을 개별적으로 생산하는 가구제조업, 조선업, 건설업, 서비스업 등에 적용된다.

② **종합원가계산**(process costing)은 같은 종류의 제품을 반복하여 연속적으로 대량생산하는 형태에서 적용하는 원가계산이다. 일정기간에 발생한 모든 제조원가를 그 기간의 총생산량으로 나누어 단위당 평균제조원가를 계산한다. 종합원가계산은 연속공정에 의하여 제품을 대량으로 생산하는 석유화학제품, 철강금속, 반도체, 식품, 의약품, 문구류 등의 산업에서 적용된다.

(2) 원가계산의 범위에 따른 분류

원가계산은 제품원가의 계산범위에 따라 제조과정에서 발생한 고정원가와 변동원가를 모두 포함시키는가에 따라 전부원가계산과 변동원가계산으로 구분된다.

① **전부원가계산**(absorption costing)은 제조과정에서 발생한 모든 원가, 즉 직접재료원가, 직접노무원가, 변동제조원가, 고정제조간접원가 등을 모두 제품원가에 포함시키는 원가계산이다. 전부원가계산은 전통적 접근방법에 의한 원가계산제도이며, 원가를 분류할 때 원가의 기능별 분류를 중요시한다. 즉 제조업에서 주요 경영활동은 제품의 제조와 판매활동이며 제조과정에서 발생한 원가는 제품원가에 포함시키고 판매과정에서 발생한 원가는 기간비용으로 처리한다.

② **변동원가계산**(variable costing)은 변동제조원가, 즉 직접재료원가, 직접노무원가, 변동제조간접원가만을 제품원가로 하고 고정제조간접원가는 기간비용으로 인식하는 계산방법이다. 변동원가계산은 공헌이익접근법을 채용하는 원가계산제도이며 원가를 분류할 때 조업도의 변동에 따른 원가행태에 의한 분류를 중요시하며, 관리적 의사결정에 유용한 정보를 제공한다.

(3) 원가의 측정방법에 따른 분류

원가계산은 원가의 측정방법과 시기에 따라 실제원가계산, 정상원가계산, 표준원가계산으로 구분할 수 있다. 즉, 원가계산을 제품의 제조 후에 측정하는가 아니면 제조를 하기 전에 예정하는가에 따른 분류이다.

① **실제원가계산**(actual costing)은 제품의 제조과정에서 실제로 발생된 원가를 기초로 제품원가를 계산하는 방법이다. 실제원가계산에서는 실제의 구입가격과 사용수량을 기준으로 원가를 계산하며, 제조활동이 완료되어야 원가를 계산할 수 있으므로 사후원가계산이라도 한다. 또한 과거에 발생한 사실만을 기준으로 원가를 계산하므로 비정상적 상태에서 발생한 소비량이 원가에 포함된다.

② **정상원가계산**(normal costing)은 정상적 영업활동을 전제로 발생한 원가를 기초로 원가계산을 하는 방법이며, **예정원가계산 또는 평준화원가계산**이라고도 한다. 정상원가계산은 직접재료원가와 직접노무원가는 실제원가를 기준으로 제품에 부과하고, 제조간접원가는 실제원가가 아닌 사전에 설정된 예정배부율(predetermined allocation rate)을 이

용한 예정원가를 제품에 배부하는 원가계산이다.

③ **표준원가계산**(standard costing)은 직접재료원가와 직접노무원가, 제조간접원가에 대하여 사전에 표준가격과 표준수량을 설정하고, 이에 따른 표준원가를 이용하여 제품원가를 계산하는 방법이다. **표준원가**(standard costs)는 과학적 방법으로 설정된 원가로서 반드시 달성되어야 하는 원가, 즉 목표원가이며 원가의 관리 통제와 신속한 제품원가계산을 위한 것이다.

2. 개별원가계산의 개요

개별원가계산(job-order costing)은 이미 설명한 바와 같이 제품의 종류나 규격이 다양한 개별적인 생산형태의 기업에서 적용되는 원가계산방법이며, 제품원가를 개별 작업이나 제품별로 구분·집계하여 계산하는 방법이다. 개별원가계산은 조선업, 기계제조업, 플렌트건설업 등과 같이 수요자의 주문에 의하여 제품의 종류를 달리하는 개별적인 생산형태의 기업에서 적용된다.

개별원가계산에서 기본적으로 사용되는 계정은 직접재료원가, 직접노무원가, 제조간접원가계정이다. 개별원가계산에서는 개별제품별 또는 작업별로 원가가 집계되므로 직접원가와 간접원가의 구분이 중요하다. 직접원가는 해당 제품이나 공정으로 직접 추적할 수 있으므로 발생된 원가를 해당 제품에 그대로 집계하면 되지만, 간접원가는 여러 제품이나 작업과 관련되어 개별제품에 직접적인 대응이 불가능하므로 기말에 일정한 기준을 사용하여 제품에 배부하여야 한다. 예를 들면, 목재가구를 제작하는 기업에서 가구제작에 소요되는 목재는 가구를 구성하는 주요부분이며 어느 정도의 크기가 소요되는지 합리적으로 추정할 수 있으므로 직접원가로 분류되어 재공품계정으로 대체된다. 그러나 접착제와 같은 소모품은 주요재료가 아니며 또한 소비량의 추적이 곤란하므로 일단 제조간접원가로 분류하고 기말에 일정한 배부기준에 의하여 재공품으로 배부된다.

개별원가계산에서는 개별작업과 관련하여 작업의 시작시점부터 완료시점까지 발생하는 모든 원가를 원가요소별 계정과 재공품계정에 기록한다. 작업이 완료되면 재공품계정에 집계된 모든 원가를 제품계정으로 대체하고, 제품이 판매되면 제품계정에서 매출원가계정으로 대체된다.

제조업에서 개별원가계산의 일반적인 절차는 다음과 같다.

① **제 1 단계** : 원가계산대상이 되는 개별작업을 파악한다. 원가계산의 대상은 작업지시서가 발행된 개별작업이며, 작업지시서 번호별(작업, 제품별)로 원가를 계산한다.

② **제 2 단계** : 개별작업에 대한 직접원가를 인식한다. 제품생산을 위한 직접재료원가와 직접노무원가를 작업별로 파악하여 직접 부과한다.

③ **제 3 단계** : 개별작업에 직접 대응되지 않는 간접원가의 파악한다. 간접원가를 제

조간접원가라는 단일계정에 집계할 수도 있고 각 부문별로 집계할 수도 있다. 제조간접원가에는 간접재료원가, 간접노무원가, 감가상각비, 동력비 등 다양한 항목이 포함된다.

④ 제 4 단계 : 3단계에서 집계된 제조간접원가를 원가계산대상에 배부하기 위하여 적절한 인과관계에 따라 각 작업에 배부할 수 있는 배부기준을 설정한다.

⑤ 제 5 단계: 원가배부기준에 따라 제조간접원가 배부율을 계산하고 개별작업에 배부한다. 배부율은 제조간접원가를 배부기준으로 나눈 것이며, 계산된 배부율에 각 작업별로 집계된 배부기준을 곱하여 배부액을 계산하다.

⑥ 제 6 단계 : 직접원가와 간접원가를 작업별로 집계한다. 이미 집계된 직접재료원가와 직접노무원가 등 직접원가와 배부된 제조간접원가를 합하여 작업별 제품원가를 계산한다.

개별원가계산의 절차를 요약하면 〈그림 5-1〉과 같다.

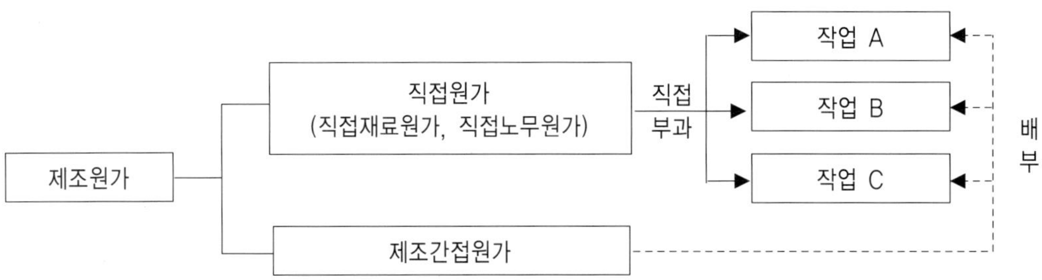

〈그림 5-1〉 개별원가계산의 절차

개별원가계산에서는 제조원가를 직접원가와 간접원가로 구분하고, 제조간접원가를 기말에 일정한 배부기준에 따라 각 작업별로 배부한다. 직접원가는 각 작업별로 집계하고 제조간접원가는 각 작업별로 배부한 후, 기말에 개별 작업의 완성여부를 확인하여 완료된 작업의 제조원가는 당기제품제조원가에 집계하고 미완성인 작업은 기말재공품에 집계하면 제품원가계산의 절차가 종료된다.

3. 개별원가계산의 특징

개별원가계산은 다음과 같은 특징을 가지고 있다.

첫째, 개별원가계산은 각 제품별 또는 작업별로 제품원가를 계산하므로 각 제품별로 원가를 관련시킬 수 있는 **직접원가와 간접원가의 구분이 중요하다.** 직접원가는 배부과정 없이 제품에 부과하고 제조간접원가는 반드시 배부과정을 거쳐서 제품원가에 집계된다. 개별원가계산의 핵심과제는 제조간접원가의 배부이다.

둘째, 개별원가계산에서는 기말재공품의 평가문제가 발생하지 않는다. 개별 제품의 작업이 회계기말에 미완성이면 해당 작업의 작업원가표에 집계된 원가가 기말재공품을 의미하기 때문에 기말에 제조원가를 제품과 재공품으로 배분할 필요가 없다.

셋째, 개별원가계산에서 개별제품에 대한 작업은 작업지시서(job order)에 따라 이루어지며, 개별작업에 대한 원가는 작업원가표(job cost sheet)에 기록된다. 따라서 작업원가표는 개별원가계산에서 중요한 원가자료가 된다.

이러한 특징을 갖는 개별원가계산의 장점은 다음과 같다.

① 제품별로 정확한 원가계산이 가능하다. 작업원가표를 통하여 집계한 제조원가를 제품수량으로 나누어 단위당 제품원가를 산출하기 때문에 원가를 정확히 계산할 수 있다.

② 제품별 손익계산과 수익성분석이 용이하다.

③ 작업원가표에 의하여 개별 제품별 작업의 효율성을 통제할 수 있고 개별 작업에 집계되는 실제원가를 예산액과 비교하여 미래 경영계획에 이용할 수 있다.

그러나 개별원가계산제도는 다음과 같은 단점도 있다.

① 각 작업별로 원가가 계산되므로 비용과 시간이 많이 소요된다.

② 원가계산자료가 복잡해짐에 따라 오류가 발생할 가능성이 있다.

제2절 개별원가계산의 절차

1. 작업지시서와 작업원가표

제조기업은 고객의 주문을 받게 되면 그 제품을 생산하기 위하여 생산관리부서에서 **작업지시서**(job order)를 발행한다. 이는 생산현장 작업자들에게 작업하도록 지시하는 명령서이다. 작업지시서는 주문받은 제품별로 작성되며, **제조지시서**라고도 한다. 작업지시서에는 작업번호, 작성일, 제품의 명칭과 수량, 작업개시일과 완성일 등이 기재되어 있다. 작업지시서에는 반드시 작업지시서번호가 있어야 하며 그 작업의 담당부서와 작업지시 내용이 기재되어 있어야 한다. 작업지시서에 의하여 작업이 수행되면 각 작업별로 원가를 기록 집계하기 위하여 작업원가표가 작성된다.

작업원가표(job cost sheet)는 개별작업별로 원가를 기록하고 집계하기 위하여 개별원가계산에서 사용되는 기본적인 문서이다. 회계부문담당자는 생산부서로부터 작업지시서 사본을 받게 되면 작업원가표를 작성한다. 작업원가표에는 개별작업별로 각 작업을 수행하는데 투입된 총원가를 기록하며, 작업원가표를 집계하여 제품원가가 산출되므로 작업원가표는 개별원가계산의 핵심이다. 특정제품을 생산하기 위하여 발생한 원가는 그 제품의 작업지시서 번호를 추적하여 그 번호가 기재된 작업원가표에 집계된다. 따라서 작업원가표에는 작업지시서번호가 반드시 포함되어야 한다. 또한 작업원가표에는 직접재료원가와 직접노무원가 그리고 제조간접원가를 각각 집계하도록 되어 있다. 직접재료원가는 재료출고청구서를 통하여 산출되며, 직접노무원가는 작업전표(time ticket) 또는 작업시간표를 통하여, 그리고 제조간접원가는 배부율에 따라서 결정된다. (표 5-1)는 작업원가표를 예시한 것이다.

〈표 5-1〉 작업원가표

작업원가표 작업지시서NO:

품 목: 작업개시일:
규 격: 작업완성일:
수 량: 제품인도예정일:

직접재료원가			직접노무원가			제조간접원가		
일 자	수 량	금 액	일 자	작업시간	금 액	일 자	배부기준	금 액

원 가 집 계 표

	예정액	실제발생액	차 이
직접재료원가			
직접노무원가			
제조간접원가			
총 액			

작업원가표에는 직접재료원가, 직접노무원가, 제조간접원가에 대한 상세한 내역이 기록된다. 개별제품을 작업하기 위하여 직접재료를 출고하면 회계부문에서는 관련내용을 특정작업의 작업원가표에 기록한다. 개별작업을 수행하는 작업자의 급여도 발생시점에 작업원가표에 기재됨으로써 개별작업에 배부된다. 제조간접원가는 배부기준에 따른 배부율을 이용하여 작업원가표의 제조간접원가에 기록된다.

개별원가계산에서 각 개별작업별로 작성되는 작업원가표는 통제계정인 재공품계정의 보조원장으로 사용된다. 진행중인 모든 작업에 대한 작업원가표는 하나의 독립된 보조원장이 되고 작업원가표상의 원가잔액의 합계액은 재공품계정의 잔액과 일치하게 된다. 구체적으로, 제조과정에 발생한 원가는 작업원가표에 기록됨과 동시에 동일한 금액이 재공품계정의 차변에 기록되고 작업이 완료되면 작업원가표의 금액은 재공품계정에서 제품계정으로 대체된다.

2. 개별원가계산의 회계처리

작업원가표에 집계되는 원가에는 직접재료원가, 직접노무원가, 제조간접원가가 있다. 원가대상이 무엇이든 원가를 제품별로 집계하기 위해서는 직접부과와 원가배부라는 절차가 필요하다. 제조활동에서 발생하는 직접원가는 각 작업과 제품에 직접부과하고 간접원가는 원가배부절차를 통하여 집계된다. 개별원가계산에서 작업원가표에 각 원가를 집계하는 절차는 〈그림 5-2〉와 같다.

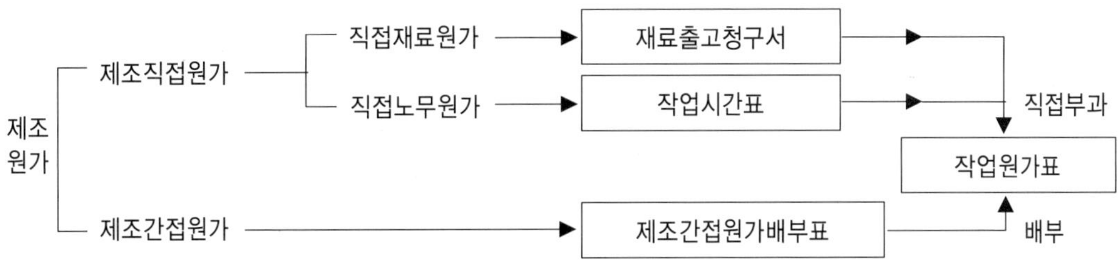

〈그림 5-2〉 원가의 집계

(1) 직접재료원가

기업이 보유하고 있는 모든 종류의 원재료는 재료별로 입고와 출고에 대한 사항이 재료재고장에 기록되며, 재료재고장을 통제하는 계정이 재료계정이다. 재료계정에는 재료의 구입과 사용에 관한 사항이 기록되며, 재료를 구입하면 재료계정의 차변과 매입채무계정의 대변에 기록되고 동일한 금액이 재료재고장과 매입처원장에 기록된다. 재료의 구입에 대한 분개는 다음과 같다.

차) 원 재 료 ×××	대) 매입채무 ×××

원재료를 생산에 사용하기 위해서 **재료출고청구서**(materials requisition record)를 사용하며, 재료출고청구서에는 출고되는 재료의 종류, 수량, 단위당 원가, 작업지시서번호 등이 기록된다. 재료가 출고되면 재료재고장의 출고란에 기록하고, 작업원가표의 직접재료원가에 기록한다. 출고된 재료가 직접원가에 해당하는 경우 해당 작업의 재공품계정에 바로 기입하고, 간접원가이면 제조간접원가계정에 기입한다. 직접재료와 간접재료를 청구하여 작업에 사용하는 경우의 분개는 다음과 같다.

차) 재 공 품 ××× (직접재료원가)	대) 원 재 료 ×××
제조간접원가 ××× (간접재료원가)	

(2) 직접노무원가

작업이 진행됨에 따라 생산직 작업자들은 작업시간 보고서를 작성하고, 작업시간을 기준으로 시간당 임금을 받는다. 각 작업자의 작업시간은 **작업시간표**(time records)에 기록되므로 작업시간표는 작업시간을 계산하고 임금을 산정하는 기준이 된다. 작업에 배부되는 직접노무원가는 작업자의 작업시간에 시간당 임률을 곱하여 계산하고 직접노무원가는 재공품계정에, 간접노무원가는 제조간접원가계정에 기록하며, 관련 작업원가표에 기록한다. 노무원가에는 직접노동으로 인한 임금이외에도 국민연금, 의료보험료, 퇴직급여, 기타의 복리후생비가 포함되며, 이러한 원가는 제조간접원가로 기록된다.

차) 재　공　품 ×××(직접노무원가)	대) 미지급임금 ×××
제조간접원가 ×××(간접노무원가)	

(3) 제조간접원가

제조간접원가계정은 직접재료원가와 직접노무원가를 제외한 일체의 제조원가를 기록하는 계정이며, 각 부문별로 설정된다. 제조간접원가계정에는 간접재료원가나 간접노무원가를 포함하여 건물이나 기계설비에 대한 감가상각비, 보험료, 재산세 등과 같이 다양한 항목들이 기록된다. 또한 제조간접원가는 직접원가와는 달리 각 작업에 직접 부과할 수 있는 원가요소가 아니므로 작업지시서별로 파악하기 위해서는 일정한 기준으로 배부하여야 한다. 따라서 **제조간접원가는 발생시점에 통제계정으로서 제조간접원가계정의 차변에 집계하고 일정한 배부기준을 적용하여 재공품계정에 배부하게 된다.**

차) 제조간접원가 ×××	대) 감가상각비 ×××
	미지급재산세 ×××
	동　력　비 ×××
	수　선　비 ×××
차) 재 공 품 ×××	대) 제조간접원가 ×××

(4) 당기제품제조원가

개별작업이 제조과정을 통해 완료되면 제품창고로 이동하게 되며, 각 작업의 완성품에 대한 원가는 재공품계정에서 제품계정으로 대체된다. 당기에 완성된 제품에 대한 원가는 당기에 발생한 원가와 전기에서 이월된 기초재공품 원가도 포함되며, 기말까지 작업이 완료되지 않는 작업의 원가는 기말재공품이 된다. 제조작업이 완료된 제품에 대한 회계처리는 다음과 같다.

차) 제　　품 ×××	대) 재 공 품 ×××

기말에는 완성된 제품에 대한 제조원가를 나타내는 보고서로 **제조원가명세서**(statement of cost of goods manufactured)를 작성한다. 제조원가명세서는 재공품계정을 자세히 설명한 것으로 당기총제조원가는 당기에 새로이 투입된 직접재료원가와 직접노무원가, 제조간접원가의 합계액이며, 당기제품제조원가는 당기에 완성된 제품원가이다.

(5) 매출원가와 판매관리비

완성된 제품이 판매되면 제품계정에서 매출원가계정으로 대체된다. 제품계정에서 매출원가로 대체되는 금액은 개별작업을 통해 제조한 제품의 단위당 금액을 기준으로 계산되며, 판매가능제품 중 기말제품재고액을 제외한 금액이다. 제품이 판매된 경우의 회계처리는 다음과 같다.

차) 매출원가 ×××	대) 제　품 ×××

제조기업에서 발생한 감가상각비, 재산세, 수도광열비, 보험료 중에서 공장운영이나 제품제조와 관련된 원가는 제조원가를 구성하지만, 공장운영과 관련되지 않는 본사의 관리나 사무직원 등에 대한 원가는 판매비와 관리비로 분류된다. 판매비와 관리비는 제품제조와 관련이 없으므로 기간비용으로 처리하여 손익계산서에 보고된다.

(예제 5-1) 개별원가계산

(주)제일은 개별원가계산을 적용하고 있으며, 3월초 기초재공품은 100,000원 (작업번호#101)이다. 3월 중에 새로운 작업 #102, 103이 착수되었으며, #101, 102는 완성되었다.
3월 중에 발생한 원가자료는 다음과 같다.

	#101	#102	#103	합　계
직접재료원가	250,000	150,000	200,000	₩600,000
직접노무원가	250,000	150,000	400,000	₩800,000
직접작업시간	350시간	150시간	500시간	1,000시간

(추가자료)

1) 감가상각비는 ₩500,000이며, 이중 ₩100,000은 사무실 건물분이다.
2) 간접노무원가 발생액은 ₩200,0000이다.
3) 제조원가에 해당하는 동력비는 ₩250,000이고 수선비는 ₩150,000이다.
4) 3월말 원재료 재고액은 ₩50,000이며 기초재고액은 ₩100,000이다. 3월중 재료의 외상매입액은 ₩550,000이다.
5) 제조간접원가의 실제발생액은 ₩1,000,000이며, 직접작업시간을 기준으로 배부한다.

6) #101은 ₩1,400,000에 판매되었으며. #102는 기말제품재고로 남아 있다.

(요구사항)

1) 직접작업시간기준으로 3월중 제조간접원가 배부율과 작업별 배부액은 얼마인가?
2) 작업원가표에 기재된 작업별 원가는 각각 얼마인가?
3) 3월중 원가흐름을 분개하시오.

(풀이)

1. 제조간접원가의 배부율과 배부액

① 제조간접원가배부율= $\frac{\text{제조간접원가발생액}}{\text{직접노동시간}} = \frac{1{,}000{,}000\text{원}}{1{,}000\text{시간}} = 1{,}000\text{원/시간}$

② 작업시간기준 제조간접원가 배부액 = 작업별 실제조업도 × 배부율

작업지시서	#101	#102	#103	합 계
배부기준(시간)	350	150	500	1,000
배부액(원)	350,000	150,000	500,000	1,000,000

2. 작업원가표 (단위: 원)

	#101	#102	#103	합 계
기초재공품원가	100,000			100,000
당기발생원가				
직접재료원가	250,000	150,000	200,000	600,000
직접노무원가	250,000	150,000	400,000	800,000
제조간접원가	350,000	150,000	500,000	1,000,000
합 계	950,000	450,000	1,100,000	2,500,000

3. 원가흐름

① 재료의 구입과 제조과정투입

차)원 재 료	550,000	대)매입채무	550,000
차)재 공 품	600,000*	대)원 재 료	600,000

*기초재료 100,000 + 당기매입550,000－기말재료50,000 = 재료투입₩600,000

② 노무원가의 발생

차)재 공 품	800,000	대)미지급임금	1,000,000
차)제조간접원가	200,000		

③ 제조간접원가의 발생: 간접노무원가이외의 제조간접원가

차)제조간접원가	800,000	대)감가상각비	400,000
		동 력 비	250,000
		수 선 비	150,000

④ 제조간접원가의 배부

차) 재 공 품 1,000,000 대) 제조간접원가 1,000,000

배부율 = 제조간접원가/직접노동시간 = 1,000,000원/1,000시간 = 1,000원

작업별배부액 = 작업별기준×배부율, #101 = 350,000원, #102 = 150,000원, #103 = 500,000원

⑤ 제품의 완성

차)제 품 1,400,000* 대)재 공 품 1,400,000

* #101의 제품원가 950,000 + #102의 원가 450,000 = 1,400,000원(당기제품제조원가)

⑥ 제품의 판매

차)매출채권 1,400,000 대)매 출 1,400,000

차)매출원가 950,000 대)제 품 950,000

참고로 (예제 5-1)의 재공품계정의 변동사항과 제조원가명세서를 작성하면 다음과 같다.

재공품

기초재공품	100,000	제품제조원가	1,400,000
직접재료원가	600,000	기말재공품	1,100,000
직접노무원가	800,000		
제조간접원가	1,000,000		
	2,500,000		2,500,000

제조원가명세서 (단위 : 원)

과 목	금 액	
Ⅰ. 직접재료원가		
1. 기초재료재고액	100,000	
2. 당기재료매입액	550,000	
3. 기말재료재고액	50,000	600,000
Ⅱ. 직접노무원가		800,000
Ⅲ. 제조간접원가		
1. 간접노무원가	200,000	
2. 감가상각비	400,000	
3. 동 력 비	250,000	
4. 수 선 비	150,000	1,000,000
Ⅳ. 당기총제조원가		2,400,000
Ⅴ. 기초재공품원가		100,000
합 계		2,500,000
Ⅵ. 기말재공품원가		(1,100,000)
Ⅶ. 당기제품제조원가(Ⅳ+Ⅴ-Ⅵ)		**1,400,000**

제3절 제조간접원가의 배부

1. 제조간접원가의 특징과 배부기준

제조간접원가는 직접재료원가나 직접노무원가와는 달리 개별작업에 직접 부과할 수 있는 원가요소가 아니다. 또한 제조간접원가에는 생산량에 비례하여 변동하는 변동제조원가와 생산설비와 관련된 고정제조간접원가도 포함된다. 고정제조간접원가는 개별 작업과 직접적인 관련이 없이 발생하며, 변동제조간접원가는 작업수행에 따라 발생하지만 개별 작업의 원가요인에 따라 다양하게 발생한다.

제조간접원가는 직접원가와 비교하면 다음과 같은 특징을 갖는다.

첫째, 제조간접원가는 특정제품이나 작업에 직접 대응시킬 수 없는 원가이다.

둘째, 제조간접원가는 여러 가지 원가항목으로 구성되어 있으며, 원가항목의 형태도 고정원가와 변동원가 등 다양하다.

이러한 특성을 갖는 제조간접원가는 개별제품이나 작업지시서별로 발생금액을 파악할 수 없다. 따라서 제조간접원가를 각 제품이나 개별작업에 배부기 위해서는 배부기준을 선택하여야 한다. 배부기준은 간접원가를 원가대상으로 배부하기 위한 기준이며, 각 제품의 제조를 위한 작업에 공통적으로 측정 가능해야 한다. 그 다음에는 배부기준에 의하여 제조간접원가배부율을 계산하며, 배부율과 작업별 실제 또는 예정조업도를 곱하여 각 개별작업에 배부하게 된다. 제조간접원가를 제품에 배부하기 위하여 사용되는 배부기준은 직접재료원가기준, 직접노무원가기준, 직접작업시간기준, 기계작업시간기준 등이 있다. 이러한 기준들은 제품원가계산을 위하여 작업별로 쉽게 파악할 수 있으므로 많이 사용되고 있으나 작업의 내용이나 특성에 따라 적절한 기준을 선택하여야 한다.

① **직접재료원가기준** : 제품을 생산하기 위하여 소비된 직접재료원가를 기준으로 제조간접원가를 배부하는 방법이다. 이 기준은 재료취급원가(예, 재료의 구입사무처리, 검수, 보관, 정리원가 등)를 다른 제조간접원가와 구분하여 배부하는 경우를 제외하고는 일반적으로 적절하지 않다고 인식된다.

② **직접노무원가기준** : 직접노무원가를 기준으로 제조간접원가를 배부하는 것이다. 제조간접원가는 가공원가이며, 직접재료원가기준보다 직접노무원가에 부가할 수 있는 성질을 갖는 것으로 인식되어 실무적으로 많이 사용되고 있다.

③ **직접작업시간기준** : 제조간접원가의 많은 원가항목이 시간의 경과에 따라 발생한다는 관점에서 작업시간기준이 이용되고 있다. 이 기준은 조립이나 도장과 같은 노동집약적인 작업의 경우에 적합한 기준이다.

④ **기계작업시간기준** : 제조공정의 기계화가 진행됨에 따라 감가상각비와 수선비 등 기계와 관련된 제조간접원가가 많은 경우에 적합한 방법이다.

이러한 기준들은 제품원가계산을 위하여 작업별로 쉽게 파악할 수 있으므로 많이 사용되고 있으나 작업의 내용이나 특성에 따라 적절한 기준을 선택하여야 한다. 이들 배부기준 중에서 다음 사항을 고려하여 가장 합리적이라고 생각되는 기준을 선택하여야 한다.

첫째, 제조간접원가의 발생과 높은 상관관계를 가져야 하고 논리적으로도 타당한 인과관계가 있어야 한다.

둘째, 제조간접원가의 배부기준은 쉽게 적용할 수 있어야 한다.

이러한 선택기준을 적용하여 제조간접원가의 배부기준이 결정되면 각 제조부문을 통과하는 개별작업의 재공품계정에 제조간접원가를 배부하기 위하여 제조간접원가배부율을 구해야 한다. 이때 배부율은 실제배부율 또는 예정배부율을 사용할 수 있다.

2. 제조간접원가의 실제배부

제조간접원가의 배부대상이 되는 금액이 실제발생액인가 또는 예정액인가에 따라 각 부문에 배부되는 배부율이 달라진다. 제조간접원가의 실제배부는 제조간접원가의 실제발생액을 실제배부기준으로 나누어 **실제배부율**을 구하고, 이를 기초로 각 제품별, 작업별로 제조간접원가를 배부하는 것이다. 제조간접원가의 실제배부율과 각 작업별 배부액의 계산은 다음과 같다.

$$\text{제조간접원가 실제배부율} = \frac{\text{제조간접원가 실제발생총액}}{\text{실제조업도(예, 직접노무원가총액)}}$$

각 작업별 배부액 = 실제배부율 × 작업별 실제조업도(예, 작업별 노무원가)

이와 같이 제조간접원가의 실제발생액을 기초로 배부율을 산정하여 작업별(제품별)로 배부할 경우 다음과 같은 문제점이 있다.

첫째, 제품의 원가계산이 늦어진다. 제조간접원가를 실제배부할 경우 실제발생액이 모두 집계되는 시점은 원가계산기간이 종료된 이후이다. 따라서 원가계산기간 중에 제품이 완성되어도 제품별로 제조간접원가를 배부할 수 없다. 만일 제품가격이 원가를 기초로 결정된다면 제품가격의 결정이 어렵게 된다.

둘째, 동일한 제품(작업)에 배부되는 제조간접원가가 조업도의 변화에 따라 변화한다. 제조간접원가는 고정원가와 변동원가로 구성되어 있으므로 생산량이 증가하면 변동원가는 증가하지만 반대로 고정원가는 단위당 비용이 감소한다. 예를 들면, 고정원가 ₩100,000인 경우에 제품생산량이 100개이면 단위당 고정원가는 ₩1,000이지만 200개를 생산한다면 ₩500이 된다. 따라서 실제 발생된 제조간접원가를 기준으로 제품에 배부하면, 조업도의 변화에 따라 동일한 작업에 대한 제품원가가 달라진다. 이러한 문제점이 있기 때문에 제조간접원가는 예정배부율을 사용하게 된다.

3. 제조간접원가의 예정배부 : 정상원가계산

제조간접원가의 실제 발생액을 기준으로 제품에 배부하는 경우 원가계산이 지체되고, 원가계산기간마다 제품 단위당 원가가 변화되는 문제점이 발생하게 되므로 이를 보완하기 위하여 사용되는 방법이 제조간접원가의 예정배부이다. 제조간접원가의 예정배부는 제조간접원가를 제품에 배부할 때 예정배부율에 의하여 제조간접원가를 배부하는 것이다. 다시 말하면, **제조간접원가의 예정배부**는 직접재료원가, 직접노무원가는 실제 발생된 원가를 기준으로 배부하고, 제조간접원가는 사전에 결정된 **예정배부율**(predetermined overhead rate)을 기준으로 제품에 배부하여 제품원가를 계산하는 것이며, **정상원가계산**(normal costing) 또는 **예정원가계산**이라고도 한다. 따라서 정상원가계산은 제조간접원가를 예정배부함으로써 제조과정이 완료됨과 동시에 제품원가계산을 가능하게 하고, 기간별로 제품원가가 변화되는 문제점을 해결할 수 있는 것이다.

(1) 제조간접원가 예정배부율

정상원가계산에서 제조간접원가를 배부하기 위해서는 먼저 예정배부율을 결정해야 한다. 제조간접원가 예정배부율은 회계연도가 시작되기 전에 제조간접원가 예산액을 예정조업도(또는 기준조업도)로 나누어 계산하며, 예정배부율을 기초로 제조간접원가를 제품에 배부한다. 예정배부율과 예정배부액의 계산식은 다음과 같다.

$$\text{제조간접원가 예정배부율} = \frac{\text{제조간접원가 예산총액}}{\text{예정조업도(배부기준)}}$$

$$= \frac{\text{고정제조간접원가예산} + (\text{단위당변동원가} \times \text{예정조업도})}{\text{예정조업도}}$$

제조간접원가 배부액 = 예정배부율 × 작업별 실제조업도(작업지시서의 실제배부기준)

제조간접원가 예정배부율을 이용하면 실제원가배부율을 사용하였을 때의 문제점을 배제할 수 있고, 각 작업별로 제조간접원가가 기간별로 평준화되는 효과를 갖는다. 예정배부율계산식에서 분모의 **예정조업도**는 미래 일정기간에 예정되는 조업도이며, 예정배부기준총량 또는 기준조업도라고도 한다. 기준조업도는 기업의 연중 조업도수준과 작업의 내용, 경기전망, 원가계산의 목적 등을 고려하여 선택하여야 한다. 제조간접원가 예정배부율의 계산을 위한 예정조업도로 가장 많이 이용되는 조업도는 작업내용에 따라 다르지만 일반적으로 연간기대조업도이다.

(2) 정상원가계산의 절차

정상원가계산은 직접재료원가나 직접노무원가는 실제발생액으로 각 제품에 집계하고, 제조간접원가는 예정배부율을 사용하여 제품별로 원가를 배부하는 방법이며, 다음과 같은 절차로 이루어진다.

첫째, 직접재료원가와 직접노무원가는 개별작업과의 인과관계에 따라 특정작업이나 제품에 직접 부과한다. 이는 실제원가계산의 경우와 같다.

둘째, 제조간접원가는 작업이 완료된 시점에서 사전에 설정한 예정배부율을 사용하여 각 제품이나 작업에 배부한다. 제조간접원가의 제품별 배부과정은 다음과 같다.

① 연초에 제조간접원가 예산액을 추정한다.

② 제조간접원가 배부기준을 결정한다.

③ 예산액을 배부기준으로 나누어 예정배부율을 계산한다.

④ 작업이 완료된 시점에서 예정배부율과 작업별 배부기준을 곱하여 배부액을 계산한다.

⑤ 기말에 제조간접원가 실제발생액을 집계하고 각 작업에 배부한 제조간접원가 배부액과의 차이를 조정한다.

(예제 5-2) 제조간접원가 예정배부

(주)제일은 직접작업시간을 기준으로 제조간접원가를 예정배부하고 있다. 20×1년도의 직접노동시간은 2,500시간으로 예상하고 있으며, 연간 제조간접원가예산은 다음과 같다.

제조간접원가 예산 = ₩500,000 + @300 × 직접작업시간

3월 중에 작업번호 #101, #102, #103의 작업을 시작하여 #101, #102가 완성되었으며, 작업별 발생원가는 다음과 같다.

	#101	#102	#103	합 계
직접재료원가	15,000	15,000	20,000	50,000 원
직접노무원가	25,000	15,000	10,000	50,000 원
직접작업시간	100시간	60시간	40시간	200시간

3월중 제조간접원가 실제발생액은 ₩120,000이다.

(요구사항)

1) 제조간접원가 예정배부율은 얼마인가?

2) 제조간접원가 예정배부에 의하여 작업별 제조원가를 계산하시오.

(풀이)

1. 제조간접원가예정배부율

$$= \frac{500{,}000 + 300 \times 2{,}500}{2{,}500\text{시간}} = 500\text{원}/\text{직접작업시간}$$

2. 작업별 제조원가 (단위: 원)

	#101	#102	#103	합 계
직접재료원가	15,000	15,000	20,000	50,000
직접노무원가	25,000	15,000	10,000	50,000
제조간접원가	50,000[1]	30,000	20,000	100,000
합 계	90,000	60,000	50,000	200,000

주: 1) 100시간 × 500원 = 50,000원

4. 배부차액의 회계처리

제조간접원가를 예정배부율에 의하여 정상원가계산을 한 경우 개별작업에 배부된 예정배부액과 실제발생한 제조간접원가가 일치되지 않고 차이가 발생하게 된다. 일정기간의 제조간접원가 예정배부액과 실제발생액간의 차이를 **제조간접원가배부차이 또는 배부차액**이라고 한다. 제조간접원가 계정의 차변에 집계된 실제발생액과 대변에 기록된 예정배부액을 비교하여 배부차이를 계산할 수 있다.[5] 만약 예정배부액이 실제발생액보다 적은 경우에는 **과소배부**된 것이며, 제조간접원가계정의 차변잔액이 된다. 또한 예정배부액이 실제발생액보다 많은 경우에는 **과대배부**된 것이며, 제조간접원가계정의 대변잔액이 된다.

〈표 5-2〉 제조간접원가 배부차이

(1) 과소배부

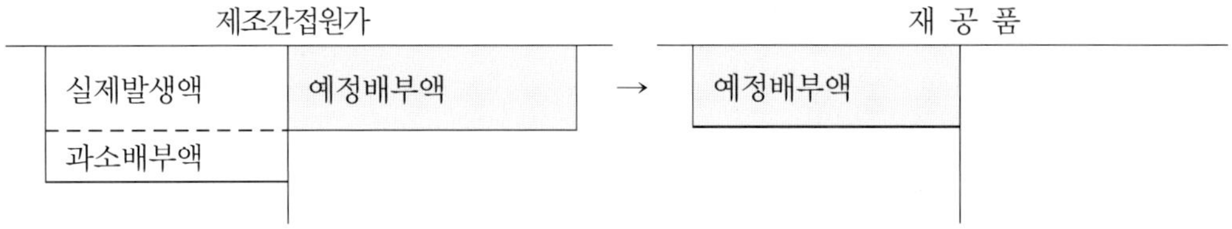

(2) 과대배부

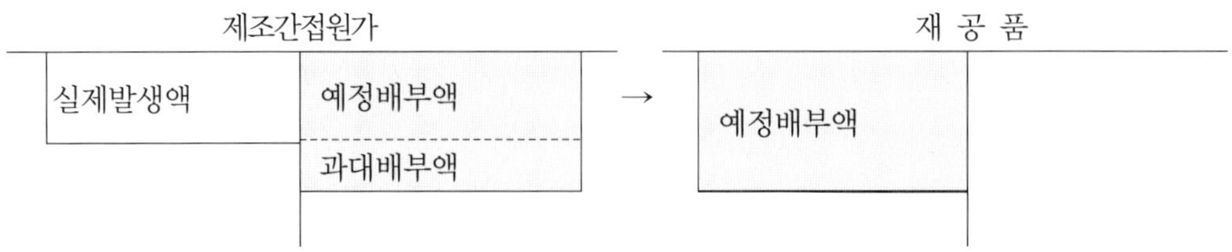

5) 제조간접원가를 예정배부하는 경우 제조간접원가배부계정을 별도로 설정하는 경우가 있다. 이러한 경우에는 예정배부액을 제조간접원가배부계정 대변에 기입하고, 기말에 제조간접원가배부차이계정으로 대체한다.

실제발생액이 예정배부액보다 큰 상황인 과소배부는 배부차이를 재고자산과 매출원가에 가산하며 그 결과 매출원가가 증가하여 순이익이 감소되므로 불리한 차이라고도 한다. 이와 반대로 예정배부액이 더 큰 상황인 과대배부는 그 반대효과로 나타나므로 유리한 차이라고도 한다.

제조간접원가 배부차이는 예정배부율의 산정요소인 제조간접원가예산과 예정조업도의 예측이 정확하지 않기 때문이다. 외부보고용 재무제표에는 실제발생된 제조간접원가를 기준으로 작성되어야 하므로 제조간접원가는 기말에 조정되어야 한다. 따라서 제조간접원가 과소배부액은 제조원가에 가산하고 과대배부액은 제조원가에서 차감하여 예정배부액과 실제발생액이 일치되도록 조정한다. 배부차이의 회계처리에는 다음과 같이 세 가지 방법이 있다.

(1) 매출원가조정법

매출원가조정법은 제조간접원가 배부차이를 매출원가계정에서 모두 조정하는 방법이다. 즉, 제조간접원가 과소배부액은 매출원가에 가산하고 과대배부액은 매출원가에서 차감한다. 이 방법에서 배부차이의 회계처리는 다음과 같다.

- 과소배부액의 조정

  차)매출원가 ×××　　　대)제조간접원가 ×××

- 과대배부액의 조정

  차)제조간접원가 ×××　　　대)매 출 원 가 ×××

매출원가조정법은 기말재공품이나 기말제품이 부담하여야 할 배부차이를 무시하는 방법이므로 배부차이가 기말재공품이나 기말제품에 미치는 영향이 크지 않는 경우에 적합하다. 이 방법은 회계실무에서 가장 많이 이용되는 방법이며, 매출원가계정만 조정하면 되기 때문에 적용하기 쉬운 장점이 있지만 정확한 배부가 이루어지지 않는다는 단점이 있다.

(2) 비례배분법

이 방법은 제조간접원가가 영향을 미치는 모든 계정, 즉 기말재공품, 기말제품, 매출원가계정의 상대적 비율에 따라 배부차이를 각 계정에 배부하는 방법이며 **안분법**(proration method)이라고도 한다. 이 방법은 매출원가조정법에 비하여 보다 정확한 배부가 이루어질 수 있으며, 제조간접원가 배부차이가 상대적으로 크고 중요한 경우에 사용된다. 제조간접원가 배부차이를 비례배분하는 방법에는 총원가기준법과 원가요소기준법이 있다.

① **총원가기준법**은 제조간접원가가 영향을 미치는 모든 계정, 즉 기말재공품, 제품, 매출원가계정의 금액(총원가, 기말잔액)의 비율에 따라 배부차이를 배부하는 방법이며, **총원가비례배분법**이라고도 한다.

② **원가요소기준법**은 기말재공품, 제품, 매출원가에 포함된 제조간접원가 배부액의 비율에 따라 제조간접원가 배부차이를 배부하는 방법이다. 이 방법은 **원가요소별비례법 또는 제조간접원가기준법**이라고도 하며, 제조간접원가가 영향을 미치는 계정에 포함된 제조간접원가의 크기만을 기준으로 하기 때문에 비교적 정확한 배분방법이라고 할 수 있다. 비례배분법의 회계처리는 다음과 같다.

· 과소배부액의 조정			
차)재 공 품	×××	대)제조간접원가	×××
제 품	×××		
매출원가	×××		
· 과대배부액의 조정			
차)제조간접원가	×××	대)재 공 품	×××
		제 품	×××
		매 출 원 가	×××

(3) 기타손익법(영업외손익)[6]

기타손익법은 제조간접원가 배부차이를 기타손익으로 처리하는 방법이며 과소배부액은 기타비용으로, 과대배부액은 기타수익으로 처리한다. 그러나 생산활동, 즉 주된 영업활동에 따른 원가차이를 기타손익으로 처리한다는 비판이 있다. 회계처리는 다음과 같다.

· 과소배부액의 조정			
차)제조간접원가 배부차이 (기타비용)	×××	대)제조간접원가	×××
· 과대배부액의 조정			
차)제조간접원가	×××	대)제조간접원가 배부차이	×××

(예제 5-3) 제조간접원가의 배부차이 조정

(예제 5-2)의 자료에서 20×1년 3월중에 #101이 판매되었다고 할 때 제조간접원가 배부차이 ₩20,000을 다음 각 방법에 따라 조정하는 회계처리를 하시오.

---

6) 국제회계기준(K-1FRS)에서는 영업외손익이 없으므로 기타손익으로 표시할 수 있다. 따라서 과소배부액은 기타비용으로, 과대배부액은 기타수익으로 처리한다.

1. 매출원가조정법 2.총원가기준법 3.원가요소기준법 4.영업외손익법

(풀이)

1. 매출원가조정법

차)매출원가 20,000　　　　대)제조간접원가 20,000

2. 총원가기준법

작업지시번호	계 정	총 원 가	배부율	차이배부액
#101	매출원가	₩90,000	45%[1)]	₩9,000[2)]
#102	제 품	60,000	30	6,000
#103	재 공 품	50,000	25	5,000
	합 계	₩200,000	100%	₩20,000

주: 1) 90,000 ÷ 200,000 = 0.45　　2) 20,000원 × 0.45 = 9,000원

차)매출원가 9,000　　　　대)제조간접원가 20,000
제 품 6,000
재 공 품 5,000

3. 원가요소기준법

작업지시번호	계 정	제조간접원가 배부액	배부율	차이배부액
#101	매출원가	₩50,000	50%[1)]	₩10,000[2)]
#102	제 품	30,000	30	6,000
#103	재 공 품	20,000	20	4,000
	합 계	₩100,000	100%	₩20,000

주: 1) 50,000 ÷ 100,000 = 0.5　　2) 20,000 × 0.5 = 10,000원

차)매출원가 10,000　　　　대)제조간접원가 20,000
제 품 6,000
재 공 품 4,000

4. 기타손익법

차)제조간접원가 배부차이 20,000　　대)제조간접원가 20,000
(기타비용)

(예제 5-4) 정상개별원가계산

(주)서울은 개별원가계산제도를 채택하고 있으며, 제조간접원가는 기계작업시간을 기준으로 예정 배부하고 있다. 올해의 제조간접원가예산은 ₩3,600,000이며, 예정기계작업시간은10,000시간이다. 3월 1일 기초재고는 원재료 ₩100,000과 재공품계정에 작업#101에 대한 직접재료원가 ₩45,000,

직접노무원가 ₩66,000, 제조간접원가 ₩75,000이 기록되어 있다.

3월중에 작업 #102, #103을 착수하였으며, 작업 #101, #102가 완성되었다. 각 작업과 관련된 제조원가 자료는 다음과 같다.

	#101	#102	#103	합계
직접재료원가	-	₩ 72,000	₩ 48,000	₩ 120,000
직접노무원가	₩ 50,000	120,000	90,000	260,000
기계작업시간	100시간	400시간	300시간	800시간

기타자료는 다음과 같다.

(1) 원재료 ₩200,000을 외상으로 구입하였다.

(2) 노무원가 발생액은 ₩350,000이며 이중 ₩200,000은 현금으로 지급하고 ₩150,000은 미지급 상태이다.

(3) 제조간접원가발생액은 다음과 같다.

간접재료원가	₩ 6,000	간접노무원가	₩90,000	수도광열비	₩138,000
보험료	21,000	감가상각비	57,000		

(4) 완성된 #101이 ₩380,000에 판매되었다.

(요구사항)

1. 제조간접원가 예정배부율을 구하시오.
2. 제조간접원가를 예정배부하고, 각 작업별 제조원가를 구하시오.
3. 4월중 제조활동과 관련된 원가흐름을 분개하고 계정에 기입하시오.
4. 제조간접원가배부차이를 원가요소기준법으로 배부하시오.

(해 답)

1. 제조간접원가 예정배부율

$$\frac{\text{제조간접원가예산}}{\text{예정조업도}} = \frac{3,600,000\text{원}}{10,000\text{시간}} = ₩360/\text{기계작업시간}$$

2. 제조간접원가 예정배부와 작업별 제조원가

	#101	#102	#103	합계
기초재공품	₩186,000	-	-	₩186,000
당기투입원가				
직접재료원가	-	₩ 72,000	₩ 48,000	120,000
직접노무원가	50,000	120,000	90,000	260,000
제조간접원가	36,000	144,000	108,000	288,000*
합 계	₩272,000	₩336,000	₩246,000	₩854,000

* #101: 100시간 × ₩360 = ₩36,000 #102: 400시간 × ₩360 = ₩144,000
#103: 300시간 × ₩360 = ₩108,000 (계 ₩288,000)

3. 제조활동과 관련된 회계처리

① 원재료의 구입

차변	금액	대변	금액
차)원 재 료	200,000	대)매입채무	200,000

② 원재료의 사용

차변	금액	대변	금액
차)재 공 품	120,00	대)원 재 료	126,000
제조간접원가	6,000		

③ 노무원가발생

차변	금액	대변	금액
차)재 공 품	260,000	대)현 금	200,000
제조간접원가	90,000	미지급임금	150,000

④ 기타의 제조간접원가 발생

차변	금액	대변	금액
차)제조간접원가	216,000	대)수도광열비	138,000
		보 험 료	21,000
		감가상각누계액	57,000

⑤ 제조간접원가의 예정배부

차변	금액	대변	금액
차)재 공 품	288,000*	대)제조간접원가	288,000

* 800시간×360원=288,000원

⑥ 제품의 완성(#101, #102의 제조원가)

차변	금액	대변	금액
차)제 품	608,000	대)재공품(101)	272,000
		재공품(102)	336,000

⑦ 제품의 판매(#101외상매출)

차변	금액	대변	금액
차)매출채권	380,000	대)매 출	380,000
매출원가	272,000	제 품	272,000

재 료

차변	대변
기초100,000	② 120,000
① 200,000	6,000

재 공 품

차변	대변
기초186,000	⑥ 608,000
② 120,000	
③ 260,000	
⑤ 288,000	

제 품

차변	대변
⑥ 608,000	⑦ 272,000

노무원가

차변	대변
③ 200,000	③ 260,000
150,000	90,000

매출원가

차변	대변
⑦ 272,000	

제조간접원가

차변	대변
② 6,000	⑤ 288,000
③ 90,000	
④ 216,000	

4. 제조간접원가 배부차이와 조정분개

제조간접원가 실제발생액 312,000원 〉 예정배부액 288,000: 과소배부액 24,000

작업지시번호	계 정	제조간접원가 배부액	배부율	차이배부액
#101	매출원가	₩ 36,000	12.5%	₩ 3,000
#102	제 품	144,000	50	12,000
#103	재 공 품	108,000	37.5	9,000
	합 계	₩ 288,000	100%	₩ 24,000

차변	금액	대변	금액
차)매출원가	3,000	대)제조간접원가	24,000
제 품	12,000		
재 공 품	9,000		

제4절 개별원가계산의 종류

개별원가계산은 제품원가의 측정방법에 따라서 실제개별원가계산, 정상개별원가계산, 표준개별원가계산으로 구분된다. 즉 제조과정을 완료한 후에 측정하는가 혹은 제품을 제조하기 전에 미리 예정하는가에 따라서 실제원가(actual costs)와 예정원가(predetermined cost)로 분류된다. 예정원가는 모든 요소를 미리 예정하는가 아니면 일부요소만을 예정하는가에 따라 표준원가계산과 정상원가계산으로 구분된다.

1. 실제개별원가계산

실제개별원가계산은 직접재료원가와 직접노무원가는 실제로 발생한 원가를 이용하고, 제조간접원가도 회계연도말에 집계된 실제발생원가를 배부율에 의하여 각 재공품에 배부하는 원가계산이다. 따라서 각 작업이나 제품에 배부한 제조간접원가와 실제 발생한 제조간접원가가 동일하게 된다. 실제 발생된 제조간접원가가 재공품에 배부되므로 제조간접원가의 차변금액과 대변금액이 일치하여 배부차액이 발생하지 않는다.

실제개별원가계산은 다음과 같은 문제점 있다.

첫째, 동일한 작업에 배부되는 제조간접원가가 기간별로 차이가 있는 경우에는 제품단위당 원가가 기간별로 변동하게 된다. 대부분의 기업에서 제조간접원가 발생액이나 생산량이 계절적으로 변동한다. 예를 들면, 계절적으로 변하는 수도광열비나 휴가비는 여름철에 증가하고 겨울철에 감소하게 된다. 생산량의 차이는 고객들의 계절적 수요에 맞추어 생산량을 조절하기 때문에 발생하거나, 활용가능한 근무일수의 차이 때문에 발생하기도 한다. 실제발생액과 생산량이 계절적으로 변동하는 경우에 실제배부율을 사용하여 제조간접원가를 배부하면 매월 제품원가가 변동하게 되며 동일한 제품에 대하여 특정시기의 단위당 원가가 다른 시기의 원가와 다르다는 것은 명백한 모순이다. 이것은 고정제조간접원가 때문에 차이가 발생하며, 단위당 변동원가는 일정하다.

둘째, 제조간접원가배부율의 계산이 월말 또는 연말까지 기다려야 한다. 기말에 제조간접원가 실제발생액을 배부하면 기말에 업무량이 증가할 뿐 아니라 회계정보의 적시성이라는 관점에서도 원가계산정보의 유용성이 감소된다. 경영자는 제품가격을 결정하거나 판매활동이나 영업활동에 대한 의사결정을 위해서 적시에 제품원가를 알아야 하는데 기말시점에서 단위당 원가를 계산하는 것은 기업의 경쟁력을 약화시킨다. 이러한 이유로 실무에서 대부분의 기업에서는 제조간접원가 배부에서 실제발생액을 사용하지 않고 예정제조간접원가를 사용하게 된다.

(예제 5-5) 실제원가계산

KS산업(주)에서는 A, B, C의 3가지 종류의 제품을 생산하고 있으며, 5월중 원가자료는 다음과 같다.

구 분	합 계	A제품
직접재료원가	₩250,000	₩50,000
직접노무원가	200,000	80,000
제조간접원가	150,000	?
직접노동시간	1,000시간	300시간
기계작업시간	600시간	60시간

제조간접원가는 직접노무원가를 기준으로 제품에 배부하며, 5월중에 A제품을 100단위 생산하여 80단위를 판매하였다.

(요구사항)

1. A제품에 배부될 제조간접원가를 계산하고, A제품의 제조원가를 계산하시오.
2. 6월중에 5월과 동일한 단위의 제품을 생산하였으나 전력비의 증가로 제조간접원가 ₩160,000이 발생한 경우 제품원가를 계산하시오.

(풀이)

1. 제조간접원가배부율: $\frac{150,000}{200,000}$=₩0.75/직접노무원가

A제품 배부액: ₩80,000 × 0.75 = ₩60,000

A제품 제조원가: 직접재료원가 50,000 + 직접노무원가 80,000 + 제조간접원가 60,000

= ₩190,000

2. 제조간접원가배부율: $\frac{160,000}{200,000}$=₩0.80/직접노무원가

A제품배부액: ₩80,000 × 0.80 = ₩64,000

A제품 제조원가: 직접재료원가 50,000 + 직접노무원가 80,000 + 제조간접원가 64,000
= ₩194,000

2. 정상개별원가계산

정상개별원가계산(normal job-order costing)은 직접재료원가와 직접노무원가는 실제발생원가로 집계하고 제조간접원가는 예정배부율을 이용하여 제조간접원가를 배부하는 원가계산방법이다. 즉, 제조지시서별로 원가를 집계하되 제조간접원가는 예정배부율을 사용하여 배부한 금액을 집계하는 것이며, **평준화개별원가계산**이라고도 한다. 이와같이 제조간접원가는 예정배부율을 사용한다는 것이 정상원가계산의 특징이다.

제조간접원가 예정배부율은 연초에 당해 연도의 조업도수준과 제조간접원가에 대한 예산을 근거로 계산하며, 이 배부율을 1년 동안 계속하여 적용하므로 동일한 제품에 대하여 실제원가계산에서처럼 제조간접원가 배부율이 월별, 계절별로 변동하지 않는다. 따라서 정상원가계산에서 사용되는 예정배부율은 실제원가계산에서 월별로 사용하는 제조간접원가 실제배부율을 평균한 것으로 해석할 수 있다. 정상원가계산에서는 1년 동안 제조간접원가 예산총액과 총조업도수준(직접노동시간, 직접노무원가 등의 배부기준총계)을 배부기준으로 예정배부율을 계산하여 1년 동안 계속하여 적용하므로 제품에 배부하는 제조간접원가는 월별로 변동하지 않는다.

정상원가계산의 또 다른 장점으로는 예정배부율을 사용하는 경우 작업을 완료하는 즉시 개별제품의 원가를 계산할 수 있으므로 원가정보를 신속하게 산출하여 경영자의 의사결정이나 통제활동에 유용한 정보를 제공할 수 있다. 또한 기말에 업무량이 집중되는 것을 피할 수 있으며, 경영자에게 한 원가계산기간 동안의 과대·과소배부액에 대한 정보를 제공함으로써 경영의사결정이나 원가통제에 필요한 정보를 제공할 수 있다.

정상원가계산은 제조간접원가 예정배부율을 사용한다는 점을 제외하고는 실제원가계산과 동일하다. 정상원가계산과 실제원가계산의 차이는 제조간접원가배부액에서 발생한다. 정상원가계산에서 제조간접원가계정의 차변에는 실제발생액을 기록하고 대변에는 예정배부율을 적용하여 재공품계정에 대체한 제조간접원가를 기록한다. 따라서 제조간접원가계정의 차변과 대변은 일치하지 않는 것이 보통이며, 과대배부 또는 과소배부와 같은 배부차이가 발생하게 된다. 제조간접원가의 배부차이는 제3절에서 설명한 바와 같이 회계기말에 조정하게 되며 매출원가조정법, 총원가기준법, 원가요소기준법 등을 이용하게 된다.

(예제 5-6) 정상개별원가계산

KS산업(주)은 정상개별원가계산제도를 채택하고 있으며 제조간접원가는 직접노동시간을 기준으로 배부한다. 올해의 제조간접원가 예산은 ₩400,000이며 예정생산량은 4,000개, 단위당 직접노동시간은 2시간이다. 제조간접원가 실제발생액은 ₩490,000이며 실제생산량은 4,500개, 실제 직접노동시간은 10,000시간이다.

금년에 완성된 제품 #123의 실제 직접노동은 3,000시간이며, 수정전 기말재고자산은 직접재료 ₩11,000 재공품 ₩10,000 제품 ₩9,000, 수정전 매출원가 ₩31,000이다.

(요구사항)

1. 제품#123에 대한 제조간접원가 실제발생액과 예정배부액을 계산하시오.
2. 배부차이를 각 계정에 비례하여 배부하는 경우 필요한 분개를 하시오.

(풀이)

1. 제조간접원가 실제배부율: $\frac{490,000\text{원}}{10,000\text{시간}}$=₩49/직접노동시간

 제조간접원가 예정배부율: $\frac{400,000\text{원}}{4,000\text{단위}\times 2\text{시간}}$=₩50/직접노동시간

 제품 #123 실제배부액: 3,000시간 × ₩49 = ₩147,000

 제품 #123 예정배부액: 3,000시간 × ₩50 = ₩150,000

2. ① 배부차이: 예정배부액 150,000 − 실제발생액 147,000 = ₩3,000(과대배부)

 ② 원가요소별 배부차이(총원가기준법)의 계산[1]

원가항목	총원가	구성비	배부차이
재 공 품	₩10,000	20%	₩600[2]
제 품	9,000	18	540
매출원가	31,000	62	1,860
계	₩50,000	100%	₩3,000

 ③ 조정분개

차)		대)	
제조간접원가	3,000	재 공 품	600
		제 품	540
		매출원가	1,840

주: 1) 직접재료는 제조간접원가와 관계없으므로 배부차액의 조정대상이 아니다.
 2) 배부차이 3,000 ×0.2 =₩600

3. 표준개별원가계산

표준개별원가계산(standard job-order costing)은 실제원가계산이나 정상원가계산과는 달리 직접재료원가와 직접노무원가, 제조간접원가를 미리 정해진 **표준원가**에 의하여 개별작업별로 원가를 집계하는 방법이다. 즉 직접재료원가나 직접노무원가를 실제발생원가가 아닌 표준원가로 표시하고 제조간접원가도 실제배부율이나 예정배부율이 아닌 표

준배부율을 사용하여 개별제품이나 개별작업의 원가를 계산하는 방법이다. 표준개별원가계산에서는 직접재료원가와 직접노무원가, 제조간접원가 계정의 차변에는 실제발생액으로 기록하고 재공품계정에 대체할 때 원가요소계정의 대변과 재공품계정의 차변에는 표준원가를 배부액으로 기록하게 된다. 따라서 3가지 원가요소 계정의 차변과 대변이 모두 일치하지 않는 것이 일반적이며, 이에 대한 원가차이의 처리방법은 제 10장 표준원가계산과 제 15장 성과평가에서 상세하게 다루게 된다.

개별원가계산에서 이용되는 3가지 원가계산방법을 비교하면 다음 〈표 5-3〉과 같다.

〈표 5-3〉 실제원가계산, 정상원가계산, 표준원가계산의 비교

원가항목	실제원가계산	정상원가계산	표준원가계산
직접재료원가	실제발생원가	실제발생원가	표준원가
직접노무원가	실제발생원가	실제발생원가	표준원가
제조간접원가	실제배부율 × 실제배부기준	예정배부율 × 실제배부기준	표준배부율 × 실제산출량에 허용된 표준배부기준

(예제 5-7) 표준개별원가계산

(주)한양은 표준개별원가계산을 적용하고 있으며, 5월의 실제원가자료와 표준원가자료는 다음과 같다.

	실제발생원가	표준원가
직접재료원가	₩ 128,000	₩ 127,600
직접노무원가	112,000	108,000

5월 중에 실제발생된 제조간접원가는 ₩78,400, 표준제조간접원가는 ₩69,120원이며 기초재공품은 ₩60,000이다. 기초제품은 없으며 당기완성품은 ₩130,400이며 이중 75%가 판매되었다. 제조간접원가는 직접노무원가를 기준으로 배부하며, 기초재공품 표준액은 ₩60,000이며, 당기제품제조원가 표준액은 ₩132,000이다.

(요구사항)

1. 표준제조간접원가배부율을 구하시오
2. 매출원가, 제조간접원가 배부차이를 계산하시오

(풀이)

1) 표준제조간접원가배부율: $\frac{69,120}{108,000}$ = 표준직접노무원가의 64%

2) 매출원가: 당기제품제조원가 ₩132,000 × 0.75 = ₩99,000

제조간접원가배부액: ₩108,000 × 0.64 = ₩69,120

배부차이: ₩78,400 − 69,120 = 9,280

토의문제

1. 개별원가계산의 의의와 특징을 설명하시오.
2. 작업지시서와 작업원가표의 기능에 대하여 설명하시오
3. 개별원가계산에서 제품별(작업별)원가는 어떻게 집계되는가?
4. 제조간접원가의 특징과 배부기준에 대하여 설명하시오.
5. 제조간접원가의 예정배부율은 어떻게 계산되는가?
6 예정조업도의 의미를 설명하고 일반적으로 사용되는 예정조업도는 어떠한 것이 있는가?
7. 제조간접원가의 실제배부와 예정배부에 대하여 설명하시오
8. 실제원가계산과 정상원가계산에서 제품원가의 차이에 대하여 설명하시오.
9. 제조간접원가 배부차액의 회계처리방법에 대하여 설명하시오
10. 개별원가계산의 종류에 대하여 설명하시오.

연습문제

(5-1) 기본원가의 흐름

(주)서울은 개별원가계산제도를 적용하고 있으며 5월중 거래내역은 다음과 같다.

① 재료 ₩100,000을 매입하다.
② 당기 중에 발생한 노무원가는 ₩55,000이다.
③ 기계의 감가상각비와 보험료는 각각 ₩52,000과 ₩30,000이다.
④ 매입한 재료 중 75%가 제조과정에 투입되었다.
⑤ 재공품의 60%가 완성되었다. 기초재고자산은 없으며 모든 원가는 미지급상태이다.

(요구사항)

1. 제조과정에 투입된 원가는 얼마인가?
2. 재공품계정에서 제품계정으로 대체된 금액은 얼마인가?
3. 기말재공품잔액은 얼마인가?

(5-2) 제품원가와 제조간접원가의 배부

삼화(주)는 개별원가계산제도를 적용하고 있으며, 제품 A와 B를 생산하고 있다. 기초재공품은 없으며 제품 A와 B는 기말에 완성되었다. 제품원가 관련자료는 다음과 같으며, 제조간접원가는 직접노무원가 발생액에 비례하여 배부한다.

	제품 A	제품 B
직접재료원가		
기초재고액	₩40,000	₩30,000
당기매입액	100,000	44,000
기말재고액	30,000	22,000

직접노무원가		
전기미지급액	₩44,000	₩40,000
당기지급액	90,000	134,000
당기말미지급액	36,000	24,000
제조간접원가	₩40,000	

(요구사항)

제품 A와 B의 제조원가는 각각 얼마인가?

(5-3) 제조간접원가 예정배부

(주)삼일은 과거의 원가자료를 분석하여 다음과 같은 제조간접원가 예산식을 만들었다.

제조간접원가 예산액 = ₩50,000 + ₩100 × 직접작업시간

당기 예상 직접작업시간은 1,000시간이다.

(요구사항)

1. 제조간접원가 예정배부율은 얼마인가?
2. 당기중 작업 1에 800시간 작업 2에 400시간의 직접작업시간이 발생하였으며, 실제 발생한 제조간접원가는 ₩61,000이었다. 작업별 제조간접원가 배부액을 계산하시오.
3. 제조간접원가 배부차이를 계산하시오

(5-4) 제품원가와 직접재료원가

한성회사는 제품 A를 생산하고 있으며, 당기 제품제조와 관련된 자료는 다음과 같다.

① 당기총제조원가 ₩600,000

② 당기제품제조원가 490,000

③ 제조간접원가는 직접노무원가의 60%가 배부되었는데 이는 당기총제조원가의 25%에 해당한다.

(요구사항)

당기에 발생한 제품 A의 직접재료원가는 얼마인가?

(5-5) 원가흐름과 계정기입

KS산업(주)은 개별원가계산제도를 이용하고 있으며 다음은 3월중의 거래내역이다.

① 재료 ₩82,000을 외상으로 구입하고 ₩35,000이 제품생산에 투입되었다.

② 소모품 ₩2,000을 재료계정에서 출고하여 제조과정에 사용하다.

③ 노무원가 ₩60,000이 발생하였으며, 이 중에서 ₩ 6,000의 소득세예수금을 제외하고 현금으로 지급하다.

④ 복리후생비 ₩35,000 발생하여 노무원가계정에 기입하다.

⑤ 노무원가의 60%는 직접원가이고 30%는 간접원가이며, 10%는 판매관리비이다.

⑥ 공장건물의 감가상가비 ₩45,000 수도광열비 ₩ 23,000이 발생하였다.
⑦ 제조간접원가는 직접노무원가의 160%를 배부한다.
⑧ 기초재고자산은 재료 ₩75,000 재공품 ₩16,000 제품 ₩85,000이다.
⑨ 기말제품재고액은 ₩65,000이며 매출원가는 ₩125,000이다.

(요구사항)

1. 위의 원가흐름을 분개하고 계정에 기입하시오.
2. 제조간접원가 배부차액을 계산하고 매출원가에서 조정하시오.

(5-6) 제품원가와 배부차이

KS산업(주)은 고객의 주문에 따라 제품을 제작 판매하고 있으며 개별원가계산제도를 사용한다. 20×2년 3월말 #101이 작업 중이었으며 3월까지 발생된 #101의 원가는 직접재료원가 ₩200,000, 직접노무원가 ₩100,000 그리고 제조간접원가 배부액이 ₩150,000이다.

20×2년 4월중에 작업지시서 #102, #103, #104의 작업이 시작되었다. 4월중에 발생한 원가는 직접재료원가 ₩2,000,000, 직접노무원가 ₩1,100,000 그리고 제조간접원가 실제발생액은 ₩1,200,000이다. 4월말 현재 #104의 작업만 진행중이며 직접재료원가 ₩200,000 직접노무원가 ₩150,000이다. 나머지 작업은 완료되었다. 제조간접원가의 예정배부율은 직접노무원가의 120%이다.

(요구사항)

1. 4월중에 생산된 제품원가는 얼마인가?
2. 4월말 제조간접원가 배부차이를 계산하고 과대배부 또는 과소배부를 판단하시오.

(5-7) 제품원가와 배부차이

중앙산업은 개별원가계산제도를 적용하고 있으며, 제조간접원가의 예정배부율은 직접노무원가의 150%이다. 제조간접원가의 배부차이는 매월말 매출원가계정에서 조정하며, 추가자료는 다음과 같다.

① 2월말 현재 작업#101의 작업이 진행중이며 관련원가는 다음과 같다.

직접재료원가	₩80,000
직접노무원가	40,000
제조간접원가배부액	60,000
계	₩180,000

② 작업#102, 103, 104, 105는 3월에 작업이 시작되었다.
③ 3월에 투입된 직접재료원가는 ₩520,000이다.
④ 3월에 발생된 직접노무원가는 ₩400,000이다.
⑤ 3월에 발생된 제조간접원가실제발생액은 ₩640,000이다.
⑥ 3월말 현재 진행중인 작업은 #105이며, 이와 관련된 직접재료원가와 직접노무원가는 각각 ₩56,000과 ₩36,000이다.

(요구사항)

3월중에 생산된 당기제품제조원가는 얼마인가?

(5-8) 제조간접원가의 배부와 제품원가

(주)서울물산의 제조간접원가 과소배부액은 ₩60,000이며, 기말원가자료는 다음과 같다.

원가항목	재공품	제 품	매출원가
직접재료원가	₩ 20,000	₩20,000	₩140,000
직접노무원가	40,000	20,000	300,000
제조간접원가	60,000	30,000	370,000
합 계	₩120,000	₩70,000	₩810,000

(요구사항)

1. 총원가기준법으로 배부차이를 조정하시오.
2. 원가요소기준법으로 배부차이를 조정하시오.

(5-9) 제조간접원가 배부차이

한성공업(주)은 개별원가계산제도를 적용하고 있으며, 제조간접원가를 예정배부하고 있다. 다음은 제조원가 관련자료이다.

① 기초와 기말잔액

구 분	원재료	외주가공비	미지급설계비	재공품	제 품
기초잔액	₩50,000	₩10,000	₩15,000	₩70,000	₩75,000
기말잔액	60,000	8,000	8,000	40,000	55,000

② 당기중 원재료 구입액은 ₩189,000이다.

③ 당기중 직접경비의 외부가공비 현금지출액은 ₩18,000이며, 설계비 관련 현금지출액은 ₩46,000이다.

④ 제조간접원가의 실제발생액은 ₩30,000이며, 직접노무원가의 50%를 예정배부한다.

⑤ 당기매출원가는 ₩366,000이다.

⑥ 제조간접원가 배부차이는 비정상적인 것이며 영업외비용으로 처리한다.

(요구사항)

제조간접원가 예정배부액과 실제발생액간의 배부차이를 구하시오.

(5-10) 당기제조원가와 당기제품원가

MK테크닉(주)은 작업별로 원가를 계산하고 있으며, 제조간접원가는 직접노무원가의 120%를 각 작업에 배부하고 있다. 다음은 3월말 제품원가와 관련된 총계정원장의 기록내용이다.

원재료			
기초재고	6,500	재공품	(　　)
당기매입	(　　)	기말재고	2,000

재공품			
기초재고	15,000	제　품	(　　)
직접재료원가	(　　)	기말재고	24,000
직접노무원가	45,000		
제조간접원가	(　　)		

제　품			
기초재고	22,000	매출원가	342,000
재공품	(　　)	기말재고	21,000

매출원가			
제　품	(　　)		

(요구사항)

1. 3월의 재료매입액과 직접재료원가를 계산하시오
2. 3월의 당기총제조원가는 얼마인가?
3. 3월의 제조간접원가 배부액은 얼마인가?
4. 3월의 제품제조원가와 매출원가는 얼마인가?

(5-11) 제조간접원가의 예정배부

(주)서울은 4월중 제조간접원가 ₩220,000 직접노무원가 ₩400,000이 발생할 것으로 추정하였다. 직접노무원가의 실제발생액은 작업#101에 ₩100,000, 작업#102에 ₩150,000 작업#103에 ₩200,000이며, 제조간접원가 실제발생액은 ₩260,000이다. 당사는 직접노무원가기준으로 제조간접원가를 예정배부한다.

(요구사항)

1. 제조간접원가를 각 작업별로 배부하시오.
2. 제조간접원가 배부차이를 계산하고 재공품, 제품, 매출원가에 20%, 30%, 50%의 비율로 조정하고 분개하시오.

(5-12) 제조간접원가의 실제배부와 예정배부

MS산업(주)은 고객의 주문에 따라 스포츠용품을 생산 판매하고 있다. 4월중에 작업#101, #102, #103의 작업이 진행되었으며, 4월말 현재 #101은 작업이 완료되어 고객에게 인도되었으며, #102는 완성되었으며, #103은 미완성이다. 연간제조간접원가 예산은 ₩600,000이며 예정조업도는 96,000시간이다. 4월중에 실제 발생한 제조간접원가는 ₩42,500이다. 작업지시서별 집계된 원가자료는 다음과 같다.

	#101	#102	#103	합 계
직접재료원가	₩25,000	₩45,000	₩32,000	₩102,000
직접노무원가	45,000	55,000	30,000	130,000
직접작업시간	3,000시간	3,500시간	2,000시간	8,500시간

(요구사항)

1. 실제원가계산제도에 의하여 각 작업지시서별 원가를 계산하시오.
2. 예정원가계산제도에 의하여 각 작업지시서별 원가를 계산하시오.
3. 예정배부에 의한 제조간접원가 배부차이를 원가요소기준법에 의하여 조정하고 계정에 기입하시오.

(5-13) 제조간접원가의 배부: 공정전체배부와 부문별배부.

경기산업(주)은 수출제품을 생산하며, 3개의 제조분문이 있다. 20×1년 예산제조원가는 다음과 같으며, 제조간접원가는 직접노무원가를 기준으로 배부한다.

	조립부문	기계부문	포장부문	합 계
직접재료원가	₩85,000	₩100,000	₩120,000	₩305,000
직접노무원가	60,000	30,000	90,000	180,000
제조간접원가	15,000	60,000	45,000	120,000

작업지시서#101에 의한 실제 재료원가와 노무원가는 다음과 같다.

직접재료원가: ₩ 2,200

직접노무원가: 조립부문 ₩ 300 기계부문 ₩250 포장부문 ₩450 (계 ₩1,000)

20×1 실제 발생된 제조원가는 다음과 같다.

	조립부문	기계부문	포장부문	합 계
직접재료원가	₩80,000	₩90,000	₩100,000	₩270,000
직접노무원가	65,000	35,000	110,000	210,000
제조간접원가	18,000	55,000	58,000	131,000

(요구사항)

1. 공장전체 제조간접원가 배부율을 사용하는 경우 #101의 총제조원가는 얼마인가?
2. 부문별 제조간접원가 배부율을 사용하는 경우 #101의 총제조원가는 얼마인가?
3. 공장전체의 배부율을 사용하는 경우와 부문별 배부율을 사용하는 경우 제조간접원가 과대(과소)배부액은 각각 얼마인가?

(5-14) 원가흐름과 계정기입

에이스산업(주)은 개별원가계산을 채택하고 있으며, 다음은 3월중의 작업결과이다.

① 재료 ₩350,000을 외상으로 매입하다.

② 소모품 ₩40,000을 매입하여 제조과정에 사용하다.

③ 재료가 다음과 같이 출고되다.

작업지시서#101 ₩120,000 #102 ₩80,000

④ 노무원가 ₩400,000이 발생하였으며, 이중 작업 #101에 200,000이고 #102에 100,000이 배부되고 나머지 ₩100,000은 간접노무원가이다.

⑤ 공장건물임차료 ₩60,000 수도광열비 ₩50,000 공장건물의 감가상각비는 ₩20,000이다.

⑥ 제조간접원가는 직접노무원가의 80%의 배부율로 예정배부한다.
⑦ 작업#101은 완성되었으며, 고객에게 인도되었다.

(요구사항)

1. 각 각업지시서별 제조원가를 계산하시오.
2. 거래내역을 분개하고 계정에 기입하시오.
3. 제조간접원가 배부차이를 계산하고 매출원가계정에서 조정하시오.

(5-15) 제조원가명세서의 작성

(주)KS는 특수장비를 생산하고 있으며, 모든 제품원가는 개별원가계산으로 계산된다. 다음 자료는 회계기간말 제품원가자료이다. 제조간접원가는 직접노무원가의 200%를 예정 배부하며, 배부차이는 매출원가계정에서 조정한다.

① 기초재고액은 다음과 같다.
재료 ₩44,000 재공품 ₩55,000
② 제조간접원가 예정배부액은 ₩155,000이다.
③ 기말재고액은 다음과 같다.
재료 ₩47,500 재공품 ₩60,000 제품 ₩52,000
④ 매출원가는 제조간접원가 과소배부액 ₩1,500을 포함하여 ₩ 322,000이다.
⑤ 당기 재료구입액은 ₩103,500이다.

(요구사항)

1. 다음 원가항목을 계산하시오.
제조간접원가 실제발생액 (   ) 기초제품재고액 (   )
당기제품제조원가 (   ) 직접재료원가 (   )
직접노무원가 (   )
2. 제조원가명세서를 작성하시오.
3. 제조간접원가 배부차이가 조정되기 전의 매출원가를 계산하시오.

CHAPTER 6 종합원가계산

종합원가계산은 연속적인 생산공정을 이용하여 동일한 제품을 대량으로 생산하는 기업에 적합한 원가계산방법이며, 개별원가계산과 함께 제품원가계산을 위한 대표적인 방법이다. 종합원가계산은 기초재공품의 가정에 따라 평균법과 선입선출법으로 나누어지며, 공정의 수에 따라 단일공정 종합원계산과 공정별 종합원가계산으로 구분된다. 본장에서는 먼저 종합원가계산의 핵심과제인 완성품환산량에 대하여 설명하고, 그 다음에 5 단계접근법에 의한 종합원가계산의 방법과 회계처리를 설명하고, 이어서 생산과정에서 발생되는 공손품의 회계처리에 대하여 설명한다.

제1절 종합원가계산의 기초

1. 종합원가계산의 의의

종합원가계산(process costing)은 같은 종류의 제품을 연속적으로 대량생산하는 업종에 적용되는 원가계산방법이다. 이 방법은 공정이나 부문별로 원가를 집계한 다음, 집계된 원가를 각 공정이나 부문에서 생산된 제품에 균등하게 배부하여 단위당 원가를 계산하는 방법이다. 개별 작업별로 원가를 집계하는 개별원가계산과는 달리 하나 또는 그 이상의 표준화된 제조공정을 이용하여 생산되는 제품에 원가를 배부하는 방법이다. 이와 같은 **평균화과정**(averaging process)에 기초하여 산출물의 단위당 원가를 계산하는 종합원가계산의 기본가정은 동일한 공정을 거쳐 생산된 각 제품은 경제적 관점에서 동질적이므로 각 제품의 원가는 동일하다는 것이다. 여기서 **평균화**라 함은 일정기간 동안의 총 제조원가를 총제조수량으로 나누어 단위당 원가를 산정한다는 의미이다. 이 가정은 종합원가계산에서 완성품환산량을 계산할 때 중요한 의미를 갖는다.

종합원가계산의 기본과제는 기초재공품원가와 당기발생원가의 합계를 당기완성품원가와 기말재공품에 배부하는 것이라고 할 수 있다. 종합원가계산은 개별원가계산과는 달리 제품이 표준화되어 있으며 동질적인 단일제품이므로, 직접원가와 간접원가의 구분이 중요하지 않게 된다. 제품의 단위당 원가는 일정기간의 완성품원가를 그 기간의 완성품 수량으로 나누어 계산하며, 다음과 같은 계산구조를 갖는다.

$$\text{당기완성품원가} = \text{기초재공품원가} + \text{당기발생원가} - \text{기말재공품원가}$$

$$\text{단위당 제품원가} = \frac{\text{일정기간의 완성품원가}}{\text{동일기간의 완성품수량}}$$

종합원가계산은 단일 또는 복수의 제조공정을 이용하여 생산되는 동질적인 제품에 원가를 배부하므로 대량생산이 가능한 산업에 적합하다. 따라서 종합원가계산은 석유화학제품, 자동차와 같은 금속제조업, 반도체, 제약, 식품가공, 섬유산업, 유리, 제지, 플라스틱, 시멘트산업 등 다양한 산업에서 이용된다.

종합원가계산을 적용하는 기업은 같은 종류의 제품을 대량생산하므로 개별 작업별로 작업지시서를 발행할 필요가 없고 개별적인 작업을 수행하지 않으므로 개별원가계산보다 더 단순하게 원가계산을 할 수 있어 관리비용도 적게 발생한다. 그러나 종합원가계산에서는 연속적인 대량생산이 이루어지므로 생산이 완전히 종료되기 전까지는 생산량을 파악할 수 없다. 따라서 인위적인 기간개념을 도입하여 일정기간에 생산된 생산량과 발생된 총제조원가를 산출하여 원가계산을 하게 되며, 월별 또는 분기별로 원가계산이 이루어지게 된다.

개별원가계산과 종합원가계산의 원가흐름을 비교하면 〈그림 6-1〉과 같다. 개별원가계

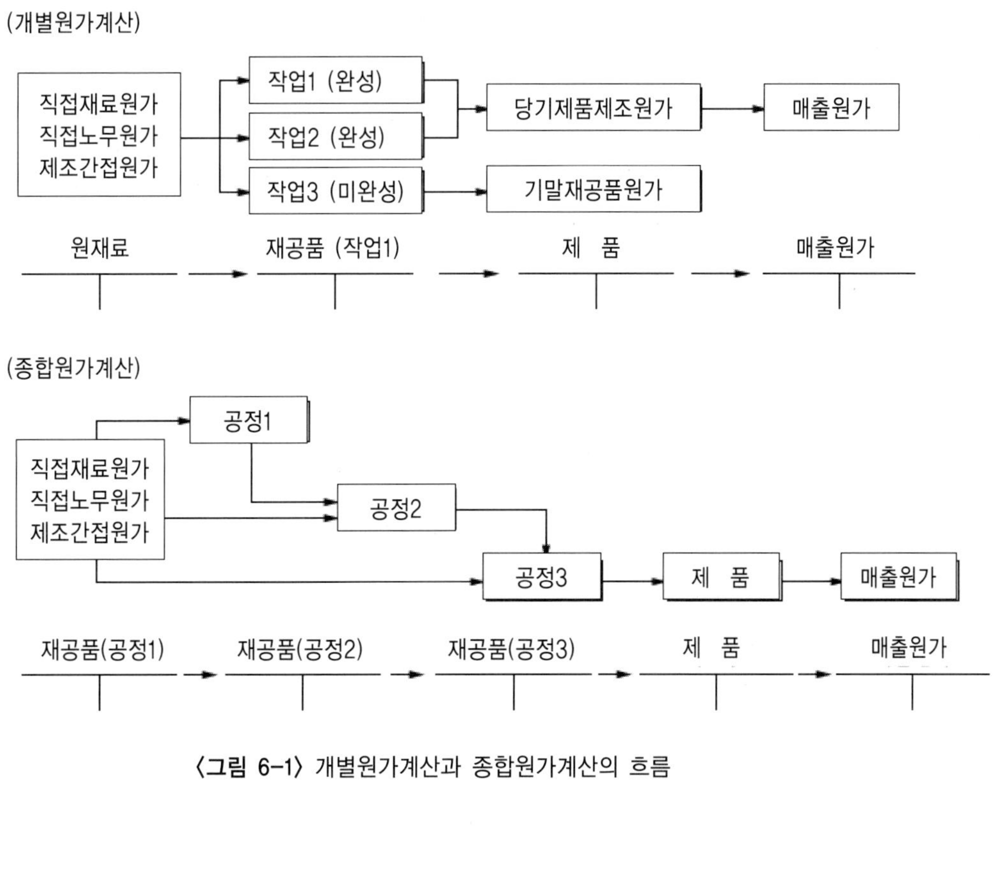

〈그림 6-1〉 개별원가계산과 종합원가계산의 흐름

산은 제조지시서별로 작성된 작업원가표에 기초하여 원가계산이 이루어지지만, 종합원가계산은 각 공정별 제조원가보고서에 기초하여 원가계산이 이루어진다. 그림에서와 같이 종합원가계산은 각 공정별로 원가를 집계하여 그 공정을 통과한 제품단위에 배부하는데, 최종공정(공정 3)에서 완성된 제품원가는 당기제품제조원가가 되고, 중간공정(공정 1, 2)이나 최종공정에서 아직 완성되지 않는 제품의 원가는 기말재공품원가가 된다.

2. 종합원가계산과 개별원가계산의 차이비교

종합원가계산과 개별원가계산은 모두 생산된 제품단위에 총제조원가를 배분하는 방법이며, 나름대로 장단점을 가지고 있기 때문에 어느 방법이 더 우수하다고 할 수는 없다. 다만, 제품의 생산형태, 원가계산의 목적 등에 따라 원가계산방법을 결정하여야 한다.
종합원가계산과 개별원가계산을 비교하면 다음과 같다.

(1) 적용생산형태의 차이

종합원가계산은 동종제품을 대량으로 연속적으로 생산하는 기업에 적용되는데 비하여, 개별원가계산은 서로 다른 제품을 소량으로 생산하는 기업에 적용된다. 즉 개별원가계산은 구매자의 주문에 따라 서로 다른 작업이 개별적으로 수행되는 경우에 적합하며, 종합원가계산은 동일한 제품에 대하여 작업이 반복적으로 수행되는 경우에 적합하다.

(2) 원가계산방법의 차이

종합원가계산은 생산되는 제품전체를 대상으로 원가를 집계하므로 개별 작업별로 집계하지 않고 각 공정별로 원가를 집계하여 완성품과 미완성품에 제조원가를 배분한다. 개별원가계산은 주문받은 제품별로 제조지시서에 의하여 작업이 이루어지며 제품별로 작성된 작업원가표를 이용하여 원가를 개별적으로 집계한다.

개별원가계산에서는 개별작업에 대한 작업원가표에 기초하여 원가배부가 이루어지는 반면, 종합원가계산은 제조부문이나 공정에 대한 제조원가보고서를 기초로 원가배부가 이루어진다. 제조원가보고서는 부문별로 생산수량과 원가자료를 요약한 것으로서 생산량, 부문별 배부원가, 단위당 원가, 부문에서 대체된 원가 기말재공품원가 등을 요약한 것이다.

(3) 기말재공품의 평가의 차이

종합원가계산에서 기말재공품을 인위적으로 평가하여야 하며, 기말재공품 완성품환산량에 단위당 평균제조원가를 곱하여 계산한다. 개별원가계산에서는 기말까지 완성되지 않는 특정 제조지시서 또는 작업의 원가합계는 기말재공품원가로 나타내고 완성된 제조지시서의 원가합계는 제품원가를 나타내므로 기말재공품 평가의 문제가 발생하지 않는다.

개별원가계산과 종합원가계산의 주된 차이는 제품단위당 원가를 평균화하는 정도에 달려 있다. 개별원가계산에서 원가계산대상은 구분가능한 제품이나 용역의 생산을 위한 작업이며 각 작업에 투입되는 생산요소의 양이 작업별로 다르므로 작업별로 동일한 평균제조원가를 적용하는 불가능하다. 그러나 종합원가계산은 동일한 공정을 거쳐 대량생산되는 제품은 동질적이라고 가정하기 때문에 생산제품 전체에 대하여 평균원가를 적용하게 된다.

이상에서 설명한 종합원가계산과 개별원가계산을 비교 정리하면 〈표 6-1〉과 같다.

〈표 6-1〉 개별원가계산과 종합원가계산의 비교

	개별원가계산	종합원가계산
적용생산형태	고객의 주문에 따라 제품을 생산하는 주문생산업종에 적합 - 다품종 주문생산형태	시장생산형태, 즉 표준규격제품을 대량으로 연속생산하는 업종에 적합 - 동종제품 대량생산형태
원가계산방법	제조원가는 작업별로 작업원가표에 집계되며, 작업에서 생산된 제품단위에 원가를 배분한다. - 작업지시서별 원가계산	제조원가는 공정별로 원가를 집계하고, 총원가를 생산량으로 나누어 단위당 원가를 계산 - 기간별, 공정별 평균화과정
기말재공품	미완성 작업원가표에 집계된 원가가 기말재공품원가이다.	기말재공품환산량에 단위당원가를 곱하여 계산한다.
단위당 원가	$\frac{\text{각 작업별 발생원가}}{\text{작업별 생산량}}$=평균원가	$\frac{\text{일정기간 공정별 원가}}{\text{동일기간 공정별 생산량}}$=평균원가
핵심과제	제조간접원가의 배부	완성품환산량의 계산
장단점	정확한 제품원가계산이 가능하나 원가관리에 많은 노력과 비용이 소요.	원가계산이 간편하고 경제적이나 제품원가가 상대적으로 부정확

3. 완성품환산량과 완성도

개별원가계산에서는 각 각업별로 직접재료원가와 직접노무원가, 제조간접원가를 집계하지만, 종합원가계산에서는 각 공정별로 제품원가를 집계한다. 또한 종합원가계산에서는 각 공정별로 정기적으로 원가계산기간(보통 1개월)동안의 원가를 보고한다. 따라서 종합원가계산에서 제품의 단위당 원가는 일정기간 동안 제품을 생산하기 위하여 발생한 총원가를 그 기간 동안 완성된 수량으로 나눈 단위당 평균원가이다. 즉 원가계산기간 동안 발생한 총제조원가를 동일한 기간의 제품생산수량으로 나누어 계산한다.

그러나 기말재공품이 존재하는 경우에는 일정기간 동안에 발생한 총원가를 완성품과 기말재공품에 적절하게 배부하여야 한다. 종합원가계산의 목적은 원가계산기간 동안 발생한 제조원가를 완성품과 기말재공품으로 배분하는 것이다. 단위당 제품원가의 계산에서 완성품과 가공중인 재공품을 동일하게 평가할 수 없으므로 완성품과 재공품을 단순히 합산할 수 없다. 따라서 총원가를 완성품과 기말재공품으로 배분하기 위해서 각 공정에서 수행한 총작업량을 공통척도인 완성품환산량으로 환산해야 한다. 종합원가계산에서는 완성도가 서로 다른 재공품과 완성품에 총원가를 배부하는 문제를 해결하기 위한 공통기준으로 완성품환산량이라는 척도를 사용한다.

완성품환산량(equivalent units)은 산출물의 완성된 정도를 측정하는 개념으로서, 일정기간 동안 투입된 모든 재료와 비용이 완성품으로 전환되었다면 생산되었을 완성품의 수량이다. 즉, 일정기간 공정에 투입된 모든 노력이 그 기간 동안에 완성품만을 생산하는데 투입되었다면 완성되었을 수량을 수치로 나타낸 것이다. 예컨대, 당기에 가공이 시작되어 당기에 완성되었다면 완성품환산량과 완성량은 동일하다. 그러나 기말재공품은 아직 완성품이 아니므로 어느 정도 원가가 투입되었는지 그 완성도에 따라 완성품환산량을 계산하여야 한다.

생산요소의 투입시점이 다르므로 완성품환산량을 계산하기 위해서는 직접재료원가와 가공원가로 구분하는 것이 일반적이다. 완성품환산량은 물량단위에 완성도를 곱하여 계산한다.

(기말)재공품 완성품환산량 = (기말)재공품수량 × 완성도(%)
총완성품환산량 = 당기완성량 + 기말재공품 완성품환산량

완성도(percent of completion, 진척도)는 제품이 완성된 정도를 의미하며, 공정에 투입되어 현재까지 생산이 완료되지 않는 생산물에 대하여 공정이 어느 정도 진행되었는지를 나타내는 개념이다. 완성도는 %로 나타내며 재공품 1단위를 완성품 1단위와 비교하였을 때 원가의 부담률이다. 완성품 환산량을 계산하기 위해서는 기초와 기말재공품의 완성도에 대한 정보가 있어야 한다. 일반적으로 완성도는 직접재료원가와 가공원가로 구분하여 원가요소별로 각각 계산한다. 왜냐하면 직접재료원가는 공정의 시작점이나 중간시점 또는 종료시점 등과 같이 특정시점에 전액 발생하며, 가공원가는 공정전반에 걸쳐 균등하게 투입되는 경우가 일반적이기 때문이다. 한편 공정별계산에서 전공정원가는 항상 공정의 착수시점에서 투입된다. 예를 들면, 직접재료는 공정초기에 투입되고 직접노무원가와 제조간접원가는 공정이 진행되는 정도에 따라 균등하게 투입되며 기말재공품의 공정이 50%정도 진행되었다면 기말재공품이 완성도는 재료원가는 100%, 가공원가는 50%이다.

완성품환산량을 사용하면 일정기간에 수행된 모든 작업을 그 기간 중에 제조하여 완성한 제품의 수량으로 표시할 수 있다. 예를 들어 가공중인 재공품이 100단위이며 이들의 평균적인 완성도가 70%이고 완성품이 1,000단위라고 가정한다. 완성품의 완성도는 당연히 100%이므로 완성품 환산량은 1,000단위이다. 기말재공품은 완성도가 70%이므로

완성품환산량은 70단위(=100단위×70%)이다. 평균적으로 70%가 완성된 기말재공품 100단위는 완성품 70단위와 같다는 의미이다.

완성품환산량을 계산할 때 주의할 점은 첫째, 직접재료원가와 가공원가의 완성도가 다른 경우에는 분리하여 계산한다는 것이다. 위에서 언급한 바와 같이 직접재료원가와 가공원가는 발생시점에 차이가 있으므로 완성도가 다르기 때문이다. 직접재료원가는 공정시작시점에 투입되어 재료원가가 모두 발생하지만 가공원가는 제품을 완성해가는 정도에 따라서 발생하기 때문이다. 둘째, 기초재공품과 기말재공품이 존재한다는 것이다. 재공품이 존재하는 경우에는 기초재공품을 당기에 먼저 완성할 것인가 아니면 당기에 투입된 재료부터 완성할 것이지 결정하여야 한다. 기초재공품이 존재하는 경우에는 물량흐름의 가정에 따라 선입선출법과 평균법에서 완성품환산량이 다르게 계산된다. 재공품이 있는 경우의 완성품 환산량계산은 제 3 절에서 다루기로 한다.

(예제 6-1) 완성품환산량의 계산

(주)제일전자의 조립공정에서는 전자제품을 대량으로 조립하고 있다. 재료는 공정의 시작점에서 투입되며 가공원가는 공정전반에 걸쳐 균일하게 발생한다. 5월중 조립공정에 대한 물량의 자료는 다음과 같다.

기초재공품: 없음

당기투입량: 2,000단위, 당기완성량 1,200단위

기말재고량: 800단위 (직접재료 100%, 가공원가 60%완성)

재료원가와 가공원가의 완성품환산량은 얼마인가?

(풀이)

			완성품환산량	
	물량	완성도	직접재료원가	가공원가
완성품	1,200 단위	100%	1,200 × 100% = 1,200단위	1,200 × 100% = 1,200단위
기말재공품	800	60%	800 × 100% = 800	800 × 60% = 480단위
합 계	2,000단위		2,000단위	1,680단위

제2절 종합원가계산의 절차와 회계처리

1. 종합원가계산의 절차

종합원가계산은 각 공정에서 발생한 총원가를 그 공정에서 생산된 완성품수량으로 나누어 완성품의 단위당 원가를 계산한다. 이러한 계산절차는 일정한 기간을 기준으로

주기적으로 이루어지며, 이 기간을 원가계산기간이라고 하는데 실무적으로 보통 1개월을 단위로 하고 있다. 종합원가계산에서는 특정원가계산기간에 특정공정을 통과하는 각 제품단위에 대하여 동일한 내용의 작업을 수행한다고 보고 각 제품에 동일한 원가를 배분한다.

그러나 모든 생산공정에서 제조작업이 계속적으로 이루어지며 특정 원가계산기간 말에 생산공정이 종료되는 것이 아니므로 각 공정에는 기말재공품이 존재한다. 제조작업이 여러 기간 동안 계속적으로 이루어지므로 특정원가계산기간 말에 존재하는 재공품계정에는 여러 원가계산기간에 걸쳐 발생한 원가가 혼합되어 있다. 원가계산기간 동안에 발생된 총제조원가를 기록하는 재공품계정의 차변에는 ①전기에 부분적으로 완성된 단위의 원가, ②기초재공품을 완성하기 위하여 당기에 투입된 원가, ③당기에 투입되고 완성된 단위의 원가, ④당기에 투입되었으나 미완성된 단위의 원가 등으로 구성되어 있으므로 재공품에 대한 평가가 복잡하다. 예를 들면, 5월에 완성된 제품은 4월중에 제조작업이 착수되었으나 완성되지 못하고 5월에 작업이 완료된 단위와 5월에 작업이 착수되고 완성된 단위와 미완성된 단위들로 구성되어 있다. 5월에 작업이 착수되었으나 완성되지 못한 기말재공품은 다음달 6월에 계속적으로 작업이 이루어지게 된다. 따라서 종합원가계산에서 특정원가계산기간 동안 재공품계정에 나타날 수 있는 상이한 성격의 제조원가를 표시하면 〈그림 6-2〉와 같다.

〈그림 6-2〉 재공품계정의 제조원가구성

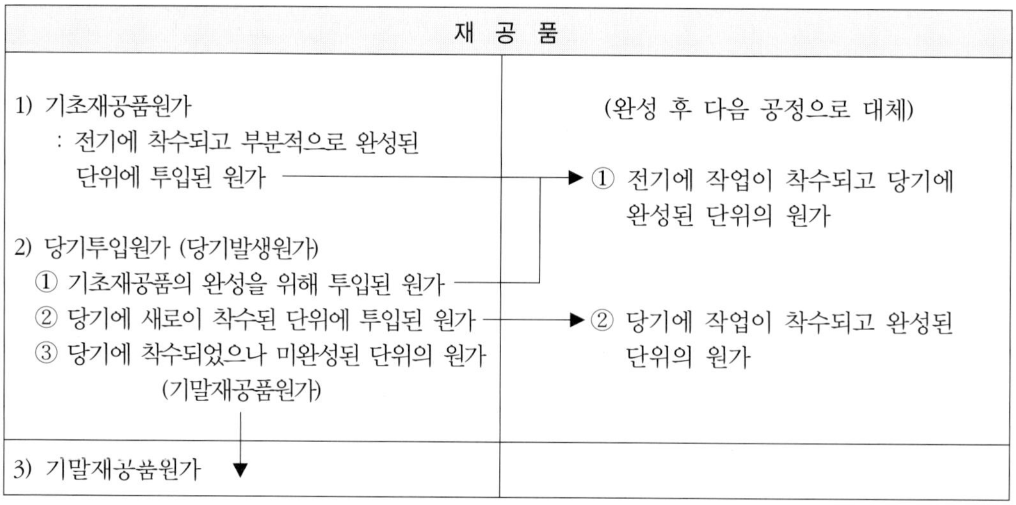

종합원가계산에서 총원가(기초재공품원가와 당기발생원가)를 완성품과 기말재공품으로 배분하기 위해서 일반적으로 다음과 같이 계산은 5 단계의 과정을 거친다.

1단계 : 각 공정을 통과하는 물량단위의 흐름을 파악한다.

2단계 : 완성품과 기말재공품을 구성하는 각 원가요소의 완성품환산량을 계산한다.

3단계 : 원가배분대상이 되는 총원가를 집계한다.

4단계 : 원가요소별로 집계된 총원가를 완성품환산량으로 나누어 완성품환산량 단위당 원가를 계산한다.

5단계 : 원가요소별 완성품환산량에 완성품환산량 단위당 원가를 곱하여 완성품과 기말재공품원가를 계산한다.

종합원가계산의 핵심은 각 공정의 기말재공품은 공정완성품과 다르기 때문에 당기중에 발생한 총원가를 기말재공품과 완성품에 어떻게 배부하느냐의 문제이다.

(예제 6-2) 종합원가계산

예제 (6-1)에서 5월중의 재료원가가 ₩600,000이고 가공원가가 ₩252,000인 경우 위의 5단계에 의하여 완성품원가와 기말재공품원가를 산출하시오.

(풀이)

제조원가보고서

	(1단계) 물량흐름	(2단계)완성품환산량 직접재료원가	가공원가
당기투입량	2,000단위		
당기완성량	1,200	1,200단위(100%)	1,200단위(100%)
기말재공품	800	800 (100%)	480 (60%)
합계	2,000단위	2,000 단위	1,680단위
(3단계)총원가의 집계	합계	직접재료원가	가공원가
당기투입원가	₩852,000	₩600,000	₩252,000
(4단계)완성품환산량		÷2,000단위	÷1,680단위
완성품환산량 단위당원가		₩300	₩150
(5단계)원가배분			
완성품원가	₩540,000	₩1,200 × 300 = 360,000	₩1,200 × 150 = 180,000
기말재공품원가	312,000	800 × 300 = 240,000	480 × 150 = 72,000
합계	₩852,000	₩600,000	₩252,000

2. 종합원가계산의 회계처리

종합원가계산에서 직접재료원가, 직접노무원가, 제조간접원가에 대한 회계처리는 개별원가계산과 유사하다. 따라서 개별원가계산에서 설명한 실제원가계산과 정상원가계산, 공장전체의 제조간접원가배부율과 부문별 제조간접원가배부율 등과 관련된 사항은 종합원가계산에서도 그대로 적용된다.

(1) 공정별 제조원가의 집계

제조과정에서 발생한 원가를 회계처리하기 위하여 재공품계정을 설정하며, 공정이 하나인 경우에는 하나의 재공품계정만을 설정한다. 그러나 공정이 다수인 경우에는 공정별로 재공품계정을 설정하여야 한다. (예제 6-2)에 의한 회계처리를 예시하면 다음과 같다.

차)재공품 852,000 대)원 재 료 600,000
가공원가 252,000

공정이 2개인 경우, 1공정의 완성품을 2공정으로 대체하는 분개는 다음과 같다.

차)재공품(2공정) *** 대)재공품(1공정) ***
(전공정대체원가) (차공정대체원가)

2공정에서 원가발생시에는 다음과 같이 분개한다.

차)재공품(2공정) *** 대)원 재 료 ***
미지급임금 ***
제조간접원가 ***

(2) 제품의 완성

각 공정별로 제조원가를 집계하고, 집계된 각 공정별 제조원가를 완성품원가와 기말재공품원가로 배분하여야 한다. (예제 6-2)에서는 제조공정이 단일공정인 경우이므로 완성품원가는 당기제품제조원가가 되며 제품계정으로 대체된다. 이에 대한 회계처리는 다음과 같다.

차)제 품 540,000 대)재공품 540,000

(3) 제품의 판매

당기제품제조원가가 확정되면 당기에 판매된 제품에 대한 매출원가를 산정하여 기초제품원가와 당기제품제조원가의 합계액을 매출원가와 기말제품원가로 배분함으로써 종합원가계산의 회계처리가 종료된다. (예제 6-2)에서 완성품 1,200개 중에서 1,000개가 판매되었다면 회계처리는 다음과 같다.

차)매출원가 450,000 대)제 품 450,000*
*)540,000 × 1,000/1,200 = 450,000

위의 회계처리를 재공품계정과 제품계정에 표시하면 다음과 같다.

재공품			
기초재공품	0	제 품	540,000
직접재료원가	600,000		
가공원가	252,000	기말재공품	312,000
	852,000		852,000

제 품			
기초제품	0	매출원가	450,000
당기제품	540,000	기말제품	90,000
	540,000		540,000

제3절 단일공정 종합원가계산의 방법

종합원가계산은 제품의 종류, 작업의 내용, 생산형태 등에 따라 여러 가지 원가계산 방법으로 구분된다. 먼저, **제품의 종류**에 따라 ①한 종류의 제품을 생산하는 경우의 **단일제품 종합원가계산**, ②복수제품일 경우 **조별 종합원가계산**으로 구분된다. 또한 **생산공정의 수**에 따라 ①공정이 하나일 경우 **단일공정 종합원가계산**, ②공정이 두 개 이상일 경우 **공정별 종합원가계산**으로 구분된다.

제 2 절에서는 기초재공품이 없고 완성품과 기말재공품이 모두 당기에 착수되는 경우의 종합원가계산을 다루었다. 기초재공품이 없는 경우에는 원가흐름에 대한 가정이 필요 없지만 기초재공품이 존재하는 경우에는 기초재공품원가와 당기발생원가를 완성품과 기말재공품에 배분하기 위하여 원가흐름에 대한 가정이 필요하다.

원가흐름의 가정에는 평균법, 선입선출법, 후입선출법 등이 있으나, 후입선출법은 실제물량과 반대되는 가정이며 계산과정도 복잡하기 때문에 실무적으로 거의 사용되지 않는다. 따라서 본 절에서는 단일제품, 단일공정에서 평균법과 선입선출법에 의한 원가배분에 대하여 설명한다. 기초재공품이 없는 경우에는 평균법과 선입선출법이 같은 결과이지만, **기초재공품이 있는 경우에는 원가흐름에 대한 가정에 따라 서로 다른 결과가 도출된다.**

다음 (기본예제 1)을 이용하여 평균법과 선입선출법에 의한 종합원가계산을 설명한다.

(기본예제 1) 기초재공품이 있는 경우

제일산업(주)은 오디오제품을 생산하고 있으며 종합원가계산을 채택하고 있다. 제품은 조립공정을 통해 완성되며, 재료는 공정의 초기에 투입되며 가공원가는 제품의 완성정도에 따라서 균등하게 발생한다. 1월중 생산자료는 다음과 같다.

기초재고: 1,000개(완성도 40%) 재료원가 ₩40,700 가공원가 ₩10,700이다.

당기투입: 4,000개, 직접재료원가 ₩220,000 가공원가 ₩175,500

완성품 수량: 4,800개, 기말재공품: 200개(완성도 50%)

1. 평균법

평균법(weighted average method, 가중평균법)은 기초재공품원가와 당기발생원가를 구별하지 않고 이를 가중평균하여 당기완성품과 기말재공품원가에 안분계산하는 방법이다. 평균법에서는 기초재공품이 전기에 이미 제조에 착수하였음에도 이를 당기에 착수하여 완성한 것으로 가정하고 있다. 평균법은 전기에 발생되어 기초재공품에 이미 배부되어 있는 기초재공품원가를 당기발생원가와 합한 총원가를 기말 현재까지 완성된 총완성품환산량으로 나누어 완성품환산량 단위당 원가를 계산하고 총원가를 완성품과 기말재공품에 배분한다.

평균법에 의한 종합원가계산절차를 5단계법에 의하여 설명하면 다음과 같다.

(1) 물량흐름을 파악한다.

종합원가계산의 첫 단계는 완성품과 재공품에 대한 물량흐름을 파악하는 것이다. 1단계의 물량흐름 파악은 완성품환산량을 고려하는 것이 아니라 실제물량을 그대로 반영하여 산출한다. 즉 투입물량과 산출물량이 일치하는지를 파악하는 것이다. 기초재공품이 존재하는 경우 공정의 투입물량과 산출량사이에 다음과 같은 관계가 성립한다.

기초재공품수량 + 당기투입량 = 당기완성량 + 기말재공품수량

평균법에서는 기초재공품을 당기에 착수한 것으로 가정하며 완성량에 대하여 기초재공품의 완성량과 당기투입완성량을 구분하지 않고 평균한다. 물량흐름의 파악을 위하여 재공품계정의 차변에 투입량을 기록하고 대변에 산출량을 기록한다. (기본예제)의 물량흐름을 확인하면 다음과 같다.

재공품(물량흐름)

기초재공품수량	1,000	당기완성량	4,800
당기투입량	4,000	기말재공품수량	200
총투입량	5,000	총산출량	5,000

(2) 원가요소별로 기말현재까지 완성된 완성품환산량을 계산한다.

당기완성품수량은 기초재공품의 완성분과 당기투입량 중 당기완성분으로 구분할 수 있으나 평균법에서는 기초재공품을 당기에 착수한 것으로 간주하므로 구분할 필요가 없다. 그러나 원가요소별로 재공품의 완성도가 다르기 때문에 재료원가와 가공원가를 구분하여 완성품환산량을 계산한다.

총완성품환산량 = 당기완성품수량 + 기말재공품수량 × 완성도

(기본예제)에서 기초재공품의 재료원가가 전기에 100% 투입되었고 가공원가의 완성도가 40%이지만 모두 당기에 투입된 것으로 가정한다. 완성품의 완성도는 100%이므로 완성품환산량과 동일하다. 기말재공품의 재료원가는 공정초기에 투입되므로 완성도가 100%이며, 가공원가는 완성도가 50%이므로 완성품환산량은 다음과 같이 5,000개와 4,900개다.

완성품환산량

구 분	물량(완성도)	재료원가	가공원가
당기완성량	4,800(100%)	4,800	4,800
기말재공품수량	200(50%)	200	200 × 0.5 = 100
합 계		5,000개	4,900개

(3) 총제조원가를 집계한다.

원가요소별로 기초재공품원가와 당기투입원가를 합산하여 원가배분대상인 총원가를 계산한다.

총원가 = 기초재공품원가 + 당기발생원가

재료원가와 가공원가의 완성도가 다르기 때문에 총원가를 집계할 때 구분하여야 한다. 또한 기초재공품의 전기발생원가가 당기에 발생한 것으로 가정하며, 기초재공품원가도 총제조원가에 포함되어야 한다. (기본예제)의 총제조원가를 집계하면 다음과 같다.

평균법에서 총제조원가

	재료원가	가공원가	합계
기초재공품원가	₩ 40,700	₩ 10,700	₩ 51,400
당기발생원가	220,000	175,500	395,500
합 계	₩260,700	₩186,200	₩446,900

(4) 원가요소별 완성품환산량 단위당 원가를 계산한다.

기초재공품원가와 당기투입원가(당기발생원가)를 합산한 총원가를 원가요소별 완성품환산량으로 나누어 가중평균한 완성품환산량 단위당원가를 계산한다. 즉 3단계에서 구한 총제조원가를 2단계에서 구한 완성품환산량으로 나누어 원가요소별로 완성품환산량 단위당원가를 계산한다.

원가요소별 완성품환산량 단위당원가	=	$\dfrac{\text{원가요소별기초재공품원가} + \text{원가요소별당기투입원가}}{\text{원가요소별 완성품환산량}}$

(기본예제)의 완성품환산량 단위당 원가를 계산하면 다음과 같다.

	재료원가	가공원가
총제조원가	₩ 260,700	₩ 186,200
완성품환산량	÷ 5,000개	÷ 4,900개
단위당 원가	@ 52.14	@ 38

(5) 완성품원가와 기말재공품원가를 계산한다

원가요소별 완성품환산량 단위당 원가에 완성품수량을 곱하여 완성품의 원가를 구하고, 원가요소별 완성품환산량 단위당 원가에 기말재공품의 완성품환산량을 곱하여 기말재공품의 원가를 구한다. 4단계에서 구한 완성품환산량 단위당 원가에 2단계에서 구한 완성품환산량을 곱하여 제품원가(완성품원가)와 기말재공품원가를 계산한다. 완성품뿐만 아니라 기말재공품도 있으므로 각각 분리하여 계산한다.

완성품원가 = Σ(원가요소별 완성품환산량 단위당 원가 × 완성품수량) 기말재공품원가 = Σ(원가요소별 완성품환산량 단위당 원가 × 기말재공품 완성품환산량)

평균법에 의하여 (기본예제)의 완성품원가와 기말재공품원가를 구하면 다음과 같다.

	재료원가	가공원가	합계
완성품원가	4,800개 × @52.14 = ₩250,272	4,800개 × @38 = ₩182,400	₩432,672
기말재공품원가	200 × 52.14 = 10,428	100 × 38 = 3,800	14,228
합 계	₩260,700	₩186,200	₩446,900

(예제 6-3) 평균법에 의한 종합원가계산

(주)서울전자는 단일제품을 대량으로 생산하고 있다. 원재료는 공정초기에 모두 투입되고 가공비는 공정전반에 걸쳐 균등하게 발생한다. 6월 원가자료는 다음과 같다.

기초재공품: 1,000개(완성도 80%) 재료원가 ₩15,000 가공원가 ₩30,000

당기착수량: 9,000개(재료원가 ₩245,000, 가공원가 ₩186,000)

당기완성량: 7,500개

기말재공품: 2,500개(직접재료 100%, 가공원가 60%완성)

(요구사항) 평균법을 사용하여 완성품원가와 기말재공품원가를 계산하시오

(풀이)

제조원가보고서 (평균법)

	(1단계) 물량흐름	(2단계) 완성품환산량 직접재료원가	가공원가
기초재공품	1,000		
당기투입량	9,000		
합계	10,000개		
당기완성량	7,500	7,500	7,500(= 7,500 × 1)
기말재공품	2,500	2,500	1,500(= 2,500 × 0.6)
합계	10,000개	10,000개	9,000개

(3단계)총원가	합계	직접재료원가	가공원가
기초재공품원가	₩45,000	₩15,000	₩30,000
당기발생원가	431,000	245,000	186,000
합계	₩476,000	₩ 260,000	₩ 216,000
(4단계)완성품환산량		÷10,000개	÷9,000개
완성품환산량단위당원가		@ 26	@ 24

(5단계)원가배분

	합 계	직접재료원가	가공원가
완성품원가	₩375,000	7,500개×@26 = ₩195,000	7,500개× @24 = ₩180,000
기말재공품원가	101,000	2,500 × 26 = 65,000	1,500 × 24 = 36,000
합계	₩476,000	₩260,000	₩216,000

위의 평균법에 의한 재공품 계정의 기록은 다음과 같다.

재 공 품

기초재공품	45,000	제 품	375,000
직접재료원가	245,000		
가공원가	186,000	기말재공품	101,000
	476,000		476,000

2. 선입선출법

선입선출법(first-in first-out method)은 기초재공품을 먼저 가공하여 완성시킨 후 당기 투입량을 가공한다는 가정하에 당기완성품과 기말재공품원가를 계산하는 방법이며, 실제의 물량흐름을 가장 잘 반영하는 방법이다. 즉 기초재공품과 당기발생원가를 명확히 구분하여 완성품원가는 기초재공품과 당기발생원가로 구성되어 있고 기말재공품원가는 당기발생원가로 구성되어 있다고 가정하는 것이다. 선입선출법에서는 당기에 완성되는 제품을 두 부분으로 구분할 수 있다. 하나는 기초재공품이 당기에 추가가공되어 완성된 부분이고, 다른 하나는 당기에 착수되어 당기에 완성된 부분이므로 이 두 가지 부분을 분리하여 원가를 집계한다.

선입선출법의 원가흐름

기초재공품원가	당기발생원가	← (투입액)
완성품원가(기초재공품 당기완성분 + 당기착수 당기완성분)	기말재공품원가 (당기착수 기말재공품)	← (산출액)

선입선출법에서 기초재공품이 우선적으로 가공된다고 가정하므로 기초재공품원가는 전액 당기완성품에 배부하고, 당기발생원가를 완성품원가와 기말재공품원가에 배분한다. 즉 당기발생원가를 당기완성품환산량으로 나누어 단위당 원가를 계산하고 완성품과 기말재공품에 배분한다. 기초재공품은 당기에 먼저 완성시킨다고 가정하므로 당기의 완성도는 100%이며, 전기의 완성도를 차감한 부분만큼 당기에 추가적으로 가공한 것이다.

선입선출법에 의한 5단계법의 원가계산절차는 다음과 같다.

(1) 물량흐름을 파악한다

기초재공품은 모두 당기에 완성된 것으로 보고, 당기완성량을 기초재공품완성분과 당기착수당기완성분으로 나눈다. 투입물량과 산출물량 사이에는 다음 관계가 존재한다.

> 기초재공품수량 + 당기투입량 = 당기완성량 + 기말재공품수량
> 당기완성량 = 기초재공품당기완성량 + 당기착수완성량

(기본예제)에서 기초재공품 1,000개, 당기착수량 4,000개, 당기완성량 4,800, 기말재공품 200개이므로 이들 자료를 재공품계정에 기록하여 선입선출법에 의한 물량흐름을 파악하면 다음과 같다.

재공품(물량흐름)

기초재공품수량	1,000	기초재공품완성량	1,000
당기착수량	4,000	당기착수완성량	3,800
		기말재공품수량	200
총투입량	5,000	총산출량	5,000

(2) 원가요소별로 당기에 수행된 완성품환산량을 계산한다

재공품에 포함된 재료원가와 가공원가의 완성도가 다르므로 원가요소별로 구분하여 완성품환산량을 계산한다. 당기완성품수량은 평균법과 다르게 기초재공품의 완성분과 당기투입량중 완성량으로 구분하여 계산한다. 선입선출법은 실제의 물량흐름을 반영하고 있으므로 당기에 수행된 작업에 대한 완성품환산량만을 계산한다. 전기에 완성된 부문을 제외한 부문만큼 당기에 추가적으로 가공되므로 기초재공품의 완성품환산량 = 기

초재공품수량×(1-전기완성도)이다. 예를 들면 기초재공품의 재료원가는 모두 전기에 투입되었으므로 당기의 완성품환산량은 0%이다. 당기착수완성량은 완성도가 100%이므로 당기착수완성량이 완성품환산량이며, 기말재공품 완성품환산량은 기말재공품수량에 완성도를 곱한 것이다.

> 완성품환산량 = 당기완성품수량 + 기말재공품 완성품환산량 - 기초재공품 완성품환산량
> = 기초재공품수량 × (1 - 전기완성도) + 당기착수완성품수량
> + 기말재공품수량 × 완성도
>
> 당기착수완성품수량 = 당기완성량 - 기초재공품수량 (완성도 100%)

(기본예제)에서 기초재공품의 완성도 40%, 기말재공품의 완성도 50%이므로 완성품환산량을 계산하면 다음과 같다.

완성품환산량

구　분	물량(완성도)	재료원가	가공원가
기초재공품완성량	1,000(40%)	0	1,000 × (1－0.4) ＝ 600
당기착수당기완성량	3,800	3,800	3,800
기말재공품수량	200(50%)	200	200 × 0.5 ＝ 100
합　계		4,000개	4,500개

(3) 원가요소별로 원가배분대상액을 파악한다

기초재공품원가는 총액으로, 당기발생원가(투입원가)는 원가요소별로 파악한다. 이는 기초재공품원가는 총액으로 완성품원가의 일부에 우선적으로 포함되는 반면, 당기투입원가는 원가요소별로 완성품과 기말재공품에 배분되기 때문이다.

(기본예제)에서 당기발생원가는 다음과 같다.

	재료원가	가공원가	합　계
기초재공품원가	NA	NA	₩ 51,400
당기발생원가	₩220,000	₩175,500	395,500
계			₩446,900

· NA : 해당없음

(4) 원가요소별로 완성품환산량 단위당원가를 계산한다

3단계에서 구한 원가요소별 당기발생원가(기초재공품원가 제외)를 2단계에서 구한 완성품환산량으로 나누어 완성품환산량 단위당 원가를 계산한다. 따라서 선입선출법에서 완성품환산량 단위당원가는 당기에 투입된 원가로만 구성된다.

$$\text{완성품환산량 단위당원가} = \frac{\text{원가요소별 당기발생원가}}{\text{원가요소별 완성품환산량}}$$

(기본예제)의 완성품환산량 단위당원가를 구하면 다음과 같다.

	재료원가	가공원가
총제조원가 완성품환산량	₩ 220,000 ÷ 4,000개	₩ 175,500 ÷ 4,500개
단위당 원가	@ 55	@ 39

(5) 완성품원가와 기말재공품원가를 계산한다

완성품원가는 기초재공품원가와 당기발생원가 중 당기완성분의 합계액이며, 기말재공품원가는 당기발생원가중 미완성분이다. 즉 기초재공품원가는 완성품원가에 포함시키고 당기발생원가는 완성품환산량 단위당 원가에 의하여 완성품원가와 기말재공원가에 배분한다.

> 완성품원가 = 기초재공품원가 + Σ(원가요소별 완성품환산량 단위당 원가×완성품수량)
> 기말재공품원가 = Σ(원가요소별 완성품환산량 단위당 원가×기말재공품의 완성품환산량)

선입선출법에 의한 (기본예제)의 완성품원가와 기말재공품원가를 구하면 다음과 같다.

완성품원가	재료원가	가공원가	합계
기초재공품	₩40,700	₩ 10,700	₩ 51,400
기초재공품당기완성	0	600개×@39= 23,400	23,400
당기착수당기완성품	3,800개×@55= 209,000	3,800× 39= 148,200	357,200
합계	₩249,700	₩182,300	**₩432,000**
기말재공품	200×55= 11,000	100×39= 3,900	**14,900**
총계	₩260,700	₩186,200	₩446,900

*완성품원가: 51,400 + 3,800 × 55 + 4,400 × 39 = ₩432,000

(단위당 원가: ₩432,000 ÷ 4,800 = @90)

기말재공품원가: 200 × 55 + 100 × 39 = ₩14,900 (합계 : ₩446,900)

(예제 6-4) 선입선출법에 의한 종합원가계산

예제 (6-3)를 이용하여 선입선출법에 의한 원가계산절차를· 표시하시오.

(풀이)

<u>제조원가보고서(선입선출법)</u>

(1단계) 물량흐름의 파악

재공품

기초재공품수량	1,000	기초재공품완성량	1,000
당기착수량	9,000	당기착수완성량	6,500
		기말재공품수량	2,500
	10,000		10,000

(2단계) 완성품환산량

	물량흐름	직접재료원가	가공원가
기초재공품완성량	1,000	0	200 (=1,000×0.2)
당기착수완성량	6,500	6,500	6,500
기말재공품	2,500	2,500	1,500(=2,500×0.6)
합　계	10,000개	9,000개	8,200개

(3단계)원가배분대상액의 파악 :

	합계	직접재료원가	가공원가
기초재공품원가	₩ 45,000		
당기발생원가	431,000	245,000	186,000
합계	476,000	245,000	186,000
(4단계)완성품환산량		÷9,000개	÷8,200개
완성품환산량 단위당원가		@27.22	@22.68
(5단계)원가배분			
완성품원가	373,920	15,000 + (6,500 × @27.22) = 191,944	30,000 + (6,700 × @22.68 = 181,976
기말재공품원가	102,080	2,500 × 27.22 = 68,056	1,500 × 22.68 = 34,024
합계	₩476,000	₩260,000	₩216,000

위의 선입선출법에 의한 재공품 계정의 기록은 다음과 같다.

재 공 품

기초재공품	45,000	제　품	373,920
직접재료원가	245,000		
가공원가	186,000	기말재공품	102,080
	476,000		476,000

3. 평균법과 선입선출법의 비교

평균법과 선입선출법의 가장 큰 차이점은 기초재공품원가와 당기발생원가를 구분하느냐의 여부이다. 선입선출법에서 기초재공품은 당기 중에 우선적으로 제조작업에 착수되고 완성되어 완성품에 배부되고 기말재공품은 당기에 착수된 단위중 미완성분이 남아 있는 것으로 가정한다. 따라서 기초재공품원가는 먼저 완성품원가에 가산되고 당기발생원가는 완성품과 기말재공품에 나누어 배부된다. 즉 당기완성품은 기초재공품이 당기에 완성된 단위와 당기에 제조작업에 착수하여 완성된 단위로 구성되고, 기말재공품은 당기에 착수된 단위중 미완성된 단위로 구성된다.

그러나 평균법에서는 기초재공품과 당기에 착수된 단위가 당기중 완성된 단위와 기말재공품에 균등하게 배분된다고 가정한다. 따라서 평균법에서 기초재공품원가와 당기발생원가를 합하여 완성품원가와 기말재공품에 균등하게 배부하게 된다.

이러한 차이점으로 인하여 평균법과 선입선출법은 다음과 같이 완성품환산량, 완성품환산량 단위당 원가, 완성품과 기말재공품의 배분금액이 달라지게 된다.

첫째, 완성품환산량이 달라진다. 평균법에서는 기초재공품과 당기투입량을 구분하지 않고 기초재공품도 당기에 투입된 것으로 간주하므로 기초재공품의 완성도를 고려하지 않는다. 선입선출법은 기초재공품과 당기투입량을 구분하여 완성품환산량 계산시에 기초재공품의 전기완성도를 차감한다.

둘째, 완성품환산량 단위당 원가를 구하는 과정이 상이하다. 평균법에서는 총원가를 총완성품환산량으로 나누어 완성품환산량 단위당 원가를 계산한다. 그러나 선입선출법에서는 기초재공품원가와 당기발생원가를 구분하며, 당기의 발생원가를 전기의 완성도를 제외한 당기의 완성품환산량으로 나누어 완성품환산량 단위당 원가를 계산한다. 따라서 선입선출법에서 완성품원가는 기초재공품원가와 당기투입원가로 구성되고 기말재공품원가는 당기투입원가로 구성된다고 가정한다.

〈표 6-2〉 평균법과 선입선출법의 비교 : 완성품환산량과 단위당 원가

〈평균법〉	〈선입선출법〉
기초재공품원가	당기발생원가
+ 당기발생원가	÷ (당기)완성품환산량
= 총 원 가	= 환산량 단위당 원가
÷ 총완성품환산량	
= 환산량 단위당 원가	

셋째, 원가배분과정이 상이하다. 평균법에서는 전기에 투입된 기초재공품원가와 당기투입원가의 합계액을 완성품원가와 기말재공품원가로 배분한다. 그러나 선입선출법에서 완성품원가는 기초재공품원가와 당기발생(투입)원가 중에서 완성분으로 구성되며, 기말재공품원가는 당기발생원가 중에서 미완성분으로 구성된다.

이와 같이 평균법은 기초재공품원가와 당기발생원가를 구분하지 않기 때문에 선입선출법보다 적은 노력을 필요로 하며 간편한 방법이지만 전기와 당기의 원가가 가중평균되므로 원가계산의 정확성이 떨어진다는 단점이 있다. 한편, 선입선출법은 기초재공품

원가와 당기발생원가를 구분하여 계산하므로 평균법보다 복잡하지만 전기의 작업능률과 당기의 작업능률이 명확히 구분되므로 원가관리와 통제에 유용한 정보를 제공한다. 이러한 관점에서 선입선출법이 평균법보다 우수한 방법이지만 원가요소의 가격수준과 생산과정이 안정되어 있는 경우에는 어느 방법을 사용하든지 계산된 원가의 크기는 크게 다르지 않게 된다. 이와 같은 이유로 회계실무에서는 거의 대부분 평균법을 사용하는 경향이 있다.

이상에서 설명한 평균법과 선입선출법의 차이를 정리하면 〈표 6-3〉과 같다.

〈표 6-3〉 종합원가계산에서 평균법과 선입선출법의 차이

평균법	선입선출법
· 완성품환산량 계산시 기초재공품은 당기에 착수된 것으로 간주한다. · 완성품환산량 = 당기완성량 + 기말재공품 완성품환산량	· 완성품환산량계산시 기초재공품완성량과 당기투입완성량을 구분한다. · 완성품환산량 = 기초재공품의 당기완성량 + 당기착수 완성량 + 기말재공품 완성품환산량
· 원가배분대상액은 기초재공품원가와 당기발생원가의 합계액이다.	· 기초재공품원가는 완성품원가에 가산되며, 당기발생원가는 완성품과 기말재공품에 배분한다.
· 완성품환산량의 단위당 원가에는 전기의 원가가 포함되어 있다.	· 완성품환산량 단위당 원가는 당기투입원가로만 구성된다.
· 완성품원가는 당기완성량에 완성품환산량 단위당 원가를 곱한 금액이다.	· 완성품원가는 기초재공품원가와 당기투입원가 중 완성분으로 구분된다.

제4절 공정별 종합원가계산

종합원가계산은 원가계산의 대상이 되는 제품의 종류, 작업의 성질 또는 생산형태 등에 따라 여러 가지 원가계산방법을 구분된다. 생산공정의 수에 따라서 공정이 하나일 경우 적용되는 원가계산을 **단일공정 종합원가계산**(simple process cost system) 또는 단순종합원가계산이라고 하며, 생산공정의 수가 두 개 이상인 복수공정일 경우의 원가계산을 **공정별 종합원가계산**(continuous process cost system)이라고 한다.

1. 전공정원가

지금까지는 제조공정이 하나인 단일공정을 가정하였으나, 제품은 일반적으로 다수의 공정을 거쳐서 제조되고 재공품이 공정간에 이동함에 따라 원가도 공정간에 대체된다. 원칙적으로 공정간에 대체되는 생산단위는 후속공정의 입장에서는 직접재료와 같이 취급된다. 이와 같이 어떤 공정의 완성품이 다음 공정의 투입물(원재료)이 되는 경우에

투입되는 완성품을 **전공정대체**라고 하며, 그 원가를 **전공정원가**(transferred-in cost) 또는 **전공정대체원가**라고 한다. 전공정원가는 후속공정의 시작점에서 새로 투입되는 직접재료와 동일하게 취급되며, 다음 공정에서 투입되는 제조원가와 별도로 구분하여 처리하여야 한다. 이 점이 하나의 공정이 있는 경우의 원가계산과 차이점이다.

공정별원가계산을 이해하기 위하여 두 개의 제조공정(제 1공정과 제 2공정)을 거쳐 제품이 완성된다고 가정해 보자. 제 1공정에서 완성된 제품은 다음 공정인 제 2공정으로 대체되기 때문에 **제 2공정의 제조원가는 ①전공정원가(제 1공정의 완성품 원가)와 제 2공정에서 투입된 ②재료원가와 ③가공원가로 구성된다**. 연속되는 제조공정이 있는 경우 원가계산흐름은 〈그림 6-3〉과 같다.

〈그림 6-3〉 복수의 제조공정에서 원가의 흐름

재공품(제1공정)

기초재공품	×××	완성품원가	×××
직접재료원가	×××	기말재공품	×××
가공원가	×××		
	×××		×××

→ (제1공정 완성품원가가 제2공정 전공정원가로 대체)

재공품(제2공정)

기초재공품	×××	완성품원가	×××
전공정원가	×××	기말재공품	×××
직접재료원가	×××		
가공원가	×××		
	×××		×××

그림에서와 같이 2개의 공정이 있는 경우에 제 1공정의 완성품원가는 제 2공정으로 대체되므로 제 2공정의 완성품원가가 당기제품제조원가이며, 기말재공품원가는 제 1공정과 제2공정의 기말재공품원가를 합계한 금액이다. 제 2공정은 전공정원가가 추가됨에 따라 전공정원가, 직접재료원가, 가공원가의 3가지 원가요소로 구성된다. 2공정 이후의 제조원가는 전공정에서 대체된 원가(**전공정원가**)와 자체공정에서 투입된 원가(**자공정원가**)로 구분된다. 전공정원가는 공정의 초기단계에서 투입되는 재료원가와 같은 성격으로 간주된다. 연속적인 제조공정에서는 전공정에서 완성된 물량만이 다음 공정으로 대체되므로 **전공원가는 항상 완성도가 100%이며, 공정의 시작점에서 투입된다.**

전공정원가를 추가하는 경우의 원가계산절차도 단일공정의 원가계산에서와 같이 앞절에서 설명한 5단계법을 따른다. 공정별 원가계산에서도 원가흐름의 가정에 따라 평균법과 선입선출법이 사용되며, 전공정원가가 있는 경우 원가배부는 평균법과 선입선출법간에 차이가 있다. 두 방법간의 전공정원가에 대한 차이가 재공품계정에 영향을 미치기 때문이다. 여기서 주의할 점은 공정별 종합원가계산에서 원가흐름의 가정이 공정별로 서로 다를 수 있다는 점이다. **공정간에 물량을 대체하는 경우에는 각 공정을 별개의 실체로 간주하며, 공정별로 원가흐름의 가정이 다를 수도 있다.** 예컨대, 제 1공정에서는 선입선출법을 사용하고, 제2공정에서는 평균법을 사용할 수도 있으며, 반대로 1공정에서 평균법을 사용하고 2공정에서 선입선출법을 사용할 수도 있다. 다음 (기본예제2)를 통하여 연속되는 제조공정의 종합원가계산에서 평균법과 선입선출법을 설명하기로 한다.

(기본예제 2) 연속되는 제조공정

제일산업(주)은 연속되는 두 개의 제조공정 1, 2를 통하여 제품을 생산하고 있으며 1공정의 원가자료는 (기본예제1)과 같다. 2공정의 원재료는 제품완료시점에 투입되며, 가공원가는 제품완성도에 따라 발생한다. 2공정의 원가자료는 다음과 같다.

기초재공품: 수량 1,200개(완성도 60%) 전공정원가 ₩108,600, 가공원가 ₩100,080이다.

당기발생원가: 전공정대체량 4,800개, 직접재료원가 ₩132,000, 가공원가 ₩630,720이다.

당기완성량: 4,400개, 기말재공품 1,600개(완성도 40%)

전공정대체원가는 평균법의 경우 ₩432,672, 선입선출법의 경우 ₩432,000이다.

2. 평균법

평균법을 이용한 공정별 원가계산방법의 기본적 논리는 단일공정 종합원가계산과 동일하다. 2공정의 제조원가는 전공정원가와 2공정의 재료원가 및 가공원가로 구성되어 있기 때문에 각각 원가요소별로 완성품환산량을 계산해야 한다. 전공정원가에 대한 완성품환산량은 공정의 시작시점에서 투입되는 재료원가의 경우와 같이 처리한다.

(1) 물량흐름의 파악

복수공정의 종합원가계산에서도 단일공정에서와 같이 물량흐름을 파악하는 것으로부터 출발한다. 평균법에서는 기초재공품을 당기에 추가 가공하여 완성한 제품과 당기에 착수하여 당기에 완성한 제품과 구분하지 않으며, 투입물량과 산출물량이 일치하는지를 파악한다.

기본예제 2의 물량흐름을 파악하면 다음과 같다.

재공품(2공정)

기초재공품수량	1,200	당기완성량	4,400
당기투입량	4,800	기말재공품수량	1,600
총투입량	6,000	총산출량	6,000

(2) 원가요소별 완성품환산량의 산출

평균법에서는 기초재공품이 당기에 착수하여 가공한 것으로 가정하므로 기초재공품의 당기완성과 당기착수 당기완성량을 구분하지 않는다. 그러나 원가요소별로 재공품의 완성도가 다르기 때문에 재료원가와 가공원가를 구분하여 완성품환산량을 계산한다.

전공정원가는 공정의 시작점에서 투입되므로 완성도 100%이다. 재료원가는 완성품에는 당연히 투입되었지만, 재료투입시점과 기말재공품의 완성도와 비교하여 재료원가의 완성도를 결정한다. 즉 재료의 투입시점이 기말재공품의 완성도보다 늦은 경우에는 재료원가의 완성도는 0%이며, 재료투입시점이 더 빠른 경우에는 완성도 100%를 반영한다. 기본예제에서 기말재공품의 완성도가 40%이고, 재료는 제품완료시점에 투입되므로 재료원가의 기말재공품 완성도는 0%이다. 가공원가의 기말재공품완성도는 주어진 완성도를 적용한다.

기본예제의 완성품환산량을 산출하면 다음과 같다.

구 분	물량(완성도)	전공원가	재료원가	가공원가
당기완성량	4,400	4,400	4,400	4,400
기말재공품수량	1,600(40%)	1,600	0	1,600×0.4=640
합계		6,000개	4,400개	5,040개

(3) 총제조원가의 집계

원가요소별로 기초재공품원가와 당기투입원가를 합산하여 원가배분대상인 총원가를 계산한다. 기본예제의 총제조원가를 집계하면 다음과 같다.

	전공정원가	재료원가	가공원가	합 계
기초재공품원가	₩108,600	₩ 0	₩100,080	₩ 208,680
당기발생원가	432,672[1)]	132,000	630,720	1,195,392
합계	₩541,272	₩132,000	₩730,800	₩1,404,072

주: 1)평균법에 의한 1공정의 완성품원가

(4) 완성품환산량 단위당원가

3단계에서 구한 원가요소별 총제조원가를 2단계에서 구한 완성품환산량으로 나누어 원가요소별로 완성품 환산량 단위당원가를 계산한다. 기본예제의 완성품환산량 단위당원가는 다음과 같다.

	전공정원가	재료원가	가공원가	합계
총제조원가	₩ 541,272	₩132,000	₩730,800	₩1,404,072
완성품환산량	÷ 6,000	÷ 4,400	÷ 5,040	
단위당원가	@ 90.212	@ 30	@ 145	

(5) 완성품원가와 기말재공품원가의 계산

4단계에서 구한 완성품환산량 단위당 원가에 2단계에서 구한 완성품환산량을 곱하여 제품원가와 기말재공품원가를 계산한다.

	전공정원가	재료원가	가공원가	합계
완성품원가	4,400×90.212=396,933	4,400×30=132,000	4,400×145=638,000	₩1,166,933
기말재공품	1,600×90.212=144,339	0	640×145= 92,800	237,139

3. 선입선출법

선입선출법에 의한 공정별 원가계산방법도 단일공정에서 선입선출법의 가정이 그대로 적용된다. 즉, 기초재공품을 우선적으로 가공하여 완성시킨 후 당기착수물량을 가공한다고 가정한다. 또한 당기에 작업한 것과 당기에 발생한 원가만을 집계하여 완성품환산량과 완성품환산량 단위당 원가를 산출한다. 공정별 원가계산에서는 전공정대체의 개념이 도입되므로 앞에서 살펴본 평균법에서와 같이 전공원가를 별도로 구분하여 완성품환산량과 단위당 원가를 계산한다.

(1) 물량흐름의 파악

선입선출법에서는 당기완성량을 두 부분으로 구분하고 있으며, 하나는 기초재공품이 당기에 추가가공되어 완성된 부분이고 다른 하나는 당기에 착수되어 당기에 완성된 부분이다. 기본예제에서 기초재공품이 1,200개이며, 당기완성량이 4,400개, 기말재공품이 1,600개이므로 물량흐름은 다음과 같다. 차변의 당기투입량은 1공정의 완성품수량이며 대변의 산출수량은 단일공정의 경우와 같이 기초재공품 당기완성량과 당기착수 당기완성량으로 구분하여 기록한다.

재공품(2공정)

기초재공품수량	1,200	기초재공품완성량	1,200
당기투입량	4,800	당기착수완성량	3,200
		기말재공품수량	1,600
총투입량	6,000	총산출량	6,000

(2) 완성품환산량의 산출

선입선출법에서 완성품완산량을 계산할 때 중요한 점은 원가요소별로 당기에 수행된 작업에 대해서만 완성품환산량을 계산한다. 선입선출법에서는 기초재공품의 당기 가공부분과 당기착수 당기완성부분이 경제적 실질에서 동일하지 않다고 가정한다. 즉 기초재공품의 당기완성은 전기의 원가와 당기의 원가가 혼합되어 있는 반면 당기착수 당기완성은 당기의 원가만으로 구성되어 있다고 가정한다. 완성품환산량을 산출할 때 전공정원가와 재료원가, 가공원가의 완성도가 다르므로 각각 구분하여야 한다.

전공정원가는 이미 전공정에서 완성된 물량만이 다음 공정에 대체되므로 완성도가

100%이며, 따라서 기초재공품완성품환산량은 0[=1,200×(1-100%)]이다. 당기착수완성량과 기말재공품의 환산량은 당기에 투입된 것이므로 모두 완성도 100%이다. 선입선출법에서는 당기에 투입된 물량만을 집계한다는 점을 주의하여야 한다.

재료원가는 기본예제에서 재료의 투입시점이 제품완료시점이고 기말재공품의 완성도가 40%이며 재료가 아직 투입되지 않았으므로 재료의 완성도는 0%이다. 2공정이후에서 기초와 기말재공품에 대한 재료원가의 완성도는 재료의 투입시점과 기초재공품완싱도 및 기말재공품완성도와 비교하여 결정하여야 한다. 따라서 재료가 공정의 초기단계에서 투입되면 완성도가 100%이며, 최종단계에서 투입되면 완성도가 0%이다.

가공원가는 기초재공품의 완성도가 60%이므로 당기에 40%가 작업되었으며, 기말재공품은 당기에 60%가 완성되었다. 기본예제에 대한 완성품 산출량을 계산하면 다음과 같다.

구 분	물량(완성도)	전공원가	재료원가	가공원가
기초재공품완성량	1,200(60%)	0	1,200×(1-0%)=1,200	1,200×(1-0.6)=480
당기착수완성량	3,200	3,200	3,200	3,200
기말재공품수량	1,600(40%)	1,600	0	1,600×0.4=640
합계		4,800개	4,400개	4,320개

(3) 원가배분대상액을 파악한다.

선입선출법에서 기초재공품원가는 총액으로, 당기투입원가는 원가요소별로 파악하며, 당기투입원가는 완성품과 기말재공품으로 배분한다. 기본예제에서 원가배분대상이 되는 당기발생원가는 다음과 같다.

	전공정원가	재료원가	가공원가	계
기초재공품원가	NA	NA	NA	₩ 208,680
당기발생원가	₩432,000[2)]	₩132,000	₩630,720	1,194,720
합계				₩ 1,403,400

주: 2)선입선출법에 의한 1공정 완성품원가

(4) 완성품환산량 단위당 원가계산

완성품환산량 단위당 원가는 3단계에서 산출한 원가요소별 당기발생원가를 2단계에서 산출한 완성품환산량으로 나누어 구한다. 기본예제의 완성품환산량 단위당 원가는 다음과 같다.

	전공정원가	재료원가	가공원가
당기발생원가	₩432,000	₩132,000	₩630,720
완성품환산량	÷ 4,800	÷4,400	÷4,320
단위당 원가	@90	@30	@146

(5) 완성품원가와 기말재공품원가의 계산

완성품원가는 기초재공품원가와 당기발생원가중 완성분의 합계액이며, 기말재공품원가는 당기발생원가중에서 미완성분이다. 완성품원가는 기초재공품원가와 원가요소별로 4단계의 단위당 원가와 2단계의 완성품환산량을 곱하여 합계한 금액이다. 기말재공품원가는 기말재공품의 완성품환산량에 단위당 원가를 곱하여 산출한다. 기본예제의 완성품원가와 기말재공품원가는 다음과 같다.

완성품원가	전공정원가	재료원가	가공원가	합계
기초재공품	₩108,600	₩ 0	₩100,080	₩208,680
기초재공품완성	0	1,200×30=36,000	480×146= 70,080	106,080
당기착수완성	3,200×90=288,000	3,200×30=96,000	3,200×146=467,200	851,200
합 계	₩396,600	₩132,000	₩637,360	₩1,165,960
기말재공품원가	1,600×90=144,000	0	640×146= 93,440	237,440
총 계	₩540,600	₩132,000	₩730,800	₩1,403,400

*완성품원가 = 208,680+3,200×90+4,400×60+3,680×146 = ₩1,165,960
기말재공품원가 = 1,600×90+640×146 = ₩237,440 (합계: ₩1,403,400)

4. 원가흐름의 회계처리와 제조원가명세서

연속되는 제조공정이 있는 경우 종합원가계산에서의 회계처리는 제 3 장 원가흐름과 집계에서 설명한 바와 같다. 기본예제의 자료를 이용하여 1공정과 2공정에서 모두 선입선출법을 적용하고, 제품이 2공정에서 완성된 경우를 가정하면 회계처리는 다음과 같다.

(1공정의 제조원가집계)

차)재 공 품(1공정) 395,500	대)원 재 료 220,000
	가공원가 175,500

(1공정 완성품원가의 2공정으로 대체와 2공정의 제조원가집계)

차)재 공 품 (2공정)1,194,720	대)재 공 품 432,000
	원 재 료 132,000
	가공원가 630,720

(제품의 완성)

차)제 품 1,165,960	대)재공품(2공정) 1,165,960

여기에서는 편의상 가공원가에 포함된 제조간접원가의 배부액과 실제발생액이 같다

고 가정한다. 만일 배부액과 실재발생액이 같지 않다면 제5장 개별원가계산에서 설명한 바와 같이 배부액과 실제발생액간의 배부차이가 발생하며 기말에 조정하여야 한다.

참고로 제조과정에서 발생된 원가흐름을 재공품계정에 표시하면 다음과 같다.

재공품(제1공정)

차변	대변
기초재고액 51,400	차공정대체* 432,000
재료원가 220,000	기말재공품 14,900
가공원가 175,500	

*또는 완성품원가

재공품(제2공정)

차변	대변
기초재고액 208,680	완성품원가 1,165,960
전공정대체* 432,000	기말재공품 237,440
재료원가 132,000	
가공원가 630,720	

*또는 전공정원가

이상의 종합원가계산의 과정을 요약한 보고서가 제조원가명세서이다. 개별원가계산에서 이미 설명한 바와 같이 제조원가명세서는 제품원가의 계산과정을 요약한 보고서이며 재공품계정을 자세하게 설명한 보고서이다. 위의 재공품계정에서와 같이 기초재공품원가와 당기투입원가를 당기완성품과 기말재공품에 배부한다. 이때 당기에 투입된 직접재료원가, 직접노무원가, 제조간접원가의 합계액이 당기총제조원가(current manufacture costs)이다. 기초재공품원가와 당기총제조원가중 일부는 완성품원가에 배부되고, 나머지는 제조과정 중에 있는 기말재공품에 배부된다. 당기에 완성된 제품에 배부된 원가를 당기제품제조원가(costs of goods manufactured)라고 한다. 공정별 종합원가계산에서 당기제품제조원가는 최종공정의 완성품원가이며, 기초재공품과 기말재공품원가는 각 공정의 기초재공품과 기말재공품원가의 합계액이다.

종합원가계산에서 제조원가명세서의 작성은 개별원가계산에서와 기본적으로 동일하다. 기업의 생산형태나 제조과정의 필요에 따라 일부 원가항목을 적절히 수정하거나 추가할 수 있다. 예컨대, 종합원가계산에서 직접노무원가와 제조간접원가를 합하여 가공원가라는 이름으로 표시할 수 있으며, 전공정원가가 있는 경우에는 전공정원가를 추가하여 제조원가명세서를 작성할 수 있다.

기본예제 1.2의 자료를 이용하여 제조원가명세서를 작성하면 다음과 같다.

제조원가명세서 (단위 : 원)

과 목	금 액
Ⅰ. 직접재료원가: 220,000 + 132,000 =	352,000
Ⅱ. 가공원가: 175,500 + 630,720 =	806,220
Ⅲ. 당기총제조원가	1,158,220
Ⅳ. 기초재공품재고액: 51,400 + 208,680 =	260,080
합 계	1,418,300
Ⅵ. 기말재공품원가: 14,900 + 237,440	(252,340)
Ⅶ. 당기제품제조원가 (Ⅳ + Ⅴ − Ⅵ)	**1,165,960**

제5절 공손품의 회계처리

지금까지는 투입된 물량이 모두 합격품으로 산출되는 모형만을 다루었다, 그러나 실제로는 투입물량 중 일부는 공손이나 감손 등으로 제품화되지 못한다. 또한 일부는 생산과정에서 부산물이나 작업폐물 등이 발생되기도 한다.

공손품(spoiled units)이란 생산과정에서 일부가 파손되거나 품질 및 규격이 표준에 미달하는 불합격품이다. 공손품 가운데 차후에 재작업하여 합격품 또는 2급품 등으로 판매할 수 있는 것을 **재작업품**(reworked units) 또는 **불량품**(defective units)이라고 한다. **감손**(waste, shrinkage)은 제조과정에서 증발, 가스화 등으로 소실되거나 제품화되지 못한 원재료의 일부를 말하며, **작업폐물**(scrap)은 제조과정에서 부수적으로 발생되는 찌꺼기부분으로 거의 판매가치가 없는 것을 말한다.

종합원가계산이 적용되는 화학공업이나 식품가공업 등의 제품을 생산하는 과정에서 작업과정의 부주의나 재료, 기계설비의 결함 또는 작업관리의 부실 등으로 공손품이 발생하는 경우가 많다. 공손품이 발생한 경우 이를 고려하지 않는다면 기초재공품원가와 당기발생원가를 완성품원가와 기말재공품원가로 정확하게 배분할 수 없게 된다.

공손품의 회계처리절차는 다음과 같다.

첫째, 공손수량을 계산한다.

둘째, 검사합격수량을 결정한다.

셋째, 공손수량을 정상공손과 비정상공손으로 구분한다.

넷째, 정상공손원가는 제품(합격품)원가에 가산하고, 비정상공손원가는 기간비용(영업외비용)으로 처리한다. 정상공손원가의 원가배분절차는 5단계법을 적용한다.

1. 정상공손과 비정상공손

공손의 회계처리에서 가장 중요한 문제는 당기 중에 발생한 공손을 정상공손과 비정상공손으로 구별하는 것이다. **정상공손**(normal spoilage)은 양질의 제품(합격품)을 얻기 위하여 제조과정에서 불가피하게 발생되는 공손이다. 정상공손은 효율적인 작업환경에서도 발생하며 일반적으로 제조원가에 포함시킨다. **비정상공손**(abnormal spoilage)은 작업자의 부주의, 생산계획의 미비 등으로 발생하는 것으로 제조활동을 효율적으로 수행하면 발생하지 않는 공손이다. 비정상공손은 회피가능하고 통제 가능한 것으로서 기계의 고장이나 사고 등을 최소화함으로써 감소시킬 수 있는 것이다.

그러나 현실적으로 정상공손과 비정상공손을 구별하기 어렵기 때문에 대부분의 기업에서는 정상공손이라고 인정할 수 있는 공손의 허용한도를 사전에 설정한다. 일반적으로 정상공손의 허용한도는 합격품 또는 정상제품의 일정비율 등으로 표현되며, 이러한 허용한도 내에서 발생한 공손은 정상공손으로 간주하고 허용한도를 초과하여 발생한 공손은 비정상공손으로 간주한다.

정상공손과 비정상공손수량의 계산식은 다음과 같다.

> 공손수량 = 기초재공품 + 당기착수량 − 당기완성량 − 기말재공품수량
> 정상공손수량 = 검사시점통과수량(합격물량) × 공손허용한도
> 비정상공손 = 공손수량 − 정상공손수량

정상공손수량은 당기 품질검사에 합격한 수량의 일정비율로 결정되므로 당기의 품질검사에 통과한 합격물량을 파악하는 것이 중요하다. 검사합격물량을 계산할 때 주의할 점은 전기검사에서 합격한 물량을 포함하면 안 된다는 것이다. 전기검사합격물량은 당기에 발생한 공손품과는 관계가 없기 때문이다. 따라서 검사시점과 재공품의 완성도를 비교하여 합격물량을 결정한다.

검사에 합격할 가능성이 있는 전체물량은 기초재공품완성량, 당기착수완성량, 기말재공품이며, 이를 구분하여 검토하면 당기검사합격물량을 계산할 수 있다.

검사합격물량은 검사시점과 재공품의 완성도를 비교하여 다음과 같이 결정한다.

> ① 기초재공품이 검사시점을 이미 통과한 경우에는 기초재공품은 전기에 이미 검사를 통과한 상태이므로 당기합격물량에서 제외하고, 검사이전시점이면 포함시킨다.
> - 기초재공품 완성도 〉 검사시점: 합격물량 제외
> - 기초재공품 완성도 〈 검사시점: 합격물량 포함
>
> ② 당기착수완성량은 당연히 검사합격물량에 포함시킨다.
>
> ③ 기말재공품완성도가 검사시점을 통과한 경우에는 기말재공품을 검사합격물량에 포함시키고, 검사시점 이전에 있으면 아직 검사를 통과하지 않았으므로 제외한다.
> - 기말재공품 완성도 〉 검사시점: 합격물량에 포함
> - 기말재공품 완성도 〈 검사시점: 합격물량에서 제외한다.

(예제 6-5) 정상공손과 비정상공손의 파악

한성회사의 2월 원가자료 다음과 같다.

기초재공품 4,000단위(완성도 25%) 당기완성량 10,000단위
당기착수량 16,000단위 기말재공품 8,000단위(완성도 75%)

재료는 공정의 초기에 투입되며 가공원가는 공정의 진행정도에 따라 균등하게 발생한다. 검사시점을 통과한 정상품의 10%를 정상공손으로 간주한다.

(요구사항)

1. 공손수량은 얼마인가?
2. 품질검사가 공정의 20%시점에서 이루어지는 경우 정상공손과 비정상공손을 계산하시오.
3. 품질검사가 공정의 60%시점에서 이루어지는 경우 정상공손과 비정상공손을 계산하시오.
4. 품질검사가 공정의 100%시점인 경우 정상공손과 비정상공손을 계산하시오.

(풀이)

1. 공손수량의 계산

물량흐름

기초재공품수량	4,000	당기완성량	10,000
당기투입량	16,000	공손수량	(?)
		기말재공품수량	8,000
	20,000		20,000

∴공손수량: 20,000 − 10,000 − 8,000 = 2,000단위

∴검사시점에 따른 검사합격물량의 계산

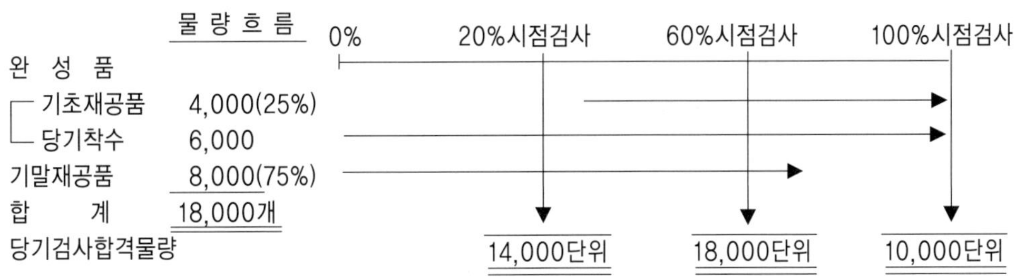

2. 검사시점이 공정의 20%인 경우
   검사시점을 통과한 검사합격물량: 6,000 + 8,000 = 14,000단위
   정상공손: 합격물량 14,000단위 × 0.1 = 1,400단위
   비정상공손: 공손수량 2,000 − 정상공손 1,400 = 600단위
3. 검사시점이 공정의 60%인 경우
   검사시점을 통과한 검사합격물량: 4,000 + 6,000 + 8,000 = 18,000단위
   정상공손: 합격물량 18,000단위 × 0.1 = 1,800단위
   비정상공손: 공손수량 2,000 − 정상공손 1,800 = 200단위
4. 검사시점이 공정의 100%인 경우
   검사시점을 통과한 검사합격물량: 4,000 + 6,000 = 10,000단위
   정상공손: 합격물량 10,000단위 × 0.1 = 1,000단위
   비정상공손: 공손수량 2,000 − 정상공손 1,000 = 1,000단위

2. 정상공손원가의 배부: 평균법과 선입선출법

공손품이 있는 경우의 원가배부도 종합원가계산의 5단계법을 따른다. 정상공손과 비정상공손의 수량이 파악되면 종합원가계산의 2단계과정에서 완성품, 기말재공품과 더불어 공손품의 완성품환산량을 계산한다. 공손의 완성품환산량도 다른 것과 같이 (수량 × 완성도)로 계산한다. 공손은 검사시점에 이르기까지 합격품과 같은 정도의 원가가 투입되므로 공손품의 가공원가완성도는 검사시점과 같으며, 원재료 등의 완성도는 투입시점과 검사시점을 비교하여 결정한다. 즉, 원재료가 검사시점이전에 투입되면 공손에 원재료가 투입된 것이며, 검사시점이후에 투입되면 공손에 투입되지 않는 것이다.

공손의 완성품환산량이 구해지면 (2단계의 환산량 × 4단계의 단위당원가)에 의하여 정상공손원가와 비정상공손의 원가를 계산한다. 비정상공손원가는 기간비용(영업외비용)으로 처리하며 정상공손원가는 합격품원가에 가산한다. 이때 완성품은 합격품에 당연히 포함시키지만 기말재공품은 검사시점을 통과한 경우에만 포함시킨다. 즉, 기말재공품의 완성도가 검사시점을 통과한 경우에는 정상공손원가를 완성품과 기말재공품에 배부하고, 기말재공품의 완성도가 검사시점을 통과하지 않는 경우에는 완성품에만 배부한다.

- 기말재공품 완성도 〉 검사시점 : 완성품과 기말재공품에 배부
- 기말재공품 완성도 〈 검사시점 : 완성품에만 배부

이와 같이 공손이 발생한 경우에는 종합원가계산의 5단계절차에서 마지막 단계인 원가의 배분에서는 정상공손원가를 완성품이나 기말재공품에 배부하는 2차배분이 필요하다.

(1) 평균법에서 정상공손원가의 배부

평균법에서 물량흐름의 가정은 기초재공품이 당기에 착수된 것으로 간주하여 기초재공품을 당기착수물량과 동일하게 취급한다. 따라서 기초재공품의 완성도를 고려하여 완성품 환산량을 별도로 산출할 필요가 없으며, 기초재공품이 당기 검사시점을 통과하였는지 여부를 파악할 필요도 없다. 다만, 기말재공품이 당기에 검사시점을 통과하였는지는 반드시 파악하여야 한다. 기말재공품이 검사시점을 통과하지 않았다면 정상공손원가를 완성품에만 배부하고 검사시점을 통과하였다면 완성품수량의 비율에 따라 완성품과 기말재공품에 배부한다. 이때 정상공손원가를 배부할 때 기말재공품수량은 환산량을 기준으로 하지 않고 완성품과 같이 실제물량을 기준으로 배부한다.

(기말재공품이 검사시점을 통과한 경우: 검사시점 〈 기말재공품완성도)

$$\text{완성품배부액} = \text{정상공손원가} \times \frac{\text{당기완성품수량}}{\text{당기완성품수량} + \text{기말재공품수량}}$$

$$\text{기말재공품배부액} = \text{정상공손원가} \times \frac{\text{기말재공품수량}}{\text{당기완성품수량} + \text{기말재공품수량}}$$

(기말재공품이 검사시점을 통과하지 않는 경우: 기말재공품완성도 〈 검사시점)

정상공손원가의 전액을 완성품원가에 배부한다.

완성품원가 = 5단계의 완성품원가 + 정상공손원가

(예제 6-6) 정상공손의 원가배분: 평균법

한성회사의 2월 원가관련자료는 다음과 같다.

기초재공품 4,000개(완성도 25%) 직접재료원가 ₩116,000, 가공원가 ₩23,400

당기완성량 10,000개 기말재공품 8,000개(완성도 75%)

당기착수량 16,000개 직접재료원가 ₩384,000 가공원가 ₩336,000

재료는 공정의 초기에 투입되며 가공원가는 공정의 진행정도에 따라 균등하게 발생한다. 검사시점을 통과한 정상품의 10%를 정상공손으로 간주한다. 검사는 공정의 완료시점에서 이루어진다.

(요구사항)

1. 평균법에 의하여 정상공손원가를 배부하시오. 단 제조원가보고서로 그 결과를 제시하시오.
2. 배부된 금액을 분개하시오

(풀이)

1. 완성품과 기말재공품원가의 산출과 정상공손원가의 배부

제조원가보고서(평균법)

(1단계: 물량확인 – 공손수량의 계산)

기초재공품	4,000 개	당기완성량	10,000 개
당기착수량	16,000	기말재공품수량	8,000
		공손수량	2,000 개
계	20,000 개	계	20,000 개

(2단계: 완성품환산량의 계산)

구분	물량	재료원가(완성도)	가공원가(완성도)
당기완성량	10,000	10,000(100%)	10,000(100%)
정상공손*	1,000(100%)	1,000(100)	1,000(100)
비정상공손	1,000(100)	1,000(100)	1,000(100)
기말재공품	8,000(75)	8,000(100)	6,000(75)
완성품환산량		20,000 개	18,000 개

*검사합격물량: 완성품10,000+기말재공품0 -기초재공품0=10,000개
정상공손수량: 10,000×0.1=1,000개
공손이 공정완료시점에서 분리되므로 완성도 100%이다.

(3단계: 원가배분대상액 파악)

구 분	재료원가	가공원가	합 계
기초재공품 원가	₩116,000	₩23,400	₩139,400
당기발생원가	384,000	336,600	720,600
계	₩500,000	₩360,000	₩860,000

(4단계: 원가요소별 완성품환산량 단위당 원가)

구 분	재료원가	가공원가
총제조원가(3단계)	₩500,000	₩360,000
완성품환산량(2단계)	÷20,000	÷18,000
단위당 원가	@25	@20

(5단계: 원가배분)

①완성품원가: 재료10,000 × @25 +가공10,000 × @20 = ₩450,000
정상공손원가: 재료 1,000 × @25 +가공1,000 × @20 = 45,000
(완성품원가 ₩495,000)
②기말재공품원가: 재료 8,000 × @25 +가공6,000 × @20 = 320,000
③비정상공손원가: 재료 1,000 × @25 +가공1,000 × @20 = 45,000
합 계 ₩ 860,000

2. 분개

	차변	대변
정 상 품 :	차)제 품 450,000	대)재공품 450,000
정상공손 :	차)제 품 45,000	대)재공품 45,000
비정상공손:	차)공손손실 45,000	대)재공품 45,000

(2) 선입선출법에서 정상공손원가의 배부

선입선출법에서 물량흐름의 가정은 기초재공품이 먼저 완성되고 당기착수분이 그 후에 완성된다고 가정한다. 따라서 완성품은 기초재공품을 추가가공한 것과 당기에 착수하여 당기에 완성한 것으로 구분하여야 하며, 기초재공품도 당기에 검사단계를 통과하였는지를 별도로 파악하여야 한다.

기초재공품이 당기에 검사단계를 통과하지 않았다면, 즉 전기에 이미 검사단계를 통과하여 당기에 완성하였다면 기초재공품을 추가 가공한 완성품에 당기의 정상공손원가

를 배부할 필요가 없다. 따라서 기초재공품이 당기에 검사단계를 통과하지 않았고 기말재공품이 검사단계를 통과하였다면 당기착수완성량과 기말재공품수량에만 정상공손원가를 배부한다. 만일, 기말재공품도 당기에 검사단계를 통과하지 않았다면 당기착수완성품에만 정상공손원가를 배부한다. 그러나 기초재공품이 당기에 검사단계를 통하였다면 정상공손원가를 기초재공품에도 배부하여야 한다. 선입선출법에서 정상공손원가를 완성품과 기말재공품에 배부하는 식은 다음과 같다.

1) 기초재공품이 당기에 검사를 받지 않는 경우(기초재공품완성도 〉 검사시점)

$$완성품배부액 = 정상공손원가 \times \frac{당기착수완성량}{당기착수완성량 + 기말재공품수량}$$

$$기말재공품배부액 = 정상공손원가 \times \frac{기말재공품수량}{당기착수완성량 + 기말재공품수량}$$

2) 기초재공품이 당기에 검사를 받은 경우(기초재공품완성도 〈 검사시점)

$$완성품배부액 = 정상공손원가 \times \frac{기초재공품완성량 + 당기착수완성량}{기초재공품완성량 + 당기착수완성량 + 기말재공품수량}$$

$$기말재공품배부액 = 정상공손원가 \times \frac{기말재공품수량}{기초재공품완성량 + 당기착수완성량 + 기말재공품수량}$$

(예제 6-7) 정상공손의 원가배분: 선입선출법

한성회사의 2월 원가관련자료는 다음과 같다.

기초재공품	4,000개(완성도 25%)	직접재료원가	₩116,000	가공원가	₩23,400
당기완성량	10,000개	기말재공품	8,000개(완성도 75%)		
당기착수량	16,000개	직접재료원가	₩384,000	가공원가	₩336,000

재료는 공정의 초기에 투입되며 가공원가는 공정의 진행정도에 따라 균등하게 발생한다. 검사시점을 통과한 정상품의 10%를 정상공손으로 간주한다. 검사는 공정의 완료시점에서 이루어진다.

(요구사항)

1. 선입선출법으로 정상공손원가를 배부하시오. 단 제조원가보고서로 그 결과를 제시하시오.
2. 배부된 금액을 분개하시오

(풀이)

1. 완성품과 기말재공품원가의 산출과 정상공손원가의 배부

제조원가보고서(선입선출법)

(1단계: 물량확인-공손수량의 계산)

기초재공품	4,000 개	기초재공품완성량	4,000 개
당기착수량	16,000	당기착수완성량	6,000
		기말재공품수량	8,000
		공손수량	2,000
계	20,000 개	계	20,000 개

(2단계: 완성품환산량의 계산)

구 분	물량	재료원가(완성도)	가공원가(완성도)
기초재공품완성량	4,000 (25%)	0	3,000(75%)
당기착수완성량	6,000 (100)	6,000(100%)	6,000(100)
정상공손*	1,000 (100)	1,000(100)	1,000(100)
비정상공손	1,000 (100)	1,000(100)	1,000(100)
기말재공품	8,000 (75)	8,000(100)	6,000(75)
완성품환산량		16,000 개	17,000 개

*검사합격물량: 완성품10,000 + 기말재공품0 = 10,000개

정상공손수량: 10,000 × 0.1 = 1,000개

*공손이 공정완료시점에서 분리되므로 완성도 100%이다.

(3단계: 원가배분대상액 파악)

구 분	재료원가	가공원가	합 계
기초재공품 원가			₩139,400
당기발생원가	384,000	336,600	720,600
계	₩384,000	₩336,600	₩860,000

(4단계: 원가요소별 완성품환산량 단위당 원가)

구 분	재료원가	가공원가
총제조원가(3단계)	₩384,000	₩336,600
완성품환산량(2단계)	÷16,000	÷17,000
단위당 원가	@24	₩19.8

(5단계: 원가배분)

① 완성품원가: 기초139,400 + 재료 6,000 × @24 + 가공9,000 × @19.8 = ₩461,600

정상공손원가: 재료 1,000 × @24 + 가공1,000 × @19.8 = 43,800

(완성품원가 ₩ 505,400)

② 기말재공품: 재료 8,000 × @24 + 가공6,000 × @19.8 = 310,800

③ 비정상공손: 재료 1,000 × @24 + 가공1,000 × @19.8 = 43,800

합 계 ₩ 860,000

2. 분개

정 상 품 :	차)제 품 461,600	대)재공품 461,600
정상공손 :	차)제 품 43,800	대)재공품 43,800
비정상공손:	차)공손손실 43,800	대)재공품 43,800

3. 공손품의 처분가치가 있는 경우

지금까지는 공손품의 처분가치가 없는 경우를 가정하여 설명하였다. 그러나 공손품이 처분가치를 가지면 공손품원가 중에서 순실현가치(= 처분가치－추가가공원가와 판매비)의 회수가 가능하므로 공손품의 실현가치는 공손품원가에서 차감하여 공손품계정으로 기록하여야 한다. 따라서 비정상공손손실은 비정상공손원가중에서 회수가능한 공손품의 실현가치를 차감한 순공손원가의 금액을 비정상공손손실(영업외비용)으로 처리하여야 한다.

정상공손원가를 완성품이나 기말재공품에 배부하는 경우에도 정상공손원가에서 순실현가치를 차감한 순정상공손원가를 배부하여야 한다. 즉, 공손품이 처분가치를 가지는 경우에는 5단계절차의 2차배분(정상공손원가의 완성품과 기말재공품 배부)시 공손품의 순실현가치를 공손품계정에 계상한 다음 순정상공손원가를 완성품과 기말재공품에 배분하게 된다.

(예제 6-8) 공손품의 처분가치가 있으며 기초재공품이 이미 검사시점을 통과한 경우

(주)제일전자는 종합원가계산을 적용하며 20×1년의 원가자료는 다음과 같다. 원재료는 공정초기에 투입되며 가공비는 공정전반에 걸쳐 발생한다.

기초재공품: 수량 1,000개 재료원가 ₩70,000 가공원가 ₩37,600 정상공손원가 ₩7,300
완성도 60%

당기발생원가: 착수량 3,000개 재료원가 ₩150,000 가공원가 ₩126,000

당기완성량 : 2,500개 공손량 500개

기말재공품 1,000개 완성도 70%

공정의 40%시점에서 검사를 수행하며 합격수량의 10%를 정상공손으로 처리한다. 공손품은 개당 ₩20에 처분하며 처분과정에서 개당 ₩5의 처분비용이 발생한다.

(요구사항)

1. 정상공손과 비정상공손수량을 계산하시오.
2. 선입선출법에 의하여 제조원가보고서를 작성하시오.

(풀이)

1. 정상공손수량

① 합격수량: 당기착수완성량 1,500 + 기말재공품 1,000 = 2,500개

② 정상공손: 2,500 × 0.1 = 250개

③ 비정상공손: 500 − 250 = 250개

2. 제조원가보고서

제조원가보고서 (선입선출법)

(1 단계) 물량확인

		기초재공품완성량	1,000 개
기초재공품	1,000 개	당기착수완성량	1,500
당기착수량	3,000	공손수량	500
		기말재공품수량	1,000
계	4,000 개	계	4,000 개

(2 단계) 완성품환산량의 계산

구분	물량	재료원가(완성도)		가공원가(완성도)
기초재공품 완성량	1,000 개	0		400 (1-60%)
당기착수 완성량	1,500	1,500	(100%)	1,500 (100%)
기말재공품 환산량	1,000 (70%)	1,000	(100%)	700 (70%)
정상공손 수량	250 (40%)	250	(100%)	100 (40%)
비정상공손 수량	250 (40%)	250	(100%)	100 (40%)
완성품환산량 계	4,000 개	3,000 개		2,800 개

(3 단계) 원가배분대상액 파악

구 분	합 계	재료원가	가공원가
기초재공품 원가	₩114,900		
당기발생원가	276,000	₩150,000	₩126,000
계	₩390,900		

(4단계) 원가요소별 완성품환산량 단위당 원가

구 분	재료원가	가공원가
당기발생원가(3단계)	150,000	126,000
완성품환산량(2단계)	÷3,000	÷2,800
단위당 원가	₩50	₩45

(5단계) 원가배분

(1차배부)

완성품원가: 기초114,900 + 재료1,500 × @50 + 가공1,900 × @45 = ₩275,400

정상공손원가:	재료250 ×@50 + 가공100 × @45 =	17,000
비정상공손원가:	재료250 × @50 + 가공100 × @45 =	17,000
기말재공품원가:	재료1,000 × @50 + 가공700 × @45 =	81,500
	합계	₩390,900

(2차배부)

1) 공손품처분가치:

정상공손: 250 × (20－5) = 3,750 비정상공손: 250 × (20－5) = 3,750 (계 ₩ 7,500)

정상공손원가의 배부: 당기에 검사시점을 통과한 물량을 기준으로 배부

완성품배부액: $(17,000-3,750) \times \frac{1,500}{1,500+1,000} =$ ₩7,950

기말재공품배부액: $(17,000-3,750) \times \frac{1,000}{1,500+1,000} =$ ₩5,300

① 완성품원가:	배분전원가 275,400 + 정상공손배부 7,950 =	₩ 283,350
② 기말재공품:	배분전원가 81,500 + 정상공손배부 5,300 =	86,800
③ 비정상공손:	배분전원가 17,000 － 공손처분가치 3,750 =	13,250
④ 공손품:	처분가치	7,500
	합 계	₩390,900

토의문제

1. 종합원가계산의 의미와 종류를 설명하시오.
2. 종합원가계산과 개별원가계산의 유사점과 차이점을 설명하시오.
3. 완성품환산량을 설명하고 종합원가계산에서 완성품환산량이 필요한 이유를 설명하시오.
4. 평균법을 이용할 때 기초재공품의 완성도를 고려하지 않는 이유는 무엇인가?
5. 선입선출법과 평균법을 비교 설명하시오.
6. 공정별 원가계산에서 전공정원가와 당기에 추가 투입된 재료원가를 구분하는 이유는 무엇인가?
7. 정상공손과 비정상공손에 대하여 설명하시오.
8. 공손품이 있는 경우 회계처리방법을 설명하시오.

연습문제

(6-1) 완성품환산량

(주)제일전자는 선입선출법을 이용하여 공정별 종합원가계산을 실시한다. 원재료는 공정초기에 전량투입된다. 20×1년 4월의 원가계산자료는 다음과 같다.

기초재공품수량 500개 (완성도 30%)

당기착수량 5,000개

2공정대체량 4,500개
기말재공품수량 1,000개 (완성도 40%)

(요구사항)
1공정의 재료원가와 가공원가의 완성품환산량은 얼마인가?

(6-2) 완성품환산량

서울산업(주)은 A, B 두 개의 제조공정을 거쳐서 제품을 생산한다. 두 공정 모두 원재료는 공정초기에 투입되며 가공원가는 공정의 진행정도에 따라 발생한다. A, B 공정의 생산관련 자료는 다음과 같다.

	A 공정	B 공정
기초재공품수량	600개 (완성도 60%)	1,000개 (완성도 50%)
당기착수량	1,500	-
전공정대체수량	-	?
기말재공품수량	200개 (완성도 80%)	500개 (완성도 60%)

(요구사항)
평균법을 사용하는 경우 A공정과 B공정의 완성품 환산량은 얼마인가?

(6-3) 완성도

(주)한성은 종합원가계산을 채택하고 있다. 원재료는 공정의 초기에 투입되며 가공원가는 공정전반에 걸쳐 완성도(진척도)에 따라서 균등하게 발생한다. 재료원가의 경우 평균법에 의한 완성품환산량은 1,400단위이고, 선입선출법에 의한 완성품환산량은 1,000단위이다. 또한 가공원가의 경우 평균법에 의한 완성품환산량은 1,280단위이고, 선입선출법에 의한 완성품환산량은 1,040단위이다.

(요구사항)
기초재공품의 완성도는 몇 %인가?

(6-4) 기말재공품원가

(주)한양산업은 조립공정과 포장공정의 두 가지 공정을 통하여 제품을 생산하고 있다. 다음은 20×1년 1월 조립공정의 가공원가와 관련된 자료이다.

	단 위	가공원가
기초재공품수량	12,500	₩110,000
1월중 투입량과 발생원가	67,500	715,000
다음 공정으로 대체	50,000	?

기초와 기말의 재공품완성도가 각각 80%와 50%이다.

(요구사항)

선입선출법을 사용하는 경우 조립공정의 가공원가는 얼마인가?

(6-5) 평균법과 선입선출법

경기산업(주)은 단일제품을 대량으로 생산하고 있다. 원재료는 공정의 초기에 투입되고 가공원가는 공정전반에 걸펴 균일하게 발생한다. 5월중 생산 및 원가자료는 다음과 같다.

기초재공품: 수량 400개 재료원가 ₩ 89,500 가공원가 ₩22,300 완성도 50%

당기완성량: 1,300개

기말재공품: 수량 200개 완성도 75%

당기투입원가: 재료원가 ₩225,500 가공원가 ₩157,500

(요구사항)

선입선출법과 평균법을 이용하여 기말재공품원가와 완성품원가를 계산하시오

(6-6) 평균법과 선입선출법

건국산업(주)은 단일공정을 통하여 제품을 생산하고 있다. 직접재료는 공정의 초기에 전량 투입되며, 20×2년 5월중 완성품환산량과 실제원가에 대한 정보는 다음과 같다.

	직접재료		가공원가	
	완성품환산량	원가	완성품환산량	원가
기초재공품	2,000개	₩240,000	1,400개	₩280,000
5월착수량	3,000	420,000	2,800	602,000
소계	5,000개	₩660,000	4,200개	₩882,000
4월중완성품	3,400		3,400	
기말재공품	1,600		800	

(요구사항)

1. 평균법을 이용하여 완성품원가와 기말재공품원가를 계산하시오.
2. 선입선출법을 이용하여 완성품과 기말재공품원가를 계산하시오.

(6-7) 공정별 종합원가계산: 평균법과 선입선출법

한양산업(주)은 연속된 두 개의 제조공정 1, 2를 이용하여 제품을 생산하고 있다. 2공정의 재료는 공정의 40%시점에서 투입되며 가공원가는 공정의 전반에 걸쳐 균등하게 발생한다. 20×1년 3월초 기초재공품은 800개(완성도 20%)이며, 전공정원가가 ₩84,000이고 가공원가는 ₩18,200이다. 기말재공품은 400개(완성도 70%)이다. 당기착수량은 2,000개이며 당기완성량은 2,400개이다. 당기발생원가는 전공정원가 ₩196,000, 재료원가 ₩238,000 가공원가 ₩75,600이다.

(요구사항)

1. 평균법을 이용하여 완성품원가와 기말재공품원가를 산출하시오.

2. 선입선출법을 이용하여 완성품원가와 기말재공품원가를 산출하시오.

(6-8) 공정별 종합원가계산과 분개

서강(주)은 A, B두 공정을 통하여 단일제품을 생산한다. 원재료는 A공정의 초기와 B공정의 70%시점에서 투입되며, 가공원가는 공정전체를 통하여 균등하게 발생한다. A공정의 작업이 완료되면, 그 완성품은 B공정으로 대체된다. B공정의 작업이 완료되면 완성품은 제품계정으로 대체된다. 서강(주)의 1월중 원가자료는 다음과 같으며 기말재공품의 평가는 A공정은 평균법, B공정은 선입선출법을 적용한다.

	A공정	B 공정
기초재공품	2,000단위	2,400단위
완성도	60%	30%
전공정원가	_	₩125,800
재료원가	₩38,000	-
가공원가	26,000	37,440
	₩64,000	₩163,240
당기착수량	14,500단위	12,500단위
당기완성량	12,500	9,500
기말재공품	3,500	5,400
완성도	40%	40%
당기투입원가		
재료원가	₩346,000	₩ 456,000
가공원가	196,400	592,200
	₩542,400	₩1,048,200

(요구사항)

1. A공정의 제조원가보고서를 작성하시오
2. B공정의 제조원가보고서를 작성하시오.
3. A공정의 완성품을 B공정에 대체하는 분개와 B공정의 완성품원가를 제품계정에 대체하는 분개를 하시오

(6-9) 투입원가와 완성품원가

제일산업(주)은 디지털전자제품을 생산하고 있으며, 당기 원가자료는 다음과 같다.

기초재공품 : 수량 1,500단위 직접재료 완성도 60% 가공원가 완성도 30%
재료원가 ₩25,000 가공원가 ₩36,000

완성품대체수량: 15,000단위

기말재공품: 수량 1,000단위 직접재료 완성도 50% 가공원가 완성도 20%

완성품환산량 단위당 원가: 직접재료 ₩30 가공원가 ₩ 70

당기중 감손이나 공손은 발생하지 않았다. 선입선출법과 평균법을 이용하여 다음 물음에 답하시오.

(요구사항)

1. 당기에 투입된 직접재료원가와 가공원가는 각각 얼마인가?
2. 당기중에 완성하여 대체한 제품의 원가는 얼마인가?

(6-10) 평균법과 선입선출법

경기산업(주)은 단일제품을 생산하며 종합원가계산을 채택하고 있다. 제품생산을 위하여 원재료의 1/2는 공정의 초기에 투입되고 나머지 원재료 1/2과 가공원가는 공정전반에 걸쳐서 균등하게 발생된다. 당기 중의 생산 및 원가자료는 다음과 같다.

	생산현황	원가자료
기초재공품	800개(진행률 25%)	재료원가₩ 27,000 가공원가₩30,800
당기착수량	5,700개	재료원가 234,000 가공원가 360,000
기말재공품	1,500개(진행률 80%)	

(요구사항)

선입선출법과 평균법을 이용하여 완성품과 기말재공품원가를 계산하시오

(6-11) 공정별 종합원가계산

서강전자(주)는 절단공정의 완성품을 조립공정에 투입하여 조립공정에서 최종제품을 생산하고 있다. 절단공정의 원재료는 공정초기에 투입되며, 조립공정에서 추가되는 재료는 공정의 완료시점에서 투입된다. 가공원가는 전공정에 걸쳐 균등하게 발생하며, 당월의 조립공정 생산과 원가자료는 다음과 같다.

기초재공품: 600개 (완성도 75%)

전공정대체: 2,000개

기말재공품: 300개 (완성도 80%)

원가정보

기초재공품: 전공정원가 ₩42,000 가공원가 ₩15,620

전공정대체원가: ₩129,600

B공정에서 투입된 원가: 재료원가₩63,250 가공원가 ₩96,140

(요구사항)

선입선출법과 평균법을 이용하여 조립공정의 완성품원가와 기말재공품원가를 계산하시오.

(6-12) 공손수량의 계산

제일산업(주)은 원가계산기간동안 기초재공품수량 10,000개(완성도 30%)이고 당기착수량은 90,000개이다. 당기완성량은 68,000개이며 기말재공품이 14,000개(완성도 80%)이다.

재료는 공정의 초기에 투입되며 가공원가는 공정의 전반에 걸쳐 균등하게 발생한다. 회사는 검사시점을 통과한 정상품의 10%를 정상적 공손으로 간주한다.

(요구사항)

1. 공손수량은 얼마인가?
2. 품질검사가 공정의 20%시점에서 이루어질 때 정상공손과 비정상공손을 계산하시오.
3. 품질검사가 공정의 50%시점에서 이루이질 때 정상공손과 비정상공손은 각각 얼마인가?
4. 품질검사가 공정의 100%시점에서 이루어질 때 정상공손과 비정상공손을 계산하시오.

(6-13) 공손품회계

SK회사는 석유화학제품을 생산하며 종합원가계산을 적용하고 있다. 직접재료는 공정의 초기에 전량 투입되고 가공원가는 공정전반에 균등하게 발생한다. 품질검사는 공정이 50% 진행되었을 때 이루어지며, 당기 품질검사에 합격한 수량의 10%에 해당하는 공손수량을 정상공손으로 간주한다. 3월중의 생산활동자료는 다음과 같다.

수량자료:	물량단위	완성도
기초재공품	500개	40%
당기착수	1,900	
당기완성	1,500	
기말재공품	500	60%

원가자료:	직접재료원가	가공원가
기초재공품	₩ 1,000	₩ 60,000
당기투입원가	95,000	180,000

(요구사항)

선입선출법과 평균법을 이용하여 제조원가보고서를 작성하시오

(6-14) 공손품회계

(주)건국은 종합원가계산을 사용하고 있으며, 재료는 공정의 초기에 전량 투입되며 가공원가는 공정전반에 걸쳐 발생한다. 20×1년 4월의 원가자료는 다음과 같다.

기초재공품:	수 량 400개	당기완성량	: 800개
	재료원가 ₩100,000	공 손 수 량	: 100개
	가공원가 80,000	기말재공품	: 100개 (완성도 60%)
	완 성 도 20%		
당기발생원가:	착 수 량 600개		
	재료원가 ₩180,000		
	가공원가 830,000		

품질검사는 공정의 50%시점에서 이루어지며 검사에 합격한 수량의 10%를 정상공손으로 간주한다.

(요구사항)

1. 정상공손과 비정상공손 수량을 계산하시오.
2. 평균법에 의한 제조원가보고서를 작성하고 당기완성품의 단위당 원가를 계산하시오.
3. 기초제품이 없고 당기 중에 6,000개가 판매되었다면 위의 원가와 관련하여 비용화될 금액은 얼마인가?

(6-15) 공손품회계: 기초재공품이 검사시점을 통과한 경우

금호철강(주)은 조립공정과 도장공정을 거쳐서 제품을 생산한다. 다음은 도장공정의 생산 및 원가자료이다.

생산자료:		
	기초재공품	12,000개(완성도 90%)
	조립공정대체수량	36,000
	완성수량	34,000
	공손수량	4,000
	기말재공품	10,000(완성도 75%)

원가자료:

	전공정대체원가	직접재료원가	가공원가
기초재공품	₩ 915,000	-	₩ 834,560
당기투입원가	2,273,400	₩864,960	2,293,410

추가자료

- 재료는 공정의 마지막에 투입되고 가공원가는 공정의 진행에 따라 균등하게 발생한다.
- 품질검사는 공정의 70%시점에서 실시하며 검사합격수량의 5%는 정상공손으로 한다.

(요구사항)

① 정상공손과 비정상공손의 수량을 계산하시오.
② 평균법에 의한 제조원가보고서를 작성하시오.
③ 선입선출법에 의한 제조원가보고서를 작성하시오
④ 공손품의 판매가격이 단위당 ₩25이며 부대판매비용이 ₩5인 경우 완성품과 기말재공품, 공손품의 원가를 계산하시오.
⑤ 완성품과 관련된 회계처리를 하시오.

CHAPTER 7 결합원가계산

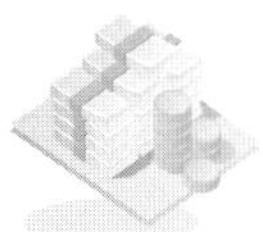

기업의 제품생산방법에 따라서는 동일한 재료를 이용하여 동일한 공정을 거쳐서 2가지 이상의 서로 다른 제품을 생산하는 경우가 있다. 예를 들면, 정유공장은 동일한 원료(원유)를 사용하여 휘발유, 등유, 경유, 나프타 등을 생산한다. 낙농업에서는 생우유를 사용하여 버터와 치즈, 생크림 등을 생산한다. 이와 같이 동일한 재료와 동일한 공정을 이용하여 서로 다른 제품을 생산할 때 이들 결합제품은 주산품과 부산품으로 분류된다. 본장에서는 하나의 공정에서 2가지 이상의 제품을 생산하는 경우 결합원가의 배부와 부산물회계에 대하여 설명한다.

제1절 결합제품과 원가계산

1. 결합원가계산의 의의

결합제품(joint products)은 동일한 공정에서 동일한 종류의 원재료를 사용하여 두 종류 이상의 서로 다른 제품을 생산하는 경우에 이들 제품을 말하며 **연산품**이라고도 한다. 예를 들면 정유회사는 원유를 가공하여 휘발유, 경유, 중유 등을 생산한다. 연산품은 낙농제품, 화학제품, 육류제품 등과 같이 주로 원재료를 가공하는 기초산업분야의 제품들에서 볼 수 있으며, 예를 들면 다음과 같다.

산 업	원 재 료	연 산 품
낙 농 업	생 우 유	버터, 치즈, 생크림 등
화학공업	나 프 타	에틸렌, 메탄, 프로틸렌
정 육 업	돼지고기	베이컨, 햄, 돼지갈비
석유산업	원 유	휘발유, 중유, 경유, LPG 등

원재료를 가공하는 일정시점까지는 개별제품들이 서로 분리되어 인식되지 않으므로 이들 제품들은 결합제품에 해당하며, 일정시점 이후에 개별제품으로 분리되어 인식된다. 이 과정에서 결합제품이 개별제품으로 분리되어 인식되는 시점을 **분리점**(spilt off point)이라고 한다. 따라서 결합제품은 하나의 원재료를 사용하여 동시에 여러 종류의 제품이 생산되므로 각 제품이 개별적으로 식별 가능한 시점에 이를 때까지 발생한 제조원가를 개별제품에 배부하는 문제가 발생한다. 예를 들어 ₩1,000,000에 원유를 구입

하여 일정한 가공과정을 거쳐 휘발유, 경유, 중유, 항공유 등을 생산한다고 가정한다. 이 경우에 원재료 구입액 ₩1,000,000과 가공과정에서 발생한 추가적인 공통원가를 각 개별제품에 배부해야 하는데 이러한 경우에 **결합원가계산**이 이용된다. 결합제품에 소요된 원가, 즉 분리점 이전에 발생한 원가를 **결합원가**(joint costs)라고 하며, **결합원가를 개별 제품별로 배부하는 것이 결합원가계산의 핵심이다.**

2. 결합원가계산과 관련된 기본개념

결합원가계산을 이해하기 위해서는 몇 가지 기본개념의 이해가 필요하다. 여기에서는 결합원가계산에서 필요한 기본개념에 대하여 설명한다.

(1) 주산물과 부산물, 작업폐물

결합제품은 동일한 공정에서 동일한 원재료를 사용하여 두 종류 이상의 서로 다른 가치(판매가치 또는 경제적 가치)를 가진 제품들이다. 결합제품은 각 제품들이 판매가치면에서 모두 중요한 경우를 말한다. 각 제품들이 판매가치에서 중요한 차이가 있다면 이들 제품은 주산물, 부산물 작업폐물 등으로 분류한다.

주산물(main product, **주산품**)은 결합제품 중에서 기업의 주된 생산목표가 되는 제품이며, 일반적으로 수익성면에서 상대적으로 중요한 제품이다. **부산물**(by products, **부산품**)은 주산품 이외에 부수적으로 생산되는 제품이며, 보통 수익성에서 상대적으로 중요성이 낮은 제품이다. 부산물은 결합제품과 마찬가치로 분리점 이전까지는 개별적으로 식별할 수 없지만 다른 제품에 비하여 판매가치가 상대적으로 낮은 제품이다. **작업폐물**(scrap)은 주산품과 부산물 이외에 부수적으로 생산되는 제품이며 수익성면에서 상대적으로 가치가 거의 없는 제품이다. 작업폐물은 생산에 사용된 원재료에서 남아있는 조각이나 찌꺼기를 의미하며 판매가치가 거의 없거나 판매비용보다 낮은 것이 일반적이다.

그러나 주산물과 부산물, 작업폐물을 명확히 구분하는 것은 어렵다. 왜냐하면 제품의 상대적 가치로 주산물과 부산물을 구분할 수도 있으나 이러한 구분에는 주관적인 판단이 많이 작용하며, 시대 또는 지역에 따라 변할 수 있기 때문이다. 주산물과 부산물의 구분은 한 회사 내에서도 매년 달라질 수가 있다. 즉, 주산물에 대한 수요가 증가하면 주산물과 부산물의 위치가 서로 달라질 수 있다.

주산물과 부산물을 정확하게 구분하는 데에는 문제점이 있음에도 불구하고 원가계산에서는 이들의 구분이 매우 중요하다. 왜냐 하면, 주산물과 부산물을 어떻게 구분하는가에 따라 각 제품의 단위당 생산원가가 서로 다르게 계산되기 때문이다.

(2) 결합원가와 분리원가

결합제품이 개별제품으로 분리되는 일정시점이 **분리점**(split off point)이며, 결합제품은 분리점 이후에 서로 다른 개별제품으로 인식된다. 예를 들면, 낙농업에서 생우유를 가공 정제하는 과정에서 분리점 이후에 무균질우유, 저지방우유 등으로 분리되어 인식된다. 또한 추가가공하면 가루성분의 우유, 탈지유 등을 만들 수 있으며, 정제된 우유를 또 다르게 추가가공하면 치즈나 버터 등 다른 제품을 생산할 수도 있다. 분리점 이후에 각 개별제품은 그대로 판매되기도 하고 추가가공을 거친 후에 판매되기도 한다. 분리점은 결합제품에 따라서 하나 또는 그 이상일 수도 있다.

결합원가(joint costs)는 분리점에 도달하기 이전까지 결합제품을 생산하는 과정에서 발생한 모든 제조원가이다. 즉, 결합제품이 각종 제품으로 분리되기 전까지 공통적으로 발생한 원가이다. 재무보고를 위해서는 결합원가를 각 제품별로 배분하는 것이 필요하다.

분리원가(separable costs)는 분리점 이후에 발생한 원가이며, 추가가공과 관련하여 발생한 원가이므로 **추가가공원가**(additional processing costs)라고 한다. 분리원가는 분리점 이후에 각 개별제품의 가공에 대하여 발생한 **개별원가**이며 **분리가능원가**이다. 예를 들면, 원재료를 ₩1,000,000에 구하며 일정한 제조과정을 거쳐 A, B, C의 제품을 생산한다고 가정한다. 이때 원재료 구입액 ₩1,000,000이 결합원가이다. 이들 결합제품은 그대로 즉시 판매될 수도 있지만, 추가 가공하여 더 높은 상품가치로 판매되는 제품도 있다. 만일 추가 가공과정에서 ₩50,000을 투입하여 더 높은 상품가치로 판매되는 경우, ₩50,000은 분리점 이후에 발생되는 원가이므로 분리원가이다. 분리점, 결합원가, 분리원가의 관계를 그림으로 나타내면 〈그림 7-1〉과 같다.

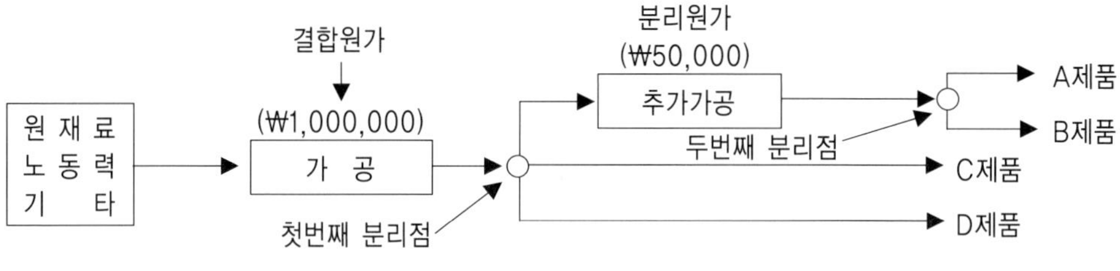

〈그림 7-1〉 분리점, 결합원가, 분리원가의 관계

제2절 결합원가의 배부방법

결합제품은 분리점에 도달할 때까지는 각 개별제품으로 구별되지 않기 때문에 그 이전까지 발생한 모든 제조원가(결합원가)를 일정한 기준에 따라 각 개별제품에 배부하여야 한다. 결합원가를 개별제품에 배부하는 방법에는 물량기준법과 판매가치법으로 구분하며, 판매가치법은 상대적 판매가치법, 순실현가능가치법, 균등매출이익률법 등이 있다.

1. 물량기준법

물량기준법(physical measure method)은 분리점에서 각 개별제품의 생산량이나 부피, 면적, 무게 등 제품의 물리적 속성(단위)을 기준으로 결합원가를 배분하는 방법이다. 이 방법은 결합원가와 배부기준이 되는 물량단위 간에 적절한 상관관계가 존재할 때 적용될 수 있다. 물량기준법에 의한 결합원가 배분절차는 다음과 같다.

① 제품별 물량기준 상대적 비율을 계산한다.

$$\frac{\text{개별제품의 물량(수량 또는 무게)}}{\text{개별제품의 물량합계}} = \text{제품별 구성비율(배부율)}$$

② 결합원가에 제품별 구성비율을 곱하여 원가배부액을 계산한다.

결합원가(발생원가) × 제품별배부율 = 제품별 배부원가

물량기준법은 다음과 같은 문제점이 있다.

첫째, 물리적 속성이 개별제품의 경제적 가치를 적절하게 반영하지 못하는 경우가 있다. 즉, 물리적 속성이 개별제품의 수익창출력(판매가격)과 합리적인 관계가 없는 경우에는 적용할 수 없다. 예를 들면, 금과 납을 동시에 채굴하는 경우 납은 수익창출력이 적음에도 수량이 많기 때문에 대부분의 원가를 부담하게 된다.

둘째, 개별제품 간에 비교가능한 물리적 속성이 존재하지 않는 경우가 있다. 결합제품을 구성하는 개별제품의 특성상 공통측정기준을 갖지 못하는 경우가 있다. 예를 들면, 석유산업에서 석유는 액체로 존재하고, 가스는 기체로 존재하므로 단일의 측정단위를 적용할 수 없다.

이러한 문제점들이 있음에도 불구하고 물량기준법은 각 제품의 가격이 알려져 있지 않거나 물량과 수익창출력 즉, 판매가격 사이에 밀접한 관계가 있는 경우 이용된다.

(예제 7-1) 물량기준법

(주)KS전자는 4월에 원재료 ₩100,000을 매입하고, 추가투자액 ₩ 20,000으로 A제품 20kg, B제품 180kg을 생산하였다. A제품의 판매가격은 7,200원/kg이며, B제품의 판매가격은 ₩200/kg이다.

(요구사항)

물량기준법으로 결합원가를 배부하시오.

(풀이)

1) 물량계산: A제품 20kg + B제품 180kg = 200kg

- 배부율 계산: A제품 = $\frac{20}{200} = 0.1$, B제품 = $\frac{180}{200} = 0.9$

2) 배부액계산:

제 품	생산수량	결합원가	배부율	배부원가
A	20kg		10%	120,000 × 0.1 = 12,000
B	180	₩ 120,000	90	120,000 × 0.9 = 108,000
합 계	200kg		100%	₩ 120,000

한편, (주)KS전자에서 4월에 생산된 제품 A, B가 전량 판매되었다고 가정하는 경우 물량기준으로 기능별 표시방법에 따라 부분포괄손익계산서를 작성하면 다음과 같다.

항 목	A 제품	B 제품	합 계
매 출 액	₩ 144,000	₩ 36,000	₩ 180,000
매출원가	12,000	108,000	120,000
매출총이익(손실)	₩ 132,000	₩−72,000	₩ 60,000
매출총이익률	91.7%	−200%	33.3%

(예제 7-1)과 같이 B제품은 A제품에 비하여 수량은 많지만 수익가치가 매우 적음에도 대부분의 원가를 부담하는 문제점이 있다. 물량기준법에서는 물량이 적은 경우 원가배부액이 적고, 물량이 많은 경우에는 원가배부액이 커지게 된다. 따라서 물량과 판매가격사이에 합리적인 관계가 성립하지 않는 경우 개별제품의 수익성에 대한 추정이 정확하지 않을 수 있으므로, 개별제품의 물량단위당 판매가격이 비슷한 경우에 적용된다.

2. 상대적 판매가치법

상대적 판매가치법(relative sales value method)은 분리점에서의 각 제품의 상대적인 판매가치를 기준으로 결합원가를 배부하는 방법이며 **분리점에서의 판매가치법**이라고도 한다. 이 방법은 제품의 원가부담능력에 따라서 결합원가를 배분하는 것이며, 원가부담능력은 개별제품의 상대적 판매가치로 측정된다. 이 방법을 적용하기 위해서는 분리점에서 각 제품의 판매가치(시장가치)를 알 수 있어야 적용할 수 있다. 상대적 판매가치법에 의한 결합원가 배분절차는 다음과 같다.

① 제품별 배부율을 계산한다.

$$\frac{\text{개별제품의 판매가치(수량} \times \text{단가)}}{\text{개별제품의 판매가치 합계}} = \text{제품별배부율}$$

② 제품별 배부율에 결합원가를 곱하여 제품별 배부액을 계산한다.

결합원가(발생원가) × 제품별배부율 = 제품별 배부원가

상대적 판매가치법은 판매가치를 기준으로 결합원가를 배부하기 때문에 판매가치가 높은 제품에 원가를 많이 배분하고, 판매가치가 적은 제품은 적게 배부하여 수익과 비용이 적절히 대응될 수 있다. 또한 직관적으로 이해하기 쉽고 계산이 간편하다는 장점이 있다. 따라서 물량기준법에 의하여 결합원가를 배부하는 경우 물량의 크기와 판매가치가 비례하지 않는 경우에는 잘못된 의사결정으로 가져올 수 있으나, 상대적 판매가치법을 적용하는 경우에 모두 일정율의 이익을 보고하게 되므로 개별제품의 수익성을 잘못 판단할 가능성을 배제할 수 있다.

그러나 이 방법은 각 제품의 이익률이 동일하게 산출되며, 분리점 이후 추가가공비가 소요되는 경우 적용될 수 없다는 단점이 있다. 또한 개별제품을 판매할 수 있는 시장이 존재한다면 쉽게 판매가치를 계산할 수 있으나, 만일 분리점에서 개별제품의 판매가치를 측정할 수 없다면 이 방법을 적용할 수 없다.

(예제 7-2) 상대적 판매가치법

원재료 매입액 ₩100,000, 추가투자액 ₩20,000으로 A제품 20kg, B제품 180kg을 생산하였다. A제품의 판매가격은 7,200원/kg 이며, B제품의 판매가는 200원/kg이다.

(요구사항)

판매가치법을 이용하여 결합원가를 배부하시오.

(풀이)

1) 판매가치: A제품: 20kg × @7,200 = ₩144,000 B제품: 180kg × @200 = ₩36,000 (계: ₩180,000)

- 배부율 계산: A제품 = $\frac{144,000}{180,000} = 0.8$, B제품 = $\frac{36,000}{180,000} = 0.2$

2) 배부액 계산

제 품	판매가치	결합원가	배부율	배부원가
A	₩144,000		80%	120,000 × 0.8 = 96,000
B	36,000	₩120,000	20	120,000 × 0.2 = 24,000
합 계	₩180,000		100%	₩120,000

참고로, A제품과 B제품이 모두 판매되었다고 가정하는 경우 상대적 판매가치법에 의한 부분 포괄손익계산서는 다음과 같다.

항 목	A 제품	B 제품	합 계
매 출 액	₩144,000	₩ 36,000	₩ 180,000
매출원가	96,000	24,000	120,000
매출총이익	₩ 48,000	₩ 12,000	₩ 60,000
매출총이익률	33.3%	33.3%	33.3%

물량기준법에 의하면 B제품에서 손실 ₩72,000이 발생하므로 판매를 중단할 수 있으며, 판매

가 중단되는 경우 모든 원가가 A 제품에 배부되어 기업 전체적으로 이익이 ₩60,000에서 ₩24,000(₩144,000－120,000)으로 감소하게 된다. 따라서 물량기준법에 의하여 결합원가를 배부하는 경우 잘못된 의사결정으로 가져올 수 있으나, 상대적 판매가치법을 적용하는 경우에 두 제품이 모두 이익을 보고하므로 개별제품의 수익성을 잘못 판단할 가능성을 배제할 수 있다.

3. 순실현가치법

지금까지 설명한 물량기준법과 상대적 판매가치법은 분리점에서 추가가공을 하지 않는 경우에 적용이 가능한 방법이다, 일반적으로 분리점 이후에 추가가공을 하는 경우에 적용하는 방법으로는 순실현가능방법과 매출액이익률법이 있다.

순실현가치법(net realizable value method, NRV법)은 결합제품의 순실현가능가치를 기준으로 결합원가를 배분하는 방법이며, 순실현가능가치(net realizable value, NRV)는 각 제품의 최종 판매가치에서 분리점이후의 추가가공원가와 판매비를 차감한 가치이다.

순실현가능가치 = 예상판매가격 －(분리점이후 추가가공원가 + 예상판매비용)

순실현가치법은 분리점 이후에 추가가공이 있는 경우에 적용된다. 즉, 분리점에서 판매할 수 없는 제품을 판매가능상태로 만들기 위하여 추가가공하는 경우에 적용되는 방법이며, 원가배분절차는 다음과 같다.

① 제품별 순실현가능가치를 계산한다.

순실현가치 = 예상판매가격 － 제품별 추가 원가와 판매비

예상판매가격 = 수량 × 판매단가

② 개별제품의 배부율을 계산한다.

$$\frac{\text{개별제품의 순실현가치}}{\text{개별제품의 순실현가치 합계}} = \text{제품별배부율}$$

③ 전단계에서 구한 배부율을 이용하여 순차적으로 결합원가 배부액을 계산한다.

결합원가(발생원가) × 제품별배부율 = 제품별 배부원가

순실현가능가치법을 적용하는 경우에는 다음사항에 유의하여야 한다.

첫째, 결합원가를 배부할 때에는 각 제품별 순실현가능가치를 알아야 하며, 순실현가능가치를 알기 위해서는 예상판매가격과 분리점이후의 추가가공원가(예상분리원가), 예상판매비용을 알아야 한다. 상대적 판매가치법은 예상판매가격만을 기초로 배부하므로 분리원가를 예상하기 위한 추가적인 정보가 필요가 없다는 장점이 있으나, 순실현가능가치법은 분리원가를 투자하여 추가가공하기 전까지는 판매가격을 알 수 없는 경우가 있기 때문에 예상판매가격을 구하는 것이 쉬운 일이 아니다.

둘째, 제품에 따라서 음(−)의 순실현가능가치가 발생하는 경우가 있으며, 이때에는 음의 결합원가가 배부되는 문제가 발생한다. 그러나 음(−)의 결합원가를 배부하는 것은 논리적으로 타당하지 않으므로, 양(+)의 순실현가능가치를 보고하는 제품에만 결합원가를 배부한다.

셋째, 분리점이후의 추가가공으로 인한 원가는 배부대상에서 제외되며, 결합원가만이 이익창출에 공헌한다고 가정한다. 따라서 분리점이후의 추가가공으로 인한 부가가치를 무시한다는 모순이 있다.

순실현가치법의 기본적인 사고는 각 제품의 원가부담 능력에 따라서 결합원가를 배부하여야 한다는 것이다. 즉 판매가치가 높은 제품에는 원가를 많이 배부하고 판매가치가 낮은 제품에는 원가를 적게 배부하여 수익과 비용이 적절히 대응될 수 있도록 한다.

(예제 7-3) 순실현가능가치법

(예제 7-1)의 자료를 이용한다. 다만, 분리점에서 A제품은 ₩14,000을 투입하여 추가가공해야 판매가능하며, B제품은 ₩ 6,000을 투입, 추가가공해야 한다. A제품의 판매가격은 7,200원/kg 이며, B제품의 판매가는 200원/kg이다.

(요구사항)

순실현가치법을 이용하여 결합원가를 배부하시오.

(풀이)

순실현가능가치법에 의하여 결합원가를 배부하기 위해서는 먼저 공정의 흐름을 정확히 이해는 것이 필요하다. 공정의 흐름도는 물량흐름도이며 (예제 7-3)에서는 다음과 같이 나타낼 수 있다.

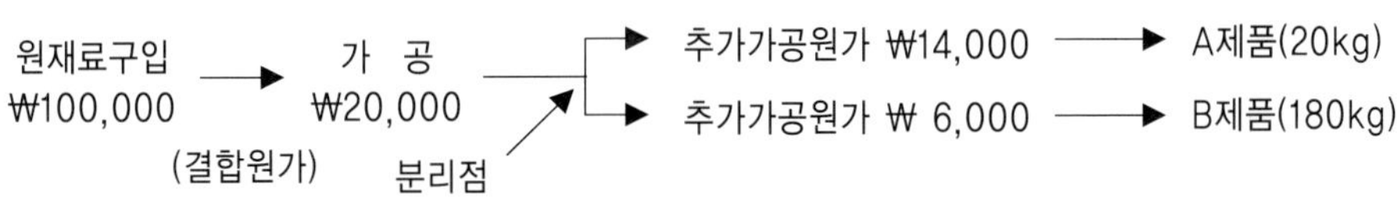

1) 실현가능가치의 계산

A제품: (20 × 7,200) − 14,000 = ₩130,000

B제품: (180 × 200) − 6,000 = 30,000 (계: ₩160,000)

2) 배부율 계산: A제품: $\frac{130,000}{160,000} = 0.8125$, B제품: $\frac{30,000}{160,000} = 0.1875$

3) 배부액 계산

제 품	순실현가치	결합원가	배부율	배부원가
A	₩130,000		81.25%	120,000 × 0.8125 = 97,500
B	30,000	₩120,000	18.75	120,000 × 0.1875 = 22,500
합 계	₩160,000		100%	₩120,000

참고로, A제품과 B제품이 모두 판매되었다고 가정하는 경우 순실현가능가치법에 의한 부분포괄손익계산서는 다음과 같다.

항 목	A 제품	B 제품	합 계
매 출 액	₩144,000	₩36,000	₩180,000
매출원가	111,500[1)]	28,500[2)]	140,000
매출총이익	₩ 32,500	₩ 7,500	₩ 40,000
매출총이익률	22.57%	20.83%	22.22%

매출원가: 1) 결합원가 97,500 + 추가원가 14,000 = ₩111,500
2) 결합원가 22,500 + 추가원가 6,000 = 28,500

4. 균등이익률법

균등이익률법(constant gross margin percentage method, 매출총이익률법)은 모든 개별제품의 매출총이익률이 같도록 결합원가를 배부하는 방법이다. 이 방법은 개별제품이 각각의 최종판매가치에 대하여 모두 동일한 매출이익률을 갖도록 결합원가를 배부하는 것이다. 분리점 이후에 추가가공을 하는 경우 순실현가능가치법에 의하여 결합원가를 배분하면 각 제품의 매출총이익률이 서로 다르게 되지만, 균등이익률법은 모든 제품이 동일한 매출이익률을 갖게 된다. 순실현가치법은 분리점 이전의 결합원가만이 이익을 창출하는데 기여한다고 가정하고 분리점에서 개별제품의 매출총이익률이 동일하도록 결합원가를 배부한다. 그러나 균등이익률법은 최종판매가치를 기준으로 결합원가를 배부한다.

균등이익률법에 의한 결합원가 배부절차는 다음과 같다.

① 전체매출총이익률(균등이익률)을 구한다.

$$\text{매출총이익률} = \frac{\text{매출총이익}}{\text{총매출액}} = \frac{\text{최종판매가치} - (\text{개별원가} + \text{결합원가})}{\text{최종판매가치}}$$

② 개별 제품별 매출이익을 계산한다.

제품별 매출이익 = 제품별 매출액 × 균등이익률

③ 개별제품이 부담해야 할 매출원가를 계산한다.:

제품별 매출원가(또는 총원가) = 제품별 매출액 − 매출이익

④ 결합원가의 제품별 배부액을 계산한다.

제품별 배부액 = 제품별 매출원가(총원가) − 분리원가(추가가공비)

균등이익률법은 모든 제품의 매출총이익률이 동일하다는 가정을 하고 있으며, 어떤 제품은 음(−)의 결합원가가 배부될 수 있다는 단점이 있다. 특히 최종판매가격에 비하여 분리원가의 비중이 클 때에는 기업전체의 매출총이익률을 달성하기 위하여 음(−)의

결합원가가 배부될 수 있다.

(예제 7-4) 균등이익률법

(예제 7-3)의 자료를 이용한다.

(요구사항)

균등이익률법을 이용하여 결합원가를 배부하시오..

(풀이)

1) 매출총이익률 = $\frac{\text{총판매가치}180,000-(\text{개별원가}20,000+\text{결합원가}120,000)}{\text{총판매가치}180,000}=22.22\%$

2) 제품별 매출이익

A제품: (20 × 7,200) × 0.2222 = ₩32,000

B제품: (180 × 200) × 0.2222 = 8,000 (계 ₩40,000)

3) 제품별 매출원가

A제품: 144,000 − 32,000 = ₩112,000 B제품: 36,000 − 8,000 = ₩28,000

4) 제품별 결합원가배부액:

A제품: 총원가112,00 − 분리원가14,000 = ₩98,000 B제품: 28,000 − 6,000 = ₩22,000

제 품	매출액	매출이익	매출원가	추가원가	결합원가
A	₩144,000	₩32,000	₩112,000	₩14,000	₩98,000
B	36,000	8,000	28,000	6,000	22,000
합 계	₩180,000	₩40,000	₩140,000	₩20,000	₩120,000

참고로, A제품과 B제품이 모두 판매되었다고 가정하는 경우 균등이익률법에 의한 부분포괄손익계산서는 다음과 같으며, 분리점 이후 추가가공을 하는 경우 개별제품의 매출이익률이 동일하게 된다.

항 목	A제품	B제품	합 계
매 출 액	₩144,000	₩36,000	₩180,000
매출원가	112,000	28,000	140,000
매출총이익	₩32,000	₩8,000	₩40,000
매출총이익률	22.22%	22.22%	22.22%

5. 복수분리점의 결합원가 배부: 분리점이 2개 이상인 경우

지금까지 설명한 결합원가의 배부방법은 모두 분리점이 하나인 경우에서의 결합원가 배부방법이다. 그러나 여러 종류의 제품이 생산되는 경우에는 결합제품의 생산과정에 2개 이상의 복수의 분리점이 존재할 수 있으며, 실제로 많은 제조활동들이 각 분리단계에서 개별원가가 발생하는 복수의 분리점을 갖고 있다. **복수분리점**이란 결합제품을 생산하는 과정에서 분리점이 2개 이상인 경우를 말한다. 복수분리점이 존재하는 경우 결합원가계산이 복잡하게 이루어지는데, 기본적 원리는 분리점이 하나인 경우와 동일하다.

복수분리점이 있는 경우에 원가계산을 위해서는 정확한 물량흐름을 파악하는 것이 필요하며, 물량흐름도를 이용하면 편리하다. 순실현가치법을 적용하여 결합원가를 배부하는 절차는 다음과 같다.

① 물량의 흐름을 파악하기 위하여 물량흐름도(연산품흐름도)를 작성한다. 이는 공정의 흐름을 정확히 이해하기 위해서이다.

② 각 분리점에서 결합제품(연산품)의 순실현가치를 계산한다. 순실현가치를 계산하기 위해서는 최종판매가치에서 추가가공원가를 차감해야 하므로, 순실현가능가치는 마지막 분리점으로부터 최초분리점의 순서로 계산한다.

제품별 순실현가치=예상판매가격(수량 × 판매가) − 제품별 추가원가와 판매비

③ 제품별 결합원가배부율을 계산한다. 결합원가의 배부율은 마지막분리점에서 최초분리점순서로 계산한다.

$$\frac{\text{개별제품의 순실현가치}}{\text{개별제품의 순실현가치 합계}} = \text{제품별배부율}$$

④ 결합원가의 제품별 배부액을 계산한다. 제품별배부액은 순실현가치를 기준으로 최초분리점에서부터 최종분리점의 순서로 결합원가를 배부한다. 2차분리점에서 배부될 원가는 2차분리점의 결합원가와 1차분리점에서 배부받은 금액을 합한 것이다.

결합원가(발생원가) × 제품별배부율 = 제품별 배부원가

(예제 7-5) 복수분리점에서 결합원가의 배부

(주)서울은 A, B, C의 세 가지 전자제품을 동일한 공정을 통하여 생산하고 있으며, 4월중 원가자료는 다음과 같다.

① 1공정에서 원재료 50,000kg(원가₩60,000)투입 가공한 후 60%는 2공정으로, 40%는 3공정으로 대체한다.

② 2공정에서 원가₩25,000을 추가 투입, 가공하여 70%는 4공정의 A제품으로 대체되고 나머지 30%는 B제품으로 판매된다. B제품의 판매가격 ₩2/kg이며, 판매비용 ₩3,000이 소요된다.

③ 3공정은 1공정에서 대체된 것에 원가₩10,000을 추가 투입하여 가공한 후 C제품을 ₩3/kg에 판매한다.

④ 4공정은 원가₩20,000을 투입, 추가가공하여 A제품을 ₩5/kg에 판매한다.

(요구사항)

1. 순실현가능가치법을 이용하여 결합원가를 배부하시오.
2. 각 제품의 단위당 원가를 계산하시오.
3. 각 제품이 판매된 경우의 부분포괄손익계산서를 작성하시오.

(풀이)

1. 결합원가의 배부

(1) 물량흐름의 파악

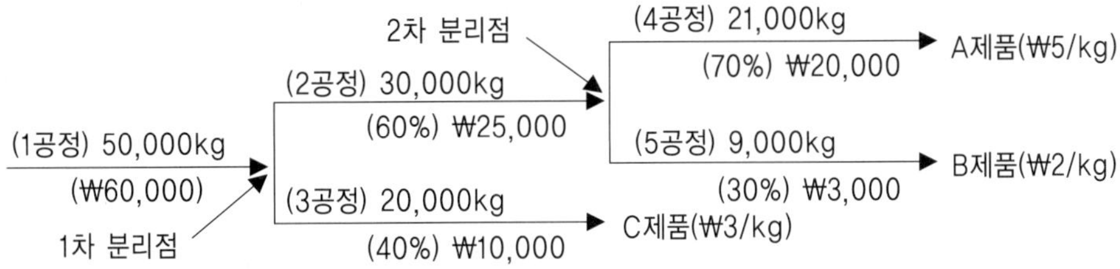

(2) 각 분리점에서 순실현가치와 배부율의 계산: 2차 분리점에서 1차 분리점 순으로 계산

① 2차 분리점의 순실현가치와 배부율 계산

제 품	판매가치	추가원가	순실현가치	배부율
A	@5×21,000kg=₩105,000	₩20,000	₩85,000	85%
B	2× 9,000= 18,000	3,000	15,000	15
합 계	₩123,000	₩23,000	₩100,000	100%

제품별 순실현가치=예상판매가격(수량×판매가)-제품별 추가원가와 판매비

A제품배부율=$\frac{85,000}{100,000}=0.85$ B제품배부율=$\frac{15,000}{100,000}=0.15$

② 1차 분리점에서 순실현가치와 배부율

제 품	판매가치	추가원가	순실현가치	배부율
AB	₩100,000*	₩25,000	₩75,000	60%
C	@3×20,000kg=60,000	10,000	50,000	40
합 계	₩160,000	₩35,000	₩125,000	100%

*A, B제품의 순실현가치임

- AB배부율=$\frac{75,000}{125,000}=0.6$ C제품 배부율=$\frac{50,000}{125,000}=0.4$

(3) 결합원가의 배부: 최초 분리점에서부터 순실현가치를 기준으로 배부한다.

제 품	결합원가	배부율	결합원가배부액
(1차분리점)			
AB	₩60,000	60%	₩60,000×0.6=36,000
C		40	60,000×0.4=24,000
합계		100%	₩ 60,000
(2차분리점)			
A	₩61,000	85%	₩61,000×0.85=51,850
B		15%	61,000×0.15= 9,150
합계		100%	₩ 61,000*

* 2차분리점에서 결합원가 = 1차분리점에서 배부액 36,000 + 2부문의 추가가공원가 25,000

2. 제품단위당 원가

A제품: 총원가: 2차분리점에서 배부액 51,850 + 추가가공원가(개별원가)20,000 = ₩71,850

단위당원가 = 총원가 ₩71,850/수량 21,000kg = ₩3.42

B제품: 총원가: ₩9,150/수량 9,000kg = ₩1.017

C제품: 총원가(1차분리점 배부액 24,000 + 추가가공원가10,000)/수량20,000 = ₩1.7

3. 부분포괄손익계산서

제 품	A	B	C	합 계
매 출 액[1]	₩105,000	₩18,000	₩60,000	₩183,000
매출원가[2]	71,850	12,150	34,000	118,000
매출이익	₩ 33,150	₩ 5,850	₩26,000	₩ 65,000
매출이익률	31.57%	32.50%	43.33%	35.51%

주: 1) 생산량 × 판매단가 2) 개별원가 + 결합원가

6. 분리점 이후 추가가공여부의 결정: 연산품과 특수의사결정

결합제품은 분리점에서 개별제품으로 나누어진다. 결합제품을 제조하는 기업은 분리점 이후에 결합제품을 분리점에서 그대로 판매할 것인가, 추가가공하여 판매할 것인가에 대한 의사결정을 해야 한다. 이러한 의사결정에서 고려해야 할 사항은 분리점에서의 판매가치(매출액)와 추가가공원가 및 추가가공후의 판매가격을 비교하여 결정해야 한다. 분리점이후의 추가가공여부는 추가가공에 따른 증분수익과 증분원가에 따라 결정되며, 결합원가는 분리점까지 이미 발생한 원가이므로 의사결정과 관련이 없는 비관련원가이므로 고려할 필요가 없다.

추가가공에 따른 의사결정기준은 추가가공후의 판매가치 증가분과 추가적으로 소요되는 가공원가를 비교하여 판매가치증가분이 추가가공원가보다 더 큰 경우에 추가가공을 한다. 반대로 판매가치증가분이 추가적인 가공원가보다 더 적은 경우에는 추가가공을 하지 않고 분리점에서 그대로 판매한다. 추가가공으로 인한 증분수익이 증분비용보다 더 큰 경우 추가가공이 유리하고, 증분수익이 증분비용보다 더 적은 경우에는 추가가공을 하지 않고 분리점에서 판매하는 것이 유리하다. 의사결정에 영향을 미치는 것은 분리점에서의 판매가격과 추가가공후의 판매가격, 분리점이후의 추가가공원가이다.

- 판매가치 증가분 = 추가가공후 판매가치 − 분리점에서 판매가치
- 추가가공에 따른 판매가치 증가분(증분수익) 〉 추가가공원가 : 추가가공
- 〃 〃 〈 〃 〃 : 분리점에서 판매

(예제 7-6) 추가가공여부의 결정

경기산업(주)은 원료 100kg(원가 ₩4,000)을 가공하여 A제품 60kg, B제품 40kg으로 가공하였다. A제품은 원가₩3,500을 투입하여 추가가공하면 C제품으로 판매가능하고, B제품은 ₩5,000을 투입하여 D제품으로 판매가능하다. 각 제품의 판매가격은 A제품 ₩50/kg, B제품 ₩80, C제품 ₩120, D제품 ₩150이다.

(요구사항)

A제품과 B제품의 추가가공여부와 어느 제품을 판매하여야 하는가를 결정하시오.

(풀이)

(1) 물량흐름도

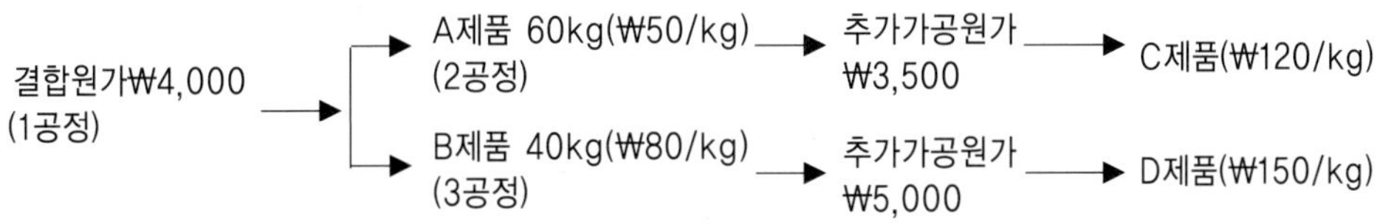

(2) 증분이익의 계산

		A제품의 증분이익	B제품의 증분이익
추가가공후의 판매가치증가	(증분수익)	60×(120-50)=₩4,200	40×(150-80)=₩2,800
추가가공원가	(증분비용)	3,500	5,000
추가가공후의 순이익	(증분이익)	₩ 700	₩(2,200)

A제품을 추가 가공하는 경우에는 ₩700의 이익이 발생하고, B제품을 추가가공하는 경우에는 ₩2,200의 손실이 발생하므로 A제품은 추가가공하여 C제품으로 판매하고, B제품은 추가가공하지 않고 판매하는 것이 유리하다. 따라서 경기산업은 이익극대화를 위해서는 B, C제품을 판매한다.

참고로 분리점에서의 판매하는 경우와 추가가공 후에 판매하는 경우의 비교손익계산서는 다음과 같다.

구 분	분리점에서 판매	추가가공 판매	차 이
매 출 액			
A	60×50=3,000	60×120=7,200	
B	40×80=3,200	3,200	
계	₩ 6,200	₩ 10,400	₩4,200
매출원가			
결합원가	4,000	4,000	
추가가공원가	0	3,500	
계	4,000	7,500	3,500
매출이익	₩ 2,200	₩ 2,700	₩ 700

제3절 부산물 회계

1. 부산물의 의의

부산물(by products)은 주산물 이외에 부수적으로 생산되는 제품이며, 주산물에 비하여 상대적으로 판매가치가 낮은 제품이다. 부산물은 결합제품과 마찬가지로 분리점 이전까지지는 개별적으로 식별할 수 없는 제품이며, 결합제품과 유사한 면이 있으나 상대적으로 판매가치가 낮은 제품이라는 점에서 차이가 있다. 따라서 결합제품은 부산물과 구분하기 위하여 **주산물**(main products)이라고 한다.

부산물과 유사한 용어로 작업폐물이 있다. **작업폐물**(scrap)은 주산물 이외에 부수적으로 생산되는 제품이며, 생산에 사용된 원재료에서 나온 자투리 조각을 의미한다. 작업폐물은 판매가치가 거의 없거나 판매가치보다 판매비용이 더 큰 것이 일반적이다.

결합제품(연산품, 주산품), 부산품, 작업폐물의 구별은 제품의 상대적 판매가치 또는 수익창출능력을 기준으로 하며, 상대적 판매가치가 크면 주산물이고 작으면 부산물이며, 거의 없으면 작업폐물로 분류한다. 그러나 이러한 구분이 절대적인 것은 아니다. 특정기업의 부산물이 다른 기업에서는 주산물이나 작업폐물이 될 수 있으며, 부산물과 작업폐물을 구분하기가 매우 어려운 경우도 있기 때문이다.

2. 부산물의 회계처리

부산물의 회계처리와 관련하여 두 가지 의문이 생길 수 있다.

첫째, 부산물을 언제 장부에 기록해야 하는가이다. 즉, 부산물은 생산시점에 장부에 기록할 것인가, 아니면 판매시점에 기록되어야 하는가의 문제이다.

둘째, 부산물의 판매이익을 포괄손익계산서의 어느 항목에 분류하여 기록할 것인가이다. 다시 말하면, 부산물은 주산물원가의 차감항목으로 기록되어야 하는가 아니면 별도의 수익으로 기록되어야 하는가이다.

이러한 문제와 관련하여 부산물에 대한 회계처리방법에는 여러 가지가 있으나, 일반적으로 부산물을 언제 장부에 기록할 것인가에 따라 생산기준법과 판매기준법으로 구분한다. 부산물을 어떻게 회계처리하느냐에 따라 주산물의 원가가 달라지게 되는데, 어느 방법을 선택할 것인가는 부산물의 순실현가치가 재고자산이나 이익에 미치는 영향에 따라 결정한다.

(1) 생산기준법 (원가차감법)

생산기준법은 부산물의 가치를 생산시점에 인식하는 방법이며, 생산시점인식법이라고도 한다. 이 방법은 부산물이 판매되기 전이라도 생산사실을 중요시하여 분리점에서 부산물을 순실현가능가치로 인식하고, 이 금액만큼 주산물에 배부되는 결합원가에서 차감하는 방법이다. 이 방법은 순실현가치법 또는 원가차감법이라고도 하며, 부산물의 순실현가능가치가 중요하여 재고자산이나 이익에 상당한 영향을 미치는 경우에 적합한 방법이다.

생산기준법은 분리점에서 부산물의 순실현가능가치만큼 결합원가에서 차감하고, 차감된 금액을 부산물의 재고자산으로 인식한다. 차감후의 잔액은 결합원가계산절차에 따라 주산물에 배부된다. 이 방법에 의한 회계처리를 예시하면 다음과 같다.

부산물 생산시점:	차)제 품(A)	×××	대)재 공 품	×××
	제 품(B)	×××		
	부 산 물	×××		

*생산시점(분리시점)에서 부산물을 순실현가능가치로 인식하고, 이 금액만큼 주산물(A, B)에 배부되는 결합원가에서 차감한다.

부산물 판매시점:	차)현 금	×××	대)부 산 물	×××

*실제판매가격과 순실현가능가치사이에 차이가 있으면 처분손익으로 처리한다.

(2) 판매기준법 (기타수익법 및 매출원가차감법)

판매기준법은 부산물의 판매가 이루어지기 전에는 회계처리를 하지 않으며 판매가 이루어지는 시점에서 부산물의 가치를 인식하는 방법이며, 판매시점인식방법이라고도 한다. 이 방법은 부산물의 가치를 무시하고, 부산물이 외부에 판매되는 경우에만 기타수익으로 처리하거나 매출원가에서 차감하는 방법이다. 따라서 판매기준법에서 모든 결합원가는 주산물에만 배부된다. 판매기준법은 부산물이 중요하지 않고 재고자산이나 이익에 큰 영향을 미치지 않는 경우에 적합한 방법이다.

판매기준법에서는 부산물이 재고자산으로 인식되지 않으며, 부산물이 생산되더라도 판매시점까지는 아무런 회계처리를 하지 않는다. 부산물에 대하여 생산시점에서는 가치를 부여하지 않고, 부산물의 판매가 이루어지며 판매수익을 매출원가에서 차감하거나 기타수익으로 인식한다. 이 방법에 의해 부산물을 기타수익으로 인식하는 경우의 회계처리를 예시하면 다음과 같다.

부산물 생산시점:	차)제 품(A)	×××	대)재 공 품	×××
	제 품(B)	×××		
부산물 판매시점:	차)현 금	×××	대)기타수익	×××
	또는			
	차)현 금	×××	대)매출원가	×××

(예제 7-7) 부산물의 회계처리

(주)서울은 제조원가 ₩38,000을 투입하여 주산물(A제품)과 부산물(B제품)을 다음과 같이 생산, 판매하였다.

제품	단위당 판매가	단위당 판매비	생산수량	판매수량
A	₩ 450	₩ 0	100개	80개
B	120	20	40	30

(요구사항)

(1) 생산기준법 기준법과 판매기준법으로 당기순이익과 기말재고액을 계산하시오.

(2) 생산시점과 판매시점의 회계처리를 하시오

(풀이)

1. (1) 당기순이익

① 생산기준법

1) 매출액 450 × 80개 = ₩36,000

2) 매출원가
- 총제조원가 38,000
- 부산물가치(₩100 × 40 = 4,000)
- 기말재고 (₩380 × 20 = 7,600) 26,400

3) 매출총이익 ₩9,600
(당기순이익)

② 판매기준법

1) 매출액 ₩36,000

2) 매출원가
- 총제조원가 38,000
- 기말재고액(7,600) 30,400

3) 매출총이익 ₩5,600

4) 부산물잡이익 ₩100 × 30 = 3,000

5) 당기순이익 ₩8,600

(2) 기말재고액

① 생산기준법: 주산물 ₩7,600, 부산물 ₩100 × 10 = 1,000 계 ₩8,600

② 판매기준법: 주산물 ₩7,600, 부산물 0 계 ₩7,600

(두 방법에서 당기순이익의 차이는 기말재고액의 차이인 ₩1,000이다.)

2. 회계처리

(1)생산기준법(순실현가치법)

생산시점: 차)제　품 34,000　　대)재 공 품 38,000
　　　　　　부 산 물 4,000

판매시점: 차)현　금 3,000　　대)부 산 물 3,000

2) 판매기준법

생산시점: 차)제　품 38,000　　대)재 공 품 38,000

판매시점: 차)현　금 3,000　　대)잡 이 익 3,000

토의문제

1. 결합원가와 분리원가를 비교 설명하시오.
2. 결합제품, 주산물, 부산물, 작업폐물을 구분하여 설명하시오.
3. 분리점이란 무엇인가?
4. 결합원가의 4가지 배부방법을 설명하시오.
5. 결합원가와 관련된 의사결정에는 어떤 것이 있는가?
6. 부산물회계와 관련한 2가지 의문점은 무엇인가?
7. 부산물의 회계처리방법을 설명하시오.

연습문제

(7-1) 물량기준법과 상대가치법

SK상사는 200리터 원류를 ₩96,000에 수입하여 정제한 후 휘발유 150리터와 경유 50리터를 생산한다. 정제과정에서 ₩16,000의 추가원가가 소요되며, 휘발유는 리터당 ₩1,000에 판매되며 경유는 리터당 ₩750에 판매된다.

(요구사항)

물량기준법과 상대적 판매가치법을 이용하여 결합원가를 배부하시오

(7-2) 결합원가의 배부와 추가가공여부의 결정

경일상사는 세 가지 다른 종류의 제품 A, B, C를 생산하고 있다. 원가계산기간 동안의 결합재료원가는 ₩120,000 결합가공원가는 ₩60,000이며, 기타 관련정보는 다음과 같다.

제품명	개별원가	생산량	판매량	판매가격
A	₩120,000	5,000개	4,000개	₩40
B	80,000	2,000	1,500	60
C	280,000	7,000	6,300	80

(요구사항)

1. 결합원가를 다음과 같은 기준으로 배부하고 단위당 원가를 계산하시오
   ① 물량기준법 ② 순실현가치법 ③ 균등이익률법
2. 두 제품 A, B가 분리점에서 판매 가능하며 판매가격은 각각 ₩20, ₩15이다. 두 제품을 분리점에서 판매하는 것이 유리한 것인지, 추가가공하는 것이 유리한 것인지를 판단하시오.

(7-3) 순실현가치법

서울산업(주)은 원재료 A 100kg을 가공하여 B제품 20kg과 C제품 80kg을 생산하고 있다. B와 C제품은 시장가치가 없으므로 추가 가공하여 D제품과 E제품을 각각 20kg, 80kg을 생산하였

다. 원재료A의 가공과 관련하여 재료원가 ₩10,000과 가공원가 ₩20,000이 발생하였으며 중간제품 B와 C의 가공에는 각각 ₩40,000과 ₩60,000의 원가가 발생하였다. 최종제품의 판매가격은 단위당 각각 ₩10,000과 ₩5,000이다.

(요구사항)

순실현가치법을 적용할 때 원재료A의 가공과 관련된 총원가₩30,000은 B와 C에 어떻게 배분되어야 하는가?

(7-4) 상대가치법과 물량기준법

경기산업(주)은 서로 다른 제품 갑, 을, 병을 생산하여 판매하고 있으며, 이들 제품은 분리점에서 판매된다. 당월에 발생한 결합원가는 ₩120,000이며, 기초와 기말의 재고자산은 없다. 생산된 제품은 모두 판매되었으며 관련된 자료는 다음과 같다.

제 품 명	생산량	단위당 판매가격
갑	150kg	₩600
을	100	500
병	250	240

(요구사항)

1. 상대적 판매가치법에 의하여 제품별 결합원가배부액과 매출총이익률을 구하시오
2. 물량기준법에 의하여 제품별 결합원가배부액과 매출총이익률을 계산하시오.
3. 회사전체의 매출총이익률을 극대화하는 경우에 상대적 판매가치법과 물량기준법 중에서 어느 방법을 이용해야 하는가?

(7-5) 상대적 판매가치법

대한정유(주)는 원유를 수입 정제하여 제품 A, B, C를 생산하고 있다. 다음은 20×1년 3월 한 달 동안 각 제품 생산 및 판매가격이 관한 자료이다. 제조공정에 투입된 전환원가(가공원가)는 각 제품이 공정에서 분리되는 시점에서의 상대적 판매가치에 비례하여 배부한다.

제품	생산량	단위당 판매가격
A	10,000리터	₩1,500
B	8,000	1,200
C	6,000	900
계	24,000리터	

3월에 각 제품생산에 투입된 직접재료원가 ₩15,000,000이며 직접노무원가와 제조간접원가는 ₩13,000,000이다.

(요구사항)

제품 B의 제조원가는 얼마인가? 단, 기초재공품은 없으며 감손 및 공손은 발생하지 않았다.

(7-6) 상대적 판매가치법

제일전자(주)는 X, Y, Z의 세 가지 결합제품을 생산하고 있으며 결합원가는 분리점에서의 상대적 판매가치에 의하여 배분된다. 다음은 세 가지 제품에 대한 관련자료이다.

	X	Y	Z	계
결합원가	?	₩20,000	?	₩200,000
분리점에서 판매가치	₩160,000	?	?	400,000
추가가공원가	6,000	4,000	₩10,000	
추가가공후 판매가치	170,000	84,000	240,000	

(요구사항)

세 가지 제품 중에서 하나만 추가가공한다면 어느 제품을 선택하는 것이 가장 유리하며, 선택된 제품의 추가가공으로 인한 이익은 얼마인가?

(7-7) 순실현가치법과 단위당 가공원가

한양기술(주)은 판매가격이 ₩100과 ₩120인 연산품 A 와 B를 생산하고 있다. 부문 1에서는 1,000kg의 원재료 ₩40,000이 발생하였다. 부문 1에서 가공된 물량의 60%는 부문 2에 대체되었고, 추가가공원가 ₩12,000을 투입하여 A제품 600kg이 생산되었다. 부문 1에서 가공된 물량의 나머지 40%는 부문 3으로 대체되었으며 추가원가 ₩16,000을 투입하여 가공한 후 B 제품 400kg이 완성되었다.

(요구사항)

순실현가치법을 사용하여 각 제품의 단위당 원가는 얼마인가?

(7-8) 복수의 분리점이 있는 경우 결합원가의 배부

고려기술(주)은 1공정과 2공정을 이용하여 제품을 생산하고 있다. 1공정에서 원재료 1,000kg을 투입하여 가공한 후 제품 A 500kg과 반제품 X 500kg이 생산된다. 반제품 X는 2공정에 투입가공되어 제품 B와 제품 C가 만들어진다. 각 공정에서 발생하는 원가와 제품 A, B, C 및 반제품 X에 관련된 자료는 다음과 같다.

원가항목	1공정	2공정
직접재료원가	₩30,000	-
직접노무원가	15,000	₩15,000
제조간접원가	5,000	5,000
합 계	₩50,000	₩20,000

제품명	추가가공원가	생산량	판매가격
A	₩50,000	500kg	₩500
B	10,000	400	400
C	15,000	100	650
X(반제품)	-	500	-

(요구사항)

1. 순실현가치법을 적용하여 결합원가를 배부하는 경우 제품 A, B, C의 단위당 원가와 제품별 매출총이익률을 산출하시오.
2. 반제품 X를 kg당 ₩400에 판매하는 경우 2공정에서 추가가공하여야 하는지 결정하시오.

(7-9) 주산물과 부산물회계

한양(주)은 3개의 제조공정을 이용하여 3종류의 제품을 생산・판매하고 있다. 제 1공정에서는 제품 A와 B 그리고 판매가치가 낮은 부산물 M이 생산되며, 제품 B와 부산물 M은 각각 제 2공정과 제 3공정에서 추가가공된 후 판매되며, 관련된 자료는 다음과 같다.

제 1 공정 : 기초재공품 500kg(완성도 60%) 원가 ₩125,000
당기착수량 2,500kg 재료원가 ₩250,000 가공원가 ₩125,000
기말재공품 400kg(완성도 50%)
재료는 공정초기에 투입되고, 가공원가는 공정전체에 걸쳐 균등하게 발생되며, 공손이나 감손은 발생하지 않는다.

제 2 공정원가: ₩75,000

제 3 공정원가: ₩ 2,000

각 제품별 생산량과 판매가격:

A제품 1,500단위 @ 150, B제품 1,000단위 @350, 부산물 M 100단위 @20

한양(주)은 선입선출법에 의하여 원가계산을 하며, 부산물의 회계처리는 판매기준법을 적용한다.

(요구사항)

순실현가치법을 적용하여 각 제품의 단위당원가를 계산하시오.

(7-10) 주산물과 부산물회계

전남산업(주)은 2개의 제조부문에서 주산물 X, Y와 부산물 Z를 생산하고 있다. 부산물은 생산시점에서 순실현가치로 기록되며, 결합원가는 순실현가치를 기준으로 주산물에 배부한다. 제품 X, Y 및 부산물 Z의 단위당 판매가격은 ₩140, ₩400, ₩50이다. 기초와 기말재공품은 없으며 당기의 생산자료는 다음과 같다.

제 1 부문: 제품 X의 생산량 200단위
중간제품 Y의 생산량 250단위
제 2 부문: 최종제품 Y의 생산량 250단위
부산물 Z의 생산량 80단위

당기에 발생한 원가자료는 다음과 같다.

	제 1 부문	제 2 부문
직접재료원가	₩250,000	₩ 0
직접노무원가	400,000	160,000
제조간접원가(실제)	250,000	30,000

회사는 정상원가제도를 적용하고 있으며, 제 1 부문과 제 2 부문의 제조간접원가는 직접노무

원가의 50%와 25%를 예정 배부한다.

(요구사항)

제품 X, Y, Z의 단위당 제조원가를 계산하시오.

(7-11) 분리점이 2개 이상인 경우 결합원가의 배부

(주)진양은 세 개의 공정을 거쳐 제품을 생산하고 있으며, 4 월중의 제조활동은 다음과 같다. 제 1공정에서는 원재료 A 900리터를 가공하여 제품 B 300리터와 제품C 600리터를 생산하였다. 제 2공정에서는 제 1공정에서 생산된 제품 B 300리터에 추가로 원재료 S 300리터를 첨가하여 제품 D 200리터, 산업폐기물 100리터 그리고 제품 E 300리터를 생산하였다. 제 3 공정에서는 제 2공정에서 생산된 제품 D를 추가가공하여 제품 F 200리터를 생산하였다. 최종제품의 리터당 판매가격은 C제품 ₩500, E제품 ₩800, F제품이 ₩1,600이다.

각 공정별 발생원가는 다음과 같다.

	1공정	2공정	3공정
직접재료원가	₩200,000	₩120,000	₩ -
직접노무원가	80,000	40,000	80,000
제조간접원가	80,000	40,000	80,000
합 계	₩360,000	₩200,000	₩160,000

(요구사항)

최종제품에 결합원가를 배부하시오.

(7-12) 결합원가의 배부와 추가가공 여부의 결정

서울(주)은 제 1공정에서 원재료 M를 투입하여 결합제품 A, B를 생산하고 있다. A제품은 제 2공정에서 추가가공되어 판매되고, B제품은 제 3공정에서 추가가공되어 C제품와 D제품으로 생산되어 판매되고 있다. 제품 A, C, D의 단위당 판매가격은 각각 ₩150, ₩250, ₩500이며, 원가자료는 다음과 같다.

공 정	변동원가	고정원가
1	원재료 M 단위당 ₩150	₩600,000
2	결합제품A 단위당 ₩25	-
3	결합제품B 단위당 ₩50	225,000

당기에 5,000개의 원재료 M을 투입하여 A제품과 B제품을 각각 2,000개와 3,000개를 생산하였으며, B제품을 추가 가공하여 C제품과 D제품을 각각 1/2씩 생산하였다. 서울(주)은 순실현가치법을 이용하여 결합원가를 배부한다.

(요구사항)

1. 결합원가를 배부하시오
2. 제품 A, C, D의 단위당 원가를 계산하시오.
3. A제품에 대하여 단위당 ₩40을 추가투입하고 ₩65,000의 고정원가를 투입하면 단위당 ₩220으로 판매가 가능하게 된다. A제품의 추가 가공여부를 결정하시오.

CHAPTER 8 변동원가계산

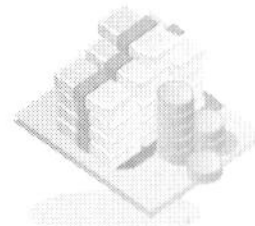

지금까지는 제조과정에서 발생되는 모든 원가를 제품원가에 포함시키는 전부원가계산방법에 대하여 설명하였다. 이러한 전부원가계산은 재무제표를 작성하여 외부이용자에게 재무정보를 하는데 적용된다. 그러나 내부보고와 관리목적으로 원가를 고정원가와 변동원가로 구분하여 변동제조원가만을 제품원가에 포함하고 고정원가는 기간비용을 처리하는 변동원가계산방법이 있다. 전부원가계산과 변동원가계산은 제품원가에 포함되는 원가의 범위에 따른 분류이며, 상호배타적인 방법이 아니다.

본장에서는 변동원가계산의 의미와 유용성, 전부원가계산과 변동원가계산에 의한 영업이익의 비교와 이익차이의 조정에 대하여 설명하고 제조간접원가의 배부액에 영향을 미치는 기준조업도에 대하여 설명한다.

제1절 변동원가계산의 기초

1. 변동원가계산의 의의

원가계산은 여러 가지 관점에서 분류할 수 있으며, 제품원가의 계산범위에 따라서는 전부원가계산과 변동원가계산, 초변동원가계산으로 분류된다. 이러한 분류는 제품원가계산에 고정원가를 포함시키는가 아니면 변동원가만으로 계산되는가에 따른 분류이다.

전부원가계산(full costing)은 제조활동에서 발생된 모든 원가 즉, 직접재료원가, 직접노무원가, 변동제조간접원가, 고정제조간접원가를 모두 제품원가로 계산하는 것이다. 전부원가계산은 원가를 고정원가와 변동원가로 구분하지 않고, 제조과정에서 발생한 모든 원가를 제품원가에 포함시키며, 비제조분야에서 발생한 원가는 기간비용으로 처리한다. 전부원가계산은 특정기간의 생산활동과 관련되어 발생한 모든 원가를 제품원가에 포함시켜야 한다는 것이며, 재고자산이 모든 제조원가를 흡수한다는 의미에서 **흡수원가계산**(absorption costing)이라고도 한다. 지금까지 설명한 개별원가계산이나 종합원가계산은 전부원가계산이다. 재무회계에서 외부의 이해관계자들에게 회계정보를 제공할 목적으로 작성되는 **재무제표는 전부원가계산에 따라 작성하는 것이 일반적인 회계원칙이다.**

변동원가계산(variable costing)은 **변동원가만을 이용하여 제품원가를 계산하는 것이다.** 변동원가계산은 제조원가를 행태별로 구분하여 직접재료원가, 직접노무원가, 변동제조간접원가, 즉 변동제조원가만을 제품원가에 포함시키고 고정제조간접원가는 기간비용으로 처리하는 계산방법이다. 변동원가계산에서 보험료, 건물감가상각비, 감독자 급여 등과 같은 고정제조간접원가는 판매비와 관리비와 같이 기간비용으로 처리하며, 발생 즉시 수익에 대응하여 비용으로 인식한다. 변동원가계산은 변동원가만을 이용하여 제품원가를 산출하므로, 매출액에서 변동원가를 차감하여 공헌이익을 산출할 수 있다. 따라서 변동원가계산은 원가와 조업도, 이익의 분석에 이용되며 각종 의사결정이나 이익계획에 유용한 정보를 제공할 수 있다. 변동원가계산은 **직접원가계산**(direct costing)이라고도 하는데, 직접제조원가는 특정제품을 제조하는데 사용된 원가 중에서 각 제품에 직접적으로 추적 가능하여 집계한 제조원가이며, 이는 여러 제품제조에 공통적으로 사용된 제조간접원가와 대비되는 개념이다. 그러나 변동원가계산에서는 직접원가(직접재료원가와 직접노무원가)뿐만 아니라 변동제조간접원가와 같은 간접원가도 제품원가에 포함되므로 직접원가계산이라는 용어는 적합하지 않다는 의견도 있다.

제품원가의 구성요소에 따른 원가계산의 분류에서 전부원가계산과 변동원가계산 이외에도 초변동원가계산이 있다. **초변동원가계산**(super variable costing)은 직접재료원가만을 제품원가에 포함시키고 나머지 제조원가 즉, 직접노무원가, 변동제조간접원가, 고정제조간접원가는 기간비용으로 처리하는 방법이다. 초변동원가계산은 직접재료원가만을 진정한 변동원가로 보고 재고가능원가로 간주하며, **스루풋원가계산**(throughput costing)이라고도 한다.

이상의 제품원가계산방법을 비교하면 다음 〈표 8-1〉과 같다.

〈표 8-1〉 원가계산방법의 비교

구 분	전부원가계산	변동원가계산	초변동원가계산
제품원가	직접재료원가 직접노무원가 변동제조간접원가 고정제조간접원가	직접재료원가 직접노무원가 변동제조간접원가	직접재료원가
기간비용	판매비와 관리비	고정제조간접원가 판매비와 관리비	직접노무원가 변동제조간접원가 고정제조간접원가 판매비와 관리비

2. 변동원가계산의 포괄손익계산서

변동원가계산은 전부원가계산과 비교하여 제품원가에 포함되는 원가요소가 다르기 때문에 포괄손익계산서에 나타나는 매출원가의 금액도 다르며, 고정원가를 기간비용으로 처리하므로 포괄손익계산서의 구조도 다르다. 변동원가계산을 이용하여 작성하는 포괄손익계산서를 **공헌이익 손익계산서**(contribution income statement)라고 하며, 매출액으로부터 변동원가를 차감하여 공헌이익을 계산하고, 공헌이익으로부터 고정원가를 차감하여 영업이익을 계산한다. **공헌이익**(contribution margin)은 매출액(수익)에서 변동원가를 차감한 금액이며, 고정원가를 회수하고 이익을 창출하는데 공헌하는 부분이다. 반면에 전부원가계산에 의한 손익계산서는 원가를 기능별(제조원가, 판매비와 관리비)로 분류하여 작성하므로 **기능적 손익계산서**(functional income statement)라고 하며, 전통적으로 사용되어 왔으므로 **전통적 손익계산서**라고 한다. 두 원가계산에서 손익계산서의 구조를 비교하면 〈표 8-2〉와 같다.

〈표 8-2〉에서와 같이 전부원가계산과 변동원가계산에서 포괄손익계산서의 구조적 차이점을 비교하면 다음과 같다.

첫째, 제품원가의 구성이 다르다. 변동원가계산에서는 변동제조원가만을 제품원가에 포함시키고, 고정제조간접원가는 고정판매비와 관리비와 같이 기간비용으로 처리한다. 전부원가계산에서는 변동제조원가와 고정제조간접원가를 모두 제품원가에 포함시킨다. 전부원가계산에서는 모든 제조원가를 제품원가에 배부한 후 판매시점에서 비용으로 처리하고 비제조원가는 발생시점에서 비용으로 처리한다. 변동원가계산은 원가를 고정원가와 변동원가로 분류하고 변동원가는 제품원가에 포함되어 판매시점에서 비용화되고 기타의 비용은 기간비용으로 간주하여 발생시점에 비용으로 처리된다.

〈표 8-2〉 전부원가계산과 변동원가계산의 포괄손익계산서의 비교

전부원가계산		
1. 매출액		×××
2. 매출원가		
기초재고	×××	
당기제조원가	×××	
기말재고	×××	×××
3. 매출총이익		×××
4. 판매비와 관리비		
판매비	×××	
관리비	×××	×××
5. 영업이익		×××

변동원가계산		
1. 매출액		×××
2. 변동원가		
기초재고	×××	
당기제조원가	×××	
기말재고	×××	
변동매출원가	×××	
변동판매비와 관리비	×××	×××
3. 공헌이익		×××
4. 고정원가		
고정제조간접원가	×××	
고정판매비와 관리비	×××	×××
5. 영업이익		×××

둘째, 매출액에서 차감되는 항목과 차감 후에 산출되는 이익이 다르다. 전부원가계산에서는 매출원가를 차감하여 매출총이익을 산출하고, 매출총이익에서 판매비와 관리비를 차감하여 영업이익을 산출한다. 변동원가계산에서는 매출액에서 변동원가를 차감하여 공헌이익을 산출한다. 변동원가에는 변동매출원가 뿐만 아니라 변동판매비와 관리비도 포

함된다. 공헌이익에서 고정제조간접원가와 고정판매비와 관리비를 차감하여 영업이익을 산출한다.

이와 같이 포괄손익계산서의 구조에서 크게 두 가지 관점에서 차이가 있는데, **핵심은 고정제조간접원가를 제품원가에 포함시킬 것인가의 차이에 있다.** 변동원가는 조업도의 변화에 따라 비례적으로 변동하지만 고정원가는 관련범위 내에서 일정하게 발생하게 되므로 고정원가를 제품원가에 포함하는 경우와 포함하지 않는 경우에는 영업이익에서 차이가 발생하게 된다.

변동원가계산에서는 고정제조간접원가의 자산성(원가성)을 인정하지 않는 원가회계시스템이다. 변동원가계산에서 고정원가를 제품원가에 포함시키지 않는 것은 **원가회피개념**(cost avoidance concept)에 근거를 두고 있다. 이 개념은 지출된 원가 중에서 미래에 발생을 회피할 수 있는 것만을 자산으로 보는 개념이다. 제조원가 중에서 변동제조원가는 미래에 동일한 원가의 발생을 회피할 수 있으므로 제품원가에 포함시키지만, 고정제조간접원가는 생산량보다는 설비능력과 관련되며 조업도의 변동에 따라 원가가 변동하지 않고 시간의 경과에 따라 회피할 수 없는 원가이다. 따라서 고정제조간접원가는 자산성을 인정할 수 없으며 재고자산에 포함되지 않고 기간비용으로 처리해야 한다는 입장이다.

이에 비하여 전부원가계산은 **원가부착개념**(cost attach concept)에 근거를 두고 있다. 이 개념은 제품생산과 관련이 있는 원가는 원가의 행태에 관계없이 모두 제품원가로 간주하는 것이며, 고정제조간접원가도 제품생산에 필수적으로 수반되는 원가이므로 자산성을 인정하여 재고자산의 가액에 포함시킨다.

〈표 8-3〉 전부원가계산과 변동원가계산의 차이점 요약

구 분	전부원가계산	변동원가계산
기본목적	외부보고목적	이익계획과 내부관리목적
원가의 분류	기능별 분류	행태별 분류
손익계산서	기능적 손익계산서	공헌이익 손익계산서
제품원가	직접재료원가+직접노무원가+ 변동제조간접원가+고정제조간접원가	직접재료원가+직접노무원가+ 변동제조간접원가
기간비용	판매비와 관리비	고정제조간접원가+판매비와 관리비
영업이익	① 매출액−매출원가 = 매출총이익 ② 매출총이익−판매비관리비=영업이익	① 매출액-변동제조원가−변동판매비와 관리비 = 공헌이익 ② 공헌이익−고정제조간접원가−고정판매비와 관리비 = 영업이익
이익결정요인	판매량과 생산량	판매량

3. 변동원가계산의 유용성과 한계

제조원가는 원가행태에 따라 고정원가와 변동원가로 분류되며, 고정원가는 생산수준(조업도)에 관계없이 일정하게 발생한다. 예를 들면, 건물에 대한 감가상각비는 제품을 1단위 생산하거나 100단위를 생산하거나 관계없이 일정하게 발생한다. 따라서 고정제조간접원가를 제품원가에 포함시키는 경우, 손익의 크기가 매출액이나 판매량에 비례하지 않게 된다.

제품을 많이 생산하여 판매되지 않고 보유하는 경우, 전부원가계산에서는 고정제조간접원가가 기말재고자산에 포함되고 비용화되지 않으므로 매출원가가 적어지고 이익이 커지게 된다. 이와 같이 전부원가계산에 의한 손익계산의 결과는 판매량이 생산량보다 적은 경우에는 이익이 증가하여 효율적인 경영활동으로 인식될 수 있으며, 반대로 판매량이 생산량보다 많은 경우에는 이익이 감소하므로 경영관리면에서 유용한 정보를 제공하지 못한다.

그러나 **변동원가계산에 의한 손익계산서에서는** 고정제조간접비를 제품원가에 포함시키지 않고 기간비용으로 처리하므로 **이익이 제품생산량의 크기에 영향을 받지 않고 제품판매량에 비례하게 된다.** 따라서 전부원가계산에서 경영성과를 평가하는 경우 생산량을 증가시키면 이익이 증가되지만, **변동원가계산에서는 이익이 제품생산량에 영향을 받지 않으므로 제품생산량을 증가시켜 이익을 높이려는 유인이 제거되어 생산과잉으로 인한 재고누적**을 막을 수 있다.

원가관리목적에서 원가를 고정원가와 변동원가로 구분하고, 매출액에서 변동원가를 차감하면 공헌이익을 구할 수 있다. 변동원가계산을 이용하면 원가-조업도-이익분석(CVP분석)이나 각종 관리적 의사결정이나 이익계획에도 유용한 정보를 얻을 수 있다. 또한 변동원가계산을 이용하는 경우에 외부보고 목적으로 전부원가계산의 영업이익으로 전환하는 것이 어렵지 않기 때문에 경영 관리적 측면에서 변동원가계산제도를 유지하는 것이 필요하다.

변동원가계산의 유용성을 살펴보면 다음과 같다.

① 원가를 행태별로 분류하므로 경영자의 단기적 의사결정에 적합하다. 이익계획과 예산편성, 원가-조업도-이익분석에 관련된 자료를 변동원가계산에 의한 공헌손익계산서에서 얻을 수 있다.

② 특정기간의 이익이 재고자산이 수량변동에 의하여 영향을 받지 않는다. 제품의 판매가격, 원가, 매출구성 등이 일정하다면 변동원가계산에 의한 영업이익은 오직 판매량에 의해 결정되므로 매출액변동과 동일한 방향으로 변화한다.

③ 기간별 이익이 재고자산의 변동에 영향을 받지 않으므로 불필요한 재고누적을 방지할 수 있다. 전부원가계산에서는 판매량의 증가와 관계없이 생산량만 증가시키면 이

익을 증가시킬 수 있으므로 경영성과를 좋게 보이기 위하여 불필요한 재고를 생산할 수 있다.

④ 고정제조간접원가를 제품원가에 포함시키지 않기 때문에 생산량에 따라서 단위당 고정제조간접원가가 변화되어 제품단위당 원가가 변동되는 문제가 발생하지 않는다.

⑤ 공통적인 고정원가를 부문이나 제품별로 배부하지 않으므로 부문별·제품별 의사결정문제에 왜곡을 초래하지 않는다.

⑥ 변동원가계산을 표준원가 및 변동예산과 같이 사용하면 원가통제와 성과평가에 유용하게 활용할 수 있다.

그러나 변동원가계산은 다음과 같은 한계점을 가지고 있다.

① 변동원가계산만을 의사결정에 사용하면 고정원가의 중요성을 간과할 수 있으므로 잘못된 의사결정을 할 수 있다. 즉, 제품가격은 고정원가를 회수할 수 있도록 결정되어야 하나 변동원가만을 이용하면 가격결정을 왜곡시킬 수 있다.

② 일반적으로 인정된 회계원칙이 아니므로 외부보고에 이용될 수 없다.

③ 당기의 기말제품생산에 기여한 고정제조간접원가가 모두 기간비용으로 처리되므로, 그 제품이 판매되어 매출액이 인식되었을 때 적절히 대응되지 못하므로 수익·비용 대응원칙에 적합하지 않게 된다.

④ 변동원가계산의 기초가 되는 원가행태의 구분이 현실적으로 쉽지 않다. 모든 원가를 고정원가와 변동원가로 구분하여야 하는데, 이 과정에서 주관이 개입될 수 있다.

⑤ 장기계획에서 대부분의 비용은 변동원가로 간주할 수 있다. 고정원가는 관련범위 내에서 고정적이지만 장기적인 관점에서는 생산계획에 필요한 수준으로 조정할 수 있다.

제2절 전부원가계산과 변동원가계산의 영업이익 비교

1. 판매량이 변동되는 경우 영업이익의 비교

전부원가계산과 변동원가계산은 고정제조간접원가에 관한 회계처리가 다르기 때문에 재고자산의 수량변동에 따라 영업이익에서 차이가 발생하게 된다. 전부원가계산에서는 변동원가와 고정원가를 모두 제품원가에 포함시키지만, 변동원가계산에서는 변동원가만을 제품원가에 포함시키므로 이익측정과 재고자산의 평가결과가 다르게 나타난다. 여기에서는 생산량이 일정하고 판매량이 변동하는 경우 기초재고수량과 기말재고수량의 차이로 인한 변동원가계산의 영업이익과 전부원가계산의 영업이익의 차이를 비교하기로 한다.

(1) 생산량이 판매량보다 많은 경우

생산량이 판매량보다 많은 경우, 즉 기초재고수량보다 기말재고수량이 많은 경우에는 전부원가계산에 의한 영업이익이 변동원가계산에 의한 영업이익보다 크게 된다. 그 이유는 변동원가계산에서는 당기에 발생한 고정제조간접원가가 전부 기간비용으로 처리되지만, 전부원가계산에서는 당기에 발생한 고정제조간접원가 중에서 일부금액이 기말재고에 포함되고 당기 매출원가에 포함되지 않기 때문이다. 다음 (예제 8-1)에서 전부원가계산과 변동원가계산의 손익계산서를 작성하고 영업이익의 차이를 분석하기로 한다.

(예제 8-1) 생산량이 판매량보다 많은 경우 영업이익의 비교

(주)서울전자는 A제품을 생산하고 있으며, 단위당 변동원가와 고정원가총액은 다음 같다.

	변동원가	고정원가
직접재료원가	₩100	
직접노무원가	200	
변동제조간접원가	100	
변동판매비와 관리비	100	
고정제조간접원가		₩1,000,000
고정판매비와 관리비		400,000

A제품의 단위당 판매가격은 ₩1,000이며, 20×2년 1월~3월의 제품생산량과 판매량, 기초재고와 기말재고수준은 다음과 같다.

	1월	2월	3월
기초재고	0 개	1,000 개	0 개
생 산 량	4,000	4,000	4,000
판 매 량	3,000	5,000	4,000
기말재고	1,000	0	0

(요구사항)

(1) 전부원가계산에 의한 1월의 포괄손익계산서를 작성하시오

(2) 변동원가계산에 의한 1월의 포괄손익계산서를 작성하시오

(풀이)

1. 포괄손익계산서 (전부원가계산: 1월)

Ⅰ. 매출액	3,000개 × ₩1,000 =		₩3,000,000
Ⅱ. 매출원가			
기초제품재고액		0	
당기제품제조원가	4,000 × ₩650[1)] =	2,600,000	
기말제품재고액	1,000 × ₩650 =	650,000	1,950,000
Ⅲ. 매출총이익			1,050,000

Ⅳ. 판매비와 관리비			
변동판매비와 관리비3,000 × ₩100 =		300,000	
고정판매비와 관리비		400,000	700,000
Ⅴ. 영업이익			₩ 350,000

주: 1) 고정제조간접원가배부율 = ₩1,000,000 ÷ 4,000 = ₩250
단위당 제조원가 = 변동제조원가₩400 + ₩250 = ₩650

2. 포괄손익계산서 (변동원가계산: 1월)

Ⅰ. 매출액	3,000개 × ₩1,000 =		₩3,000,000
Ⅱ. 변동원가			
기초제품재고액		0	
당기제품제조원가	4,000 × ₩400 =	1,600,000	
기말제품재고액	1,000 × ₩400 =	400,000	
변동매출원가		1,200,000	
변동판매비와 관리비	3,000 × ₩100 =	300,000	1,500,000
Ⅲ. 공헌이익			1,500,000
Ⅳ. 고정원가			
고정제조간접원가		1,000,000	
고정판매비와 관리비		400,000	1,400,000
Ⅴ. 영업이익			₩ 100,000

(예제 8-1)에서 1월중 전부원가계산이 변동원가계산에 비하여 영업이익이 ₩250,000만큼 크게 나타나는데, 이는 두 방법에서 기말재고자산으로 처리된 원가의 차이와 일치한다. 전부원가계산에서는 고정제조간접원가 ₩250,000이 제품원가로 처리되지만 변동원가계산에서는 기간비용으로 처리되므로 전부원가계산에서는 변동원가계산의 경우보다 ₩250,000만큼 비용이 작아지고 영업이익이 커지게 된다. 다시 말하면, 변동원가계산에서는 고정제조간접원가 ₩1,000,000이 전부 기간비용으로 처리되는 반면에 전부원가계산에서는 당기 고정제조간접원가 중에서 판매된 제품에 대한 고정제조간접원가 ₩750,000(3,000개×₩250)만이 매출원가에 포함되어 비용으로 처리되고 미판매된 제품에 대한 고정제조간접원가 ₩250,000은 재고자산에 포함되어 매출원가에 포함되지 않았기 때문이다. 이런 이유로 전부원가계산에 의한 영업이익이 변동원가계산의 영업이익보다 ₩250,000만큼 커지게 된다. 즉 기말재고자산의 차이만큼 영업이익의 차이가 발생한다. 따라서 생산량에 비하여 미판매된 제품의 수량이 많을수록 전부원가계산에 의한 기말재고액이 커지고 매출원가는 적어지며 영업이익이 커지게 된다.

(2) 생산량이 판매량보다 적은 경우

영업기간의 생산량이 판매량보다 적은 경우, 즉 기초재고수량이 기말재고수량보다 많은 경우에는 변동원가계산에 의한 영업이익이 전부원가에 의한 영업이익보다 크게 된다. 그 이유는 변동원가계산에서는 당기에 발생한 고정제조간접원가만이 기간비용으로 처리되지만, 전부원가계산에서는 당기에 발생한 고정제조간접원가 이외에 기초재고자산에 배부되었던 고정제조간접원가가 매출원가에 포함되어 당기에 비용화 되었으므로 그 만큼 영업이익이 작아지기 때문이다. (예제 8-2)에서 기초재고자산이 더 많은 경우 영업이익의 차이를 분석하기로 한다.

(예제 8-2) 생산량이 판매량보다 적은 경우 영업이익의 비교

앞의 (예제 8-1)의 자료를 이용한다.

(요구사항)

(1) 전부원가계산에 의한 2월의 포괄손익계산서를 작성하시오.
(2) 변동원가계산에 의한 2월의 포괄손익계산서를 작성하시오.

(풀이)

(1) 포괄손익계산서(전부원가계산: 2월)

Ⅰ. 매출액	5,000개 × ₩1,000 =		₩5,000,000
Ⅱ. 매출원가			
기초제품재고액	1,000 × ₩650[1] =	650,000	
당기제품제조원가	4,000 × ₩650 =	2,600,000	
기말제품재고액		0	3,250,000
Ⅲ. 매출총이익			1,750,000
Ⅳ. 판매비와 관리비			
변동판매비와 관리비	5,000 × ₩100 =	500,000	
고정판매비와 관리비		400,000	900,000
Ⅴ. 영업이익			₩850,000

주: 1) 고정제조간접원가배부율 = ₩1,000,000 ÷ 4,000 = ₩250
단위당 제조원가 = 변동제조원가 ₩400 + ₩250 = ₩650

(2) 포괄손익계산서 (변동원가계산: 2월)

Ⅰ. 매출액	5,000개 × ₩1,000 =		₩5,000,000
Ⅱ. 변동원가			
기초제품재고액	1,000 × ₩400 =	400,000	
당기제품제조원가	4,000 × ₩400 =	1,600,000	

기말제품재고액	0	
변동매출원가	2,000,000	
변동판매비와 관리비 5,000 × ₩100 =	500,000	2,500,000
Ⅲ. 공헌이익		2,500,000
Ⅳ. 고정원가		
고정제조간접원가	1,000,000	
고정판매비와 관리비	400,000	1,400,000
Ⅴ. 영업이익		₩1,100,000

(예제 8-2)에서 2월중 전부원가계산이 변동원가계산에 비하여 영업이익이 ₩250,000만큼 적게 나타나는데, 이는 두 방법에서 기초재고자산의 차이와 일치한다. 전부원가계산에서는 기초재고자산의 고정제조간접원가 ₩250,000이 매출원가에 포함되지만, 변동원가계산에서는 전기에 이미 기간비용으로 처리되었으므로 전부원가계산에서는 변동원가계산의 경우보다 ₩250,000만큼 매출원가가 커지고 영업이익이 작게 된다. 다시 말하면, 변동원가계산에서는 당기의 고정제조간접원가만이 기간비용으로 처리되지만, 전부원가에서는 당기에 발생한 고정제조간접원가 뿐만 아니라 기초재고자산에 포함되어 있는 고정제조간접원가 ₩250,000도 매출원가에 포함되어 비용화된다. 그러므로 변동원가계산에 의한 영업이익이 전부원가계산의 영업이익보다 ₩250,000만큼 크게 된다.

(3) 생산량과 판매량이 같은 경우

영업기간 중에 생산된 제품이 모두 판매되고 생산량과 판매량이 같은 경우, 즉 기초재고수량과 기말재고수량이 동일한 경우에는 변동원가계산에 의한 영업이익과 전부원가계산에 의한 영업이익이 일반적으로 같게 된다. 그 이유는 생산량과 판매량이 같은 경우에는 당기 생산량 중에서 기말재고로 남는 수량이 없으며 고정제조간접원가가 모두 비용화되므로 변동원가계산과 전부원가계산에서 영업이익이 일치하게 된다.

(예제 8-3) 생산량과 판매량이 같은 경우 영업이익의 비교

앞의 (예제 8-1)의 자료를 이용한다.

(요구사항)

(1) 전부원가계산에 의한 3월의 포괄손익계산서를 작성하시오.

(2) 변동원가계산에 의한 3월의 포괄손익계산서를 작성하시오.

(풀이)

(1) 포괄손익계산서 (전부원가계산: 3월)

Ⅰ. 매출액	4,000개 × ₩1,000 =	₩4,000,000

Ⅱ. 매출원가		
기초제품재고액	0	
당기제품제조원가 4,000 × ₩650[1]=	2,600,000	
기말제품재고액	0	2,600,000
Ⅲ. 매출총이익		1,400,000
Ⅳ. 판매비와 관리비		
변동판매비와 관리비4,000 × ₩100 =	400,000	
고정판매비와 관리비	400,000	800,000
Ⅴ. 영업이익		₩600,000

주: 1) 고정제조간접원가배부율 = ₩1,000,000 ÷ 4,000 = ₩250
단위당 제조원가 = 변동제조원가 ₩400 + ₩250 = ₩650

2. 포괄손익계산서 (변동원가계산: 3월)

Ⅰ. 매출액 4,000개 × ₩1,000 =		₩4,000,000
Ⅱ. 변동원가		
기초제품재고액	0	
당기제품제조원가 4,000 × ₩400 =	1,600,000	
기말제품재고액	0	
변동매출원가	1,600,000	
변동판매비와 관리비 4,000 × ₩100 =	400,000	2,000,000
Ⅲ. 공헌이익		2,000,000
Ⅳ. 고정원가		
고정제조간접원가	1,000,000	
고정판매비와 관리비	400,000	1,400,000
Ⅴ. 영업이익		₩ 600,000

(예제 8-3)에서와 같이 생산량과 판매량이 같고 기말재고량이 없는 경우에는 전부원가계산과 변동원가계산의 영업이익이 동일하다. 변동원가계산에서는 고정제조간접원가가 기간비용으로 취급되어 모두 손익계산서에서 당기비용으로 수익에 대응된다. 전부원가계산에서 고정제조간접원가는 일단 당기제조원가에 포함되어 제품원가를 구성하지만 당기에 생산된 제품이 모두 그 기간 중에 판매되어 손익계산서에서 매출원가로 비용화된다.

이와 같이 두 원가계산방법에서 고정제조간접원가는 다르게 처리된다. 전부원가계산에서는 고정제조간접원가가 일단 제품원가에 포함된 후 판매시점에서 매출원가에 포함된다. 변동원가계산에서 고정제조간접원가가 제품의 판매여부와 관계없이 발생 즉시 기간비용으로 처리된다. 따라서 생산량과 판매량이 동일한 경우에는 고정제조간접원가가 최종적으로 귀속되는 비용항목이 다르더라도 비용화되는 금액은 동일하므로 전부원가계산과 변동원가계산에서 영업이익이 동일하게 된다. 그러나 생산량이 판매량과 같은 경우에 전부원가계산의 영업이익과 변동원가계산의 영업이익이 항상 일치하는 것이 아니다. 기초재고수량과 기말재고수량이 일치하여도, 기초재고와 기말재고에 포함된 고정제조간접원가의 배부율이 다른 경우에는 영업이익이 일치하지 않게 된다.

지금까지 판매량이 변동할 때, 기초재고와 기말재고수량의 차이로 인한 전부원가계산과 변동원가계산에서 영업이익의 차이를 비교하여 보았다. 일반적으로 두 원가계산방법에서 영업이익의 차이는 근본적으로 고정제조간접원가의 비용화시점 때문에 발생한다. 기초재고와 기말재고에 포함되어 있는 고정제조간접원가의 차이만큼 전부원가계산과 변동원가계산에서 영업이익의 차이가 발생하며 다음과 같이 요약할 수 있다.

첫째, 영업이익의 차이를 발생하는 이유는 전부원가계산의 재고자산에 고정제조간접원가가 포함되어 있기 때문이다. 변동원가계산에서는 고정제조간접원가의 전액이 기간비용이며 당기비용을 처리되지만, 전부원가계산에서는 생산량의 일부가 재고자산으로 남아있기 때문이다. 두 원가계산에서 영업이익의 차이는 기말재고자산과 기초재고자산의 고정제조간접원가의 차이와 일치한다.

둘째, 생산량과 판매량의 차이에 따라 전부원가계산과 변동원가계산의 영업이익에서 차이가 발생한다. 일반적으로 생산량이 판매량보다 큰 경우에는(기초재고량〈기말재고량) 전부원가계산은 고정제조간접원가가 차기로 이월되므로 영업이익이 더 크게 되며, 생산량이 판매량보다 적은 경우에는(기초재고량〉기말재고량) 전기에서 이월된 고정제조간접원가가 매출원가에 포함되므로 영업이익이 작아진다. 생산량과 판매량이 같은 경우에는(기초재고량=기말재고량)에는 영업이익이 동일하게 된다.

셋째, 각 기간의 영업이익의 차이는 두 원가계산방법에서 비용으로 처리되는 고정제조간접원가의 차이와 동일하다. 일반적으로 재고자산이 없는 경우에는 전부원가계산과 변동원가계산의 영업이익이 동일하다. 그러나 당기 중에 생산량과 판매량이 동일하여도 기초재고와 기말재고에 포함된 단위당 고정제조간접원가가 다르면 영업이익이 다르게 된다.

이상의 설명을 기초로 전부원가계산과 변동원가계산에서 생산량과 판매량, 재고수준의 변화에 따른 영업이익의 관계를 요약하면 〈표 8-4〉와 같다.

〈표 8-4〉 재고자산의 변화와 영업이익의 관계

수 량	재고자산	영업이익
생산량 〉 판매량	기초재고 〈 기말재고	전부원가계산의 이익 〉 변동원가계산의 이익
생산량 〈 판매량	기초재고 〉 기말재고	〃 〃 〈 〃 〃
생산량 = 판매량	기초재고 = 기말재고	〃 〃 = 〃 〃

2. 생산량이 변동되는 경우 영업이익의 비교

지금까지는 생산량이 일정하고 판매량이 변동하는 경우 전부원가계산과 변동원가계산의 영업이익의 차이를 비교하여 보았다. 여기에서는 판매량이 일정하고 생산량만 변동하는 경우에 전부원가계산과 변동원가계산에 의한 영업이익의 변동을 살펴보기로 한다.

전부원가계산과 변동원가계산은 제품원가에 포함되는 원가항목이 다르기 때문에 재고수준이 변동하면 영업이익이 서로 다르게 된다. 전부원가계산에서는 변동원가는 물론이고 고정제조간접원가까지 제품원가에 포함시킨다. 따라서 생산량이 증가하여 기말재고수량이 증가하면 당기에 발생된 고정제조간접원가의 일부가 비용화되지 않고 기말재고자산에 포함되기 때문에 매출원가가 적어지고 영업이익이 증가한다. 변동원가계산에서는 고정제조간접원가를 전부 기간비용으로 처리하므로 생산량이 변동하여도 판매량이 일정하면 영업이익에 영향이 없게 된다. 요약하면, 판매량이 일정한 상태에서는 생산량이 증가하면 전부원가계산의 영업이익은 증가하지만, 변동원가계산의 영업이익은 영향이 없으며 판매량에 비례하여 변동하게 된다. 다음 (예제 8-4)에서 생산량이 변동되는 경우 두 원가계산방법에서 영업이익의 변화를 비교해 보기로 한다.

(예제 8-4) 생산량이 변동되는 경우 영업이익의 비교

(주)서울전자는 A제품을 생산하고 있으며, 단위당 변동원가와 고정원가총액은 다음 같다.

	변동원가	고정원가
직접재료원가	₩100	
직접노무원가	200	
변동제조간접원가	100	
변동판매비와 관리비	100	
고정제조간접원가		₩1,200,000
고정판매비와 관리비		400,000

A제품의 단위당 판매가격은 ₩1,000이며, 20×2년 1월~3월의 제품생산량과 판매량, 기초재고와 기말재고수준은 다음과 같다.

	1월	2월	3월
기초재고	0 개	1,000 개	1,000 개
생 산 량	6,000	5,000	4,000
판 매 량	5,000	5,000	5,000
기말재고	1,000	1,000	0

(요구사항)

(1) 전부원가계산에 의한 월별 포괄손익계산서를 작성하시오.

(2) 변동원가계산에 의한 월별 포괄손익계산서를 작성하시오.

(풀이)

1. 포괄손익계산서 (전부원가계산) (단위 : 원)

항 목	1 월	2 월	3 월
매출액	5,000,000	5,000,000	5,000,000
매출원가	3,000,000	3,160,000	3,440,000
기초제품재고액	0	600,000	640,000
당기제품제조원가	3,600,000[1)]	3,200,000[2)]	2,800,000[3)]
기말제품재고액	600,000	640,000	0
매출총이익	2,000,000	1,840,000	1,560,000
판매비와 관리비			
변동판매비와 관리비	500,000	500,000	500,000
고정판매비와 관리비	400,000	400,000	400,000
영업이익	1,100,000	940,000	660,000

1) 고정제조간접원가 배부율 = 1,200,000/6,000 = ₩200
   단위당 제조원가 = 변동원가₩400 + 고정원가₩200 = ₩600
   제품제조원가 = 6,000 × 600 = ₩3,600,000
2) 고정제조간접원가 배부율 = 1,200,000/5,000 = ₩240
   단위당 제조원가 = 변동원가400 + 240 = ₩640
   제품제조원가 = 5,000 × 640 = ₩3,200,000
3) 고정제조간접원가 배부율 = 1,200000/4,000 = ₩300
   단위당 제조원가 = 변동원가 400 + 300 = ₩700
   제품제조원가 = 4,000 × 700 = ₩2,800,000

2. 포괄손익계산서 (변동원가계산) (단위: 원)

항 목	1 월	2 월	3 월
매출액	₩5,000,000	₩5,000,000	₩5,000,000
변동원가	2,500,000	2,500,000	2,500,000
기초제품재고액	0	400,000	400,000
당기제품제조원가	2,400,000[1)]	2,000,000[2)]	1,600,000[3)]
기말제품재고	400,000	400,000	0
변동매출원가	2,000,000	2,000,000	2,000,000
변동판매비와 관리비	500,000[4)]	500,000	500,000
공헌이익	2,500,000	2,500,000	2,500,000
고정원가			
고정제조간접원가	1,200,000	1,200,000	1,200,000
고정판매비와 관리비	400,000	400,000	400,000
영업이익	₩900,000	₩900,000	₩900,000

1) 제품제조원가 6,000개 × @400 = ₩2,400,000
2) 제품제조원가 5,000개 × @400 = ₩2,000,000
3) 제품제조원가 4,000개 × @400 = ₩1,600,000
4) 변동판매비와 관리비 5,000개 × @100 = ₩500,000

위의 (예제 8-4)에서 보는 바와 같이 전부원가계산은 매월 판매량이 일정하여도 생산량이 변동하면 영업이익이 달라진다. 위의 예제에서 판매량은 매월 5,000개로 일정하지만 생산량이 변동하면 전부원가계산의 영업이익은 달라지고 있음을 알 수 있다. 일반적으로 전부원가계산에서는 생산량이 증가하면 영업이익이 증가한다. 이에 비하여 변동원가계산은 생산량의 변화에 관계없이 판매량이 일정하면 영업이익은 일정하게 발생하며, 판매량의 변동에 따라 영업이익이 변동한다. (예제 8-4)에서도 생산량은 매월 변동되지만 판매량은 일정하게 5,000개이므로 변동원가계산에 의한 영업이익은 매월 ₩900,000으로 일정하다. 즉 변동원가계산의 영업이익은 생산량에 영향을 받지 않고 판매량에 의해서만 영향을 받는다. 이러한 이유로 판매량에 의해서만 영업이익이 영향을 받는 변동원가계산이 판매량은 물론 생산량에 의하여 영향을 받는 전부원가계산보다 경영성과의 평가면에서 우월하다고 볼 수 있다.

전부원가계산은 고정제조간접원가를 제품에 배부하므로 생산량이 증가할수록 고정제조간접원가배부율이 낮아지며 이로 인하여 제품단위당 제조원가가 낮아진다. 반대로 생산량이 적을수록 고정제조간접원가 배부율이 높아지고 이로 인하여 제품 단위당 제조원가가 높아진다. (예제 8-4)에서도 판매량은 일정한데 생산량이 감소하면 전부원가계산의 영업이익이 감소하였다. 이러한 이유로 전부원가계산에서는 영업이익을 증가시키기 위하여 판매량과는 관계없이 생산량을 증가시키려는 유인이 발생하고, 그 결과 불필요한 재고가 누적되어 재고관리비가 증대되며, 재고자산이 진부화되어 손실을 초래할 수 있다.

여기에서 한 가지 유의할 점은 이미 앞 절에서 설명한 바와 같이, 생산량과 판매량이 같은 경우, 즉 기초재고수량과 기말재고수량이 동일한 경우에 전부원가계산의 영업이익과 변동원가계산의 영업이익 항상 일치하지는 않는다는 것이다. 기초재고액과 기말재고에 포함된 고정제조간접원가의 배부율이 다르면 기초재고와 기말재고수량이 일치하여도 두 원가계산에서 영업이익이 다르게 산출된다는 것이다. (예제 8-4)의 2월 중에 생산량과 판매량이 동일하고, 기초재고수량과 기말재고수량이 일치하여도 영업이익은 두 원가계산에서 다르게 나타나고 있다. 이것은 전부원가계산에서 기초재고와 기말재고 1,000개에 배부된 고정제조간접원가배부율이 서로 다르기 때문이다. 즉 기초재고에는 ₩200,000(1,000개 × 1월의 고정제조간접원가배부율 200), 기말재고에는 ₩240,000(1,000개 × 2월의 고정제조간접원가배부율)의 고정제조간접원가가 배부되었기 때문에 영업이익에서 차이가 나타났다.

이상에서 살펴본 생산량 변동에 따른 영업이익에 미치는 효과를 비교하면 다음과 같다.

〈표 8-5〉 생산량 변동이 영업이익에 미치는 효과

구 분	전부원가계산	변동원가계산
영업이익에 미치는 효과	생산량이 증가할수록 영업이익이 증가한다.	생산량의 변동이 영업이익에 영향이 없다.
이익효과의 원인	기말재고에 포함된 고정제조간접원가가 증가, 매출원가가 감소되어 차기로 이월	고정제조간접원가가 기간비용으로 모두 당기비용처리
경영자에 대한 동기유발	재고과잉유발	이익함수는 생산량이 아니라 판매량이므로 판매에 집중

3. 영업이익차이의 조정

전부원가계산의 영업이익과 변동원가계산의 영업이익의 차이는 고정제조간접원가의 비용화시점의 차이에 따라 재고자산에 포함된 고정제조간접원가의 금액만큼 차이가 발생하게 된다. 전부원가계산에서는 고정제조간접원가를 제품원가에 포함시키지만, 변동원가계산에서는 기간비용으로 처리하였기 때문에서 기초재고와 기말재고에 포함된 고정제조간접원가 만큼 영업이익에서 차이가 발생하게 된다. 이러한 차이로 인하여 경영관리목적으로 변동원가계산을 채용하는 경우에는 회계기말에 외부보고목적을 위하여 전부원가계산에 의한 영업이익으로 조정하여야 한다.

두 원가계산방법에서 영업이익의 차이의 조정은 기초재고와 기말재고에 포함된 고정제조간접원가를 가감함으로써 조정될 수 있다. 영업이익차이의 조정은 **재고자산의 순증감액에 포함된 고정제조간접원가를 변동원가계산의 영업이익에 가감하면 전부원가계산의 영업이익으로 조정된다.** 즉, 재고자산이 순증가(기초재고〈기말재고)인 경우에는 전부원가계산의 기말재고자산에 포함되어 있는 고정제조간접원가만큼 변동원가계산의 영업이익에 가산하고, 반대로 재고자산이 순감소(기초〉기말)인 경우에는 기초재고자산에 포함되어 있는 고정제조간접원가만큼 변동원가계산의 영업이익에서 차감하면 전부원가계산의 영업이익으로 조정할 수 있다.

변동원가계산의 영업이익을 전부원가계산의 영업이익으로 조정하는 공식은 다음과 같다.

변동원가계산에 의한 영업이익	×××
+ 기말재고자산에 포함된 고정제조간접원가	×××
− 기초재고자산에 포함된 고정제조간접원가	(×××)
= 전부원가계산에 의한 영업이익	×××

위의 식에서 단위당 고정제조간접원가가 기초와 기말에 동일하다면 다음과 같은 식으로 산출할 수 있다.

변동원가계산에 의한 영업이익+(기말재고량-기초재고량) × 단위당 고정제조간접원가 =전부원가계산에 의한 영업이익

마찬가지로 전부원가계산의 영업이익을 변동원가계산의 영업이익으로 조정하는 공식은 다음과 같다.

전부원가계산에 의한 영업이익	×××
- 기말재고자산에 포함된 고정제조간접원가	×××
+ 기초재고자산에 포함된 고정제조간접원가	(×××)
= 변동원가계산에 의한 영업이익	×××

전부원가계산과 변동원가계산에서 나타나는 영업이익의 차이는 기초재고와 기말재고에 포함된 고정제조간접원가의 차이와 같게 나타난다. (예제 8-4)에서 1월은 전부원가계산의 영업이익이 ₩200,000만큼, 2월은 변동원가계산에 의한 영업이익이 ₩40,000만큼 높게 나타나고 있는데 이 차이는 재고자산의 변화액의 차이와 같다. 1월중에 전부원가 ₩600,000이자만 계산의 기말재고는 ₩600,000이지만 변동원가계산의 기말재고는 ₩400,000이다. 2월중에는 전부원가계산의 기말재고는 ₩40,000이 증가하지만, 변동원가계산의 기말재고는 전월과 같이 ₩400,000이며 변동이 없다. 따라서 영업이익의 차이는 다음과 같은 공식으로 계산할 수 있다.

전부원가계산의 영업이익 - 변동원가계산의 영업이익 =기말재고자산의 고정제조간접원가 - 기초재고자산의 고정제조간접원가

1월: ₩1,100,000 - ₩900,000 = (1,000 × ₩200) - 0

₩200,000 = ₩200,000

2월: ₩940,000 - ₩900,000 = (1,000 × ₩240) - (1,000 × ₩200)

₩ 40,000 = ₩ 40,000

(예제 8-5) 이익차이의 조정

(예제 8-4)의 자료를 이용하여 변동원가계산의 영업이익을 전부원가계산의 영업이익으로 조정하시오.

(풀이)

1) 변동원가계산의 영업이익을 전부원가계산의 영업이익으로 조정

	1월	2월	3월
변동원가계산의 영업이익	₩ 900,000	₩900,000	₩900,000
+ 기말재고자산에 포함된 고정제조간접원가	200,000	240,000	0
− 기초재고자산에 포함된 고정제조간접원가	0	200,000	240,000
= 전부원가계산의 영업이익	1,100,000	940,000	660,000

2) 전부원가계산의 영업이익을 변동원가계산의 영업이익으로 조정

	1월	2월	3월
전부원가계산의 영업이익	₩1,100,000	₩940,000	₩660,000
− 기말재고자산에 포함된 고정제조간접원가	200,000	240,000	0
+ 기초재고자산에 포함된 고정제조간접원가	0	200,000	240,000
= 변동원가계산의 영업이익	900,000	900,000	900,000

제3절 제조간접원가차이

1. 예정배부율과 배부차이

지금까지는 실제원가계산제도에서 전부원가계산과 변동원가계산을 비교 설명하였다. 실제원가계산은 실제 발생된 제조간접원가를 기준으로 제품에 배부하므로 동일한 제품이 조업도의 변화에 따라 단위당 원가가 매 기간 변동될 수 있다. 이러한 문제점을 해결하기 위하여 제조간접원가를 예정배부하는 정상원가계산을 이용한다. **정상원가계산**(normal costing)은 직접재료원가와 직접노무원가는 실제발생액으로 집계하고, 제조간접원가는 예정배부율을 사용하여 제품에 배부하는 원가계산제도이다. 정상원가계산에서는 매 기간 일정한 예정배부율을 사용하여 제품에 배부하므로 단기적인 조업도의 변동이나 제조간접원가 발생액의 변동으로 제품 단위당 원가가 변하지 않는다.

정상원가계산을 적용하는 경우 제조간접원가 예정배부액과 실제배부액간에 차이가 발생하므로 전부원가계산과 변동원가계산의 비교가 다소 복잡해진다. 그러나 기본적인 차이분석은 실제원가계산에서의 비교와 동일하다. 지금부터는 정상원가계산에서 전부원가계산과 변동원가계산을 비교하여 보고 두 원가계산방법의 영업이익 간에 차이가 발생하는 경우 어떻게 조정할 것인가에 대하여 살펴보기로 한다.

정상원가계산에서 예정배부율을 이용하여 제조간접원가를 배부하면 제품단위당 고정제조간접원가를 일정하게 유지할 수 있으며, 예정배부율과 배부액은 다음과 같이 계산

된다.

$$\text{제조간접원가 예정배부율} = \frac{\text{제조간접원가예산액}}{\text{총예정조업도(기준조업도)}}$$

제조간접원가 배부액 = 예정배부율 × 제품별 배부기준(실제조업도)

제조간접원가를 변동제조간접원가와 고정제조간접원가로 분리할 수 있다면, 제조간접원가의 계획과 통제를 위하여 다음과 같은 개별적인 배부율을 사용하여 제품에 배부하면 정확한 제품원가를 계산할 수 있다.

변동제조간접원가 배부율 = 조업도 단위당 변동제조간접원가

$$\text{고정제조간접원가 배부율} = \frac{\text{고정제조간접원가예산액}}{\text{예정조업도}}$$

제조간접원가 예정배부율을 사용하면 재고자산 단위당 원가가 실제원가계산과 다르게 되며 결과적으로 영업이익도 다르게 된다. 제조간접원가를 예정배부하는 경우 예정배부액과 실제발생액 간에 **제조간접원가 배부차이**가 발생하며, 예정배부액이 많은 경우에는 과대배부이고 적게 배부된 경우에는 과소배부이다. 이러한 과대배부와 과소배부액은 비례배분법이나 매출원가조정법으로 제품원가에 배부되어 조정된다.

전부원가계산에 의한 제조간접원가 예정배부율은 앞의 식에서 산출된 것처럼 고정제조간접원가배부율과 변동제조간접원가배부율로 나누어 적용할 수 있다. 그러나 정상원가계산제도에서 변동원가계산은 변동제조간접원가배부율을 이용하여 변동제조간접원가만을 제품에 배부하면 된다. 왜냐하면 변동원가계산에서는 고정제조간접원가를 제품원가에 포함시키지 않고 기간비용을 처리하기 때문이다. 따라서 정상원가계산제도하에서 변동원가계산을 적용한다면 고정제조간접원가에 대한 배부차이는 존재하지 않게 된다.

2. 정상원가계산에서 영업이익의 조정

정상원가계산에서 예정배부율을 사용하여 제조간접원가 배부차이가 존재하는 경우 전부원가계산에서는 제품에 배부되는 변동제조간접원가와 고정제조간접원가 모두에서 배부차이가 발생하며, 변동원가계산에서는 변동제조간접원가 배부차이만 발생한다. **따라서 정상원가계산을 적용하는 경우에도 전부원가계산과 변동원가계산의 관계는 실제원가계산에서와 동일하다.** 즉 전부원가계산에서는 고정제조간접원가가 재고자산에 가산되고, 변동원가계산에서 고정제조간접원가가 기간비용으로 처리되므로 실제원가계산을 사용하는 경우와 거의 차이가 없다.

변동원가계산에서는 판매량이 동일하면 영업이익도 동일하게 되며 판매량이 증가하면 영업이익도 증가한다. 그러나 전부원가계산에서는 판매량이 동일하여도 생산량이 많을수록 영업이익이 크게 되므로 전부원가계산에서 영업이익의 크기는 판매량과 조업도에 영향을 받게 된다. 따라서 실제조업도나 실제생산량이 기준조업도나 예정생산량과 차이가 있을 경우에는 고정제조간접원가 배부차액 또는 조업도차이가 발생한다. 전부원가계산에서는 이러한 배부차이를 매출원가에서 조정할 경우에는 판매량이 동일하여도 생산량에 따라 영업이익이 다르게 나타난다. 이와 같이 영업이익의 차이는 재고자산에 포함된 고정제조간접원가의 차이 때문에 발생하며, 기말에 재고자산이 모두 판매되면 전체기간의 영업이익은 동일하다.

실제원가계산과 정상원가계산의 영업이익의 차이는 다음과 같다.

실제원가계산과 정상원가계산의 영업이익차이 = 제조간접원가배부율차이 × 기말재고수량

전부원가계산에서 판매량과 생산량이 이익함수로 작용하므로, 판매량이 전기와 동일하여도 생산량이 많으면 영업이익이 증가하고, 판매량이 증가하여도 영업이익이 감소할 수도 있다. 그러나 변동원가에서는 실제원가를 적용하든 예정원가를 적용하든 고정제조간접원가를 기간비용을 처리하므로 판매량이 증가하면 영업이익이 증가하고 판매량이 감소하면 영업이익이 감소한다. 변동원가계산에서는 고정제조간접원가의 배부차이 또는 조업도차이 등과 관련된 문제가 근본적으로 발생하지 않으므로 영업이익은 판매량에 따라 변화하며 경영자의 입장에서도 이해하기가 쉽다.

이와 같이 정상원가계산을 적용하여 제조간접원가 배부차이가 존재하는 경우에도 전부원가계산과 변동원가계산의 관계는 실제원가계산의 경우와 동일하므로 두 원가계산에서 영업이익의 차이를 조정하는 것도 실제원가계산에서와 동일하다. 즉, 외부보고를 위하여 변동원가계산의 영업이익을 전부원가계산의 영업이익으로 전환하는 것은 변동원가영업이익에 기말재고의 고정제조간접원가를 더해 주고 기초재고액의 고정제조간접원가를 차감하면 전부원가계산의 영업이익이 된다.

(예제 8-6) 정상원가계산에서 전부원가와 변동원가계산

(주)제일은 20×1년초 영업을 개시하였으며, 정상원가계산제도를 채택하고 있다. 년초에 단위당 변동제조간접원가를 ₩100 연간고정제조간접원가를 ₩1,000,000, 연간생산량을 4,000개로 예상하고 이를 기준으로 제조간접원가를 예정배부하고 있다. 20×1년 중 회사가 생산한 제품에 대한 실제자료는 다음과 같다.

단위당 판매가격	₩1,000
단위당 변동원가	

직접재료원가	₩100	
직접노무원가	200	
변동제조간접원가	110	
변동판매비와 관리비	90	500
단위당 공헌이익		₩ 500

20×1년도의 제품생산량은 3,800개이고 판매량은 3,500개이다. 실제발생한 연간고정제조간접원가는 ₩1,000,000 고정판매비와 관리비는₩ 400,000이다. 제조간접원가 배부차이는 매출원가에서 조정한다.

(요구사항)

1. 전부원가계산과 변동원가계산을 이용하여 단위당 제품원가를 산출하시오.
2. 전부원가계산과 변동원가계산에 의한 포괄손익계산서를 작성하시오.
3. 두 원가계산방법에 의한 영업이익의 차이를 조정하시오.

(풀이)

1. 단위당 제품원가

	전부원가계산	변동원가계산
직접재료원가	₩100	₩100
직접노무원가	200	200
변동제조간접원가	100	100
고정제조간접원가	250[1]	
합 계	₩650	₩400

주: 1) 단위당 고정제조간접원가: ₩1,000,000 ÷ 4,000개 = ₩250

2. 포괄손익계산서의 작성

(1) 전부원가계산

Ⅰ. 매출액 3,500개 × ₩1,000 =		₩3,500,000
Ⅱ. 매출원가		
기초제품재고액	0	
당기제품제조원가 3,800 × @650 =	2,470,000	
기말제품재고액 300 × @650 =	(195,000)	
제조간접원가 과소배부액	88,000[2]	2,363,000
Ⅲ. 매출총이익		1,137,000
Ⅳ. 판매비와 관리비		
변동판매비와 관리비 3,500 × @90 =	15,000	
고정판매비와 관리비	400,000	715,000
Ⅴ. 영업이익		₩ 422,000

주: 2) 제조간접원가배부차이

	실제발생액	예정배부액	배부차이
변동제조간접원가	3,800 × @110 = ₩ 418,000	3,800 × @100 = ₩ 380,000	₩ 38,000
고정제조간접원가	1,000,000	3,800 × @250 = 950,000	50,000
계	₩1,418,000	₩1,330,000	₩ 88,000

(2) 변동원가계산

Ⅰ. 매출액 3,500개 × ₩1,000 =		₩3,500,000
Ⅱ. 변동원가		
기초제품재고액	0	
당기제품제조원가 3,800 × @400 =	1,520,000	
기말제품재고액 300 × @400 =	(120,000)	
제조간접원가 과소배부액	38,000[3)]	
변동매출원가	1,438,000	
변동판매비와 관리비 3,500 × @90 =	315,000	1,753,000
Ⅲ. 공헌이익		1,747,000
Ⅳ. 고정원가		
고정제조간접원가	1,000,000	
고정판매비와 관리비	400,000	1,400,000
Ⅴ. 영업이익		₩ 347,000

주: 3) 변동제조간접원가 배부차이: 실제발생액 418,000 − 예정배부액 380,000 = ₩38,000

3. 영업이익의 조정 (이익차이 ₩ 75,000)

변동원가계산에 의한 영업이익	₩ 347,000
+ 기말재고 고정제조간접원가 300 × @250 =	75,000
- 기초재고 고정제조간접원가	0
전부원가계산에 의한 영업이익	₩ 422,000

(예제 11-6)에서와 같이 전부원가계산에 의할 경우 고정제조간접원가를 제품에 배부함에 따라 고정제조간접원가 배부차이가 발생하지만, 변동원가계산에 의할 경우 고정제조간접원가를 기간비용으로 처리하게 때문에 고정제조간접원가 배부차이는 발생하지 않는다. 결국 정상원가계산제도하에서 두 방법에 의한 영업이익의 차이가 발생하는 이유는 기초와 기말재고자산에 포함된 고정제조간접원가로 인하여 각각의 방법에서 당기에 비용화되는 고정제조간접원가가 다르기 때문이다. 또한 제조간접원가 배부차이를 매출원가 또는 기타의 방법으로 조정하면 변동제조간접원가 배부차이가 발생하여도 영업이익에 미치는 영향이 동일하므로 변동제조간접원가 배부차이를 영업이익 차이조정에 반영할 필요가 없다.

제4절 전부원가계산과 기준조업도

1. 기준조업도(예정조업도)의 유형

정상원가계산에서 이용되는 제조간접원가 예정배부율을 계산하기 위해서 미리 설정된 예정조업도를 **기준조업도**라고 한다. 전부원가계산에서 기준조업도는 고정제조간접원가 예정배부율에 영향을 미치며 결국 제품원가에도 영향을 주게 된다. 따라서 기준조업도를 어느 수준에서 설정하느냐에 따라 제품원가가 달라지므로 기준조업도의 선택문제는 매우 중요하다. 고정제조간접원가 예정배부율을 결정하는 기준조업도에는 다음 네 가지 유형이 있다.

(1) 이론적 조업도

이론적 조업도(theoretical capacity)는 기계고장이나 수선 등에 의하여 발생하는 생산중단 없이 최고의 능률로 생산설비를 최대로 이용할 수 있는 환경에서 달성될 수 있는 조업도이며 이론적으로 가능한 최대생산량을 의미한다. 예를 들면, (주)서울이 보유하는 기계설비가 최대속도로 시간당 120단위의 제품을 생산하고 있는 경우에 월간 이론적 조업도는 다음과 같다.

100단위/시간당 × 24시간 × 30일 = 72,000단위

이론적 조업도는 작업중단이나 기타의 요인으로 인한 유휴설비가 발생하지 않는 경우에 달성될 수 있는 생산량이며, 이론적으로 생산 가능한 최대조업도를 의미한다.

(2) 실제최대조업도

실제최대조업도(practical capacity)는 정기적인 기계수선, 휴일의 가동중단, 작업자의 휴식 등과 같은 불가피한 생산중단을 허용하면서 달성 가능한 최대생산량이다. 실제최대조업도는 공장에서 실제적으로 달성될 수 있는 최대수준의 조업도이며, 이론적 조업도에서 회피불가능한 작업중단으로 인하여 발생하는 조업도수준의 감소를 고려한 것이다. 일반적으로 이론적 조업도의 70~85% 정도에 해당한다. 위의 예에서 만일 공장이 한 달에 25일 가동되며 불가피한 가동중단을 고려한 실제생산속도는 시간당 80단위의 제품생산이 가능하다고 가정하면 월별 실제최대조업도는 다음과 같다.

80단위/시간당 × 24시간 × 25일 = 48,000단위

이론적인 조업도나 실제최대조업도는 수요측면을 고려하지 않고 공급측면만 고려한

기준조업도의 측정치이다. 실제로 공급능력이 있지만 수요가 없기 때문에 생산하지 않는 상황이 발생한다. 다음에 설명하는 정상조업도와 예산조업도는 수요측면까지 고려한 조업도이며, 이론적 조업도나 실제최대조업도를 초과할 수 없다.

(3) 정상조업도

정상조업도(normal capacity)는 과거의 정상적인 조업도를 기초로 미래에 예상되는 생산량의 증감을 고려하여 장기적(보통 3~5년)으로 평균한 조업도이다. 정상조업도는 **평균조업도**라고도 하며, 수요의 계절적·주기적 변동 및 추세변동을 평준화할 만큼 충분한 기간에 걸쳐 고객의 수요를 충족시킬 수 있는 평균적인 연간생산량이다. 예를 들어, (주)서울의 경우 다음 3년간 정상적인 월간 제품생산량이 36,000단위로 예상하고 있다.

(4) 예산조업도

예산조업도(master-budget capacity)는 다음연도의 예상판매량을 고려하여 결정한 조업도이다. 이는 예산편성의 기초로 많이 이용되며, 다음 1년간의 예상되는 조업도수준이라는 의미에서 **연간기대조업도**(expected annual capacity)라고도 한다. 예를 들어, (주)서울은 다음연도에 경기하강국면이 예상되므로 월간 생산량 수준을 30,000단위로 결정하는 경우에 예산조업도는 월간 30,000단위이다. 일반적으로 수년간에 걸친 정상조업도를 예측하는데 어려움이 있으므로 많은 기업에서 예산조업도를 기준조업도로 선정하는 경향이 있다.

2. 조업도차이: 재무제표에 대한 영향

고정제조간접원가는 실제생산량의 변화에 대한 함수가 아니라 기본적으로 시간의 경과에 따라 발생한다. 따라서 전부원가계산에서 예정배부율을 사용하면 기준조업도가 증가할수록 제품에 배부되는 고정제조간접원가가 감소한다. 예를 들어 위에서 설명한 (주)서울의 월별 고정제조간접원가 예산이 ₩360,000이라고 가정하면, 각 기준조업도 개념에 따른 고정제조간접원가 예정배부율은 다음과 같다.

기준조업도	고정제조간접원가예산	조업도수준	고정제조간접원가 예정배부율
이론적 조업도	₩360,000	72,000단위	₩ 5.0/단위
실제최대조업도	360,000	48,000	7.5
정상조업도	360,000	36,000	10.0
예산조업도	360,000	30,000	12.0

위의 표에서 기준조업도가 가장 커지는 이론적 조업도는 고정제조간접원가 예정배부

율이 단위당 ₩5.0으로 가장 낮고, 기준조업도가 가장 작은 예산조업도는 예정배부율이 단위당 ₩12.0으로 가장 높다. 이는 기준조업도를 어느 수준에서 결정하느냐에 따라 단위당 제품원가가 크게 달라질 수 있음을 시사한다. 따라서 실제조업도가 고정제조간접원가 예정배부율에 사용된 기준조업도와 일치하지 않을 경우 다음 (그림 8-1)에서와 같이 고정제조간접원가 배부차액이 발생하게 된다.

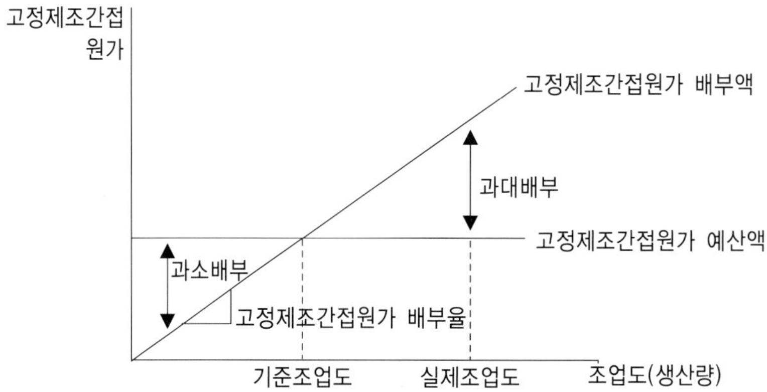

〈그림 8-1〉 조업도와 고정제조간접원가배부액

그림에서 보는 바와 같이 실제조업도와 기준조업도가 동일한 경우에는 고정제조간접원가배부액이 예산액과 일치한다. 실제조업도가 기준조업도에 미달한 경우에는 고정제조간접원가배부액이 예산액보다 작아져서 배부부족(과소배부)이 발생하고, 실제조업도가 기준조업도를 초과한 경우에는 배부액이 예산액보다 커져서 배부초과(과대배부)가 발생한다. 이와 같이 기준조업도의 추정오류에서 발생하는 고정제조간접원가의 과소 또는 과대배부로 인한 배부차액을 **조업도차이**(production volume variance)라고 하며 다음과 같이 계산한다.

조업도차이 = 고정제조간접원가 예정배부율 × (기준조업도 － 실제조업도)
= 고정제조간접원가예산액 － 고정제조간접원가배부율 × 실제조업도

$$\text{제조간접원가예정배부율} = \frac{\text{고정제조간접원가예산}}{\text{기준조업도}}$$

기준조업도중에서 가장 낮은 예산조업도를 제품원가계산에 이용하는 경우 기말재고액에 가장 많은 고정제조간접원가가 배부되고 그 결과 영업이익도 가장 크게 된다. 이론적 조업도와 실제최대조업도 또는 다른 기준조업도간의 영업이익의 차이는 고정제조간접원가 중 재고자산으로 처리되는 금액의 차이와 같게 된다.

(예제 8-7) 조업도차이와 재무제표에 대한 영향

(주)서울은 전자제품을 생산 판매하고 있으며, 5월중 생산 및 원가자료는 다음과 같다.

기초재고 0, 생산량 23,000단위, 판매량 21,000단위 기말재고 2,000단위

고정제조간접원가 예산액 ₩100,000, 기준조업도 40,000단위

단위당 변동제조원가 ₩7, 단위당 판매가 ₩12, 판매관리비 월 ₩5,000

(요구사항)

1. 조업도차이(과소, 과대배부액)를 계산하시오
2. 전부원가계산에 의한 포괄손익계산서를 작성하시오. 단, 조업도차이는 매출원가에서 조정한다.
3. 전부원가계산의 영업이익을 변동원가계산의 영업이익으로 조정하시오

(풀이)

1. 조업도차이

고정제조간접원가 예정배부율 = $\frac{100,000}{40,000}$ = ₩2.5/단위당

조업도차이 = 예산액 100,000 − 배부액(생산량23,000 × 2.5)

= (40,000 − 23,000) × 2.5 = ₩42,500 (과소배부, 불리한 조업도차이)

2. 포괄손익계산서

매출액 21,000 × 12 =		₩ 252,000
매출원가		
기초재고	0	
변동제조원가 23,000 × @7 =	161,000	
고정제조원가 23,000 × @2.5 =	57,500	
기말재고 2,000 × @9.5 =	(19,000)	
조업도차이(배부차이)	42,500	242,000
매출총이익		10,000
판매비와 관리비		5,000
영업이익		₩ 5,000

3. 영업이익차이의 조정

전부원가계산의 영업이익	₩ 5,000
+기초재고에 포함된 고정제조간접원가	0
−기말재고에 포함된 고정제조간접원가	2,000×@2.5 = 5,000
=변동원가계산의 영업이익	0

[매출액252,000 − 변동매출원가147,000 − 고정제조간접원가(23,000 × 2.5 + 과소배부42,500)

− 판매비와 관리비 5,000 = 영업이익 0]

토의문제

1. 전부원가계산과 변동원가계산의 차이점을 비교 설명하시오.
2. 변동원가계산의 유용성과 한계점은 무엇인가?
3. 변동원가계산에서 제조원가에 포함되는 비용항목을 설명하시오.
4. 전부원가계산과 변동원가계산에서 판매비와 관리비는 어떻게 처리되는지 기술하시오.
5. 전부원가계산과 변동원가계산에 의한 포괄손익계산서 구조에 대하여 설명하시오.
6. 전부원가계산과 변동원가계산에서 영업이익의 차이는 어떤 이유로 발생하는가?
7. 생산량이 판매량을 초과하는 경우와 판매량이 생산량을 초과하는 경우 전부원가계산과 변동원가계산에서 영업이익과 기말재고자산의 크기를 비교 설명하시오.
8. 변동원가계산에 의한 영업이익을 전부원가계산에 의한 영업이익으로 조정하는 방법을 설명하시오.
9. 기준조업도의 선택이 영업이익에 미치는 영향을 설명하시오.

연습문제

(8-1) 전부원가계산과 변동원가계산

경기산업(주)은 단일제품을 생산하여 단위당 ₩175에 판매하고 있으며, 당기 중에 제품 3,000단위를 생산하여 2,600단위를 판매하였다. 기초재고자산과 기말재고자산은 없으며 원가관련자료는 다음과 같다.

	변동원가	고정원가
직접재료원가	₩156,000	-
직접노무원가	90,000	-
제조간접원가	36,000	₩72,000
판매관리비	27,000	48,000

(요구사항)

1. 전부원가계산과 변동원가계산을 이용하여 단위당 제품원가를 계산하시오.
2. 변동원가계산에 의한 영업이익을 계산하시오.
3. 전부원가계산에 의한 영업이익을 계산하시오.

(8-2) 실제원가계산에서 영업이익의 비교

(주)서강은 내부관리목적으로 변동원가계산을 사용하며, 외부보고목적으로는 전부원가계산을 사용하고 있다. 기초와 기말재공품은 없으며, 재고자산흐름은 선입선출법을 가정하고 있다. 다음은 20×1년 5월의 재고자산과 생산량 및 판매량 자료이다.

기초제품	1,000단위	당기생산량	12,000단위
당기판매량	10,000단위	기말제품	3,000단위

당기 중에 발생한 고정제조간접원가는 ₩3,600,000이며 고정판매관리비는 ₩3,200,000이다. 전부원가계산에 의한 기초제품재고액은 ₩800,000이며 이 중 ₩380,000은 고정제조간접원가이다. 또한 전부원가계산에 의한 기말제품재고액은 ₩3,000,000이다.

(요구사항)

1. 변동원가계산에 의한 기말제품재고액을 계산하시오.
2. 전부원가계산에 의한 영업이익이 ₩1,700,000인 경우 변동원가계산에 의한 영업이익을 계산하시오.
3. 제품 단위당 판매가격은 얼마인가?
4. 변동원가계산에서의 포괄손익계산서를 작성하고 (요구사항 2)의 답과 일치하는지를 확인하시오.

(8-3) 영업이익의 조정

다음 자료는 서울산업(주)의 20×1년 6월의 변동원가계산에 의한 포괄손익계산서이다.

매출액(단위당 ₩160)			640,000
변동원가 :			
변동매출원가			
기초재고	72,000		
당기변동제조원가	315,000		
기말재고	(27,000)	360,000	
변동판매비와 관리비		80,000	440,000
공헌이익			200,000
고정원가			
고정제조간접원가	105,000		
고정판매비와 관리비	35,000		140,000
영업이익			₩ 60,000

서울산업은 매월 3,500단위를 생산하고 있으며, 단위당 변동제조간접원가와 총고정제조원가는 일정하게 유지되고 있다.

(요구사항)

1. 전부원가계산에서 기말재고자산은 얼마인가 계산하시오.
2. 전부원가계산에 의한 손익계산서를 작성하시오.
3. 변동원가계산에 의한 영업이익을 전부원가계산에 의한 영업이익으로 조정하시오.

(8-4) 전부원가계산과 변동원가계산

제일물산(주)은 단위당 판매가격이 ₩250인 제품을 생산하여 판매한다. 3월에 10,000단위를 생산하여 8,000단위를 판매하였다. 3월의 기말재고는 모두 완성품이며 원가관련자료는 다음과 같다.

	단위당 변동원가	고정원가
직접재료원가	₩50	-
직접노무원가	30	-
제조간접원가	16	₩480,000
판매비와 관리비	15	250,000

(요구사항)

1. 전부원가계산과 변동원가계산을 이용하여 기말재고의 단위당 제품원가는 얼마인가?
2. 전부원가계산과 변동원가계산을 이용하여 영업이익을 계산하시오.

(8-5) 영업이익의 조정

한일기업(주)은 완구제품을 생산 판매하고 있으며, 선입선출법에 의한 실제원가계산을 적용하고 있다. 다음은 7월과 8월의 생산 및 원가관련자료이다.

	7월	8월
생산량	8,000개	9,000개
판매량	7,000	10,000
고정제조간접원가	₩1,600,000	₩1,620,000
고정판매비와 관리비	800,000	900,000

7월의 기초재고자산이 없고 8월중 전부원가계산에 의한 영업이익이 ₩1,000,000이다.

(요구사항)

8월의 변동원가계산에 의한 영업이익은 얼마인가?

(8-6) 영업이익의 조정

다음은 부국전자(주)의 생산과 매출에 대한 자료이다.

제조간접원가:	
단위당 변동원가	₩500
고정제조간접원가예산액	₩ 6,000,000
기초제품재고량	2,000 단위
생산량	15,000 단위
판매량	16,000 단위

고정제조간접원가 예정배부율을 계산하기 위한 기준조업도는 12,000단위이며 과대 또는 과소배부된 제조간접원가는 매출원가에서 조정된다.

(요구사항)

변동원가계산에 의한 영업이익이 ₩1,000,000일 때 전부원가계산에 의한 영업이익은 얼마인가? 단, 고정제조간접원가 예정배부율은 기초제품과 당기제품에 동일하게 적용된다.

(8-7) 변동원가계산과 전부원가계산

제일전자(주)는 당기에 1,000단위의 제품을 생산하여 950단위를 판매하였으며 단위당 판매가는

₩1,000이다. 다음은 당기의 원가자료이며, 기초재고자산은 없다.

제품단위당 원가:

직접재료원가	₩4,000
직접노무원가	2,000
변동제조간접원가	1,000
변동판매비와 관리비	100
고정제조간접원가	₩600,000

(요구사항) 기초재고자산이 없는 경우 다음에 답하시오.

1. 전부원가계산에 의한 제품 단위당 제조원가는 얼마인가?
2. 변동원가계산에 의한 제품 단위당 제조원가는 얼마인가?
3. 전부원가계산에 의한 기말제품재고액은 얼마인가?
4. 변동원가계산에 의한 영업이익과 전부원가계산에 의한 영업이익의 크기를 비교하시오.

(8-8) 변동원가계산과 전부원가계산

다음은 한일전자(주)의 최근 3년간 전부원가계산에 의한 포괄손익계산서이다.

	20×1년	20×2년	20×3년
매출액	₩720,000	₩540,000	₩720,000
매출원가	520,000	330,000	680,000
기초제품재고액	0	0	220,000
당기제품제조원가	520,000	550,000	460,000
기말제품제조원가	0	220,000	0
매출총이익	200,000	210,000	40,000
판매비와 관리비	180,000	160,000	180,000
영업이익	₩ 20,000	₩ 50,000	₩-140,000

단위당 변동제조원가는 ₩30이며 년간 고정제조간접원가와 고정판매비와 관리비는 각각 ₩400,000과 ₩100,000이다. 연도별 생산 및 판매량은 다음과 같다.

	20×1년	20×2년	20×3년
생산량	4,000	5,000	2,000
판매량	4,000	3,000	4,000

(요구사항)

1. 변동원가계산에 의한 연도별 포괄손익계산서를 작성하시오.
2. 전부원가계산에 의한 20×1년과 20×2년의 포괄손익계산서에서 판매량이 작은 20×2년의 영업이익이 더 크게 나타난 이유를 설명하시오.
3. 전부원가계산에 의한 20×1년과 20×3년의 포괄손익계산서에서 동일한 수량을 판매하였으나 영업이익에서 큰 차이(손실)를 보이고 있다. 그 이유를 설명하고 영업이익의 관계를 나타내시오.

(8-9) 영업이익의 조정

이화전자는 휴대폰을 제조 판매하고 있으며, 20×2년의 영업이익은 다음과 같다.

매 출 액	₩ 720,000
매출원가	450,000
매출총이익	270,000
판매비와 관리비	150,000
영업이익	₩ 120,000

(추가정보)

① 생산량 1,500개, 판매량 1,200개, 판매단가 ₩600

② 단위당 변동제조원가와 변동판매비와 관리비는 각각 ₩250과 ₩60이다.

③ 기초재고와 기말재고는 없다.

(요구사항)

1. 20×2년의 고정제조간접원가는 얼마인가?
2. 20×2년의 총변동원가는 얼마인가?
3. 변동원가계산에 의한 영업이익을 계산하시오

(8-10) 전부원가계산과 변동원가계산의 영업이익 비교

(주)한양의 원가관련 자료는 다음과 같다.

	20×1년	20×2년
변동제조원가	단위당 ₩70	단위당 ₩60
고정제조간접원가	₩180,000	₩240,000
변동판매비와 관리비	단위당 ₩40	단위당 ₩40
고정판매비와 관리비	₩1,000,000	₩1,000,000

20×1년과 20×2년의 제품단위당 판매가는 ₩400이며 제품과 관련된 자료는 다음과 같다.

	20×1년	20×2년
기초재고	0 개	2,000 개
판 매 량	8,000	8,000
기말재고	2,000	6,000

(요구사항)

1. 전부원가계산을 적용하는 경우 20×1년과 20×2년의 제품단위당 제조원가는 얼마인가?
2. 선입선출법과 평균법을 적용하여 전부원가계산에 의한 20×2년의 포괄손익계산서를 작성하시오.
3. 선입선출법과 평균법을 적용하여 변동원가계산에 의한 20×2년의 포괄손익계산서를 작성하시오.

4. 선입선출법과 평균법을 적용하여 20×2년의 변동원가계산에 의한 영업이익을 전부원가계산에 의한 영업이익으로 조정하시오.

(8-11) 정상원가계산

이화산업(주)의 11월중 변동원가계산에 의한 포괄손익계산서는 다음과 같다.

매 출 액	₩ 2,400,000
변동매출원가	1,200,000
공헌이익	1,200,000
고정원가	
고정제조간접원가	620,000
고정판매비와 관리비	400,000
영업이익	₩ 180,000

추가자료는 다음과 같다.

1) 판매단가는 ₩240, 단위당 변동제조원가는 ₩120, 고정제조간접원가는 ₩40이다. 고정제조간접원가 배부율은 월간 정상생산량 15,000단위에 기초한 것이며, 고정제조간접원가 예산은 ₩600,000이다.
2) 기말제품재고는 기초제품보다 4,500단위가 많다.
3) 제조간접원가 배부차이는 전액 매출원가에서 조정한다.

(요구사항)

1. 전부원가계산에 의한 포괄손익계산서를 작성하시오.
2. 전부원가계산과 변동원가계산의 영업이익의 차이를 조정하시오.

(8-12) 정상원가계산

(주)한일은 전자제품을 생산 판매하고 있으며, 다음과 같은 다양한 원가계산방법에 대한 회계처리결과를 비교하고 있다. 또한 정상원가계산을 적용하는 경우 모든 제조간접원가 배부차이는 매출원가에서 조정하고자 한다. 다음은 5월중의 생산과 판매자료이다.

판 매 량	15,000단위
생 산 량	16,000
실제최대조업도	20,000
정상조업도	18,000
기초재고	1,000
단위당 판매가격	₩ 20
단위당 변동제조원가	8
단위당 변동판매비와 관리비	2
연간 고정제조간접원가	54,000
연간 고정판매비와 관리비	30,000

(요구사항)

1. 변동원가계산에 의한 영업이익을 계산하시오.
2. 정상조업도를 이용하여 제조간접원가를 배부하는 경우 전부원가계산에 의한 영업이익을 계산하시오.
3. 실제최대조업도를 이용하여 제조간접원가를 배부하는 경우 전부원가계산에 의한 포괄손익계산서를 작성하시오.

CHAPTER 9 활동기준원가계산과 역류원가계산

제품수요자의 욕구가 다양화됨에 따라 생산환경과 시장환경이 변화되고 있다. 소품종대량생산체제에서 다품종소량생산체제로 변화되었으며, 새로운 생산시스템이 개발되어 대규모 설비투자가 이루어짐에 따라 직접재료원가나 직접노무원가의 비중이 감소하고 제조간접원가의 비중이 증가하였다. 제조간접원가는 원가를 발생시킨 공정이나 부문별로 집계하고, 집계된 원가는 일정한 배부기준을 사용하여 제품에 배부하게 된다. 이러한 전통적인 제조간접원가 배부방식은 공장전체의 단일 또는 부문별로 소수의 배부기준만을 사용하므로, 제조간접원가의 배부기준과 원가의 발생요인이 직접적인 비례관계를 갖지 않는 경우에는 제품원가를 왜곡시킬 수가 있다. 이에 따라 정확한 제품원가를 계산하기 위한 새로운 원가계산방법의 도입이 필요하게 되었으며, 이러한 필요성에 의하여 개발된 원가계산방법이 활동기준원가계산이다.

본장에서는 제품제조원가를 정확하게 계산하기 위한 방법으로 간주되는 활동기준원가계산의 절차와 유용성, 전통적 원가계산과의 차이점 등에 대하여 설명하고, 적시생산체제에서의 역류원가계산에 대하여 설명한다.

제1절 활동기준원가계산의 기초

1. 전통적인 원가계산에서 원가배부

기업이 여러 종류의 제품을 생산하고 있는 경우에 직접재료원가나 직접노무원가와 같이 제품의 생산수량과 직접적으로 비례하여 발생하는 원가는 각 제품별로 집계된다. 그러나 제조간접원가는 여러 종류의 제품에 공통적으로 발생하므로 일정한 배부기준을 적용하여 인위적인 배부(allocation)의 과정을 거치게 된다. 전통적 원가계산계도에서 제조간접원가는 크게 두 단계 절차를 거쳐 제품원가에 배부된다. 제1단계의 배부는 부문개별비와 부문공통비와 같은 보조부문원가를 제조부문에 배부하는 단계이며, 제2단계 배부는 제조부문에 집계된 원가를 각 원가대상(제품)에 배부하는 단계이다. 제1단계 배부에서 보조부문원가의 배부방법으로는 직접배부법, 단계배부법, 상호배부법 등이 있다. 배부기준으로 종업원수와 점유면적, 작업시간 등 보조부문별로 합리적인 배부기준을 설정하여 제조부문별 배부기준의 상대적 사용량에 비례하여 보조부문원가를 제조부문에 배부한다. 제 2단계의 배부에서는 원가계산대상과 배분되는 원가간의 인과관계, 수혜기준, 원가부담능력 등에 의한 적절한 배부기준을 설정하여 제조부문에 집계된 제조간접원가를 개별제품에 배부한다.

전통적 원가계산에서 적용되는 제조간접원가의 배부기준은 직접재료의 투입량 또는 직접작업시간, 직접노무원가 등과 같이 제품의 생산량과 직접적으로 관련이 있거나 조업도에 비례하여 발생하는 것들이다. 그러나 이와 같은 제조간접원가의 배부는 제조간접원가를 유발하는 원인, 즉 **원가동인**(cost driver)이 사용된 배부기준과 직접적인 비례관계가 없는 경우에는 제품원가를 왜곡시킬 수 있다. 예를 들면 보조부문의 원가를 유발하는 원인은 작업준비시간인데, 개별제품에 원가를 할당하는 기준으로 기계작업시간을 사용하면 제품원가계산의 정확성을 기대할 수 없다. (예제 9-1)에서와 같이 제조간접원가를 유발하는 활동들은 원가발생의 형태가 각각 다르다는 것을 알 수 있으며, 이러한 상황에서 전통적 원가계산제도가 어떻게 제품원가를 왜곡시키는지 살펴보기로 한다.

(예제 9-1) 전통적 원가배부의 문제점

한일전자(주)는 A, B 두 제품을 생산하고 있으며, 제조간접원가의 배부기준은 기계작업시간을 사용하며, 제조작업과 관련된 원가자료는 다음과 같다.

제품생산수량 : A제품 100단위, B제품 50단위

기초원가(직접재료원가, 직접노무원가): A제품 ₩3,500,000, B제품 ₩1,500,000

제품별 기계작업시간: A제품 500시간, B제품 125시간

제조간접원가:	수선유지비	₩1,250,000	
	재료처리비	1,500,000	
	생산준비비	2,250,000	₩ 5,000,000

제조간접원가 발생요인의 분석자료

재료처리비: 재료처리활동횟수: A제품 70회, B제품 10회

생산준비비: 생산준비활동횟수: A제품 10회, B제품 5회

수선유지비: 제품별 기계작업시간기준

(요구사항)

1. 전통적 원가계산에서 기계작업시간을 기준으로 제품별 원가를 계산하시오.
2. 활동기준원가계산에서 서로 다른 배부기준을 사용하여 제품별 원가를 계산하시오.

(풀이)

1. 전통적 원가계산: 기계작업시간기준 적용

(1) 제조간접원가 배부율의 계산 $= \dfrac{\text{제조간접원가}}{\text{배부기준}} = \dfrac{5{,}000{,}000}{625}$ = 8,000원/기계작업시간당

(2) 제조간접원가의 제품별 배부

A제품: ₩8,000 × 500시간 =	₩4,000,000
B제품: ₩8,000 × 125시간 =	1,000,000
	₩5,000,000

(3) 제품별 원가

제품의 종류	기초원가	제조간접원가	합 계	생산수량	단위당 원가
A 제품	₩3,500,000	₩4,000,000	₩ 7,500,000	100단위	₩75,000
B 제품	1,500,000	1,000,000	2,500,000	50단위	50,000
계	₩5,000,000	₩5,000,000	₩10,000,000		

2. 활동기준원가계산: 활동별 배부기준적용

(1) 제조간접원가배부율 계산

수선유지비: $\frac{1,250,000}{625\text{시간}}$ 기계작업시간당 ₩2,000

재료처리비: $\frac{1,500,000}{80\text{회}}$ = 재료처리활동 1회당 ₩18,750

생산준비비: $\frac{2,250,000}{15\text{회}}$ = 생산준비활동 1회당 ₩150,000

(2) 제조간접원가 제품별 배부

제조간접원가	A제품	B제품
수선유지비	2,000 × 500 = ₩1,000,000	2,000 × 125 = ₩250,000
제료처리비	18,750 × 70 = 1,312,500	18,750 × 10 = 187,500
생산준비비	150,000 × 10 = 1,500,000	150,000 × 5 = 750,000
합 계	₩ 3,812,500	₩1,187,500

(3) 제품별원가의 계산

제품의 종류	기초원가	제조간접원가	합 계	생산수량	단위당 원가
A 제품	₩ 3,500,000	₩3,812,500	₩ 7,312,500	100단위	₩73,125
B 제품	1,500,000	1,187,500	2,687,500	50단위	53,750
계	₩ 5,000,000	₩ 5,000,000	₩10,000,000		

(예제 9-1)에서와 같이 전통적 원가계산에서 제조간접원가의 배부기준으로 기계작업시간을 이용하는 경우 A제품의 단위당 제조원가는 ₩75,000이고 B제품의 단위당 제조원가는 ₩50,000이다. 그러나 이와 같이 계산된 제품원가의 정확성은 제조간접원가의 제품별 배부가 얼마나 정확한가에 달려 있다. 정확한 제품원가계산을 하기 위해서는 제조간접원가를 유발하는 각 활동별 원가발생요인을 배부기준으로 사용하여 재료처리비는 A제품과 B제품에 7 : 1의 비율로 배부되어야 하고 생산준비비는 2 :1의 비율로 배부되어야 한다.

활동기준원가계산에서는 제조간접원가를 유발하는 원가동인에 따라 각각 다른 배부기준을 사용하여 제품별로 원가를 배부하게 된다. 제조간접원가를 유발하는 원인들을 기준으로 제품에 배부하면 A제품과 B제품의 단위당 제조원가는 ₩73,125원과 ₩53,750원으로 기계작업시간만을 기준으로 배부하는 경우의 제품원가와 다른 결과를 보여준다. 이와 같이 서로 다른 제품원가 중 어느 것이 더 정확한 원가인가의 문제는 어느 경우가 원가 발생의 인과관계를 보다 잘 나타내는 것인가의 문제라고 볼 수 있다.

전통적인 원가계산에서 직접노동시간, 직접재료투입량, 기계작업시간 등과 같이 조업도를 나타내는 원가배부기준이 모든 제조간접원가를 유발하는 원가동인이라고 간주하여 제조간접원가를 제품에 배부하면 위의 예제에서와 같이 제품원가계산이 왜곡되는 현상이 발생한다.

2. 활동기준 원가계산의 의의

제품제조기술이 발달되고 제품생산방식이 자동화됨에 따라 제조원가에서 노무원가의 비중이 감소하고 제조간접원가의 비중이 점차 증가하고 있다. 이에 따라 보다 정확한 제품원가계산을 위해서 제조간접원가를 정확하게 배부할 필요성이 증대되고 있다. 또한 시장상황의 변화로 경쟁이 심화되고 소품종대량생산에서 다품종소량생산방식으로 전환되고 제품의 종류도 크게 증가되고 있다. 이러한 필요성에 의하여 개별원가계산을 발전시켜 개발된 원가계산방법이 활동기준원가계산이다.

활동기준원가계산(activity based costing, ABC)은 정확한 원가계산을 위하여 기업의 여러 가지 활동을 원가중심점(cost center)으로 하여 원가를 집계하고, 활동별로 집계된 원가를 활동과 제품과의 인과관계에 따라 활동별로 적절한 배부기준을 적용하여 제품에 배부하는 원가계산방법이다. 활동기준원가계산에서는 기업이 자원을 획득하는 과정에서 원가가 발생하고, 자원을 소비하여 활동을 수행함으로써 제품이 생산된다고 본다. **자원(resource)**은 기업의 수익창출에 이용되는 물적 자료, 노동력, 기술 등을 말하며, **활동(activity)**이란 제품의 설계 및 기계의 배치, 작업의 준비 등과 같이 특별한 목적을 가진 업무 또는 작업, 사건을 말한다. 활동기준원가계산은 기업이 수행하는 활동을 파악하고 그에 따라 발생하는 원가를 추적하여 집계하고 이를 제품별로 배부하는 과정이다. 전통적 원가계산(개별원가계산)과 활동기준원가계산의 원가배분과정을 비교하면 다음 〈그림 9-1〉과 같다.

〈그림 9-1〉에서와 같이 전통적 원가계산에서는 발생한 원가를 제조공정이나 부문별로 추적하여 집계되고 이들 집계된 원가는 제품생산수량과 직접적인 관계가 있는 배부기준에 의하여 제품에 배부된다. 그러나 이러한 원가배부방법은 발생한 원가와 제품간의 인과관계가 명확하게 반영되지 않기 때문에 제품원가가 왜곡되는 현상이 발생하게 된다. 제품원가를 정확하게 계산하기 위해서는 각 제품이 소비하는 자원을 정확하게 측정할 수 있어야 한다. 또한 소비된 자원을 정확하게 측정하기 위해서는 자원의 소비를 유발하는 원인 즉, 원가동인에 대한 분석이 선행되어야 한다.

〈그림 9-1〉 전통적 원가계산과 활동기준원가계산의 원가배분과정

활동기준원가계산의 기본논리는 원가동인, 즉 활동관련 원가배부기준에 따라 **활동별 원가집단**(activity cost pool)을 정교하게 세분함으로써 각 활동에 대한 정확한 원가계산이 가능하게 된다는 것이다. 각 제품별로 사용되는 여러 가지 서로 다른 활동에 대한 배부기준을 정하고, 배부기준에 따라 각 활동별 원가를 제품에 배부함으로써 보다 정확한 원가계산이 이루어지는 것이다.

활동기준원가계산에서는 제조과정에서 수행되는 다양한 활동이 자원을 소비하여 제품을 생산한다고 파악하고 있으므로 제조공정이나 부문별로 발생한 원가를 활동별로 집계하는 단계와 집계된 활동원가를 제품에 배부하는 단계로 이루어진다. 즉, 발생된 부문별 원가를 각 활동별로 소비된 자원을 기준으로 활동에 배부하여 활동별 원가를 집계한다. 그리고 활동별로 집계된 원가를 **활동원가동인**(activity cost driver)을 기준으로 개별제품에 배부하게 된다.

3. 활동기준 원가계산의 도입배경

활동기준원가계산은 여러 종류의 제품이 다양한 제조간접원가를 상이하게 사용하므로 일률적인 배부기준을 적용하지 않고 원가발생의 인과관계에 따라 제조간접원가를 정확하게 배부하는 방법이다. 이러한 활동기준원가계산을 도입하게 된 배경은 다음과 같다.

(1) 생산체제의 변화와 전통적인 배부기준의 비판

소품종대량생산에서 다품종소량생산체제를 적용하는 기업이 증가하면서 개별제품의 원가와 수익성을 정확하게 파악하기 위하여 새로운 배부기준의 필요성이 증대되었다. 다양한 제품을 소량으로 생산하는 기업에서 제품의 생산수량과 관련이 있는 단일의 배부기준만을 사용하게 되면 제품원가의 배분이 왜곡된다. 다양한 제품들이 서로 다른 형태의 제조간접활동을 각각 소비하고 있다면, 원가동인이 다르게 되므로 원가발생의 인과관계를 보다 잘 나타내는 서로 다른 배부기준을 사용하여 제조간접원가를 제품에 배부하여야 한다. 전통적인 원가계산에서는 제조간접원가가 조업도에 비례한다는 가정 하에 단일배부기준을 적용하여 제품에 배부함으로써 생산량이 많은 제품에 제조간접원가가 많이 배부되고 생산량이 적은 제품에 상대적으로 적게 배부하게 된다. 이러한 단일조업도기준으로 제조간접원가를 배부함으로써 구매주문, 작업준비, 품질검사 등 제조과정에서 많은 활동을 필요로 하는 다품종소량생산품목은 제조간접원가가 실제보다 적게 배부되어 원가가 과소평가되고, 반대의 경우에는 과대평가되어 제품원가를 왜곡시키는 경향이 증가하였다.

(2) 제조간접원가 비중의 증가

제조기술이 발달되고 공장이 자동화되면서 직접노무원가의 비중이 감소하고 제조간접원가의 비중이 증가되었다. 이와 같이 증가된 제조간접원가를 전통적인 원가배부기준인 직접노무원가, 직접작업시간, 기계작업시간 등을 기준으로 제품에 배부하는 방법으로는 제품원가를 정확하게 계산하는 것이 어렵게 되어 새로운 원가계산제도가 필요하게 되었다. 예를 들어, 간접노무원가나 전력원가는 제품의 생산수량과 직접적인 관계가 있을 수 있다. 그러나 생산준비작업이나 검사작업, 재료처리활동 등은 제품의 생산수량과 관계없이 이루어지는 활동이다. 만일 이들 활동에서 발생하는 제조간접원가를 직접노동시간 등과 같은 단일 배부기준으로 제품에 배부하면 원가계산의 정확성이 보장되지 않게 된다. 따라서 제품원가의 왜곡정도는 이러한 제조간접원가의 비중이 클수록 커진다.

(3) 제품수명주기 원가계산의 등장

생산자중심의 전통적인 기업경영에서는 제품의 제조과정이 기업 활동의 대부분을 차지하여 왔으므로 제조과정에 발생하는 원가만으로 제품원가를 계산하여 왔다. 그러나 고객중심적인 현대적인 기업경영에서는 제조원가뿐 아니라 연구개발, 제품설계, 마케팅, 유통, 고객서비스 등의 가치사슬과정에서 발생하는 원가가 큰 비중을 차지하게 되었다. 따라서 활동기준원가계산은 이러한 가치사슬과정에서 경영자로 하여금 불필요한 활동을 제거하고 최소한의 활동을 엄선하도록 경영활동을 단순화시킨다. 경영층이 활동을 줄이면 궁극적으로 총원가가 절감된다. 전통적인 제조원가만으로 제품원가를 계산하게 되면 제품원가가 과소평가되어 정확한 원가계산과 의사결정, 성과평가 등이 어렵게 된다. 따라서 최근에는 제조원가뿐 아니라 제품의 연구개발에서부터 폐기까지 발생하는 원가도 제품원가로 포함하게 되었다. 이와 같이 제품의 연구개발에서 폐기까지의 과정에 발생하는 원가를 고려하는 수명주기원가계산(life cycle costing)이 등장하면서 새로운 원가계산제도가 필요하게 되었다.

(4) 정보수집기술의 발달

그 밖에 활동기준원가계산이 도입된 배경의 하나로 정보수집기술의 발달을 들 수 있다. 활동기준원가계산을 적용하기 위해서는 자원원가, 부문별원가, 활동원가, 활동원가동인 등에 대한 많은 정보를 수집해야 하는데, 컴퓨터와 정보처리기술이 발달하여 활동기준원가계산에 필요한 다양하고 많은 정보를 적은 비용으로 정확하고 신속하게 수집하는 것이 가능하게 되었다. 이처럼 필요한 자료를 적시에 확보하는 정보수집기술은 활동기준원가계산의 필수요소이다.

제2절 활동기준원가계산의 절차

활동기준원가계산은 수익창출과정에서 자원을 소비하면서 발생한 원가를 활동별로 추적하여 집계하고, 이를 다시 제품과의 인과관계를 충실히 반영할 수 있는 배부기준(원가동인)에 의하여 제품별로 배분하는 원가계산시스템이다. 따라서 활동기준원가계산은 일반적으로 다음과 같은 다섯 단계에 의하여 수행된다.

(원가를 활동별로 집계하는 단계)

1 단계 : 각 부문이 수행하고 있는 다양한 업무가 어떠한 활동으로 구성되어 있는가를 분석한다.

2 단계 : 활동을 수행하는 과정에서 소비된 원가를 활동별로 집계한다.

(활동원가를 제품에 배부하는 단계)

3 단계 : 활동을 유발시키는 원인이 되는 원가동인을 결정한다.

4 단계 : 활동별로 원가동인 1단위당 제조간접원가, 즉 원가배부율을 결정한다.

5 단계 : 원가배부율을 이용하여 활동별 원가를 각 원가계산대상(제품)에 배부한다.

1. 활동수준의 분석과 구분

활동기준원가계산을 적용하기 위해서는 먼저 활동수준을 분석하여야 한다. 활동수준의 분석(activity level analysis) 또는 활동분석(activity analysis)은 기업이 제품을 생산하거나 서비스를 제공하기 위하여 수행하고 있는 활동을 구분하고 파악하는 절차이며, 생산과정을 분해하여 주요활동의 흐름을 파악하는 과정이다. 활동은 기업이 자원을 사용하여 가치를 창출하는 작업이며, 수익을 창출하기 위하여 수행하는 모든 반복적인 작업을 의미한다. 즉 제품의 설계에서 생산이 완료되어 고객에게 인도되기 까지 수행되는 모든 반복적인 작업단위이며, 제품생산과정에서 자원을 소비하는 구체적인 사건(event)이나 거래(transaction)이다. 이러한 활동의 예는 제품설계, 재료가공, 작업준비, 부품조립, 품질검사 등을 들 수 있다. 따라서 활동분석은 원재료의 구매에서 제품검사 및 출고까지의 전체공정을 분석해서 각 단계의 활동을 구분하고 분석하는 것이며, 공정가치분석(process value analysis, PVA)이라고도 한다.

일반적으로 활동기준원가계산에서 활동은 그 수준에 따라 단위수준활동, 묶음수준활동, 제품수준활동, 설비수준활동 등 4가지로 구분되며, 이를 원가계층(cost hierarchy)이라고 한다. 생산과정에서 수행되는 활동은 그 수준에 따라 구분되며 각 활동별로 원가동인을 인식하여 정확한 원가계산을 하는데 유용하게 사용된다.

(1) 단위수준활동

단위수준활동(unit level activities)은 제품 한 단위가 생산될 때마다 수행되는 활동이며, 재료투입활동, 제품조립활동, 전력사용, 품질검사활동, 직접작업시간, 기계작업시간 등이 이에 속한다. 이러한 단위수준활동과 관련된 원가는 제품생산량에 비례하여 원가발생액이 달라진다. 예를 들면 제품전체를 검사하거나 일부를 검사하는데 지급되는 간접노무원가는 제품생산량에 비례하여 발생한다.

(2) 묶음수준활동

묶음수준활동(batch level activities)은 한 묶음(batch)의 제품을 생산하거나 처리하기 위하여 수행되는 활동이며, 제품의 수량과는 관계없이 묶음단위로 이루어지는 활동이다. 묶음수준활동은 배치관련활동(batch related activities)라고도 한다. 예를 들면 재료주문활동, 재료수령활동, 작업준비활동, 생산계획의 수립활동, 묶음별 검사작업 등이며, 이러한 활동은 제품단위별로 이루어지는 활동이 아니라 생산되는 제품의 묶음별로 이루어지는 활동이다. 작업준비활동은 새로운 묶음의 제품을 생산할 때마다 필요하며, 작업준비원가의 발생액은 100단위의 제품을 생산하든 1,000단위를 생산하든 거의 동일하다. 여기에서 묶음은 1회의 작업량 또는 구입량을 말하며, 롯트(lot)라고도 한다. 또한 재료의 주문비용은 주문하는 재료의 수량이 아니라 주문횟수에 비례하여 발생한다. 묶음수준활동과 관련하여 발생되는 원가는 생산수량에 비례하여 발생하는 것이 아니라, 생산된 제품의 묶음의 수에 비례하여 원가발생액이 달라진다.

(3) 제품수준활동

제품수준활동(product level activities, **제품유지활동**)은 기업이 생산하는 특정제품라인을 유지하기 위하여 수행하는 활동이며, 활동량이 제품의 생산량보다는 제품의 종류별로 이루어지는 활동이다. 예를 들면 제품의 설계와 개발활동, 기계설비의 유지보수, 제품제조기술의 변경활동, 특정제품의 애프터서비스 등이다. 제품설계비용은 제품의 생산량보다는 제품의 종류가 많을수록 증가하며, 제품의 설계변경비용은 그 제품만이 부담해야할 비용이다. 제품수준활동과 관련된 원가는 제품수량이나 묶음의 수에 비례하여 발생하는 것이 아니라 제품종류의 수에 비례하여 원가가 발생한다.

(4) 설비수준활동

설비수준활동(facility level activities)은 공장의 전체적인 제조공정을 유지하고 관리하기 위하여 수행되는 활동이다. 예를 들면, 공장관리활동, 조경활동, 냉난방활동, 조명활동, 안전관리, 환경미화활동 등이며, 이러한 활동은 생산단위나 묶음단위, 제품수와는 직접적인 관련성이 없이 공장 전체차원에서 필요한 활동이다. 공장장의 급여, 공장건물의 감가상각비 등은 원가대상(제품)으로 추적할 합리적인 원가동인을 찾기 어렵다. 설비수준활동으로 발생하는 원가는 제조간접원가이므로 제품원가에 포함되어야 하지만, 개별제품과 관련성이 없이 발생하므로 개별제품의 수익성파악을 위한 자료로 이용되지 않는 것이 일반적이다.

이상에서 살펴 본 네 가지 원가계층 중 단위수준활동은 제품생산을 위한 직접적인 활동이지만 묶음수준활동, 제품수준활동, 설비수준활동은 제품생산을 위한 직접적인 활동이 아니므로 비단위수준활동이라고도 한다. 각 활동수준에 해당하는 대표적 활동과 원가동인을 요약하면 〈표 9-1〉과 같다.

〈표 9-1〉 활동유형과 유형별 원가동인

활동유형	대표적 활동	원가동인
단위수준활동	모든 제품의 품질검사활동 직접작업시간활동 기계작업활동(선반, 절단)	생산량 직접작업시간 기계작업시간
묶음수준활동	작업준비활동 원재료취급, 처리활동 구매주문활동 품질검사(표본검사)활동	준비시간 원재료 이동횟수 주문횟수 검사시간
제품수준활동	제품설계활동 부품관리활동 제품검사활동	제품수 부품수 검사횟수
설비수준활동	공장관리활동 회계 및 인사관리활동 냉난방관리활동	점유면적 작업자수 기계작업시간

2. 활동중심점의 설정과 활동원가의 집계

활동분석에서 활동수준이 결정되면, 얼마나 많은 활동을 독립적인 활동중심점으로 운영할 것인지를 결정하여야 한다. 활동분석에서 파악된 활동별로 해당 활동을 수행하는데 소비된 자원(원가)을 집계하게 되는데, 이때 원가를 집계하는 단위를 **활동중심점**(cost center, 또는 **원가중심점**)이라고 한다. 활동중심점은 관련활동의 원가를 별도로 분리하여 집계하는 단위이다. 기업이 가치를 창출하기 위하여 많은 활동을 수행하게 되므로, 이를 모두 활동중심점으로 다루게 되면 과다한 비용이 지출되므로, 몇 개의 관련되는 활동을 하나의 중심점으로 통합하여 원가를 집계하는 것이 일반적이다. 예를 들면, 원재료의 처리와 운반에는 여러 활동들이 일련의 과정으로 수행되는데 이를 재료처리라는 하나의 활동중심점으로 보고 원가를 집계할 수 있다.

활동중심점이 설정되고 나면 활동을 수행하는 과정에서 소비된 자원의 원가를 파악한 다음, 활동별로 발생된 원가를 **자원동인**(resource driver)을 기준으로 각 활동중심점에 집계한다. 자원동인은 활동수준별 자원소비량을 측정하는 요소이다. 만일 하나의 자원이 둘 이상의 활동에 공동으로 사용되는 경우에는 각 활동이 소비하는 자원을 반영하여 제조간접원가를 각 활동별로 배분한다.

활동기준원가계산절차는 크게 분류하면 2단계의 원가계산구조를 이용하고 있다. 제 1단계에서는 원가를 활동중심점별로 집계는 것이며, 2단계는 활동별로 집계된 원가를 원가대상에 배부하는 단계이다. 활동원가의 집계에 대한 예를 들면 컴퓨터관련비용은 컴퓨터 단말기의 수를 기준으로 각 활동에 배부한다. 또한 작업준비자의 임금은 작업준비활동에 부과하며, 차량유지비는 운송활동에 부과한다. 자원을 소비하여 발생한 원가는 각 활동중심점에 직접부과하거나, 자원소비를 결정하는 원가동인을 이용하여 각 활동별로 배부할 수도 있다. 만일 원재료취급이라는 활동중심점을 보유하고 있다면, 원재료취급에 따른 모든 원가들은 그 활동으로 할당하게 된다.

(예제 9-2) (주)DSK는 활동기준원가계산제도를 채택하고 있으며, 활동수준을 분석한 결과 작업준비, 조립, 도장, 품질검사, 창고운반을 활동중심점으로 결정하였다. 활동중심점별로 소비된 자원과 지출된 원가는 다음과 같다.

1) 원가자료

자 원	원가항목	금 액
공장관리자	간접노무원가	300,000
기계장치	감가상각비	500,000
자동화시스템	리스료	150,000
전 력	전기료	150,000
소 모 품	소모품비	200,000
		₩ 1,300,000

2) 활동이 소비한 자원의 자료

활동중심점	공장관리자 사용시간	기계장치 사용비율	자동화시스템 사용비율	전력 사용량	소모품 사용비율
작업준비	400시간	35%	40%	120Kw	20%
조 립	150	15	10	180	15
도 장	150	20	20	60	20
품질검사	50	10	10	60	10
창고운반	250	20	20	180	35
합 계	1,000	100%	100%	600Kw	100%

(요구사항) 자원을 획득하기 위하여 발생한 원가를 활동중심점에 집계하시오.

(풀이)

활동중심점	공장관리자	기계장치	자동화시스템	전 력	소모품	활동원가
작업준비	₩120,000[1]	₩175,000	₩ 60,000	₩30,000	₩ 40,000	₩ 425,000
조 립	45,000	75,000	15,000	45,000	30,000	210,000
도 장	45,000	100,000	30,000	15,000	40,000	230,000
품질검사	15,000	50,000	15,000	15,000	20,000	115,000
창고운반	75,000	100,000	30,000	45,000	70,000	320,000
합 계	₩300,000	₩500,000	₩150,000	₩150,000	₩200,000	₩1,300,000

(1) 자원원가 × 원가동인의 비율 = $300,000 \times \frac{400}{1,000} = 120,000$원

3. 활동별 원가동인의 선택

활동기준원가계산 절차의 제3단계는 각 활동중심점별로 집계된 원가를 원가대상(제품)에 배부하기 위하여 활동중심점별 원가동인을 선택하는 단계이다. **활동원가동인**(activity cost driver)은 **활동원가의 배부기준**이며, 활동의 작업량을 결정하고 그 작업을 수행하기 위하여 필요한 노력의 정도를 결정하는 요소이다. 활동원가동인은 원가를 가장 직접적으로 변동시키는 요인이며, **일반적으로 원가동인이라고 하면 활동원가동인을 의미한다.** 원가동인의 선택요인으로는 활동의 소비를 직접적으로 나타낼 수 있도록 인과관계가 높은 것이어야 하며, 원가동인과 관련된 자료를 쉽게 측정하고 수집할 수 있는 것이어야 한다. 적절한 원가동인의 결정은 활동기준원가계산에 가장 중요한 작업이므로 세심한 주의가 필요하다.

활동원가동인을 결정하면 이를 기초로 활동중심점에 집계된 원가를 제품에 배부하게 된다. 활동중심점별로 사용할 수 있는 원가동인은 매우 다양하며, 이를 유형별로 분류하면 ①거래건수동인, ②기간동인, ③직접동인으로 구분할 수 있다.

(1) 거래건수동인

거래건수동인(transaction drivers)은 수행된 활동의 횟수(빈도)를 집계하여 원가동인으

로 사용하는 것이며, 주문횟수, 작업준비횟수, 제품의 수 등을 그 예로 들 수 있다. 거래건수를 원가동인으로 사용하는 경우에는 원가동인을 측정하기 위하여 지출되는 비용이 적다는 장점이 있다. 그러나 활동 횟수마다 소비되는 자원이 항상 동일한 것으로 간주되므로 만일 활동 1회에 소비되는 자원의 크기가 제품마다 다른 경우에는 원가계산의 정확성이 떨어진다.

(2) 기간동인

기간동인(duration drivers)은 활동을 수행하기 위하여 소요된 시간을 원가동인으로 사용하는 것이며, 작업준비시간, 검사시간, 작업시간 등을 예로 들 수 있다. 이러한 기간동인은 하나의 활동에 소요되는 시간이 제품마다 다른 경우에 거래건수동인보다 더 정확한 원가계산을 할 수 있다. 예를 들면, 제조과정이 단순한 제품은 작업준비시간이 10분 소요되는 반면에 복잡한 제품은 30분이 소요된다면 작업준비횟수보다는 작업준비시간을 원가동인으로 사용하는 것이 보다 정확한 원가계산을 할 수가 있게 된다.

(3) 직접동인

직접동인(intensity drivers)은 각 활동을 1회 수행할 때 소요되는 자원을 직접 측정하여 발생한 비용을 집계하는 것이다. 기간동인은 활동을 수행할 때 일정시간에 소요되는 비용이 모든 제품에 동일한 것으로 간주하므로, 일정시간에 소요되는 비용이 제품마다 다른 경우에는 정확한 원가계산이 어렵게 된다. 이러한 경우에는 수행된 활동마다 비용을 직접 집계하는 것이 보다 정확하다.

위의 3가지 원가동인은 모든 활동중심점에서 적용이 가능하다. 예를 들면, 고객관리활동의 원가동인을 원가동인유형별로 살펴보면 다음과 같다.

① 거래건수동인: 고객 1인당 원가(고객 1인당 원가가 모든 고객에게 동일한 경우)
② 기간동인: 고객시간당 원가(고객마다 시간사용이 다르지만 시간당 비용은 동일한 경우)
③ 직접동인: 고객별 실제 관리활동원가(특정고객에게 별도의 자원이 사용되는 경우)

〈표 9-2〉 원가동인의 유형과 특징

원가동인의 유형	의 미	적용상황	측정비용	원가계산의 정확성
거래건수동인	수행된 활동횟수	횟수당 원가가 동일한 경우	가장 적음	가장 부정확
기간동인	활동수행에 소요된 시간	시간당 원가가 동일한 경우	중 간	중 간
직접동인	활동에 소요된 자원을 직접 측정	시간당 원가가 다른 경우	가장 많음	가장 정확

4. 활동별 제조간접원가 배부율의 계산

활동중심별로 원가를 집계한 다음에는 집계된 활동별 원가총액을 원가동인의 수량으로 나누어 활동별 제조간접원가배부율을 계산한다. 같은 내용의 활동수준별 원가중심점이 결정되면 활동별 제조간접원가를 집계하여 동종의 원가집단(homogeneous cost pool)이 구성된다. 활동수준별 원가배부율(pool rate)은 원가동인단위당 원가이며 전통적 원가계산에서 사용되는 제조간접원가배부율(예, 직접작업시간당 제조간접원가)과 유사한 개념이다.

$$\text{활동별 제조간접원가배부율} = \frac{\text{활동별 집계된 원가(2단계)}}{\text{활동별 원가동인의 합계(3단계)}}$$

(예제 9-3) 활동중심점별 원가배부율

(주)DSK는 활동기준원가계산을 적용하고 있다. 당기에 제품 A, B, C를 착수하여 완성하였으며 각 작업별로 집계된 원가와 원가동인은 다음과 같다.

활동중심점	활동원가	원가동인	제품 A	제품 B	제품 C	합 계
작업준비	₩ 425,000	준비횟수	200	110	115	425회
조 립	210,000	조립시간	2,000	600	2,400	5,000시간
도 장	230,000	도장시간	1,000	350	1,150	2,500시간
품질검사	115,000	검사횟수	70	20	25	115회
창고운반	320,000	운반시간	600	100	300	1,000시간
합 계	₩1,300,000					

(요구사항)

각 활동 중심점별로 제조간접원가 배부율을 계산하시오.

(풀이)

활동중심점	활동원가	원가동인의 수	활동중심점별 원가배부율
작업준비	₩ 425,000	425회	₩1,000
조 립	210,000	5,000시간	42
도 장	230,000	2,500시간	92
품질검사	115,000	115회	1,000
창고운반	320,000	1,000시간	320
합 계	₩1,300,000		

5. 활동원가의 제품별 배부

활동중심점별로 원가배부율이 구해지면, 개별작업이나 제품에서 발생한 원가동인의 수를 이용하여 개별작업이나 제품에 활동원가를 배부한다. 활동기준 원가계산의 제 5단계는 각 제품이 소비한 활동중심별 원가동인과 4단계에서 계산된 활동중심별 원가배부율을 곱하여 활동원가를 개별제품에 배부한다. 즉 각 제품에 배부되는 제조간접원가는 각 제품에서 사용된 모든 활동별로 원가배부율과 활동별 원가동인의 수를 곱하여 계산된다.

> 제품별 활동원가배부액 = Σ(활동별 원가배부율 × 활동별 원가동인의 수)

활동기준원가계산제도는 개별원가계산을 사용하는 경우에는 물론이고 종합원가계산을 사용하는 경우에도 적용할 수 있으며, 제조업은 물로 서비스업에서도 적용이 가능하다.

(예제 9-4) 활동원가의 제품별 배부

(주)DSK는 활동기준원가계산을 적용하고 있으며, 당기에 제품 A, B, C를 착수하여 완성하였으며 각 제품별로 발생된 직접제조원가는 다음과 같다.

	제품 A	제품 B	제품 C	합 계
직접재료원가	₩250,000	₩150,000	₩200,000	₩600,000
직접노무원가	350,000	150,000	300,000	800,000

(요구사항)

(예제 9-3)의 활동별 배부율과 원가동인을 이용하여 각 제품별 제조원가를 계산하시오.

(풀이)

	제품 A	제품 B	제품 C	합 계
직접재료원가	₩ 250,000	₩150,000	₩200,000	₩ 600,000
직접노무원가	350,000	150,000	300,000	800,000
제조간접원가				
작업준비	200,000	110,000	115,000	425,000
조 립	84,000	25,200	100,800	210,000
도 장	92,000	32,200	105,800	230,000
품질검사	70,000	20,000	25,000	115,000
창고운반	192,000	32,000	96,000	320,000
합 계	₩1,238,000	₩519,400	₩942,600	₩2,700,000

6. 전통적 원가계산제도와 활동기준원가계산의 비교

지금까지 활동기준원가계산제도의 개념과 도입배경, 적용절차에 대하여 설명하였다. 전통적 원가계산과 활동기준원가계산은 결국 제조간접원가의 배부방법에서 크게 차이가 있으며, 그 결과 원가계산의 결과가 다르게 된다. 이상의 내용을 기초로 전통적 원가계산(개별원가계산)과 활동기준원가계산의 차이점을 정리하면 다음과 같다.

첫째, 전통적 원가계산의 기본가정과 활동기준원가계산의 기본가정이 다르다. 전통적 원가계산에서는 생산되는 제품이 자원을 소비한다고 가정하며, 활동기준원가계산에서는 수행되는 활동이 자원을 소비하고 개별제품은 이러한 활동을 소비함으로써 생산된다고 가정한다.

둘째, 전통원가계산은 공장전체 또는 부문별로 제조간접원가를 집계하고 공장전체 또는 부문별로 다른 배부기준을 적용하여 제품에 배부한다. 반면에 활동기준원가계산에서는 기업이 수행하는 활동별로 원가를 집계하고 활동별로 다른 배부기준을 적용하여 제품에 배부한다.

셋째, 전통원가계산은 제조간접원가의 배부기준으로 직접노무원가, 기계작업시간 등 물량기준이나 재무적 측정치를 사용한다. 따라서 비단위수준활동을 자주 수행해야 하는 제품의 원가는 실제보다 과소평가되며 그 반대의 경우에는 과대평가되므로 원가의 왜곡문제가 발생한다. 그러나 활동기준원가계산의 배부기준은 동일수준의 활동별로 검사횟수, 작업준비시간 등과 같은 다양한 비재무적인 측정치를 사용하여 활동별 원가를 제품에 배부함으로써 정확한 원가계산이 이루어질 수 있다.

넷째, 전통적 원가계산은 원가배부기준으로 주로 제품수량이나 조업도와 관계된 단위기준을 사용하므로 제조간접원가와 배부기준 간의 인과관계가 명확하게 반영되지 않는다. 활동기준원가계산은 활동별 원가동인을 제조간접원가의 배부기준으로 사용하므로 원가와 제품사이의 인과관계가 명확하게 반영된다.

다섯째, 전통원가계산은 제품이나 부문 등의 제한된 원가대상에 원가를 배부할 수 있지만, 활동기준원가계산은 제품뿐만 아니라 고객, 공정, 유통경로 등 다양한 원가대상에 원가를 배부할 수 있다.

이상에서 논의한 바와 같이 활동기준원가계산은 제조간접원가의 배부방식을 정교하게 함으로써 원가배부의 정확성을 높인다는 목적 외에 비효율적인 활동의 제거, 배부불능의 공통원가 파악, 유휴조업도의 별도원가관리 등 기업내부의 의사결정에 유용한 정보를 제공한다. 전통적 원가계산과 활동기준원가계산의 차이를 요약하면 다음과 같다.

〈표 9-3〉 전통적 원가계산과 활동기준원가계산의 비교

구 분	전통적 원가계산	활동기준원가계산
기본가정	각 제품이 자원을 소비한다.	활동이 자원을 소비하고, 제품은 활동을 소비하여 생산됨.
제품의 생산방식	소품종생산 노동력에 의존하는 생산방식 제조간접원가의 비중이 낮음	다품종생산 자동화된 생산방식 제조간접원가의 비중이 커짐
제조간접원가의 집계	공장전체 또는 부문별 집계	각 활동중심점별로 세분하여 집계
원가배부기준의 수	공장전체 또는 부문별로 단일의 배부기준	활동별로 다수의 원가집합과 서로 다른 배부기준사용
원가배부기준의 성격	조업도와 관련된 배부기준이며, 주로 재무적 기준	활동별 원가동인이며, 다양한 비재무적 기준포함
원가계산의 정확성	비단위수준활동이 고려되지 않으므로 원가왜곡발생	비단위수준활동을 고려하므로 정확성이 높아진다.
원가대상	제품이나 부문에 한정	의사결정목적에 따라 제품, 서비스, 유통경로, 고객 등 다양

제3절 활동기준원가계산의 유용성과 한계

1. 활동기준원가계산의 유용성

활동기준원가계산의 도입배경에서 살펴본 바와 같이 활동기준원가계산은 개별원가계산의 원가왜곡문제를 해결하기 위하여 개발된 방법이며 다음과 같은 유용성을 가지고 있다.

① 제조간접원가를 활동별로 구분하여 집계하고 각 활동별 원가동인을 배부기준으로 사용하여 제조간접원가를 배부하므로 정확한 원가계산을 할 수 있다. 원가를 다양하고 세분화된 원가대상인 활동수준별로 집계하고 각 활동별로 적절한 배부기준을 사용하여 원가를 배부하므로 전통적 원가계산에서는 제품별로 추적 불가능하던 제조간접원가(예, 전력비, 작업준비비, 품질검사비 등)도 활동기준원가계산에서는 특정 제품별로 집계되어 인식되므로 원가계산이 보다 정확해진다.

② 활동을 기준으로 원가계산을 수행하므로 제품구성이 변화하여도 신축적인 원가계산이 가능하게 된다. 활동별로 원가를 집계하고 활동원가동인을 기준으로 원가를 제품에 배부하여 보다 정확한 원가정보를 이용할 수 있으므로 관리자는 제품보유, 가격결정, 수익성 분석 및 판매전략 등과 같은 전략적 의사결정에 유연하게 대처할 수 있다.

③ 활동분석을 통하여 비부가가치활동(non-value added activity)을 제거하거나 부가가

치활동(value added activity)을 효율적으로 수행함으로써 원가통제에 이용될 수 있다. 제품원가를 계산하기 위하여 활동분석(공정가치분석)을 통하여 부가가치활동과 비부가가치활동을 구분하고 비부가가치활동을 제거하거나 감소시킴으로써 생산시간을 단축할 수 있고 원가를 활동별로 관리함으로써 많은 원가를 발생시키는 활동을 감소시킬 수가 있으므로 원가관리에 유용한 정보를 제공한다.

④ 활동기준원가계산은 의사결정과 성과평가에 이용될 수 있다. 원가대상(제품, 고객, 부문 등)에 대한 정확한 원가계산을 기초로 각 제품의 수익성에 대한 합리적인 의사결정을 할 수 있으며, 활동별 성과평가를 가능하게 하므로 평가결과에 대한 불만이 감소된다. 고객도 원가대상으로 취급하여 고객별로 원가계산이 가능하게 되며, 고객별 수익성을 정확히 판단할 수 있으므로 고객관리와 고객서비스의 가격을 적정하게 결정할 수 있다.

⑤ 비재무적 측정치를 사용하여 성과평가를 수행하므로 생산현장관리자와 의사소통을 원활하게 할 수 있으며 장기적으로 회사전체의 효율성 향상을 가져올 수 있다. 원가절감이나 성과평가를 통하여 부품의 수, 품질검사기간, 작업준비횟수 등 비재무적 측정치를 강조함으로써 이익이나 원가 등과 같은 재무적 측정치를 강조하는 전통적 원가계산방식에 비하여 업무실적과 성과평가의 인과관계가 명확해지고, 현장관리자가 평가결과를 쉽게 이해하고 받아들이므로 실질적인 성과평가가 가능해진다.

⑥ 다양한 품목을 소량으로 생산하는 기업에서 각 품목에 대한 정확한 수익성분석을 할 수 있다. 활동기준원가계산은 전통적 원가계산제도에 비하여 정확한 원가정보를 제공하므로 제품별로 정확한 수익성분석을 가능하게 한다.

이 밖에도 전통적인 제조간접원가의 배부방법은 재무회계목적의 원가정보만을 제공하였으나, 활동기준원가계산은 활동에 대한 정보를 제공함으로써 관리회계목적의 정보도 제공할 수 있다.

2. 활동기준원가계산의 한계

활동기준원가계산은 기업의 원가계산과 경영관리에 유용한 정보를 제공하고 경제적 효익이 있으나 다음과 같은 한계점도 있다. 따라서 경영자는 활동기준원가계산을 도입하는 경우에 이러한 한계점을 충분히 검토하여 도입여부를 결정하여야 한다.

① 활동분석과 원가동인의 파악에 많은 비용과 시간이 소요된다. 활동기준원가계산을 도입하기 위해서는 기업이 수행하는 활동을 분석하고 활동중심점별로 원가동인을 결정하고 측정하는 방법을 개발하는 과정에서 많은 비용이 소요된다. 또한 이를 운영하는 과정에서도 원가동인을 측정하기 위하여 많은 비용이 지출된다.

② 제조간접원가를 발생시키는 활동을 명확히 구분하는 기준이 존재하지 않는다. 기업

이 제품을 제조하는 과정에서 수행하는 많은 활동들을 정의하고 이를 구분하기 위한 명확하고 일반적인 기준이 정립되어 있지 않다.

③ 설비수준활동의 원가에 대해서는 전통적 배부기준을 사용하게 된다. 활동기준원가계산에서 공장전체차원에서 수행되는 활동수준인 설비수준활동(예, 공장감가상각비, 환경위생관리 등)에 대해서는 원가동인을 파악하기 어려우므로 직접노무원가, 직접노동시간, 기계시간 등과 같은 전통적인 원가계산의 배부기준을 적용해야 한다.

④ 원가절감을 위하여 활동원가를 유발시키는 원가동인을 감소하는데 주력하여 기업전체의 수익성을 감소시킬 수가 있다. 활동기준원가계산을 적용하면서 원가절감방안을 모색하는 과정에서 활동원가를 유발시키는 원가동인을 제거하게 되는데 이로 인하여 기업전체의 재무적 성과에 불리한 영향을 미칠 수 있다. 예를 들어 작업준비원가의 원가동인이 작업준비횟수인 경우에 작업준비원가를 감소시키기 위해서는 작업준비횟수를 감소시켜야 한다. 이 과정에서 묶음의 크기를 증가시키는 경우에는 불필요한 생산과잉의 문제가 발생할 수 있다.

3. 활동기준원가계산의 효익이 큰 기업의 유형

활동기준원가계산은 전통적 원가계산에 비하여 제조간접원가를 보다 정확하게 배부할 수 있다는 장점이 있지만 한계점도 있다. 따라서 이를 적용하기 위해서는 새로운 원가계산제도의 도입에 따른 추가적인 비용과 효익간의 관계를 고려하여야 하며, 다음과 같은 상황이 존재하는 기업에서는 활동기준원가계산을 적용하는 경우에 보다 큰 효익을 얻을 수 있다.

① 전통적 원가계산시스템을 구축한 뒤에 생산라인의 자동화로 인하여 제조환경이 자본집약적 생산방식으로 변화함에 따라 제조기술이 크게 변화하거나 제조원가에서 제조간접원가의 비중이 상대적으로 크고 계속 증가하는 기업에 적합하다.

② 제조공정에서 요구되는 활동이 제품별로 상당한 차이가 있거나 복잡한 제조과정에서 여러 제품을 생산하는 경우에 효익이 크게 된다. 제품마다 1회 작업량이나 제조의 공정이 크게 다르거나 제품마다 작업준비, 검사 등 제조공정과 관련활동이 크게 다른 경우에 적용된다.

③ 기존의 원가계산시스템을 구축한 후에 제조공정이 크게 변하거나 제품의 종류가 다양화되면서 경영자가 가격결정이나 제품에 대한 여러 가지 의사결정으로 하는 경우에 기존의 원가시스템에서 유용한 정보를 얻지 못하는 경우에 적용될 수 있다.

활동기준원가계산제도는 이상과 같은 유용성과 특징을 가지고 있으므로 개별원가계산제도를 사용하는 기업은 물론 종합원가계산을 사용하는 기업에서도 적용할 수 있으며 제조업뿐만 아니라 서비스업에서도 적용이 가능한 원가계산제도이다.

(예제 9-5) 전통적원가계산과 활동기준원가계산의 비교

(주)강원산업의 제조공정은 제조부문은 절단부문과 조립부문으로 구성되어 있으며, 개별원가계산를 적용하고 있다. 당월 중 작업(제품) #101, #102, #103을 착수하여 완성하였으며 관련자료는 다음과 같다.

	#101	#102	#103	합 계
직접재료원가	₩400,000	₩300,000	₩500,000	₩1,200,000
직접노무원가	150,000	250,000	450,000	850,000
직접노동시간				
절단부문	200시간	100시간	300시간	600시간
조립부문	60	40	100	200
기계작업시간				
절단부문	70시간	80시간	150시간	300시간
조립부문	150	100	250	500
생 산 량	150단위	150단위	400단위	700단위
단위당 판매가격	₩7,000	₩6,000	₩4,000	

당월 중 발생한 제조간접원가는 절단부문 ₩540,000 조립부문 ₩760,000 이다.

(요구사항)

1. 전통적 원가계산에 의하여 다음을 계산하시오. 단, 절단부문은 직접노동시간, 조립부문은 기계작업시간을 기준으로 배부한다.
   (1) 부문별 제조간접원가배부율 (2) 작업별 제조원가와 단위당 원가 (3) 제품별 단위당 이익
2. (주)강원산업은 전통적 원가계산방법에 의하여 정확한 제품원가의 계산이 어렵다고 판단하고 활동기준원가계산을 적용하고자 한다. 활동분석을 통하여 활동중심점별 제조간접원가를 집계한 결과와 원가동인은 다음과 같다.

활동중심점	활동원가	원가동인	#101	#102	#103	합 계
재료수령	₩320,000	재료수령횟수	35회	25회	20회	80회
작업준비	260,000	작업준비횟수	20회	20회	10회	50회
조립활동	260,000	조 립 시 간	150시간	100시간	250시간	500시간
도장활동	120,000	도 장 시 간	60시간	80시간	160시간	300시간
품질검사	340,000	품질검사횟수	15회	15회	10회	40회
합 계	₩1,300,000					

위 자료를 기초로 다음을 계산하시오.

(1) 활동중심점별 원가배부율 (2) 작업별 제조원가와 단위당 원가 (3) 제품별 단위당 이익

(풀이)

1. 전통적 원가계산

(1) 부문별 제조간접원가배부율

절단부문: $\frac{540,000원}{600시간}$=₩900/직접노동시간당

조립부문: $\frac{760,000원}{500시간}$=₩1,520/기계작업시간당

(2) 작업별 제조원가와 단위당 원가

	#101	#102	#103	합 계
직접재료원가	₩400,000	₩300,000	₩500,000	₩1,200,000
직접노무원가	150,000	250,000	450,000	850,000
제조간접원가				
절단부문[1]	180,000	90,000	270,000	540,000
조립부문[2]	228,000	152,000	380,000	760,000
계	₩958,000	₩792,000	₩1,600,000	₩3,350,000
생 산 량	150단위	150단위	400단위	700단위
단위당 원가	₩6,387	₩5,280	₩4,000	

1) 200시간 × 900 = ₩180,000 100시간 × 900 = ₩90,000 300시간 × 900 = ₩270,000
2) 150시간 × 1,520 = ₩228,000 100시간 × 1,520 = ₩152,000 250시간 × 1,520 = ₩380,000

(3) 제품별 단위당이익

	제품101	제품102	제품103
단위당 판매가격	₩7,000	₩6,000	₩4,000
단위당 원가	6,387	5,280	4,000
단위당 이익	₩613	₩720	₩ 0

2. 활동기준원가계산

(1) 활동중심점별 원가배부율

활동중심점	활동원가		원가동인		원가배부율
재료수령	₩320,000	÷	80회	=	@4,000
작업준비	260,000	÷	50회	=	5,200
조립활동	260,000	÷	500시간	=	520
도장활동	120,000	÷	300시간	=	400
품질검사	340,000	÷	40회	=	8,500
합 계	₩1,300,000				

(2) 작업별 제조원가와 단위당원가

	#101	#102	#103	합 계
직접재료원가	₩400,000	₩300,000	₩500,000	₩1,200,000
직접노무원가	150,000	250,000	450,000	850,000
제조간접원가				
재료수령[1]	140,000	100,000	80,000	320,000
작업준비[2]	104,000	104,000	52,000	260,000
조 립[3]	78,000	52,000	130,000	260,000
도 장[4]	24,000	32,000	64,000	120,000
품질검사[5]	127,500	127,500	85,000	340,000
계	₩1,023,500	₩965,500	₩1,361,000	₩3,350,000
생 산 량	150단위	150단위	400단위	700단위
단위당 원가	₩6,823	₩6,437	₩3,402	

*1)	4,000 × 35회 = ₩140,000	4,000 × 25회 = ₩100,000	4,000 × 20회 = ₩ 80,000
2)	5,200 × 20회 = ₩104,000	5,200 × 20회 = ₩104,000	5,200 × 10회 = ₩ 52,000
3)	520 × 150시간 = ₩ 78,000	520 × 100시간 = ₩ 52,000	520 × 250시간 = ₩130,000
4)	400 × 60시간 = ₩ 24,000	400 × 80시간 = ₩ 32,000	400 × 160시간 = ₩ 64,000
5)	8,500 × 15회 = ₩127,500	8,500 × 15회 = ₩127,500	8,500 × 10회 = ₩ 85,000

(3) 제품별 단위당이익

	제품101	제품102	제품103
단위당 판매가격	₩7,000	₩6,000	₩4,000
단위당 원가	6,823	6,437	3,402
단위당 이익	₩177	₩-437	₩598

제4절 적시생산시스템과 역류원가계산

1. 적시생산시스템의 의의

적시생산시스템(just-in-time manufacturing, JIT)은 필요한 제품을 필요한 시점에서 요구되는 수량만큼 생산하는 시스템이다. 따라서 특정공정의 생산활동은 다음 공정에서 요구되는 경우에만 개시되며, 다음 공정에서 필요한 수량만큼만 생산한다. 기본적으로 적시생산시스템은 기업이 수행하는 여러 가지 활동에 있어서 최소한의 인력, 부품, 자재, 면적 및 설비를 사용하기 위하여 고안된 생산체제이다. 기업이 생산하는 제품에 대한 소비자의 수요가 먼저 파악되고 제조공정의 마지막 부문에서 시작하여 최종적으로 원재료의 구입에 이르기 까지 제품 → 재공품 → 원재료의 순으로 수요가 파악되고 이에 따른 제조활동이 이루어지는 것이다. 따라서 적시생산시스템은 다음 단계의 수요에 의하여 전단계의 제조활동이 이루어지는 생산시스템이며 소비자들이 요구하는 수량을 필요한 때에 즉시 생산하는 제도이다.

적시생산시스템을 도입하면 재고자산에 대한 투자가 매우 적거나 없게 된다. 적시생산시스템에서는 재고유지를 비부가가치활동으로 간주하고 이를 최소화하기 때문에 재고로 인한 비용과 위험이 크게 감소된다. 다시 말하면, 먼저 제품에 대한 소비자의 수요가 파악되고, 그 다음에 제품을 제조하기 위하여 필요한 투입요소가 공정별로 필요한 수량만큼 공급되므로 제조작업에 대한 대기시간이 없어지고 최종적으로 원재료의 재고보유에 대한 필요성이 없어지게 된다.

전통적인 제조방법은 일반적으로 **푸쉬제조방식**(push approach)을 이용한다. 푸시제조방식은 생산계획에 의한 작업지시에 따라 작업이 시작되며, 특정 공정에서 작업이 완료되면 재고로 보유하든지 아니면 후속공정으로 보내지고 이로 인하여 후속공정의 작업이 시작된다. 즉, 생산은 선행공정에 의하여 시작되기 때문에 후속공정에서 필요한 것과는 아무런 관련이 없을 수도 있다. 푸쉬방식에서 제품은 기능적으로 배치된 공장에서 대규모로 생산된다. 이러한 방식은 생산설비를 극대화하여 작업공정의 효율성은 향상되지만, 재공품의 재고를 누적시키고 필요이상으로 제품을 많이 생산할 가능성도 증대된다.

적시생산시스템은 일본 도요타자동차에서 고안한 **칸반시스템**(Kanban system)에서 유래한 것이며, 통상적인 제조방식(재료를 가공하여 제품을 밀어낸다는 푸쉬방식)과는 달리 판매될 수량만을 제조하는 **수요흡인시스템**(demand-pull system) 또는 **풀방식**(pull approach)이다. **풀방식**은 수요가 제품을 최종공정으로부터 끌어당기는 것이며, 이를 위한 수단으로 칸반시스템을 이용한다. **칸반**(Kanban, 看板의 일본식발음)은 요구되는 제조활동의 내용이 기록되어 있는 카드 또는 명세서이며, 공정간의 생산정보전달수단으로 사용된다. 칸반사용의 예를 들어 보자. 제품을 생산하는 기업의 최종조립공정이 판매부서로부터 제품 10단위의 생산을 주문받았다고 가정한다. 최종공정에서는 그 전단계(기계)공정에 칸반을 보내어 10단위의 제조에 필요한 부품을 생산하도록 주문하고, 이 주문을 바탕으로 기계공정은 필요한 재료를 청구하여 제조작업을 하게 된다. 기계공정의 부품작업이 완료되면 이들 부품에 칸반을 부착하여 조립공정으로 보내고, 조립공정은 제품을 생산하게 된다. 이와 같이 생산의 흐름을 칸반에 의하여 역으로(수요로부터) 관리하는 것이다. 칸반은 적시생산뿐만 아니라 적시구매(just-in-time purchasing)에도 사용된다. 즉, 원재료의 납품업자에게 구매할 원재료의 종류와 수량, 납품일시 등을 칸반으로 지시하여 생산현장에 반입시키므로 재료창고가 불필요하게 된다.

전통적인 생산방식에서는 제품이 즉시 판매된다는 확신이 없는 상태에서도 생산계획의 변경지시가 있을 때까지는 생산을 계속하며, 재고부족으로 인한 판매기회의 상실을 피하기 위하여 충분한 재고를 보유하고자 한다. 그러나 판매시장의 경쟁이 격화되고, 제품원가와 판매가격간의 차이가 작아짐에 따라 필요한 수량만큼을 생산하는 전략이 중요시되고 있다. 이익마진이 감소되고 판매경쟁이 증대됨에 따라 많은 기업에서는 과도한 재고유지와 관련된 제반비용 및 위험을 최소화하기 위하여 적시생산시스템을 도입하고 있다.

2. 적시생산시스템의 특징

적시생산시스템은 "최선의 방법은 운영을 단순화시키는 것이다"라는 철학에 기초하고 있으며, 전통적인 생산방식과는 여러 가지 면에서 다른 특징을 가지고 있다.

첫째, 적시생산시스템하에서 제조방법은 특정제품의 제조에 필요한 기계나 설비를 제품별로 배치하는 **제조-셀**(manufacturing cell)을 중심으로 이루어진다. 전통적인 생산시스템에서는 일반적으로 동일한 기능을 수행하는 기계나 설비가 동일부문이나 공정에 배치되는 **기능적 배치공장**(functionally arranged factory)에서 제품을 생산한다. 그러나 적시생산시스템에서는 서로 다른 기능을 수행하는 다양한 기계설비가 제품제조를 위하여 상호 근접한 위치에 배치된다.

둘째, 적시생산시스템에서 작업자들은 다양한 기능(multi-task)을 수행할 수 있도록 교육받는다. 전통적 생산방식에서는 각 작업자들이 기능별로 위치하여 단순한 작업기능만을 수행하지만 적시생산시스템에서 작업자들은 자신들이 속한 제조공정에서 필요로 하는 여러 가지 활동들을 담당하게 된다.

셋째, 적시생산시스템에서는 종합적인 품질관리가 강력히 추진될 수 있다. 전통적인 제조생산방식에서는 주로 산출품의 검사에 치중하고 있다. 그러나 적시생산시스템은 제품을 조립하기 전에 투입물품을 검사함으로써 불량품 생산을 사전에 제거하는 것이 목적이다. 제조과정에서 불량품이 발생하면 다른 작업자에게 주의를 환기시키고 그 공정은 생산이 중지된다. 적시생산시스템은 수요흡인시스템을 기초로 하므로 하나의 작업이 중지되면 문제가 해결될 때까지 모든 제조공정이 중지된다. 적시생산시스템은 문제를 즉시 해결하고 결함의 근본적인 원인을 가능한 빨리 제거하게 되며, 낮은 재고수준은 품질에 작은 결함이 있게 되면 심각한 운영상의 문제를 가져오기 때문에 품질관리의 중요성이 증대된다. 따라서 총체적 품질관리로 양질의 재료와 노동력을 투입함으로써 최종산출물의 결함을 극소화시킨다.

넷째, 제품의 생산에 필요한 기계나 설비, 원재료 등이 적시에 준비되어 제조작업에 소요되는 준비시간을 절약할 수 있고 제조기간을 최소화할 수 있게 된다. 제조공정의 준비작업에 소요되는 시간이나 대기시간의 감소는 기업이 소비자의 수요에 신속하게 대응할 수 있도록 한다.

다섯째, 고객의 요구에 적시 대응할 수 있으며, 융통성을 증대시킨다. 적시생산시스템은 작은 규모의 롯트생산을 필요로 하므로 작업준비시간이 오래 걸리는 방식으로는 성공할 수 없다. 따라서 적시생산시스템에서 첫 번째로 해야 할 일은 운영을 단순화시키고, 다음으로는 작업준시시간을 단축시키는 것이다. 하나의 작업준비에 다른 작업을 신속하게 변경될 수 있는 기업만이 적은 규모의 롯트생산을 가능하게 한다. 작업준비시간이 단축됨으로써 리드타임이 줄어들어 기업은 주문시간과 주문량변화에 신속하게 대응할 수 있으며 재공품 재고를 적게 가지고 있으므로 작업을 신규주문에 맞추어 쉽게 조정할 수 있다.

여섯째, 적시생산시스템은 재고관련비용을 감소시킨다. 적시생산시스템에서 제품의 생산은 고객의 주문에 의하여 착수되며, 선행공정의 작업은 후속공정에서 필요로 하는 물량을 적시에 생산하여 다음 공정으로 보내지기 때문에 과도한 재고를 보유할 필요성을 배제한다. 재고가 증가되면 자본의 기회비용, 창고비용, 관리비용, 진부화 등의 관련비용도 증가하게 되지만, 적시생산시스템에서는 이러한 재고관련비용을 감소시킨다.

일곱째, 적시생산시스템은 부가가치 창출활동에 중점을 준다. 적시생산시스템 기업에서는 설비나 기계의 최대활용을 목표로 하지 않으며, 전통적인 측정치로 업적을 측정하고 평가하지 않는다. 전통적인 푸쉬생산방식에서는 고가의 전용기계설비를 구입하여 가능한 생산량을 증가시켜 단위당 원가를 낮추고 조업도수준을 높이는 것을 경제적인 것으로 간주한다. 이러한 전통적인 자원활용방식은 적시생산시스템과는 배치되는 것이다. 적시생산시스템은 각 작업공정마다 제품에 가치가 부가되는 통합 구매, 제조, 선적과정을 수행한다. 부가가치활동은 원재료를 완제품이나 해당공정에서의 부품으로 가공하는 활동이므로 원재료를 이동시키거나 부품을 검사하는 것과 같은 비부가가치활동을 제거하거나 극소화시킬 수 있도록 한다.

이와 같이 적시생산시스템에서 제조작업은 제조-셀단위 제조방법의 사용, 불량품과 작업대기시간의 감소, 원재료의 적시공급 등 전통적인 생산시스템과는 다른 특성을 갖는다. 따라서 적시생산시스템에서는 최소한의 재고가 유지되며 구매, 생산 및 판매활동이 연속적으로 빠르게 이루어진다. 따라서 한 기간의 모든 제조원가는 바로 매출원가가 되고 원재료에서 제품으로 원가의 이동이 신속하게 진행되므로 평균법이나 선입선출법 등과 같은 원가흐름이나 전부원가계산 또는 변동원가계산과 같은 재고자산 평가방법 등에 대한 가정이 불필요하게 된다.

3. 역류원가계산

(1) 역류원가계산의 의의

전통적인 원가계산제도에서는 원재료의 구입에서 제품의 제조작업에 이르기까지 원가흐름의 순서에 따라서 회계기록이 이루어지는 순차적 추적방법(sequential tracking)을 적용한다. 그러나 적시생산시스템에서는 역류원가계산과 같은 단순한 방법을 사용하여 원가흐름에 대한 회계처리를 한다. **역류원가계산**(backflush costing, **역산원가계산**)은 제품이 완성되거나 판매될 때까지 제품제조원가의 기록을 연기하고, 제품이 완성된 시점 또는 판매된 시점에서 역순으로 제품제조원가를 완성품(또는 매출원가)과 기말재고자산에 배부하는 방법이다. 이때 재고자산 등에 배부되는 제품제조원가는 사전에 결정된 예정원가 또는 표준원가를 사용하는 것이 일반적이다.

역류원가계산은 **지연원가계산**(delayed costing)이라고도 하며, 재공품계정을 사용하지 않고 제조원가를 제품에 직접 추적하는 원가시스템이다. 역류원가계산은 재공품계정을 제거하므로 원가계산절차를 단순화하여 원가계산에 소요되는 시간과 노력을 절감할 수 있다.

역류원가계산은 전통적인 원가계산방법과 비교하여 다음과 같은 두 가지 측면에서 변화가 있게 된다. 첫째, 원재료가 구입되는 즉시 제조공정에 투입되며, 제품의 제조가 완료되는 즉시 완성품계정으로 대체된다. 따라서 원재료계정이나 재공품계정은 사용하지 않고 그 대신 **재공원재료계정**(raw materials in process a/c, RIP)을 사용한다. 둘째, 직접노무원가와 제조간접원가는 별도로 구분하지 않고 가공원가의 통제계정에서 집계되며, 제조작업이 완료된 시점에서 직접 완성품계정으로 대체된다. 만약 제조가 완료된 제품이 즉시 판매된 경우에는 제조원가는 완성품계정을 거치지 않고 직접 매출원가계정에 대체된다.

(2) 역류원가계산의 유형

역류원가계산에서는 회계장부기록시점을 어디까지 연기시키는가에 따라 다음과 같은 세 가지 유형으로 구분된다.

1) 유형 1: 재공원재료계정과 제품계정을 유지하는 경우

이 방법에서는 회계장부의 기장시점을 ① 원재료의 매입시점과 ② 제품생산이 완료된 시점으로 하는 것이다. 이 유형에서는 원재료계정과 재공품계정을 통합시킨 재공원재료계정과 제품계정 등 두 개의 재고자산계정을 유지하면서 재료의 매입시점과 제품의 완성시점에서 제품원가와 관련된 분개를 한다.

2) 유형 2: 원재료계정만 유지하는 경우

이 방법에서는 회계장부의 기장시점을 ① 원재료의 매입시점과 ② 제품판매시점으로 하는 것이다. 이 유형에서는 하나의 재고자산계정(원재료계정)만을 유지하면서 원재료의 매입시점과 제품판매시점에서 제품원가와 관련된 분개를 한다. 이 계정의 기말잔액은 창고에 보관중인 원재료재고뿐만 아니라 재공품과 제품에 포함된 원재료 등이 모두 포함되지만 가공원가는 자산화하지 않는다. 이 방법은 재공품과 완성품의 재고가 없는 경우에 적합하다.

3) 유형 3: 제품계정만 유지하는 경우

이 방법에서는 회계장부의 기장시점을 제품생산이 완료된 시점에서 하는 것이다. 재고자산계정은 제품계정 하나만을 유지하면서 재고자산과 관련된 분개를 제품이 완성된 시점에서만 하게 되며, 가공원가는 실제원가가 발생한 시점에서 기록한다. 이러한 역류원가계산은 가장 단순한 형태로서의 적시생산시스템에 적용되며, 원재료가 없는 경우에 적합하다.

(예제 9-6) 역류원가계산

주)현석은 단일제품을 생산판매하고 있다. 원재료의 기초재고, 재공품의 기초재고와 기말재고는 없다. 원가는 직접재료원가와 가공원가로 구분하여 집계하며, 단위당 표준직접재료원가는 ₩200이고 표준가공원가는 ₩120이다.

① 원재료 매입액은 ₩220,000이고 ₩200,000이 사용되었다.
② 가공원가실제발생액은 ₩125,000이다.
③ 완성된 제품수량은 1,000개이며 이 중 900개가 판매되었다. 판매단가는 ₩500이다.
④ 가공원가배부차이는 매출원가에서 조정하며, 기타 원가차이는 없다.

(요구사항)

1. 전통적 원가계산에 의하여 원가흐름을 회계처리 하시오.
2. 역류원가계산에서 원재료 및 재공품계정, 제품계정 등 두 개의 재고자산계정을 유지한다고 가정하고 분개하시오.
3. 역류원가계산에서 재고자산계정으로 직접재료계정만을 유지한다고 가정하고 분개하시오.
4. 역류원가계산에서 재고자산계정으로 제품계정만을 유지한다고 가정하고 분개하시오.

(풀이)

1. 전통적 원가계산

① 원재료의 매입

차) 원재료 220,000 대)매입채무 220,000

②가공원가의 발생

차) 가공원가 125,000 대)미지급임금 등 125,000

③ 원재료의 투입과 가공원가의 대체

차) 재공품 320,000 대)원재료 200,000*
가공원가 120,000**

* 표준원가₩200 × 1,000개 = ₩200,000
**표준원가₩120 × 1,000개 = ₩120,000

④ 제품의 완성

차)제 품 320,000 대)재공품 320,000

⑤ 제품의 매출

차)매출원가 288,000 대)제 품 288,000*

* ₩(200 + 120) × 900개 = ₩288,000

차)매출채권 450,000 대)매 출 450,000

⑥ 가공원가 배부차이조정

차)매출원가 5,000 대)가공원가 5,000*

* 실제발생 ₩125,000 − 배부액 ₩120,000 = 과소배부 ₩5,000

(계정기입)

원재료	
①220,000	③200,000
(20,000)	

재 공 품	
③320,000	④320,000

제 품	
④320,000	⑤288,000

가공원가	
②125,000	③120,000
	⑥ 5,000

매출원가	
⑤ 288,000	
⑥ 5,000	

2. 역류원가계산: 재공재료계정과 제품계정을 유지하는 경우

① 원재료의 매입

차)재공재료 200,000 대)매입채무 200,000

② 가공원가의 발생

차)가공원가 125,000 대)미지급임금 등 125,000

*재료원가와 가공원가의 재공품계정 대체분개를 생략한다.

③ 제품의 완성

차)제 품 320,000 대)재공재료 200,000

가공원가 120,000

④ 제품의 매출

차)매출원가 288,000 대)제 품 288,000

차)매출채권 450,000 매 출 450,000

⑤ 가공원가차이

차)매출원가 5,000 대)가공원가 5,000

(계정기입)

원재료

차변	대변
①220,000	③200,000
(20,000)	

제 품

차변	대변
③320,000	④288,000
(32,000)	

매출원가

차변	대변
④288,000	
⑤ 5,000	

가공원가

차변	대변
②125,000	③120,000
	⑤ 5,000

3. 역류원가계산: 재료계정만 유지하는 경우

① 원재료의 매입

차)재 료 200,000 대)매입채무 200,000

② 가공원가의 발생

차)가공원가 125,000 대)미지급임금 등 125,000

*재료원가와 가공원가의 재공품계정 대체분개를 생략한다.

*제품생산 완료에 대한 분개를 생략한다.

③제품의 매출

차)매출원가 288,000 대)재고자산 180,000*

가공원가 108,000**

차)매출채권 450,000 매 출 450,000

*표준원가₩200 × 900개 = ₩180,000

**표준원가₩120 × 900개 = ₩108,000

④ 가공원가차이

차)매출원가 17,000 대)가공원가 17,000*

*실제발생 125,000 − 배부액 108,000 = 과소배부17,000

(계정기입)

재고자산	
①220,000	③180,000
(20,000)	

매출원가	
③288,000	
④ 17,000	

가공원가	
②125,000	③108,000
	④ 17,000

4. 역류원가계산: 제품계정만 유지하는 경우

① 가공원가의 발생

차)가공원가 125,000　　대)미지급임금 등 125,000

*재료의 매입에 대한 분개를 생략한다.

*재료원가와 가공원가의 재공품계정 대체분개를 생략한다.

*제품생산 완료에 대한 분개를 생략한다.

② 제품의 완성

차)제　품 320,000　　대)매입채무 200,000

　　　　　　　　　　　　가공원가 120,000

③ 제품의 판매

차)매출원가 288,000　　대)재고자산 180,000

　　　　　　　　　　　　가공원가 108,000

차)매출채권 450,000　　매　　출 450,000

④ 가공원가차이

차)매출원가　5,000　　대)가공원가　5,000

(계정기입)

가공원가	
①125,000	②120,000
	④ 5,000

제　품	
②200,000	③288,000
120,000	
(320,000)	

매출원가	
③288,000	

토의문제

1. 활동기준원가계산의 도입배경에 대하여 설명하시오.
2. 자원과 활동, 활동기준원가계산의 개념을 설명하시오.
3. 전통적 원가계산에서 원가배부의 문제점은 무엇인가?
4. 전통적 원가계산과 활동기준원가계산의 차이점을 설명하시오
5. 활동은 단위수준활동, 묶음수준활동, 제품수준활동, 설비수준활동으로 분류할 수 있다. 이들 활동에 대하여 각각 예를 들어보시오
6. 활동기준원가계산의 배부절차를 설명하시오.

7. 활동기준원가계산의 유용성과 한계점은 무엇인가?
8. 활동기준원가계산은 어떤 유형의 기업에서 효과적인가?
9. 적시생산시스템이 제품원가계산에 미치는 영향을 설명하시오.
10. 역류원가계산에 대하여 설명하시오.

연습문제

(9-1) 활동별 배부율과 제조간접원가의 배부

(주)제일은 두 가지 제품(갑, 을)을 생산·판매하고 있으며, 활동기준원가계산을 적용하고 있다. 갑제품의 연간 생산량은 8,000단위이고 을제품의 연간생산단위는 5,000단위이다. 제조과정에서 3가지 활동을 수행하고 있으며, 관련정보는 다음과 같다.

활 동	제조간접원가	갑제품 원가동인수	을제품 원가동인수
활동 1	₩200,000	100	400
활동 2	370,000	800	200
활동 3	920,000	1,000	1,500

(요구사항)

활동기준원가계산을 적용하여 갑제품의 단위당 제조간접원가를 구하시오.

(9-2) 원가동인과 제조간접원가의 배부

대동기계(주)가 생산 판매하는 A제품의 제조간접원가는 재료처리활동과 검사활동에 대한 원가가 포함되어 있다. 6월중 재료처리활동은 ₩800,000 품질검사작업에는 ₩2,000,000의 원가가 예상된다. 제품에 대한 직접재료원가는 ₩130,000 직접노무원가는 직접노동시간 1,000시간에 대하여 ₩250,000의 지출이 예상된다. 기타 제조활동과 관련된 자료는 다음과 같다.

활 동	원가동인	사용가능활동수	A제품에 필요한 수량
재료처리	운반횟수	200회	20회
품질검사	검사횟수	1,000회	10회
기계작업	작업시간	16,000시간	1,800시간

(요구사항)

1. 제조간접원가배부기준으로 기계작업시간을 적용한다면 A제품의 원가는 얼마인가?
2. 활동기준원가계산을 적용하여 A제품의 원가를 계산하시오.

(9-3) 원가동인과 제품원가

다음은 한성공업(주)의 20×1년 A제품에 대한 생산 및 원가관련자료이다.

활 동	제조원가	원가동인	최대활동량	A제품 원가동인
생산준비	₩ 25,000	생산준비시간	1,000시간	300시간
재료처리	30,000	재료처리횟수	2,000회	560회
기계사용	500,000	기계작업시간	20,000시간	4,000시간
품질관리	100,000	품질검사횟수	12,500시간	700회
수선유지	40,000	기계작업시간	20,000시간	4,000시간

(요구사항)

A제품의 기초원가 ₩300,000와 생산수량 12,000단위일 때 총원가는 얼마인가?

(9-4) 활동수준의 구분과 원가동인

제 품	기계작업시간	작업준비시간	주문처리시간	포장작업
A제품	1,000시간	20회	20회	160회
B제품	1,000	10회	40회	80회
제조간접원가	₩800,000	₩27,000	₩105,000	₩16,800

서울기계(주)는 두 가지 제품을 생산하고 있으며 생산 및 원가관련자료는 다음과 같다.

(요구사항)

1. 위의 각 활동을 단위수준, 묶음수준, 제품수준, 설비수준으로 구분하시오.
2. 활동별 원가동인을 결정하고, 활동별 제조간접원가 배부율을 계산하시오.
3. 활동별 배부율을 이용하여 각 제품의 제조간접원가 배부액을 계산하시오.

(9-5) 원가동인과 제조간접원가배부

다음은 한성기계(주)의 제조활동별 원가와 원가동인이다.

활 동	제조간접원가예산	원가동인	예정원가동인수	활동별배부율
기계준비	₩300,000	준비횟수	100회	₩3,000/횟수
재료처리	100,000	재료무게	5,000kg	40/kg
위험물폐기	50,000	위험물부피	1,000kg	50/kg
품질관리	75,000	검사횟수	100회	75/횟수
수선작업	200,000	기계시간	2,000시간	100/시간
	₩725,000			

제품 100단위 생산에 대한 제조활동은 다음과 같다.

기계준비횟수: 4회, 원재료 : 1,000kg, 위험물폐기: 200kg 검사횟수: 10회,

기계시간: 500시간, 직접재료원가: ₩120,000, 직접노무원가: ₩50,000

(요구사항)

1. 기계시간에 의한 제조간접원가 예정배부율을 이용하는 경우 제품에 배부될 제조간접원가는 얼마인가?
2. 활동별 제조간접원가 배부율을 적용하는 경우 제품단위당 제조간접원가와 제품원가는 얼마인가?

(9-6) 전통적 원가계산과 활동기준원가계산의 비교

(주)일산은 정상원가계산을 적용하고 있으며, 제조간접원가는 예정직접노동시간을 이용하여 배부한다. 내년도의 예정직접노동시간은 5,000시간이며 제조간접원가 예산액은 ₩350,000이다. 최근 새로운 제품의 생산을 계획하고 있으며 판매가격은 총원가에 30%를 가산하여 결정한다. 새로운 제품에 대한 추정자료는 다음과 같다.

직접재료원가	₩10,000
직접노무원가(75시간)	7,500
기계작업시간	300시간
재료처리횟수	8회
작업준비횟수	3회
검사횟수	5회

(요구사항)

1. 새로운 제품의 총제조원가와 판매가격을 계산하시오.
2. 다음 자료를 이용하여 활동기준원가계산에서의 총제조원가와 판매가격을 계산하시오.

활 동	예산액	원가동인	예상원가동인수
기계작업활동	₩160,000	기계시간	16,000시간
재료처리활동	60,000	재료처리횟수	4,000회
작업준비활동	50,000	작업준비횟수	2,000
검사활동	96,000	검사횟수	8,000
	₩366,000		

3. 경영자 입장에서 판매가격을 얼마로 결정하여야 하는가? 그 이유를 간략히 설명하시오.

(9-7) 전통적 원가계산과 활동기준원가 계산의 비교

(주)경기산업은 두 종류의 전자제품을 생산하고 있으며, 직접노무원가를 기준으로 제조간접원가를 각 제품에 배부하고 있다. 올해의 제조간접원가는 ₩2,000,000으로 예상하며, 생산량은 A제품 1,000단위, B제품 4,000단위를 예상하고 있다. 제품 단위당 직접재료원가와 간접원가는 다음과 같다.

	제품 A	제품 B
직접재료원가	₩16,000	₩12,000
직접노무원가	1,000	1,000

각 제품생산을 위한 활동중심점별 예정원가와 활동자료는 다음과 같다.

활 동	원가동인	제조간접원가	A제품	B제품
매 입	주문횟수	₩ 400,000	300회	500회
부품관리	부 품 수	1,000,000	5,000개	15,000개
제품검사	검사횟수	600,000	500회	1,000회
		₩2,000,000		

(요구사항)

1. 직접노무원가를 기준으로 제조간접원가를 배부하는 경우 제조간접원가 예정배부율과 제품 단위당 원가를 계산하시오.
2. 활동기준원가계산을 적용하는 경우 활동별 제조간접원가 예정배부율을 계산하시오.
3. 활동기준원가계산을 적용하는 경우 제품단위당 제조간접원가와 단위당 제조원가를 계산하시오.

(9-8) 활동기준원가계산과 수익성분석

(주)한양은 세 가지 제품 A, B, C를 생산하여 판매하고 있으며, 제조간접원가는 직접노무원가에 기초하여 제품에 배부하여 왔다. 경영자는 20×1년에는 활동기준원가계산제도를 도입하기 하였으며, 제조간접원가 중 기계가동비는 기계작업시간을 기준으로 제품에 배부하고 하역활동비는 직접노무원가에 비례하여 제품에 배부하게 된다. 당기 영업활동자료는 다음과 같다.

	A제품	B제품	C제품	합 계
매 출 액	₩7,000	₩5,500	₩5,000	₩17,500
제조원가				
직접재료원가	₩1,600	₩1,400	₩1,000	₩4,000
직접노무원가	800	600	600	2,000
제조간접원가				
기계가동				3,600
하 역				4,400
기계작업시간	1,200시간	400시간	400시간	2,000시간

(요구사항)

1. 전통적 원가계산을 적용하여 각 제품의 당기순이익과 매출액이익률을 계산하시오.
2. 활동기준원가계산을 적용하여 각 제품의 당기순이익과 매출액이익률을 계산하시오.
   단, 매출액이익률(당기순이익÷매출액)계산시 백분율기준 소수2자리에서 반올림한다.

(9-9) 전통적 원가계산과 활동기준원가계산

강원산업(주)은 직접재료원가를 기준으로 가공원가를 배부하고 있으며, 당기 원가계산기간 중 A제품 10단위, B제품 20단위를 생산하였으며 생산과 원가관련자료는 다음과 같다.

	제품 A	제품 B
단위당 직접재료원가	₩320	₩480
부품수	10단위	20단위
선반기계회전수	16회	30회
기계시간	6시간	4시간
선적된 주문횟수	2회	2회
조립시간	4시간	4시간

작업순서	활 동	원가동인	가공원가
1	재료처리활동	부품수 30단위	₩3,000
2	절삭작업활동	기계시간 10시간	4,000

3	선반작업활동	기계회전수 46회	1,380
4	연마작업활동	부품수 30단위	3,900
5	부품조립활동	조립시간 8시간	2,040
6	선적작업활동	선적주문횟수 4회	6,080
			₩20,400

(요구사항)

1. 직접재료원가를 기준으로 가공원가를 배부하는 경우 제품단위당 원가는 얼마인가?
2. 활동기준원가계산에 의한 재품 단위당 원가를 계산하시오.

(9-10) 활동기준원가계산과 제품수익성분석

한국산업(주)은 A, B, C 세 가지 제품을 생산하여 판매하고 있으며, 당기 각 제품별 원가관련 자료는 다음과 같다. 기초와 기말재고는 없다.

제 품 명	A제품	B제품	C제품
생산 및 판매수량	1,000단위	600단위	80단위
단위당 판매가격	₩1,000	₩800	₩1,200
단위당 직접재료원가	360	260	400
단위당 직접노무원가	200	200	200

제조간접원가총액은 ₩2,640,000이며 판매관리비는 ₩125,400이며, 다음과 같은 4개의 활동원가로 구분할 수 있다.

활 동	활동원가
생산준비활동	₩1,120,000
검사활동	800,000
제품유지활동	720,000
고객관리활동	125,400

각 제품별 활동원가를 계산하기 위한 자료는 다음과 같다.

	A제품	B제품	C제품
생산횟수	10회	2회	8회
1회생산당 준비시간	2시간	2시간	4시간
고객수	6명	8명	10명

(요구사항)

1. 제조간접원가는 직접노무원가를 기준으로, 판매관리비는 매출액을 기준으로 배부할 때 각 제품별 매출액이익률(당기순이익÷매출액)을 계산하시오.
2. 활동기준원가계산을 사용하여 각 제품별 매출액이익률(당기순이익÷매출액)을 계산하시오 (단, 매출액순이익률 계산시에 백분율기준 소수 2자리에서 반올림 하시오)

(9-11) 적시생산시스템

한성산업(주)은 업종특성상 높은 재고수준을 필요로 하며 평균재고액이 ₩750,000이므로 적시생산시스템을 적용하고자 한다. 적시생산시스템을 적용하면 현재 사용중인 제품보관창고 2개가 필요 없게 되며, 창고를 다른 회사에 임대할 경우 1개당 연간 ₩400,000의 임대료를 받을 것으로 예상된다. 추가적인 원가절감요인으로 창고운영비와 재고자산손해보험료 등 연간 ₩50,000을 절감할 수 있으며 재고자산감소에 따라 재고자산파손비와 기업자금비용으로 각각 재고자산의 1%와 5%를 절감할 수 있다. 그러나 적시생산시스템은 재고부족으로 제품의 주문횟수를 증가시켜 ₩500,000의 추가적인 주문비용이 발생한다. 또한 수요가 일시적으로 증가할 경우 연간 200단위의 재고부족원가가 예상된다. 재고자산의 단위당 공헌이익은 ₩2,000이다.

(요구사항)

회사가 적시생산시스템을 채택할 경우 절감할 수 있는 원가는 얼마인가?

(9-12) 역류원가계산

경기산업(주)은 6월의 제조작업과 관련하여 다음의 원가자료를 수집하였다.

원재료구입	₩310,000
직접노무원가	135,000
제조간접원가	175,000
가공원가배부액	327,500(이 중 ₩135,000은 직접노무원가이다)

기초재고와 기말재고는 없으며, 모든 제품은 원가의 40%에 해당하는 이익을 가산하여 판매되며, 제조간접원가 배부차이는 매출원가에서 조정한다.

(요구사항)

1. 전통적인 원가계산을 적용하는 경우 위의 거래를 분개하시오.
2. 역류원가계산을 적용하는 경우 위의 거래를 분개하시오. 단, 재고자산계정으로 재공재료계정과 제품계정을 유지한다.

(9-13) 역류원가계산

서강전자(주)는 전자제품을 생산 판매하고 있으며, 적시생산시스템(JIT)과 역류원가계산제도를 채택하고 있다. 회사는 현재 원재료의 구입시점과 판매시점에서 원가계산을 실시하고 있으며, 10월중 발생한 원가자료는 다음과 같다.

원재료의 구입	₩75,000
원재료의 사용	72,000
가공원가 발생	45,000
가공원가 배부	48,000

서강전자는 원재료의 구입과 가공원가 발생액에 대해서는 실제원가를 기록하고 있으며, 제품이 판매될 때 전체 표준원가에 대하여 역류원가계산에 반영하고 있다. 제품의 단위당 표준변동원가는 다음과 같다.

직접재료원가	₩24
직접노무원가	12
변동제조간접원가	4

10월중 3,000단위를 생산하여 2,700단위를 판매하였으며, 기초재고와 기말재고는 없는 것으로 간주한다.

(요구사항)

1. 정상원가계산에서 10월의 거래를 분개하시오. 단, 가공원가배부차이는 매출원가에서 조정한다.
2. 역류원가계산에서 10월의 거래를 분개하시오.
3. 정상원가계산과 역류원가계산에서 재고자산의 크기를 비교하시오

CHAPTER 10 표준원가계산

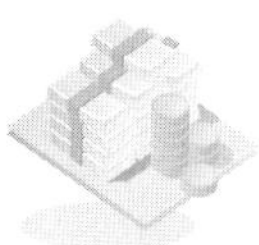

우리는 일상생활에서 표준이라는 용어를 자주 사용한다. 예를 들면 자동차는 엄격한 표준에 맞추어 생산하여야 하며, 식품과 전자제품도 일정한 표준에 맞추어 생산된다. 여기에서 표준은 제품생산과 서비스제공에 투입되는 투입물량과 원가에 대한 표준을 의미한다.

기업에서는 제품생산에 대한 표준원가를 사전에 설정하고 작업자들에게 달성하여야 할 목표를 제시하여 동기부여를 하기도 하고 목표달성 여부에 대한 성과를 평가하여 보상하기도하며 때로는 책임을 묻기도 한다. 따라서 표준원가는 기업의 제조활동을 효율적으로 관리하고 통제하기 위한 도구로 이용될 수 있다. 이러한 목적으로 표준원가를 설정할 때에는 기업의 여러 가지 요인들을 고려하여야 한다.

제1절 표준원가계산의 개요

1. 표준원가계산의 의의

표준원가(standard cost)는 특정제품을 생산하는데 발생할 것으로 예상되는 표준이 되는 원가로서 가격표준과 수량표준을 사용하여 사전에 설정된 원가이다. 표준원가는 기업이 과거의 생산경험이나 기술분석 등을 통하여 사전에 설정한 원가이며, 제품제조과정에서 달성하고자 하는 목표치로서의 기준이 된다. 따라서 표준원가는 목표원가(target cost)라고도 하며 사전에 과학적인 방법으로 설정된 미래원가이며, 목표달성이 가능한 작업조건하에서 당연히 발생되어야 할 원가이다.

표준원가계산(standard costing)은 직접재료원가, 직접노무원가, 제조간접원가 등 원가요소별로 미리 설정된 표준원가를 이용하여 제품원가를 계산하는 것을 말한다. 즉, 표준원가계산은 모든 원가요소에 대하여 과학적·통계적 방법으로 표준이 되는 원가를 미리 설정하고 이를 실제 발생한 원가와 비교하여 그 차이를 분석함으로써 원가관리(cost control)에 도움이 되도록 하는 원가계산방법이다.

이러한 표준원가의 개념은 제품생산과 용역의 제공과정에 종사하는 모든 작업자에 대하여 기업이 추구하여야 할 목표를 제공하고 이의 달성여부에 대한 성과평가를 통하여 효율적인 작업관리 목적으로 사용된다. 일반적으로 제조원가의 표준은 원가요소별로 사전에 설정하고, 표준원가를 발생된 실제원가(actual cost)와 비교하여 차이를 계산한다.

실무에서는 표준원가를 **예산**(budget)과 유사한 개념으로 사용하고 있다. 그러나 이 두 가지 개념은 엄격히 구분되어야 한다. **표준원가**는 사전에 설정된 단위당 원가로서 단위당 개념이며, 예산은 재무적 계획을 의미하며 총체적 개념이다. 즉, 표준원가는 제품 1단위에 대한 예산을 말하는 것이며, 직접재료나 직접노동 및 제조간접활동에 있어서 제품 1단위당 각 생산요소의 표준소요량에 각 생산요소의 단위당 표준가격을 곱하여 합계한 금액이며, 예산은 이러한 표준원가에 생산량을 곱하여 계산한 총액이다.

표준원가계산은 실제원가계산에서 발생하는 다음과 같은 문제점을 해결할 수 있다.

① **원가정보의 지연성**: 실제원가계산에서는 제품이 완성된 후 상당한 기간이 경과된 시점에서 실제 발생원가가 확정되므로 원가계산이 지연된다. 실제원가계산에서 제품원가는 기말에 가서야 제품원가계산이 완료되므로 매출원가와 재고자산에 대한 정보를 적시에 얻을 수 없다. 그러나 표준원가계산에서는 과학적인 방법으로 사전에 설정된 표준원가를 이용하여 제품원가를 계산하기 때문에 원가정보를 필요한 시점에 적시에 활용할 수 있으므로 원가계산이 신속하고 간편해진다.

② **조업도에 따른 원가의 변동성**: 실제원가는 조업도의 변동에 따라 제품원가가 변동하므로 제품가격이 기간별로 변동하게 된다. 실제원가계산에서 재료원가는 실제사용량에 실제구입가격을 곱하여 계산하며, 노무원가는 실제작업시간에 실제임률을 곱하여 계산한다. 따라서 가격의 변동이나 작업능률의 변화에 따라 실제원가가 변하게 되고 동일한 제품이라도 제품의 단위당 원가가 다르게 된다. 표준원가계산에서는 제품원가가 사전에 설정된 표준가격과 표준수량으로 결정되므로 조업도의 변동에 영향을 받지 않고 제품가격이 기간별로 변동되지 않게 된다.

③ **비능률적인 원가요소의 포함**: 실제원가는 정상적이고 효율적인 제조과정이나 영업활동에서는 회피할 수 있는 비능률적인 요소를 포함하고 있으므로 원가관리에 적합하지 않다. 그러나 표준원가계산에서는 표준원가와 실제원가를 비교하여 그 차이를 분석하므로써 원가관리와 통제에 도움이 되는 정보를 제공한다.

이와 같이 표준원가계산은 실제원가계산이 가지는 문제점을 보완하고 원가관리측면에서 보다 유용한 정보를 제공할 수 있는 원가계산제도이다.

2. 표준원가계산의 목적

일반적으로 표준원가계산의 주요목적은 체계적인 원가관리와 통제에 있으며, 이외에도 예산편성, 제품원가계산의 측면에서 매우 유용하다.

(1) 원가관리와 통제

표준원가계산의 가장 중요한 목적은 원가관리에 있다. **원가관리**(cost control)는 일정한 품질이나 규격을 갖춘 제품을 생산하는 과정에서 제품원가가 일정한 범위 내에서 발생하도록 관리하는 것이다. 표준원가계산은 달성하고자 하는 목표로서 합리적인 표준원가를 설정하고 이를 실제발생원가와 비교하여 실제원가가 표준원가의 일정한 범위 내에서 발생하고 있는지를 파악함으로써 원가통제를 보다 효율적으로 수행할 수 있다.

일반적으로 표준은 원가발생의 기대치를 표현하는 것이므로 경영자는 표준원가와 실제원가의 차이 중에서 중요한 부분에 대해서만 관심을 가지고 개선책을 강구하는 **예외에 의한 관리**(management by exception)를 가능하게 한다.

(2) 예산편성

표준원가는 예산을 편성에 필요한 기초자료를 제공한다. **예산**(budget)은 기업의 미래에 대한 활동계획을 화폐가치로 계량화하여 표현한 것이다. 기업이 예산을 편성하는데 있어서 매출액예산과 함께 제조원가예산이 필수적이다. 예산은 실제성과를 평가하는 기준이므로 표준원가와 예산은 밀접한 관계를 갖는다. 일반적으로 제조원가의 예산이 과학적인 조사에 근거하지 않고 과거의 경험이나 직관적인 예측에 의하여 수립되는 경우가 많다. 그러나 효율적인 예산관리를 위해서는 합리적이고 과학적으로 설정된 표준원가를 이용하는 것이 바람직하다. 또한 사전에 설정된 표준원가를 예산편성에 적용함으로써 원가자료를 수집하는데 소요되는 시간을 절약할 수 있다.

(3) 제품원가계산

표준원가를 기준으로 제품원가계산을 하게 되면 원가계산이 신속하고 간편해진다. 실제원가계산에서는 제품이 완성되어도 실제 발생한 제조원가가 집계되기 전까지는 제품별 원가를 계산할 수 없다. 그러나 표준원가계산에서는 사전에 설정된 제품단위당 표준원가를 이용하므로 작업지시서에 의하여 사용량만 파악되면 제품완성과 동시에 제품원가를 신속히 계산할 수 있다. 또한 표준원가를 기준으로 제품원가를 계산하면 원가흐름에 대한 가정이 필요 없게 되며, 재고자산의 수량만 파악되면 원가계산을 할 수 있으므로 원가계산업무가 신속하고 간편해지며 단순화될 수 있다. 표준원가계산은 실제원가계산보다 제품원가를 신속히 계산할 수 있으므로 복잡한 종합원가계산에서 표준원가를 이용하면 그 이점이 더욱 커진다.

(4) 재무제표의 작성

표준원가계산제도는 재무제표상의 재고자산과 매출원가를 산출할 때 근거가 되는 원가정보를 제공할 수 있다. 실제원가는 작업상의 비효율과 우발적 상황에 의하여 영향을 받지만 표준원가는 과학적이고 통계적으로 산출되므로 보다 합리적인 원가정보를 제공할 수 있다는 장점이 있다. 기업회계기준에서 재무제표는 실제원가로 보고하도록 규정되어 있지만 회계기말에 표준원가를 실제원가로 전환할 수 있으므로 표준원가는 외부보고목적에도 사용될 수 있다.

3. 표준원가의 종류

표준원가는 특정제품을 생산하는데 발생될 것으로 기대되는 원가이며 표준가격과 표준수량을 사용하여 제품생산 이전에 결정된다. 제품생산에 투입되는 생산요소의 표준가격과 표준수량을 결정하는 것은 쉬운 일이 아니다. 표준원가를 설정할 때에는 과거의 원가자료를 면밀히 검토하고 여러 조업도 수준에서 발생된 원가를 분석하여야 한다. 과거의 원가에는 과거의 비능률이 내재되어 있을 수 있으므로 수요와 공급의 변화, 기술수준의 변화 등을 감안하여 적절히 수정하여야 한다.

표준원가는 객관적이고 합리적인 방법에 의하여 산정되어야 한다. 표준을 어떻게 설정하였느냐에 따라 조직의 구성원들에게 미치는 영향이 다를 수 있기 때문이다. 일반적으로 표준원가의 유형은 이상적 표준, 정상적 표준, 현실적 표준으로 구분할 수 있다.

(1) 이상적 표준

이상적 표준(ideal standard)은 이상적인 작업조건하에서 달성될 수 있는 표준원가이다. 어떠한 기계고장이나 작업중단이 허용되지 않으며, 작업자들의 휴식시간 등도 고려되지 않으며, 기업이 보유하는 모든 자원이 낭비 또는 부족함이 없이 완벽하게 사용되는 경우에만 달성될 수 있는 최적목표원가이다. 그러나 현실적으로 이와 같은 이상적인 표준의 달성은 불가능하다. 생산에 투입되는 기계나 설비는 고장이 날 수 있으며 제조활동이 항상 완전히 효율적인 상태에서 이루어지는 것은 불가능하기 때문이다.

(2) 정상적 표준

정상적 표준(normal standard)은 정상적인 작업수준이나 능률수준에 대하여 설정된 표준원가이다. 여기에서 정상이란 경영활동에서 이상적이거나 우발적인 상황을 제거한 것이다. 정상적 표준은 경영활동에서 비교적 장기간에 이르는 과거의 실적치를 통계적으로 평균화하고 여기에 미래의 예상추세를 고려하여 결정된다. 따라서 경제상태가 비교적 안정된 경우에는 재고자산의 평가와 매출원가계산에 적합하며 원가관리를 위한 성과평가의 척도가 될 수 있다.

(3) 현실적 표준

현실적 표준(practical standard)은 실제 경영활동에서 평균적인 근로자가 열심히 노력하면 달성될 것으로 기대되는 표준원가이며, **현재 달성가능한 표준**(currently attainable standard)이라고도 한다. 이는 현재의 생산설비와 경영조건에서 정상적인 기계고장과 감손, 근로자들의 휴식시간 등을 허용하며, 작업에 참여하는 근로자들이 합리적이면서 효율적인 노력을 하면 달성될 수 있는 표준이다. 현실적 표준은 전통적으로 근로자들에게 최선의 성과를 유도하여 과업을 효율적으로 수행하는데 효과적인 것으로 간주되고 있다. 이러한 현실적인 표준과 실제원가와의 차이는 정상에서 벗어난 비효율로 볼 수 있기 때문에 경영자의 주의를 환기시키는 신호가 된다는 점에서 경영자에게 매우 유용하다. 현실적 표준은 설정내용에 따라 원가관리에 더욱 적합할 수 있고 예산관리에도 유용하게 이용될 수 있다. 표준원가제도에서 표준원가는 일반적으로 현실적인 표준원가를 의미한다.

4. 표준원가의 설정

표준원가는 원가관리와 조직구성원들의 성과평가의 기준이 되며 어떤 작업을 효율적으로 수행될 경우 달성될 수 있는 원가이다. 만일 표준이 설정되지 않으면 표준과 실제치 간의 차이분석은 불가능하며 차이원인을 제거함으로써 효율적인 개선을 유도한다는 것은 더욱 어렵게 된다. 표준원가를 설정하기 위해서는 과거의 원가자료를 충분히 검토하여 다양한 자료를 수집하고 경제환경의 변화, 수요공급의 특징, 기술의 진보, 유사기업의 표준 등을 함께 고려하여 표준을 설정하여야 한다. 일반적으로 표준원가를 설정할 때에는 현실적으로 달성 가능한 표준원가를 많이 사용한다. 이것은 현재의 경영조건에서 매우 효율적으로 경영이 수행될 때 달성할 수 있는 표준원가이다.

제품단위당 표준원가인 **원가표준**(cost standard)은 기본적으로 원가요소별로 수량표준과 가격표준으로 이루어진다. **수량표준**은 제품 1단위를 생산하는데 필요한 생산요소의 양이다. 예를 들면 TV를 1단위 생산하는데 직접작업시간이 2시간 소요될 것으로 표준을 설정하는 것이다. **가격표준**은 생산요소 1단위를 투입하는데 어느 정도의 금액이 발생하는지 화폐단위로 표시한 것이다. 즉, TV생산에서 직접작업시간당 ₩10,000의 직접노무원가가 발생할 것이라고 설정하는 것이다.

> 표준원가 = 수량표준 × 가격표준

따라서 실제산출량이 파악되면 허용된 수량표준과 가격표준으로 이용하여 제품의 표준원가를 산출하게 되며, 이를 실제발생한 원가와 비교하여 원가차이분석이 이루어진다.

표준원가는 제품 1단위를 생산하는데 필요한 제조원가를 직접재료원가, 직접노무원가, 변동제조간접원가와 고정제조간접원가로 구분하여 설정하는 것이 일반적이다. 원가요소별 표준원가의 설정에 대하여 다음 자료를 이용하여 구체적으로 살펴보기로 한다.

> (자료 10-1) 표준원가의 설정
> ABC회사는 표준원가계산을 적용하여 제품원가를 계산하며 관련된 자료는 다음과 같다.

① 직접재료비는 제품단위당 2Kg을 사용하고 Kg당 250원에 구입할 수 있다.
② 직접노무원가는 제품단위당 3시간을 사용하고 작업시간당 30원을 지급한다.
③ 변동제조간접원가는 다양한 항목으로 구성되며 원가동인은 직접작업시간으로 결정하며 작업시간당배부율은 20원이다.
④ 고정제조간접원가의 예산총액은 900,000원이며 기준조업도는 18,000시간이다.

(1) 표준직접재료원가

제품단위당 표준직접재료원가는 재료종류별로 제품단위당 표준직접재료수량과 재료단위당 표준가격을 곱하여 결정된다.

제품단위당 표준직접재료원가 =	제품단위당 표준직접재료수량 ×	재료단위당 표준가격
(표준원가)	(표준수량*SQ*)	(표준가격*SP*)

제품단위당 표준직접재료수량은 제품 1단위를 생산하기 위해 투입되어야 할 재료의 표준수량이며 공손, 작업폐물, 감손 등의 정상적인 발생량을 고려하여 결정한다. 재료단위당 표준가격은 재료 1단위의 표준구입가격을 말하며, 현재와 미래의 가격동향, 경제적 주문량 및 거래방법 등을 고려하여 결정한다.

(자료 10-1)에서 제품단위당 표준직접재료원가는 ₩500(2Kg×₩250)으로 계산된다.

(2) 표준직접노무원가

제품단위당 표준직접노무원가는 제품단위당 표준작업시간과 시간당 표준임률을 이용하여 결정된다.

제품단위당 표준직접노무원가 =	제품단위당 표준직접작업시간 ×	시간당 표준임률
(표준원가)	(표준수량*SQ*)	(표준가격*SP*)

제품단위당 표준직접작업시간은 제품 1단위를 생산하기 위하여 투입되어야 할 표준직접작업시간이며 작업자의 피로, 불가피한 대기시간, 생리적 욕구, 기계고장 등으로 고려하여 결정한다. 표준직접작업시간은 시간연구와 동작연구와 같은 산업공학적 방법을 이용하거나 제품제조에 필요한 과거의 평균시간을 이용할 수 있다. 시간당 표준임률은 작업시간당 노무원가를 의미하며 급여, 수당뿐만 아니라 복리후생비, 보험료 등 인건비적 성격을 가진 다른 원가도 포함하여야 하며 미래의 임금인상도 고려하여 결정한다.

(자료 10-1)에서 제품단위당 표준직접노무원가는 ₩90(3시간×₩30)으로 계산된다.

(3) 표준제조간접원가

제조간접원가는 구성항목이 매우 다양하며 각 구성항목의 원가행태도 상이하다는 특징을 가진다. 따라서 표준제조간접원가를 설정하기 위해서는 제조간접원가를 원가행태에 따라 변동제조간접원가와 고정제조간접원가로 구분하여 설정한다. 변동제조간접원가는 조업도의 변동에 따라 변동하는 원가이며, 고정제조간접원가는 조업도의 변동에 관계없이 일정하게 발생하는 원가이다. 원가동인으로서 기준조업도를 결정할 때는 다음사항에 주의해야 한다.

첫째, 기준조업도와 제조간접원가 사이에 인과관계가 존재하여야 한다.

둘째, 기준조업도는 가능한 수량기준으로 설정한다. 금액으로 표시한 경우에는 물가변동의 영향을 받기 때문이다.

셋째, 기준조업도는 단순하고 이해하기 쉬워야 한다.

1) 표준변동제조간접원가

변동제조간접원가는 간접재료원가, 간접노무원가, 전기료, 수선유지비 등이 포함되며 각 항목의 원가요인이 서로 다르다. 따라서 변동제조간접원가의 표준을 설정할 때는 여러 구성항목의 공통적인 원가동인으로서 표준조업도를 결정해야 하며 주로 노동시간이나 기계시간을 사용한다. 원가동인을 결정한 후에는 원가동인 단위당 표준배부율을 결정해야 한다.

제품단위당 표준변동제조원가는 제품단위당 표준조업도와 조업도 단위당 표준배부율을 곱하여 결정한다.

제품단위당 표준변동제조간접원가 = 제품단위당 표준조업도 × 조업도 단위당 표준배부율
(표준원가) (표준수량*SQ*) (표준가격*SP*)

$$\text{표준배부율} = \frac{\text{변동제조간접원가계산}}{\text{기준조업도}}$$

제품단위당 표준조업도는 제품 1단위를 생산하기 위해 허용된 표준조업도이고, 표준배부율은 사전에 설정된 변동제조간접원가 예산을 기준조업도로 나누어 계산한다.

(자료 10-1)에서 제품단위당 표준작업시간이 3시간이며, 작업시간당 배부율이 20원이므로 제품단위당 표준변동제조간접원가는 ₩60(3시간 × ₩20)이다.

2) 표준고정제조간접원가

고정제조간접원가는 감가상각비, 기계설비의 리스료 등과 같이 원가동인의 조업도 변동과 관계없이 일정하게 발생하는 원가이다. 고정제조간접원가는 원가관리목적을 위하여 단위당 금액으로 계산되는 것이 아니라 총액으로 설정되며 이를 고정제조간접원가 예산이라고 한다.

제품단위당 표준고정제조간접원가는 제품단위당 표준조업도와 조업도 단위당 예정배부율을 곱하여 결정한다.

제품단위당 표준고정제조간접원가 = 제품단위당 표준조업도 × 조업도 단위당 표준배부율
(표준원가) (표준수량SQ) (표준가격SP)

$$표준배부율 = \frac{고정제조간접원가예산}{기준조업도}$$

제품단위당 표준조업도는 제품 1단위를 생산하기 위하여 허용된 표준조업도이고, 표준배부율은 제품에 고정원가를 배부하기 위하여 미리 결정된 고정제조간접원가예산을 기준조업도로 나눈 것이다.

(자료 10-1)에서 고정제조간접원가 예산이 ₩900,000이고 기준조업도가 18,000시간이므로 조업도 단위당 배부율은 ₩50이다. 따라서 제품단위당 표준고정제조간접원가는 ₩150 (3시간×₩50)으로 계산된다. 여기서 주의할 점은 제품단위당 표준고정간접원가는 단순히 회계목적상 제품원가를 계산하기 위한 것이며, 원가관리목적상 특별한 의미를 가지지 않는다는 것이다. 자료에서 회사가 달성하여야 할 최소 고정제조간접원가는 ₩900,000이며, 제품단위당 표준고정제조간접원가 ₩150은 제품원가계산을 위한 금액일 뿐이다. 왜냐하면, 고정제조간접원가는 조업도 변동과 원가발생이 무관하며 투입과 산출사이에 비례관계가 존재하지 않으므로 제품단위당 표준고정간접원가를 설정하여 실제발생원가를 통제하는 것은 무의미하기 때문이다.

고정제조간접원가는 관련범위 내에서는 조업도변동에 관계없이 항상 일정하게 발생하므로 제품에 배부되는 고정제조간접원가의 배부율은 조업도에 따라 변동한다. 따라서 제조간접원가 배부를 위한 기준조업도와 실제 달성된 조업도가 일치하지 않을 경우 제조간접원가 배부차이의 문제가 발생한다.

(4) 표준원가계산표

제품단위당 표준원가는 제품단위당 표준직접재료원가, 표준직접노무원가, 표준제조간접원가를 합산한 것이다. 제품단위당 각각의 표준원가를 원가요소 항목별로 표시하여 계산하는 표를 **표준원가계산표**라고 하며 (자료 10-1)을 기초로 예시하면 다음과 같다.

표준원가계산표

원가요소	표준수량	표준가격	표준원가
직접재료원가	2Kg	₩250/Kg	₩500
직접노무원가	3시간	₩30/시간	90
변동제조간접원가	3시간	₩20/시간	60
고정제조간접원가	3시간	₩50/시간	150
제품단위당 표준원가			₩800

제2절 원가차이분석

1. 차이분석의 기본모형

원가차이분석이란 표준원가와 실제원가를 비교하여 그 차이를 분석하는 것이며 일종의 투입-산출분석이다. 투입은 실제로 투입된 원가이며, 산출은 생산에 허용된 표준원가이다. 특정 원가계산기간 동안에 발생한 실제발생원가와 생산에 허용된 표준원가의 차이를 **원가차이**(cost variance) 또는 **총차이**(total variance)이라고 한다. 원가차이분석은 각 원가요소별, 즉 직접재료원가, 직접노무원가, 변동제조간접원가, 고정제조간접원가에 대하여 각각 이루어지며, 중요한 차이에 대하여는 그 원인을 분석하여 책임을 규명하고 원가관리의 자료로 이용된다.

원가차이는 **유리한 차이**(favorable variance, F)와 **불리한 차이**(unfavorable variance, U)로 나누어지는데, **유리한 차이**는 실제원가가 표준원가보다 적게 발생하여 영업이익을 증가시키는 차이이다. **불리한 차이**는 실제원가가 표준원가보다 많이 발생하여 영업이익을 감소시키는 차이이다.

원가차이 = 실제원가 - 표준원가 실제원가 〈 표준원가 : 유리한 차이(F) 실제원가 〉 표준원가 : 불리한 차이(U)

그런데 원가차이는 차이의 발생원인을 파악하는데 유용한 정보를 제공하지 못한다. 따라서 표준을 가격표준과 수량표준으로 분리하여 가격차이와 수량차이로 분리하여 파악한다. 이와 같이 총차이를 분리하는 이유는 ① 일반적으로 원가의 구입(가격)에 대한 통제와 사용(수량)에 대한 통제의사결정이 서로 다른 시점에서 이루어지며 ② 구입가격에 책임지는 부서와 사용량에 대한 책임을 지는 부서가 서로 다르기 때문이다.

가격차이(price variance)는 실제가격에 실제투입량(사용량)을 곱한 금액과 표준가격에 실제투입량을 곱한 금액의 차이이다. 즉 가격차이는 실제원가와 실제투입량에 대한 표준가격의 차이이다. **수량차이**(quantity variance)는 표준가격에 실제투입량을 곱한 금액과 표준가격에 표준투입량을 곱한 금액의 차이이다. 즉 수량차이는 실제투입량에 대한 표준가격과 표준투입량에 대한 표준가격의 차이이다. 이와 같이 표준원가통제를 위하여 원가차이를 가격차이와 수량차이로 구분하여 사용하며, 원가차이분석의 기본모형은 〈그림 10-1〉과 같이 표시할 수 있다.

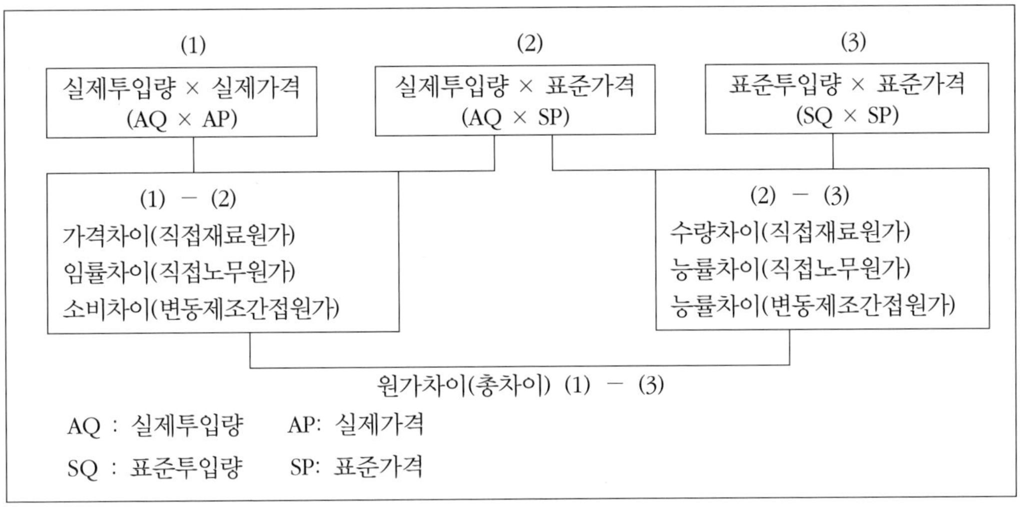

〈그림 10-1〉 차이분석의 기본모형

〈그림 10-1〉에서와 같이 원가차이분석은 직접재료원가, 직접노무원가, 변동제조간접원가에 대하여 모두 계산할 수 있다 원가차이는 실제발생원가와 실제생산량에 허용된 표준원가와의 차이에 의하여 산출되며, 가격차이와 수량차이로 구분되는데, 각 원가요소의 성격에 따라 그 차이의 이름이 서로 다르다. 직접재료원가에 대해서는 가격차이와 수량차이, 직접노무원가에 대해서는 임률차이와 능률차이(또는 효율차이), 변동제조간접원가는 소비차이(가격차이)와 능률차이로 불린다. 고정제조간접원가도 차이분석이 가능하지만 원가의 성격이 다른 원가와 다르기 때문에 다음에 논의하기로 한다.

2. 직접재료원가차이

직접재료원가차이는 실제 발생한 직접재료원가와 실제생산량에 허용된 표준직접재료원가의 차이이며, 이때 발생된 직접재료원가차이는 **가격차이**와 **수량차이(능률차이)**로 구분된다.

직접재료원가차이 = (실제투입량AQ × 실제가격AP) − (표준투입량SQ × 표준가격SP)
가격차이 = (AQ × AP) − (AQ × SP) = AQ × (AP − SP)
수량차이 = (AQ × SP) − (SQ × SP) = SP × (AQ − SQ)

직접재료원가 가격차이는 직접재료의 실제투입량(AQ)이 일정한 경우 직접재료의 실제구입가격(AP)과 재료단위당 표준가격(SP)의 차이이고, 수량차이(능률차이)는 직접재료의 표준가격(SP)이 일정한 경우 실제 사용량(AQ)과 허용된 표준사용수량(SQ)과의 차이를 나타낸다.

(예제 10-1) 직접재료원가차이

제일전자(주)는 재료 100kg을 ₩100,000에 구입하였다. 구입된 재료 중에서 95kg을 사용하여 제품 45개를 생산하였다. 직접재료의 표준수량은 2kg이며 표준가격은 ₩1,100이다.

(요구사항)

(1) 직접재료원가차이를 분석하시오.

(2) 직접재료의 구입시점과 사용시점의 분개를 하시오.

(3) 직접재료원가의 장부상 기말잔액은 얼마인가?

(풀이)

(1) 가격차이와 능률차이의 계산

가격차이 :	(95kg× @1,000) - (95kg×@1,100) =	₩ 95,000 (F)
수량차이 :	(95kg ×@1,100) - (90kg×@1,100) =	99,000 (U)
직접재료원가차이		₩ 4,000 (F)

위의 내용을 요약하여 표시하면 다음과 같다.

실제투입량 × 실제가격 (AQ × AP)	실제투입량 × 표준가격 (AQ × SP)	표준수량 × 표준가격 (SQ × SP)
95kg × 1,000[1] = 95,000	95kg × 1,100 = 104,500	90kg[2] × 1,100 = 99,000

가격차이 9,500 (F)　　수량차이 5,500 (U)

총차이 4,000(F)

1) 100,000 ÷ 100kg = 1,000원

2) 45개 × 단위당 2kg = 90kg

(2) 직접재료원가와 관련된 분개

	차변	금액	대변	금액
① 구입시점:	차)재　료	100,000	대)매입채무	100,000
② 사용시점:	차)재 공 품	99,000	대)재　료	95,000
	수량차이	5,500	가격차이	9,500

(3) 직접재료원가의 장부상 기말잔액: 100,000 − 95,000 = 5,000원

(예제 10-1)에서 직접재료원가차이는 ₩4,000이며 이것은 가격차이가 ₩9,500이며 수량차이가 ₩5,500이다. 가격차이와 수량차이의 합이 ₩15,000이지만, 유리한 차이(F)와 불리한 차이(U)가 있기 때문이다. 즉 유리한 차이인 가격차이 ₩9,500에서 불리한 차이인 수량차이 ₩5,500을 상쇄시키면 원가차이는 ₩4,000(F)이다.

직접재료원가 가격차이는 재료를 구입하는 시점에서 분리할 수도 있고, 원재료를 사용하는 시점에서 분리할 수도 있다. (예제 10-1)에서는 사용시점에서 가격차이를 분리하였으나, **직접재료원가 가격차이는 원재료를 구입하는 시점에서 분리하는 것이 경영관리 차**

원에서 바람직하다. 관리적 입장에서 원가차이분석은 가능한 빨리 실시하는 것이 좋다. 왜냐하면, 구입시점에서 가격차이를 분리하면 경영자는 이를 즉시 인식하여 가능한 조치를 취할 수 있기 때문이다. 만일 원재료가 오랜 기간동안 보관되는 경우 수개월이 지난 시점에서 가격차이분석이 가능하게 될 것이다.

따라서 직접재료원가의 가격차이와 수량차이를 각각 구매시점과 소비시점으로 구분하여 차이를 분석하는 것이 원가관리에서 유용하게 된다. 또한 구입시점에서 재료원가 가격차이를 파악하면 원재료계정이 표준원가로 기입하는 것이 가능하게 되므로 재료원가의 기장업무와 원가계산업무를 단순화시키게 된다. 직접재료원가 가격차이를 원재료의 구입시점에서 분리하는 경우 구입가격차이는 구입량을 기초로 계산되고, 직접재료원가 수량차이는 사용량을 기초로 계산된다는 점에 유의하여야 한다.

(예제 10-1)에서 직접재료원가 가격차이를 원재료구입시점에서 분리할 때 원가차이분석과 직접재료원가와 관련분개는 다음과 같으며, 원가차이는 ₩4,500(F)이다.

실제구입량 × 실제가격 (AQ' × AP)	실제구입량 × 표준가격 (AQ' × SP)
100kg × 1,000 = 100,000	100kg × 1,100 = 110,000

구입가격차이 10,000 (F)

실제사용량 × 표준가격 (AQ × SP)	표준수량 × 표준가격 (SQ × SP)
95kg × 1,100 = 104,500	90kg × 1,100 = 99,000

수량차이 5,500 (U)

AQ' : 원재료의 실제구입량
AQ : 원재료의 실제사용량(투입량)

① 구입시점:	차)재 료	110,000	대)매입채무	100,000
			가격차이	10,000
② 사용시점:	차)재 공 품	99,000	대)재 료	104,500
	수량차이	5,500		

③ 직접재료의 기말 장부상잔액: 110,000 − 104,500 = ₩ 5,500

3. 직접노무원가차이

직접노무원가차이는 직접노무원가의 실제발생액과 실제생산량에 허용된 표준직접노무원가의 차이를 말하며, 이것은 **직접노무원가 임률차이(가격차이)**와 **직접노무원가 능률차이**로 나누어진다.

직접노무원가차이 = (실제투입시간AQ×시간당 실제임률AP)-(허용표준시간SQ-표준임률SP)
가격차이 = (AQ × AP) - (AQ × SP) = AQ × (AP - SP)
능률차이 = (AQ × SP) - (SQ × SP) = SP × (AQ - SQ)

직접노무원가의 **임률차이(가격차이)**는 실제작업시간(AQ)에 대하여 실제임률(AP)과 표준임률(SP)과의 차이이며, **능률차이(시간차이, 효율차이)**는 표준임률(SP)에 대하여 실제작업시간(AQ)과 실제생산량에 허용된 표준작업시간(SQ)과의 차이이다. 즉 가격차이는 실제직접노동시간이 일정하다고 할 때 임률의 변화가 직접노무원가에 미치는 영향을 나타내고, 능률차이는 표준임률이 일정한 경우 실제작업시간과 허용된 표준작업시간과의 차이를 나타낸다.

(예제 10-2) 직접노무원가차이

제일전자(주)는 제품 45개의 생산을 위한 직접작업시간이 100시간이고, 실제발생된 직접노무원가는 ₩410,000(시간당₩4,100)이다. 표준작업시간은 제품단위당 2.5시간이며 표준임률은 ₩4,000이다.

(요구사항)

(1) 직접노무원가의 차이를 분석하시오.

(2) 직접노무원가와 관련된 분개를 하시오.

(풀이)

(1) 직접노무원가차이 : (100시간 × @4,100) − (112.5시간 × @4,000) = ₩4,000(F)

총차이를 가격차이와 능률차이로 분리하면 다음과 같다.

가격차이 : (100시간 × @4,100) − (100시간 × @4,000) =	₩ 10,000	(U)
능률차이 : (100시간 × @4,000) − (112.5시간 × @4,000) =	50,000	(F)
직접노무원가 총차이	₩ 40,000	(F)

위의 내용을 요약하여 표시하면 다음과 같다.

실제투입시간 × 실제임률 (AQ × AP)	실제투입시간 × 표준임률 (AQ × SP)	표준시간 × 표준임률 (SQ × SP)
100시간 × 4,100 = 410,000원	100시간 × 4,000 = 400,000원	112.5시간[1] × 4,000 = 450,000원

가격차이 10,000원(U) (임률차이)　　　능률차이 50,000 (F)

총차이 40,000(F)

1) 45개 × 2.5 = 112.5시간

(2) 직접재료원가와 관련된 분개

차)		대)	
재 공 품	450,000	노무원가	410,000
가격차이	10,000	능률차이	50,000

직접노무원가의 임률차이(가격차이)가 발생하는 원인은 다음과 같다.

첫째, 생산에 투입되는 작업자의 숙련도와 기술력에 따라 발생할 수 있다. 비숙련자의 업무에 숙련자를 투입할수록 가격차이가 많이 발생한다.

둘째, 작업량 증가에 따라 초과근무수당을 지급하는 경우 발생할 수 있다.

직접노무원가의 능률차이가 발생하는 원인은 다음과 같다.

첫째, 작업자의 기술수준이나 숙련도에 따라서 능률차이가 발생할 수 있다. 기술수준이 낮거나 비숙련 작업자일수록 작업시간이 많이 소요된다.

둘째, 생산에 투입되는 원재료의 품질정도에 따라 능률차이가 발생할 수 있다.

셋째, 작업자의 감독소홀이나 기계설비의 성능, 조업중단, 생산일정의 차질 등으로 능률차이가 발생할 수 있다.

4. 변동제조간접원가차이

변동제조간접원가차이는 실제변동제조간접원가와 실제생산량에 허용된 표준변동제조간접원가의 차이로 계산된다. 이러한 변동제조간접원가 총차이는 **변동제조간접원가 예산차**이라고도 하며, **변동제조간접원가 소비차이와 능률차이로 구분된다.**

> 변동제조간접원가차이 = (실제조업도AQ ×실제배부율AP) − (표준조업도SQ×표준배부율SP)
> 소비차이 = (AQ × AP) − (AQ × SP) = AQ × (AP − SP)
> 능률차이 = (AQ × SP) − (SQ × SP) = SP × (AQ − SQ)

변동제조간접원가 **소비차이(가격차이)**는 변동제조간접원가 실제발생액과 실제조업도(실제작업시간)에 허용된 표준변동제조간접원가의 차이를 나타내며, 실제조업도에 대한 실제배부율과 표준배부율의 차이이다. 실제조업도는 생산요소의 실제투입량을 의미하며 투입된 생산요소의 능률적 사용여부는 고려하지 않는다. 실제배부율은 변동제조간접원가 실제발생액을 실제조업도(작업시간)로 나눈 것이며, 표준배부율은 변동제조간접원가 예산을 기준조업도로 나눈 것이다. 소비차이는 변동제조간접원가를 구성하는 전기료, 연료비, 수선유지비 등과 같은 구성원가의 사용량이나 구입단가가 표준과 달라서 발생한 것이다.

능률차이(효율차이)는 실제조업도에 허용된 표준변동제조간접원가와 실제산출량에 허용된 표준변동제조간접원가와의 차이를 말하며, 표준배부율에 대한 실제조업도와 표준조업도의 차이이다. 여기서 **표준조업도**는 실제산출량에 허용된 조업도를 의미하므로, 능률차이는 실제투입량과 실제산출량을 비교하여 투입요소를 능률적으로 사용하였는가를 나타낸다. 능률차이는 변동제조간접원가 자체의 관리문제에서 발생한 것이 아니라 원가동인인 작업시간의 효율성 때문에 발생한다.

변동제조간접원가의 소비차이가 발생하는 원인은 다음과 같다.

첫째, 변동제조간접원가를 구성하는 각 항목들의 가격차이와 과다한 소비로 인한 능률차이로 발생한다. 변동제조간접원가를 과다하게 사용하면 실제배부율이 높게 되어 불리한 차이가 발생한다.

둘째, 변동제조간접원가의 표준배부율이 잘못 산정된 경우에도 소비차이가 발생할 수 있다.

변동제조간접원가의 능률차이가 발생하는 원인은 다음과 같이 직접노무원가의 능률차이가 발생하는 원인과 동일하다.

첫째, 비능률적인 작업으로 인하여 변동제조간접원가의 능률차이가 발생한다.

둘째, 생산에 투입되는 원재료의 품질정도에 따라 능률차이가 발생할 수 있다.

셋째, 생산부문 감독소홀이나 일정계획의 변경으로 인하여 능률차이가 발생할 수 있다.

(예제 10-3) 변동제조간접원가차이

제일전자(주)는 제품 45개를 생산하였으며 변동제조간접원가의 실제발생액은 ₩210,000이며, 실제 발생한 직접작업시간은 100시간이다. 제품 한 단위에 생산에 소요되는 표준직접작업시간은 2.5시간이며, 표준배부율은 ₩2,000이다.

(요구사항)

(1) 변동제조간접원가에 대한 차이분석을 하시오.

(2) 변동제조간접원가와 관련된 분개를 하시오.

(풀이)

(1) 변동제조간접원가차이: (100시간 × @2,100) − (112.5시간 × @2,000) = ₩15,000(F)

소비차이 : (100시간 × @2,100) − (100시간 × @2,000) =	₩10,000(U)
능률차이 : (100시간 × @2,000) − (112.5시간 × @2,000) =	25,000(F)
변동제조간접원가 총차이	₩15,000(F)

위의 내용을 요약하여 표시하면 다음과 같다.

실제투입량 × 실제가격 (AQ × AP)	실제투입량 × 표준가격 (AQ × SP)	표준수량 × 표준가격 (SQ × SP)
100시간 × 2,100[1] = 210,000원	100시간 × 2,000 = 200,000원	112.5시간[2] × 2,000 = 225,000원

소비차이 10,000원(U)　　　능률차이 25,000(F)

총차이 15,000(F)

1) 210,000 ÷ 100 = 2,100원

2) 45단위 × 2.5시간 = 112.5시간

(2) 세조간접원가와 관련된 분개

① 예정배부시 차)재 공 품 225,000 대)변동제조간접원가 225,000

② 실제발생액집계시

차) 변동제조간접원가 210,000 대)각 비용항목 210,000

③ 차이발생시(원가계산기말)

차)소비차이 10,000 대)능률차이 25,000

변동제조간접원가 15,000

5. 고정제조간접원차이

고정제조간접원가차이는 고정제조간접원가의 실제발생액과 배부액과의 차이이다. 이 경우에 고정제조간접원가 배부액은 실제생산량에 허용된 표준조업도에 조업도단위당 고정제조간접원가 예정배부율(표준배부율)을 곱한 금액이다. 예정배부율의 계산에서 사용되는 기준조업도에는 여러 가지가 있을 수 있으며, 실무에서 주로 사용되는 원가동인으로는 직접노무원가, 직접노동(작업)시간, 기계작업시간 등이다.

고정제조간접원가 총차이 = 실제발생액 − 예정배부액(SQ × SP)

SQ: 실제생산량에 허용된 표준조업도

SP: 조업도단위당 표준(예정)배부율

$$\text{고정제조간접원가 표준배부율} = \frac{\text{고정제조간접원가예산}}{\text{기준조업도}}$$

고정제조간접원가는 앞에서 분석한 변동원가인 직접재료원가, 직접노무원가, 변동제조간접원가와는 다른 원가행태를 보인다. 즉, 고정제조간접원가는 관련범위내에서 산출량에 관계없이 일정하게 발생하는 원가이다. 따라서 효율적으로 관리하여도 고정제조간접원가의 발생액은 변화가 없으므로 능률차이가 인식되지 않는다. 실제발생액과 예산총액을 비교하여 그 차이를 전부 **예산차이(소비차이, 가격차이)**로 인식한다. 다만, 고정제조간접원가 차이분석에서 표준배부율을 산정할 때 적용되는 기준조업도와 실제조업도의 차이에 의하여 조업도차이가 발생한다. 고정제조간접원가 **조업도차이**는 표준배부율에 의하여 제품에 배부된 배부액(예정배부액)과 고정제조간접원가 예산과의 차이이며, 실제 생산량에 허용된 표준조업도와 표준배부율의 결정에 적용된 기준조업도가 다르기 때문에 발생한다.

고정제조간접원가차이는 고정제조간접원가 예산차이와 고정제조간접원가 조업도차이로 구분되며 다음과 같이 표시될 수 있다.

고정제조간접원가 총차이 = 예산차이 + 조업도차이
예산차이 = (실제조업도AQ × 실제배부율AP) − (기준조업도 × 표준배부율SP)
(실제원가) (고정제조간접원가예산)
조업도차이 = (기준조업도 × 표준배부율) − (표준조업도SQ × 표준배부율SP)
(고정제조간접원가 예산) (표준조업도에 대한 배부액)

조업도차이는 (그림 10-2)에서와 같이 표준배부율을 산정할 때 적용되는 기준조업도가 실제산출량에 허용된 표준조업도와 일치하지 않는 경우에 발생하며, 고정제조간접원가예산과 고정제조간접원가배부액이 서로 달라지게 된다. 여기서 **기준조업도**는 표준(예정)배부율을 계산하기 위하여 미리 설정해 높은 예산조업도이며, **표준조업도**는 실제 산출량에 허용된 조업도수준이다. 그러므로 표준원가계산제도에서 제품원가계산목적으로 고정제조간접원가를 예정배부하게 되면 예산액과 배부액간에 차이가 발생하며 이러한 차이가 조업도차이이다.

이상에서 살펴본 바와 같이 원가통제목적에서 고정제조간접원가는 예산차이만 의미가 있으며 조업도차이는 의미가 없다. 그리고 조업도차이는 기준조업도와 실제조업도의 차이이므로 조업도차이를 줄이기 위해서는 실제조업도에 가까운 조업도를 기준조업도로 사용하여야 한다. 여러 가지 조업도 중에서 실제조업도에 가까운 조업도는 다음 1년간의 판매량을 고려하여 결정한 연간기대조업도이며, 이 조업도가 기준조업도로 가장 많이 사용된다.

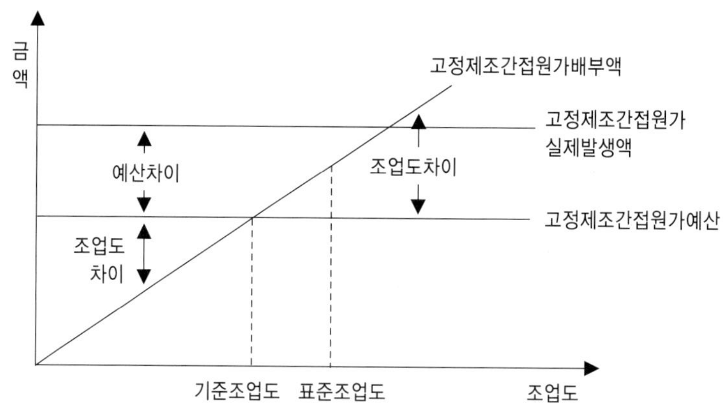

〈그림 10-2〉 고정제조간접원가차이

(예제 10-4) 고정제조간접원가차이

(주)제일전자의 고정제조간접원가 6월의 예산은 ₩48,000이며, 예산조업도는 160시간이다. 제품 단위당 표준직접노동시간은 3시간이며 고정제조간접원가 실제발생액은 ₩43,000이다. 이달에 생산된 제품의 수량은 50단위이다.

(요구사항)

1. 고정제조간접원가 표준배부율과 표준조업도는 얼마인가?
2. 고정제조간접원가차이를 분석하시오.
3. 고정제조간접원가와 관련된 분개를 하시오.

(풀이)

1. 고정제조간접원가 표준배부율(SP) : $= \dfrac{\text{고정제조간접원가예산}}{\text{기준조업도}} = \dfrac{48,000}{160\text{시간}}$ = ₩ 300/시간

   표준조업도 = 실제생산량 × 단위당 표준작업시간 = 50단위 × 3시간 = 150시간

2. 고정제조간접원가 차이분석

실제발생액 (AQ × AP)	고정제조간접원가 예산 (기준조업도 × SP)	고정제조간접원가배부액 (SQ × SP)
₩43,000	160시간 × ₩300 = ₩48,000	150시간[1)] × ₩300 = 45,000원

예산차이 5,000원(F)　　조업도차이 3,000(U)

총차이 2,000(F)

1) 50단위 × 3시간 = 150시간

3. 고정제조간접원가와 관련된 분개

① 예정배부시 차)재 공 품 45,000 대)고정제조간접원가 45,000

② 실제발생액집계시

차)고정제조간접원가	43,000	대)각 비용항목	43,000

③ 차이발생시(원가계산기말)

차)조업도차이	3,000	대)예산차이	5,000
고정제조간접원가	2,000		

6. 제조간접원가차이의 분석

일반적으로 직접재료원가나 직접노무원가는 조업도의 변화에 따라 발생원가가 변동하는 변동원가이며, 단일의 원가항목으로 구성된다. 그러나 제조간접원가는 다양하고 이질적인 원가요소들이 포함되어 있으며, 각 원가요소들의 금액이 대부분 소액이므로 직접재료원가나 직접노무원가와 같은 방법으로 통제하기 어려우며, 원가행태도 변동원가와 고정원가로 구성되어 있다. 이러한 특성들 때문에 제조간접원가 차이분석은 직접재료원가나 직접노무원가와는 여러 가지 방법으로 차이분석을 할 수 있으며, 〈그림 10-3〉과 같이 4분법, 3분법, 2분법 등으로 구분할 수 있다.

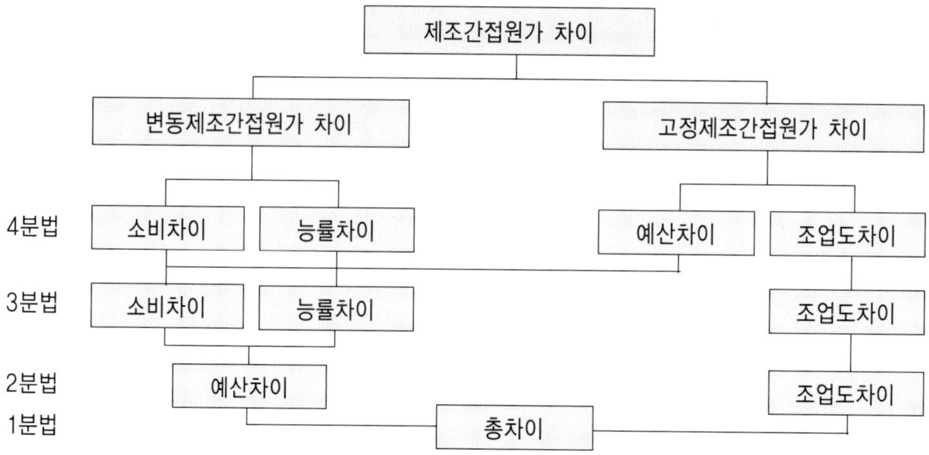

〈그림 10-3〉 제조간접원가차이분석의 구분

(1) 4분법

4분법은 앞에서 살펴본 바와 같이 제조간접원가를 변동제조간접원가와 고정제조간접원가로 나누고, 변동제조간접원가차이는 **소비차이와 능률차이**, 고정제조간접원가차이는 **예산차이와 조업도차이**로 구분하여 분석하는 것이다. 4분법을 사용하기 위해서는 변동제조간접원가와 고정제조간접원가의 실제발생액을 명확히 구분할 수 있어야 한다. 그러나 실무적으로는 준변동원가와 같은 원가항목은 고정원가와 변동원가로 구분하기 어렵기 때문에 다음에서 설명되는 다양한 방법(간편법)을 사용하기도 한다.

(2) 3분법

3분법에서는 제조간접원가를 변동원가부분과 고정원가부분으로 구분하지 않고, 제조간접원가총액을 그대로 이용하며, 제조간접원가 **소비차이**(가격차이 또는 예산차이), **능률차이**, **조업도차이**로 구분하여 분석하는 것이다. 3분법과 4분법의 차이는 변동제조간접원가 소비차이와 고정제조간접원가 예산차이를 합쳐서 제조간접원가 소비차이로 인식한다는 것이다. 소비차이는 변동원가와 고정원가를 동시에 고려하면서 제조간접원가 실제발생액에서 실제투입량을 표준가격으로 표시한 원가를 차감하여 계산한다. 이때 표준가격은 실제투입량을 표준가격으로 표시한 변동원가와 고정제조간접원가예산액이 포함된 것이다. 조업도차이는 실제생산량에 허용된 표준(변동예산)에서 실제 생산된 제품에 대한 제조간접원가배부액을 차감한 것이다.

(3) 2분법

2분법에 의한 원가차이분석은 제조간접원가를 고정원가와 변동원가로 구분하지 않고, 제조간접원가차이를 **예산차이**(소비차이)와 **조업도차이**의 두 가지로 구분하는 것이다. 예산차이는 3분법에서 계산된 소비차이(가격차이 또는 예산차이)와 능률차이를 합한 개념이며, 제조간접원가 실제발생액에서 실제생산량에 허용된 표준가격(변동예산)를 차감하여 계산한다. 조업도차이는 3분법에서와 동일하다.

(4) 1분법 (총괄분석법)

1분법은 제조간접원가차이를 여러 가지로 구분하지 않고 실제발생원가에서 표준제조간접원가를 차감한 총차이, 즉, 과대 또는 과소배부액만을 인식하는 방법이다. 따라서 원가차이는 실제발생한 변동제조간접원가와 고정제조간접원가를 합한 금액에서 실제생산수량에 배부된 변동 및 고정제조간접원가의 합계를 차감하여 계산한다.

제조간접원가 과대배부 : 실제발생액 〈 배부액 제조간접원가 과소배부 : 실제발생액 〉 배부액

(예제 10-5) 제조간접원가 차이분석

선진전자(주)는 표준원가계산제도를 채택하고 있으며 직접노동시간을 기준으로 제조간접원가를 배부한다. 제조간접원가에 대한 제품 단위당 표준원가는 다음과 같다.

	표준수량	표준가격	표준원가
변동제조간접원가	2시간	₩12	₩24
고정제조간접원가	2	10	20

회사가 설정한 연간 기준조업도는 30,000시간이며 연간 예정생산량은15,000단위이다. 월간 기준조업도는 1,250단위이며, 고정제조간접원가예산은 ₩25,000이다. 당월의 실제생산량은 1,000단위이며, 당월의 직접노동시간은 2,200시간이다. 실제 변동제조간접원가와 고정제조간접원가는 ₩25,500과 ₩26,500이다.

(요구사항)

1. 4분법으로 제조간접원가 차이를 분석하시오.
2. 3분법과 2분법으로 제조간접원가 차이를 분석하시오.

(풀이)

1. 4분법 제조간접원가차이분석

(1) 변동제조간접원가차이

실제투입시간 × 실제배부율 (AQ × AP) ①	실제투입시간 × 표준배부율 (AQ × SP) ③	허용된 표준시간 × 표준배부율 (SQ × SP) ⑤
₩25,500	2,200시간 × 12 = ₩26,400	2,000시간[1] × 12 = 24,000

소비차이 900원(F)　　능률차이 2,400(U)

총차이 1,500(U)

1) 실제생산량 1,000 × 2시간 = 2,000시간

(2) 고정제조간접원가차이

실제발생액 (AQ × AP) ②	고정제조간접원가예산 (기준조업도 × SP) ④	고정제조간접원가배부액 (SQ × SP) ⑤
₩26,500	2,500시간[1] × 10[2] = ₩25,000	2,000시간[3] × 10 = ₩20,000

예산차이 1,500원(U) 조업도차이 5,000(U)

총차이 6,500(U)

1) 월간기준조업도는 제품단위이므로, 월간기준조업도를 시간단위로 환산하면 1,250단위 × 2시간 = 2,500시간이다.
2) 표준배부율 = ₩25,000 ÷ 2,500시간 = ₩10
3) 실제생산량에 허용된 표준조업도: 1,000단위 × 10 = 2,000시간

2. 3분법과 2분법의 제조간접원가차이

실제발생 제조간접원가 ①+②	실제투입량에 대한 표준원가③+④ (AQ×SP)+고정간접원가예산	산출생산량에 허용된 표준원가④+⑤ (SQ×SP)+고정간접원가예산	산출기준 표준배부액⑤+⑥ (SQ×SP)+고정간접원가배부액
₩25,500 +26,500 = ₩52,000	2,200 × 12 = 26,400 + 25,000 = ₩ 51,400	2,000 × 12 = 24,000 + 25,000 = ₩ 49,000	2,000 × 12 = 24,000 + 20,000 = ₩ 44,000

(3분법) 소비차이 ₩600(U) 능률차이 ₩2,400(U) 조업도차이 ₩5,000(U)

(2분법) 예산차이 3,000(U) 조업도차이 5,000(U)

(총차이) 제조간접원가차이 8,000(U)

제3절 표준원가계산의 회계처리

1. 원가흐름과 회계처리

표준원가계산제도(standard costing system)는 회계시스템의 한 부분으로서 표준원가를 기초로 원가계산을 하는 제도이다. 이 제도에서는 제품의 원가계산에 표준원가개념이 적용되며, 실제 발생한 원가와 표준원가와의 차이분석 등을 통하여 성과에 대한 측정과 평가를 할 수 있게 된다. 또한 표준원가계산을 사용하면 재고자산의 평가에도 표준원가를 사용하게 되어 재고자산과 관련된 회계처리가 단순화된다는 장점이 있다. 예를 들

면, 재고자산의 평가는 제품단위당 표준원가를 제품재고수량과 곱하면 된다. 따라서 표준원가계산제도에서는 제품단위당 표준원가가 일정하게 작용하기 때문에 선입선출법이나 가중평균법과 같은 평가방법이 필요하지 않게 된다. 다만 실제원가와 표준원가의 차이가 발생하면 그 차이를 기록하고 그 차이가 중요한 경우에는 외부 공표용 재무제표를 작성하기 위하여 원가차이를 조정하는 과정만 거치기 때문에 원가계산이 신속하고 간편해지며, 회계기록도 단순화되는 장점이 있다.

(예제 10-6)을 이용하여, 표준원가계산제도에서 원가흐름에 대한 회계처리를 원가요소별로 나타내면 다음과 같다. 표준원가계산에서 발생하는 원가차이 중 불리한 차이는 차변(비용성격)에 기록하고, 유리한 차이는 대변(비용차감 성격)에 기록한다.

가격차이(변동원가)
=실제발생원가〈실제투입량을 표준가격으로 표시한 원가: 유리한 차이(F)
=" " 〉 " " : 불리한 차이(U)

효율차이(변동원가)
=실제투입량을 표준가격으로 표시한 원가〈실제작업량에 허용된 표준투입량을 표준가격으로 표시한 원가 : 유리한 차이(F)
= " " 〉 " " : 불리한 차이(U)

예산차이(고정원가)
=실제발생원가〈실제조업도수준에서 허용된 예산(변동예산) : 유리한 차이(F)
" " 〉 " " : 불리한 차이(U)

조업도차이(고정원가)
=고정제조간접원가예산 〉실제생산량에 허용된 표준배부액 : 유리한 차이(F)
= " " 〈 " " : 불리한 차이(U)

(예제 10-6) 원가차이분석의 종합예제

(주)을지는 표준원가계산을 적용하고 있으며, 직접노동시간을 기준으로 제조간접원가를 배부하고 있다. 회사는 단일제품을 생산하고 있으며 제품단위당 표준원가는 다음과 같다.

	표준수량	표준가격	표준원가
직접재료원가	2kg	₩250/kg	₩500
직접노무원가	3시간	300/시간	900
변동제조간접원가	3시간	20/시간	60
고정제조간접원가	3시간	50/시간	150
			₩1,610

회사가 설정한 20×1년도 예산에 의한 고정제조간접원가는 ₩90,000이고, 변동제조간접원가는 ₩36,000 기준조업도인 직접노동시간은 1,800시간이다. 20×1년의 제품생산량은 500단위이며

실제 발생된 제조원가는 다음과 같다.

직접재료원가: 1,200kg × @300 =	₩360,000
직접노무원가: 1,600시간 × @250 =	400,000
변동제조간접원가:	28,000
고정제조간접원가:	80,000
계	₩ 868,000

당기 재료의 구입량은 1,600kg이며 구입가격은 ₩480,000이다.

(요구사항)

1. 직접재료원가의 가격차이와 능률차이를 계산하시오.
2. 직접노무원가의 가격차이와 능률차이를 계산하시오.
3. 변동제조원가의 소비차이와 능률차이를 계산하시오.
4. 변동제조간접원가의 예산차이와 조업도차이를 계산하시오.

(풀이)

1. 직접재료원가차이

(AQ × AP)	(AQ × SP)	(SQ × SP)
1,200kg × 300[1] = 360,000	1,200kg × 250 = 300,000	(500개 × 2kg) × 250 = 250,000

가격차이 60,000(U) 수량차이 50,000(U)

총차이 110,000(U)

1) 480,000 ÷ 1,600kg = @300

2. 직접노무원가차이

(AQ × AP)	(AQ × SP)	(SQ × SP)
1,600시간 × 250 = 400,000	1,600시간 × 300 = 480,000	(500개 × 3시간) × 300 = 450,000

가격차이 80,000원(F) 능률차이 30,000(U)

총차이 50,000(F)

3. 변동제조간접원가차이

(AQ × AP)	(AQ × SP)	(SQ × SP)
28,000	1,600시간 × 20 = 32,000	(500개 × 3시간) × 20 = 30,000

소비차이 4,000원(F) 능률차이 2,000(U)

총차이 2,000(F)

4. 고정제조간접원가차이

(AQ × AP)	예산(기준조업도 × SP)	배부액(SQ × SP)
80,000	1,800시간 × 50 = 90,000	(500개 × 3시간) × 50 = 75,000

예산차이 10,000원(F)　　　조업도차이 15,000(U)

총차이 5,000(U)

(1) 직접재료원가

원재료의 **구입시점에서 가격차이를 분리**하는 경우에는 원재료를 구입하는 시점에 실제 매입수량을 표준가격으로 원재료계정에 차변에 기입하고, 실제구입가격과 표준가격의 차이는 재료매입가격차이계정으로 기록한다. 이 경우 원재료계정은 항상 표준가격으로 기록한다.

원재료 투입에 대한 회계처리는 재공품계정의 차변에 **실제생산에 허용된 표준수량을 제품단위당 표준단가**로 기록하고, 재료계정의 대변에는 **실제 생산에 투입된 수량을 표준가**격으로 기록한다. **실제사용수량과 표준수량과의 차이는 재료능률차이계정**(효율차이계정)으로 기록한다.

원재료의 구입:	차)원재료	400,000[1]	대)매입채무	480,000[2]
	재료매입가격차이	80,000		
원재료의 사용:	차)재공품	250,000[3]	대)원재료	300,000[4]
	재료능률차이	50,000		

*1) AQ × SP = 1,600kg × @250　　2) AQ × AP = 1,600kg × @300

3) SQ × SP = (500개 × 2kg) × @250　　4) AQ × SP = 1,200kg × @250

만일, 가격차이를 구입시점이 아닌 **재료사용시점에서 분리**한다면 가격차이를 계산하지 않고 재료의 투입시점에서 실제투입량에 대한 가격차이와 수량차이를 계산한다. 가격차이를 사용시점에 분리하는 경우의 회계처리는 다음과 같다.

원재료의 구입:	차)원재료	480,000	대)매입채무	480,000
원재료의 사용:	차)재공품	250,000	대)원재료	360,000[1]
	재료매입가격차이	60,000[2]		
	재료수량차이	50,000		

*1) AQ' × SP = 1,200kg × @300

2) AQ × (AP − SP) = 1,200kg × (@300 − @250)

(2) 직접노무원가

직접노무원가가 발생하면 지급액 또는 미지급액을 실제발생원가로 급여 또는 노무원가계정에 기록하고, 재공품계정 차변에는 실제 생산된 수량에 허용된 표준작업시간에 표준임률을 곱한 표준금액을 기록하며, 대변에는 실제작업시간에 대한 실제노무원가를 기록한다.

표준금액과 실제금액의 차이는 가격차이와 능률차이로 구분하여 유리한 차이는 대변에, 불리한 차이는 차변에 각각 기록한다.

노무원가의 발생:	차)노무원가	400,000	대)미지급임금	400,000[1]
재공품계정에 대체:	차)재 공 품	450,000[2]	대)노무원가	400,000
	노무원가능률차이	30,000[3]	노무원가가격차이	80,000[4]

*1) AQ × AP = 1,600시간 × @250　　2) SQ × SP = (500개 × 3시간) × @300
3) SP × (AQ－SQ) = 300 × (1,600시간－1,500시간)　　4) AQ × (AP－SP) = 1,600 × (250－300)

(3) 변동제조간접원가

변동제조간접원가가 발생되면 실제원가로 각 항목별로 변동제조간접원가계정 차변에 집계하여 기록한다. 그리고 실제발생액이 집계되기 전에 표준원가를 사용하여 회계기간 중에 완성된 제품에 배부되며, 실제생산량에 허용된 표준배부액을 재공품계정 차변에 기록한다.

변동제조간접원가의 실제발생액과 예정배부액과의 원가차이는 소비차이와 능률차이로 구분하여 기록한다. 소비차이는 변동제조간접원가 실제발생액과 실제작업시간에 표준배부율을 곱한 표준금액의 차이이며, 능률차이는 실제작업시간에 허용된 표준제조간접원가와 실제생산량에 허용된 표준원가와의 차이이다.

실제발생액 집계 : 차)변동제조간접원가 28,000[1] 대)간접노무원가 등 28,000

제조간접원가 예정배부와 원가차이 :

차)재 공 품	30,000[2]	대)변동제조간접원가	28,000
차)변동제조간접원가 능률차이	2,000[3]	대)변동제조간접원가소비차이	4,000[4]

*1) 실제발생원가 = (AQ × AP)　2) 표준배부액 = (SQ × SP) = (500개 × 3시간) × @20 = 30,000
3) SP × (AQ－SQ) = @20 × (1,600시간－1,500시간)
4) 실제발생액－(AQ × SP) = AQ × (AP－SP) = 1,600 × (@17.5－20)

**변동제조간접원가 예정배부액과 원가차이를 구분하여 기록할 수 있다.

예정배부:	차)재공품	30,000	대)변동제조간접원가배부	30,000
차이발생(기말):	차)변동제조간접원가배부	30,000	대)변동제조간접원가(실제)	28,000
	능률차이	2,000	소비차이	4,000

(4) 고정제조간접원가

고정제조간접원가가 발생하면 실제원가로 각 항목별로 고정제조간접원가계정 차변에 집계하고, 기말에 실제생산량에 허용된 표준배부액을 재공품계정에 기록한다. 실제발생된 고정제조간접원가와 표준배부액의 차이는 예산차이(소비차이)와 조업도차이로 구분하여 기록한다. 예산차이는 고정제조간접원가 실제발생액과 고정제조간접원가 예산총액과의 차이이며, 조업도차이는 예산액과 표준배부액(예정배부액)과의 차이이다. 고정제조간접원가 예산액은 기준조업도에 표준배부율을 곱한 것이며, 표준배부액은 표준조업도에 표준배부율을 곱한 금액이다.

실제발생액 집계 : 차)고정제조간접원가 80,000 대)감가상각비 등 80,000

고정제조간접원가 예정배부와 원가차이

차)재 공 품	75,000[1]	대)고정제조간접원가	80,000[2]
차)고정제조간접원가조업도차이	15,000[3]	고정제조간접원가예산차이	10,000[4]

*1) 표준배부액 = (SQ × SP) = (500개 × 3시간) × @50 2) 실제발생원가 = (AQ × AP)
3) 고정원가예산−(SQ × SP) = 90,000−75,000 4) (AQ × AP)−예산액 = 80,000−90,000

**고정제조간접원가 예정배부액과 원가차이를 구분하여 기록할 수 있다.

예정배부:	차)재공품	75,000	대)고정제조간접원가배부	75,000
차이발생(기말):	차)고정제조간접원가배부	75,000	대)고정제조간접원가(실제)	80,000
	조업도차이	15,000	예산차이	10,000

(5) 제품 및 매출원가계정으로 대체

재공품계정의 차변에는 실제 생산량에 대한 원가요소인 직접재료원가, 직접노무원가, 제조간접원가 등이 모두 표준원가로 기록되어 있다. 또한 제품이 완성되면 재공품계정은 제품계정으로 대체되며, 판매가 이루어지면 제품계정과 매출원가계정에 모두 표준원가로 대체된다. 따라서 물량의 흐름이 파악되면 회계처리가 간단하고 신속하게 이루어지며 재공품, 제품, 매출원가가 모두 표준원가로 기록되므로 원가흐름의 가정이 불필요하게 된다.

제품의 완성 : 차) 제 품 805,000[1] 대)재 공 품 805,000

*1) 표준원가: 완성량 500개 × @1,610 = ₩805,000

(예제 10-6)에서 당기에 300개의 제품이 판매되었다면 회계처리는 다음과 같다.

제품의 판매: 차)매출원가 483,000 대)제 품 483,000

2. 원가차이의 조정

앞에서 살펴본 바와 같이 표준원가계산제도에서는 제품원가를 표준원가로 기록하므로 재공품, 제품, 매출원가 등이 모두 표준원가로 기록된다. 그러나 회계기간 중에 내부관리목적으로 표준원가계산을 사용하였더라도 기말에 원가차이를 조정하여 이들 계정을 실제원가로 수정하여야 한다. 이와 같이 원가차이를 조정하여 관련계정에 배부하는 것은 현행회계시스템에서 실제원가계산제도를 채택하고 있으므로 외부공표용 재무제표에는 실제발생된 제조원가를 기준으로 작성되어야 한다.

표준원가와 실제발생원가의 차이를 조정하는 회계처리방법에는 **비례배분법, 매출원가조정법** 및 **영업외손익법**이 있다.[7)]

(1) 비례배분법

비례배분법은 실제발생원가와 표준원가의 차이를 재고자산과 매출원가의 금액에 비례하여 배분하는 방법이다. 이 방법을 사용하면 모든 재고자산계정과 매출원가계정의 잔액을 실제원가 또는 그 근사치에 접근할 수 있다. 원가차이를 보다 정확하게 배부하게 배부하기 위해서는 두 단계로 나누어야 한다. 1단계에서는 우선 재료원가가격차이를 원재료재고, 재료원가수량차이, 재공품, 제품, 매출원가계정에 배부한다. 그 다음 2단계에서는 그 밖의 차이를 재공품, 제품 그리고 매출원가계정에 안분(proration)한다.

비례배분법은 배부기준에 따라 총원가비례배분법과 원가요소비례배분법의 두 가지가 있다.

1) **총원가비례배분법**: 각 계정(원재료, 재공품, 제품, 매출원가)의 총원가(기말잔액)의 비율을 기준으로 원가차이를 배분하는 방법이다. 이 방법은 먼저 ① 각 계정의 잔액에 따른 배부비율을 계산하고 ② 원가차이와 배부율을 곱하여 배부액을 계산하고 ③ 배부에 따른 회계처리를 한다. 각 계정에 배부되는 배부액과 배부비율을 식으로 나타내면 다음과 같다.

$$\text{각 계정배부액} = \text{원가요소별 원가차이} \times \text{각 계정잔액의 비율}$$

$$\text{계정잔액비율(배부비율)} = \frac{\text{해당계정 원가차이}}{\text{재공품잔액} + \text{제품잔액} + \text{매출원가}}$$

재료원가가격차이는 일반적으로 재료구입시점에서 인식된다. 그 후에 원재료재고, 재

7) 이러한 원가차이를 조정하는 방법은 기본적으로 원가차이금액에 따라 다르게 된다. 원가차이 금액이 중요하지 않는(작은) 경우에는 관련계정에 배부하지 않고 직접 기간손익으로 처리하거나 매출원가계정에 배부할 수 있다. 그러나 원가차이 금액이 중요한(큰) 경우에는 실제원가를 사용하는 경우와 비슷한 결과를 산출하도록 관련된 각 계정에 배부하게 된다.

공품, 제품, 매출원가는 모두 재료의 표준원가로 인식되었으므로, 재료원가 가격차이는 이들 계정총액(기말잔액)의 비율에 따라 각각 배분된다. 재료원가 수량차이(능률차이)와 기타 계정의 원가차이는 재공품, 제품, 매출원가계정의 잔액의 비율에 따라 각 계정에 배부된다. 원가차이를 각 계정에 배부한 후에는 배부내역에 대한 회계처리를 한다. 원가요소의 불리한 차이는 대변에 기록하고, 유리한 차이는 차변에 기록하며, 유리한 차이와 불리한 차이의 차액은 각 계정의 가산된다.

2) **원가요소별 비례배분법**: 이 방법은 원가차이를 각 계정(원재료, 재공품, 제품, 매출원가)의 총원가에 포함된 원가요소별 금액의 비율로 배분하는 방법이다. 즉, 재료원가 가격차이는 재료원가 수량차이를 포함한 각 계정에 포함된 재료원가비율로, 재료원가 수량차이는 각 계정의 재료원가비율로, 노무원가와 제조간접원가차이는 각 계정의 노무원가와 제조간접원가 비율로 배분한다. 원가요소별 비례배분법에서 재료원가 가격차이는 재료원가 수량차이에도 배분되어야 한다. 그 이유는 재공품, 제품, 매출원가계정은 표준사용량으로 기록되며, 원재료의 실제사용량과 표준사용량의 차이는 직접재료원가 수량차이로 기록되기 때문에 직접재료원가 수량차이에도 가격차이가 배분되어야 한다는 것이다.

원가차이를 비례배부법으로 배부할 때 어느 방법을 사용하든지 원재료계정에는 직접재료원가 가격차이만 배부되고 다른 원가차이는 배분되지 않는다. 만일 사용시점에서 가격차이가 분리되는 경우에는 재료계정의 기말잔액은 실제원가로 표시되어 있으므로 재료원가의 가격차이를 포함한 어떤 차이도 배분되어서는 안 된다. 또한 원가차이를 각 계정에 배부한 후에는 배부내역에 대한 회계처리를 한다. 원가요소별 비례배부법을 사용하기 위해서는 재고자산이나 매출원가계정에 대한 상세한 원가정보가 필요하지만, 총원가비례배분법은 각 계정에 대한 총원가의 정보만 있으면 원가차이를 배부할 수 있다. 따라서 이론적으로는 원가요소비례배분법이 타당하지만, 비용-효익의 관점에서는 총원가비례배분법을 적용하는 것이 바람직하다고 할 수 있다.

(예제 10-7) 원가차이의 회계처리: 비례배분법

(주)서울은 표준원가계산을 적용하고 있으며, 직접노동시간을 기준으로 제조간접원가를 배부하고 있다. 회사는 단일제품을 생산하고 있으며 20×1년말 현재 표준원가로 기록된 각 계정의 잔액은 다음과 같다.

	원재료	재공품	제 품	매출원가	합 계
재료원가	₩200,000	₩70,000	₩146,000	₩284,000	₩ 700,000
가공원가	-	30,000	54,000	216,000	300,000
합 계	₩200,000	₩100,000	₩200,000	₩500,000	₩1,000,000

당기 원가차이는 다음과 같다.

직접재료원가 가격차이	₩60,000(U)	직접재료원가 수량차이	₩100,000(U)
직접노무원가 가격차이	80,000(F)	직접노무원가 능률차이	30,000(U)
변동제조간접원가 소비차이	4,000(F)	변동제조간접원가 능률차이	2,000(U)
고정제조간접원가 예산차이	10,000(F)	고정제조간접원가 조업도차이	15,000(U)

(요구사항)

1. 원가차이를 총원가 비례배분법으로 조정하시오.
2. 원가차이를 원가요소별 비례배분법으로 조정하시오

(풀이)

1. 총원가 비례배분법

1) 배분비율의 계산

	원재료	재공품	제품	매출원가	계
직접재료원가 가격차이					
총원가	₩200,000	₩100,000	₩200,000	₩500,000	₩1,000,000
배분비율	20%	10%	20%	50%	100%
직접재료원가 수량차이 및 기타차이					
총원가		₩100,000	₩200,000	₩500,000	₩800,000
배분비율		12.5%	25%	62.5%	100%

2) 원가차이의 배분

	원재료	재공품	제 품	매출원가	계
재료가격차이	₩12,000	₩6,000	₩12,000	₩30,000	₩60,000
재료수량차이		12,500	25,000	62,500	100,000
노무가격차이		(10,000)	(20,000)	(50,000)	80,000(F)
노무능률차이		3,750	7,500	18,750	30,000
변동간접원가소비차이		(500)	(1,000)	(2,500)	4,000(F)
변동간접원가능률차이		250	500	1,250	2,000
고정간접원가예산차이		(1,250)	(2,500)	(6,250)	10,000(F)
고정간접원가조업도차이		1,875	3,750	9,375	15,000
합 계	₩12,000	₩12,625	₩25,250	₩63,125	₩113,000

3) 원가차이 배분에 대한 회계처리

차변	금액	대변	금액
차)원 재 료	12,000	대)직접재료원가 가격차이	60,000
재 공 품	12,625	직접재료원가 수량차이	100,000
제 품	25,250	직접노무원가 능률차이	30,000
매출원가	63,125	변동제조간접원가 능률차이	2,000
직접노무원가 가격차이	80,000	변동제조간접원가 조업도차이	15,000
변동제조간접원가 소비차이	4,000		
고정제조간접원가 예산차이	10,000		

2. 원가요소 비례배분법

1) 배분비율의 계산

	원재료	직접재료원가 수량차이	재공품	제 품	매출원가	계
직접재료원가 가격차이						
재료원가	₩200,000	₩100,000	₩70,000	₩146,000	₩284,000	₩800,000
배분비율	25%	12.5%	8.75%	18.25%	35.5%	100%
직접재료원가 수량차이						
재료원가			₩70,000	₩146,000	₩284,000	₩500,000
배분비율			14%	29.2%	56.8%	100%
직적노무원가와 기타차이						
가공원가			₩30,000	₩54,000	₩216,000	₩300,000
배분비율			10%	18%	72%	100%

2) 원가차이의 배분

	원재료	직접재료 원가 수량차이	재공품	제 품	매출원가	계
재료가격차이	₩15,000	₩7,500	₩5,250	₩10,950	₩21,300	₩60,000
재료수량차이		(7,500)	15,050	31,390	61,060	100,000
노무가격차이			(8,000)	(14,400)	(57,600)	80,000(F)
노무능률차이			3,000	5,400	21,600	30,000
변동간접소비차이			(400)	(720)	(2,880)	4,000(F)
변동간접능률차이			200	360	1,440	2,000
고정간접예산차이			(1,000)	(1,800)	(7,200)	10,000(F)
고정간접조업도차이			1,500	2,700	10,800	15,000
합 계	₩15,000	0	₩15,600	₩33,880	₩48,520	₩113,000

3) 원가차이에 대한 회계처리

차변	금액	대변	금액
차)원 재 료	15,000	대)직접재료원가 가격차이	60,000
재 공 품	15,600	직접재료원가 수량차이	100,000
제 품	33,880	직접노무원가 능률차이	30,000
매출원가	48,520	변동제조간접원가 능률차이	2,000
직접노무원가 가격차이	80,000	고정제조간접원가 조업도차이	15,000
변동제조간접원가 소비차이	4,000		
고정제조간접원가 예산차이	10,000		

(2) 매출원가조정법

매출원가조정법은 모든 원가차이를 매출원가에서 조정하는 방법으로서, 유리한 원가차이는 매출원가에 차감하며 불리한 원가차이는 매출원가에 가산한다. 즉 이미 차변에 기록된 불리한 차이는 대변에 기록하고, 대변에 기록되어 있는 유리한 차이는 차변에 반대분개를 함으로써 순원가차이를 매출원가계정에서 조정한다. 매출원가조정법을 적용하는 경우 원가차이는 모두 매출원가에서 조정되므로 재무제표상의 재공품과 제품계정은 모두 표준원가로 기록된다. 이 방법은 원가차이가 재고자산이나 매출원가의 금액에 비하여 중요하지 않는 경우에 사용되는 방법이다.

(예제 10-8) 원가차이의 회계처리

(예제 10-7)을 이용하여 원가차이를 매출원가조정법으로 조정하시오.

(풀이)

차변	금액	대변	금액
차)직접노무원가 가격차이	80,000	대)직접재료원가 가격차이	60,000
변동제조간접원가 소비차이	4,000	직접재료원가 수량차이	100,000
고정제조간간접원가예산차이	10,000	직접노무원가 능률차이	30,000
매출원가	113,000	변동제조원가 능률차이	2,000
		고정제조간접원가 조업도차이	15,000

(3) 영업외손익법

영업외손익법은 모든 원가차이를 영업외손익으로 처리하는 방법이다. 즉, 유리한 차이는 영업외수익으로 인식하고, 불리한 차이는 영업외비용으로 인식하는 것이다. 이와 같이 원가차이를 인식하는 근거는 표준원가계산에서 표준은 정상적인 공손이나 비능률을 고려하여 설정한 달성가능한 원가이므로 표준에서 벗어난 차이는 원가성이 없다고 보고 별도의 항목인 영업외손익으로 인식하는 것이다. 그러나 이 방법은 생산활동, 즉 본래의 영업활동에 따른 원가차이를 영업외손익으로 인식한다는 점에서 합리성이 없다.

(예제 10-9) 원가차이의 회계처리

(예제 10-7)을 이용하여 원가차이를 영업외손익법으로 조정하시오.

(풀이)

차변	금액	대변	금액
차)직접노무원가 가격차이	80,000	대)직접재료원가 가격차이	60,000
변동제조간접원가 소비차이	4,000	직접재료원가 수량차이	100,000
고정제조간간접원가예산차이	10,000	직접노무원가 능률차이	30,000
제조원가차이(영업외비용)	113,000	변동제조원가 능률차이	2,000
		고정제조간접원가 조업도차이	15,000

토의문제

1. 표준원가와 예산의 차이는 무엇인가? 허용된 표준의 개념을 설명하시오.
2. 표준원가계산의 유용성과 한계점은 무엇인가?
3. 표준원가의 개념에서 이상적 표준과 정상적 표준, 현실적 표준에 대하여 설명하시오.
4. 직접재료원가의 가격차이와 수량차이가 발생하는 원인을 설명하시오.
5. 직접노무원가의 가격차이와 능률차이는 어떻게 계산되는가?
6. 직접노무원가의 가격차이와 능률차이가 발생하는 원인을 설명하시오.
7. 변동제조간접원가의 소비차이와 능률차이에 대하여 설명하시오.
8. 고정제조간접원가의 원가차이는 어떻게 계산되는가? 특히 조업도차이는 어느 경우에 발생하는가?
9. 변동원가의 유리한 차이와 불리한 차이는 어떻게 계산되는가?
10. 변동원가의 능률차이와 고정원가의 조업도차이는 어떻게 다른가?
11. 제조간접원가차이의 분석방법과 형태에 대하여 설명하시오.
12. 표준원가계산의 회계처리방법에 대하여 설명하시오.

연습문제

(10-1) 직접재료원가차이

(주)일산은 표준원가계산제도를 적용하고 있으며, 5월중 생산활동과 관련된 직접재료원가에 대한 자료이다.

(실제발생)

직접재료구입원가	₩840,000
직접재료사용원가	156,000
실제생산수량	5,600단위

(표준원가)

직접재료구입원가	₩812,000
직접재료사용원가	145,600
100단위당 표준원가	2,700

(요구사항)

직접재료매입가격차이와 수량차이(효율차이)를 계산하시오.

(10-2) 직접노무원가차이

전일(주)은 표준원가계산제도를 적용하고 있으며 5월중 직접노무원가 자료는 다음과 같다.

실제생산량 1,000단위

실제노무원가발생	₩1,000,000
단위당 표준직접노동시간	10시간
직접노무원가 능률차이	320,000(F)
직접노무원가 임률차이	200,000(F)

(요구사항)

직접노동시간당 표준임률은 얼마인가?

(10-3) 직접노무원가와 실제작업시간

(주)서울의 4월 생산량과 직접노무원가 관련자료는 다음과 같다.

실제생산량	2,000단위
직접노무원가 실제발생액	₩4,000,000
단위당 표준노동시간	24시간
유리한 임률차이	₩1,200,000
불리한 시간차이	₩ 400,000

(요구사항)

당기 중의 실제작업시간을 계산하시오.

(10-4) 변동제조간접원가 차이

(주)서울은 표준원가계산제도를 사용하고 있으며, 제조간접원가는 직접작업시간을 기준으로 배부한다. 다음은 원가차이에 대한 분석자료이다.

제조간접원가 실제발생액	₩15,000
고정제조간접원가 실제발생액	7,200
고정제조간접원가 예산액	7,000
실제작업시간	3,500시간
표준작업시간	3,800
변동제조간접원가배부율	2.5/시간당

(요구사항)

변동제조간접원가 소비차이는 얼마인가?

(10-5) 고정제조간접원가 예산차이와 조업도차이

실제생산량이 12,200단위이며 변동제조간접원가 ₩38,720과 고정제조간접원가 ₩124,700이 발생하였다. 표준변동제조간접원가 배부율이 ₩1.5이고 표준고정제조간접원가는 ₩120,000이다. 표준배부율은 25,000기계시간을 기준으로 배부되었으며, 제품단위당 표준기계시간은 2시간이다. 실제 총기계시간은 24,200시간이다.

(요구사항)

예산차이와 조업도차이는 각각 얼마인가?

(10-6) 제조간접원가 차이분석

(주)종로의 제조간접원가에 대한 자료는 다음과 같다.

표준자료		실제자료	
고정제조간접원가	₩13,200	고정제조간접원가	₩14,000
변동제조간접원가 표준임률	1,200/시간당	변동제조간접원가	36,400
실제생산에 허용된 표준시간	35시간	직접노동시간	32시간
기준조업도(직접작업시간)	30		

(요구사항)

제조간접원가 차이를 4분법, 3분법, 2분법, 1분법으로 분석하시오

(10-7) 제조간접원가 차이분석

(주)종로의 제조간접원가에 대한 자료는 다음과 같다.

	실 제	예 산	차 이
변동제조간접원가	₩ 64,600	₩ 66,000	₩1,400(F)
고정제조간접원가	96,000	99,000	3,000(F)
합 계	₩160,600	₩165,000	₩4,400(F)

예산조업도 220단위

실제생산수량 230단위

실제 변동제조간접원가는 실제 직접작업시간을 시간당 표준변동제조간접원가로 표시된 금액의 95%이다.

(요구사항)

1. 변동제조간접원가의 소비차이와 효율차이를 구하시오
2. 고정제조간접원가의 총차이를 구하시오.

(10-8) 고정제조간접원가 차이분석

(주)한성은 표준원가계산제도를 사용하고 있으며, 20×1년 3월과 4월의 표준은 동일하다. 3월에는 2,000단위의 제품을 생산하였으며 고정제조간접원가 조업도차이는 ₩1,000(불리한 차이)이고 예산차이는 ₩800(유리한 차이)이다. 4월에는 2,500단위의 제품을 생산하였으며 고정제조간접원가의 조업도차이는 ₩1,000(유리한 차이)이고 예산차이는 ₩600(불리한 차이)이다.

(요구사항)

4월의 고정제조간접원가 실제발생액은 얼마인가?

(10-9) 원가차이분석: 직접노무원가, 제조간접원가

(주)서강의 5월 생산과 관련자료는 다음과 같다.

실 제		표 준	
직접노무원가	₩ 218,000	고정제조간접원가 예산액	₩45,000
변동제조간접원가	110,500	변동제조간접원가	7.5/시간당
고정제조간접원가	45,500	실제생산량에 대한 표준작업시간	15,000시간
직접작업시간	14,000시간	노무원가 표준임률	15/시간당

(요구사항)

1. 직접노무원가 임률차이와 효율차이를 계산하시오
2. 변동제조간접원가 소비차이와 효율차이를 계산하시오.
3. 고정제조간접원가 가격차이를 계산하시오.

(10-10) 원가차이분석: 직접재료원가, 직접노무원가, 변동제조간접원가

(주)경기산업은 내부관리목적으로 표준원가제도를 사용하고 있으며, 제품 단위당 표준원가는 다음과 같다.

	수량	가격	표준원가
직접재료원가	2 단위	₩20	₩40
직접노무원가	3 시간	10	30
변동제조간접원가	3 시간	5	15

① 9월중 직접재료 10,000단위를 ₩190,000에 구입하였다.

② 실제 작업시간은 11,700시간이고, 시간당 임률은 ₩11이다.

③ 변동제조간접원가의 실제발생액은 ₩69,000이며, 직접노동시간을 기준으로 배부한다.

④ 제품의 실제 생산량은 4,200단위이다.

⑤ 재료의 기초재고는 없으며, 기말재고는 300단위이다.

(요구사항)

1. 직접재료원가의 가격차이와 수량차이를 계산하시오. (원가차이는 구입시점에서 분리)
2. 직접노무원가의 임률차이와 능률차이의 계산하시오.
3. 변동제조간접원가의 소비차이와 능률차이의 계산하시오.

(10-11) 원가차이분석: 변동원가와 고정원가

한성(주)는 표준원가계산제도를 이용하고 있다. 회사가 설정한 제품단위당 직접원가는 다음과 같다.

	수량	가격	표준원가
직접재료원가	5kg	₩6	₩30
직접노무원가	9시간	8	72

회사는 원재료 기초재고 20,000kg를 보유하고 있으며 당기 중에 50,000kg을 ₩290,000에 구입하여 18,000kg을 사용하였으며, 가격차이는 구입시점에서 분리한다. 또한 직접작업시간은 23,000시간이고 직접노무원가발생액은 ₩210,000이다. 당기 중에 제조간접원가발생액은 ₩1,200,000이며 이중 60%는 변동제조간접원가이다. 제조간접원가 표준배부율은 기계시간당 ₩45이며, 변동제조간접원가 표준배부율은 ₩24이다. 제품단위당 표준기계시간은 10시간이고, 실제기계시간은 13,000시간이다. 당기 제품생산량은 2,500단위이며, 고정제조간접원가의 기준조업도는 2,400개이다.

(요구사항)

1. 직접재료원가 가격차이와 수량차이를 계산하시오.
2. 직접노무원가 가격차이와 능률차이를 계산하시오.
3. 변동제조간접원가 소비차이와 능률차이를 계산하시오.
4. 고정제조간접원가 예산차이와 조업도차이를 계산하시오.
5. 고정제조간접원가 예산액과 배부액의 관계를 도표로 나타내시오.

(10-12) 원가차이분석: 변동원가 및 고정제조간접원가

(주)대전산업은 전자제품을 생산 판매하고 있으며, 표준원가계산제도를 적용하고 있다. 다음은 7월중 생산관련자료이다.

	표준수량	표준가격	표준원가
직접재료원가	4kg	₩110/kg	₩ 440
직접노무원가	6시간	500/시간	3,000
변동제조간접원가		350/시간	
고정제조간접원가	월 예산액 ₩265,200		
예상조업도	직접노동시간 780		

직접재료의 실제구입량 470kg를 ₩53,580에 구입하였으며, 실제 직접노동시간은 750시간이고 직접노무원가는 ₩382,500이다. 제품생산량은 120단위이며, 변동제조간접원가 실제발생액은 ₩252,000이고 고정제조간접원가 발생액은 ₩260,000이다.

(요구사항)

1. 직접재료원가의 가격차이와 능률차이를 구하시오.
2. 직접노무원가의 가격차이와 능률차이를 구하시오.
3. 변동제조간접원가의 소비차이와 능률차이를 구하시오.
4. 고정제조간접원가의 예산차이와 조업도차이를 구하시오.
5. 제조간접원가 차이를 4분법, 3분법, 2분법, 2분법으로 분석하시오.

(10-13) 표준원가계산제도 : 거래의 분개

(주)분당은 표준원가계산제도를 사용하고 있으며, 직접재료 200단위를 단위당 ₩4,500에 구입하였다. 재료의 표준원가는 단위당 ₩4,900이다. 이달의 직접재료사용량은 140단위이며 표준사

용량은 120단위이다. 직접노무원가의 표준원가는 단위당 ₩1,925이며, 실제 생산량은 300단위이다. 생산량에 허용된 총노동시간은 2,200시간이며 실제발생액은 ₩564,000이고 실제노동시간은 2,250시간이다.

(요구사항)

1. 직접재료의 매입과 사용에 관한 분개를 하시오. 단, 가격차이는 구입시점에서 분리한다.
2. 직접노무원가의 발생에 관하여 분개하시오.

(10-14) 표준원가계산제도: 거래의 분개

(주)경기는 표준원가계산제도를 이용하고 있으며 제조간접원가 관련자료는 다음과 같다.

	표준수량	표준가격
변동제조간접원가	2시간	₩1,000/시간당
고정제조간접원가	2시간	1,700/시간당
기준조업도	1,800직접노동시간, 900단위	

5월에 실제로 발생한 직접노무원가는 ₩2,254,000이고 실제 작업시간은 1,650시간이다. 실제 발생된 변동제조간접원가는 ₩1,810,000이고, 고정제조간접원가는 ₩3,020,000이며, 실제생산량은 800단위이다.

(요구사항)

1. 변동제조간접원가의 소비차이와 효율차이를 구하시오.
2. 고정제조간접원가의 가격차이와 조업도차이를 구하시오.
3. 변동제조간접원가와 고정제조간접원가의 배부와 원가차이에 대한 회계처리를 하시오.

(10-15) 표준원가계산제도: 원가차이의 배분

(주)일산은 지난해 재료 500단위를 ₩300,000에 구입하고 400단위를 제품제조에 사용하였다. 직접재료의 단위당 표준원가는 ₩520이며, 실제생산수량에 허용된 표준은 420단위이다.

직접재료를 사용한 제품 중 80%는 완성되어 제품계정에 대체되었고, 이 중에서 70%는 판매되었다.

(요구사항)

1. 표준원가계산제도를 이용하여 직접재료의 거래에 대한 분개를 하시오. 단, 재료가격차이는 구입시점에서 분리한다.
2. 직접재료원가차이를 배부하시오.

(10-16) 원가차이의 조정: 총원가 비례법

(주)분당은 표준원가계산제도를 이용하고 있으며 20×1년말 각 계정의 잔액은 다음과 같다.

	원재료	재공품	제　품	매출원가
직접재료원가	₩100,000	₩160,000	₩120,000	₩320,000
가공원가		30,000	60,000	210,000
계정잔액	₩100,000	₩190,000	₩180,000	₩530,000

각 계정의 원가차이를 분석한 결과는 다음과 같다.

직접재료원가 가격차이	200,000(U)
직접재료원가 수량차이	20,000(U)
직접노무원가 가격차이	2,000(U)
직접노무원가 능률차이	4,000(U)
제조간접원가 배부차이	12,000(F)
	₩ 214,000

(요구사항)

1. 원가차이를 총원가 비례배분법으로 각 계정에 배부하시오.
2. 원가차이 배분에 따른 회계처리를 하시오.

제3부

원가정보의 관리적 이용

CHAPTER 11 원가의 추정

경영자는 미래의 의사결정과정에서 많은 원가정보를 이용한다. 그러나 미래에 대한 완전한 정보를 얻는다는 것은 불가능하므로 과거에 발생한 원가를 분석하여 미래 경영활동계획과 통제 및 의사결정에 유용한 정보를 얻도록 해야 한다. 미래에도 과거와 유사한 영업활동을 수행하는 경우 과거의 원가행태를 분석함으로써 비슷한 조업도 수준에서 발생할 미래의 원가를 예측할 수 있다. 미래에 발생할 원가를 추정함으로써 경영자는 예산을 편성하고 통제할 수 있으며, 실제 발생한 원가와 추정원가를 비교하여 경영활동이 효율적으로 수행되었는지 분석하는데 유용하게 이용할 수 있다.

제1절 원가함수와 조업도

원가함수(cost function)는 원가와 조업도의 관계를 수학적인 함수로 표시한 것이며, 조업도 또는 원가동인의 변화에 따른 원가의 변화추이를 나타낸 것이다. **조업도**(capacity)는 기업이 보유하고 있는 생산수단(설비, 노동력 등)의 이용정도를 말하며 생산량, 판매량, 직접노동시간 등으로 표시한다. 조업도는 원가에 영향을 미치는 주요 기업활동이며, 원가발생을 유발하는 요인으로서 **원가동인**(cost driver)이다. 원가함수는 조업도의 변화에 따른 원가의 변동, 즉 **원가행태**(cost behavior)를 수학적으로 표시한 것이며, 원가행태와 동의어로 사용된다. 원가함수의 가장 일반적인 형태는 조업도와 총원가의 관계로 표시된다. 즉 원가행태는 원가동인인 조업도를 독립변수 X, 총원가를 종속변수 Y로 하여 다음과 같이 표시할 수 있다.

$$Y = f(X)$$

원가는 원가동인의 변동에 따라 크게 고정원가, 변동원가로 구분한다. 그러나 여러 가지 원가요소가 결합된 원가행태는 다음과 같이 준변동원가의 함수로 표시할 수 있다. 이는 원가관리회계에서 가정하는 가장 **일반적 형태의 원가함수**이다.

원가함수 : $Y = a + bX$

a : 고정원가(조업도 0에서의 원가)

b : 단위당 변동원가

경제학에서는 원가함수가 (그림 11-1, a)에서와 같이 역 S자를 나타내며, 3 단계로 구성되어 있다고 가정한다. 1단계에서는 생산량이 증가함에 따라 원가가 비례적으로 증가하며, 2단계에서는 생산량의 증가로 능률이 증진되어 체감적으로 증가하며, 3단계에서는 생산량의 과다하여 능률이 저하되어 원가가 체증적으로 증가하는 단계이다. 따라서 제품단위당 원가의 증가분, 즉 **한계원가**(marginal cost)는 일정수준까지는 감소하나, 그 조업도 수준을 지나면 생산능력의 제약으로 인하여 증가하게 된다. 이러한 원가함수는 조업도의 범위가 넓고, 조업도의 증가에 따라 생산기술도 변화시킬 수 있으며, 모든 원가가 통제 가능하다고 가정한다. 이러한 견해는 장기적으로는 타당하지만, 단기적으로는 기술수준이나 생산자원이 고정되어 있다고 가정하는 것이 타당하다. 따라서 일정한 관련범위 내에서 원가함수를 직선으로 표시하여도 원가함수를 상당히 정확하게 나타낼 수 있다.

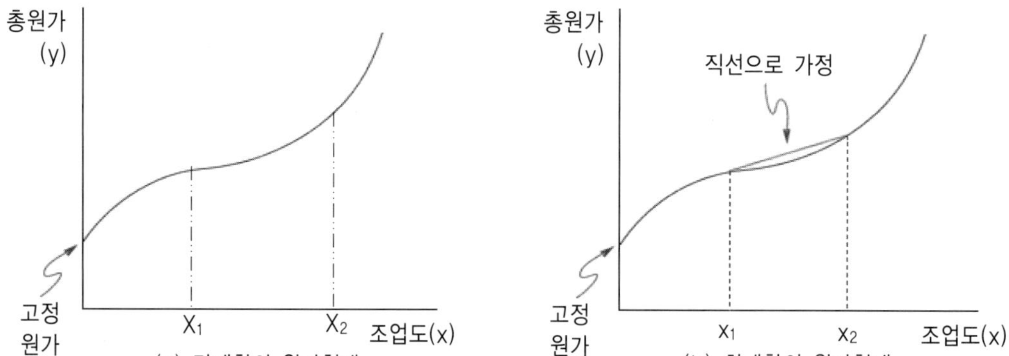

(a) 경제학의 원가형태 (b) 회계학의 원가형태

〈그림 11-1〉 원가함수의 형태

회계학에서 원가행태는 (그림 11-1, b)에서와 같이 경제학에서 원가행태와 다르게 나타나며, 일반적으로 원가함수를 추정하는데 있어서 다음과 같은 두 가지를 가정한다.

첫째, 총원가의 변화는 하나의 원가동인의 변화로 설명된다. **원가동인**(cost drivers)은 총원가에 영향을 미치는 요인이며 생산량, 매출액, 작업시간 등 조업도를 포함하여 품질, 기술수준 등 원가대상에 따라 다양하게 표시된다. 회계학에서는 이중에서 하나의 원가동인에 의하여 총원가가 변화하는 것으로 가정한다.

둘째, 원가행태는 일정한 관련범위 내에서 선형원가함수로 표시한다. 선형원가함수는 관련범위 내에서 총원가와 원가동인 사이에 직선으로 표시되는 원가함수이다. 선형원가형태가 모든 조업도 수준에서 경제학에서의 곡선원가행태를 반영하지는 못하지만 정상조업도 수준에서의 합리적인 근사치를 표시할 수 있다. 따라서 회계학에서 선형함수에 의한 원가행태의 추정치는 정상적인 조업도수준, 즉 관련범위 내에서만 적용될 수 있다.

제2절 원가함수의 추정방법

특정 원가요인에 대한 원가함수를 추정하는 것은 다음과 같은 일반적인 원가함수(원가방정식)에서 고정원가 a와 단위당 변동원가 b를 추정하는 것이다.

일반적인 원가함수의 형태 : $Y = a + bX$

원가함수를 추정하기 위해서는 추정할 원가요소(종속변수Y), 조업도의 선택(X), 관련범위의 선택, 원가추정방법의 선택 등에 대한 의사결정이 필요하다. 원가행태를 분석하고 미래원가를 추정하는 방법에는 공학적 기술법과 과거자료 분석법으로 분류된다. 과거자료를 분석하여 추정하는 방법에는 계정분석법, 고저점법, 산포도법, 학습곡선, 회귀분석법 등 여러 가지가 있다. 다양한 방법 중 어느 것을 이용할 것인가는 각 방법과 관련된 비용과 효익을 고려하여 결정한다.

1. 공학적 방법

공학적 방법(engineering method)은 생산방법, 재료, 노동력, 기계설비, 생산효율 등에 대한 공학자의 평가를 근거로 원가행태를 계량적으로 분석하여 원가함수를 추정하는 방법이다. 공학적 방법은 과거의 원가발생사실보다 현재와 미래의 공정상태를 고려하여 원가함수를 추정한다. 즉 작업연구, 동작연구, 생산공정 등에 대한 산업공학적 조사를 통하여 물리적 요소의 투입과 산출의 관계를 측정하고 여기에 가격요소를 반영하여 원가함수를 추정한다.

이 방법을 이용하여 직접노무원가의 경우 다음과 같이 추정한다. 각 제조공정에 포함된 동작이나 작업내용을 기초로 제조공정을 단계별로 분석하고, 각 단계의 작업을 수행하는데 소요되는 시간을 추정하여 단계별 노동시간 추정치를 합계한다. 그 다음에는 추정된 노동시간 합계치에 여유시간을 고려하여 제조공정 전체에 대한 노동시간 추정치를 구하고 이를 이용하여 직접노무원가를 추정한다.

공학적 방법의 장점은 생산활동을 수행하는 단계를 상세히 분석하므로 생산성을 검토하여 구체적인 강점과 약점을 파악할 수 있게 된다. 또한 이 방법은 과거활동으로 인한 역사적 자료가 필요하지 않으므로 과거와는 다른 생산활동에 대한 원가를 추정하는데 이용할 수 있다. 과거의 자료에 의존하지 않으므로 과거의 자료가 없어도 표준원가를 설정하거나 원가를 추정할 수 있다.

공학적 방법의 단점은 투입과 산출관계가 명확하게 파악되는 원가에만 적용될 수 있다는 점이다. 예컨대, 재료원가나 노무원가는 투입과 산출의 관계가 거의 명확하게 형성되므로 재료와 작업시간, 산출물의 관계를 추정하는데 사용될 수 있다. 제조간접원가는 투입과 산출의 관계가 간접적이고 명확하지 않으므로 적용이 곤란하다. 그 밖에 공학적 방법의 단점은 개별 활동이 공학적으로 분석되어야 하므로 비용이 많이 소요되며 복잡하다는 것이다. 따라서 공학적 방법이 일반적으로 이용될 수 있는 방법은 아니다.

2. 계정분석법

계정분석법(account analysis method)은 **계정분류법**(accounts classification method)이라고도 하며 원가추정에 사용되는 가장 전통적인 방법의 하나이다. 이 방법은 각 계정에 기록된 원가를 회계담당자의 전문가적 판단(professional judgement)에 따라 고정원가와 변동원가 또는 준변동원가 등으로 분류하는 방법이다. 보다 구체적으로 설명하면 모든 원가를 고정원가와 변동원가로 분리한 다음, 고정원가의 합계는 원가함수의 고정원가(a)의 추정치로 이용하고 변동원가합계액은 조업도로 나누어 원가함수의 단위당 변동원가(b)의 추정치로 사용하는 방법이다.

이 방법의 장점은 필요한 자료를 입수하기 쉽고, 고정원가와 변동원가로 분리하는 데 회계담당자의 전문가적 판단에 의존한다는 점이다. 따라서 신제품의 경우나 기술이나 가격이 급격히 변동하는 제품에 효과적으로 적용할 수 있다. 그러나 단점으로는 원가를 구분하는데 전문가적 판단에 의존하므로 주관성이 개입될 수 있다는 점이다. 또한 한 기간의 자료만 이용하므로 비정상적인 상황이나 비능률적 작업이 반영되기 쉽다. 따라서 과거의 특수한 상황에서 발생한 비정상적인 지출에 대해서는 반드시 수정을 해야 올바른 원가추정을 할 수 있다. 이 방법은 정확한 원가추정의 기초로서 변동원가나 고정원가의 총계를 개략적으로 추정하고자 하는 경우에 유용하다.

(예제 11-1) 계정분석법

(주)서울은 3월에 제품 400개를 생산하였으며 각 계정별 원가와 회계담당자에 의한 계정분류는 다음과 같다. 단, 간접노무원가의 75%는 고정원가, 25%는 변동원가로 분류하였으며, 4월에는 500개를 생산할 계획이다.

구 분	발생원가	고정원가	변동원가
직접재료원가	₩50,000		₩50,000
직접노무원가	60,000		60,000
제조간접원가			
감독자급여	10,000	₩10,000	
간접노무원가	20,000	15,000	5,000
초과근무수당			8,000
소모품비	3,000		3,000
수선비	4,000		4,000
감가상각비	18,000	18,000	
기타제조간접비	5,000	5,000	
총 계	₩178,000	₩48,000	₩130,000

(요구사항)

(1) 계정분류법을 이용하여 원가함수를 추정하시오.

(2) 4월의 생산과 관련된 원가를 추정하시오.

(풀이)

(1) 고정원가 = ₩48,000

단위당변동원가= 변동원가/생산량= ₩130,000/400=₩325

추정총원가를 TC, 생산량(조업도)를 x라고 하면 원가함수(원가추정식)는 다음과 같다.

원가함수: $TC = 48,000 + 325x$

(2) 추정원가 =₩48,000+₩325×500개= ₩210,500

3. 고저점법

고저점법(high-low method)은 원가자료 중에서 가장 높은 조업도의 원가와 가장 낮은 조업도의 원가를 직선으로 연결하여 원가함수를 추정하는 방법이다. 고저점법은 계정분석법이 한 기간의 자료에만 의존한다는 단점을 보완하는 방법으로 두 기간의 관측치를 사용하여 원가를 추정한다. 이 방법에서 고정원가는 순수고정원가로서 최대조업도와 최저조업도에서 일정하다고 가정하며, 최고(또는 최저)조업도의 총원가에서 변동원가를 차감하여 산출한다. 변동원가는 최고조업도수준에 단위당 변동원가를 곱하여 산출하며, 가장 높은 조업도에서의 원가와 가장 낮은 조업도에서의 원가와의 차이는 변동원가의 차이로 간주한다. 따라서 단위당 변동원가, 즉 총원가선의 기울기는 총제조원가의 차이를 조업도차이로 나눈 것이며 다음과 같이 산출한다.

① 단위당 변동원가 $= \dfrac{\text{최고조업도에서의 총원가} - \text{최저조업도에서의 총원가}}{\text{최고조업도} - \text{최저조업도}}$

② 총고정원가 = 최고(최저)조업도에서의 총원가 − 최고(최저)조업도 × 단위당 변동원가

고저점법의 장점은 계정분석법이 하나의 관측치를 이용하여 주관적 판단에 의존하는 데 비하여, 두 기간의 관측치를 이용하므로 객관적인 방법이다. 또한 고저점법은 계산절차가 비교적 간단하다는 것이다. 그러나 단점으로는 두개의 극단적인 관측치를 이용하므로 정상적인 상태를 반영하지 않을 가능성이 있다는 점이다. 만일 일정기간 동안의 최고조업도와 최저조업도가 정상적인 생산활동에서 나타난 것이 아니라면 고저점법은 정상적인 생산활동의 원가추정에 적절하다고 말할 수 없다.

이러한 문제점을 해결하기 위하여 최고조업도와 최저조업도가 아닌 두 번째로 높은 조업도와 두 번째로 낮은 조업도의 원가자료를 이용하여 원가방정식을 추정할 수도 있다. 이러한 수정된 고저점법은 **대표고저점법**이라고 최고조업도와 최저조업도를 이용하는

방법을 **순수고저점법**이라고 한다. 그러나 이러한 방법도 비정상적인 영향을 완전히 제거할 수 없으며, 두 개의 조업도에 대한 원가자료만을 이용하고 다른 원가자료를 고려하지 않으므로 고저점법으로 구한 원가방정식이 모든 원가자료를 대표한다고 볼 수 없다.

(예제 11-2) 고저점법

(주)동국의 지난 1년간 월별생산량과 제조원가는 다음과 같다.

월별	생산량	제조원가	월별	생산량	제조원가
1	2,000	₩90,000	7	2,900	₩135,000
2	1,500	76,000	8	2,000	95,000
3	2,500	120,000	9	2,400	120,000
4	2,300	95,000	10	3,600	160,000
5	1,700	80,000	11	3,200	145,000
6	3,300	150,000	12	2,800	130,000

(요구사항)

고저점법을 사용하여 원가방정식을 추정하시오

(풀이)

(1) 최대조업도는 10월의 3,600단위이고 최저조업도는 2월의 1,500단위이다.

$$\text{단위당변동원가} = \frac{\text{총제조원가 차이}}{\text{조업도차이}} = \frac{160,000-76,000}{3,600-1,500} = 40\,\text{원/단위}$$

(2) 고정원가 $= 160,000 - 3,600 \times 40 = 16,000$ 원

따라서 추정총원가를 TC, 조업도(생산량)를 x라 할 때 원가방정식은 다음과 같다.

$TC = 16,000 + 40x$

4. 회귀분석법

회귀분석법(regression analysis method)은 하나 또는 그 이상의 독립변수를 이용하여 종속변수를 추정하는 통계적 분석법이다. 원가함수의 추정에 통계적 추정모형인 회귀모형을 사용하면 다른 방법에 비하여 보다 객관적이고 신뢰할 수 있는 원가함수를 도출할 수 있다. 회귀분석은 독립변수와 종속변수의 산포도(scatter diagram)를 가장 잘 나타내는 적합선을 추정하는 것이다. 서로 관계를 갖고 있는 변수 중에서 독립변수는 다른 변수에 영향을 주는 변수이고 종속변수는 영향을 받는 변수이다. 원가와 조업도의 관계에 대한 원가함수의 추정에서 조업도수준을 독립변수(X)로 하고 원가추정치(Y)를 종속변수로 하여 다음 같은 회귀모형을 이용한다.

회귀모형 $\quad Y_i = a + bX_i + ei$

a : 절편(고정원가)
b : 회귀계수(조업도, 단위당변동원가)
i : 1, 2, 3 . . . . n
e_i : 오차항

회귀분석에서는 절편 a와 회귀계수 b를 추정하는 것이며, 독립변수가 하나인 경우에는 단순회귀분석이며 독립변수가 2개 이상인 경우에는 다중회귀분석이다. 독립변수와 종속변수의 관계를 가장 잘 설명할 수 있는 회귀식은 실제치와 예측추정치의 차이, 즉 오차e_i를 가장 작게 하는 회귀식이며 최소자승법에 의하여 추정할 수 있다. **최소자승법**(least squares method)은 회귀식에서 표본으로부터 계산된 종속변수의 예측치$\widehat{Y_i}$와 실제관찰치 Y_i의 차이를 잔차 e_i라고 할 때 잔차제곱의 합이 최소가 되게 하는 회귀식을 구하는 방법이다.

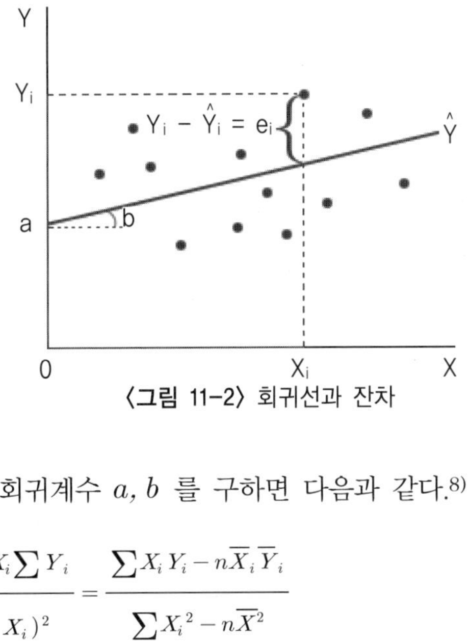

〈그림 11-2〉 회귀선과 잔차

최소자승법에 의한 회귀계수 a, b 를 구하면 다음과 같다.[8)]

$$b = \frac{n\sum X_i Y_i - \sum X_i \sum Y_i}{n\sum X_i^2 - (\sum X_i)^2} = \frac{\sum X_i Y_i - n\overline{X}_i \overline{Y}_i}{\sum X_i^2 - n\overline{X}^2}$$

8) 최소자승법은 잔차들의 제곱의 합이 최소가 되게 하는 회귀식이며 다음조건을 충족시키는 것이다.

$$\min \sum e_i^2 = min \sum (Y_i - \widehat{Y_i})^2$$

$\widehat{Y_i}$는 회귀모형의 종속변수에 대한 추정치이며 $\widehat{Y_i} = a + bX_i$이다.

따라서 $\sum (Y_i - a - bX_i)^2$을 최소로 하는 a, b 를 구하기 위해 a, b 에 대하여 각각 편미분한 후 연립방정식을 풀면 회귀계수를 구하는 식을 얻을 수 있다.

$$a = \overline{Y} - b\overline{X}$$

독립변수가 한 개인 경우에는 위 식을 이용하여 계산할 수도 있으나 자료가 많거나 독립변수가 2개 이상인 경우에는 계산이 복잡하므로 컴퓨터 통계프로그램 EXCEL이나 SAS, SPSS를 이용하여 계산한다. 회귀분석에서는 회귀식을 추정하고 추정된 회귀식의 적합도(goodness of fit)와 유의성(significance)을 검정해야 한다.

적합도검정에는 일반적으로 **결정계수**(coefficient of determination)가 사용되며, 결정계수가 1에 가까울수록 회귀식의 표본자료 변동에 대한 설명력이 높다고 할 수 있다. 결정계수는 독립변수가 종속변수의 변동을 설명하는 비율이다. 회귀식에 대한 유의성검정은 F-검정과 t-검정이 이용되며, 일반적으로 유의수준 5%에서 0과 유의한 차이가 있어야 한다.

(예제 11-3) 회귀분석

다음 자료를 가지고 회귀분석에 의한 원가함수를 추정하시오

월 별	1	2	3	4	5	6	7	8	9	10	11	12
생 산 량	20	15	25	23	17	33	27	20	24	36	32	28
제조원가	900	720	1,200	950	800	1,500	1,350	950	1,200	1,600	1,450	1,300

(풀이)

① 회귀계수 공식에 의한 원가함수의 추정

월별	생산량(X)	제조원가(Y)	XY	X_i^2	Y_i^2
1	20	900	18,000	400	810,000
2	15	720	10,800	225	518,400
3	25	1,200	30,000	625	1,440,000
4	23	950	21,850	529	902,500
5	17	800	13,600	289	640,000
6	33	1,500	49,500	1,089	2,250,000
7	27	1,350	36,450	729	1,822,500
8	20	950	19,000	400	902,500
9	24	1,200	28,800	576	1,440,000
10	36	1,600	57,600	1,296	2,560,000
11	32	1,450	46,400	1,024	2,102,500
12	28	1,300	36,400	784	1,690,000
합계	300	13,920	368,400	7,966	17,708,600

$$\overline{X} = \frac{300}{12} = 25\text{시간}$$

$$\overline{Y} = \frac{13,920}{12} = ₩1,160$$

$$b = \frac{\sum XY - \overline{X}\sum Y}{\sum X^2 - \overline{X}\sum X} = \frac{368,400 - 25 \times 13,920}{7,966 - 25 \times 300} = ₩43.78$$

$a = \overline{Y} - b\overline{X} = 1{,}160 - 43.78 \times 25 = ₩65.58$

원가함수 $Y = 65.58 + 43.78X$

② EXCEL의 함수이용[9)]

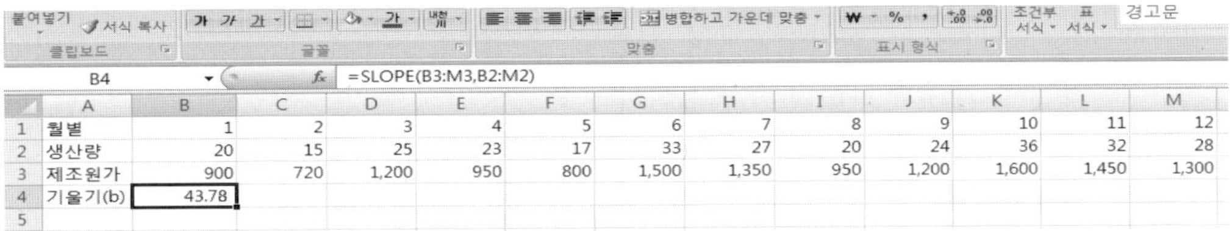
B4 =SLOPE(B3:M3,B2:M2)

	A	B	C	D	E	F	G	H	I	J	K	L	M
1	월별	1	2	3	4	5	6	7	8	9	10	11	12
2	생산량	20	15	25	23	17	33	27	20	24	36	32	28
3	제조원가	900	720	1,200	950	800	1,500	1,350	950	1,200	1,600	1,450	1,300
4	기울기(b)	43.78											
5													

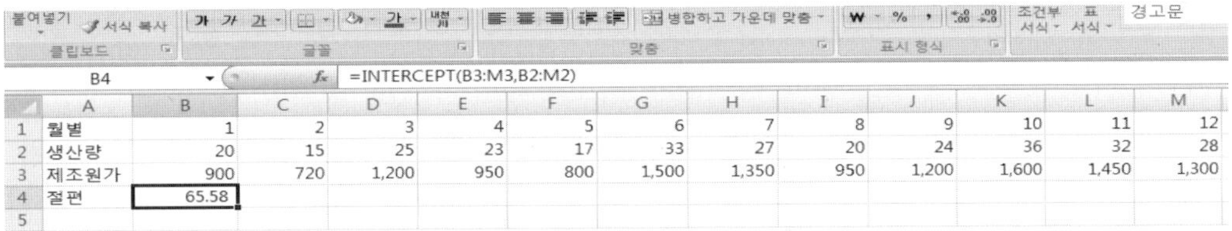
B4 =INTERCEPT(B3:M3,B2:M2)

	A	B	C	D	E	F	G	H	I	J	K	L	M
1	월별	1	2	3	4	5	6	7	8	9	10	11	12
2	생산량	20	15	25	23	17	33	27	20	24	36	32	28
3	제조원가	900	720	1,200	950	800	1,500	1,350	950	1,200	1,600	1,450	1,300
4	절편	65.58											
5													

제3절 학습곡선

1. 학습효과와 학습곡선

회계학에서 원가함수는 선형으로 간주하였다. 그러나 원가와 원가에 영향을 미치는 요인간의 관계가 항상 선형인 것은 아니다. 예를 들어 특정작업을 반복함으로써 생산성이 향상되어 단위당 작업시간이나 단위당 원가가 감소하여 원가와 생산량사이에 체계적인 비선형관계가 성립한다. 특히 작업내용이 복잡하고 숙련도가 요구되는 제품의 생산에서는 누적생산량이 증가함에 따라 단위당 평균원가가 감소하는 학습효과가 나타날 수 있다.

학습효과(learning effect)는 동일한 작업을 반복 수행함으로써 작업자의 경험이나 숙련도가 높아져서 단위당 작업시간이나 평균원가가 체계적으로 감소하는 효과이다. 학습효과는 직접노무원가와 감독자비용 등과 같이 주로 노동과 관련이 있는 비용에서 발생하며, 경우에 따라서는 불필요한 재료의 낭비 또는 공손의 감소에 의하여 재료원가에도 영향을 미친다. 학습효과는 항공기제조업, 자동차조립 등 복잡한 내용의 작업에서 크게 나타나는데 이는 작업내용이 복잡할수록 경험이나 학습에 의하여 생산요소를 활용하는 기술이 발달하거나 종업원들의 숙련도가 향상되기 때문이다. 학습효과가 발생하는 경우 원가함수는 학습곡선의 형태를 갖게 된다.

9) EXCEL의 함수마법사를 이용하여 계산할 수도 있다.

학습곡선(learning curve)은 학습효과가 나타나는 상황에서 생산량이 증가함에 따라 단위당 평균원가 또는 평균작업시간이 체계적으로 감소하는 것을 반영한 비선형원가함수이다. 즉, 학습곡선은 작업을 반복적으로 수행함으로써 학습효과로 인하여 원가가 곡선형태로 감소하는 것을 나타내는 대표적인 비선형원가함수이다. 학습곡선은 미국의 항공기산업에서 처음으로 관찰되었으며 복잡한 조립작업을 요하는 노동집약적 산업에서 생산초기단계에서 크게 나타나는 현상이다.

학습효과가 발생하는 경우 누적생산량과 단위당 원가 및 총원가 사이의 관계를 그림으로 나타내면 〈그림 11-3〉과 같다. 그림에서와 같이, 누적생산량의 증가에 따라 단위당 평균변동원가가 감소하지만 감소에는 한계가 있으므로 음의 값을 갖지 않으며 총원가는 계속 증가하지만 그 증가율은 점차 감소한다. 실증연구에 의하면 학습효과가 있는 경우에 누적생산량이 2배로 증가할 때마다 평균원가가 20~30% 감소하여 80~70%의 학습곡선형태를 가지는 것으로 나타났다. 학습곡선은 보수(complement)의 형태로 나타나는데 원가가 20% 감소하면 80%의 학습곡선, 30% 감소하면 70%학습곡선으로 표시한다. 예를 들면 누적생산량이 1단위일 때 누적평균변동원가가 100원이고, 2단위일 때 누적평균변동원가가 80원이면 80%의 학습곡선을 따른다고 한다.

학습효과가 존재하면 누적생산량이 증가할수록 단위당 평균작업시간이 단축되고 그에 따라 단위당 누적평균원가도 감소하여 나중에 생산한 제품의 원가가 먼저 생산된 제품의 원가보다 작아지게 된다. 따라서 이러한 학습현상을 고려하여 의사결정을 하여야 하며, 총생산원가나 증분원가를 추정할 때 학습효과로 인한 원가절감액을 고려하여야 한다.

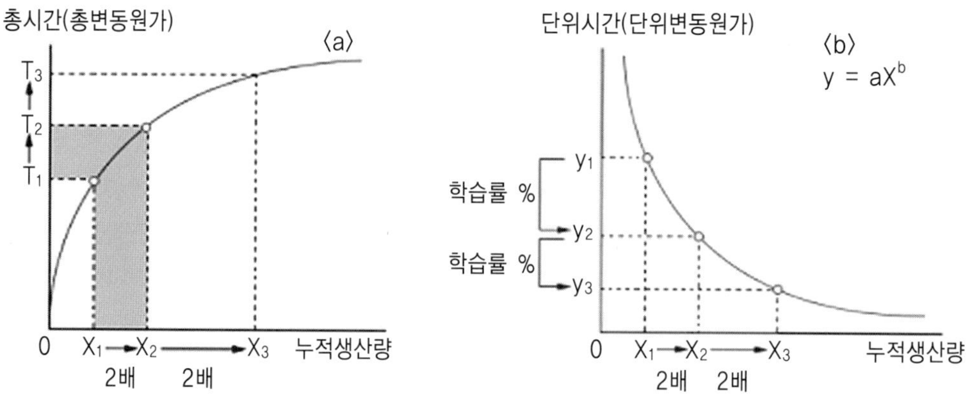

(a) 누적총변동원가 (b) 단위당 누적평균변동원가

〈그림 11-3〉 학습곡선의 형태

이러한 학습효과는 모든 분야에서 다 적용되는 것이 아니며, 주로 노동집약적이고 복잡한 작업에서 생산설비의 효율적 이용과 작업자의 숙련도 증가 등으로 나타난다. 또한 학습효과는 생산량 증가에 따라 끝없이 계속 나타나는 현상이 아니라 일정시점까지만 나타나며, 특히 생산초기단계에서 크게 나타난다. 그러나 최근에는 생산기술이 발달하고 생산공정이 자동화됨으로써 노무원가가 차지하는 비중이 감소하는 추세이고, 다품종 소량생산으로 인한 작업내용의 변동 등으로 학습효과가 크게 나타나지 않고 있는 추세이다.

2. 학습곡선모형

학습곡선모형(learning curve model)은 생산량 증가에 따라 단위당 누적평균시간(또는 평균변동원가)이 체계적으로 감소하는 모형과 증분단위시간이 체계적으로 감소하는 모형으로 구분할 수 있으며, 일반적으로 누적평균시간모형이 기본모형으로 사용된다. 특별한 언급이 없다면 일반적으로 누적평균시간모형을 적용한다.

(1) 누적평균시간모형

누적평균시간모형(cumulative average-time model)은 누적생산량이 2배로 증가할 때마다 단위당 누적평균시간(누적총시간÷누적생산량)이 일정한 비율(1-학습률)로 감소하는 원가형태이다. 학습효과가 있게 되면 누적생산량의 증가에 따라 단위당 누적평균시간(또는 평균원가)이 체계적으로 감소한다. 이러한 학습효과의 정도를 비율로 표시한 것이 **학습률**(**학습곡선효과**)이다. 학습곡선의 구체적인 모양은 학습의 정도를 나타내는 학습률에 따라 결정되며, 학습률은 80%, 90%, 95% 등과 같이 일정비율로 표시된다. 만일 어떤 작업이 80% 학습곡선을 따른다면, 이것은 두 단위를 생산하는데 소요되는 평균시간이 최초 한 단위를 생산하는데 소요되는 시간의 80%가 됨을 의미한다. 다시 말하면 x%의 학습률이란 생산량이 2배씩 증가할 때마다 단위당 평균작업시간이 (100-x)%만큼 감소하는 것을 의미한다. 예를 들어, 처음 한 단위를 생산하는데 소요되는 시간이 1,000시간이고 90%의 학습효과가 있다면, 두 단위를 생산하는데 소요되는 평균시간은 900시간(1,000시간×0.9)이며, 다시 누적생산량의 2배가 되는 4 단위를 생산하는데 소요되는 평균시간은 810시간(900시간×0.9)이다. 첫 단위 생산에 1,000시간이 소요되고 두 단위 생산의 누적시간은 1,800시간이므로 두 번째 단위의 생산소요시간은 800시간이다. 만일, 학습률이 80%인 경우에는 두 단위 생산의 평균시간이 800시간이고 누적생산시간은 1,600시간이므로 두 번째 단위의 생산 소요시간은 600시간이다. 이와 같이 학습률이 작아질수록 학습효과는 더 크게 나타난다,

누적평균시간모형은 생산량이 두 배가 될 때마다 산출물의 누적평균시간이 이전의

누적평균시간에 학습률을 곱한 것과 같다. 누적평균시간모형에서 90%학습곡선은 누적생산량이 두 배로 증가될 때마다 단위당 누적평균시간이 이전의 단위당 누적평균시간의 90%가 됨을 의미한다. 〈표 11-1〉에서와 같이 누적평균시간의 계산에서 총생산수량이 2배로 증가됨에 따라 소요되는 누적평균시간을 계산하는 방법을 **2배수법**(doubling approach)이라고 한다.

〈표 11-1〉 첫 단위 생산에 1,000시간이 소요되는 경우 90% 누적평균시간 학습곡선모형

생산량(X)	단위당 누적평균시간(Y)	누적총생산시간(XY)	증분생산시간($\triangle XY$)
1	1,000	1,000	1,000
2	900(1,000×90%)	1,800(900×2)	800
4	810(900×90%)	3,240(810×4)	1,440
8	729(810×90%)	5,832(729×8)	2,592
16	656(729×90%)	10,498(656×16)	4,666

특정학습곡선을 나타낼 때는 몇 %의 학습곡선효과라고 하며, 이러한 이름은 생산량이 두 배로 될 때 누적 평균시간(평균원가)이 감소되는 정도에 따라 붙여진다. 즉 X를 총생산량수준이라고 하고 X단위를 생산하는데 소요되는 누적평균시간을 Y라고 하는 경우 생산량이 $2X$가 되었을 때 누적 평균시간을 Y_1이라고 하면 Y_1/Y의 관계로부터 학습곡선의 이름을 붙인다. 예를 들어, 처음 한 단위를 생산하는데 10시간이 소요되었고 두 단위를 생산하는데 평균 9시간이 소요되었다면 $9/10$시간, 즉 90%의 학습곡선효과가 있다고 말한다. 만일 80%의 학습효과가 있고 100단위를 생산하는데 평균시간이 40시간이라면, 200단위를 생산하는데 소요되는 평균시간은 32시간이다.

이러한 관계에 기초하여 생산량과 단위당 평균변동원가(또는 평균시간)간에 나타나는 학습곡선효과는 다음과 같이 표현할 수 있다.

$$Y = aX^{-b} \qquad (11\text{-}1)$$

Y: 학습효과에 따른 단위당 평균변동원가 또는 평균시간 추정치
a : 첫번째 단위의 변동원가 또는 변동시간 추정치
b : 학습곡선의 기울기에 대한 지수($0 < b < 1$)
X: 생산량

따라서 생산량이 $2X$가 되었을 때 단위당 평균변동원가(또는 단위당평균시간)를 Y_1이라고 하면 다음관계가 성립한다.

$$Y_1 = a(2X)^{-b} \qquad (11\text{-}2)$$

식(11-2)를 (11-1)로 나누면 학습률은 다음과 같다.

$$\text{학습률} = \frac{Y_1}{Y} = \frac{a(2X)^{-b}}{aX^{-b}} = 2^{-b} \quad (11\text{-}3)$$

식 (11-3)을 지수 b에 대하여 정리하면 다음과 같다.

$$b = \frac{log(Y_1/Y)}{log2} = -\frac{log(\text{학습률})}{log2} \quad (11\text{-}4)$$

위 식 (11-3)과 (11-4)에서와 같이 학습률은 지수 b 자체가 아니다.[10] 학습률과 곡선의 기울기 지수 b 사이에는 일정한 관계가 있으며, 여러 수준의 학습률과 그에 대응하는 b값을 정리하면 다음 〈표 11-2〉와 같다.

〈표 11-2〉 학습률에 따른 학습지수 b 값

학습률	b의 값	학습률	b의 값
99%	0.0144	90%	0.1520
98%	0.0291	85%	0.2345
97%	0.0439	80%	0.3219
96%	0.0589	75%	0.4150
95%	0.0740	70%	0.5146

따라서 학습효과가 발생하는 경우 식 (11-1)과 (11-4)를 이용하여 원가와 원가함수를 추정할 수 있다.[11]

(예제 11-4) 학습효과와 학습곡선

한성산업(주)은 신제품을 개발하여 생산하고 있으며 학습곡선이 적용되고 있다. 첫 단위 생산에 200시간이 소요되고 두 번째 단위의 생산에 160시간이 소요된다. 회사는 지금까지 총 4단위의 생산을 완료하였다.

(요구사항)

1. 학습률은 얼마인가?

---

10) 여기서는 상용로그를 취하였으나 자연로그를 취하여도 결과는 동일하다. 예를 들어 90% 학습곡선에서

$b = \frac{\log 0.9}{\log 2} = 0.152$ 또는 $b = \frac{\ln 0.9}{\ln 2} = 0.152$이다.

11) 학습효과를 나타내는 함수는 곡선형태이나, 로그를 취하면 다음과 같은 선형함수형태이다.

$$\log Y = \log a - b\log X$$

$$\log a = \log Y + b\log X = k$$

$$a = 10^k$$

2. 다음 달에 추가적인 4 단위의 제품을 생산하는 경우 평균작업시간과 다음 달에 소요될 직접작업시간은 얼마인가?
3. 시간당 ₩10,000인 경우 다음 달의 직접노무원가 발생액은 얼마로 추정되는가?
4. 마지막 8번째 단위의 생산에 소요되는 직접노동시간을 구하시오.

(풀이)

1. 학습률

두 단위생산에 소요되는 누적시간은 360시간이고, 단위당 평균누적시간은 180시간이다. 따라서 학습률은 $\frac{180}{200} = 90\%$ 이다.

2. 누적평균작업시간

누적생산량이 2배가 될 때마다 단위당 누적평균시간, 총시간, 증분시간은 다음과 같다.

누적생산량	단위당 평균시간	누적총시간	증분작업시간
1	200	200	200
2	180(200×90%)	360(180×2)	160
4	162(180×90%)	648(162×4)	288
8	145.8(162×90%)	1,166.4(145.8×8)	518.4

따라서 8단위를 생산하는데 소요되는 단위당 평균작업시간은 145.8시간이고, 4단위를 생산한 시점에서 다음 달에 추가적인 4단위생산에 필요한 증분시간은 518.4시간이다.

3. 예상되는 직접노무원가

= 예상되는 작업시간 518.4시간 × 시간당 임률₩10,000 = ₩5,184,000

4. 8번째 단위의 생산소요시간

7단위 생산에 소요되는 단위당 누적평균시간: $Y = 200 \times 7^{-0.1520} = 148.79$ 시간

7단위 생산의 누적총시간: 148.79시간 × 7단위 = 1041.53시간,

8단위 생산의 누적총시간: 145.8시간 × 8단위 = 1,166.4시간

마지막 8번째 단위의 생산소요시간 = 1,166.4시간 − 1,041.53시간 = 124.87시간

(예제 11-5) 누적평균시간모형(학습곡선)

신세계(주)는 차세대 카메라를 생산하기 시작하였으며 학습효과가 존재한다. 첫 단위 생산에 소요되는 원가는 ₩12,000이고, 2단위생산의 증분원가가 ₩9,600인 경우이다. 현재 3단위의 제품을 생산하였다.

(요구사항)

1. 학습곡선에 따른 원가추정식을 구하시오.
2. 총 16단위를 생산하는 경우 누적평균원가와 총제조원가를 구하시오.

(풀이)

1. 원가추정식

2단위 누적평균원가= $\frac{12,000+9,600}{2}$ =₩10,800 학습률= $\frac{10,800}{12,000}$ = 90% 이다.

$b = -\log_2 0.9 = 0.1520$ 이며, 첫 단위 생산원가가 ₩12,000이므로 원가추정식은 다음과 같다.

$Y = 12,000X^{-0.1520}$

2. 16단위의 제조원가

16단위의 생산에 따른 단위당 평균원가: $Y = 12,000 \times (16)^{-0.1520}$ = ₩7,873.27

총제조원가: ₩7,873.27 × 16대 = ₩125,972.32

(2) 증분단위시간모형

증분단위시간모형(Incremental unit-time model)은 누적생산량이 두 배가 될 때마다 증분단위시간(또는 증분원가)이 일정한 비율(1-학습률)로 감소하는 원가행태이다. 앞에서 설명한 누적평균시간모형은 종속변수로 누적평균시간(또는 평균원가)을 사용하는데 반해 여기서는 증분단위시간을 사용한다. 증분단위시간은 맨 마지막 한 단위를 생산하는데 소요되는 시간이다. 예를 들면, 신제품을 개발하여 최초 1단위를 생산했을 때 1,000시간이 소요되었고, 2단위를 생산했을 때 증분단위시간이 900시간(총누적시간은 1,900시간)이며, 다시 누적생산량이 두 배가 되는 4단위를 생산할 때 증분단위시간이 810시간이 되었다면 작업시간과 관련이 있는 원가는 90% 증분단위시간모형을 따른다고 한다.

〈표 11-3〉은 첫 단위 생산시간이 1,000시간인 경우 90%증분단위시간 학습곡선을 보여주고 있다.

〈표 11-3〉 첫 단위 생산에 1,000시간이 소요되는 경우 90% 증분단위시간 학습곡선

생산량(X)	증분단위시간 (X번째 단위소요시간 Y^*)	누적총생산시간 (ΣY)	단위당누적평균시간 ($\Sigma Y \div X$)
1	1,000	1,000	1,000
2	900(1,000×90%)	1,900	950
3	846.2	2,746.2	915.40
4	810(900×90%)	3,556.2	889.05
5	782.9	4,339.1	867.82
6	761.58	5,100.68	850.11
7	743.95	5,844.63	834.95
8	729(810×90%)	6,573.63	821.70

* $Y = 1,000X^{-0.1520}$

증분단위시간모형에서 학습률이 K%이면 누적생산량이 두 배가 될 때마다 증분단위시간이 직전의 증분단위시간의 K%수준으로 감소되는 것을 의미한다. (표 11-3)에서와

같이 90%학습곡선의 경우 누적생산량이 1단위일 때 증분단위시간은 1,000시간이고 2단위일 때 증분시간이 900시간이므로 학습률은 90%이다.

이와 같은 증분단위시간모형에서 누적생산량과 증분단위시간과의 관계를 식으로 나타내면 다음과 같다.

$$Y = aX^{-b} \tag{11-5}$$

Y : 생산량 X단위에 대한 마지막 단위의 생산소요시간(증분단위시간)
a : 첫 번째 단위를 생산하는데 소요되는 시간
X : 누적생산량
b : 학습곡선기울기에 대한 지수(학습지수 $b = -\dfrac{\log(\text{학습률})}{\log 2}$)

이상에서 볼 수 있는 바와 같이 학습률이 같을 때 누적평균시간모형의 학습효과는 증분단위시간모형의 학습효과보다 더 크게 나타난다. 따라서 학습효과가 존재하는 경우 원가를 추정함에 있어서 누적평균시간모형과 증분단위시간모형 중에서 작업환경에 따른 조업의 증가에 따라서 노동시간의 변화를 보다 정확하게 예측할 수 있는 모형을 사용해야 한다. **학습곡선에서 별도의 언급이 없는 한 일반적으로 누적평균시간모형이 사용된다.**

(예제 11-6) 증분단위시간모형

(주)일산은 신제품을 개발하여 3월부터 생산하였으며 90% 증분단위시간 학습곡선이 적용되고 있다. 첫 단위 생산에 직접 소요된 노동시간은 1,000시간이고 지금까지 총 4단위의 제품을 생산하였다. 단, 90%학습곡선의 학습지수 $b = 0.1520$이다.

(요구사항)

1. 다음 달에 추가적인 4단위의 제품을 생산하는 경우 소요될 직접노동시간은 얼마인가?
2. 직접노무원가가 시간당 ₩10,000인 경우 다음 달에 발생되는 직접노무원가는 얼마인가?
3. 마지막 8번째 단위를 생산하는데 소요되는 시간을 구하시오.

(풀이)

1. 예상노동시간

〈표 11-3〉을 이용하여 계산하면 다음과 같다.

추가적인 4단위의 생산소요시간 = 782.9 + 761.58 + 743.95 + 729 = 3,017.5시간

2. 예상노무원가

예상되는 직접노동시간 3,017.5시간 × ₩10,000 = ₩30,175,000

3. 마지막 8번째 단위의 생산에 소요되는 노동시간

〈표 11-3〉에서 누적생산량 8단위에서 증분단위시간은 729시간이다.

3. 학습곡선의 적용

학습효과는 동일한 작업을 반복적으로 수행함으로써 숙련도가 높아져서 생산성이 향상되는 현상이며, 이러한 학습효과로 인하여 단위당 작업시간과 단위당 원가가 감소되기 때문에 학습곡선효과는 시간의 함수로 표시되는 모든 원가에 영향을 미친다. 즉, 생산단위를 기준으로 지급되는 원가는 학습효과의 영향을 받지 않으나, 작업시간을 기준으로 지급되는 직접노무원가는 학습효과의 영향을 받으며, 노동시간의 영향을 받는 제조간접원가도 학습효과의 영향을 받는다. 따라서 원가를 추정할 때에는 이와 같은 학습곡선효과의 잠재적 영향을 고려하여야 한다. 학습곡선모형은 재고자산의 평가, 제품개발에 대한 의사결정, 성과평가 등에 영향을 주게 된다.

(1) 재고자산의 평가

학습효과가 존재하면 누적생산량이 증가할수록 한 단위를 추가생산하는데 필요한 노동시간(증분단위시간)이 감소한다. 따라서 학습효과를 고려하지 않는 직접노동시간이나 직접노무원가에 기초하여 고정제조간접원가를 예정배부하면 단위당 제조간접원가배부액이 과소계산되어 재고자산을 적절하게 평가할 수 없다. 즉, 학습효과에 따라 노동시간이 단축되었을 때의 예정배부율은 학습효과를 고려하지 않는 경우의 예정배부율보다 크기 때문에 학습효과를 고려하지 않으면 제조간접원가배부액이 그만큼 작아지게 된다.

(예제 11-7) 고정제조간접원가의 배부

(주)분당은 신제품을 개발하여 1월과 2월에 각각 1,000개씩 생산하였으며, 직접재료의 단위당 가격과 직접노무원가의 시간당 임률은 각각 ₩280과 ₩160이다. 1월의 단위당 직접노동시간은 4시간이었으나 2월에는 3시간으로 감소하였다. 월 제조간접원가 예산은 ₩180,000이며 직접노동시간에 비례하여 제품에 예정배부한다.

(요구사항)

1. 1월의 제품단위당 제조원가를 계산하시오.
2. 학습효과를 고려하지 않는 경우 2월의 제품단위당 원가는 얼마인가?
3. 2월의 정확한 제품단위당 제조원가를 계산하시오.

(풀이)

1. 1월의 제품단위당 제조원가:

제조간접원가 예정배부율: $\frac{180{,}000\text{원}}{4{,}000\text{시간}}$=₩45원/시간

단위당 제조원가

직접재료원가		₩280
직접노무원가	₩160 × 4시간 =	640

제조간접원가배부액 ₩45 × 4시간 =	180
계	₩ 1,100

2. 학습효과를 고려하지 않는 경우 2월의 제품단위당 제조원가:

직접재료원가	₩280
직접노무원가 ₩160 × 3시간 =	480
제조간접원가배부액 ₩45 × 3시간 =	135
계	₩ 895

3. 2월의 정확한 제품단위당 제조원가

제조간접원가 예정배부율: $\frac{180,000\text{원}}{3,000\text{시간}}$=₩60원/시간

단위당 제조원가

직접재료원가	₩280
직접노무원가 ₩160 × 3시간 =	480
제조간접원가배부액 ₩60 × 3시간 =	180
Ⅲ. 증분이익	₩ 940

(2) 신제품개발 의사결정

학습효과가 있는 신제품의 생산여부에 대한 의사결정을 하는 경우, 실제로는 수익성이 높은 제품인 데도 불구하고 제조원가가 높기 때문에 수익성이 낮은 것으로 평가하여 제품생산을 포기하는 의사결정을 하는 경우가 있다. 학습효과가 존재하는 경우 초기생산단계에서는 제품단위당 평균원가가 높게 나타나지만, 누적생산량이 증가할수록 학습효과로 인하여 단위당 평균원가가 감소하므로 제품의 수익성이 증가하게 된다. 그러므로 학습현상이 변동원가에 미치는 영향을 무시하고 초기의 높은 평균원가를 이용하게 되면 최적 의사결정을 하지 못할 가능성이 높게 된다. 〈그림 11-4〉에서와 같이 조업도(누적생산량)가 X_1에서 X_2로 증가함에 따라 단위당 평균원가는 T_1에서 T_2로 감소하게 된다.

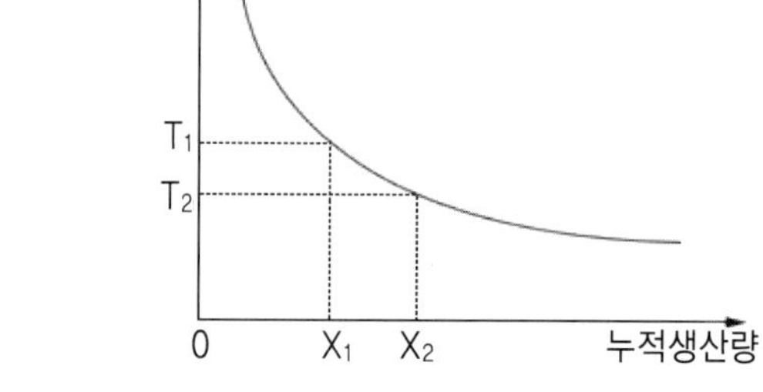

〈그림 11-4〉 학습곡선: 단위당원가의 감소

예를 들어, 생산량이 200개이고 단위당 평균원가가 ₩500인 상태에서 추가로 100개의 제품을 판매가격 ₩450에 구입하겠다는 제의를 받았다고 가정하다. 학습효과가 없는 경우에는 수익성이 없는 것으로 판단하여 구매제의를 수락하지 않겠지만, 누적생산량이 증가하여 300개를 초과하면 제조원가가 ₩450이하로 하락하기 때문에 구매제의를 수락하는 것이 유리하다.

(3) 표준설정과 성과평가

구성원의 성과평가를 하는 경우에도 학습효과가 고려되어야 한다. 예를 들어 각 활동에 대한 표준작업시간과 표준원가를 설정할 때에 학습효과를 고려하지 않고 특정활동에 대한 숙련된 작업자를 기준으로 표준원가와 표준작업시간을 설정한다고 가정하자. 이러한 경우에 비숙련 일반작업자들의 실제작업시간은 표준작업시간을 초과할 가능성이 높으며 결과적으로 적절한 성과평가가 이루어지지 못하게 된다.

학습곡선을 무시하고 표준을 일정하게 고정시킨다면 생산초기에는 실제가 표준보다 커서 불리한 차이가 발생하고 생산후기에는 실제가 표준보다 작아져서 유리한 차이가 발생할 수도 있다. 따라서 성과평가를 위한 표준을 설정하는 경우에 학습효과를 고려하여 생산초기단계에서는 비숙련작업자를 고려하여 표준작업시간을 다소 높게 설정하고, 누적생산량이 증가하는 생산후기에는 표준을 다소 낮게 설정하는 것이 바람직하다.

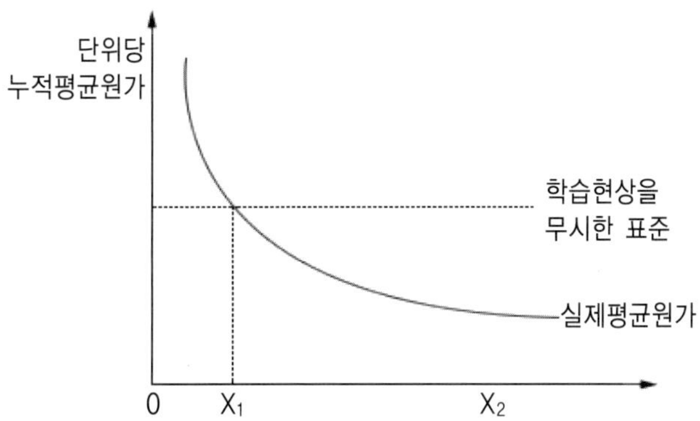

〈그림 11-5〉 학습곡선: 성과평가의 표준설정

토의문제

1. 원가함수 추정의 필요성을 설명하시오.
2. 원가함수의 추정방법에서 공학적 방법의 장점과 단점은 무엇인가?
3. 원가함수의 추정방법에서 계정분류법이란 무엇인가?
4. 단순회귀분석이 고저점법보다 우수한 이유는 무엇인가?
5. 회귀분석에서 자료를 수집하고 입력하는 과정에서 발생할 수 있는 문제는 무엇인가?
6. 회귀분석에서 추정의 표준오차와 결정계수는 무엇인가?
7. 학습효과와 학습곡선에 대하여 설명하시오?
8. 학습곡선모형이 적용되는 분야에 대하여 설명하시오.

연습문제

(11-1) 계정분석법

(주)경기산업은 5월에 A제품 1,500단위를 생산하였으며 이에 소요된 제조원가는 다음과 같다.

직접재료원가		₩ 30,000
직접노무원가		24,000
제조간접원가:		
감독자급여	₩10,000	
감가상각비	4,000	
공장보험료	2,400	
전력비	6,000	22,400
총제조원가		₩ 76,400

5월에 발생한 전력비의 70%는 고정원가이며 나머지는 변동원가인 것으로 추정한다.

(요구사항)

계정분석법을 이용하여 원가함수를 추정하시오.

(11-2) 계정분석법

다음은 가구제조회사인 (주)일신의 20×1년 중 생산원가와 계정분석자료이다.

계　　정	원가분류	금　　액
직접재료원가	변동 100%	₩120,000
직접노무원가	변동 100%	90,000
감독자급여	변동 20%	22,500
수도광열비	변동 80%	15,000
소모품비	변동 100%	30,000
감가상각비	고정	19,000
공장관리비	고정	20,000

회사는 20×1년 중 12,000단위의 가구를 생산하였으며, 내년도 생산량은 15,000단위를 예상하고 있으며, 추가적인 정보는 다음과 같다.

① 원자재 가격의 상승으로 다음 해의 직접재료원가는 10% 증가할 것으로 추정된다.
② 노사협약에 따라 직접노무원가는 5% 증가할 것으로 추정된다.
③ 감가상각비는 5%, 관리비는 8%증가하며, 다른 항목은 변하지 않을 것으로 예상한다.

(요구사항)

1. 각 계정과목에 대한 원가분류표를 만들고 20×2년도의 제조원가를 예측하시오.
2. 20×1년과 20×2년의 단위당 제조원가를 계산하시오.

(11-3) 고저점법

다음은 (주)한성전자의 조업도수준에 따른 자료이다.

	조업도수준	
	낮 음	높 음
생산수량	25,000단위	30,000단위
총제조원가	₩1,150,000	₩1,360,000
단위당 직접재료원가	10	10
단위당 직접노무원가	12	12

(요구사항)

고저점법을 이용하여 제조간접원가의 원가함수를 추정하시오

(11-4) 고저점법

다음은 (주)경기산업의 20×2년 1월~6월까지의 조업도(직접노동시간)와 제조원가에 대한 월별 자료이다.

월별	직접노동시간	제조원가
1월	3,500시간	₩22,000
2월	3,000	19,000
3월	6,500	45,000
4월	7,300	58,500
5월	8,200	71,000
6월	7,800	67,700

(요구사항)

1. 고저점법을 이용하여 제조원가에 대한 원가함수를 추정하시오.
2. 조업도가 9,000시간으로 증가하는 경우 제조원가는 얼마인가?
3. 고저점법에서 고정원가가 음수로 나타나는 것은 어떤 의미인가를 설명하시오.

(11-5) 고저점법

(주)일산의 지난 2년간의 생산량과 제조원가는 다음과 같다.

월 별	생산량	총제조원가
20×1년	1,000개	₩500,000
20×2년	2,000	700,000

회사는 20×3년에 설비투자를 계획하고 있으며, 설비투자 후 고정원가는 20%증가하고 단위당 변동원가는 40% 감소할 것으로 예상된다.

(요구사항)

생산량이 4,000개일 때 총제조원가는 얼마가 될 것인가?

(11-6) 선형원가의 추정

회계법인 한영은 회계사들의 회계감사시간과 고객에게 청구되는 간접원가의 관계를 분석하고자 한다. 과거 작업시간대별 자료는 다음과 같다.

간접원가	회계감사시간
₩ 86,000	3,000시간
100,000	4,000
107,750	5,000
118,650	6,000
132,550	7,000
156,750	8,000

(요구사항)

1. 대표적 관찰치인 4,000시간과 7,000시간의 자료를 이용하여 선형원가함수를 추정하시오.
2. 위 1의 원가함수를 이용하여 5,000시간과 8,000시간에서 감사비용을 추정하고 실제원가와 비교하시오.
3. 감사시간이 4,000시간에서 5,000시간으로 증가하는 감사요청을 받았다. 원가함수에 근거하여 추가적인 공헌이익이 ₩9,600이나 간접원가 증가예상액이 ₩10,850이므로 감사요청을 거절하였다고 가정하면, 실제로 회사가 상실한 공헌이익은 얼마인가?

(11-7) 단순회귀분석

다음은 20×2년 1년간의 기계사용시간과 제조간접원가에 대한 월별자료이다.

월별	기계사용시간	제조간접원가
1	360시간	₩9,500
2	340	8,400
3	320	7,500
4	380	10,500
5	350	9,700
6	410	10,200
7	320	8,900
8	300	8,500
9	420	10,850

10	360	9,600
11	340	8,500
12	280	7,900

(요구사항)

1. 단순회귀분석을 이용하여 제조간접원가 원가함수를 추정하시오.
2. 20×3년 1월 기계사용시간이 450시간일 때 제조간접원가는 얼마인가?

(11-8) 회귀분석과 원가함수

강원(주)은 단위당 ₩60에 판매할 신제품을 생산할 예정이며, 신제품 100,000단위에 대한 직접재료원가는 ₩500,000이고 직접노무원가 ₩400,000 (₩40/시간×10,000시간)이다. 신제품에 대한 제조간접원가는 아직 추정하지 못하였으나, 지난 2년간의 직접노동시간과 제조간접원가에 대한 회귀분석을 이용하여 추정하고자 한다. 다음은 제조간접원가에 대한 회귀분석의 결과이다.

독립변수: 직접노동시간
절 편 : 65,000
독립변수의 계수: 3.30
상관계수: 0.9253
결정계수R^2 : 0.905

(요구사항)

1. 제조간접원가의 변동 중 독립변수로 설명되는 부분은 몇 %인가?
2. 직접노동시간을 20,000시간으로 가정하는 경우 추정제조간접원가는 얼마인가?
3. 제품100,000 단위를 판매하는 경우 단위당 추정영업이익을 계산하시오.
4, 원가동인을 생산량으로 하는 경우 제조원가에 대한 원가함수를 추정하시오.

(11-9) 회귀분석과 원가함수

다음은 (주)KS산업의 제조간접원가발생액과 작업시간에 관한 자료이다.

작업시간	제조간접원가
40	580
50	650
30	500
20	300
60	900
50	750
40	650
60	700
30	450
10	350
40	600
20	420

(요구사항)

1. 최소자승법을 이용하여 원가방정식을 추정하시오.
2. 추정의 표준오차를 계산하시오,
3. 표준편차를 계산하시오.
4. 결정계수 R^2를 계산하시오.

(11-10) 학습곡선을 이용한 원가추정

문구류생산업체인 (주)좋은생각은 20×5년초에 개발한 신제품을 최초로 10,000단위 생산하는데 다음과 같은 변동비용이 추가적으로 발생할 것으로 추정하였다.

직접재료원가	₩1,000,000
직접노무원가 (시간당₩100)	500,000
변동제조간접원가(노무원가에 비례하여 발생)	80,000

(요구사항)

제품생산이 80%학습곡선을 따른다고 가정하면 누적생산량이 80,000일 때 예상되는 제조원가는 얼마인가?

(11-11) 학습곡선과 판매가격의 결정

(주)한성개발은 신제품개발을 완료하고 당기 중에 16단위를 생산할 계획이다. 회사는 지금까지 4단위의 제품을 생산하였으며, 이에 관한 원가자료는 다음과 같다.

생산단위	증분단위원가
1	₩125,000
2	87,500
3	77,000
4	71,000

(요구사항)

1. 학습효과가 있는 경우 원가함수를 추정하시오.
2. 신제품 16단위에 대한 총제조원가는 얼마인가?
3. 회사는 원가에 40%의 이익을 가산하는 방법으로 판매가격을 결정하고 있다. 이 제품의 단위당 판매가격은 얼마인가?

(11-12) 학습곡선과 원가추정

(주)코비카는 지난 5년간 지속적인 연구결과 특수적외선장비의 개발에 성공하였다. 20×5년 3월부터 생산에 착수하여 총 8대의 장비를 생산하였으며 이에 대한 원가자료는 다음과 같다.

① 제품단위당 직접재료원가는 ₩1,800,000이다.

② 직접노무원가는 작업시간당 ₩20,000이다.

③ 처음 2 단위의 누적총작업시간은 180시간이었으며 8단위의 생산에 소요된 누적총작업시간

은 583.2시간이다.

④ 제조간접원가는 직접작업시간당 ₩5,000과 직접재료원가의 20%를 배부한다.

⑤ 제품생산에 학습효과가 발생하며, 20×5년 4월에 8단위를 추가로 생산하였다.

(요구사항)

4월의 제품 단위당 평균제조원가는 3월에 비하여 어느 정도 감소되었는가?

(11-13) 학습곡선과 원가함수

한일중공업(주)은 신제품을 개발하였으며, 제품 단위당 원가자료는 다음과 같다.

직접재료원가	₩3,500,000
직접노무원가 2,000시간×@1,000	2,000,000
변동제조간접원가(직접노무원가비례)	1,200,000
기타제조간접원가*	600,000
합 계	₩7,300,000

회사는 신제품 7단위의 주문을 받았으며, 이미 생산한 제품 1단위는 전시목적으로 보관할 예정이다.

*기타제조간접원가는 기계장치와 관련된 비용으로 신제품생산시 모두 비용처리하였으며 추가적으로 발생하지 않는다고 가정한다.

(요구사항)

1. 90% 누적평균학습곡선이 적용되는 경우 예상되는 총원가는 얼마인가?
2. 90% 증분단위학습곡선이 적용되는 경우 예상되는 총원가는 얼마인가?

CHAPTER 12 원가-조업도-이익의 분석

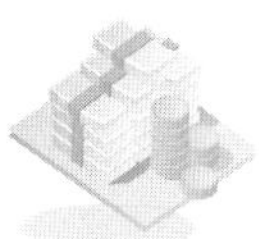

원가-조업도-이익분석은 원가와 조업도, 이익의 상호관계를 분석하는 것이며, 기업의 단기적 경영계획과 의사결정에 광범위하게 이용된다. 기업의 단기적 의사결정은 대부분 생산량이나 판매량과 같은 조업도가 원가와 이익에 미치는 영향을 기초로 하여 이루어지기 때문에 원가-조업도-이익분석에서는 조업도의 단기적 변동에 따라 원가와 이익이 어떻게 변화하는지를 분석한다. CVP 분석기법은 경영계획과 이익계획, 생산계획의 수립, 특별주문의 수락여부 등 여러 가지 유형의 단기적 의사결정에 사용된다.

본장에서는 원가-조업도-이익분석의 기본적 개념과 가정에 대하여 알아보고, 원가-조업도-이익분석에서 가장 많이 이용되는 분석방법인 손익분기점분석에 대하여 알아본다. 그리고 원가-조업도-이익분석의 기본가정을 확장하여 법인세가 존재하는 경우의 분석과 여러 제품을 생산·판매하는 경우의 CVP분석, 현금흐름분기점분석 등에 대하여 알아본다.

제1절 원가-조업도-이익분석(CVP)의 기초

1. 원가-조업도-이익분석의 의의

원가-조업도-이익분석(cost-volume-profit analysis, CVP분석)은 생산량이나 매출액과 같은 조업도의 변화가 원가와 이익에 어떤 영향을 미치는가를 분석하는 기법이다. CVP분석은 경영계획과 의사결정에 매우 유용한 분석도구이며, 제품의 판매가격, 생산량, 판매량, 단위당 변동원가, 고정원가 등의 관계를 분석하는데 주로 이용되는 기법이다.

기업의 목적은 이익의 창출에 있다. 기업이 유지 성장하고, 다수의 이해관계자를 만족시키기 위하여 적절한 이익을 획득하지 않으면 안 된다. 이러한 목적을 효율적으로 달성하기 이해서 경영자는 목표이익을 설정하고 목표이익의 설정은 목표매출액과 매출액의 변화에 따른 허용원가에 대한 예측을 필요로 한다. 즉 매출액의 변화에 따른 원가의 변동과 그에 따른 이익의 변화를 분석해야 한다.

CVP분석은 주로 다음과 같은 경영활동을 계획하는데 사용된다.

① 이익을 0으로 하는 매출액이나 판매량

② 일정한 판매량에서 얻을 수 있는 이익

③ 일정한 목표이익을 얻는데 필요한 매출액

④ 판매가격이나 원가의 변화가 이익에 미치는 영향

⑤ 기업의 생산 및 판매계획의 수립
⑥ 제품가격의 결정
⑦ 특정생산부문의 확장 또는 폐지의 결정

CVP분석이 기업의 경영관리에 공헌한 사례를 살펴보면 다음과 같다.

석유파동으로 미국의 자동차산업이 위기를 맞았을 때 경영진은 판매량 감소로 인한 손실을 감소시킬 목적으로 일반적인 상식과는 달리 가격을 인상하였다. 자동차의 판매량이 감소하고 있는 시기에 가격을 인상하면 판매량이 더욱 감소하게 되어 손실이 커진다고 보는 것이 일반적인 예상이었으나 경영자는 가격인상이 이익의 증가를 가져올 것으로 판단하였다. 즉, 원가행태를 분석하여 변동원가와 고정원가부문으로 분류한 다음, 판매량 감소로 인한 매출액 감소가 원가의 감소보다 적다면 회사의 이익이 증가할 것으로 확신한 것이다. 이러한 경영진의 예상은 적중하였으며, 경제위기에서도 기업을 성공적으로 관리한 경영자가 되었다.

판매가격의 결정과 목표이익의 달성을 위해서는 경영진은 원가, 조업도, 이익의 관계를 파악해야 한다. 이러한 분석이 없이는 가격, 조업도, 원가가 회사의 영업이익에 미치는 영향을 정확히 알지 못한다. 또한 건물과 설비를 임차하여 제품을 제조 판매하는 경우에 손실을 보지 않으려면 얼마의 매출액을 실현하여야 하는가의 경우와 휴대전화와 같이 기본료가 있는 제품의 판매에서 제품에 대한 요금체계를 어떻게 결정하여야 하는가의 경우에도 원가와 조업도, 이익간의 관계를 알아야 한다. CVP분석은 일반적으로 생산량이 증가하거나 판매가격의 변화 또는 사업의 확장에 따른 수익과 원가의 관계를 분석하는데 유용하다.

2. CVP분석의 기본가정과 한계

CVP분석은 논의의 전개를 단순화시키기 위하여 많은 가정을 기초로 하고 있다. 이러한 가정은 CVP분석을 적용할 때 한계로 작용할 수도 있다. 이중에서 중요한 가정을 살펴보면 다음과 같다.

첫째, 모든 원가는 고정원가와 변동원가로 구분할 수 있으며, 혼합원가도 고정원가와 변동원가로 분류할 수 있다고 가정한다. 그러므로 조업도의 변동과 관련한 원가행태에 대한 정보가 필수적이다. 그러나 현실적으로 전기료 수도료와 같은 준변동원가는 고정원가에 해당하는지 변동원가에 해당하는지 판단하기 어려운 경우가 많다.

둘째, 수익과 원가는 관련범위 내에서 선형이라고 가정한다. 즉, 단위당 판매단가는 매출수량 또는 생산수량의 변동과 관계없이 일정하고, 단위당 변동원가도 조업도의 변동에 관계없이 항상 일정하며, 총변동원가는 조업도가 증가함에 비례하여 증가한다고 가정한다. 그러나 현실적으로 생산량의 증가에 따라 총원가의 기울기인 한계원가는 학습효과나 능률의 향상 등으로 인하여 〈그림 12-1〉과 같이 곡선의 형태를 갖는 경우가 대부분이다. 생산량이나 판매량이 증가함에 따라 한계원가는 학습효과로 체감하였다가 조업도가 일정수준을 초과하면 체증하므로 총원가선은 3차함수형의 곡선형태를 띠는 것이 보통이다. 그러나 CVP분석은 주로 단기간의 의사결정에 이용되므로 관련범위 내에서는 총수익과 총원가는 선형성(linearity)이라고 가정한다.

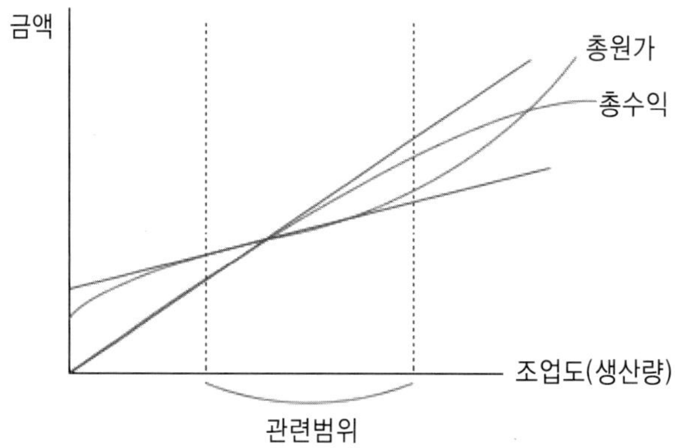

〈그림 12-1〉 관련범위와 선형 CVP관계

셋째, 고정원가는 관련범위 내에서 일정하다고 가정한다. CVP분석은 조업도가 크게 변동하는 장기적 분석이 아니라 단기간의 관련범위 내에서의 분석이다. 장기적으로 모든 고정원가는 변화되지만 단기간의 의사결정을 위한 CVP분석에서 고정원가는 관련범위 내에서 일정하며 변화하지 않는 것으로 가정한다. 현실적으로 시간의 경과에 따라 고정원가도 변화하며, 그 변화의 유형은 조업도의 증가에 따라 계단형태를 취하는 것이 보통이지만, 고정원가는 생산량과 같은 조업도의 변화에 관계없이 일정하다고 가정한다.

넷째, 생산량과 판매량은 일치한다고 가정한다. CVP분석에서는 생산량이 모두 판매되는 것으로 가정하며 기초재고자산과 기말재고자산의 변화가 손익에 영향을 미치지 않는 것으로 본다. 다시 말하면, 재고자산 수준이 변동하지 않는 것으로 가정하며, 기초재고나 기말재고가 일정하거나 없다고 가정한다. 이 가정이 성립되지 않으면 재고자산이 증가하는 기간에는 총원가를 과소평가하게 되고 재고자산이 감소하는 기간에는 총원가를 과대평가하게 된다. 따라서 기초재고보다 기말재고가 증가하면 당기에 발생한 고정원가의 일부가 총원가에 포함되지 않고 재고자산의 원가로 자본화된다.

다섯째, 기업은 한 종류의 제품만을 생산 판매한다고 가정한다. 그러나 여러 종류의 제품을 생산하는 경우에는 제품의 매출배합이 항상 일정하다고 가정한다. 제품의 매출배합이 일정하다는 것은 결국 한 종류의 제품만을 생산한다는 가정과 동일한 의미이다.

공헌이익이 다른 여러 종류의 제품을 생산하는 기업에서는 각 제품의 판매량을 조절함으로써 손익분기점을 달성하는 매출배합을 무수히 만들어낼 수가 있다. 만일 매출배합이 일정하지 않고 수시로 변경되면 각기 다른 공헌이익을 가지는 여러 가지 제품의 판매량의 변화 때문에 하나의 손익분기점이 아닌 여러 개의 손익분기점이 도출된다. 현실적으로는 제품의 매출배합이 수시로 변화하지만 CVP분석에서는 제품배합이 일정하다고 가정하여 원가와 수익을 결정하는 독립변수를 일정한 매출조합의 조업도로 단일화시킨다.

여섯째, 조업도만이 원가에 영향을 미치는 유일한 요인이라고 가정한다. 즉, 원가는 오직 조업도의 변동에 따라 변동한다고 본다. 그러나 원가에 영향을 미치는 요인은 조업도 이외에도 기후변화와 같은 계절적 요인, 종업원 기술력과 사기, 설비의 이용가능정도, 생산요소의 가격변화 등 여러 요인이 있다. 이러한 요인들을 고려할 때 조업도만이 원가에 영향을 미친다고 보는 가정은 비현실적이다.

3. CVP분석의 기본개념

CVP분석을 위해서는 앞에서 살펴본 기본가정과 함께 몇 가지 기본개념에 대한 이해가 필요하다.

(1) 기본공식

기업 활동에서 영업외수익과 영업외비용이 없다고 가정하면 수익과 원가(비용)와 이익사이에는 다음과 같은 관계가 성립한다.

총수익 = 총비용 + 이익 　　　= 변동원가 + 고정원가 + 이익 단위당 판매가격 × 판매량 = 단위당 변동원가 × 판매량 + 고정원가 + 이익

위의 공식이 CVP분석을 위한 기본공식이다. 여기서 비용에 해당하는 매출원가와 판매관리비는 변동원가와 고정원가로 구분할 수 있으며 이 공식은 다음과 같이 변형된다.

이익 = 매출액 － 매출원가 － 판매비와 관리비 　　= 매출액 － 변동원가[1] + 고정원가[2]

*1) 변동원가 = 변동매출원가 + 변동판매비와 관리비

2) 고정원가 = 고정제조간접원가 + 고정판매비와 관리비

이러한 기본등식과 함께 CVP분석을 이해하기 위해서는 공헌이익과 공헌이익률에 대한 이해가 필요하다.

(2) 공헌이익

공헌이익(contribution margin)은 매출액에서 변동원가를 차감한 금액이며, 고정원가를 보상하고 영업이익에 공헌할 수 있는 금액이다. 공헌이익에서는 총공헌이익과 단위당공헌이익이 있다. **총공헌이익**은 총수익에서 총변동원가를 차감한 금액이며, 일반적 의미에서 공헌이익이다. **단위당 공헌이익**(contribution margin per unit)은 단위당 판매가격에서 단위당 변동원가를 차감한 금액이며, 영업활동에서 판매된 제품 한 단위에서 고정원가를 회수하고 이익을 창출하는데 얼마만큼 공헌하는가를 나타내는 금액이다. 단위당 공헌이익은 제품 한 단위를 추가로 판매하였을 때 기업이 추가적으로 얻게 되는 자산의 순증가분이며, 고정원가를 보상하고 이익에 공헌한다. 단위당 공헌이익에 총판매량을 곱한 금액이 총공헌이익이다. 총공헌이익은 총수익에서 총변동원가를 차감하여 구할 수도 있으며, 공헌이익이 고정원가보다 크면 이익이 발생하고, 공헌이익이 고정원가보다 작으면 손실이 발생한다.

공헌이익 = 총수익(매출액) − 변동원가
= 고정원가 + 이익
단위당 공헌이익 = 단위당 판매가격 − 단위당 변동원가

변동원가는 일정한 매출액을 실현하는 과정에서 필연적으로 발생하는 비용이다. 위의 등식에서 고정원가는 모두 기간비용으로 가정하며, 재고자산으로 배부되어 단위당 원가를 구성하는 것으로 처리하지 않는다. 어느 기업이든 매출액에서 변동원가를 차감한 잔액으로 고정원가를 회수하고 나머지 부분으로 이익을 얻게 된다. 공헌이익 등식에서 우변항목, 즉 고정원가를 회수하고 이익을 창출하는데 공헌하는 것이므로 공헌이익이라고 하며 관리회계전반에 걸쳐 활용되는 개념이다. 대부분의 이익계획이나 의사결정모형은 공헌이익개념에 근거한다. 이에 따라 관리적 의사결정모형이나 성과평가모형을 흔히 공헌이익접근법이라고 한다.

(3) 공헌이익률

공헌이익률(contribution margin ratio)은 매출액에 대한 공헌이익의 비율이며, 매출액에서 공헌이익이 차지하는 비율을 나타내는 개념이다. 공헌이익률은 총공헌이익을 매출액으로 나누어서 계산할 수도 있고, 단위당 공헌이익을 단위당 판매가격으로 나누어서 계산할 수도 있다.

$$\text{공헌이익률} = \frac{\text{공헌이익}}{\text{매출액(총수익)}} = \frac{\text{단위당공헌이익} \times \text{판매량}}{\text{단위당판매가격} \times \text{판매량}} = \frac{\text{단위당 공헌이익}}{\text{단위당 판매가격}}$$

위의 공식에서 보듯이 공헌이익률은 판매량에 영향을 받지 않는다. 공헌이익을 매출액으로 나눈 비율은 결국 단위당 공헌이익을 단위당 판매가격으로 나눈 비율과 같다. 매출액에 대한 변동원가의 비율을 변동비율이라고 하는데, 변동비율과 공헌이익률의 합은 1이다. 공헌이익률은 매출액 1원에 대한 공헌이익의 크기를 백분율로 나타낸 것이며 다음과 같이 나타낼 수도 있다.

$$\text{공헌이익률} = \frac{\text{매출액} - \text{변동원가}}{\text{매출액}} = 1 - \frac{\text{변동원가}}{\text{매출액}} = 1 - \text{변동비율}$$

$$\text{공헌이익률} + \text{변동비율} = \frac{\text{공헌이익}}{\text{매출액}} + \frac{\text{변동원가}}{\text{매출액}} = 1\ (100\%)$$

공헌이익률은 매출액 중 몇 퍼센트가 고정원가를 회수하고 이익창출에 공헌하였는가를 나타낸다. 예를 들어, 단위당 판매가격이 ₩1,000이고 공헌이익률이 40%라고 하면 제품 1단위를 추가 판매함에 따라 ₩1,000의 40%인 ₩400만큼 이익이 증가한다는 것을 의미한다. 그러므로 공헌이익률을 알고 있으면 매출액의 변화가 기업의 이익에 미치는 영향을 알 수 있다. 왜냐하면 매출액의 증감액에 공헌이익률을 곱한 값이 이익이나 손실의 증감액이기 때문이다.

일반적으로 공헌이익률의 개념은 제품 간의 수익성을 비교 평가하는데 보다 더 유용하기 때문에 공헌이익률의 개념이 단위당 공헌이익개념보다 더 많이 이용된다. 예를 들면, 공헌이익이 ₩100으로 동일한 두 제품 A, B가 있을 때 경영자는 경영성과의 개선을 위하여 어느 제품을 중점적으로 관리해야 하는가에 대한 의사결정을 해야 하는 경우가 있다. 이에 대한 해답은 동일한 노력수준에 대하여 보다 큰 공헌을 하는 제품이다. 그러나 각 제품의 단위당 공헌이익만을 알고 있으면 이에 대한 해답을 구할 수 없다. 두 제품의 단위당 공헌이익이 ₩100으로 동일하기 때문에 어느 제품을 선택하여 집중 관리해야 하는지 결정할 수가 없다. 그러나 공헌이익률의 개념은 합리적인 판단기준을 제공할 수가 있다. 즉, A제품의 가격은 ₩500이고 B제품의 가격은 ₩400일 때 공헌이익률의 개념을 도입하면 A제품의 공헌이익률은 20%, B제품의 공헌이익률은 25%로서 공헌이익률이 높은 B제품을 중점 관리하는 것이 보다 바람직하다고 판단할 수 있다. 그러므로 여러 종류의 제품을 생산 판매하는 경우에는 단위당 공헌이익개념보다는 공헌이익률의 개념이 보다 유용하다.

이러한 공헌이익률은 기업의 생산형태 또는 원가구조와 밀접한 관련을 가지고 있다.

원가구조는 기업의 원가항목 중에서 변동원가와 고정원가가 차지하는 상대적인 비율을 나타내는 개념으로 일반적으로 노동집약적인 생산형태에서는 노무원가와 같은 변동원가의 비중이 높기 때문에 공헌이익률이 낮게 나타나고 자본집약적 생산형태에서는 시설자금에 투자된 고정원가의 비중이 높기 때문에 공헌이익률이 높게 나타난다. 이와 같은 매출액과 공헌이익, 변동원가와 고정원가의 관계에서 CVP분석을 위한 기본등식은 다음과 같이 정리할 수 있다.

> 영업이익 = 판매량 × 단위당 판매가격 − 판매량 × 단위당변동원가 − 고정원가
> = 판매량 × 단위당공헌이익 − 고정원가
> = 매출액 × 공헌이익률 − 고정원가

(예제 12-1) 공헌이익과 공헌이익률

(주)제일은 단위당 판매가격이 ₩10,000인 전자제품을 생산 판매하고 있다. 20×1년도의 예상판매량은 500개이며, 생산 및 판매와 관련된 자료는 다음과 같다.

Ⅰ. 매 출 액		₩ 5,000,000
Ⅱ. 매출원가		
직접재료원가	2,000,000	
직접노무원가	1,000,000	
변동제조간접원가	750,000	
고정제조간접원가	500,000	4,250,000
Ⅲ. 매출총이익		750,000
Ⅳ. 판매비와 관리비		
변동판매비와 관리비	250,000	
고정판매비와 관리비	300,000	550,000
Ⅴ. 영업이익		₩200,000

(요구사항)

1. 공헌이익과 단위당 공헌이익을 구하시오
2. 공헌이익률과 변동비율을 계산하시오
3. 판매량이 600개일 때 공헌이익과 공헌이익률을 구하시오.

(풀이)

1. (1)공헌이익

Ⅰ. 매 출 액		₩ 5,000,000
Ⅱ. 변동원가		
직접재료원가	2,000,000	
직접노무원가	1,000,000	

변동제조간접원가	750,000	
변동판매비와관리비	250,000	4,000,000
Ⅲ. 공헌이익		₩ 1,000,000

(2) 단위당 공헌이익

단위당 판매가격	₩ 10,000
단위당 변동원가 4,000,000÷500개=	8,000
단위당 공헌이익	₩ 2,000

2. (1) 공헌이익률

$$\frac{\text{공헌이익}}{\text{매출액}} = \frac{1,000,000}{5,000,000} = 20\% \text{ 또는 } \frac{\text{단위당공헌이익}}{\text{단위당판매가격}} = \frac{2,000}{10,000} = 0.2$$

(2) 변동비율

$$\frac{\text{변동원가}}{\text{매출액}} = \frac{4,000,000}{5,000,000} = 80\% \text{ 또는 } \frac{\text{단위당변동원가}}{\text{단위당판매가격}} = \frac{8,000}{10,000} = 0.8$$

3. (1) 공헌이익

단위당 공헌이익 ₩ 2,000 × 600개 =₩1,200,000

(2) 공헌이익률

$$\frac{1,200,000\text{원}}{10,000 \times 600\text{개}} = 20\%$$

제2절 손익분기점분석

1. 손익분기점의 계산

손익분기점(break even point)은 총수익과 총비용이 일치하여 이익이 0이 되는 점이며 매출액이나 판매량으로 나타낼 수 있다. 또한 총공헌이익이 총고정원가와 같아지는 매출액이나 또는 판매량으로 정의할 수 있다. 손익분기점분석은 CVP기본모형을 가장 단순화시킨 것이며 CVP분석의 일부분이라고 할 수 있다. 손익분기점은 등식법(equation method)과 공헌이익법(contribution margin method), 도표법(graph method)으로 도출할 수 있으며, 등식법과 공헌이익법은 사실상 같은 방법이다.

(1) 등식법

등식법은 다음과 같이 손익계산서등식을 바탕으로 총수익과 총비용이 같다는 사실에 초점을 두고 손익분기점을 계산하는 방법이다. 등식법은 CVP기본모형을 사용하되 손익분기점에서는 이익도 손실도 발생하지 않으므로 이익을 0으로 놓고 손익분기점의 판매량이나 매출액을 계산하는 방법이다.

> 총수익(매출액) = 총변동원가 + 총고정원가 + 이익(0으로 가정)
> 총수익(매출액) = 총변동원가 + 고정원가

위 식에서 손익분기점의 정의에 따라 이익을 0으로 하는 점의 매출액 즉, 총수익과 총비용이 일치되는 매출액이 손익분기점의 매출액이다. 이와 같이 손익분기점의 매출액을 구한 후에 이 매출액을 제품의 단위당 판매가격으로 나누면 손익분기점의 판매량을 구할 수 있다. 이와 반대로 손익분기점의 판매량을 먼저 구한 후에 손익분기점의 매출액을 구할 수도 있다. 총수익은 제품의 단위당 판매가격에 판매량을 곱한 것이고, 총변동원가는 제품의 단위당 변동원가에 판매량을 곱한 것이므로 손익분기점등식은 다음과 같이 표시할 수도 있다.

> 매출액 = 매출액 × 변동비율 + 고정원가
> 단위당 판매가격 × 판매량 = 단위당변동원가 × 판매량 + 고정원가

손익분기점분석에서 변동원가가 주어지지 않는 경우가 있다. 이런 경우에는 총변동원가(단위당 변동원가)가 매출액(단위당 판매가격)에서 차지하는 비율을 알면 위 식을 이용하여 손익분기점을 구할 수가 있다. 총변동원가(단위당변동원가)가 총매출액(단위당 판매가격)에서 차지하는 비율을 변동원가율이라고 하는데 변동원가율은 100%에서 공헌이익률을 차감한 것과 동일하다.

(2) 공헌이익접근법

공헌이익접근법은 등식법을 약간 변형한 것이며, 손익분기점에서 총공헌이익과 고정원가가 일치하므로 총공헌이익과 고정원가가 일치하는 판매량이나 매출액을 계산하는 방법이다. 이는 제품의 단위당 공헌이익을 파악한 후에 총고정원가에 해당하는 총공헌이익을 얻기 위하여 몇 개의 제품을 판매해야 하는가에 초점을 맞추어 손익분기점을 계산하는 방법이다.

공헌이익법을 사용하여 손익분기점을 계산하면 다음과 같다.

손익분기점은 이익을 0으로 하는 판매량(Q)이므로 이익을 π라고 하면

$$\begin{aligned}\pi &= S - VC - FC \\ &= PQ - VQ - FC \\ PQ &= VQ + FC \\ Q(P - V) &= FC\end{aligned}$$

$$Q = \frac{FC}{P - V}$$

S : 매출액, VC : 변동원가, FC : 고정원가 π : 이익

P : 단위당 판매가격 Q : 판매량(생산량) V: 단위당 변동원가

위 공식을 이용하여 양변에 단위당 판매가격(P)을 곱하여 손익분기점의 매출액을 구하면 다음과 같다.

$$P \times Q = \frac{FC}{P - V} \times P$$

$$PQ = \frac{FC}{1 - \frac{V}{P}}$$

따라서 위 식을 정리하여 **손익분기점의 판매량과 매출액**을 구하는 공식은 다음과 같다.

$$\text{손익분기점 판매량} = \frac{\text{고정원가}}{\text{단위당공헌이익}} = \frac{FC}{P - V}$$

$$\text{손익분기점 매출액} = \frac{\text{고정원가}}{\text{공헌이익률}} = \frac{FC}{1 - \frac{V}{P}}$$

(예제 12-2) 손익분기점 판매량과 매출액

(주)제일에서 생산하는 전자제품의 단위당 판매가격은 ₩10,000이며, 단위당 변동원가는 ₩7,500이고 단위당 변동판매비와 관리비는 ₩500이다. 고정제조간접원가는 ₩500,000이며, 고정판매비와 관리비는 ₩300,000이다.

(요구사항)

1. 손익분기점의 판매량을 계산하시오.
2. 손익분기점의 매출액을 계산하시오.

(풀이)

1. $\text{손익분기점 판매량} = \frac{\text{고정원가}}{\text{단위당공헌이익}} = \frac{500,000 + 300,000}{10,000 - 8,000} = 400\text{개}$

2. $\text{손익분기점매출액} = \frac{\text{고정원가}}{\text{공헌이익률}} = \frac{800,000}{1 - \frac{8,000}{10,000}} = \frac{800,000}{0.2} = 4,000,000\text{원}$

(3) 도표를 이용한 손익분기점 계산

원가-조업도-이익도표(cost-volume-profit graph, **CVP도표**)는 조업도(판매량, 매출액)를 독립변수로 하는 수익선과 비용선을 도출하여 조업도가 변동할 때 원가, 조업도, 이익(손실)이 어떻게 변동하는가를 그림으로 나타낸 것이다. CVP도표는 조업도의 변동에 따른 수익, 비용 및 이익의 변동을 도표로 나타낸 것이며, 여러 범위의 조업도수준에서 CVP관계를 그림으로 표시하여 주기 때문에 경영자가 원가, 조업도, 이익의 관계를 이해하는데 매우 유용하다. CVP도표상에 손익분기점이 표시되므로 CVP도표는 **손익분기점도표**라고 한다. CVP도표는 손익분기점에서 원가, 조업도, 이익의 관계만을 표시하는 것이 아니라 관련범위 내에서 원가 조업도 이익의 관계를 모두 표시한다.

CVP도표를 작성하는 절차는 다음과 같다.

① 좌표축을 표시한다. 수평X축에 조업도(판매량), 수직Y축에 원가(비용)와 수익을 금액으로 표시하며, 간격을 일정하게 표시한다.

② 총수익선을 나타내는 직선을 그린다. CVP분석에서 단위당 판매가격은 일정하다고 가정하므로 수익선은 원점을 지나는 직선이며 기울기는 단위당 판매가격이다.

③ 고정비선을 그린다. 고정원가는 조업도(판매량)과 관계없이 발생하므로 조업도 0인 Y축 위에서 그린다.

④ 총원가선을 그린다. 변동비는 조업도에 비례하므로 Y축의 고정비선위에서 단위당 변동원가의 기울기로 변동원가선을 그리며, 이 직선이 총원가선이다.

⑤ 총수익선과 총원가선의 교차점이 손익분기점(BEP)이며, BEP이전의 조업도는 **손손실지역**(net loss area)이며, BEP이후의 조업도는 **순이익지역**(net income area)이다.

이상의 내용을 그림으로 나타내면 〈그림 12-2〉와 같다.

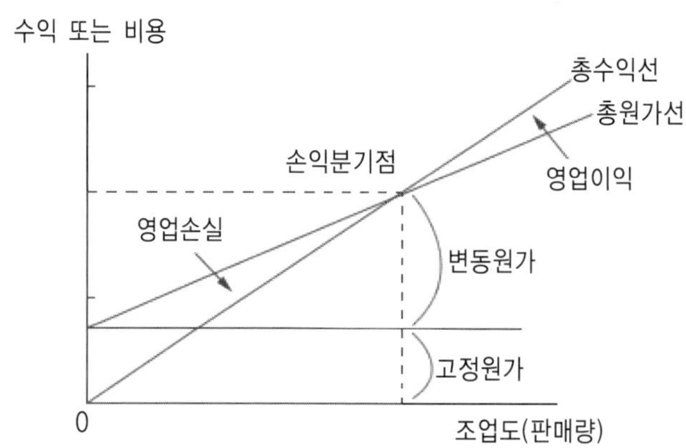

〈그림 12-2〉 CVP도표

〈그림 12-2〉에서 총수익선의 기울기가 총원가선의 기울기보다 크다는 사실을 알 수 있는데 이것은 단위당 판매가격이 단위당 변동원가보다 크기 때문이다. 총수익선과 총비용선이 만나는 점이 손익분기점이며, 손익분기점보다 낮은 조업도수준에서는 총원가선이 총수익선보다 위에 있으므로 손실이 발생하고, 손익분기점보다 높은 조업도수준에서는 총수익선이 총원가선보다 위에 있으므로 이익이 발생한다.

한편, CVP도표를 보다 단순화한 **이익-조업도 도표**(profit volume graph, **PV도표**)가 많이 이용되고 있다. 이익-조업도 도표는 이익과 조업도의 관계를 표시한 도표이며, 조업도(판매량)가 증가함에 따라 이익 또는 손실이 어떻게 변화하는지를 나타내는 도표이다.

이익-조업도 도표를 작성하는 절차는 다음과 같다.

① 좌표축을 표시한다. 수평X축에 조업도(판매수량), 수직Y축에 이익(손실)을 금액으로 표시한다.

② 고정원가를 표시한다. 판매량 0인 점에서 고정원가만큼 손실이 발생할 것이므로 Y축 아래로 음(-)의 고정원가를 표시하며, 판매량 0인 때의 순손실을 의미한다.

③ 이익(손실)선을 표시한다. 이익선은 수직축의 절편(고정원가만큼의 손실)과 수평축의 일정한 절편(손익분기점)을 지나는 직선이며, 기울기는 단위당 공헌이익이다. 이익선은 판매량이 한 단위 증가함에 따라 이익(손실)이 얼마나 되는지를 나타내는 직선이다.

④ 이익선과 수평X축이 교차하는 점이 손익분기점의 판매량이다. BEP이전의 판매량은 순손실지역, BEP 이후의 판매량은 순이익을 의미한다.

이와 같이 작성된 이익-조업도 도표는 〈그림 12-3〉과 같으며, 손익분기점의 판매량은 이익선이 수평X축과 만나는 점이다. 이익선과 수평X축인 조업도선 간의 수직거리는 특

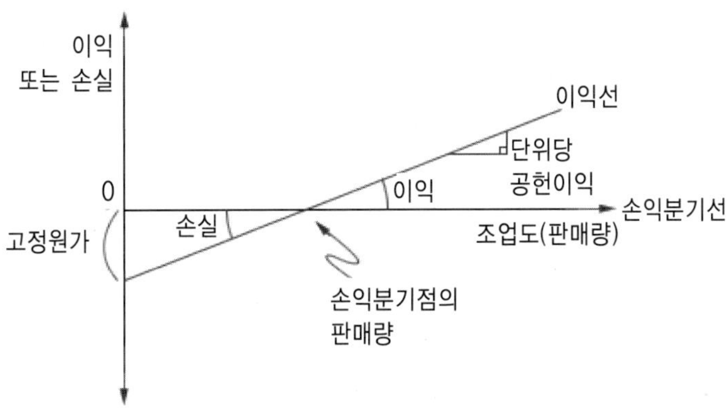

〈그림 12-3〉 이익-조업도(PV)도표

정조업도(판매량)에서의 기대이익 또는 손실을 나타낸다. 이익-조업도 도표의 장점은 조업도의 변동에 따른 이익의 변화를 CVP도표보다 명확하게 보여준다는 것이다. 즉, PV 도표에서 특정 조업도수준에서의 이익 또는 손실을 구하기 위하여 총수익선에서 총원가선을 차감하는 CVP도표와는 달리 조업도의 변동에 따라 이익이나 손실이 어떻게 변하는지 시각적으로 알 수 있다. 그러나 PV도표는 조업도의 변동에 따라 매출액이나 총원가가 어떻게 변동하는지에 대한 정보를 제공하지 못한다는 단점이 있다. 이익-조업도 도표는 이익이나 손실을 발생시키는 수익과 비용에 대한 정보를 제공하지 못한다.

2. 목표이익과 손익분기점

CVP분석을 사용하면 손익분기점 이외에도 기업이 원하는 목표이익(target income)을 달성하기 위한 매출액이나 판매량을 계산하는데 적용될 수 있다. 목표이익을 달성하기 위한 매출액이나 판매량을 계산하는 방법도 손익분기점과 마찬가지로 등식법과 공헌이익법이 있다. 등식법에서는 CVP기본등식에서 영업이익 대신에 목표이익을 대입하여 판매량이나 매출액을 계산하며, 공헌이익법에서는 고정원가와 목표이익의 합계와 공헌이익이 일치하는 판매량이나 매출액이 목표이익을 달성하기 위한 판매량과 매출액이다.

등식법이나 공헌이익법을 적용하여 목표이익을 달성하기 위한 목표판매량을 계산하는 공식은 다음과 같다. 목표이익을 TI라고 하면

$$S - VC - FC = TI$$
$$PQ - VQ - FC = TI$$
$$Q(P - V) = FC + TI$$
$$Q = \frac{FC + TI}{P - V}$$

S : 매출액, VC : 변동원가, FC : 고정원가 TI : 목표이익
P : 단위당판매가격 Q : 판매량(생산량) V: 단위당 변동원가

또한 위의 식 양변에 단위당 판매가격을 곱하여 목표이익의 달성을 위한 매출액은 다음과 같이 계산할 수 있다.

$$\text{목표매출액 } P \times Q = \frac{FC + TI}{P - V} \times Q = \frac{FC + TI}{1 - \frac{V}{P}}$$

위의 식을 정리하여 목표이익의 달성을 위한 판매량과 매출액을 구하는 공식을 표시하면 다음과 같다.

$$\text{목표이익 판매량} = \text{총원가를 회수하는데 필요한 판매량} + \text{목표이익달성을 위한 추가판매량}$$
$$= \frac{\text{고정원가}}{\text{단위당공헌이익}} + \frac{\text{목표이익}}{\text{단위당 공헌이익}} = \frac{\text{고정원가} + \text{목표이익}}{\text{단위당 공헌이익}}$$
$$\text{목표이익 매출액} = \text{목표이익 판매량} \times \text{단위당 판매가격}$$
$$= \frac{\text{고정원가} + \text{목표이익}}{\text{공헌이익률}}$$

한편, 매출액의 일정비율만큼 이익을 달성하는데 필요한 판매량을 구하는 경우가 있다. 이와 같이 목표이익률을 달성하는데 필요한 판매량을 구하기 위해서는 목표판매량 공식을 다음과 같이 변형한다. 목표이익률을 X %라고 하면 다음 식이 성립한다.

$$X \times \text{매출액} = \text{매출액} - \text{변동원가} - \text{고정원가}$$
$$X \times \text{단위당판매가격} \times \text{판매수량} = \text{공헌이익} - \text{고정원가}$$
$$\text{목표이익률 판매량} = \frac{\text{고정원가}}{\text{단위당공헌이익} - \text{단위당판매가격} \times X\%}$$
$$\text{목표이익률 매출액} = \frac{\text{고정원가}}{\text{한계이익률} - \text{목표이익률}}$$

위의 식에서 단위당 공헌이익은 단위당 목표이익(단위당판매가격×X%)보다 항상 크다. 그 이유는 단위당 목표이익은 고정원가를 반영한 상태의 이익이며, 단위당 공헌이익은 변동원가만을 반영한 상태의 이익이기 때문이다. 따라서 분모는 항상 0보다 크다.

(예제 12-3) 목표이익분석

(주)제일은 전자제품을 생산·판매하고 있으며, 단위당 판매가격은 ₩30,000이고 단위당 변동원가는 ₩15,000, 고정원가는 ₩15,000,000이며, 금년도 목표이익은 ₩7,500,000이다.

(요구사항)

1. 목표이익달성을 위한 판매량을 계산하시오.
2. 목표이익달성을 위한 매출액을 계산하시오.
3. 목표이익이 매출액의 25%인 경우의 판매량과 매출액을 계산하시오.

(풀이)

1. 목표이익 달성을 위한 판매량 $= \dfrac{15,000,000+7,500,000}{30,000-15,000} = 1,500$ 대

2. 목표이익 달성을 위한 매출액 $= \dfrac{15,000,000+7,500,000}{1-\dfrac{15,000}{30,000}} = 45,000,000$ 원

3. (1) 목표이익률 판매량 $= \dfrac{15,000,000}{(30,000-15,000)-30,000\times 0.25} = 2,000$ 대

   (2) 목표이익률 매출액 $= \dfrac{15,000,000}{0.5-0.25} = 60,000,000$ 원

3. 안전한계

안전한계(margin of safety, MS)는 예산 또는 실제매출액이 손익분기점의 매출액을 초과하는 금액이며 안전여유, 안전이익 이라고도 한다. 다시 말해서 예산 또는 실제매출액과 손익분기점 사이의 매출액을 의미하며, 현재의 매출액이 감소하여도 손실이 발생하지 않는 여유매출액을 의미한다. 즉 매출액수준이 손익분기점미만으로 감소하면 손실이 발생하므로 안전한계는 손실이 나타날 때까지 현재의 매출액수준이 어느 정도 여유가 있는지를 나타낸다.

안전한계는 다음과 같이 금액이나 수량으로도 표시할 수 있다.

> 안전한계 = 매출액 − 손익분기점 매출액
> = 판매량 − 손익분기점 판매량

안전한계를 비율로 표시한 것을 **안전한계율**(margin of safety ratio, MS비율) 또는 안전여유율이라고 한다. 안전한계율은 안전한계를 실제 또는 예산매출액으로 나눈 것이다.

$$\text{안전한계율} = \frac{\text{매출액} - \text{손익분기점매출액}}{\text{매출액}} = \frac{\text{안전한계}}{\text{매출액}}$$

$$= \frac{\text{판매량} - \text{손익분기점판매량}}{\text{판매량}} \overset{12)}{=} \frac{\text{영업이익}}{\text{공헌이익}}$$

안전한계는 기업이 손실을 발생시키지 않으면서 허용할 수 있는 매출액의 최대감소액을 의미하므로 기업의 안정성을 판단하는 지표로 많이 사용된다. 안전한계가 높을수

12) 위 식의 분자와 분모에 단위당 공헌이익을 곱하면 안전한계율 $= \dfrac{\text{공헌이익} - \text{손익분기점에서의 공헌이익}}{\text{공헌이익}}$ 이다. 손익분기점에서 공헌이익은 고정원가이며, 공헌이익에서 고정원가를 차감하면 영업이익이므로 안전한계율 = (영업이익/공헌이익)의 관계가 성립한다.

록 손실이 발생할 가능성이 낮으며, 안전한계가 낮을수록 매출액이 감소하게 되면 쉽게 손실이 발생하게 된다. 안전한계가 낮다는 것은 손익분기점이 너무 높거나 현재의 판매수준이 너무 낮다는 것을 의미한다. 따라서 경영자는 미래의 불황에 대비하여 손익분기점을 낮추거나 판매수준을 높이는 노력을 기울여야 한다. 즉, 안전한계나 안전한계율이 낮은 경우에는 매출액을 증대시키는 노력을 통하여 안전한계를 높이거나 단위당 변동원가를 감소시키는 노력을 통하여 손익분기점을 감소시켜 안전한계를 높여야 한다. 이와 같이 안전한계는 경영상의 문제점을 파악하기 위한 하나의 분석기법으로 이용될 수 있다.

(예제 12-4) 안전한계

한양전자(주)의 5월중 영업활동자료는 다음과 같다.

항 목			금 액
매 출 액 :	1,000개 × ₩500	=	₩ 500,000
변동원가 :	1,000개 × 400	=	400,000
공헌이익 :	1,000개 × 100	=	100,000
고정원가 :			86,000
영업이익			₩ 14,000

(요구사항)

1. 손익분기점 판매량과 매출액을 구하시오.
2. 안전한계 판매량과 안전한계(매출액)을 구하시오.
3. 안전한계율을 구하시오.

(풀이)

1. (1) 손익분기점 판매량 : $\frac{86,000}{500-400}=860$개

   (2) 손익분기점 매출액 : $\frac{86,000}{1-0.8}=430,000$원

2. (1) 안전한계 판매량 = 판매량 − 손익분기점판매량 = 1,000개 − 860개 = 140개

   (2) 안전한계 = 매출액 − 손익분기점매출액 = 500,000원 − 430,000원 = 70,000원

3. 안전한계율 $=\frac{\text{안전한계}}{\text{매출액}}=\frac{70,000}{500,000}=14\%$

   $=\frac{\text{영업이익}}{\text{공헌이익}}=\frac{14,000}{100,000}=14\%$

4. 영업레버리지 분석

레버리지(leverage)은 사전적 의미로는 지렛대작용을 뜻하며 작은 힘으로 큰 물체를 움직일 수 있는 장치를 뜻하고, 경영학적 의미로는 고정적인 비용이나 대가를 지급하고

설비자산이나 타인자본을 이용하는 것이다.13) 기업경영에서 **영업레버리지**(operating leverage)는 설비자산을 이용하고 고정영업비를 부담하는 것이다. 설비자산의 이용으로 인한 고정적인 영업비용의 존재로 인하여 매출액이 조금만 변동하여도 영업이익이 크게 확대되는 현상, 즉 **영업레버리지효과**, 즉 **손익확대효과**가 발생한다.

영업레버리지에서는 감가상각비와 수선비와 같은 고정영업비용이 지렛대역할을 하여 매출액변화율보다 영업이익변화율이 더 크게 나타난다. 즉 매출액이 10%증가할 때 영업이익은 10%이상의 증가율을 나타낸다. 기업의 원가구조가 고정원가의 비중이 크고 변동원가의 비중이 작은 경우에는 매출액의 변동에 따라 영업이익이 크게 변화하며 레버리지가 커진다. 반면에 고정원가의 비중이 작을수록 영업이익이 변화하는 정도가 작게 된다.

고정영업비가 존재하는 경우에 매출액변화에 대한 영업이익의 변화정도는 영업레버리지도(degree of operating leverage, DOL)에 의하여 측정된다. **영업레버리지도**(DOL)는 매출액변화율(△매출액/매출액)에 대한 영업이익변화율(△영업이익/영업이익)의 비율이며 다음과 같이 계산된다.

$$DOL = \frac{\text{영업이익변화율}}{\text{매출액변화율}} = \frac{\dfrac{\triangle EBIT}{EBIT}}{\dfrac{\triangle Q}{Q}}$$

EBIT = Q(P−V)−FC, △EBIT = [(Q+△Q)(P−V)−FC]−[Q(P−V)−FC] = △Q(P−V)이므로

$$DOL = \frac{\dfrac{\triangle Q(P-V)}{Q(P-V)-FC}}{\dfrac{\triangle Q}{Q}} = \frac{Q(P-V)}{Q(P-V)-FC} = \frac{\text{공헌이익}}{\text{영업이익}}$$

$$DOL = \frac{\text{매출액} - \text{변동원가}}{\text{매출액} - \text{변동원가} - \text{고정원가}} = \frac{1}{\text{안전한계율}}$$

위의 공식에서와 같이 영업레버리지도는 변동원가와 고정원가의 상대적 크기에 의하여 결정된다. 고정원가의 비중이 클수록 분모가 작아지므로 영업레버리지도(DOL)가 커지며, 반대로 고정원가의 비중이 작을수록 영업레버리지도는 작아진다. 영업레버리지가 크다는 것은 영업이익에 비하여 공헌이익의 비중이 크다는 것을 의미하며, 이는 매출액 변동에 비하여 영업이익의 변동폭이 크다는 것을 의미한다.

---

13) 레버리지에는 영업레버리지, 재무레버리지, 결합레버리지가 있으며, 재무레버리지는 고정적인 재무비용을 지급하고 타인자본을 이용하는 것이며, 결합레버리지는 고정영업비와 고정재무비용을 모두 지급하고 설비자산과 타인자본을 이용하는 것이다. 여기에서는 영업레버리지만 설명한다.

DOL=2는 매출액이 10%변화할 때 영업이익은 그 2배인 20%가 증가 또는 감소한다는 의미이다. 따라서 영업레버리지도가 클수록 매출액이 조금만 변화하여도 영업이익이 크게 변화한다. DOL은 현재의 영업수준에서 매출액의 변화가 영업이익에 어느 정도 영향을 미치는가를 나타내는 지표이며, 매출액증가율(또는 감소율)에 영업레버리지도를 곱하면 영업이익의 증가율(감소율)을 구할 수 있다. 영업레버리지는 매출액변동에 따른 영업이익의 변동정도를 나타내므로 기업경영에서 유용한 분석도구로 이용된다.

영업레버리지도는 손익분기점에서 가장 큰 수치를 나타내며, 매출액이 증가할수록 감소한다. 동일한 매출액에서도 고정원가의 비중이 클수록 DOL은 커지며, 고정원가의 비중이 작을수록 DOL이 작아진다. 주의할 점은 DOL이 크다는 것은 경영성과가 우수하거나 기업운영이 좋다는 것이 아니라 매출액변화에 대한 영업이익의 변동성, 즉 영업위험이 크다는 것을 의미한다는 것이다. 따라서 판매량이 증가되고 있는 상황에서는 DOL이 클수록 대규모 시설투자가 유리하며 영업이익의 증가를 가져오게 되지만, 판매량이 감소하는 상황에서는 DOL이 클수록 손실이 확대된다. 이와 같이 영업레버리지는 경영자가 대규모 시설투자나 원가구조에 대한 의사결정을 하거나 매출액 변화에 대한 영업이익의 변화를 분석하는데 유용한 정보를 제공한다.

(예제 12-5) 영업레버리지분석

다음은 A회사와 B회사 그리고 C회사의 영업활동에 관한 자료이다.

	A회사	B회사	C회사
매 출 액	₩500,000	₩500,000	₩750,000
변동원가	100,000	300,000	450,000
공헌이익	400,000	200,000	300,000
고정원가	350,000	150,000	150,000
영업이익	₩50,000	₩50,000	₩150,000

(요구사항)

1. 각 회사별 영업레버리지도를 구하시오
2. 매출액이 현재보다 15% 증가하는 경우 영업이익을 구하시오

(풀이)

1. 영업레버리지도

A회사 : $DOL_A = \frac{₩400,000}{₩50,000} = 8$

B회사 : $DOL_B = \frac{₩200,000}{₩50,000} = 4$

C회사 : $DOL_C = \frac{₩300,000}{₩150,000} = 2$

2. (영업이익증가율 = 매출액증가율 × 영업레버리지도)이므로 매출액이 15% 증가하는 경우 영업이익증가율은 120%, 60%, 30% 증가한다.
   A회사 : ₩50,000 × (1 + 1.2) = ₩110,000
   B회사 : ₩50,000 × (1 + 0.6) = ₩ 80,000
   C회사: ₩150,000 × (1 + 0.3) = ₩195,000

5. 민감도 분석

민감도분석(sensitivity analysis)은 모형에서 하나 또는 그 이상의 독립변수가 변화함에 따라 종속변수가 어떻게 변화하는지를 분석하는 것이다. 즉, 최초의 예측과 실제상황이 달라지거나 가정이 변화함에 따라 결과가 어떻게 변화하는가를 분석하는 기법이다. CVP분석은 특정의 원가구조와 가격조건에서 행하여지는 것이므로, 만일 그 중에서 한 구성요소가 변화한다면 결과적으로 손익분기점이나 이익 등도 영향을 받게 된다. 따라서 한 구성요소가 변화하는 경우의 결과적 영향을 분석하는 민감도분석은 역으로 결과적인 이익의 달성을 위하여 어떤 요소를 어떻게 변화시킬 것인가에 대한 해답을 주는 방법이 되기도 한다.

CVP분석에서 민감도분석은 판매가격, 생산 및 판매량, 변동원가, 고정원가, 매출배합 등이 변화하면 손익분기점이나 이익은 어떻게 변화할 것인가를 분석하는 것이다. 이러한 각 요소의 변화가 공헌이익, 손익분기점 및 이익에 미치는 영향을 요약하면 〈표 12-1〉과 같다. 여기에서 나타난 영향은 각 요소가 변화할 때 다른 요소들은 일정한 것으로 가정한 경우이며, 특히 이익에 대한 영향은 기존의 매출수준이 유지된다는 가정 하에 분석한 것이다.

〈표 12-1〉 CVP관계요소의 변화와 영향

관련요소의 변화		공헌이익	손익분기점	이익
가 격	+ (상승)	+	−	+
	− (하락)	−	+	-
변동원가	+ (증가)	−	+	−
	− (감소)	+	−	+
고정원가	+ (증가)	·	+	−
	− (감소)	·	−	+

민감도분석은 미래상황의 예측계산에 유용한 분석도구이지만 나타날 수 있는 변화에 대한 확률을 명시적으로 고려하지 못한다는 한계가 있다. 즉, 독립변수의 변화에 대하여 확률로 못하고 있다. 또한 실제상황의 민감도분석에서 하나의 구성요소만 독립적으

로 변화하거나, 한 요소의 변화에도 불구하고 다른 요소에 변화가 없는 경우는 거의 없다. 예를 들면 가격변동의 경우에는 직접적으로 시장에 영향을 미쳐 판매량의 변동을 가져올 수 있으며 결과적으로 이익에 변화를 주게 되므로 이러한 요소들이 CVP민감도 분석에서 고려되어야 한다.

이익증대를 위하여 가격정책을 사용한다면 가격을 인상할 것인가, 아니면 인하할 것인가? 쉽게 생각한다면 가격을 인상하는 것이다. 그러나 이익개선을 위하여 가격을 인상한다는 것은 기존의 판매량이 유지된다는 것을 전제한 것이다. 그러나 시장수요의 가격탄력성을 전제한다면, 일반적으로 가격이 인상되면 수요는 감소한다. 따라서 가격 탄력성이 큰 제품은 오히려 가격의 인하로 판매량을 증가시켜 이익을 개선하는 것이 합리적일 수 있다. CVP분석은 가격을 변경하는 경우에 유지되어야 최소한의 판매수준을 제시하여 가격의사결정에 도움을 준다. 따라서 민감도분석은 실제금액이 기대금액과 다르게 나타남으로써 발생될 수 있는 불확실성에 대처하는 하나의 방법이라 할 수 있으며, 앞에서 분석한 안전한계도 민감도분석의 일종이라고 할 수 있다.

(예제 12-6) 민감도분석

다음은 (주)NH의 20×5년의 손익관련자료이다.

매출액	1,000개 × @1,000 =	₩1,000,000
변동원가	1,000개 × @ 400 =	400,000
공헌이익	1,000개 × @ 600 =	600,000
고정원가		200,000
영업이익		₩ 400,000

(요구사항)

1. 다른 조건에 변화가 없다고 가정하고 판매가격을 5%인상하는 경우 영업이익을 계산하시오
2. 다른 조건에 변화가 없다고 가정하고 판매수량이 5%증가되는 경우 영업이익을 계산하시오
3. 판매가격을 5%인하하면 판매량이 10%증가되는 경우 영업이익을 계산하시오
4. 다른 조건에 변화가 없다고 가정하고 고정원가가 10%증가되는 경우 영업이익을 계산하시오
5. 판매가격을 5%인하하고, 임금인상으로 변동원가 6%증가될 전망이며, 설비투자로 고정원가가 ₩100,000증가되며 설비투자의 영향으로 변동원가가 10%감소될 것으로 예측된다. 예상되는 손익분기점과 영업이익을 계산하시오.

(풀이)

영업이익(p) = 공헌이익 − 고정원가 = $(p-v) \cdot x-F$

1. (@1,000 × 1.05 − 400) × 1,000개 − ₩200,000 = ₩450,000
2. (@1,000 − 400) × 1,000개 × 1.1 − ₩200,000 = ₩460,000
3. (@1,000 × 0.95 − 400) × 1,000개 × 1.1 − ₩200,000 = ₩405,000

4. (@1,000 − 400) × 1,000개 − ₩200,000 × 1.1 = ₩380,000

5. 손익분기점: $\frac{₩200,000+₩100,000}{1,000\times0.95-400\times0.96}=530$ 개

영업이익: (@1,000 × 0.95 − @400 × 0.96) × 1,000개 − (₩200,000 + 100,000) = ₩356,000

제3절 손익분기점의 확장

1. 법인세를 고려한 CVP분석

기업이 법인세를 부담하고 있으나 기본적인 CVP분석에서는 법인세를 고려하지 않고 있다. 손익분기점에서는 이익이 없기 때문에 법인세를 부담하지 않는다. 따라서 법인세를 고려하는 경우에도 손익분기점 계산에는 아무런 영향이 없으며, 법인세를 고려하지 않는 경우와 손익분기점은 동일하다. 그러나 특정수준의 법인세차감후 목표이익을 달성하기 위해서는 법인세가 중대한 영향을 미친다.

법인세가 CVP분석에서 어떤 영향을 미치는지 이해하기 위해서는 CVP등식에 포함되어 있는 이익의 성격을 이해하여야 한다. CVP의 기본모형에 포함된 이익은 법인세를 차감하기 전의 이익이므로 법인세차감후 목표이익을 법인세차감전 목표이익으로 전환하여 CVP등식에 적용하여야 한다. 법인세차감전이익과 법인세차감후이익의 관계는 다음과 같다.

법인세차감후순이익 = 법인세차감전순이익 × (1 − 법인세율)
= (총수익 − 변동원가 − 고정원가) × (1 − 법인세율)
= (단위당 공헌이익 × 판매량 − 고정원가) × (1 − 법인세율)

$$\text{법인세차감전순이익}=\frac{\text{법인세차감후순이익}}{1-\text{법인세율}}$$

세전이익과 세후이익의 사이에는 위와 같은 관계가 성립하므로 특정수준의 법인세차감후순이익을 달성하는데 필요한 목표판매량과 목표매출액을 구하는 식은 다음과 같다.[14)]

14) 고정원가와 공헌이익을 세후개념으로 전환하여 목표판매량과 목표매출액을 다음과 같이 계산할 수도 있다.

$$\text{목표판매량}=\frac{\text{세후고정원가}+\text{세후목표이익}}{\text{단위당 세후공헌이익}}\qquad \text{목표매출액}=\frac{\text{세후고정원가}+\text{세후목표이익}}{\text{세후공헌이익률}}$$

세후고정원가 = 고정원가 × (1 − 법인세율), 세후공헌이익 = 단위당공헌이익 × (1 − 법인세율)

$$목표판매량 = \frac{고정원가 + \frac{법인세차감후\ 이익}{(1-법인세율)}}{단위당\ 공헌이익}$$

$$목표매출액 = = \frac{고정원가 + \frac{법인세차감후\ 이익}{(1-법인세율)}}{공헌이익률}$$

(예제 12-6) 세후목표이익

(주)제일은 전자제품을 생산·판매하고 있으며, 단위당 판매가격은 ₩30,000이고 단위당 변동원가는 ₩15,000, 고정원가는 ₩15,000,000이다. 법인세율은 20%이며 금년도 세후목표이익은 ₩7,500,000이다.

(요구사항)

1. 목표이익달성을 위한 판매량을 계산하시오.
2. 목표이익달성을 위한 매출액을 계산하시오.

(풀이)

1. 목표이익 달성을 위한 판매량 $= \frac{₩15,000,000 + \frac{₩7,500,000}{(1-0.2)}}{30,000-15,000} = 1,625$ 대

2. 목표이익 달성을 위한 매출액 $= \frac{₩15,000,000 + \frac{₩7,500,000}{(1-0.2)}}{1-0.5} = ₩48,750,000$

2. 여러 제품의 CVP분석

기본적인 CVP분석은 한 종류의 제품만을 생산 판매한다는 가정에서 이루어지나 현실적으로 기업은 두 종류 이상의 제품을 생산하여 판매한다. 따라서 여러 종류의 제품을 판매할 때 조업도(판매량)의 변화가 원가나 이익에 어떤 영향을 미치는가를 파악하는 것이 중요하다. 여러 종류의 제품을 생산하는 기업은 제품마다 단위당 판매가격과 원가 및 공헌이익이 각기 다르기 때문에 CVP분석이 다소 복잡해진다. 그러나 근본적인 분석구조에는 차이가 없다.

여러 종류의 제품을 생산하는 경우에는 CVP분석이 다소 복잡해지므로, 문제를 단순화하기 위해서 매출배합이 일정한 것으로 가정한다. **매출배합**(sales mix)은 총매출액(판매량)에서 각 제품의 매출액(판매량)이 차지하는 상대적 비율이다. 제품배합은 판매량배합(수량기준)과 매출액배합(금액기준)으로 구분된다. 예컨대, A, B 두 제품의 단위당 판

세후공헌이익률 = 공헌이익률 × (1－법인세율)

매가격이 각각 ₩100과 ₩200이고 당기 중에 200개와 100개를 판매하였다면 수량배합은 2 : 1이지만, 금액배합은 1 : 1 이다. 일반적으로 손익분기점 판매량이나 목표이익판매량을 구할 때는 수량배합비율을 사용하고 손익분기점 매출액이나 목표이익매출액을 구할 때는 금액배합비율을 사용한다.

기업에서 여러 종류의 제품이 생산되고 있으며 각 제품의 수익성도 제품별로 다른 상황에서는 매출배합이 어떻게 이루어지느냐에 따라서 이익이 달라진다. 동일한 매출액 수준에서도 공헌이익률이 높은 제품의 판매비율이 높을수록 이익이 증가한다. 따라서 경영자는 기업의 이익을 극대화시키는 매출배합을 찾으려고 한다. 그러나 CVP분석에서는 복수제품에 대한 매출배합이 일정한 것으로 가정한다. 매출배합이 일정해야만 조업도(판매량)가 하나의 독립변수로 표시되기 때문이다. 복수제품의 손익분기점을 계산하는 방법에는 가중평균공헌이익법, 묶음법, CVP분석의 기본모형을 이용한 등식법 등이 있다.

(1) 가중평균공헌이익법

가중평균공헌이익법(weighted-average contribution margin method)은 복수제품의 매출배합이 일정하다는 가정하에 가중평균공헌이익이나 가중평균공헌이익률을 이용하여 다품종기업의 손익분기점을 계산하는 방법이다. 가중평균공헌이익법의 절차는 다음과 같다.

첫째, 개별제품의 단위당 공헌이익을 계산한다. 각 제품의 단위당 판매가격에서 단위당 변동원가를 차감하여 단위당 공헌이익을 계산한다.

둘째, 가중평균공헌이익을 계산한다. 제품별 단위당 공헌이익에 각 제품의 수량배합(판매량구성비)을 곱하여 합계한다.

셋째, 제품전체의 손익분기점을 계산한다. 고정원가를 가중평균공헌이익을 나누어 손익분기점을 구한다.

넷째, 제품별 손익분기점을 계산한다. 전체 손익분기점에 각 제품의 수량배합(판매량구성비)를 곱하여 제품별 손익분기점을 구한다.

① 제품별 단위당 공헌이익 = 각 제품의 단위당 판매가격 − 단위당 변동원가

② 가중평균공헌이익 = Σ(각 제품의 단위당 공헌이익 × 각 제품별 수량배합비율)

③ 손익분기점 총판매량 $= \dfrac{\text{고정원가}}{\text{가중평균공헌이익}}$

④ 제품별 손익분기점판매량 = 손익분기점 총판매량 × 수량배합비율

가중평균공헌이익률을 이용하여 손익분기점 매출액을 계산하는 절차는 다음과 같다.

① 제품별 공헌이익률 계산 = $\frac{\text{판매단가} - \text{변동원가}}{\text{판매단가}} = 1 - \frac{\text{변동원가}}{\text{판매단가}}$

② 가중평균공헌이익률 = Σ(각 제품의 단위당 공헌이익률×각 제품별 매출액배합비율)

③ 손익분기점 총매출액 = $\frac{\text{고정원가}}{\text{가중평균공헌이익률}}$

④ 제품별 손익분기점 매출액 = 손익분기점 총매출액 × 매출액배합비율

(예제 12-7) 가중평균공헌이익법

한양전자(주)는 A, B, C세 종류의 제품을 생산 판매하고 있으며 이들 제품과 관련된 자료는 다음과 같다.

	제품 A	제품 B	제품 C
단위당 판매가격	₩1,000	₩500	₩800
단위당 변동원가	500	450	500
단위당 공헌이익	500	50	300
제품별 판매량	2,000개	2,000개	3,000개

당기 중 회사의 고정원가는 ₩1,500,000이며, 판매량 비율은 앞으로도 일정하다고 추정된다.

(요구사항)

1. 가중평균공헌이익법에 의한 제품별 손익분기점 판매수량을 계산하시오.
2. 가중평균공헌이익률법에 의한 제품별 손익분기점 매출액을 계산하시오.
3. 목표이익 ₩600,000을 얻기 위한 제품별 매출액을 계산하시오.

(풀이)

1. 가중평균공헌이익법에 의한 손익분기점 판매량

- 제품별 단위당 공헌이익은 문제에서 주어져 있으므로 가중평균공헌이익을 계산한다.

① 가중평균공헌이익

제품별	단위당 공헌이익	×	판매량배합비율	=	가중평균공헌이익
A	500		2/7		₩1,000/7
B	50		2/7		100/7
C	300		3/7		900/7
	계		100%		₩ 2,000/7

② 손익분기점 총판매량: $\frac{₩1,500,000}{₩2,000/7}$ = 5,250개

③ 제품별 판매량

A : 5,250개 × 2/7 = 1,500개

B : 5,250 × 2/7 = 1,500개

C : 5,250 × 3/7 = 2,250개

*가중평균공헌이익법에 의한 손익분기점 매출액은 제품별 손익분기점 판매량에 단위당 판매가격을 곱하여 계산한다.

2. 가중평균공헌이익률에 의한 손익분기점

① 매출금액배합의 계산

2: 2: 3이므로 2×1,000 : 2×500 : 3 × 800 = 2,000 : 1,000 : 2,400 = 10 : 5 : 12

② 제품별 공헌이익률

A : $\frac{500}{1,000}=0.5$ B : $\frac{50}{500}=0.1$ C : $\frac{300}{800}=0.375$

③ 가중평균공헌이익률

$0.5\times\frac{10}{27}+0.1\times\frac{5}{27}+0.375\times\frac{12}{27}=\frac{10}{27}$

④ 손익분기점매출액: $\frac{1,500,000}{10/27}=4,050,000$ 원

⑤ 제품별 손익분기점매출액

A: $4,050,000\times\frac{10}{27}$=1,500,000원, 판매량은 $\frac{1,500,000}{1,000}=1,500$개

B: $4,050,000\times\frac{5}{27}$= 750,000원, 판매량은 $\frac{750,000}{500}=1,500$개

C: $4,050,000\times\frac{12}{27}$= 1,800,000원, 판매량은 $\frac{1,800,000}{800}=2,250$개 (합계: 5,250개)

3. 목표이익 매출액: 가중평균공헌이익률법을 적용한다.

$$\frac{1,500,000+600,000}{10/27}=5,670,000\text{원}$$

각 제품별 매출액 :

A: $5,670,000\times\frac{10}{27}$=2,100,000원

B: $5,670,000\times\frac{5}{27}$=1,050,000원

C: $5,670,000\times\frac{12}{27}$=2,520,000원

(2) 묶음법

묶음법은 **꾸러미법, 고정제품배합법**(fixed product mix method)이라고도 하며, 매출배합에 포함되는 제품의 묶음을 정의하고 이 묶음에 손익분기점을 계산하는 방법이다. 묶음법은 각 제품을 개별적으로 파는 것을 하나의 상자나 세트(set)개념의 묶음으로 판매하는 것으로 보아 묶음(set)에 대한 공헌이익을 계산하고 CVP등식에 대입하여 손익분

기점이나 목표판매량을 계산한다. 예를 들어 백화점의 선물세트에서 사과 3개, 배1개 등으로 과일바구니를 만들어 파는 것과 같으며, 묶음을 하나의 제품으로 인식하여 묶음당 공헌이익을 계산한다.

(1꾸러미)

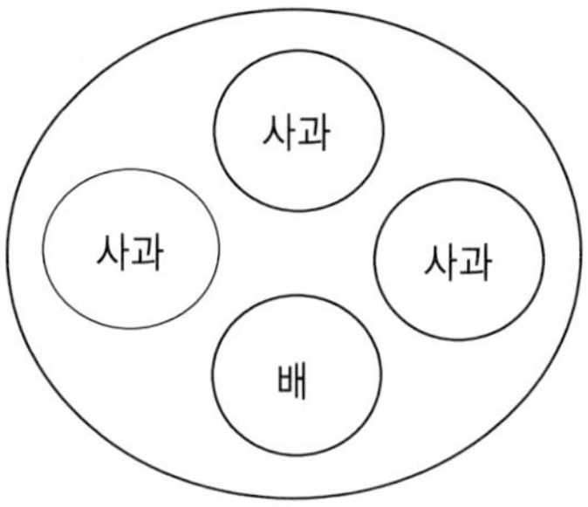

묶음법은 매출배합(매출액구성비)이 일정하다는 가정하에 다음과 같이 산출한다.

첫째, 매출배합에 따른 묶음(세트, 꾸러미)을 만든다. 예를 들면, 기간 내에 A, B제품이 각각 100개와 300개씩 판매된다면 한 묶음의 제품구성비는 1: 3이다.

둘째, 묶음단위당 공헌이익을 산출한다. 묶음단위당 공헌이익은 한 묶음 내의 제품별 단위당 공헌이익에 각각의 개수를 곱한 것이다.

셋째, 묶음의 손익분기점을 산출한다. 손익분기점은 고정원가를 묶음당 공헌이익으로 나누어 계산한다.

넷째, 제품별 손익분기점을 산출한다. 묶음손익분기점에 묶음단위당 제품수를 곱하여 제품별 손익분기점을 산출한다.

① 묶음의 구성

② 묶음단위당 공헌이익 = (묶음 내의 각 제품공헌이익 × 묶음 내의 각 제품 수량)의 합계

③ 손익분기점 총판매량 = $\frac{\text{고정원가}}{\text{묶음당공헌이익}}$

④ 각 제품별 판매량 = 손익분기점 총판매량 × 묶음 내 각 제품별 수량

(예제 12-8)

기본 자료는 (예제 12-7)과 같다. 묶음법을 사용하여 손익분기점 판매량과 매출액, 목표이익 ₩600,000을 얻기 위한 판매량을 계산하시오.

(풀이)

1. 손익분기점판매량

(1) 묶음의 구성비 2: 2: 3

(2) 묶음단위당 공헌이익

제품	단위당 공헌이익	매출배합	묶음당 공헌이익
A	₩ 500	2	₩1,000
B	50	2	100
C	300	3	900
	계	7 개	₩2,000

(3) 손익분기점 묶음판매량

$$\frac{₩1,500,000}{₩2,000} = 750 \text{ 묶음(세트)}$$

(4) 제품별 판매량

A : 750묶음 × 2 = 1,500 개

B : 750 × 2 = 1,500 개

C : 750 × 3 = 2,250 개

2\. 손익분기점 매출액

- 제품별 판매량에 단위당 판매가격을 곱하면 손익분기점 매출액이 계산된다.

A : 1,500 × 1,000 =₩1,500,000

B : 1,500 × 500 = 750,000

C : 2,250 × 800 = 1,800,000

계 ₩ 4,050,000

3\. 목표이익

(1) 목표이익 판매량 = $\frac{₩1,500,000 + ₩600,000}{₩2,000} = 1,050$묶음

(2) 제품별 판매량

A : 1,050 × 2 = 2,100개

B : 1,050 × 2 = 2,100개

C : 1,050 × 3 = 3,150개 (계 ; 7,350개)

3. 현금흐름분기점

지금까지 설명한 대부분의 CVP분석은 이익흐름에 대한 분석이다. 그러나 기업경영에서 이익뿐만 현금흐름도 중요하다. 만일 기업에서 현금흐름이 부족하다면 영업활동을 계속할 수가 없으므로 경영자는 현금흐름이 창출될 수 있는지의 여부에 관심이 있다. 특히 불경기가 도래하거나 영업실적이 악화되는 상황에서는 조업도가 이익에 미치는 영향보다는 현금흐름이나 운전자본에 미치는 영향에 대한 분석이 필요하다.

현금흐름분기점(cash break-even point)은 일정기간 동안의 현금유입액과 현금유출액

을 일치시키는 판매량 또는 매출액이며, **현금주의 손익분기점**이라고도 한다. 수익과 비용에는 현금유입이나 현금유출이 없는 **비현금항목**(non-cash item)이 포함된다. 일반적으로 가장 중요한 비현금항목은 유형자산과 관련된 감가상각비이다. 감가상각비는 공장설비 등의 취득원가를 내용연수에 걸쳐서 비용으로 배부하는 것이므로 현금흐름을 수반하지 않는 비용이며, 고정원가로 분류하는 것이 일반적이다. 따라서 CVP분석을 이용하여 현금흐름분기점을 계산하기 위해서는 수익과 비용항목 중에서 감가상각비를 제외한 모든 항목이 현금흐름을 수반한다고 가정한다. 이러한 가정 하에서 CVP분석의 기본등식을 이용하여 고정원가에 포함된 감가상각비만을 제거하고 현금흐름분기점을 계산한다.

현금흐름분기점은 법인세가 존재하는 경우와 존재하지 않는 경우에 따라 달라지며, 감가상각비는 정액법을 가정한다.

(1) 법인세가 없는 경우

법인세가 존재하지 않는 경우의 현금흐름분기점은 고정원가 중에서 현금지출이 없는 비용(감가상각비)을 차감하여 계산한다. 법인세로 인한 현금유출을 고려할 필요가 없으므로 다음과 같이 현금유입액과 현금유출액을 일치시키는 판매량을 구하게 된다.

$$\text{현금유입} - \text{현금유출} = 0$$

$$\text{매출액} - \text{변동원가} - (\text{고정원가} - \text{감가상각비}) = 0$$

$$\text{판매량} \times \text{단위당 공헌이익} - (\text{고정원가} - \text{감가상각비}) = 0$$

$$\text{현금흐름분기점 판매량} = \frac{\text{고정원가} - \text{감가상각비}}{\text{단위당 공헌이익}}$$

(2) 법인세가 존재하는 경우

법인세는 기업이 부담하는 현금유출항목이므로 법인세가 존재하는 경우에는 현금흐름분기점의 계산에 포함시켜야 한다. 이때 주의할 점은 법인세는 현금흐름이 아닌 이익흐름의 크기에 의하여 결정된다는 점이다. 즉 법인세는 수익에서 비용을 차감한 법인세비용차감전이익을 기준으로 납부하게 된다. 현금유출이 없는 비용이 있는 경우에는 법인세비용차감전이익을 감소시켜 법인세를 절감하는 효과가 있으므로 이를 고려하여 현금흐름분기점을 계산하여야 한다. 법인세가 존재하는 경우 현금흐름분기점은 다음과 같다.

$$\text{매출액} - \text{변동원가} - (\text{고정원가} - \text{감가상각비}) - \text{법인세} = 0$$

$$\text{판매량} \times \text{단위당공헌이익} - (\text{고정원가} - \text{감가상각비}) - (\text{매출액} - \text{변동원가} - \text{고정원가}) \times t = 0$$

$$\text{손익분기점 판매량} = \frac{\text{고정원가}(1-t)}{\text{단위당 공헌이익}(1-t)} = \frac{\text{고정원가}}{\text{단위당 공헌이익}}$$

$$현금흐름분기점\ 판매량 = \frac{고정원가(1-t) - 감가상각비}{단위당공헌이익(1-t)}$$

단, t = 법인세율

위 공식에서와 같이 손익분기점은 법인세의 영향을 받지 않으나, 현금흐름분기점은 법인세에 따라서 그 결과가 다르게 나타난다. 현금흐름분기점에서는 세금효과의 고려에 관계없이 항상 손실이 발생하며, 그 금액은 감가상각비와 같다. 따라서 항상 손익분기점보다 낮은 점에서 현금흐름분기점에 도달하게 된다.

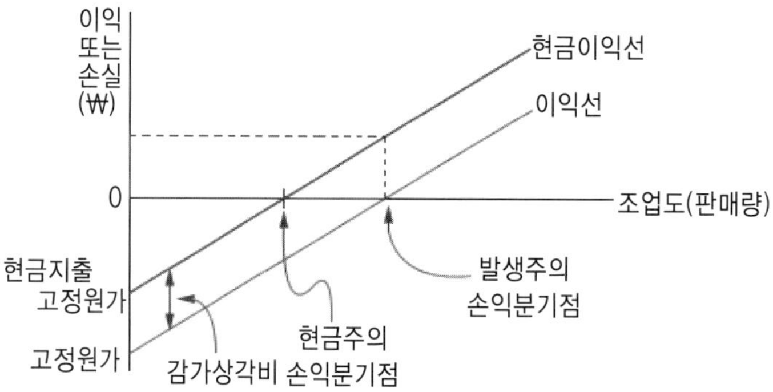

〈그림 12-4〉 현금흐름 분기점

(예제 12-9) 현금흐름분기점

(주)한성산업은 스포츠용품을 생산 판매하고 있으며 20×1년도의 예상판매량은 20,000개이다. 제품생산과 관련된 자료는 다음과 같다.

단위당 판매가격	₩ 1,600
단위당 변동원가	950
고정제조간접원가	4,100,000 (감가상각비 ₩425,000 포함)
단위당 변동판매비와 관리비	250
고정판매비와 관리비	1,300,000 (감가상각비 ₩135,000 포함)

(요구사항)

1. 법인세가 없는 경우의 손익분기점과 현금흐름분기점을 구하시오.
2. 법인세율이 30%인 경우 손익분기점과 현금흐름분기점을 구하시오.
3. 20×1년의 세후순이익과 현금흐름을 구하시오.

(풀이)

단위당 공헌이익 : ₩1,600 − (950 + 250) = ₩400

고정원가 : 4,100,000 + 1,300,000 = 5,400,000

비현금비용(감가상각비): 425,000 + 135,000 = 560,000

현금지출 고정원가: 5,400,000 − 560,000 = 4,840,000

1. 법인세를 고려하지 않는 경우

손익분기점 : $\frac{5,400,000}{400} = 13,500$개

현금흐름분기점: $\frac{4,840,000}{400} = 12,100$개

2. 법인세를 고려하는 경우

손익분기점: $\frac{5,400,000}{400} = 13,500$ 개

현금흐름분기점: $\frac{5,400,000(1-0.3)-560,000}{400(1-0.3)} = 11,500$ 개[15)]

3. 20×1년 세후순이익과 순현금흐름

세후순이익: (20,000개 × ₩400 − 5,400,000) × (1−0.3) = ₩1,820,000

순현금흐름: 1,820,000 + 560,000 = ₩2,380,000

4. 준고정원가의 CVP분석

CVP분석에서는 조업도가 변동할 때 원가나 수익이 일정하게 변동하는 선형함수를 기본가정으로 한다. 기본적으로 고정원가는 관련범위 내에서 일정하게 발생하지만, 조업도가 증가하여 관련범위를 벗어나면 고정원가도 증가하여 준고정원가(단계원가)의 형태를 보이는 경우가 일반적이다. 예를 들어 연간 2,000개의 제품을 생산할 수 있는 기계가 있다면 2,000개를 초과하여 제품을 생산하는 경우에는 기계를 추가적으로 1대 더 구입하여야 하므로 기계와 관련된 고정원가는 조업도가 2,000개를 초과하는 경우마다 증가하게 된다.

고정원가가 조업도의 관련범위(일정범위)에 따라 달라지는 경우에는 조업도별로 나누어서 손익분기점을 계산하여야 한다. 각각의 범위별로 계산된 손익분기점이 해당 조업도의 범위 내에 있으면 경제적으로 의미가 있는 손익분기점이며, 조업도의 범위 밖에 있으면 경제적 의미가 없으므로 손익분기점이 되지 않는다. 따라서 고정원가가 변동되는 경우 관련범위별로 손익분기점이 다르므로 복수의 손익분기점이 존재할 수 있다.

(예제 12-10) 준고정원가의 손익분기점

경기산업(주)은 단위당 판매가격이 ₩1,000이고 단위당 변동원가가 ₩400인 제품을 생산하여 판매하고 있다. 조업도의 변동에 따른 고정원가와 관련된 자료는 다음과 같다. 단, 최대조업도

---

15) 다음과 같이 계산할 수도 있다.

(1,600Q − 1,200 Q− 540,000)(1 − 0.3) + 560,000 = 0 ∴ Q = 11,500개

(40Q − 4,840,000)(1 − 0.3) + 560,000 = 0 ∴ Q = 11,500개

는 6,000단위이다.

연간조업도	고정원가
0 ~ 2,000단위	₩1,980,000
2,001 ~ 4,000	2,280,000
4,001 ~ 6,000	2,580,000

(요구사항)

손익분기점 판매량을 계산하시오.

(풀이)

1) 판매량이 0 ~ 2,000단위인 경우

$$\text{손익분기점 판매량} = \frac{1,980,000}{600} = 3,300\text{단위 (모순)}$$

- 3,300단위는 고정원가가 ₩1,980,000이 되는 관련범위의 값이 아니므로 손익분기점이 될 수 없다.

2) 판매량이 2,001 ~ 4,000인 경우

$$\text{손익분기점 판매량} = \frac{2,280,000}{600} = 3,800\text{단위 (적합)}$$

3) 판매량이 4,001~6,000인 경우

$$\text{손익분기점 판매량} = \frac{2,580,000}{600} = 4,300\text{단위 (적합)}$$

따라서 연간손익분기점 판매량은 3,800단위, 4,300단위이다.

토의문제

1. CVP관계에서 공헌이익과 공헌이익률에 대하여 설명하시오.
2. CVP분석의 기본가정과 한계점은 무엇인가?
3. 손익분기점의 의미와 산출방법에 대하여 설명하시오.
4. CVP도표와 공헌이익도표의 의미와 작성방법에 대하여 설명하시오.
5. CVP분석은 경영계획과 성과평가에 어떻게 이용되는가를 설명하시오.
6. 현금흐름분기점과 손익분기점의 차이는 무엇인가? 감가상각자산이 있는 경우 현금흐름분기점과 손익분기점 중에서 어느 것이 더 크게 나타나는가?
7. 안전한계의 산출방법을 말하고, 안전한계가 음수인 경우에는 무엇을 의미하는가?
8. 법인세가 존재하는 경우 손익분기점의 산출방법을 설명하시오.
9. 여러 품목을 다루는 경우에서의 CVP분석에 대하여 말해보시오.

연습문제

(12-1) CVP분석

(주)제일물산의 당기 수익과 비용구조 다음과 같다.

매 출 액	₩2,160,000
고정원가	450,000
변동원가	1,440,000
판매수량	3,600단위

(요구사항)

1. 단위당 판매가격은 얼마인가?
2. 단위당 변동원가는 얼마인가?
3. 단위당 공헌이익은 얼마인가?
4. 손익분기점 수량과 매출액을 계산하시오.

(12-2) 손익분기점 분석

서울(주)의 20×5년도 공헌이익계산서는 다음과 같다.

매 출 액	₩1,500,000
변동원가	900,000
공헌이익	600,000
고정원가	450,000
영업이익	₩ 150,000

회사는 20×5년에 6,000단위를 생산 판매하였으며 기초재고와 기말재고는 없다.

(요구사항)

1. 공헌이익률은 얼마인가?
2. 손익분기점 판매수량과 매출액은 각각 얼마인가?
3. 판매수량이 100단위 증가하면 영업이익은 얼마나 증가하는가?
4. 목표이익 ₩200,000을 얻기 위하여 몇 단위 제품을 판매하여야 하는가?
5. 서울(주)의 20×5년 안전한계 매출액은 얼마인가?
6. 서울(주)의 20×5년 영업레버리지도를 계산하고 그 의미를 설명하시오.

(12-3) CVP분석

경기(주)은 전자제품을 생산판매하고 있으며 9월중 영업활동에 관한 자료는 다음과 같다.

단위당 판매가격	₩500
단위당 변동원가	
직접재료원가	80

직접노무원가	90
변동제조간접원가	50
변동판매비와 관리비	30
고정원가	
고정제조간접원가	₩1,000,000
고정판매비와 관리비	1,500,000

9월 판매량 : 16,000단위

(요구사항)

1. 단위당 공헌이익과 공헌이익률은 얼마인가?
2. 손익분기점의 매출액을 계산하시오.
3. 안전한계율을 계산하고 그 의미를 설명하시오.

(12-4) 민감도분석

서울산업(주)은 목표이익을 매출액의 20%로 유지하는 정책을 사용하여 왔다. 20×4년도에 제품의 변동원가는 판매가격의 60%이고 고정원가는 ₩1,500,000이었다. 20×5년도에는 물가상승으로 고정원가가 ₩300,000증가하고 변동원가는 판매가격의 70%수준으로 증가할 것으로 예상된다. 따라서 20×5년의 목표이익을 매출액의 15%로 낮추게 되었다.

(요구사항)

20×5년의 목표이익달성을 위해서 20×4년에 비하여 매출액이 얼마나 증가하여야 하는가?

(12-5) 손익분기점

한성전자(주)는 단일제품을 생산 · 판매하고 있다. 지난해에는 제품 3,000단위를 생산 판매하였으며 영업이익은 ₩300,000이었고, 손익분기점은 2,500단위이었다.

(요구사항)

회사가 판매가격을 단위당 ₩100씩 인하한다면 손익분기점은 얼마인가?

(12-6) CVP 기본개념

다음 자료는 (주)서강의 20×1년도 회계자료이다.

판매수량	6,000단위
단위당 판매가격	₩500
단위당 변동원가	300
고정원가	₩600,000

(요구사항)

1. 회사는 20×2년에 공헌이익을 30%증가시키고자 한다. 다른 조건이 동일하다면 매출액이 얼마나 증가하는가?

2. 다른 조건이 동일한 경우에 20×2년의 안전한계 매출액을 ₩1,200,000으로 유지하고자 한다면 몇 단위의 제품을 판매하여야 하는가?
3. 20×2년에 판매수량이 20%증가하고 다른 조건이 20×1년과 동일하면 영업이익 증가액은 얼마인가?
4. 다른 조건이 동일한 경우에 20×2년에 고정원가가 30%증가하면 손익분기점 판매량은 얼마나 증가(감소)하는가?

(12-7) 판매가격의 결정

(주)한성의 연간 제품생산능력은 5,000단위이며, 판매가격은 ₩21,000에 4,000단위를 판매하였다. 제품의 원가구조는 다음과 같다.

단위당 변동제조원가	₩9,000
단위당 변동판매관리비	2,000
고정제조원가	16,000,000
고정 판매비와 관리비	12,000,000

회사는 제품성능향상을 위하여 설비투자를 계획하고 있으며, 고정제조원가 ₩2,000,000을 증가시키고 단위당 변동원가를 ₩400증가시키고자 한다.

(요구사항)

현재 판매량 4,000단위에서, 기존의 영업이익을 유지하기 위하여 단위당 판매가격을 얼마로 결정하여야 하는가?

(12-8) 준고정원가와 CVP

서울산업(주)의 단위당 판매가는 ₩1,000 단위당 변동원가는 ₩600이다. 고정원가는 조업도수준에 따라 다음과 같은 3단계 원가를 보이고 있다.

조업도	고정원가
0 ~ 1,500 단위	₩ 560,000
1,501 ~ 2,500	820,000
2,501 ~ 3,500	1,500,000

(요구사항)

1. 손익분기점의 판매량을 계산하시오.
2. 제품을 생산하는 즉시 전량 판매 가능하다면 어느 단계의 조업도가 가장 유리한가?

(12-9) 복수제품의 CVP 분석

서울전자(주)는 A제품과 B제품의 두 종류 제품을 생산 판매하고 있으며 관련된 정보는 다음과 같다.

	A제품	B제품
단위당 판매가격	₩200	₩300
단위당 변동원가	120	200
예상판매량	2,000단위	3,000단위

회사의 고정원가는 ₩276,000이다.

(요구사항)

1. 예상판매량에 대한 영업이익은 얼마인가?
2. 제품배합이 손익분기점에서 동일하다고 가정하고 손익분기점의 판매량을 계산하시오.
3. 예상과 다르게 제품배합이 B제품 1대당 A제품 4대가 판매되는 경우 각 제품에 대한 손익분기점을 계산하시오.

(12-10) 복수제품의 CVP 분석

서울전자(주)는 다음과 같은 가격과 원가를 가진 3종류의 제품을 판매하고 있다.

종류	단위당판매가	단위당변동원가	월별 고정원가
제품 1	₩180	₩120	
제품 2	300	180	
제품 3	480	300	
회사전체			₩2,484,000

회사의 제품 판매수량에 따른 매출배합은 제품 1이 50%, 제품 2가 20%, 제품 3이 30%이다.

(요구사항)

1. 각 제품별 손익분기점 매출액을 계산하시오.
2. 목표이익 ₩600,000을 얻기 위한 제품별 매출액과 매출량을 구하시오.

(12-11) CVP분석의 확장(목표이익과 법인세)

건국산업(주)은 단일제품을 생산 판매하고 있으며, 단위당 판매가격은 ₩60,000이다. 제품생산을 위한 단위당 직접재료원가는 ₩12,000, 직접노무원가는 ₩10,000, 변동제조간접원가는 ₩3,000이 발생하였으며 고정제조간접원가는 ₩2,000,000이다. 당기 판매량은 총 200단위이며 판매과정에서 단위당 ₩5,000의 변동판매비와 관리비가 발생하였으며 고정판매비와 관리비는 ₩1,600,000이 발생하였다.

(요구사항)

1. 단위당 공헌이익과 공헌이익률은 얼마인가?
2. 손익분기점 판매량과 매출액은 얼마인가?
3. 안전한계매출액과 안전한계율은 얼마인가?
4. 법인세가 없는 경우와 법인세가 30%인 경우 영업이익은 얼마인가?
5. 내년도의 목표영업이익이 ₩6,000,000인 경우 목표이익달성을 위한 판매량은 법인세가 없는 경우와 법인세율이 30%인 경우 각각 얼마인가?

(12-12) CVP분석의 확장(목표이익과 법인세)

서울산업(주)의 생산 및 판매활동에 관한 당기 자료는 다음과 같다.

단위당 판매가	₩ 600
단위당 변동제조원가	240
고정제조원가	426,000
단위당 변동판매비	120
고정판매비와 관리비	174,000

(요구사항)

1. 손익분기점 매출량과 매출액을 구하시오.
2. 목표이익 ₩240,000을 얻기 위한 판매량은 얼마인가?
3. 매출액의 10%에 해당하는 이익을 얻기 위한 매출액은 얼마인가?
4. 회사의 법인세율이 20%일 때 세후이익 ₩240,000을 얻기 위한 판매량은 얼마인가?

(12-13) 현금흐름분기점

(주)제일전자의 신제품 판매가격은 ₩2,000이며 원가자료는 다음과 같다.

	변동원가	고정원가
직접재료원가	₩200	
직접노무원가	400	
제조간접원가	600	₩2,000,000
판매비와 관리비	200	1,000,000
	₩1,400	₩3,000,000

(요구사항)

1. 손익분기점 판매량과 매출액은 얼마인가?
2. 판매가격이 ₩300하락하는 경우 손익분기점 판매량은 얼마인가?
3. 변동원가가 ₩200증가하는 경우 손익분기점 매출액은 얼마인가?
4. 판매량이 10,000개인 경우 영업이익, 안전한계, 안전한계율을 구하시오.
5. 총고정원가에서 감가상각비가 ₩600,000이며 법인세가 없는 경우 현금흐름분기점의 판매량은 얼마인가?
6. 총고정원가에서 감가상각비가 ₩600,000이며 법인세율이 50%인 경우 현금흐름분기점의 판매량은 얼마인가?

CHAPTER 13 의사결정과 관련원가: 단기적 특수의사결정

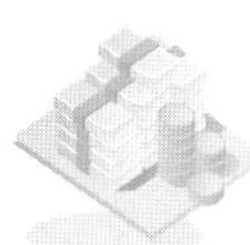

경영자들은 업무를 수행하는 과정에서 끊임없이 다양한 의사결정에 직면한다. 이러한 의사결정에는 생산일정계획과 같은 일상적인 의사결정이 있으며, 기존의 설비를 대체하는 특수한 의사결정도 있다. 회계담당자는 특정대안에 수반되는 수익과 원가를 분석하여 특정대안의 선택이 이익에 미치는 영향에 대한 정보를 경영자에게 제공함으로써 경영자가 합리적 의사결정을 수행할 수 있도록 유용한 정보를 제공하여야 한다.

본장에서는 단기적 특수의사결정과 관련된 관련원가와 관련수익의 의미를 알아보고, 의사결정의 접근방법에 대하여 설명하며, 이어서 회계정보가 여러 가지 유형의 단기적 의사결정에서 어떻게 적용되는지에 대하여 설명한다. 여기서 다루게 되는 의사결정의 유형은 생산일정계획과 같은 일상적 반복적으로 발생되는 의사결정이 아니라 특수의사결정이다.

제1절 의사결정의 유형과 과정

1. 의사결정의 유형

의사결정(decision making)이란 일정한 목적이나 목표를 달성하기 위하여 여러 가지 선택가능한 행동이나 방법 가운데서 최적의 대안(alternatives)을 선택하는 논리적 과정이다. 즉, 의사결정은 기업의 목표를 효과적으로 달성하기 위하여 선택할 수 있는 여러 가지 대안 중에서 최선의 안을 선택하는 것이다. 경영자는 계획, 실행, 통제 등의 관리업무를 수행하는 과정에서 여러 가지 의사결정에 직면하게 되고 최적의 의사결정을 위하여 많은 정보를 필요로 한다.

의사결정은 관점에 따라 여러 가지로 분류할 수 있으며, 의사결정의 결과가 영향을 미치는 기간에 따라 단기의사결정과 장기의사결정으로 나눌 수 있다. **단기의사결정**은 의사결정의 결과가 단기간, 대체로 1년 이내에 영향을 미치는 것이며, 제품의 생산계획과 같은 일상적인 업무활동과 관련된 의사결정과 특별주문의 수락여부, 부품의 자가제작 또는 외부구입여부 등과 같은 특수의사결정이 있다. 여기서 단기란 일반적으로 설비규모의 변동을 고려하지 않는 의사결정이며, 특수의사결정은 일상적으로 제도화되지 않는 의사결정을 말한다. **장기의사결정**은 **자본예산**(capital budgeting)이라고도 하며 토지나 건물, 또는 생산설비 등에 대한 투자이며 투자로 인한 영향이 장기간에 걸쳐 나타나는 의사결정이며 기업의 장기적 경영전략에 기초를 둔 의사결정이다.

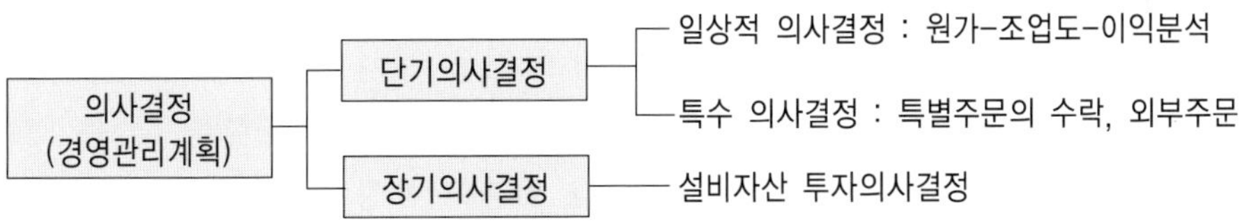

〈그림 13-1〉 의사결정의 유형

의사결정을 이와 같이 장기와 단기로 구분하는 이유는 여러 가지가 있으나 화폐의 시간가치를 반영하는 것이 중요하기 때문이다. 단기의사결정에서는 명목가치와 현재가치의 차이가 중요하지 않으므로 화폐의 시간가치를 고려할 필요가 없으나 장기의사결정에서는 의사결정의 효과가 기업에 장기간 영향을 주기 때문에 화폐의 시간가치를 고려하여야 한다.

경영자가 합리적 의사결정을 하기 위해서는 많은 정보를 고려하여야 하며, 여기에는 화폐금액으로 표시할 수 있는 **양적 정보**(quantitative information)뿐만 아니라 화폐금액으로 표시하기 어려운 **질적 정보**(qualitative information)도 포함된다. 양적 정보는 주로 회계담당자들이 특정의사결정에 수반된 관련수익과 원가를 분석하여 기업의 이익에 미치는 영향을 화폐로 표시한 정보를 의미한다. 일반적으로 원가관리회계가 제공하는 대부분의 정보는 양적 정보이며, 양적 정보 중에서도 특히 원가정보가 대부분이다. 질적 정보는 특정 대안이 가져오게 되는 비화폐적인 정보, 즉, 종업원의 사기, 기술력, 기업의 이미지에 미치는 영향 등 화폐로 표시할 수 없는 정보이다. 이처럼 경영자가 합리적 의사결정을 수행하기 위해서는 선택 가능한 여러 가지 대안이 가지는 양적 특성뿐만 아니라 질적 특성도 신중히 고려하여야 한다. 예컨대, 기업이 제품생산에 사용되는 부품을 자체 제작하고 있는 상황에서 부품을 외부에서 구입하는 것이 기업의 이익에 더 많은 기여를 한다고 결정할 때, 외부구입으로 인하여 부품제작에 참여하는 종업원을 강제적으로 해고해야 한다면, 이로 인한 종업원들의 사기저하 및 기업의 이미지에 미치는 영향 등도 고려하여 최종결정을 내려야 한다는 것이다. 의사결정과정에서 이러한 질적 양적분석은 단기적 의사결정 뿐만 아니라 장기적 의사결정인 자본예산에서도 적용된다.

2. 의사결정과정

의사결정이 이루어지는 일련의 과정은 대체로 정보수집 → 대안의 식별 → 관련원가의 분석 → 최적대안의 선택과 실행 → 성과평과 등과 같이 다섯 단계로 구분할 수 있다. 특히 단기의사결정을 위해서는 의사결정과 관련된 원가와 수익의 분석이 필요하므로 의사결정과정에서 가장 중요시되는 단계는 관련원가분석이다.

① 제 1 단계 : 정보의 수집

의사결정목적을 달성하기 위하여 여러 가지 대안을 분석하기 위한 정보를 수집한다. 이 단계에서는 역사적 자료와 더불어 미래의 수익이나 비용에 영향을 줄 수 있는 사건이 있는가를 파악하여 재무적 정보뿐만 아니라 비재무적 정보도 수집한다.

② 제 2 단계 : 여러 가지 대안의 예측

정보수집단계에서 수집된 정보를 기초로 각각의 대안에 대한 미래의 결과를 예측한다.

③ 제 3 단계 : 관련원가의 분석

수집된 정보를 기초로 여러 가지 대안으로부터 기대되는 관련원가와 관련수익을 분석한다.

④ 제 4 단계 : 최적대안의 선택과 실행

관련원가분석을 기초로 의사결정의 목표인 이익극대화, 효용극대화를 가져올 수 있는 최적대안을 선택하고 실행한다.

⑤ 제 5 단계 : 성과평가

실행한 결과가 당초 예상하였던 내용과 일치하는가를 분석하고, 분석된 내용을 미래 의사결정에 반영할 수 있도록 한다.

제2절 관련원가의 분석

1. 관련원가와 관련수익

관련원가(relevant costs)는 의사결정과 관련이 있는 원가를 말하며, 고려중인 대체안 간에 차이가 있는 미래원가이다. 관련원가의 정의에서 중요한 것은 고려중인 대체안 간에 차이가 있어야 한다는 것과 고려대상이 되는 원가는 미래원가이어야 한다는 것이다. 관련원가는 경영자가 선택하는 대안과 관련이 있으며, 의사결정에 영향을 미칠 수 있는 회피가능한 미래원가이다.

관련원가가 되려면 기대되는 미래원가이어야 하므로 역사적 원가(historical cost)와 매몰원가(sunk cost)는 비관련원가이다. **비관련원가**(irrelevant cost)는 여러 대체안 간에 차이가 발생하지 않는 원가이며 의사결정에 영향을 미치지 않는 원가이다. 따라서 과거에 이미 발생한 역사적 원가는 관련원가가 아니며, 미래원가라 하여도 차이가 없으면 비관련원가이다. 특정원가가 관련원가인가 비관련원가인가는 절대적으로 고정된 개념이 아니라 상황에 따라 또는 의사결정 목적에 따라 달라질 수 있다.

특수의사결정과 관련하여 사용되는 원가는 관련원가, 기회원가, 차액원가, 증분원가,

현금지출원가, 매몰원가 등으로 분류한다. **기회원가**(opportunity cost)는 선택된 대체안을 제외한 포기된 나머지 대안 중에서 기대되는 가장 큰 이익을 말한다. 기회원가는 회계장부에 기록되지 않지만 의사결정과정에서 반드시 되어야 한다. 또한 두 대체안 간의 원가차이를 **차액원가**(differential costs)라고 하며 증분원가라고도 한다. 증분원가는 생산량의 변화에 따라 증가되는 원가를 의미한다. 기업의 일반적인 단기의사결정에서는 증분원가를 계산하여 비교한다. **현금지출원가**(outlay cost)는 실제적인 현금지출을 가져오는 원가이며, 대체안간에 차이가 있거나 차이를 보이지 않을 수도 있다. **매몰원가**는 과거에 이미 발생된 역사적 원가이며 미래 의사결정에 영향을 미치지 못하는 원가이다. 일반적으로 기업은 단기적인 의사결정과정에서 증분원가를 계산하여 증분이익과 비교한다.

관련원가와 유사하게 **관련수익**(relavant revenue)의 개념이 있다. 관련수익은 의사결정과 관련이 있는 수익이며, 고려중인 대체안 간에 차이가 있는 미래의 수익이다. 미래의 수익 중에 대체안 간에 차이가 있으면 의사결정과 관련이 있는 수익이지만, 차이가 없으면 비관련수익이다. 관련원가와 관련수익을 분석할 때, 관련수익의 인식은 비교적 쉬운 반면에 관련원가는 고려하여야 할 사항이 많기 때문에 인식이 어렵다. 따라서 관련수익과 관련원가를 분석할 때 주로 관련원가의 분석에 중점을 두고 있으며, 관련수익과 관련원가분석을 흔히 관련원가분석이라는 표현을 사용한다.

관련원가분석은 고려중인 대체안으로부터 기대되는 결과를 상호 비교하는 형태로 이루어진다. 즉, 각 대안의 현금수입과 현금지출을 비교하여 순현금흐름이 더 큰 대안을 선택한다.

관련원가분석의 기본모형은 다음과 같다.

대안 1		대안 2
예상현금수입		예상현금수입
예상현금지출		예상현금지출
순현금흐름	← 비교 →	**순현금흐름**

비교대상이 되는 대체안이 두 가지일 수도 있고 그 이상일 수도 있으며, 하나를 선택하는 경우와 선택하지 않는 경우일 수도 있다. 관련원가분석을 위한 기본모형은 모든 의사결정에 공통적으로 적용된다.

2. 관련원가의 분석방법

특수한 의사결정을 위한 관련원가의 분석방법은 크게 총액접근법과 증분접근법이 있으며, 일반적으로 증분접근법을 사용한다.

(1) 총액접근법

총액접근법((total approach)은 각 대체안의 총수익과 총비용을 구하여 각 대체안 중에서 가장 큰 이익을 가져오는 대안을 선택하는 방법이다. 이 방법은 각 대체안별로 총수익과 총비용을 모두 파악해야 하므로 관련원가뿐만 아니라 비관련원가도 모두 고려하여야 한다.

이 방법은 모든 수익과 비용을 고려하여 대체안을 선택하므로 별도의 개념을 이해하지 않고도 적용할 수 있다는 장점이 있다. 그러나 모든 원가정보를 분석해야 하므로 계산절차가 번거롭고 시간이 많이 소요된다는 단점이 있다.

(2) 증분접근법

증분접근법(incremental approach)은 각 대체안간에 차이가 발생하는 항목만을 분석하여 대체안을 선택하는 방법이며, **차액접근법**이라고도 한다. 이 방법은 대체안간에 차이가 없는 요소는 의사결정에 아무런 영향을 미치지 않으므로 고려할 필요가 없다는데 근거한다. 따라서 이 방법을 적용하려면 각 대체안의 모든 수익과 원가자료에서 대체안간에 차이가 있는 관련항목과 차이가 없는 비관련항목을 구분하여야 한다.

총액접근법과 증분접근법이 같은 결과를 가져 오지만 다음과 같은 이유로 총액접근법을 많이 사용하지 않는다.

첫째, 총액접근법을 이용하기 위해서는 모든 수익과 비용을 추정하여야 하며, 모든 수익과 비용을 추정하는 것이 불가능하거나 비용이 많이 소요되는 경우가 일반적이다. 증분접근법은 모든 수익과 비용을 추정할 필요가 없고 관련원가와 관련수익만을 추정하면 적용할 수 있으므로 간편하다.

둘째, 총액접근법을 이용하는 경우에 중간과정이 복잡하여 불필요한 정보의 습득과 해석이 필요하게 되므로 잘못된 의사결정을 하거나 비능률적인 의사결정을 할 수 있다.

(예제 13-1)

(주)동대문은 A제품을 생산판매하고 있으며, 다음 연도의 판매량을 1,000개로 예상하고 있다. 회사의 제품생산능력은 연간 1,800개이며, 다음 연도의 예상판매량을 초과하여 800개를 생산할 수 있는 유휴설비는 임대하면 ₩50,000의 임대수익을 얻을 수 있다. 다음 연도의 제품생산과 판매에 관한 자료는 다음과 같다.

단위당 판매가격	₩ 600	단위당 변동원가	₩300
고정원가	100,000	예상판매량	1,000개

회사의 고정원가는 감가상각비 ₩40,000과 현금지출원가₩60,000이다. 회사는 (주)서울로부터 A제품 600개를 단위당 ₩400에 공급해 달라는 특별주문을 받았다.

(요구사항)

총액접근법과 증분접근법으로 특별주문의 수락여부를 결정하시오.

(풀이)

1. 총액접근법

항 목	특별주문을 수락하는 경우		특별주문을 수락하지 않는 경우	
총수익				
매출액	1,000개×@600		1,000개×@600 =	₩600,000
	+600개×@400 =	₩840,000		
임대수익		0		50,000
계		840,000		650,000
총비용				
변동원가	1000개×@300		1,000개×@300 =	₩300,000
	+600개×@300 =	₩480,000		
고정원가		100,000		100,000
계		580,000		400,000
총이익		₩260,000		₩250,000

(증분이익 ₩10,000)

2. 증분접근법

Ⅰ. 증분수익

매출액의 증가: 600개 × @400 = ₩240,000

임대수익의 감소(기회비용) (50,000) ₩190,000

Ⅱ. 증분비용

변동원가의 증가: 600개 × @300 = ₩180,000 180,000

Ⅲ. 증분이익 ₩ 10,000

3. 의사결정: 총액접근법과 증분접근법에서 모두 동일하게 증분이익이 ₩10,000이므로 특별주문을 수락한다.

(3) 관련원가분석시 유의사항

단기의사결정에서 관련원가분석방법으로 총액접근법과 증분접근법에 대하여 살펴보았다. 단기의사결정에서 경영자는 관련원가와 관련수익, 기회비용을 파악한 후에 이를 기초로 의사결정을 하는 것이 바람직하며, 다음 항에 유의하여야 한다.

첫째, **양적 요소**(quantitative factor)뿐만 아니라 **질적 요소**(qualitative factor)도 함께 고려하여야 한다. 양적 요소는 수치로 표시될 수 있는 요소들이다. 예를 들면 변동비, 직접노무원가, 연구개발비와 같은 계량적 요소이다. 양적요소는 재무적 요소와 비재무적 요소로 구분할 수 있다. **재무적 요소**는 화폐적 단위로 표시될 수 있는 것이며, 직접재료원가, 직접노무원가 제조간접원가 등이다. **비재무적 요소**는 화폐단위로 쉽게 표시될 수 없는 것들이며, 제품개발기간, 화물도착확률 등이다. 질적 요소는 수치로 표시할 수 없지만, 기업의 이익에 영향을 줄 수 있는 요소들이다. 예를 들면 경영자의 경영철학, 종업원의 사기, 소비자만족도 등이다.

둘째, 양적 요소 중에서 주로 재무적 요소에 초점을 두지만 의사결정을 하는 경영자는 재무적 요소뿐 아니라 비재무적 요소와 질적 요소도 함께 고려해야 한다. 예를 들어, 부품의 외부구입이 자가제작보다 단기적으로 유리하다고 하여 제작부서의 종업원을 강제 해고한다면 나머지 종업원들의 사기나 기업이미지에 불리한 영향을 주게 된다.

셋째, 관련원가분석에서 변동원가는 모두 관련원가이며, 고정원가는 비관련원가라고 생각하기 쉽다. 대부분의 변동원가는 관련원가이지만 관련원가가 아닌 경우도 있다는 사실에 유의하여야 한다. 또한 대부분의 고정원가는 비관련원가이지만 반드시 그렇지 않다는 사실에 유의하여야 한다.

넷째, 원가분석에서 단위당 원가를 사용하는 경우가 있는데 단위당 원가에는 의사결정과 관련이 없는 고정원가가 포함되는 경우가 있으므로 유의하여야 한다. 또한 서로 다른 조업도에서 단위당 원가가 동일한 개념으로 사용될 수 있는데, 조업도가 달라지면 단위당 고정원가는 달라질 수 있다. 따라서 고정원가를 단위당 원가로 환산하여 이용하는 것은 의사결정을 오도할 수 있으므로 가능한 총고정원가를 이용하는 것이 바람직하다.

다섯째, 역사적 원가는 미래수익과 미래원가에 영향을 미치지 않으므로 비관련원가이다. 다만, 역사적 원가를 분석하면 미래에 발생할 원가를 보다 정확하게 예측하는데 도움이 될 수 있다.

제3절 의사결정의 유형

1. 특별주문의 수락여부

기업은 기존 거래처가 아닌 고객으로부터 주문을 받거나 기존의 거래처로부터 정상주문이 아닌 대량구매조건으로 가격할인을 요구하는 등 **특별주문**(special order)을 받는 경우가 있다. 특별주문은 반복되는 장기성 주문이 아닌 비반복적인 일회성 주문을 의미한다. 예를 들면, 전혀 거래가 없던 고객이 대량구매조건으로 가격할인을 요구하거나, 정상가격보다 낮은 가격으로 대량구매를 요구하는 경우가 있다. 이러한 경우에 생산능력에 여유가 있고 만족할만한 가격수준으로 주문을 한다면 당연히 주문을 수락하여야 할 것이다. 그러나 생산능력에 여유가 없거나 기존 시장가격보다 낮은 가격으로 특별주문을 받게 되면 주문을 수락할 것인지의 여부를 신중하게 고려하여야 한다.

특별주문의 수락여부를 결정할 때에는 유휴생산설비가 존재하는지의 여부와 특별주문이 기존시장에 미치는 영향을 고려하여야 하며, 이를 정리하면 다음과 같다.

① 유휴설비가 존재하는 경우에는 특별주문을 수락하여도 기존설비능력만으로 충분히 생산할 수 있다면 증분원가와 증분수익을 고려하여 수락여부를 결정한다.
② 유휴설비가 없거나 부족한 경우에는 설비능력을 확충하거나 기존판매량을 감소시켜야 하므로 특별주문수락으로 인한 증분수익과 증분원가, 추가적인 설비원가, 기존판매량 감소에 의한 수익과 비용을 모두 고려하여 결정한다.
③ 유휴설비로 특별주문을 충분히 생산할 수 있으나 유휴설비의 다른 대체적 용도가 있다면 특별주문에 따른 관련원가는 증분원가와 기회원가를 합한 금액이다.

특별주문은 판매량이 증대하는 상황이다. 따라서 특별주문으로 증가하는 증분이익(특별주문가격)과 증분원가를 고려하여 수락여부를 결정한다. 특별주문의 수락으로 정규판매량을 축소하는 경우에는 기회원가가 발생하므로 이를 증분원가에 가산한다.

증분이익 〉 (증분원가+기회비용) : 주문수락
증분이익 〈 (증분원가+기회비용) : 주문거절
증분공헌이익 〉 증분고정원가 : 주문수락

특별주문의 수락여부와 같은 단기적 의사결정은 수익과 비용(원가)요소가 모두 변동하게 되므로 공헌이익접근법을 적용할 수도 있다. 특별주문으로 증가하는 공헌이익(증분공헌이익)과 증분고정원가를 비교하여 증분공헌이익이 더 큰 경우에 특별주문을 수락한다.

(예제 13-2) 특별주문의 수락여부

다음은 전자제품을 생산하는 KS(주)에 관한 자료이다.

단위당 변동원가	₩ 100
고정원가총액	8,000
단위당 판매가격	200
정상제품생산량	100 대

위와 같은 상황에서 외국 구매자로부터 단위당 ₩180에 50대를 구입하겠다는 주문을 받았다. 특별주문을 수락할 경우 한 대당 ₩10의 추가비용이 발생하고 고정판매관리비 ₩1,000이 증가할 것으로 예상된다.

(요구사항)

1. 연간생산능력이 200대인 경우 주문의 수락여부를 결정하시오.
2. 연간생산능력이 120대인 경우 주문의 수락여부를 결정하시오.

(풀이)

1. 연간생산능력이 200대인 경우

(1) 증분손익의 계산

Ⅰ. 증분수익 50대 × @180 =		₩ 9,000
Ⅱ. 증분비용		
변동원가 50대 × @110 =	5,500	
고정원가	1,000	6,500
Ⅲ. 증분이익		₩ 2,500

(2) 의사결정: 특별주문을 수락한다.

*공헌이익접근법: 단위당 공헌이익(특별주문) = ₩180 − 100 − 10 = ₩70

증분공헌이익 @70×50대 =	₩3,500
− 증분고정원가	(1,000)
증분이익	₩2,500

2. 연간생산능력이 120대인 경우

(1) 증분손익의 계산:

- 정규매출수량과 특별주문량 전부(150대)를 생산하기에는 생산능력(120대)이 부족하므로 정규매출수량을 30대 감소시켜야 특별주문을 수락할 수 있다. 따라서 이에 대한 기회비용을 반영하여야 한다.

Ⅰ. 증분수익:		
1. 수익증가 50대 × @180 =	₩ 9,000	
2. 수익감소 30대 × @200 =	(6,000)	₩ 3,000
Ⅱ. 증분비용:		
1. 변동원가 증가 50대 × @110 =	5,500	
2. 고정원가증가	1,000	
3. 변동원가감소 30대 × @100 =	(3,000)	3,500
Ⅲ. 증분이익		₩ (500)

(2) 의사결정: 특별주문을 수락하는 경우 ₩500의 손실이 발생하므로 특별주문을 거절한다.

* 공헌이익접근법: 증분공헌이익 ₩3,500 − (30 × 100) =	₩500
− 증분고정원가	(1,000)
증분이익	(₩500)

2. 부품의 외부구입 또는 자가제조의 결정

제조기업은 제품을 생산하는 과정에서 필요한 부품이나 원재료를 직접 제조하거나 외부에서 구입한다. 제품의 생산에 소요되는 부품의 대부분은 외부에서 구입하는 것이 일반적이지만, 어느 경우에 부품을 자가제작하고 어떤 경우에 외부에서 구입할 것인가는 기업의 중요한 의사결정의 하나이다. 경영자는 부품을 직접 제조할 것인지 아니면 외부로부터 구입할 것인지를 신중히 검토하여 기업에 유리한 방향으로 의사결정을 하여야 한다.

부품의 자가제조 또는 외부구입에 대한 의사결정은 자가제조할 경우의 관련원가와 외부구입가격을 비교하여 외부구입가격이 자가제조할 경우의 관련원가보다 더 낮은 가격이면 외부에서 구입하는 것이 유리하다. 즉, 자가제조 관련원가를 분석할 때에는 관련된 변동원가뿐만 아니라 자가제조여부에 따라 증가하거나 감소하는 고정원가, 회피가능원가도 함께 고려하여야 한다. 부품을 외부에서 구입하는 경우에는 기존설비를 임대하거나 다른 제품의 생산에 활용할 수 있다면 임대수익이나 다른 제품의 공헌이익은 부품을 자가제조하는 데에 대한 생산설비의 기회비용이므로 의사결정과정에서 이를 반드시 고려하도록 한다.

외부구입과 자가제조에 대한 의사결정에서는 재무적 측면이외에 비재무적 측면도 함께 고려하여야 한다. 비재무적 측면에서 자가제조의 장점은 공급자에 대한 의존도를 감소할 수 있으며 품질관리를 보다 용이하게 할 수 있다. 단점으로는 공급자와의 관계를 상실함으로써 미래에 급격한 주문의 증가로 생산능력을 초과할 때 부품의 외부구입이 용이하지 않으며, 부품에 대한 특별한 지식이나 기술이 요구될 때 자가제조를 하면서 품질을 유지하기가 쉽지 않을 수 있다는 것이다.

자가제조와 외부구입에 대한 의사결정기준은 외부구입원가와 회피가능원가를 비교하여 결정하며, 이에 대한 의사결정기준은 다음과 같다.

> 외부구입원가 〉 (회피가능원가 + 기회비용) : 자가제조
> 외부구입원가 〈 (회피가능원가 + 기회비용) : 외부구입

이러한 의사결정기준을 보다 자세히 설명하면, 기존설비의 대체용도가 있는 경우와 대체용도가 없는 경우로 나누어 결정할 수 있으며, 증분수익과 증분비용을 비교하여 결정한다. 즉, 증분수익이 증분비용을 초과하는 경우에 외부에서 구입하고, 증분비용이 초과하는 경우에는 자가제조하도록 결정한다. 증분수익은 외부구입으로 인한 변동원가감소액과 회피가능고정원가, 대체용도에 따른 기회비용을 더한 금액이며, 증분비용은 외부구입원가이다.

> ① 기존설비의 대체용도가 있는 경우:
> 증분비용(외부구입원가) 〈 증분수익(변동원가감소액 + 회피가능고정원가 + 기회원가)
> : 외부구입
> ② 기존설비의 대체용도가 없는 경우
> 증분비용(외부구입원가) 〈 증분수익(변동원가감소액 + 회피가능고정원가) : 외부구입

(예제 13-3) 외부구입 또는 자가제조의 결정

전자제품을 생산하고 있는 KS(주)는 필요한 부품을 자가제조하고 있다. 부품의 제조원가 자료는 다음과 같다.

직접재료원가	₩ 400,000
직접노무원가	200,000
변동제조간접원가	100,000
고정제조간접원가	300,000
합 계	₩ 1,000,000
생 산 량	5,000 개
단위당 원가	₩ 200

최근에 외부 생산회사로부터 필요한 부품을 개당 ₩180에 공급하겠다는 제의를 받았다. 외부에서 구입하는 경우 고정제조간접원가 중에서 감독자급여 ₩50,000은 회피가능원가이다.

(요구사항)

1. 부품을 외부에서 구입할 것인가 자가제조할 것인가에 대한 의사결정을 하시오.
2. 부품을 외부에서 구입하는 경우 기존설비를 임대하면 연간 ₩200,000의 임대수익이 예상된다. 부품의 외부구입 또는 자가제조에 대한 의사결정으로 하시오.

(풀이)

1. 유휴설비의 활용이 없는 경우의 의사결정

(1) 외부구입 증분손익의 계산

Ⅰ. 증분수익:		₩ 0
Ⅱ. 증분비용:		
1. 비용증가		
구입비용증가 5,000개×@180=₩900,000		
2. 비용감소		
변동제조원가	(700,000)	
고정제조간접원가	(50,000)	150,000
Ⅲ. 증분이익		₩(150,000)

(2)의사결정: 외부구입하는 경우 원가가 ₩150,000 증가하므로 자가제조하여야 한다.

2. 유휴설비를 활용할 수 있는 경우: 임대수익이 발생하는 경우

(1) 외부구입 증분손익의 계산

Ⅰ. 증분수익:		₩ 200,000
Ⅱ. 증분비용:		
1. 비용증가		
구입비용증가 5,000×@180=₩900,000		
2. 비용감소		
변동제조원가	(700,000)	
고정제조간접원가	(50,000)	150,000
Ⅲ. 증분이익		₩ 50,000

(2) 의사결정: 부품을 외부에서 구입할 경우 자가제조하는 경우보다 이익이 ₩50,000 증가하므로 외부구입 결정을 한다.

3. 보조부문의 유지 또는 폐지

제조기업은 기본적으로 제조부문과 보조부문으로 구성되어 있다. **제조부문**(production department)은 제품생산에 직접 참여하여 조직의 중심목적인 제조활동을 수행하는 부문이며 가공부문, 조립부문, 절단부문 등을 예로 들 수 있다. **보조부문**(service department)은 제조에 직접 참여하지 않으며 제조활동을 지원하는 부문이며 수선부문, 동력부문, 창고부문 등이 있다.

기업은 상황에 따라서 보조부문을 폐지하고 보조부문에서 제공하는 용역이나 활동을 직접 생산하지 않고 외부에서 구입할 것인지에 대한 의사결정을 하는 경우가 있다. 이러한 의사결정은 제품의 제조에 필요한 부품을 외부에서 구입할 것인가의 의사결정과 유사한 문제이다. 즉, 보조부문을 유지한다는 것은 그 용역을 자가제조한다는 의미이고, 보조부문을 폐지한다는 것은 그 용역을 외부에서 구입한다는 의미이다. 그러나 복수의 보조부문이 존재하여 보조부문 상호간의 용역수수가 있는 경우에는 다음과 같은 점에 유의하여야 한다.

첫째, 보조부문을 폐지하고 외부에서 구입하는 용역의 크기와 보조부문을 유지하는 경우 제공되는 용역의 크기가 다르다.

둘째, 보조부문을 폐지하는 경우 절감되는 원가는 해당부문의 원가뿐만 아니라 다른 보조문의 원가도 절감될 수 있다.

보조부문의 유지 또는 폐지의 의사결정은 보조부문에서 발생되는 용역의 원가를 제조부문에 배분하는 문제와 관련된다. 이러한 원가배분은 제4장 원가의 배부에서 이미 살펴본 바와 같이 직접배부법, 단계배부법, 상호배부법 등을 이용한다.

보조부문의 유지 또는 폐지와 관련한 의사결정기준은 부품의 자가제조 또는 외부구

입의 의사결정과 본질적으로 같다. 보조보문에서 제공하는 용역의 외부구입원가와 외부구입으로 절감되는 원가를 비교하여 결정한다.

> 외부구입원가 〉 (절감되는 원가 + 기회비용) : 보조부문 유지(자가제조)
> 외부구입원가 〈 (절감되는 원가 + 기회비용) : 보조부문 폐지(외부구입)

특정 보조부문을 폐지하면 그 부문의 원가뿐만 아니라 상호의존관계에 있는 다른 보조부문의 원가도 절감된다. 이때 절감되는 원가는 자가제조시 관련원가이며 폐지부문의 원가와 다른 보조부문원가의 일부를 포함하며, 동시에 외부공급자에게 지급할 수 있는 최대금액이다.

> 외부구입시 절감되는 원가:
> ① 폐지부문의 고유원가 + 상호의존관계에 있는 다른 보조부문의 절감원가
> ② 자가제조시 관련원가
> ③ 용역의 외부공급자에게 지급할 수 있는 최대금액

(예제 13-4) 보조부문의 유지 또는 폐지

서울(주)은 두 개의 보조분문과 두 개의 제조부문을 운영하고 있으며, 보조부문에서 제조부문으로 제공되는 용역과 원가자료는 다음과 같다.

사용부문 / 제공부문	보조부문		제조부문		합계
	수선부	동력부	가공부	조립부	
수 선 부	-	100시간	250시간	150시간	500시간
동 력 부	500kw	-	100kw	400kw	1,000kw
보조부문예산					
변동원가	₩70,000	₩15,000			
고정원가	30,000	30,000			
계	₩100,000	₩45,000			

동력부문의 고정원가는 설비자산의 감가상각비이며, 변동원가는 전력생산량에 비례하여 발생하며, 변동예산 ₩15,000은 예정생산량 1,000KW를 기준으로 산출된 것이다. 수선부문의 전력사용량은 수선부문의 조업시간에 비례하여 발생한다. 회사는 작업에 필요한 전력을 외부에 구입할 것을 고려하고 있다.

(요구사항)

1. 외부의 동력공급회사가 kw당 ₩35에 전력을 공급해 주겠다고 제의하였다. 이 제의를 받아들여야 하는지 결정하시오.
2. 전력을 외부에서 구입할 경우 전력설비자산을 임대하면 연간 10,000원의 임대수익이 예상되는 경우 의사결정을 하시오.

(풀이)

1. 유휴설비의 사용이 불가능한 경우 의사결정

1) 외부구입전력량과 비용감소의 계산

수선부분에서 사용하는 전력 500kw의 20%(100시간/500시간)는 전력부문에 수선용역을 제공하기 위해서 사용한 것이다. 전력부문이 폐지되면 수선부문의 전력사용량은 500kw-100kw =400kw로 감소된다. 따라서 외부구입전력량은 900kw이다.

또한 동력부문의 가동을 중단하면 동력부의 변동원가가 발생하지 않으며, 수선부문 조업시간은 100시간만큼 감소하므로 수선부문의 변동원가도 20%(100시간/500시간)감소한다.

2) 증분이익의 계산

Ⅰ. 증분수익			₩ 0
Ⅱ. 증분원가			
1. 비용의 증가:	외부구입원가 900kw × @35 =	₩ 31,500	
2. 비용의 감소:	동력부문 변동원가 1,000kw × @15[1] =	(15,000)	
	수선부문 변동원가 100시간 × @140[2] =	(14,000)	2,500
Ⅲ. 증분이익			₩(2,500)

*주1) 동력부문 전력단위 변동원가: ₩15,000/1,000kw = @15

2) 수선부문 작업시간당 변동원가: ₩70,000/500시간 = @140

3) 의사결정: 외부에서 구입하면 2,500원만큼 이익이 감소되므로 동력부문을 계속 유지해야 한다.

2. 유휴설비의 사용이 가능한 경우 의사결정

1) 증분이익의 계산

- 전력을 외부에서 구입하는 경우 유휴설비의 임대수익이 있으므로 이를 고려한다.

Ⅰ. 증분수익			
임대수익			₩ 10,000
Ⅱ. 증분원가			
1. 비용의 증가:	외부구입원가 900kw × @35 =	₩ 31,500	
2. 비용의 감소:	동력부문 변동원가 1,000×@15[1] =	(15,000)	
	수선부문 변동원가 100 ×@140[2] =	(14,000)	2,500
Ⅲ. 증분이익			₩ 7,500

*주1) 동력부문 전력단위 변동원가: ₩15,000/1,000kw = @15

2) 수선부문 작업시간당 변동원가: ₩70,000/500시간 = @140

2) 의사결정: 회사가 전력을 자체생산하지 않고 외부에서 구입하는 경우 영업이익이 ₩7,500 증가하므로 외부에서 구입하도록 한다.

4. 제품라인의 유지 또는 폐쇄

기업에서 두 종류 이상의 제품을 생산하는 경우, 제품 중에 손실이 발생하는 제품이 있거나 수익성이 낮은 제품이 있다면 해당 제품라인의 폐지여부(keep or drop) 또는 신규제품라인의 추가여부(add or not)를 결정하여야 한다. 이러한 제품라인의 폐지 또는 추가에 대한 결정은 해당 제품라인 자체의 이익에 미치는 영향만을 고려하는 것이 아니라 기업전체의 이익에 미치는 영향을 기준으로 결정하여야 한다.

제품라인을 폐지하는 경우 폐지와 관련한 변동제조원가뿐만 아니라 폐지로 인한 고정원가도 고려해야 한다. 제품라인을 폐지하는 경우 해당제품의 매출액과 변동원가는 감소하지만, 고정원가는 제품라인 폐지에 따른 회피가능한 고정원가(avoidable fixed cost)와 회피불가능한 고정원가(unavoidable fixed cost)로 나누어진다. **회피가능한 고정원가**는 제품라인을 폐지하는 경우 발생되지 않는 고정원가이며, 이에 해당하는 고정원가는 해당 제품라인에 종사는 감독자급여, 해당 제품의 광고선전비 등을 들 수 있다. **회피불가능한 고정원가**는 제품라인을 폐지하여도 계속해서 발생되는 고정원가로서 본사사무비용이나 공장전체의 감가상각비 등을 예로 들 수 있다. 따라서 제품라인을 폐지하는 경우에는 그 제품의 변동원가뿐만 아니라 회피가능한 고정원가도 고려하여야 한다.

한편 신규제품라인을 추가하기 위한 의사결정은 제품라인의 추가로 인한 판매량 증가와 함께 설비능력의 증설이 요구되는 상황이다. 따라서 판매량 증가로 이한 증분공헌이익과 증분고정원가를 비교하여 결정한다. 이러한 유형의 의사결정은 제품라인뿐만 아니라 이와 유사한 영업점이나 부문에 대해서도 적용된다.

제품라인의 유지-폐지, 추가에 대한 의사결정기준은 다음과 같다.

> 제품라인의 공헌이익 〉 (회피가능고정원가 + 기회원가) : 제품라인의 유지
> 제품라인의 공헌이익 〈 (회피가능고정원가 + 기회원가) : 제품라인의 폐지
> 증분공헌이익 〉 증분고정원가 : 제품라인의 추가

(예제 13-5) (주)서울은 A, B, C 의 세 가지 제품을 생산하고 있으며, 제품별 손익계산서는 다음과 같다.

구 분	A	B	C	합 계
매 출 액	₩ 50,000	₩ 60,000	₩ 40,000	₩ 150,000
변동원가	20,000	20,000	25,000	75,000
공헌이익	30,000	40,000	15,000	85,000
고정원가	25,000	30,000	20,000	75,000
영업이익	5,000	10,000	(5,000)	10,000

회사는 고정원가를 각 제품의 매출액에 비례하여 배분하고 있으며, 손실이 발생하고 있는 C

제품라인의 폐지여부를 검토하고 있다.

(요구사항)

1. C제품라인을 폐지하여도 고정원가가 계속 발생하여 회피가능원가가 없는 경우 폐지여부를 결정하시오.
2. C제품라인을 폐지하고 다른 제품을 생산하면 20,000의 이익이 예상되는 경우 C제품라인의 폐지여부를 결정하시오.

(풀이)

1. 회피가능원가가 없는 경우

(1) 증분이익의 계산

Ⅰ. 증분수익: 매출액감소	₩(40,000)
Ⅱ. 증분비용: 변동원가의 감소	25,000
Ⅲ. 증분이익	₩(15,000)

(2) 의사결정: C제품라인을 폐지하는 경우 15,000의 추가손실이 발생하므로 C제품라인을 계속 유지하여야 한다.

*공헌이익접근법: 공헌이익의 감소 15,000 - 회피가능고정원가 0 =차액손실(15,000)이므로 제품라인을 계속 유지한다.

2. 기회비용이 발생하는 경우

(1) 증분이익의 계산

Ⅰ. 증분수익: 매출액의 감소		₩ (40,000)
Ⅱ. 증분비용:		
변동원가의 감소	25,000	
기회원가	20,000	45,000
Ⅲ. 증분이익		₩ 5,000

(2) 의사결정: 유휴설비를 이용하여 얻을 수 있는 기회비용을 고려하면 ₩ 5,000의 이익이 발생하므로 C제품라인을 폐지하는 것이 유리하다.

*공헌이익접근법: 공헌이익의 감소15,000 -회피가능고정원가(20,000) = 차액이익5,000이므로 제품라인을 폐지하는 것이 유리하다.

5. 결합제품의 판매 또는 추가가공여부

동일한 공정에서 동일한 재료를 사용하여 두 종류 이상의 서로 다른 제품을 생산하는 경우에 이를 **결합제품**(joint products) 또는 **연산품**이라고 한다. 예를 들어 원유를 가공하는 정유회사는 휘발유, 경유, 중유 등을 생산하는데 원유를 가공하기 이전까지는 이들 제품이 분리되지 않으므로 결합제품에 해당한다.

결합제품을 제조하는 기업은 분리점(split off point)이후의 결합제품을 그대로 판매하거나 추가가공하는 경우가 있다. 이때 추가가공해야 할 것인가 그대로 판매하여야 할 것인가의 의사결정을 하게 된다. 이러한 경우 분리점까지 발생한 결합원가(joint cost)는 과거에 이미 발생한 매몰원가(sunk cost)로서 비관련원가이므로 의사결정에서 고려할 필요가 없다. 추가가공여부를 결정할 때는 추가가공이후의 판매가치 증가분과 추가적으로 소요되는 분리원가를 비교하여 결정을 한다.

결합제품의 즉시판매 또는 추가가공에 대한 의사결정기준은 다음과 같다.

(추가가공 이후의 판매가치－추가가공원가) 〉분리시점에서 판매가치 : 추가가공 (추가가공 이후의 판매가치－추가가공원가) 〈분리시점에서 판매가치 : 즉시판매

(예제 13-6) 서울(주)은 동일한 원료를 가공하여 두 가지 제품 A, B를 생산하고 있다. 3월중에 원재료 1,500kg을 투입하여 A제품 300개, B제품 200개를 생산하였으며, 발생한 원가는 기초원가와 제조간접비를 포함하여 ₩520,000이다. 분리점에서 단위당 판매가격은 A제품 ₩2,000이며 B제품은 ₩1,500이다. A제품은 추가가공원가 ₩100,000을 투입하여 C제품으로 단위당 ₩2,500에 판매할 수 있다.

(요구사항)

A제품의 추가가공여부 또는 즉시판매여부를 결정하시오.

(풀이)

1. 증분이익의 계산

Ⅰ. 증분수익: 추가가공이후 판매가치 300개 × (₩2,500 － 2,000) =	₩150,000
Ⅱ. 증분원가: 추가가공원가	100,000
Ⅲ. 증분이익	₩ 50,000

2. 의사결정: 추가 가공하는 경우 ₩50,000원의 증분이익이 발생하므로 추가가공을 결정한다.

* 분리점까지 발생한 제조원가 ₩620,000은 매몰원가로서 비관련원가이다.

6. 자원의 제약이 있는 경우

기업이 여러 가지 제품을 생산하고 있으나 생산에 필요한 자원이 제한된 경우에는 기업이 생산할 수 있는 제품 중에서 일부만을 생산해야 한다. 이때에는 어떤 제품을 얼마만큼 생산해야 하는가를 결정해야 한다. 이와 같이 제한된 자원에서 최적제품배합의 결정문제는 제한된 자원이 한 가지인 경우와 두 가지 이상인 경우로 나누어 볼 수 있다.

(1) 제약자원이 하나인 경우: 최적생산배합의 결정

제품을 생산하기 위해서는 여러 가지 생산요소를 투입하여야 한다. 그러나 기업이 사용하고 있는 생산요소는 한정되어 있기 때문에 생산할 수 있는 제품 중에서 일부만을 생산해야 하며, 경영자는 이용가능한 생산요소를 가장 효율적으로 사용하는 방법을 찾아야 한다.

제약조건이 한 가지인 경우에 이익극대화를 위한 최적제품배합을 위한 의사결정은 제한된 자원의 단위당 공헌이익이 큰 제품부터 우선적으로 생산하는 것이 유리하다.

(예제 13-7) 제한된 자원이 한가지인 경우

한성산업(주)은 제품 A, B를 생산 판매하고 있으며, 이와 관련된 자료는 다음과 같다.

	A제품	B제품
단위당 판매가격	₩8,000	₩10,000
단위당 변동원가	5,600	6,250
단위당 공헌이익(%)	₩2,400(30%)	₩ 3,750(37.5%)

제품 1단위를 생산하는데 소요되는 기계시간은 A제품이 2시간 B제품은 5시간이다. 이들 제품은 모두 동일한 기계라인에서 생산되고 있다. A, B제품은 이 회사에서 독점 판매하고 있으며, 수요는 무한하다고 가정한다.

(요구사항)

1. 기계소요시간을 무한정 사용할 수 있는 경우에 공헌이익을 극대화하기 위하여 어느 제품을 생산 판매하여야 하는가? 최적제품배합을 결정하시오.
2. 회사가 사용할 수 있는 월간 최대기계가동시간은 600시간이인 경우 이익극대화를 위하여 어느 제품을 어느 정도 생산하여야 하는가?

(풀이)

1. 자원제한이 없는 경우

자원제한이 없는 경우에는 단위당 공헌이익이 큰 제품을 생산·판매하는 것이 유리하다. 즉 B제품의 단위당 공헌이익이 ₩3,750으로 A제품의 ₩2,400보다 크기 때문에 B제품만을 생산 판매하는 것이 유리하다.

2. 제한된 자원이 있는 경우

(1) 제한된 자원이 있는 경우에는 제한된 자원의 단위당 공헌이익이 큰 제품을 선택하여 생산하는 것이 유리하다. 따라서 제한된 자원이 기계가동시간(월간 최대 600시간)이므로 기계시간당 공헌이익이 큰 제품을 생산한다. 기계시간당 공헌이익은 (제품단위당 공헌이익÷제품단위당 기계가동시간)으로 구할 수 있다.

	A제품	B제품
제품단위당 공헌이익	₩2,400	₩3,750
제품단위당 기계시간	÷ 2시간	÷5시간
기계시간당 공헌이익	₩1,200	₩ 750

(2) 의사결정: 기계시간당 공헌이익이 큰 A 제품을 300개(=600시간÷2시간)생산하는 것이 최적 의사결정이다.

(3) 검증

- 월간 사용가능시간 600시간이므로 A제품은 300개, B제품은 120개(600 ÷ 5시간)를 생산할 수 있다. 따라서 제품별 공헌이익은 다음과 같으며, A제품의 공헌이익이 더 크다.
  A 제품 공헌이익: 300개 × ₩2,400 = ₩720,000
  B 제품 공헌이익: 120개 × ₩3,750 = ₩450,000

(2) 제약자원이 두 개 이상인 경우

제한된 자원이 두 가지 이상인 경우에는 제한된 자원마다 제품별 투입비율이 다르므로 최적제품배합을 결정하기 위하여 제품선택기준이 제한된 자원마다 달라진다. 따라서 제한된 자원의 사용이나 투입배합의 결정이 복잡해지며, 이러한 경우 의사결정을 위하여 **선형계획법**(linear programming method, LP)이 사용된다. 선형계획법은 여러 가지 제약조건하에서 특정목적(이익극대화나 비용최소화)을 달성하기 위하여 희소한 자원을 배분하는 수리적 기법이다. 선형계획법에서 최적해를 찾는 방법은 **도해법**(graphic method)과 **심플렉스법**(simplex method)이 있다. 제약조건이 두 개인 경우에는 도해법을 이용하여 쉽게 문제를 해결할 수 있으나, 제약조건이 셋 이상인 경우에는 심플렉스법을 이용하여야 한다.[16)]

도해법에 의한 접근방법은 다음과 같다.

1단계: 목적함수를 설정한다. 목적함수는 이익의 극대화, 공헌이익의 극대화, 원가의 최소화 등이 있으며 수식으로 표시한다.

2단계: 제약조건을 수식으로 표시한다. 제약조건에는 기계시간, 노동시간, 제한된 자원의 양 등이 사용된다.

3단계: 제약조건을 그래프에 표시하고 **실행가능영역**(feasible region)을 설정한다. 2 단계에서 구한 제약조건을 그래프에 표시하고 모든 제약조건을 충족시키는 실행가능영역을 표시한다.

4단계: 목적함수를 최대화 또는 최소화하는 최적해를 계산한다. 실행가능영역 내에서

---

16) 제약조건이 셋 이상인 경우에는 심플렉스법을 이용하여야 하나 이에 대한 자세한 내용은 본서의 수준을 벗어나므로 여기에서는 제약조건이 두 개인 경우 그래프를 이용하여 의사결정을 하는 방법에 대해서만 설명한다. 심플렉스법에 대한 자세한 설명은 계량경영학(OR)교재를 참조하기 바란다.

목적함수를 극대화하거나 최소화하는 최적해를 찾는다. 일반적으로 최적해는 실행가능영역의 꼭지점 중에서 찾는다.

(예제 13-8) 제한된 자원이 두 가지인 경우(선형계획법)

동대문(주)은 제품 A와 B를 생산 판매하고 있으며, 두 가지 제품과 관련된 자료는 다음과 같다.

제품단위당	A제품	B제품
판매가격	₩150	₩100
변동원가	100	60
원재료	4kg	2kg
소요기계시간	2시간	4시간

월간 사용가능 재료는 104kg이고, 월간 사용가능기계시간은 100시간이다.

(요구사항)

각 제품에 대한 시장수요가 무한하다고 할 때 공헌이익극대화를 위한 최적제품배합과 연간 공헌이익을 계산하시오.

(풀이)

- 각 제품의 단위당 공헌이익은 A제품 ₩50, B제품 ₩40이다.

(1단계) 목적함수의 설정: 총공헌이익을 Z, 제품 A와 제품 B의 생산량을 각각 A, B라 하면

목적함수: 최대화 $Z = 50A + 40B$

(2단계) 제약조건의 구체화: 사용가능한 재료와 기계시간에 제약이 있으므로 제약조건은 다음과 같이 설정한다.

재료사용량: $4A + 2B \leq 104$kg

기 계 시 간: $2A + 4B \leq 100$시간

- 제품생산량은 음수(-)가 될 수 없으므로 $A, B \geq 0$이 추가된다.

(3단계) 실행가능영역의 도해: 2단계에서 설정된 제약조건을 그래프에 표시하고, 모든 제약조건을 충족하는 실행가능영역을 표시한다. 제약조건을 그래프에 표시하고 겹치는 부분이 실행가능영역을 나타낸다.

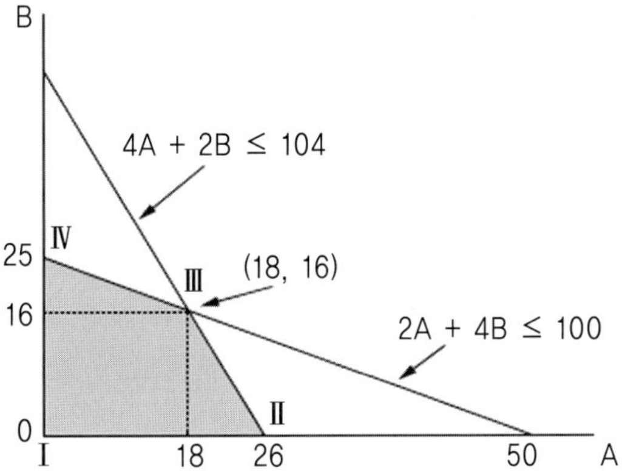

(4단계) 최적해의 계산: 최적해는 실행가능영역의 꼭지점 중에서 하나이므로 각 꼭지점의 좌표값을 목적함수에 대입하여 Z값이 가장 큰 꼭지점을 찾는다.

꼭지점	좌표(A,B)	공헌이익
Ⅰ	(0, 0)	50 × 0 + 40 × 0 = 0
Ⅱ	(26, 0)	50 × 26 + 40 × 0 = 1,300
Ⅲ*	(18, 16)	50 × 26 + 40 × 16 = 1,540
Ⅳ	(0, 25)	50 × 0 + 40 × 25 = 1,000

- 의사결정: 회사의 공헌이익을 극대화하기 위한 제품A, B의 최적제품배합은 각각 18개, 16개이며 이때의 공헌이익은 ₩1,540이다.

*Ⅲ의 좌표값은 제약식의 교차점이며 다음과 같이 계산한다.

$4A+2B=104$ · · · · · ①

$2A+4B=100$ · · · · · ②

①의 양변에 2를 곱하여 ②를 빼면

$$
\begin{array}{rl}
 & 8A + 4B = 208 \\
-) & 2A + 4B = 100 \\
\hline
 & 6A \qquad = 108
\end{array}
$$

따라서 A = 18이며 이를 ②에 대입하면 B = 16이다.

7. 제품가격의 결정

기업이 생산하여 제공하는 제품이나 서비스의 가격결정은 기업전체의 이익에 영향을 미치는 미치므로 가장 중요한 의사결정의 하나이다. 제품의 가격은 고객이 매입하고자 하는 제품의 매입의사를 결정하는 요소이므로 가격결정은 기업의 수익흐름을 결정한다. 수익이 모든 원가를 지속적으로 회수하지 못하면 기업은 장기적으로 생존할 수 없게 된다.

제품이나 서비스의 가격은 제품에 대한 시장전체의 수요와 공급을 고려하여 결정한다. 따라서 경영자는 제품이나 서비스의 수요 공급이 어떤 요인에 의하여 영향을 받는지를 고려하여 가격을 결정해야 한다. 수요와 공급에 영향을 줄 수 있는 요인은 여러 가지가 있으나 주로 고객, 경쟁회사, 원가에 의하여 영향을 받는다.

① **고객**(customer): 가격이 변동되면 고객의 수요가 변동되므로 기업은 제품에 대한 고객의 반응을 분석하여 가격을 결정하여야 한다.

② **경쟁기업**(competitor): 경쟁기업의 가격이나 반응이 자사제품의 가격결정에 영향을 주게 된다. 경쟁기업의 기술, 공장규모 및 영업정책 등을 알게 되면 경쟁기업의 원가를 정확하게 추정할 수 있으며, 경쟁기업의 원가는 가격결정에 중요한 정보로 이용될 수 있다.

③ 원가(cost): 원가보다 낮게 가격이 결정되면 손실이 발생되고, 원가에 비하여 가격이 높으면 매출수량의 감소로 손실이 발생될 수 있으므로 제품의 가격을 결정할 때에는 원가행태를 적절히 반영하여야 한다.

제품의 가격을 결정하는 방법은 기본적으로 가격정책(pricing policy)에 의하여 이루어지며 여러 가지 방법으로 결정할 수 있으나 일반적으로 원가기준 가격결정방법과 시장기준 가격결정방법이 이용된다. 경영자는 시장상황에 적합한 가격결정방법을 사용하여야 한다.

(1) 원가기준 가격결정방법

원가기준 가격결정방법(cost based pricing)은 원가에 일정한 이익을 가산하여 판매가격을 결정하는 방법이며, 원가가산 가격결정방법(cost plus pricing method)이라고도 한다. 이 방법은 회계학적 가격결정방법이라고도 하며, 제품이나 서비스가 다른 기업보다 차별화된 기업에서 주로 사용된다. 원가기준 가격결정방법에서 원가에 가산되는 이익은 일반적으로 목표수익률을 이용하여 계산된다. 즉 목표수익률에 의하여 계산된 목표이익이 달성되도록 원가에 목표이익을 가산하여 제품가격을 결정하며, 어떤 원가를 기준으로 이익을 가산할 것인가에 따라 다음과 같이 세 가지 방법이 있다. 이 방법들은 가격결정의 기초가 되는 원가가 각각 다르기 때문에 이익가산액과 이익가산율이 서로 다르게 결정된다. 이익가산율은 제조원가와 판매비와 관리비를 회수하고 목표이익을 달성할 수 있도록 계산된다.

1) 공헌이익접근법

공헌이익접근법은 원가를 원가의 행태에 따라 고정원가와 변동원가로 구분하여 변동원가를 기초로 가격을 결정하는데, 이때 변동원가에는 변동제조원가뿐 아니라 변동판매비와 관리비도 포함된다. 공헌이익접근법에서 제품가격은 단위당 변동원가에 이익가산액을 더한 금액이며, 이익가산액은 단위당 변동원가에 이익가산율(원가가산율)을 곱하여 계산한다. 이 방법에서 이익가산항목(원가가산항목)은 고정원가에 목표이익을 더한 금액이며, 이 방법을 적용할 때에는 고정제조간접원가와 고정판매관리비를 회수하고 적정이익을 얻을 수 있도록 제품가격을 결정하여야 한다.

$$\text{이익가산율(원가가산율)} = \frac{\text{고정원가} + \text{목표이익}}{\text{변동원가}}$$

$$\text{단위당 제품가격} = \text{단위당 변동원가} + \text{단위당 변동원가} \times \text{이익가산율}$$

<table>
<tr><td>이익가산항목</td><td>목표이익
고정제조간접원가
고정판매비와 관리비</td><td rowspan="2">제품가격</td></tr>
<tr><td>직접재료원가
직접노무원가
변동제조간접원가
변동판매비와 관리비</td><td>변동원가</td></tr>
</table>

〈그림 13-1〉 공헌이익접근법에 의한 제품가격결정

(2) 전부원가접근법

전부원가접근법은 장기적 이익과 관련된 가격결정방법으로 고정제조간접원가를 포함한 제품생산에 투입된 모든 제조원가를 기준으로 제품가격을 결정하는 방법이다. 전부원가접근법에서 제품가격은 단위당 전부원가에 이익가산액을 더한 금액이며, 이익가산액은 단위당 전부원가에 이익가산율을 곱한 금액이다. 이 방법에서 이익가산항목은 판매관리비와 목표이익이며, 판매비와 관리비를 원가계산에서 고려하는 것이 아니라 이익가산항목으로 포함시키고 적정이익을 얻을 수 있도록 제품가격을 결정해야 한다.

$$\text{이익가산율} = \frac{\text{판매비와 관리비} + \text{목표이익}}{\text{전부원가}}$$

단위당제품가격 = 단위당 전부원가 + 단위당 전부원가 × 이익가산율

<table>
<tr><td>이익가산항목</td><td>목표이익
변동판매비와 관리비
고정판매비와 관리비</td><td rowspan="2">제품가격</td></tr>
<tr><td>직접재료원가
직접노무원가
변동제조간접원가
고정제조간접원가</td><td>전부원가</td></tr>
</table>

〈그림 13-2〉 전부원가접근법에 의한 제품가격결정

(3) 총원가접근법

총원가접근법은 제조원가에 판매비와 관리비를 포함하여, 제품생산과 판매활동, 관리

과정에 투입된 모든 원가를 기준으로 제품가격을 결정하는 방법이다. 총원가접근법에 의한 제품가격은 단위당 총원가에 이익가산액을 더한 금액이며, 이익가산액은 단위당총원가에 이익가산율을 곱한 금액이다. 이러한 제품가격 결정방법들은 가격결정의 기초가 되는 원가만 다를 뿐 일정금액의 목표이익을 얻을 수 있도록 각 방법에 의하여 결정되는 제품가격은 동일하다.

$$\text{이익가산율} = \frac{\text{목표이익}}{\text{총원가}}$$

단위당 판매가격 = 단위당 총원가 + 단위당 총원가 × 이익가산율

이익가산항목	목표이익	제품가격
직접재료원가 직접노무원가 변동제조간접원가 고정제조간접원가 변동판매비와 관리비 고정판매비와 관리비	총원가	

〈그림 13-3〉 총원가접근법에 의한 제품가격결정

(예제 13-9) 제품가격의 결정

(주)삼화는 다음과 같은 원가정보를 기초로 제품가격을 결정하고자 한다. 예상되는 판매량은 5,000단위이다.

변동제조원가	₩ 1,500,000	변동판매비와 관리비	₩ 500,000
고정제조간접원가	1,000,000	고정판매비와 관리비	125,000

(요구사항)

1. 단위당 목표이익이 ₩400일 때 공헌이익접근법, 전부원가접근법, 총원가접근법에 의한 이익가산율은 얼마인가?
2. 위 1항에서 계산된 이익가산율을 이용하여 제품의 판매가격을 결정하시오.

(풀이)

1. 이익가산율의 계산

   목표이익: 5,000단위 × ₩400= ₩ 2,000,000

   ① 공헌이익접근법: $\frac{₩1,000,000 + 125,000 + 2,000,000}{₩1,500,000 + 500,000} = 156.25\%$

② 전부원가접근법: $\frac{₩500,000+125,000+2,000,000}{₩1,500,000+1,000,000}=105\%$

③ 총원가접근법: $\frac{₩2,000,000}{₩1,500,000+500,000+1,000,000+125,000}=64\%$

*이익가산율의 분자 분모에 단위당원가를 적용하여 계산할 수도 있음.

2. 단위당 판매가격

단위당 변동제조원가: ₩300 단위당 변동판매비와 관리비 ₩100

단위당 고정제조간접원가 200 단위당 고정판매비와 관리비 25

① 공헌이익접근법: (300 + 100) × (1 + 0.15625) = ₩ 1,025

② 전부원가접근법: (300 + 200) × (1 + 1.05) = ₩ 1,025

③ 총원가접근법 : (300 + 100 + 200 + 25) × (1 + 0.64) = ₩1,025

(2) 시장기준 가격결정방법

시장기준 가격결정방법은 제품의 가격을 시장에서 소비자들이 원하는 가격과 경쟁업체의 반응 등을 고려하여 가격을 결정하는 방법이다. 원가기준 가격결정방법이 제품생산에 투입된 원가를 기초로 하여 제품의 가격을 결정하는 내부지향적 가격결정방법인데, 시장기준 가격결정방법은 고객의 요구와 경쟁업체의 가격을 고려하여 제품가격을 결정하는 방법으로 외부지향적 가격결정방법이다. 시장기준 가격결정방법은 **목표원가에 의한 가격결정방법**이라고도 하며, 판매가격이 알려져 있는 상태에서 이 가격수준에 적절한 원가수준으로 제품을 개발하고자 하는 경우에 적용되는 방법이다. 이 방법을 적용하기 위해서는 목표가격과 목표원가를 먼저 설정하여야 한다.

목표가격(target price)은 잠재적 소비자들이 제품에 대해서 지급하고자 하는 추정가격이며, 제품에 대하여 소비자들이 인지하는 가치와 경쟁업체의 반응을 고려하여 결정한다. 목표가격이 설정되면 이에 의하여 목표원가가 설정된다.

목표원가(target cost)는 소비자들이 원하는 목표가격에서 목표이익을 차감한 금액이며, 기업의 목표이익을 달성할 수 있는 제품의 장기적 원가추정치이다. 목표원가를 적용하는 기업은 신제품을 개발하기 이전에 시장조사를 통하여 소비자가 원하는 판매가격을 먼저 파악한 후에 판매가격에서 목표이익을 차감한 금액을 목표원가로 설정한다. 그리고 목표원가에 맞추어 제품의 설계가 이루어진다. 따라서 목표원가를 계산하는 것이 주된 과제이다.

목표원가설정의 구체적 절차는 다음과 같다.

제 1 단계: 시장조사를 통하여 소비자의 욕구를 파악한다.

제 2 단계: 소비자가 원하는 가격과 경쟁업체의 반응 등을 고려하여 목표가격을 결정한다.

제 3 단계: 목표가격에서 목표이익을 고려하여 목표원가를 산출한다.

제 4 단계: 목표원가가 달성되도록 **가치공학(가치엔지니어링**, value engineering, VE)을 수행한다. 가치공학은 제품의 설계변경이나 공정의 조정, 부품의 교체 등과 같은 공학적 방법을 통하여 동일한 기능에서 원가를 낮추거나 동일한 원가에 기능을 추가하여 고객의 요구를 충족하면서 제품의 가치를 높이는 것을 말한다.

(예제 13-10) 제품가격의 결정

(주)일화는 시장상황을 조사한 결과 새로운 조명장치에 대한 시장수요를 파악하고 신제품을 개발하고자 한다. 신제품의 예상판매가격이 ₩2,000인 경우 연간 1,000개의 수요가 있을 것으로 판단하였다.

(요구사항)

목표수익률은 매출액의 20%이고 연구개발비로 ₩200,000이 투입되는 경우, 연구개발비를 제외한 제품 단위당 목표원가를 산출하시오.

(풀이)

목표매출액: 1,000개 × 2,000 =	₩ 2,000,000
목표이익 : 1,000개 × 2,000 × 0.2 =	400,000
총목표원가	1,600,000
연구개발비	200,000
목표원가(연구개발비제외)	1,400,000
목표생산량	÷ 1,000개
제품단위당 원가	₩ 1,400

토의문제

1. 특수의사결정과 관련하여 관련원가, 기회원가, 차액원가, 증분원가, 매몰원가에 대하여 설명하고 각각의 예를 들어보시오.
2. 과거의 원가가 의사결정에 유용하지 않는 이유는 무엇인가?
3. 의사결정의 접근방법에서 총액접근법과 증분접근법을 설명하고, 일반적으로 어떤 방법이 이용되는가?
4. 특별주문의 수락여부, 부품의 외부구입 또는 자가제조에 대한 의사결정에서 고려되어야 할 질적요소는 무엇인가?
5. 관련원가분석에서 유휴설비가 존재하는 경우와 존재하지 않는 경우의 의사결정은 어떻게 차이가 있는가?
6. 보조보문의 유지여부와 부품의 외부구입여부에 대한 의사결정은 어떤 차이가 있는가?

7. 제품라인의 유지 또는 폐지에 대한 의사결정에서 주의해야 할 점은 무엇인가? 또한 이러한 의사결정이 적용될 수 있는 유형을 제시하시오.
8. 제한된 자원의 사용에 대한 의사결정기준과 절차에 대하여 설명하시오.
9. 원가기준에 의한 가격결정방법을 설명하시오.
10. 시장가격기준 가격결정방법에서 목표원가설정에 대한 구체적 절차는 무엇인가?

연습문제

(13-1) 관련원가와 비관련원가

서울산업(주)은 전자제품을 생산 판매하고 있으며, 다음은 제품관련 자료이다.

단위당 직접재료원가	₩3,000
단위당 직접노무원가	4,000
단위당 고정원가	1,000
단위당 판매가격	10,000
생산량	1,000단위

회사는 제품을 단위당 ₩8,000에 50단위를 구입하겠다는 제의를 받았다. 이 주문을 수락하는 경우 ₩20,000의 추가적인 고정원가가 소요될 것으로 예상된다.

(요구사항)

회사는 이 주문을 수락하여야 하는지를 결정하시오.

(13-2) 특별주문의 수락여부

다음은 경기산업(주)의 20×1년도 생산과 판매에 관한 자료이다.

직접재료원가	단위당	₩200	직접노무원가 단위당	₩150
변동제조간접원가	단위당	50	고정제조간접원가	300,000
변동판매비와 관리비	단위당	200	고정판매비와 관리비	400,000
단위당 판매가격		1,000	생산 및 판매량	2,000단위

회사는 20×2년초 대기업으로부터 단위당 ₩700에 3,000단위를 구입하겠다는 제의를 받았으며, 판매량과 제조원가는 20×1년과 동일할 것으로 예측하였다.

(요구사항)

1. 특별주문의 수락여부에 대한 관련원가와 비관련원가를 구분하시오.
2. 연간 최대생산능력이 4,000단위인 경우와 5,000단위인 경우에 특별주문의 수락여부에 따른 기회비용을 각각 얼마인가?
3. 연간 최대 생산능력이 4,000단위인 경우와 5,000단위인 경우에 특별주문의 수락여부를 판단하시오.

(13-3) 특별주문의 수락여부

서울(주)는 카메라폰을 생산하고 있으며, 제품 단위당 원가는 다음과 같다.

직접재료원가	₩1,200	
직접노무원가	800	
변동제조간접원가	600	
고정제조간접원가	1,000	(단위당 제조원가 ₩3,600)

제품판매과정에서 단위당 ₩500의 변동판매관리비가 소요되며, 제품의 판매가격은 단위당 ₩5,000이다. 회사는 판매회사로부터 이 제품 500단위를 단위당 ₩3,000에 구입하겠다는 제의를 받았다.

(요구사항)

1. 특별주문의 수락여부를 결정하시오.
2. 변동판매관리비가 발생하지 않는 경우 주문의 수락여부를 결정하시오.
3. 특별주문을 수락하는 경우 변동판매관리비가 발생하지 않으나 설비투자액 ₩23,000이 소요되는 경우 수락여부를 결정하시오.

(13-4) 특별주문과 영업이익

한성물산(주)은 월간 3,000대의 제품을 생산할 수 있는 설비를 가지고 있다. 거래처 현대산업(주)과의 계약에 따라 다음 달에 2,500대의 제품을 제조하여 판매할 예정이며, 제품의 단위당 제조원가는 ₩25,000으로 예상된다. 그런데 다음 달에 500대의 제품을 단위당 ₩16,000에 납품하도록 추가주문이 접수되었다. 추가주문으로 생산량을 증가시킬 경우 제품단위당 제조원가는 ₩23,000으로 감소할 것으로 예상되며, 추가주문이 기존의 판매예정량을 달성하는데 영향이 없을 것으로 판단된다.

(요구사항)

추가주문을 수락하는 경우 영업이익증가액은 얼마인가?

(13-5) 부품의 자가제조 또는 외부구입여부

삼성산업(주)이 자사제품의 생산에 필요한 A부품 10,000단위를 직접 제작하는데 소요되는 원가자료는 다음과 같다.

단위당 직접재료원가	₩ 180
단위당 직접노무원가	170
단위당 변동제조간접원가	50
고정제조간접원가	300,000

회사는 A 부품을 외부에서 구입할 것을 검토하고 있으며, 외부에서 구입하는 경우 고정제조간접원가의 1/3이 감소할 것으로 예상된다.

(요구사항)

외부에서 구입하는 경우 허용할 수 있는 단위당 최대구입가격은 얼마인가?

(13-6) 자가제조 또는 외부구입여부의 결정

중앙(주)은 제품제조에 사용되는 부품 2,000단위를 제조하고 있으며, 부품의 단위당 원가는 다음과 같다.

직접재료원가	₩70
직접노무원가	300
변동제조간접원가	120
고정제조간접원가	160
합 계	₩ 650

중앙(주)은 한양(주)으로부터 이 부품을 단위당 ₩600에 2,000단위를 납품하겠다는 제의를 받았으며, ₩25,000의 원가절감을 가져오면 부품을 구입하기로 하였다. 또한 이 제의를 수락하면 단위당 ₩ 90의 고정제조간접원가가 감소될 것으로 예상하였으며, 기존의 부품생산설비는 다른 부품B의 제조에 사용되어 관련원가의 절약이 기대된다.

(요구사항)

회사가 최소한 ₩25,000을 원가절감을 위하여 다른 부품 B를 제조하면 절약되어야 할 관련원가는 얼마인가?

(13-7) 자가제조 또는 외부구입의 결정

서울(주)는 제품제조에 사용되는 A부품을 자가제조하여 왔으며, 200단위를 생산하는 경우 A부품의 단위당 원가자료는 다음과 같다.

직접재료원가	₩500	
직접노무원가	800	
변동제조간접원가	400	
고정제조간접원가	1,000	(합 계 ₩ 2,700)

회사는 최근에 부품전문생산업체로부터 A부품 200단위를 ₩2,600에 공급하겠다는 제의를 받았다. 부품을 외부에서 구입하는 경우 고정제조간접원가 중에서 ₩50,000이 감소될 수 있다.

(요구사항)

다음 각각의 경우에 부품을 자가제조할 것인가, 외부구입할 것인가를 결정하시오.

1. 부품을 외부 구입하여도 기존설비에 대한 대체적 용도가 없는 경우
2. 부품을 외부 구입하면 기존설비를 다른 제품생산에 이용할 수 있으며 공헌이익증가분이 ₩150,000인 경우
3. 부품을 외부구입하면 기존설비를 임대하여 ₩80,000의 수익이 예상되는 경우

(13-8) 제품의 추가가공여부

대한정유(주)는 광물 200kg를 ₩240,000에 구입하여 일정한 정제과정을 거치면 A제품 50kg과 B제품 150Kg을 만들 수 있다. A제품과 B제품은 그대로 판매할 수도 있지만 ₩300,000을 추가로 투입하여 B제품을 정제하면 C제품을 생산할 수 있다. 또한 A제품에 ₩50,000을 투입하여

정제하면 D제품으로 판매할 수도 있다. 각 제품의 단위당 판매가격은 A제품 ₩1,500, B제품 ₩3,000, C제품 ₩5,500, D제품 ₩2,200이다.

(요구사항)

이익극대화를 위하여 추가가공여부와 어떤 제품을 판매할 것인가 결정하시오.

(13-9) 제품라인의 유지여부

(주)한성의 6월 공헌이익손익계산서는 다음과 같다.

	갑제품	을제품	합계
매출액	₩100,000	₩120,000	₩220,000
변동원가	52,000	84,000	136,000
공헌이익	48,000	36,000	84,000
추적가능고정원가	20,000	40,000	60,000
부문이익	28,000	(4,000)	24,000
공통고정원가	4,000	6,000	10,000
영업이익	₩24,000	₩(10,000)	₩14,000

각 부문이 폐지되면 부문별 추적가능고정비용의 3/4이 회피가능원가이다. 회사는 공통고정원가를 각 부문매출액에 비례하여 배분하고 있다. 손실이 발생하고 있는 을부문을 폐지하면 갑부문의 매출액이 10%감소할 것으로 예측하고 있으나 갑부문을 폐지한다면 을부문의 매출액에 영향이 없을 것으로 예측한다.

(요구사항)

을부문을 폐지한다면 회사전체의 영업이익은 얼마인가?

(13-10) 제품라인의 유지여부

경남산업(주)은 세 가지 제품 A, B, C를 부문별로 생산 판매하고 있다. 제품별 수익과 비용은 다음과 같다.

	A제품	B제품	C 제품	합 계
매 출	₩20,000	₩30,000	₩50,000	₩100,000
매출원가				
직접재료원가	7,000	9,000	14,000	30,000
직접노무원가	3,000	7,000	10,000	20,000
제조간접원가	4,500	3,600	3,900	12,000
합계	14,500	19,600	27,900	62,000
매출총이익	5,500	10,400	22,100	38,000
판매관리비	7,200	9,600	15,200	32,000
영업이익	(₩1,700)	₩800	₩6,900	₩6,000

① 제조간접원가에서 ₩7,000은 수선유지비이며 나머지는 감가상각비이다. 수선유지비는 작업시간에 따라서 발생하며, 감가상각비는 회피불가능원가이며, 매출액을 기준으로 각 제품에 배부된다.

② 판매관리비의 40%는 변동원가이고 나머지는 회피불가능원가이다.

(요구사항)

1. 각 제품의 제조간접원가에 포함되어 있는 수선유지비는 얼마인가?
2. 손실이 발생하고 있는 A부문을 폐지여부를 결정하시오.
3. 만일 A부문을 폐지하는 경우 C제품의 매출액이 30%증가되며 작업시간은 25%증가될 것으로 예상된다.

(1) A부문을 폐지하여야 하는가?

(2) A부문을 유지하는 경우 기회비용은 얼마인가?

(13-11) 제품의 최적배합결정

서울(주)는 제품 A, B, C를 생산 판매하며 각 제품의 단위당 자료는 다음과 같다.

	A	B	C
단위당 판매가	₩26,000	₩22,000	₩25,000
단위당 변동원가	14,000	12,000	14,200
재료사용량	3kg	2kg	2.4kg

재료의 공급량이 18,000kg으로 제한되어 있고 각 제품의 최대 판매량은 3,000단위이다.

(요구사항)

이익을 극대화하기 위하여 각 제품별 판매량은 얼마인가?

(13-12) 제품의 최적배합의 결정

서울사무기(주)는 사무용기기 A제품과 B제품을 생산 판매하고 있으며 제품 단위당 자료는 다음과 같다.

	A제품	B제품
직접재료원가	₩25,000	₩32,000
직접노무원가	10,000	16,000
변동제조간접원가	4,000	8,000
고정제조간접원가	4,000	4,000
단위당 제조원가	₩43,000	₩60,000
단위당 판매가격	₩53,000	₩80,000

회사의 최대조업도는 월 6,000시간이며, 제품단위당 기계소요시간은 A제품 4시간, B제품 8시간이다. 제품별 월간최대수요량은 A제품 800단위, B제품 500단위이다.

(요구사항)

1. 영업이익을 극대화시키기 위한 제품별 최적생산배합을 계산하시오.
2. 거래처에서 A제품 200단위를 단위당 ₩48,000에 구입하겠다는 주문을 받았다. 영업이익의 극대화수준을 유지하면서 수락할 수 있는 최저 판매가격은 얼마인가?

(13-13) 제한된 자원이 있는 경우

용산전자(주)는 갑을 두 부서에서 두 종류의 제품A와 B를 생산 판매하고 있다. 두 제품과 관련된 자료는 다음과 같다.

	A제품	B제품
제품 단위당		
판매가격	₩2,000	₩1,000
변동제조원가	1,000	400
변동판매비	500	200
소요재료	1kg	2kg
소요기계시간	2시간	1시간

연간 사용가능한 재료는 120kg이고 기계사용시간 150시간이다.

(요구사항)

각 제품에 대한 시장수요가 무한하다고 할 때, 이익극대화를 위한 최적제품배합과 공헌이익을 구하시오.

(13-14) 제한된 자원이 있는 경우

한성식품(주)은 선물세트의 판매로부터 매출이익을 극대화하는 배합으로 제품A와 B를 구성하여 1,000세트를 판매할 계획이다. 세트당 판매가격은 ₩10,000이며 제품구성과 관련된 자료는 다음과 같다.

(요구사항)

	A	B	선물세트의 구성
단위당 무게	24g	12g	360g이상
수 량	?	?	26개이상
단위당 원가	₩300/개	₩200/개	

선물세트 1,000개를 판매하는 경우 매출이익을 극대화하는 제품구성과 매출이익은 얼마인가?

(13-15) 목표이익을 위한 가격결정

경기산업(주)은 설비투자에 대한 세후 투자수익률이 15%인 제품을 생산 판매하여 왔다. 20×1년도에는 제품 25,000단위를 생산 판매하였으며 이에 따른 원가자료는 다음과 같다.

변동제조원가	₩400,000	고정제조원가	₩300,000
변동판매비와 관리비	150,000	고정판매비와 관리비	100,000

설비투자액은 ₩2,000,000이고 법인세율은 40%이다. 20×2년에는 단위당 변동원가가 10%증가하고 고정원가는 20%증가할 것으로 예상된다.

(요구사항)

20×2년도의 판매수량이 50,000단위인 경우 목표수익률 달성을 위한 판매가격은 얼마인가?

(13-16) 특수의사결정

한성산업(주)의 생산 및 판매량과 단위당 원가자료는 다음과 같다.

월간생산량	2,000개
판매가격	₩6,000
제조원가	
직접재료원가	1,000
직접노무원가	1,200
변동제조간접원가	800
고정제조간접원가	500
변동판매비와 관리비	1,500
고정판매비와 관리비	900

(요구사항)

1. 기말재고량이 1,000개이면 재무제표에 표시되는 재고자산가액은 얼마인가?
2. 판매가격을 ₩5,800으로 인하하면 판매량이 10%증가되는 경우 증분이익은 얼마인가?
3. 월간 판매량 중 500단위를 대기업에 납품하려고 한다. 납품가격은 500단위에 대한 전부 제조원가에 ₩100,000의 이익을 가산한 금액으로 예정하고 있으며, 이 경우 판매비와 관리비는 발생하지 않는다. 월 500단위를 납품하는 경우 월간증분이익은 얼마인가?
4. 수출업체로부터 1,000단위의 특별주문을 접수하였다. 주문수락에 따라 단위당 ₩750의 운송비가 발생하며 계약관련비용 ₩40,000이 추가된다. 운송비 이외의 판매비는 발생하지 않으며, 이 주문으로 국내시장수요에는 영향을 받지 않는다. 특별주문에 대한 최저판매가격은 얼마인가?

(13-17) 제한된 자원의 최적배분: 단일제약조건

(주)한성은 국내에서 대형램프와 소형램프를 생산 판매하고 있으며, 다음은 두 제품의 생산에 관련된 자료이다.

	대형램프	소형램프
단위당 판매가격	₩32,000	₩21,000
단위당 제조원가		
직접재료원가	12,000	10,000
직접노무원가	6,000	2,000
변동제조간접원가	2,000	1,000
고정제조간접원가	3,000	3,000
단위당 총제조원가	₩23,000	₩16,000
연간예상수요량	15,000단위	25,000단위

대형램프는 100단위씩, 소형램프는 200단위씩 뱃치(batch, 묶음)단위로 생산되며 1뱃치당 소요되는 기계시간은 10시간이다. 회사가 이용가능한 기계시간은 연 3,000시간이다.

(요구사항)

1. 회사의 이익극대화를 위한 최적생산량은 얼마인가?
2. 위의 수요량과는 별개로 대형램프 5,000단위에 대한 특별주문이 들어왔다. 특별주문을 수락하는 경우의 기회비용은 얼마인가?
3. 회사가 대형램프 5,000단위를 단위당 ₩37,000에 특별주문을 받은 경우, 이를 수락하면 증가 또는 감소되는 이익을 계산하고 특별주문의 수락여부를 결정하시오.
4. (요구사항 3)에서 추가적으로 고려되어야 할 질적 요소를 간략하게 서술하시오.

CHAPTER 14 종합예산

기업은 이익을 추구하는 경제주체이며, 경영활동은 계획과 통제의 연속적인 과정이다. **계획**(planning)은 조직의 목표를 사전에 설정하는 과정이다. 기업의 단기적 목표는 목표이익의 달성이다. 경영자가 목표이익을 달성하기 위하여 수립하는 계획이 이익계획이며, 종합예산은 이익계획을 예산의 형태로 구체화한 것이다. 이것은 기업이 수행하는 활동 중에서 예산의 중요성이 그만큼 크다는 것을 의미한다. 본장에서는 예산의 의의를 알아보고 예산의 의의와 종류, 기능을 설명하고 종합예산의 편성절차에 대하여 설명한다.

제1절 예산의 의의와 종류

1. 예산의 의의

예산(budget)이란 미래에 대한 경영활동의 계획을 화폐단위로 계량화하여 공식적으로 표시한 것이다. 예산은 조직에서 계획수립을 쉽게 해줄 뿐만 아니라 조직내부에 있는 각 하부단위의 영업활동을 조정하거나 통제하는 데도 매우 유용한 도구이므로 기업은 물론 모든 조직단위에서 널리 활용되고 있다. 기업은 예산을 통해 조직이 나아가야 할 방향을 제시하며, 조직 구성원들에게 목표를 명확히 해 주고 구성원의 행동방향을 제시한다. 또한 구성원의 실적을 예산과 비교하여 성과평가와 통제를 위한 기준이 되기도 한다.

이와 같이 예산은 미래에 대한 불확실한 상황을 예측하고 대비하게 하는 계획기능과 업적과의 비교평가를 통하여 피드백을 제공하는 통제기능, 부문과 부문, 부문과 기업전체간의 목표를 조화시키는 조정기능을 가지고 있다. 일반적으로 예산은 조직의 목표를 설정하고 한정된 자원을 효율적으로 배분한다는 측면에서 중요하게 인식된다. 계획을 수립하지 않는 조직은 급변하는 환경에서 발생하는 문제를 올바로 해결할 수 없으며 기업전반적인 문제나 미래의 목표를 달성할 수 없게 된다. 따라서 기업이 공식적인 예산을 편성하게 되면 경영자에게 미래에 대한 계획과 운영절차의 수립을 강요하는 것과 같으며, 이렇게 사전에 계획을 수립하게 하는 것이 예산의 중요한 기능이다.

일반적으로 계획단계에서 특정기간에 대한 예산을 작성하는 것을 **예산편성**(budgeting)이라고 한다, 또한 **예산통제**라는 용어는 기업에서 자주 사용되고 있는데, 이는 실제발생금액이 예산에서 벗어나지 않도록 경영활동을 관리하고 필요한 조치를 취하는 것이며 경영활동의 결과를 목표와 일치시키는데 사용하는 것이다.

예산과 비슷한 개념으로 표준원가가 있다. **표준원가**(standard costs)는 사전에 과학적으로 설정된 달성 가능한 목표원가를 의미한다. 두 가지 개념 모두 목표치라는 면에서는 공통점이 있으나 예산은 재무계획을 의미하며 총액을 기준으로 작성되지만, 표준원가는 원가통제를 목적으로 사전에 설정된 제품단위당 기대원가라는 점에서 차이가 있다.

예산이 본래의 목적을 달성하기 위해서는 다음 요건을 갖추어야 한다.

첫째, 예산은 경영활동의 전체적 또는 부분적인 과정을 종합적인 관점에서 화폐단위로 표시한 경영계획의 성격을 가져야 한다.

둘째, 예산은 단순한 예측이나 추측에 의해 작성되어서는 안되며 합리적인 근거를 기초로 작성되어야 한다.

셋째, 예산은 정상적인 상태에서 최선의 노력을 다하면 달성가능한 수준으로 설정되어야 한다. 달성불가능할 정도로 과도하게 설정되면 경영활동을 수행하는 구성원들에게 달성하고자 하는 동기부여가 되지 않으며, 너무 쉽게 달성할 수 있는 수준의 예산은 예산으로서의 의미가 없게 된다.

넷째, 예산제도는 탄력적으로 운영되어야 한다. 예산은 경영활동의 달성목표를 제시하고 업적평가기준으로서 사용되어야 하지만 예산편성시점에서 예상하지 못하였던 경영환경의 변화가 있는 경우에는 변화된 환경에 맞게 수정되어야 한다.

효과적인 예산편성을 위해서는 다음과 같은 조건들이 사전에 갖추어져야 한다.

① 전체목적의 설정: 조직의 전반적인 목표가 명확히 설정되어 있어야 한다. 이를 위해서는 전반적인 목표를 계량적으로 표현해야 하며, 전반적인 목표는 기업의 전략적 계획이나 장기계획에 기초하여 설정되어야 한다.

② 목적의 세분화: 조직의 목표는 상위목표와 하위목표로 체계화되어야 한다. 조직의 전반적인 목표가 구체적인 행동의 지침이 되기 위해서는 조직의 전반적인 목표를 상위목표와 하위목표로 체계화하여야 한다. 전반적인 목표가 설정되어 있어도 그 자체만으로는 판매원이나 작업자의 행동에 구체적인 지침을 제시하지 못하므로 하부조직으로 내려올수록 보다 명확하고 구체화되어야 한다.

③ 목표의 일치성: 하위목표는 기업전체의 목표를 달성하는데 유용하여야 한다. 하위목표는 전체목표와 목적적합성을 가지고 있어야 하며, 각 부서간의 하위목표는 서로 조화를 이루어야 한다. 바람직한 예산은 기업의 모든 활동을 조정할 수 있어야 하며 불필요한 내부갈등을 초래해서는 안 된다.

④ 피드백: 예산자료는 피드백이나 성과평가와 관련이 있어야 한다. **피드백**(feedback)은

과거의 활동결과를 이해관계자에게 전달하고 미래의 의사결정에 반영하는 과정이다. 예산이 장기간 유효하기 위해서는 성과보고서의 형태로 피드백이 이루어져야 한다. 실제성과와 예산을 비교하여 성과를 평가하고 그 결과를 알려주면 종업원들은 자신의 미래성과를 개선하게 된다.

2. 예산의 종류

예산은 분류기준에 따라 여러 가지로 분류할 수 있으며, 원가관리회계분야에서 이용되는 중요한 예산에 대하여 설명하면 다음과 같다.

(1) 고정예산과 변동예산

이는 예산의 탄력성, 즉 예산편성에 이용된 조업도의 수준에 따른 분류이다.

고정예산(static budget)은 **정태예산**이라고도 하며 특정기간동안 조업도의 변화여부를 고려하지 않고 하나의 조업도를 기준으로 편성한 예산이다. 고정예산은 특정조업도만을 기준으로 사전에 수립된 예산이며, 대표적인 예는 종합예산이다. 고정예산은 편성대상기간에 예상된 특정조업도에서의 목표달성 여부에 대한 정보만을 제공하며, 특정산출량과 투입량의 관계에 대한 정보를 제공하지 못한다. 따라서 고정예산은 하나의 조업도 수준에 근거하여 편성되므로 성과평가목적이나 원가통제목적으로는 적합한 방법이 아니며, 경영관리 측면에서도 큰 의미를 갖지 못한다.

변동예산(flexible budget)은 일정한 범위 내에서의 조업도수준에 관한 예산이며, 조업도의 변동에 따라 조정되어 작성되는 예산이다. 변동예산을 사용하는 경우에는 여러 조업도수준에 있어서 예산의 비교가 가능하며, 성과평가목적을 위해 실제조업도수준에서의 예산원가와 실제작업에서 발생한 실제원가를 비교할 수 있다. 변동예산은 사전에 설정된 목표의 달성정도는 물론이고 특정산출량에 대한 투입량의 정도에 관한 정보도 제공하며 성과평가 및 원가통제 등 경영관리측면에서 유용하다.

(2) 종합예산과 부문예산

이는 예산의 포괄범위에 따른 분류이며, 편성대상으로 하는 조직의 범위에 따른 분류이다.

종합예산(master budget)은 대표적인 정태예산으로서, 기업전체를 대상으로 편성된 예산이며, 보통 1년을 기준으로 편성된다. 이에 비하여 **부문예산**(department budget)은 기업전체의 차원이 아니라 특정부문이나 지역, 사업부 등 부문조직을 대상으로 편성된 예산이다. 종합예산은 기업의 모든 하부조직이 달성해야 할 목표를 포함하여 기업전체적으로 달성해야 할 재무상태, 경영성과 현금흐름 등에 대한 목표치를 제시한다.

(3) 자본예산과 경상예산

이는 사업활동의 종류 또는 예산기간에 따른 분류이다.

자본예산(capital budget)은 설비예산이라고도 하며, 비교적 장기간에 걸친 예산이다. 자본예산은 설비의 구입이나 교체, 제품개발 등에 대한 예산이며, 금액이 비교적 크고 한번 결정되면 기업에 장기간동안 영향을 미치므로 매우 중요한 예산이다. **경상예산**은 일상적인 영업활동예산이며 보통 1년 단위로 편성된다.

(4) 기타의 예산

1) 연속예산

연속예산(continuous budget)은 특정기간에 대하여 예산을 편성한 후 기간이 경과함에 따라 지나간 기간의 예산을 제외시키고 새로운 기간의 예산을 포함시켜 항상 일정한 기간의 예산이 유지되도록 편성하는 예산이다. 예를 들어, 1년 단위로 예산을 편성하는 경우에 연초에 20×1년 1월 1일부터 12월 31일까지의 예산을 편성하고, 1월말에는 1월의 예산을 탈락시키고 다음연도 1월의 예산을 새로 포함시켜 20×1년 2월부터 20×2년 1월까지의 1년예산을 편성하여 항상 1년 단위의 예산이 유지되도록 하는 것이다. 연속예산은 연말에 집중되는 예산편성의 과중한 부담을 1년에 걸쳐 고르게 분산시킬 수 있으며, 경영자는 현재의 시점이 1년 중 어느 시점인가와 관계없이 항상 현시점부터 앞으로 1년에 대한 계획과 기업의 목표달성에 관심을 기울일 수 있다.

2) 참여예산

참여예산(participative budget)은 자가설정예산(self-imposed budget)이라고도 하며, 조직의 구성원이 예산편성과정에 직접 참여하는 예산이다. 예산의 성공여부는 그 예산이 설정되는 방식에 크게 영향을 받는다. 일반적으로 가장 효율적인 예산편성방법은 원가통제에 책임을 지는 경영자로 하여금 자기 스스로 예산을 편성하게 하는 참여예산이다. 하위경영자로부터 자신의 예산자료를 작성하여 상위 경영자에게 보고하고 이 예산자료가 점차 조직의 상부로 이동함에 따라 종합예산에 포함된다. 참여예산의 장점은 다음과 같다.

① 조직의 구성원이 예산편성에 참여함으로써 조직의 구성원이라는 의식을 갖게 하며, 개인적인 관점과 판단을 예산에 반영할 수 있다.

② 특정업무에 직접 관여하는 담당자는 그 업무에 대한 예산추정치를 가장 잘 설정할 수 있다. 따라서 예산담당자들이 예측한 추정치보다 정확하고 신뢰성이 있다

③ 상위자로부터 일방적으로 작성되어 지시되는 예산보다 자신이 스스로 설정한 예산이므로 보다 열심히 달성하려는 유인이 있다.

④ 자신에 설정한 예산을 달성하지 못하는 경우 그 책임이 자신에게 있으므로 원가통제에 유리하며, 자신의 성과를 보상과 연계시킬 수 있다.

그러나 참여예산은 하위계층이나 중간경영층의 의견을 반영하여 예산을 편성하므로 많은 시간이 소요되는 단점이 있으며, 하위계층으로부터 예산자료를 구할 때 자료의 정확성 측면에서 문제가 발생할 수도 있다.

3) 원점기준예산

원점기준예산(zero-base budget)은 **영기준예산**이라고도 하며, 각 부서의 모든 활동계획이 처음 시작되는 것처럼 원점에서 새로 예산을 편성하는 방법이다. 대부분의 예산편성은 전년도를 기준으로 일정비율만큼을 증가 또는 감소한 예산을 수립하는 증분예산방법에 의한다. 예를 들어 전년대비 5% 증가한 예산을 편성하는 것은 증분주의 예산이다. 이와 같은 증분예산을 작성하는 경우 과거의 비능률이 미래의 예산에도 그대로 포함되는 문제점이 있다. 이러한 증분예산의 문제점을 극복하기 위한 예산편성방법이 원점기준예산이다.

전통적인 예산은 지난 회계기간의 예산을 기초로 편성되며, 계속적으로 발생하는 원가에 대해서는 원가발생의 타당성을 재검토할 필요가 없다. 이에 비하여 원점기준예산은 각부서의 예산편성액의 타당성을 매 기간 고려한다는 점에서 차이가 있으며, 무엇보다도 원점에서 각 부문활동을 새로이 검토한다는 점에서 유익하다. 그러나 원점기준예산을 적용하기 위해서는 많은 검토자료가 필요하며 이에 대한 시간과 비용이 많이 소요되고, 기득권층의 반발을 어떻게 해소하느냐의 문제가 발생한다.

제2절 예산의 기능

모든 기업은 예산관리제도를 도입하고 있다. 기업의 목표달성을 위하여 예산을 편성하고 집행하며, 예산기간 이후에 예산과 실적을 비교하여 차이를 분석하여 구성원의 성과평가에 이용하는 예산제도는 조직에 긍정적인 영향을 미치는 순기능과 부정적인 영향을 미치는 역기능이 있다.

1. 예산의 순기능

예산은 조직의 목표를 제시하고 목표를 달성하도록 구성원을 독려하고 동시에 자발적인 참여를 유인하는 긍정적인 면을 갖고 있으며, 다음과 같은 순기능이 있다.

(1) 계획의 수립

예산은 미래에 대한 계획수립을 용이하게 한다. 기업경영에서 계획은 기업의 목표를 결정하고 그 목표를 달성하는 방법을 사전에 정하는 것이다. 미래의 계획이 없는 조직은 전반적인 문제해결이나 목표를 달성할 수 없게 된다. 기업이 공식적인 예산을 편성하면 경영자에게 미래의 계획과 운영절차의 수립이 용이하게 된다. 예산편성은 계획수립의 각 측면에서 측정 가능한 기간의 목표를 구체화시키는 하나의 기준을 제공한다.

(2) 성과평가와 통제의 기준

예산은 성과평가와 통제의 기준을 제공한다. 예산은 미래 경영활동에 대한 추정치이므로 경영자는 계획과 실적을 비교하여 각 부문의 성과를 평가하고 이를 기초로 계획을 적절히 변경하고 실적을 개선시키며 통제하는 기능을 수행하여야 한다. 예산은 성과평가의 기준치로서의 역할을 수행하며 예산과 실적을 비교하여 부문경영자가 얼마나 효율적으로 목표를 달성하였는가를 비교할 수 있게 한다. 예산은 각 부문의 달성목표 내지는 행동지침으로 이용되며 각 부문관리자는 설정된 예산을 달성하는 책임을 져야 한다. 예산과 실적을 비교함으로써 예산은 관리자의 성과를 평가는 기준이 된다.

(3) 의사전달과 조정의 역할

예산은 의사전달과 조정의 역할을 수행한다. 조직구성원들이 각자 독립적으로 활동하고 개인적인 계획을 수립하여 실행에 옮긴다면 조직의 목표를 달성하기 어렵게 된다. 공식적인 예산은 조직의 다양한 측면에서의 계획을 통합시키며, 예산편성과정은 조직의 모든 관련 당사자들 간의 생각을 교환하고 계획을 조정하는 도구이다. 또한 예산은 상위경영자들의 의사를 하위경영자들에게 전달하는 수단이 되며, 하부단위의 계획과 목표를 통합함으로써 조직 전체적인 활동을 조정하는 역할을 한다.

(4) 구성원의 원가의식고취

예산은 구성원들의 원가의식을 고취시킨다. 일부경영자나 구성원들은 그들의 의사결정이나 활동이 원가에 미치는 영향을 의식하지 않는 경향이 있다. 마케팅담당자는 마케팅활동에만 집중하고 생산담당자는 제품의 생산과 품질에만 집중하게 된다. 이렇게 되면 원가를 의식하지 않고 원가와 효익의 관계를 무시하게 된다. 부문경영자들의 활동에 대한 평가는 예산과 실적을 비교하게 되므로 구성원들의 원가의식을 고취시키는 역할을 수행한다.

(5) 하위경영자에 대한 권한위임

예산제도는 하위경영자에게 권한위임을 가능하게 해주는 수단이 된다. 각 부문의 경영자들은 재료의 구입과 소비, 종업원의 고용, 판매촉진활동 등의 업무수행과정에서 자금지출에 대한 많은 의사결정을 하게 된다. 이러한 일상적인 영업활동에 대하여 최고경영자의 승인을 모두 얻어야 한다면 조직의 효율성이 크게 저하될 수 있다. 예산제도를 통하여 이들 항목에 대한 예산을 사전에 편성하면 각 부문관리자들은 예산범위 내에서 자유로운 의사결정을 할 수가 있다.

2. 예산의 역기능

예산의 순기능이 있지만 반면에 조직의 목표달성에 방해가 될 수도 있다. 예산이 갖는 이러한 역기능의 내용은 다음과 같다.

(1) 경영자의 성과조작유인 제공

예산은 각 계층의 경영자에게 자신의 성과를 조작할 유인을 제공한다. 즉 예산에 의하여 성과평가를 받는 사람들은 자신에게 유리한 성과평가가 되도록 예산을 이용할 수 있으므로 예산이 본래의 목적을 달성하지 못할 가능성이 있다. 예를 들어 목표매출액이 ₩100,000으로 설정되어 있으며 판매담당자가 결산기이전 11월에 모두 달성하였다고 가정한다. 이 경우에 12월에 고객의 주문이 있으면 제품을 즉시 인도하지 않고 다음 회계년도인 1월중으로 제품인도를 연기할 가능성이 있게 된다. 즉 내년도의 목표달성을 쉽게 하도록 이와 같은 왜곡된 행위를 할 수 있다. 반대로, 결산기 이전에 목표달성을 하지 못한 경우에는 서류를 조작하여 목표액을 달성한 것처럼 처리하고 다음 연도 1월중에 제품이 환입된 것처럼 조작할 수도 있다.

(2) 장기적 목표보다는 단기적 목표달성에 치중

둘째, 예산은 기업의 장기적인 목표달성보다는 단기적인 목표달성에 집중하게 하여 전체적으로 바람직하지 않을 수 있다. 예산은 보통 1년을 단위로 편성되므로 경영자들은 단기간 내에 좋은 성과를 얻기 위하여 단기적인 목표에만 치중할 수 있으므로 예산은 기업의 장기적인 목표달성에 불리할 수도 있다. 예를 들면 예산상의 원가목표를 달성하기 위하여 품질이 낮은 재료를 사용하면 예산상의 목표는 쉽게 달성될 수 있으나 품질저하와 함께 좋은 이미지를 가져오지 않으므로 장기적인 수익성은 악화될 것이다.

제3절 종합예산과 변동예산

예산은 편성대상에 적용되는 조업도의 수준에 따라 고정예산(정태예산)과 변동예산으로 구분되며, 고정예산의 대표적인 예가 종합예산이다. 종합예산은 조직전체를 대상으로 편성되는 예산이며, 예산기간은 1년 이내로 설정된 단기예산인 동시에 목표판매량을 확정시킨 고정예산이다. 변동예산은 동태적 예산이며, 기대되는 여러 조업도 수준의 매출액에 대하여 작성되는 예산이며, 성과평가목적에 더 적합한 예산이다.

1. 종합예산의 의의와 구성

종합예산(master budget)은 기업전체를 대상으로 편성된 예산이며 일반적으로 1년을 단위로 편성된 예산이다. 종합예산은 특정기간의 생산수량이나 조업도의 변화를 고려하지 않고 하나의 조업도수준만을 기준으로 편성되는 대표적인 **고정예산**(static budget)이다. 종합예산은 기업의 모든 하부조직이 달성해야 할 목표를 포함하여 기업 전체적으로 달성해야 할 재무상태, 경영성과 및 현금흐름 등에 대한 목표치를 제시한다. 이러한 종합예산의 작성에는 기업의 모든 하위조직 간에 존재하는 활동의 상호관계를 모두 포함하여야 하므로 특정부문이나 특정활동에 대한 예산을 편성할 때보다 더 많은 노력이 요구된다. 종합예산은 기업의 모든 세부단위의 목표를 요약하여 판매, 생산, 구매, 재무 등의 기능별로 구성되어 있다. 종합예산의 여러 구성요소는 영업예산과 재무예산으로 구분할 수 있다.

영업예산(operating budget)은 생산, 판매, 관리를 위한 예산이며, 손익계산서와 이에 관련되는 명세서에 초점을 맞추는 예산이다. 영업예산에는 수익예산, 제조원가예산 그리고 운영비용예산 등이 포함되며, 예산상의 순이익이 산출된다. 즉, 생산, 판매, 원재료와 인력의 조달 및 사용에 대한 계획을 기초로 한 생산예산, 판매예산, 매출원가예산 등을 의미한다. **재무예산**(financial budget)은 재무활동을 위한 예산이며 자본예산, 현금예산, 예산대차대조표와 현금흐름표 등에 초점을 두는 예산이다. 재무예산에는 추정대차대조표, 설비자산에 대한 투자계획, 그리고 자금의 조달과 상환을 포함한 현금유입과 유출에 대한 상세계획이다. 즉 자금의 조달과 투자를 위한 자본예산과 현금예산을 의미한다.

이러한 종합예산을 개괄적으로 표시하면 〈그림 14-1〉과 같다. 그림에서 종합예산의 대부분을 차지하고 있는 것은 영업예산이다. 종합예산의 구체적인 편성절차는 다음 절에서 자세히 설명한다.

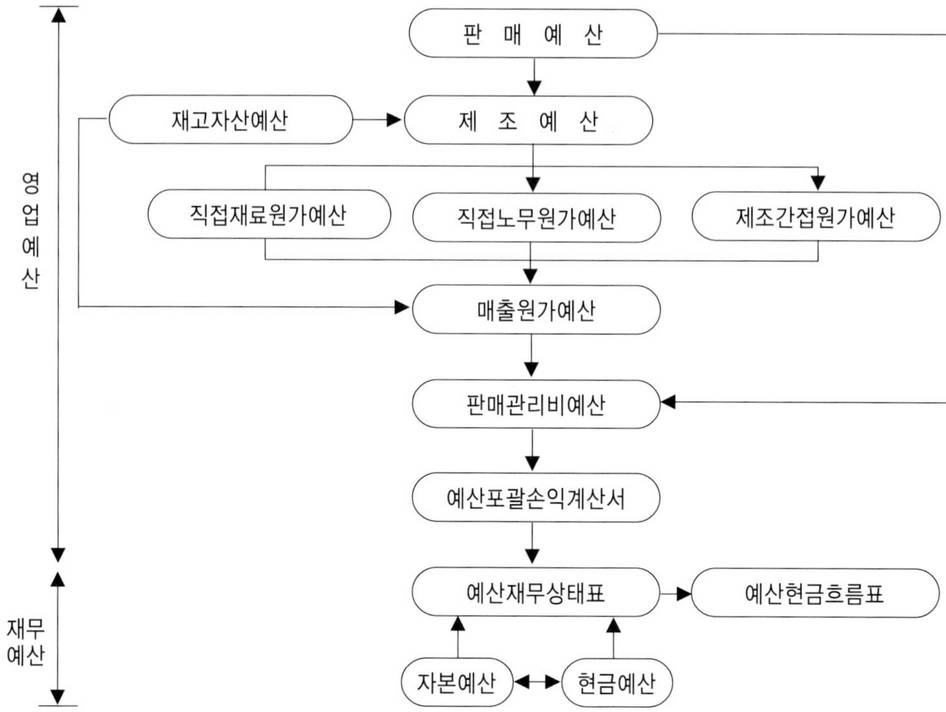

〈그림 14-1〉 종합예산의 구성

2. 변동예산

변동예산(flexible budget)은 일정범위의 조업도수준에 따라 조정되어 작성되는 예산이며 성과평가목적을 위해 실제원가를 실제조업도수준에 있어서 예산원가와 비교한다. 이때 실제액과 변동예산에서의 금액과의 차이를 **변동예산차이** 또는 매출가격차이라고 하고, 변동예산과 고정예산과의 차이를 **매출조업도차이**라고 한다. 또한 실제액과 정태예산과의 차이를 **고정예산차이** 또는 종합예산차이라고 한다. 변동예산차이분석에서 수익의 실제발생액이 변동예산보다 크면 유리한 차이, 적으면 불리한 차이이다. 변동원가나 고정원가는 실제발생액이 변동예산보다 더 크면 불리한 차이이고, 적으면 유리한 차이이다. 매출조업도차이분석에서도 수익은 변동예산이 크면 유리한 차이이고, 원가는 변동예산이 고정예산에 보다 적으면 유리한 차이이다. 이러한 차이분석은 수익중심점으로서 판매부서의 성과평가에 이용된다.

변동예산은 성과평가를 위하여 종합예산을 사후적으로 수정한 예산이다. 종합예산을 수정하는 이유는 동일한 조업도수준에서 허용된 표준투입량, 즉 변동예산과 실제발생자료를 비교해야만 올바른 능률측정이 가능하기 때문이다. 따라서 변동예산은 원가관리와 통제를 위한 표준원가계산제도와 원가중심점과 수익중심점의 성과평가에서 원가차이분석에 이용된다.

(예제 14-1) 고정예산과 변동예산

(주)서울산업은 올해 33,000원의 이익을 기대하였으나 제품수요의 감소로 6,000원의 영업이익을 실현하였으며 실제성과와 예산자료는 다음과 같다.

		실 제		고정예산
판매량		500개		600개
매출액		₩225,000		₩ 261,000
변동원가				
직접재료원가	76,000		84,000	
직접노무원가	58,000	(134,000)	57,000	(141,000)
고정원가		(85,000)		(87,000)
영업이익		₩ 6,000		₩33,000

단위당 예산판매가격은 ₩435이고, 단위당 예산직접재료원가는 ₩140이며 단위당 예산직접노무원가는 ₩95이다. 고정원가는 모두 감가상각비이다. (주)서울산업에는 직접재료원가, 직접노무원가 및 감가상각비 외에는 다른 원가는 없다.

(요구사항)

1. 실제자료와 고정예산을 비교하고 유리한 차이와 불리한 차이로 구분하시오.
2. 고정예산을 성과평가에 이용하는 경우에 어떤 문제가 예상되는가 말하시오.
3. 실제조업도에 근거한 변동예산을 설정하시오
4. 고정예산차이를 변동예산차이와 매출조업도차이로 분리하시오.

(풀이)

1. 고정예산차이

	실 제	정태예산차이	정태예산
판매량	500개	100개	600개
매출액	₩225,000	₩36,000 (불리한 차이)	₩261,000
변동원가			
직접재료원가	(76,000)	8,000(유리한 차이)	(84,000)
직접노무원가	(58,000)	1,000(불리한 차이)	(57,000)
고정원가	(85,000)	2,000(유리한 차이)	(87,000)
영업이익	₩6,000	₩27,000(불리한 차이)	₩33,000

2. 고정예산을 이용한 성과평가

실제 판매량은 500단위이지만, 비교대상이 되는 고정예산은 600단위이므로 비교대상이 되지 않는다. 즉, 고정예산(정태예산)은 하나의 조업도를 기준으로 예산을 편성하므로 실제조업도와 고정예산의 예정조업도가 다른 경우에는 조업도가 다른 상태에서 금액을 비교하는 문제가 발생한다. 동일한 조업도수준에서 실제성과와 허용투입수준(변동예산)을 비교하여야 올바른 성과측정이 가능하게 된다.

3. 실제조업도에 의한 변동예산

변동예산		
판매량		500 개
매출액 500개 × @435=		₩216,500
변동원가		
직접재료원가 500개×140=	70,000	
직접노무원가 500개× 95=	47,500	(117,500)
고정원가		(87,000)
영업이익		₩12,000

4. 변동예산차이와 매출조업도차이

	실제성과	변동예산차이	변동예산	매출조업도차이	고정예산
판매량	500단위	–	500단위	100단위	600단위
매출액	₩225,000	₩ 8,500(F)	₩216,500	₩44,500(U)	₩261,000
변동원가					
직접재료원가	76,000	6,000(U)	70,000	14,000(F)	84,000
직접노무원가	58,000	10,500(U)	47,500	9,500(F)	57,000
고정원가	85,000	2,000(F)	87,000	–	87,000
영업이익	₩6,000	₩ 6,000(U)	₩12,000	₩21,000(U)	₩33,000

변동예산차이 ₩6,000(U)　　　매출조업도차이 ₩21,000(U)

고정예산차이 ₩27,000(U)

F: 유리한 차이(favorable variance)

U: 불리한 차이(unfavorable variance)

제4절 종합예산의 편성절차

종합예산의 편성과정은 다음 연도의 판매예측으로부터 시작하여 예산재무제표를 작성하는 것으로 완성된다. 그러나 오늘날 많은 기업들은 현금흐름의 중요성을 고려하여 현금흐름표 대신에 현금예산을 편성하는 경우가 많다. 종합예산의 흐름은 〈그림 14-1〉과 같으며, 종합예산편성의 일반적인 절차는 다음과 같다.

① 판매예측과 판매예산의 수립

② 제조예산(생산량예산)의 수립
③ 직접재료원가, 직접노무원가 및 제조간접원가에 대한 예산수립
④ 매출원가예산수립
⑤ 판매비와 관리비에 대한 예산수립
⑥ 예산포괄손익계산서의 작성
⑦ 현금예산의 편성
⑧ 예산재무상태표의 작성

이상에서와 같이 종합예산의 첫 단계는 판매예산을 작성하는 것이며, 판매예산을 작성하기 위해서는 미래의 수요량을 예측해야 한다. 판매예산을 수립한 후에는 판매예산과 기말재고예산을 기초로 제조예산을 작성하고 각 원가요소별 예산과 매출원가예산을 편성한다. 매출원가예산을 수립한 후에는 판매비와 관리비에 대한 예산을 수립하고 예산포괄손익계산서를 작성한다. 그 다음에는 매출대금의 회수 및 매입대금의 지급에 대한 계획을 수립하여 현금예산을 편성하고, 이를 기초로 예산재무상태표를 작성함으로써 일련의 종합예산 편성과정을 완료하게 된다.

종합예산의 편성과정은 제품원가계산절차와는 반대로 이루어진다. 제품원가계산은 생산활동이 이루어지는 순서, 즉 원재료의 구입, 제조원가의 투입, 제품의 완성, 제품의 판매 등의 순서로 이루어지지만 종합예산은 판매예산에서 출발하며 이로부터 제조예산, 제조원가계산 등의 순서로 이루어진다. 제품원가계산은 과거의 제품제조활동의 재무적 보고에 중점을 두고 있으나 종합예산의 편성은 예상되는 미래 활동의 재무적 결과를 예측하는데 중점을 두고 있다. 예산편성의 기본절차에 대하여 다음과 같은 기본예제를 통하여 구체적으로 설명한다.

(기본예제)

전자제품생산회사인 (주)KS는 20×2년도 1월의 예산편성에 대한 자료는 다음과 같다.

(1) 기본재무상태표

재무상태표

(주)KS　　20×1년 12월 31일 현재　　(단위 : 원)

자산	금액	부채와 자본	금액
현금	150,000	매입채무	50,000
매출채권	450,000	자본금	1,000,000
원재료	50,000	자본잉여금	400,000
제품	200,000	이익잉여금	200,000
유형자산	1,000,000		
감가상각누계액	200,000		
자산총계	1,650,000	부채와자본총계	1,650,000

(2) 제품의 판매가격은 단위당 ₩200이며, 예상판매량은 1월 4,000개, 2월이 5,000개, 3월에 6,000개이다. 모든 매출은 외상으로 이루어지며, 매출액 중 70%는 당월에 회수하고 나머지는 다음 달에 회수하는 것으로 한다.

(3) 제품의 기초재고량은 2,000개(단위당 제조원가 @100)이며, 월말제품재고량은 다음 달 예상판매량의 20%수준으로 한다.

(4) 제품단위당 변동제조원가는 다음과 같다.

직접재료원가: 2kg × ₩10 =	₩20
직접노무원가: 1시간 × ₩30 =	30
변동제조간접원가: 1시간 × ₩20 =	20
계	₩70

1월의 고정제조간접원가 예산은 감가상각비 ₩20,000을 포함하여 ₩45,000이다.

(5) 원재료의 월초재고량은 5,000kg이며, 월말재고량은 다음 달 제품생산에 필요한 수량의 30% 수준을 유지하도록 한다. 월초 월말재공품은 없는 것으로 가정한다.

(6) 변동판매비와 관리비는 판매단위당 ₩10이며, 1월에 예상되는 고정판매관리비는 감가상각비 ₩10,000을 포함하여 ₩50,000이다.

(7) 모든 매입은 외상으로 이루어지며, 외상매입금은 매입한 달에 60%, 다음 달에 40%를 지급한다.

(9) 재료매입액과 감가상각비를 제외한 모든 비용은 발생한 달에 전액 지급한다.

1. 판매예산

판매예산은 종합예산편성의 출발점이며, 판매예산의 출발점은 판매예측이다. 판매예산을 잘못 수립하면 그것을 바탕으로 하는 모든 예산은 미래 활동에 대한 합리적 지표가 되지 못한다. 종합예산 편성과정에서 다른 모든 예산들은 판매예측에 따라 결정되므로 판매예산의 수립에 많은 시간과 노력이 투입되어야 하며, 보다 객관적인 예측을 위하여 가능한 많은 정보와 여러 가지 변수들을 고려하여야 한다.

일반적으로 판매예측에서 고려해야 할 요인으로는 다음과 같은 것들이 있다.

① 과거의 매출실적 및 매출증가추세
② 일반적인 경제상황의 변동에 대한 예측
③ 산업의 경쟁정도와 시장점유율, 경제상황의 변동에 대한 예측
④ 연구개발활동
⑤ 판매가격정책
⑥ 광고 및 판매촉진활동
⑦ 제품의 장기적 판매추세와 판매의 계절적 변화
⑧ 정부의 정책과 소비자의 기호변화 등

판매예측은 이와 같은 광범위한 요소들을 고려해야 하므로 예산편성단계 중에서 가장 많은 노력이 필요하며, 또한 미래에 대한 불확실성으로 예측자의 주관이 개입될 수 있다. 기업은 판매예측을 합리적으로 수행하기 위하여 판매원의 의견을 종합하거나 시장조사전문기관에 의뢰할 수도 있으며, 회귀분석이나 상관분석 등의 다양한 통계적 방법을 사용할 수도 있다. 미래의 판매량을 예측한 후에 예측결과를 기초로 판매예산을 수립한다. 판매예산은 종합예산의 출발점이므로 다른 예산들은 판매예산에 의해 가장 큰 영향을 받는다.

판매예산(sales budget)은 다음 기에 판매될 것으로 예상되는 판매량과 예상매출액에 대한 예산을 말한다. 판매예산은 제품별 예상판매량에 단위당 판매가격을 곱하여 계산한다. 판매예산은 제품별, 지역별, 분기별, 월별로 수립한다.

판매예산(매출액) = 예상판매량 × 단위당판매가격

(예제 14-1) 판매예산

기본예제를 이용하여 20×2년 1월의 판매예산을 수립하시오.

(풀이)

판매예산	
제품판매량	4,000개
단위당판매가격	× ₩200
판매예산	₩800,000

2. 제조예산 : 생산량예산

판매예측을 기초로 제품생산계획, 즉 제조예산을 수립한다. **제조예산**(production budget)은 기업이 다음 기에 얼마의 제품을 생산하여야 하는가에 대한 목표생산량을 결정하는 것이며 **생산량예산**이라고도 한다. 제조예산은 예상판매량과 기말제품재고수준을 충족시키기 위하여 생산하여야 할 제품수량을 결정하는 것이며, 예상판매량에 기말제품재고량을 가산하고 기초제품재고량을 차감하여 결정한다.

제품생산량 = 제품판매량 + 기말제품재고량 − 기초제품재고량

목표생산량이 결정되면 생산부서 담당자는 현재의 생산설비로 목표생산량을 생산할 수 있는지 검토해야 한다. 현재의 생산설비로 목표생산량을 생산할 수 없을 경우에는 판매예산을 축소하거나 생산설비를 확장하는 방안을 고려해야 하며, 반대로 생산설비가

목표생산량을 생산하고도 남을 경우에는 유휴설비의 활용방안을 강구해야 한다.

(예제 13-2) 제조예산

기본예제의 자료를 이용하여 1월과 2월의 제조예산을 수립하시오

(풀이)

제조예산

	1 월	2 월
제품판매량	4,000개	5,000개
기말제품재고량	1,000[1)]	1,200[2)]
합 계	5,000	6,200
기초제품재고량	(2,000)	(1,000)
제품생산량	3,000개	5,200개

1) 다음 달 판매량 5,000 × 0.2 = 1,000개 2)다음 달 판매량 6,000 × 0.2 = 1,200개

3. 제조원가예산

제조원가예산(manufacturing cost budget)은 목표생산량을 생산하기 위하여 발생하는 제조원가에 대한 예산을 수립하는 것이며 이는 직접재료원가, 직접노무원가 및 제조간접원가로 구분된다. 제조원가예산을 편성하기 위해서는 사전에 제품단위당 표준원가를 설정하는 것이 필요하다. **표준원가**는 특정제품을 생산하는데 발생할 것으로 예상되는 원가를 표준가격과 표준수량을 사용하여 사전에 결정된 원가이며, 과학적 방법으로 결정된 달성가능한 목표원가이다. 표준원가에 대한 자세한 내용은 제10장 표준원가계산을 참조하기 바란다.

(1) 직접재료원가예산

직접재료원가예산(direct materials budget)은 목표생산량을 생산하는데 투입되어야 할 직접재료(원재료)에 대한 예산이다. 직접재료원가계산은 다음 기의 목표생산량에 제품단위당 직접재료원가를 곱하여 계산한다.

직접재료원가예산 = 제품목표생산량 × 제품단위당 직접재료원가

직접재료원가예산과 관련하여 추가적으로 분석해야 할 사항은 원재료(직접재료)의 구입예산이다. **직접재료구입예산**(material purchase budget)은 목표생산량을 생산하는데 사용될 원재료의 수량과 기말재료재고량수준을 충족시키기 위하여 구입하여야 할 원재료의 수량과 금액을 결정하는 예산이다. 이는 원재료의 목표구입량에 원재료 단위당 구입가격을 곱하여 산출한다. 원재료 목표구입량은 목표생산량을 생산하는데 사용될 원재료

수량에 기말원재료재고량을 가산하고 기초원재료재고량을 차감하여 계산한다.

직접재료구입예산	= 직접재료구입량 × 직접재료 단위당 구입가격
	= (직접재료소요량 + 기말직접재료재고량 − 기초직접재료재고량) × 직접재료 단위당 구입가격
직접재료소요량	= 목표생산량 × 제품단위당 직접재료소요량

(예제 14-3) 직접재료구입예산

기본예제의 자료를 이용하여 1 월의 직접재료원가예산과 직접재료구입예산을 편성하시오.

(풀이)

1. 직접재료원가예산:

   3,000개 × ₩ 20 = ₩60,000

2. 직접재료매입예산

직접재료소요량 3,000개× 2kg =	6,000kg
기말직접재료재고량 5,200× 2kg× 0.3=	3,120[1)]
기초직접재료재고량	(5,000)
직접재료 구입량	4,120
단위당 구입가격	× ₩ 10
직접재료구입예산	₩ 41,200

*1) 기말재고량은 다음 달 제품생산에 필요한 수량(원재료 사용량)의 30%수준을 유지한다.

(2) 직접노무원가예산

직접노무원가예산(direct labor budget)은 목표생산량을 생산하는데 투입되어야 할 직접노무원가에 대한 예산이며, 다음 기의 목표생산량에 제품단위당 직접노무원가를 곱하여 계산한다.

직접노무원가예산	= 제품 목표생산량 × 제품단위당 직접노무원가
	= 제품목표생산량 × 제품단위당 직접노동시간 × 시간당 임률
	= 총소요작업시간 × 시간당 임률

직접노무원가예산은 목표생산량의 생산에 필요한 직접노동시간과 노동시간당 임률을 곱하여 계산한다. 그러므로 직접노무원가예산을 작성하면 목표생산량의 생산에 필요한 종업원들을 충분히 고용하고 있는지 알 수 있고 그에 따라 추가고용이나 일시해고 등 상황에 맞게 노동력수급계획을 수립할 수 있다.

목표생산량에 필요한 직접노동시간을 계산하기 위해서는 먼저 제품단위당 필요한 직접노동시간을 알아야 한다. 제품단위당 직접노동시간이 결정되면 여기에 시간당 임률과 목표생산량을 곱하여 직접노무원가에 대한 예산이 완성된다.

(예제 14-4) 직접노무원가예산

기본예제를 이용하여 1월의 직접노무원가예산을 수립하시오.

(풀이)

직접노무원가예산

제품의 목표생산량	3,000개
제품단위당 직접노동시간	× 1시간
직접노동 총 소요시간	3,000시간
직접노동시간당 임률	× ₩30
판매예산	₩90,000

(3) 제조간접원가예산

제조간접원가예산(manufacturing overhead budget)은 목표생산량을 생산하는데 발생될 것으로 예상되는 제조간접원가에 대한 예산이다. 직접재료원가와 직접노무원가는 제품의 총원가에서 차지하는 구성비율을 비교적 명확하게 파악할 수 있다. 그러나 제조간접원가는 다양한 원가행태를 갖는 원가항목으로 구성되어 있으므로 총원가에서 차지하는 구성비율을 명확하게 파악할 수가 없다.

제조간접원가는 원가행태에 따라서 조업도의 변동에 비례적으로 변화하는 변동제조간접원가와 조업도의 변동과는 관계없이 일정하게 발생하는 고정제조간접원가로 구분한다. 변동제조원가예산은 목표생산량에 제품단위당 변동제조간접원가를 곱하여 계산하고, 고정제조간접원가예산은 총액으로 파악한다.

제조간접원가예산 = 제품생산량 × 제품단위당 변동제조간접원가 + 고정제조간접원가예산

(예제 14-5) 제조간접원가예산

기본예제의 자료를 이용하여 1월의 제조간접원가예산을 편성하시오.

(풀이)

제조간접원가예산

제품의 목표생산량	3,000개
제품단위당 변동제조간접원가	× ₩20

변동제조간접원가예산	₩ 60,000
고정제조간접원가예산	45,000
총제조간접원가	₩ 105,000

4. 매출원가예산

매출원가예산(cost of goods sold budget)은 제품의 예상판매량에 대한 제조원가를 산정하는 것이며, 기초제품재고원가에 당기제품제조원가를 가산하고 기말제품재고원가를 차감하여 산출한다. 매출원가예산은 지금까지 살펴본 원가요소에 대한 예산자료에 기초 및 기말재고를 추가함으로써 작성할 수 있다. 매출원가예산은 이처럼 예산자료를 종합하는 예산이지만 예산포괄손익계산서에서 매출원가의 결정과 예산재무상태표에서 기말제품재고액의 결정에 필요하므로 반드시 작성해야 한다.

매출원가예산 = 기초제품재고원가 + 당기제품제조원가 − 기말제품재고원가

(예제 14-6) 매출원가예산

기본예제와 예제 14-1에서 14-5까지의 자료를 이용하여 1월의 매출원가예산을 수립하시오.

(풀이)

기초제품재고원가: 2,000개 × ₩100 =		₩ 200,000
당기제품제조원가:		
직접재료원가예산	₩ 60,000	
직접노무원가예산	90,000	
제조간접원가예산	105,000	255,000
계		455,000
기말제품제조원가: 1,000개× ₩85[1] =		(85,000)
매출원가예산		₩ 370,000

1) 제품단위당 제조원가 = 변동원가 70 + 고정원가45,000 ÷ 4,000개 = ₩85

5. 판매비와 관리비예산

판매비와 관리비예산(selling and administrative expense budget)은 예산기간 동안의 판매와 관리활동에서 발생할 것으로 기대되는 비용에 대한 예산이다. 판매비와 관리비예산은 원가의 발생행태에 따라서 고정원가와 변동원가로 구분하여 예산을 수립한다. 변동판매비는 예상되는 매출액에 직접적으로 영향을 받는 부분이고, 고정판매비는 매출액에 관계없이 일정하게 발생하는 비용이다.

판매비와 관리비 예산편성의 출발점은 당기의 실제 판매비와 관리비발생액에 대한 자료이다. 이 자료를 기초로 영업활동수준의 변경, 물가변동 등을 고려하여 당기발생액을 적절히 수정하면 다음기의 판매비와 관리비예산을 쉽게 얻을 수 있다. 이 방법이 지나치게 단순하다는 비판이 있으나 예산편성이 상대적으로 쉽고 비용이 적다는 장점이 있으므로 실무에서 많이 이용되고 있다.

(예제 14-7) 판매비와 관리비예산

기본예제의 자료를 이용하여 1월의 판매비와 관리비예산을 편성하시오.

(풀이)

판매비와 관리비예산

예상판매량	4,000개
단위당 변동판매비와 관리비	× ₩ 10
변동판매비와 관리비	40,000
고정판매비와 관리비	50,000
판매비와 관리비예산	₩ 90,000

판매비와 관리비이외에 영업외수익과 영업외비용의 금액이 크고 중요하다면 이에 대한 예산도 편성하여야 한다. 그러나 여기에서는 종합예산의 흐름에 대한 기본적인 내용만을 설명하므로 생략한다.

6. 예산포괄손익계산서

예산포괄손익계산서(budgeted statement of comprehensive income)는 예산이 편성되는 기간의 매출액, 매출원가, 판매비와 관리비, 순이익에 대한 예측을 종합적으로 나타내는 표이며, 예산기간 동안의 경영성과를 나타낸다. 예산포괄손익계산서는 판매예산, 제조원가예산, 매출원가예산, 판매비와 관리비예산을 기초로 작성된다. 예산포괄손익계산서는 반드시 전부원가계산방법으로만 작성되는 것은 아니며, 기업의 내부관리와 통제목적을 위해서는 공헌이익접근법을 이용하여 작성하는 것이 더 유용하다.

(예제 14-8)

기본예제의 자료를 이용하여 1월의 예산포괄손익계산서를 작성하시오.

(풀이)

예산포괄손익계산서

매출액 (예제 14-1)	₩ 800,000
매출원가(예제 14-6)	370,000

매출총이익	430,000
판매비와 관리비 (예제 14-7)	90,000
당기순이익	₩ 340,000

7. 현금예산

현금예산(cash budget)은 예산기간 동안의 현금유입과 현금유출에 관한 예산으로서 기업의 단기계획을 수립하는데 가장 중요한 예산이다. 모든 기업은 현금의 유입과 유출을 계획하고 통제하여 언제, 어느 정도의 현금이 필요할 것인가를 미리 파악하여야 한다. 만일 현금부족이 예상되면 자금조달계획을 미리 세워야 하며, 현금잉여가 기대되면 투자계획을 수립하여야 한다.

현금예산을 수립하기 위해서는 먼저 예산기간 초에 기업이 어느 정도의 현금을 보유하고 있는가를 확인하고 예산기간 동안에 각종 거래 및 수익과 비용항목의 발생이 현금에 미치는 영향을 조사하여야 한다. 일반적으로 현금예산에는 다음과 같은 항목이 포함된다.

① **기초현금액**: 전기말의 현금을 말한다.

② **현금유입액**: 당기에 유입될 것으로 예상되는 현금이며, 현금유입은 주로 매출채권의 회수, 현금매출, 이자수익과 배당금수익, 임대료수입, 부채의 차입, 자본증가, 유형자산의 매각 등으로 이루어진다.

③ **이용가능현금액**: 기초현금액에 현금유입액을 더한 금액이며, 기업이 당기에 이용가능한 현금액이다.

④ **현금유출액**: 당기에 유출될 것으로 예상되는 현금이며, 현금유출은 주로 매입채무의 지급, 재료의 현금매입, 노무원가의 지급, 임차료지급, 이자비용과 배당금의 지급, 기타판매비와 영업비지급, 부채의 상환, 유형자산의 취득 등을 통하여 이루어진다, 현금유출에서 주의할 점은 감가상각비는 현금유출을 수반하는 비용이 아니므로, 현금예산을 설정할 때 제외시켜야 한다.

⑤ **최소한의 현금필요액**: 기업이 다음기의 영업활동을 위하여 일정액의 현금을 보유하고자 하는 경우의 현금액이다. 현금유출액과 유사한 성격을 갖으며, 생략되는 경우가 많다.

⑥ **현금초과액 또는 부족액**: 이용가능현금액에서 현금유출액과 기말에 보유하고자 하는 최소한의 현금필요액을 차감한 금액이다.

⑦ **현금차입 및 상환**: 현금이 남으면 부채를 상환하는데 사용하거나 보유하며, 부족하면 차입하기도 한다.

⑧ **기말현금액**: 현금초과 또는 부족액에 현금차입액을 가산하고 부채상환액을 차감한 금액이다.

기말현금액 = 현금초과(또는 부족액) + 최소한의 현금필요액 + 현금차입액 − 현금상환액
= 이용가능현금액 − 현금유출액 + 현금차입액 − 부채상환액
= 기초현금잔액 + 현금유입액 − 현금유출액

(예제 14-9) 현금예산

기본예제를 이용하여 1월의 현금예산을 편성하시오.

(풀이)

현금예산 (단위: 원)

항목	계산	금액	합계
1. 기초현금액			150,000
2. 현금유입액			
전월매출채권회수		450,000	
당월매출채권회수	800,000 × 0.7 =	560,000	1,010,000
3. 이용가능현금액			1,160,000
4. 현금유출액			
전월매입채무지급		50,000	
당월매입채무지급	41,200 × 0.6 =	24,720	
직접노무원가	3,000개 × 30 =	90,000	
변동제조간접원가	3,000개 × 20 =	60,000	
고정제조간접원가	45,000 − 20,000 =	25,000	
판매비와 관리비	90,000 − 10,000 =	80,000	(329,720)
5. 최소현금필요액			−
6. 현금초과액			830,280
7. 현금차입 및 상환액			−
8. 기말현금액			₩ 830,280

8. 예산재무상태표

예산재무상태표(budgeted statement of financial position)는 예산기간말 현재의 재무상태, 즉 자산 부채 자본의 상태를 나타내는 표이다. 예산재무상태표는 기초시점의 재무상태, 즉 전기말 재무상태표 계정잔액에 예산기간 중의 판매와 제조활동에 의한 각 계정의 증감사항을 반영하여 작성한다. 자산 및 부채의 변동은 자본투자에 대한 경영자의 의사결정과 운전자본에 대한 투자 및 자금조달활동에 대한 의사결정으로부터 구할 수 있다.

(예제 14-10) 예산재무상태표

기본자료를 이용하여 1월의 예산재무상태표를 작성하시오.

(풀이)

예산재무상태표

(20×2. 1. 31) (단위: 원)

현　금		830,280	매입채무	41,200 × 0.4 =	16,480
매출채권	800,000 × 0.3 =	240,000	자 본 금		1,000,000
원 재 료	3,120 × ₩10 =	31,200	자본잉여금		400,000
제　품	1,000 × ₩85 =	85,000	이익잉여금		540,000
유형자산		1,000,000			
감가상각누계액		(230,000)			
		1,956,480			1,956,480

토의문제

1. 기업활동에서 예산제도의 역할을 설명하시오.
2. 예산을 여러 분류기준에 따라 분류하시오.
3. 고정예산과 변동예산을 비교 설명하시오.
4. 종합예산의 구성요소를 설명하시오.
5. 종합예산의 편성절차를 설명하시오.
6. 원점기준예산의 내용과 장 · 단점을 설명하시오
7. 판매예산이 종합예산에서 가장 중요한 이유는 무엇인가?
8. 현금예산의 중요성과 구성요소를 설명하시오.

연습문제

(14-1) 고정예산과 변동예산

(주)경기는 20×1년초에 ₩16,500의 이익을 기대하였으나 실제로는 ₩8,500의 이익을 실현하였다. 예산판매량은 300단위였으나 판매부진으로 실제 판매량은 250단위이며, 단위당 예산자료는 다음과 같다.

예산판매가격	₩250	예산직접재료원가	₩75
예산직접노무원가	50	예산고정원가	70

다음은 실제자료와 예산자료이다.

		실 제		고정예산
매출액		₩66,000원		₩75,000
변동원가				
직접재료원가	20,000		22,500	
직접노무원가	15,500	(35,500)	15,000	(37,500)
고정원가		(22,000)		(21,000)
영업이익		₩8,500		₩16,500

(요구사항)

1. 실제발생액과 예산을 비교하여 예산차이를 구하시오.
2. 실제자료와 예산자료의 비교에 대한 문제점을 지적하시오.
3. 실제조업도에 근거한 변동예산을 편성하시오.
4. 고정예산차이를 변동예산차이와 매출조업도차이로 분리하시오.

(14-2) 생산량 예산 및 구입예산

(주)한라는 A제품을 생산·판매하고 있다. 제품 단위당 원재료소요량은 1kg이며 3월 1일 현재 재고자산은 제품A가 3,000개, 원재료가 1,000kg이다. 3월의 예산판매량은 12,000개이며, 4월을 대비하여 3월말까지 A제품 4,000개와 원재료 2,000kg을 확보하기로 결정하였다. 재료구입가격은 단위당 ₩100이다.

(요구사항)

3월의 생산량예산과 원재료구입예산을 작성하시오.

(14-3) 제조예산

(주)제일은 6월말 현재 3,500단위의 제품을 보유하고 있다. 7월중에는 4,000단위를 판매할 예정이며, 7월부터는 판매량이 전월에 비하여 10%씩 증가할 것으로 예상되며 7월말 재고는 다음달 판매량의 80%수준으로 유지하고자 한다. 제품 1단위를 생산하는데 재료가 4kg(단위당 ₩80)이 소요되며 6월말 현재 재료는 8,000kg이다. 재료재고는 7월말부터는 3개월 동안 사용된 재료의 25%수준을 유지하고자 한다.

(요구사항)

1. 7월부터 9월까지 3개월간 생산해야 하는 제품수량은 얼마인가?
2. 7월부터 9월까지 3개월간 구입해야 하는 재료금액은 얼마인가?

(14-4) 제조예산

제일패션(주)은 20×1년 회사를 설립하였으며, 첫해에 A제품 10,000단위를 생산 판매할 계획이다. A제품의 단위당 예산원가는 다음과 같다.

직접재료원가	₩2,000
직접노무원가	1,500
제조간접원가	1,400

기초재공품과 기말재공품은 없으며, 기말제품재고량은 500단위로 한다.

(요구사항)

20×1년도의 제조원가예산을 작성하시오.

(14-5) 직접재료예산

(주)경남은 원재료 2kg을 가공하여 A제품 1단위를 생산하며, 재료는 공정초기에 투입된다. 20×1년말 현재 재료재고량은 4,000kg, 재공품은 2,500kg(완성도 50%)이며 제품은 2,500단위이다. 회사의 20×2년도 예상판매량은 30,000단위이며, 20×2년도말 적정재고수준은 예상판매량의 25%로 계획하고 있다. 원재료의 90%만이 직접재료로 제조공정에 투입되고 10%는 제조간접원가로 사용된다. 20×2년의 기말재공품과 기말재료는 없으며, 감손도 없는 것으로 가정한다.

(요구사항)

회사가 20×2년에 구입해야 할 재료의 수량을 계산하시오.

(14-6) 재료구입예산

서울산업(주)은 제품 단위당 4kg의 재료를 사용한다. 재료의 구입가격은 1g당 ₩80이며 다음 분기 목표생산량의 25%를 분기말 재고로 유지한다. 분기별 생산량은 다음과 같다.

	1/4분기	2/4분기
목표생산량	25,000단위	35,000단위

(요구사항)

1/4분기 재료구입액은 얼마인가?

(14-7) 예산매출수량

한성전자(주)의 2/4분기 매출과 생산수량에 대한 예산자료는 다음과 같다.

	4월	5월	6월
매출수량	10,000단위	12,000단위	?
생산수량	10,400	12,800단위	15,600단위

20×4월초 현재 제품재고는 2,000단위이다. 회사는 정책적으로 매월 말 제품재고로 다음 달 판매량의 20%를 보유하고 있으며, 7월의 매출량은 14,000단위를 예상하고 있다.

(요구사항)

6월의 예상판매수량은 얼마인가?

(14-8) 매출원가예산

다음은 용산전자(주)의 3개월간 예산매출액이다.

	7월	8월	9월
외상매출액	₩35,000	₩42,000	₩54,000
현금매출	4,000	4,200	4,400
총 매 출	₩39,000	₩46,200	₩58,400

회사는 원가에 25%의 이익을 가산하여 판매하고 있으며, 기초재고수준은 그 달 매출원가의 30%이다.

(요구사항)

1. 7월 예상매출원가를 계산하시오.
2. 8월의 상품매입액은 얼마인가?

(14-9) 현금유입

한성(주)은 신제품을 개발하여 1월부터 판매하고 있다. 1월 매출액은 ₩1,000,000이고 2월과 3월 매출액은 직전월에 비하여 10%와 20%씩 증가할 것으로 예상된다. 매출액은 현금매출 70%와 외상매출 30%로 구성되며 외상매출은 판매된 달에 60%, 그 다음달에 40%가 회수된다.

(요구사항)

현금예산표상에 3월의 현금유입액은 얼마인가?

(14-10) 현금유출

한성상사(주)는 상품구입원가의 120%를 상품가격으로 결정하고 있다. 회사는 매월 구입상품 중에서 40%는 현금지급하고 나머지 60%는 외상으로 구입한다. 외상구입대금은 구입한 다음 달에 지급하며, 기말재고는 다음 달 예산판매량의 30%를 보유한다. 다음은 1월부터 3월까지의 예상매출액이며 판매단가와 구매단가는 일정하다.

월별	예상매출액
1월	₩120,000
2월	156,000
3월	180,000

(요구사항)

상품구입으로 인한 2월중 현금지출액은 얼마인가?

(14-11) 현금예산

KS산업(주)은 A제품을 생산하여 외상으로 판매하고 있으며 판매한 달에 대금을 지급한 거래는 10%의 매출할인을 하고 있다. 거래처의 대금지급형태는 제품을 판매한 달에 외상대금이 회수되는 경우가 60%, 다음 달에 회수되는 경우가 20%, 2개월 후에 회수되는 경우가 15%, 회수가 불가능한 경우가 5%이다. 20×1년 9월초 매출채권잔액 ₩350,000중에서 8월 매출액은 ₩200,000

이고 7월 매출액은 ₩100,000, 6월이전 매출액은 ₩50,000이다. 9월의 예상매출액은 ₩600,000이다.

(요구사항)

7월과 8월의 추정매출액과 9월의 예상현금회수액은 얼마인가?

(14-12) 현금회수액과 현금지출액

다음은 경기(주)의 6월 예산자료이다.

외상매출금 증가액	₩4,000	외상매입금 변동액	₩ 0
재고자산증가액	2,000	매출액	150,000
매출총이익률	30%		

판매비와 관리비는 월 ₩14,200에 매출액의 15%를 가산한 금액이다. 판매비와 관리비에는 매출액의 1%에 해당하는 대손예상액이 포함되어 있으며, 고정판매비와 관리비에는 월 ₩8,000의 감가상각비가 포함되어 있다.

(요구사항)

1. 6월의 예산현금수입액은 얼마인가?
2. 6월의 예산현금유출액은 얼마인가?

(14-13) 현금예산

(주)삼일의 매입과 매출은 외상으로 이루어지며, 외상매출액 중 현금회수액은 상품을 판매한 달에 50%, 판매한 다음 달에 30%, 판매한 2달 후에 10%가 회수되고 나머지는 회수불능이다. 매입은 매달 말에 이루어지고 있으며, 외상매입액에 대하여 5%의 현금할인 혜택을 받기 위하여 다음달 10일에 매입대금을 지급하고 있다. 회사의 10월중 예상매입액과 예상매출액은 각각 ₩300,000과 330,000이다. 또한 10월의 기타 현금지출액은 ₩75,000이 예상되며, 10월초의 현금잔액은 ₩110,000이다.

다음은 7월부터 9월까지의 매입과 매출에 관한 회계자료이다.

	매 입	매 출
7월	₩250,000	₩350,000
8월	180,000	300,000
9월	270,000	390,000

(요구사항)

1. 10월의 예상현금유입액을 계산하시오.
2. 10월의 예상현금유출액을 계산하시오.
3. 10월말 현금잔액을 계산하시오.

(14-14) 제조원가예산

제일(주)은 전자제품을 생산하여 판매하고 있으며, 예산책임자는 20×1년도의 예산편성을 위한 자료를 수집하고 있으며, 20×0년말의 회계자료는 다음과 같다.

단위당 직접재료원가	
원재료 A (1kg, ₩ 50/kg)	₩ 50
원재료 B (2kg, 100/kg)	200
단위당 직접노무원가 (0.25시간, ₩1,000/시간)	250
단위당 제조간접원가	
간접재료원가	₩13
간접노무원가	12
전 력 비	7
기계장치비	35
건물관리비	20

기계장치비와 건물관리비는 고정원가이며, 이들 단위당 원가는 연간 20,000단위의 생산량을 기준으로 계산된 것이고 기타제조간접원가는 변동원가이다. 공장의 제품생산능력은 연간 25,000단위이며, 시간당 직접노무원가는 일정하다. 그러나 원자재시장의 가격불안으로 원재료 B의 공급업자는 20×1년초에 10%정도 가격을 인상하겠다고 통보하여 왔으며, 다른 원가는 변함이 없을 것으로 예상된다.

제일(주)은 20×1년도에 제품 18,000단위를 판매할 것으로 예상하고 있으며, 20×2년도의 판매량 증가에 대비하여 기말목표재고량을 4,000단위에서 7,000단위로 증가시킬 계획이다. 제품생산은 연간 일정하게 이루어지며, 원재료 A와 B의 재고수준은 연중 변화가 없으며, 기초재고는 없다고 가정한다.

(요구사항)

20×1년도의 다음 각 예산을 작성하시오.

1. 생산량예산 2. 직접재료원가예산 3. 직접노무원가예산 4. 제조간접원가예산

(14-15) 종합예산편성

한성(주)은 분기별로 예산을 편성하고 이에 대한 원가차이분석을 실시하고 있다.

20×1년 3/4분기 예산편성자료는 다음과 같다.

1. 예상판매량과 매출액 관련자료는 다음과 같다.

	6월(실제)	3/4분기		
		7월	8월	9월
판매량	1,000단위	1,500단위	1,800단위	1,200단위
매출액	₩200,000	₩300,000	₩360,000	₩240,000

모든 매출은 외상으로 이루어진다. 매출액의 40%는 판매한 달에 회수되며 55%는 그 다음 달에 회수되고, 나머지 5%는 회수불능으로 처리된다.

2. 매월 말 제품재고는 다음 달 예상판매량의 20%수준이며, 원재료재고는 다음 달 판매량의 50%수준을 유지하고 있다. 모든 매입은 현금으로 이루어진다.
3. 월간 정상생산량은 15,000단위이며 이를 기준으로 제품단위당 표준원가는 다음과 같다.

직접재료원가(2kg × ₩20)	₩40
직접노무원가(0.5시간 × ₩40)	20
변동제조간접원가(0.5시간 × ₩20)	10
고정제조간접원가(월간₩750,000)	50
계	₩ 120

4. 월간 판매비와 관리비예산은 다음과 같다. 고정 판매비와 관리비에는 현금지출이 없는 비용 ₩50,000이 포함되어 있다.
   변동원가: 단위당 ₩20
   고정원가: ₩200,000
5. 제조간접원가배부차이는 재고자산평가계정으로 별도 계상하며 회계기말까지 연기된다.
6. 20×1년 6월말 현금잔액은 ₩25,000이며, 재공품과 법인세는 무시한다.

(요구사항)

1. 7월과 8월의 생산량예산을 편성하시오.
2. 7월의 재료구입예산을 편성하시오.
3. 7월의 제조원가예산을 편성하시오.
4. 7월의 예산포괄손익계산서를 작성하시오.
5. 7월의 현금예산을 편성하시오.

(14-16) 종합예산

다음은 중앙(주)의 예산편성자료이다.

① 상품매입액과 판매관리비의 60%는 매입한 달 또는 발생한 달에 지급하고 40%는 다음 달에 지급한다.
② 상품의 단위당 취득원가는 ₩50이고 매월말 재고량은 다음 달 예상판매량의 130%이다.
③ 월 판매비와 관리비는 매월 매출액의 15%이며, ₩4,000의 감가상각비가 포함되어 있다.
④ 매출은 전액 외상매출이고 월말에 청구하며 청구일로부터 10일 이내에 지급하면 5%의 현금할인을 해준다. 과거의 경험에 청구액의 60%가 할인기간 내에, 25%가 월말에, 10%가 다음 달에 회수되며, 나머지는 대손처리 된다.
⑤ 1월부터 6월까지의 매출액에 대한 자료는 다음과 같다.

	매출액	매입액
1월(실제)	₩546,000	₩7,800
2월(실제)	567,000	8,100
3월(예상)	553,000	7,900
4월(예상)	518,000	7,400
5월(예상)	560,000	8,000
6월(예상)	574,000	8,200

(요구사항)

1. 3월의 현금회수예상액은 얼마인가?
2. 4월의 현금지출예상액은 얼마인가?
3. 5월의 예상상품매입수량은 얼마인가?

CHAPTER 15 책임회계와 성과평가

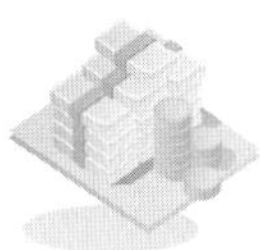

기업규모가 확대되면 경영관리상의 권한과 책임이 대부분 여러 부문의 관리자에게 위임되며, 각 관리자는 위임된 권한에 기초하여 다양한 의사결정을 하면서 직무를 수행한다. 이러한 기업의 조직구조에서는 각 부문관리자의 책임회계와 성과평가 강조되고 있다. 본장에서는 분권화(decentralization)에 따른 책임회계제도와 책임중심점 또는 원가중심점의 성과평가와 관련된 문제에 대하여 알아본다.

제1절 책임회계제도의 의의와 종류

1. 책임회계제도의 의의

책임회계(responsibility accounting)는 기업조직 내에 여러 가지 책임중심점을 설정하고, 책임중심점별로 계획과 실적을 측정하고 통제함으로써 책임중심점 관리자에 대한 성과평가를 목적으로 하는 회계제도이다. 즉 책임회계는 책임중심점의 관리자에 대한 성과평가를 통하여 조직단위의 영업성과를 향상시키기 위한 회계제도라고 할 수 있다. 여기에서 **책임중심점**(responsibility center)은 조직 내의 각 부문 관리자가 직접적인 권한이나 책임을 갖고 업무를 수행하도록 설정된 조직단위이며, **성과평가**(performance evaluation)는 책임중심점에 대한 계획과 실적의 차이를 분석하는 과정이다. 따라서 책임회계제도는 기업의 각 조직단위별로 권한과 책임을 부여(decentralization, 분권화)하고, 이들 각 책임중심점별로 성과평가를 통하여 책임의 이행여부를 확인하는 제도이다.

책임회계제도는 원가의 발생에 대하여 누가 책임을 져야 하는지를 명확히 규정하고, 원가발생에 대한 **책임중심점별로 원가를 집계함으로써 효율적인 원가통제를 달성하는 것을 목적으로 하는 회계제도이다**. 책임회계제도에서는 일상적인 업무에 대한 의사결정권한이 각 부서의 경영자들에게 위임되어 있고 각 경영자들은 자신에게 위임된 의사결정권한의 범위 내에서 독자적으로 의사결정을 하게 되며, 의사결정에 따라 발생하는 원가에 대하여 책임을 지게 된다.

책임회계제도는 원가통제측면뿐만 아니라 수익통제측면에서도 유용하다. 수익의 발생에 대하여 누가 책임이 있는지를 명확히 규정하고 그 책임자별로 수익을 집계함으로써 효율적인 수익통제를 달성할 수 있다. 또한 책임회계제도는 수익에서 비용을 차감한 이익을 통제하기 위하여 시행되기도 하며, 투자의사결정을 통제하기 위하여 시행되기도 한다.

책임회계제도의 목적을 당성하기 위해서는 성과보고서를 작성하는 것이 필요하다. 성과보고서는 예산과 실제성과, 예산과 실제의 차이가 포함되어 있어 책임중심점의 관리자에 대한 성과평가에 유용하며, 예산과 실제의 차이에 경영자의 주의를 환기시키는 경영전략, 즉 예외에 의한 관리를 가능하게 한다.

2. 책임회계제도의 전제조건

책임회계제도가 효율적으로 운영되기 위해서는 다음과 같은 조건들이 충족되어야 한다.

첫째, 특정원가의 발생에 대한 책임소재가 분명하여야 한다. 제품의 제조과정에서 발생된 특정원가에 대해서 누가 책임을 질 것인가를 명확히 규정할 수 있어야 한다.

둘째, 책임회계는 책임중심점별로 계획과 통제를 수행하는 관리회계시스템이므로, 각 책임중심점의 관리자가 권한을 위임받은 원가항목에 대하여 통제권을 행사할 수 있어야 한다.

셋째, 경영자의 성과를 표준과 비교하여 평가할 수 있는 예산자료 또는 표준이 설정되어야 한다.

이상의 전제조건이 갖추어질 때 효율적인 책임회계제도가 실시될 수 있으며 전통적인 원가회계에 비하여 다음과 같은 장점이 있다.

첫째, 책임회계제도의 실시는 권한과 책임을 의미한다. 따라서 책임회계제도는 분권화된 조직형태로 이루어지며 신속한 의사결정, 부문경영자에 대한 동기부여, 각 부문의 집중적인 관리 등 분권화 경영이 갖는 장점도 갖게 된다.

둘째, 책임회계는 각 개인 및 조직단위별로 경영계획과 통제가 이루어지는 관리통제시스템의 최종단계이다. 따라서 책임회계단위에서는 책임회계 이전의 단계에서 적용된 공헌이익접근법, 변동원가계산, 표준원가계산 등의 모든 관리적 기법이 적용될 수 있다.

셋째, 전통적 회계에서는 제품원가계산과 재무보고목적을 위해 원가정보를 제공하였으나 책임회계제도에서는 특정원가나 수익에 대하여 누가 책임을 져야 할 것인가를 명확히 규정하기 때문에 각 책임중심점별로 원가와 수익의 관리를 효율적으로 수행할 수 있다.

넷째, 책임회계제도에서는 예산과 실제성과의 차이를 쉽게 파악할 수 있으므로 경영자가 각 개인 및 조직단위에서 발생한 원가차이 중에서 어느 부분에 더 많은 관심과 노력을 가져야 하는지를 알 수 있게 되어 **예외에 의한 관리**(management by exception)가 가능하다.

3. 책임중심점의 종류

책임회계제도에서 성과평가는 해당 관리자가 직접적인 권한이나 통제를 행사할 수 있는 책임중심점별로 이루어진다. 조직의 특성이 다르기 때문에 기업이 도입하는 책임중심점의 형태도 다양하다. 책임중심점은 그 책임의 내용에 따라 원가중심점, 수익중심점, 이익중심점 및 투자중심점으로 구분하는 것이 일반적이다.

(1) 원가중심점

원가중심점(cost center)은 특정 원가의 발생에 대해서만 책임을 지는 중심점이다. 즉 원가중심점은 원가의 발생에 대해서만 통제책임을 지고 판매나 이익의 발생에 대해서는 책임을 지지 않는다. 대표적인 원가중심점은 제품의 생산활동을 수행하는 제조부문이다. 제조부문에 대한 성과평가는 표준원가와 실제원가를 비교하여 이루어지며 원가차이분석이 중심내용을 이룬다.

(2) 수익중심점

수익중심점(revenue center)은 수익, 즉 매출액에 대해서만 통제의 책임을 지는 중심점이며, 제품의 판매를 담당하는 판매부문이나 영업소가 이에 해당한다. 수익중심점은 판매나 매출액에 대해서만 통제책임을 지고, 원가의 발생이나 이익의 발생에 대해서는 책임을 지지 않는다. 수익중심점의 성과평가는 예산매출액과 실제매출액을 비교하여 평가하며 판매부문의 비용, 즉 판매수수료, 광고비, 대손상각비 등을 무시하고 매출액만을 기준으로 판매부분의 성과를 평가한다. 그러나 판매부문의 성과인 매출액만을 기준으로 평가를 한다면 과다한 판촉활동, 불량채권, 판매가격의 과도한 인하 등으로 매출액 자체만을 증가시키는 경향이 있으므로 기업 전체적으로 잘못된 평가의사결정을 가져올 수 있다.

(3) 이익중심점

이익중심점(profit center)은 원가와 수익 모두에 대하여 책임을 지는 중심점이다. 이러한 이익중심점은 기업전체 또는 각 사업부, 각 지역별 영업본부 등과 같이 책임영역이 큰 단위가 이익중심점이 될 수도 있고, 그 하부조직인 판매부문 등이 이익중심점으로 설정될 수 있다. 일반적으로 책임중심점은 이익중심점을 의미한다. 이익중심점별로 성과평가를 하면 각 이익중심점의 경영자는 수익과 원가 모두에 대하여 책임을 지므로 수익중심점에 비하여 유용한 성과평가기준이 된다. 이익을 성과평가의 기준으로 하는 경우 해당경영자는 공헌이익의 개념에서 관리를 수행할 수 있으며, 기업전체의 입장에서 최적의사결정에 접근할 수 있다.

(4) 투자중심점

투자중심점(investment center)은 원가와 수익, 투자결정에 대해서도 책임을 지는 중심점이다. 기업은 규모 확대와 다양화에 적응하기 위하여 가능한 분권화된 경영을 하게 된다. **분권화**(decentralization)는 최고경영층에 집중되어 있는 의사결정권한을 여러 부문의 경영자에게 위임하는 것이며, 제품별 또는 지역별로 분권화된 사업부가 투자중심점에 해당한다. 분권화된 각 사업부는 독립적인 경영을 위해 생산, 판매, 관리 등에 필요한 모든 권한과 책임을 갖게 된다.

수익중심점이나 이익중심점의 성과평가는 매출액이나 공헌이익 등을 고려하지만, 투자중심점의 평가는 투자수익률(return on investment, ROI)이나 잔여이익 등의 성과평가기법이 상용된다. 투자수익률은 이익을 투자액으로 나눈 것으로 단위당 투자액에 대한 이익을 의미한다. 투자중심점 책임자의 성과는 이익을 얻기 위해 그들이 관리하고 있는 자산이 얼마나 효율적으로 이용되었는가에 의하여 평가된다. 이익창출을 위하여 많은 규모의 투자가 필요한 조직에서는 이익중심점보다는 투자중심점으로 운영하는 것이 바람직하다. 그 이유는 자산을 효율적으로 이용하는 것은 기업에서 매우 중요함에도 이익중심점의 경우에는 이익을 획득하는데 소요된 투자자산을 고려하지 않는데 비하여 투자중심점은 이익을 획득하는데 이용된 투자자산과 이익을 관련시켜 성과평가를 하기 때문이다.

지금까지 설명한 책임중심점의 내용을 요약하면 〈표 15-1〉과 같다.

〈표 15-1〉 책임중심점의 유형과 특징

구 분	원가중심점	수익중심점	이익중심점	투자중심점
특징	특정원가의 발생에 대해서만 책임	수익의 획득에 대해서만 책임	원가와 수익 모두에 대하여 책임	원가와 수익, 투자결정에 대하여 책임
예	제조부	판매부	지역별 영업본부	분권화된 사업부
성과평가방법	실제성과와 변동예산의 비교	예산과 실제 매출액의 비교	실제성과, 변동예산, 고정예산의 비교	투자수익률, 잔여이익 등 이용

4. 고정예산과 변동예산

원가중심점이나 이익중심점에 대한 성과평가를 하기 위해서는 고정예산과 변동예산에 대한 이해가 필요하다. 기업의 예산은 구체적인 경영계획을 화폐단위로 표시한 것이며, 설정방법에 따라 고정예산과 변동예산으로 분류할 수 있다.

(1) 고정예산

고정예산(static budget)은 예산기간동안 특정조업도를 기준으로 사전에 편성된 예산이며 **정태예산**(static budget)이라고도 한다. 즉 특정기간 동안 조업도(생산량)의 변화 여부를 고려하지 않고 하나의 조업도수준을 기준으로 편성된 예산이며, 실제결과는 사전에 수립된 조업도수준에서의 예산과 비교된다. 대표적인 고정예산은 기업전체를 대상으로 특정조업도수준에서 편성된 종합예산이다.

이와 같은 고정예산은 예상된 특정조업도의 목표달성정도에 대한 정보만 제공하며 특정산출량과 사용된 투입량의 정도에 대한 정보는 제공하지 못한다. 고정예산과 실제성과를 비교하면 생산담당자의 예산생산량 달성정도는 평가할 수 있으나 낮은 원가로 제품을 생산하였는가에 대한 원가통제여부는 평가할 수 없다. 따라서 고정예산은 예산통제를 위한 정보로는 적절하지 못하며 경영관리 측면에서도 큰 의미를 갖지 못한다. 따라서 성과평가를 위하여 예산을 편성할 때는 변동원가계산에 의한 포괄손익계산서를 이용하는 것이 일반적이다.

고정예산의 예제는 다음과 같다.

(예제 15-1) 고정예산

(주)서울의 제품단위당 예상판매가격은 ₩200이며 변동판매관리비는 ₩5, 고정제조간접원가 및 고정판매관리비 예산은 ₩120,000과 ₩60,000이다. 제품단위당 표준원가자료는 다음과 같다.

원가항목	표준수량	표준가격	표준원가
직접재료원가	2kg	₩30원/kg	₩60
직접노무원가	2시간	15/시간	30
변동제조간접원가	2시간	5/시간	10
고정제조간접원가	2시간	10/시간	20
제품단위당 표준원가			₩120

(요구사항)

위의 원가자료를 기초로 연간생산량 6,000개에 대한 고정예산을 편성하시오.

(풀이)

고정예산

매출액 6,000 × @200 =		₩ 1,200,000
변동원가		
직접재료원가: 6,000 × 60원 =	360,000	
직접노무원가: 6,000 × 30원 =	180,000	
변동제조간접원가: 6,000 × 10원 =	60,000	
변동판매관리비: 6,000 × 5원 =	30,000	630,000
공헌이익		570,000
고정원가		
고정제조간접원가	120,000	

고정판매관리비	60,000	180,000
영업이익		₩390,000

(2) 변동예산

변동예산(flexible budget)은 일정범위의 조업도를 기준으로 편성된 예산이며, 실제원가를 실제조업도수준의 예산원가와 비교하여 성과평가에 사용된다. 변동예산은 예산편성시에 기준이 되는 조업도뿐만 아니라 여러 조업도수준에 대하여 편성된 예산이며, 성과평가의 기준으로 사용된다는 특징이 있다. 따라서 사전에 계획된 목표달성정도는 물론 특정산출량에 대하여 사용된 투입량의 정도에 관한 정보도 제공하므로 경영관리측면에서 성과평과와 통제에 유용하다.

성과평가를 위해서 변동예산은 실제조업도에 따라 사후에 편성된다. 변동예산의 기본적 사고는 예산과 실제성과 간에 의미 있는 비교를 위하여 실제조업도수준에 근거하여 예산을 편성한다는 것이다. 변동예산이 편성된 후에 실제생산량과 동일한 예산생산량하에서의 변동예산과 실제성과를 비교함으로써 생산담당자의 성과평가가 올바르게 이루어질 수 있다. 이에 비하여 고정예산은 단 하나의 조업도에 근거하여 사전에 편성되므로 성과평가의 목적으로 적합한 방법이 아니다. 변동예산의 예제는 다음과 같다.

(예제 15-2)

앞의 예제를 기초로 (주)서울이 6월까지의 매출량이 3,000개이고 12월 판매량이 5,000개인 경우의 변동예산을 작성하시오.

(풀이)

변동예산

생산량	3000개		5,000개	
매출액	3,000 × @200 =	₩600,000	5,000 × @200 =	₩1,000,000
변동원가				
직접재료원가	3,000 × @60 =	180,000	5,000 × @60 =	300,000
직접노무원가	3,000 × @30 =	90,000	5,000 × @30 =	150,000
변동제조간접원가	3,000 × @10 =	30,000	5,000 × @10 =	50,000
변동판매관리비	3,000 × @5 =	15,000	5,000 × @5 =	25,000
		315,000		525,000
공헌이익		₩285,000		₩475,000
고정원가				
고정제조간접원가		120,000		120,000
고정판매관리비		60,000		60,000
		180,000		180,000
영업이익		₩105,000		₩295,000

(3) 성과보고서

성과평가는 기업이 사전에 설정한 목표치 또는 기대치를 각 책임중심점이 얼마나 달성하였는가를 측정하는 것이다. 성과평가제도를 통하여 경영자의 효율성과 능력을 파악할 수 있고 소유주(주주)의 이해와 일치되는 방향으로 경영자의 행동을 유도할 수 있으며, 경영자의 성과나 보수가 결정되므로 성과평가제도는 경영자와 소유주 모두에게 중요한 사항이다.

예산으로 구체화된 경영계획은 책임중심점별로 수행되며, 계획을 수행한 결과는 실제성과, 실적으로 나타나므로 성과평가는 책임중심점별로 시행되어야 한다. 통제과정의 결과는 성과평가로 나타나며 합리적 성과평가와 적절한 보상은 조직구성원들에게 동기부여를 하는 유인체계가 된다. 따라서 성과평가시스템은 구성원의 다양한 이해관계를 조화시켜 기업전체의 목표에 일치될 수 있도록 설계되어야 한다.

책임회계에 대한 성과보고를 위해서는 전체적으로 예산과 실제성과간의 차이를 발견하고 그 차이의 원인이 어떤 부문에서 어떤 원인으로 발생하였는지를 분석하여야 한다. **성과보고서**(performance report)는 이러한 목적을 위해서 실적과 예산간의 차이를 비교하여 작성한 표이다. 성과보고서는 일반적으로 실제성과와 실제생산량에 의한 변동예산, 기초에 편성된 고정예산을 상호비교하는 형식으로 작성된다. 성과보고서가 실제, 변동예산, 고정예산을 비교하는 형식으로 작성되는 이유는 사전에 설정된 고정예산만으로 부문성과를 올바르게 평가할 수 없기 때문이다. 즉 6,000개를 생산한 경우의 예산원가와 5,000개를 생산한 경우의 실제원가를 비교하는 것은 의미가 없기 때문이다.

성과보고서의 작성절차는 다음과 같다.

① 실제성과를 왼쪽 첫 번째 난에 기록하고 고정예산은 가장 오른쪽 난에 기록한다.

② 변동예산을 세 번째 난에 기록한다. 변동예산은 실제생산량과 동일한 예산생산량에서의 예산이며, 변동예산의 고정제조간접원가, 고정판매관리비는 고정예산과 동일하다.

③ 실제성과와 변동예산과의 차이를 두 번째 난의 변동예산차이에 기록한다.

변동예산차이 = 실제성과 − 변동예산

변동예산차이 중에서 매출액과 판매관리비의 차이는 판매부문, 즉 이익중심점의 성과평가와 관련이 있으며, 제조원가의 차이는 제조부문, 즉 원가중심점 성과평가와 관련이 된다.

④ 변동예산과 고정예산과의 차이를 네 번째 난의 매출조업도차이에 기록한다. 고정제조간접원가와 고정판매관리비는 두 예산에서 모두 동일하므로 변동예산과 고정예산의 영업이익차이는 공헌이익차이와 같게 된다.

매출조업도차이 = 변동예산 공헌이익 － 고정예산 공헌이익

이러한 매출조업도차이는 변동예산상의 판매량(실제판매량)과 고정예산상의 판매량(예산판매량)이 다르기 때문에 발생하며 판매부문, 즉 이익중심점의 성과평가와 관련되며, 원가중심점의 성과평가와는 관련이 없다.

제2절 원가중심점의 성과평가

1. 원가중심점의 성과평가의 의의

원가중심점(cost center)은 특정원가의 발생에 대해서 책임을 지는 부서이며, 원가중심점의 성과평가는 제조부문을 중심으로 이루어진다. 제조부문의 성과평가는 실제성과와 변동예산을 비교하여 평가하며, 제조원가의 차이를 분석하여 평가한다. 표준원가를 사용하는 기업에서 원가차이분석은 표준원가와 실제원가의 차이를 가격차이와 능률차이(효율차이)로 구분하여 분석한다. 원가중심점의 성과평가에서 고정예산(종합예산)은 생산부문이 통제할 수 없는 생산량차이로 인하여 실제작업에 대한 능률차이를 적절하게 반영하지 못하므로 사후적으로 수정된 변동예산을 사용하여 실제조업도를 기준으로 원가차이를 분석한다. 따라서 원가중심점의 성과평가는 제조원가를 대상으로 하며, 실제성과와 변동예산을 비교하여 평가한다는 특징을 갖는다.

2. 가격차이와 능률차이

원가중심점의 성과보고서에는 변동예산차이가 보고되며, 직접재료원가와 직접노무원가에 대해서는 실제성과와 변동예산을 비교하여 가격차이와 능률차이를 분석한다. 변동제조간접원가는 소비차이와 능률차이를 분석하며, 고정제조간접원가에서는 실제성과와 예산을 비교하여 소비차이를 분석한다. 고정제조간접원가에서 조업도차이는 판매성과에 의존하는 것이므로 제조부문의 입장에서 통제불능차이이므로 성과보고서에서 제외한다.

재료원가가격차이는 제조과정에 투입된 재료의 단위당 실제가격과 단위당 표준가격의 차이에 실제투입량을 곱하여 계산한다.

재료원가가격차이 = (단위당실제가격 － 단위당표준가격) × 실제투입량
= (AP － SP) × AQ

재료원가능률차이는 실제투입수량과 실제 생산된 제품단위에 허용된 표준수량의 차이에 재료의 단위당 표준가격을 곱하여 계산한다.

재료원가능률차이 = (실제투입수량－실제생산량에 허용된 표준투입수량)×단위당 표준가격
= (AQ － SQ) × SP

제10장의 표준원가차이분석에서 직접재료원가차이와 직접노무원가차이를 분석할 때 단일재료, 단일노동력을 사용하는 경우를 중심으로 분석하였다. 그러나 현실적으로 제품생산에서 생산요소가 한 가지인 경우는 거의 없으며 여러 가지 원재료와 노동력이 결합되어 생산이 이루어진다. 이와 같이 여러 종류의 재료나 노동력을 투입하여 제품을 생산하는 경우에 직접재료원가와 직접노무원가의 능률차이는 배합차이와 수율차이로 세분화하여 분석한다.

복수의 생산요소(원재료와 노동력)가 투입되는 경우 능률차이(수량차이)는 배합차이와 수율차이로 세분화될 수 있다. 하나의 원가차이를 다시 분석하는 것은 원가통제에 유용한 정보를 얻기 위한 것이다. 원가차이분석은 작업의 능률을 분석하는데 초점이 있으므로 추가분석대상은 직접재료원가의 능률차이와 직접노무원가의 능률차이로 한정된다. 변동제조간접원가는 그 특성상 성격을 달리하는 여러 원가요소가 혼합되어 있으므로 추가분석의 실익이 크지 않다.

이와 같이 제조부문에서 여러 종류의 원재료나 노동력을 투입하여 제품을 생산하는 경우에 능률차이는 배합차이와 수율차이로 세분화되므로 원가차이분석을 위해서 배합비율과 수율에 대한 이해가 필요하다. 제품생산을 위해 여러 종류의 생산요소(원재료나 노동력)가 투입되는 경우 기업에서는 제품별로 각 생산요소의 표준배합비율이나 수율을 사전에 설정하게 된다. **배합비율**은 여러 생산요소를 투입하여 제품을 생산하는 경우에 투입되는 생산요소의 상대적 비율이며, **수율**(yield)은 생산요소의 투입량과 제품산출량의 비율이다.

복수의 생산요소를 갖는 경우에 직접재료원가차이는 〈그림 15-1〉과 같이 표시할 수 있다.

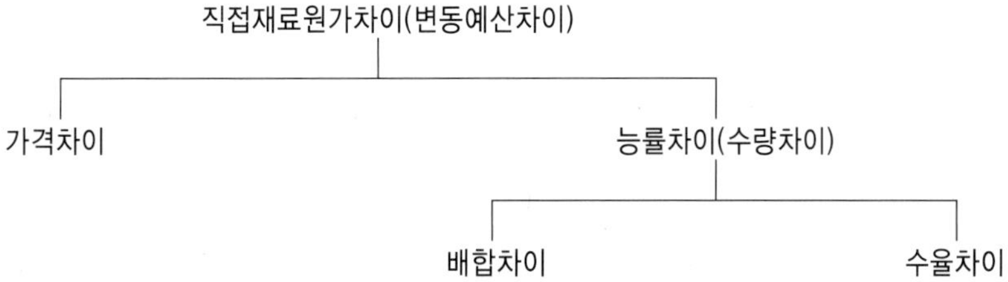

〈그림 15-1〉 직접재료원가의 차이

3. 배합차이와 수율차이 분석

재료원가의 배합차이(mix variance)는 생산요소의 실제배합비율(투입비율)과 표준배합비율의 차이가 재료원가에 미치는 영향이다. 재료원가 배합차이는 실제배합률과 표준배합률의 차이를 제조과정에 실제 투입된 재료의 총수량으로 곱하고, 이에 재료단위당 표준가격을 곱하여 계산한다. 재료의 실제투입량은 전체사용량 중 특정재료의 실제배합비율에 의한 수량을 의미하며, 전체사용량과 단위별 표준배합율을 곱한 수량은 표준배합률에 의한 수량을 의미이다.

배합차이가 발생하는 근본적 이유는 투입요소사이의 대체성 때문이다. 즉 재료 A, B를 투입하여 제품을 생산하는 경우 A를 많이 투입하고 B를 적게 투입하거나, 그 반대의 경우가 있을 수 있다.

재료원가배합차이 = 단위당표준가격×(실제투입량－표준배합률×실제투입총수량)
= SP × (AQ － BM × total AQ)
표준배합률 = 단위당 표준수량 / 표준수량의 합계

수율차이(yield variance)는 실제 투입량과 실제생산량에 허용된 표준수량과의 차이가 재료원가에 미치는 영향이다. 표준배합비율은 재료의 단위당 표준수량을 전체 표준수량의 합계로 나누어 구한다. 재료원가수율차이는 제조과정에 실제로 투입된 재료의 총수량과 실제 생산된 제품단위에 허용된 재료의 표준총수량과의 차이에 재료단위당 표준가격을 곱하여 계산한다.

재료원가 수율차이 = 단위당 표준가격 × [(표준배합률 × 실제투입수량) － 실제생산량에 허용된 표준수량]

변동예산에 의한 직접재료원가의 차이를 가격차이와 능률차이로 구분하고, 능률차이를 추가적으로 분해하여 배합차이와 수율차이로 구분하여 도표로 표시하면 〈표 15-2〉와 같다.

〈표 15-2〉 변동제조원가차이 분석: 가격차이, 능률차이, 배합차이, 수율차이의 분석모형

실제원가	표준가격에 의한 실제투입량	표준배합률에 의한 투입량	변동예산
(AP×AQ)	(SP×AQ)	SP×SAQ(=Total AQ×BM)	SQ×SP
← 가격차이 →	← 배합차이 →		← 수율차이 →
(AP－SP)×AQ	SP×(AQ－SAQ)		SP×(SAQ－SQ)
	← 능률차이 →		
	SP×(AQ－SQ)		
← 변동예산차이(직접재료원가차이) →			

주: AP:단위당실제가격 AQ:실제투입수량
SP:단위당표준가격 SQ:표준투입수량
SAQ:표준배합비율에 해당하는 투입수량
BM: 표준배합비율 Total AQ:실제 전체사용량

이상에서 살펴본 배합차이와 수율차이는 능률차이를 세분하여 분석하는 것이며, 수량차이(AQ-SQ)에 관심의 중점을 두고 있다. 수량차이를 대체효과인 배합차이와 표준배합(예산배합)에서 순수한 수량인 수율차이로 구분한 것이다. 따라서 배합차이는 표준배합과 실제배합이 달라져서 수량이 달라진 것을 찾는 것이며, 전체수량은 변하지 않고 원재료 B가 A로 대체된 수량을 분석하는 것이다. 따라서 배합차이금액은 대체된 수량에 A, B 단가차이를 곱해서 계산할 수도 있다.

이상에서 재료원가에 대하여 실제발생액과 변동예산과의 차이를 가격차이와 능률차이로 구분하고, 능률차이를 배합차이와 수율차이로 구분하여 분석하였다.

노무원가의 경우에도 여러 가지 투입요소를 동시에 사용하는 작업에서는 제품의 품질을 크게 변형시키지 않고 투입요소 간에 대체가 가능하므로 같은 논리가 적용될 수 있다. 예를 들면, 숙련공과 비숙련공의 대체를 통하여 같은 품질의 제품을 제조할 수가 있다. 따라서 투입되는 요소들이 대체가 가능하고 단위당 가격이 다른 경우에 투입요소 간의 표준배합비율과 실제배합비율이 다르기 때문에 배합차이가 발생하며, 투입된 실제수량과 실제생산량에 허용된 표준수량의 차이로 인하여 수율차이가 발생하게 된다. 따라서 노무원가의 차이에 대해서도 재료원가와 동일하게 임률차이(가격차이)와 능률차이를 구분하고, 능률차이는 배합차이와 수율차이로 구분하여 분석할 수 있다. 노무원가의 차이분석은 재료원가 차이분석의 예제와 같은 방법이 적용되므로 생략한다.

(예제 15-3) 직접재료원가 배합차이,수율차이

(주)서울전자에서 A, B의 두 가지 재료를 가공하여 단일제품을 생산하는 경우 제품단위당 표준원가는 다음과 같다.

재료	표준수량	표준가격	표준원가
A	10단위	₩100	₩1,000
B	20	150	3,000

회계기간 중 제품 20 단위를 생산하였으며 실제 발생된 직접재료원가는 다음과 같다.
A재료: 220 단위, 단위당 실제가격 ₩ 90원
B재료: 390 단위, 단위당 실제가격 152

(요구사항)

직접재료원가의 가격차이, 능률차이, 배합차이, 수율차이를 계산하시오.

(풀이)

(1) 재료원가 가격차이

A재료: (₩90 - ₩100) × 220단위 = ₩−2,200

B재료: (₩152 - ₩150) × 390단위 = 780

계 ₩−1,420 (유리한 차이)

(2) 재료원가 능률차이

A재료: (220단위 - 20 × 10단위) × ₩100 = ₩2,000

B재료: (390단위 - 20 × 20단위) × 150 = −1,500

계 ₩ 500 (불리한 차이)

(3) 재료원가배합차이

표준배합률: A재료$=\frac{10}{10+20}=\frac{1}{3}$ B재료 $=\frac{20}{10+20}=\frac{2}{3}$

A재료: ₩100 × $[220-\frac{1}{3}\times(220+390)]$ = ₩1,667

B재료: 150 × $[390-\frac{2}{3}\times(220+390)]$ = −2,500

계 ₩−833 (유리한 차이)

(4) 재료원가 수율차이

A재료: ₩100 × $[(\frac{1}{3}$ × 610단위) − 20 × 10단위] = ₩333

B재료: 150 × $[(\frac{2}{3}$ × 610단위) − 20 × 20단위] = 1,000

계 ₩1,333 (불리한 차이)

재료원가의 가격차이와 능률차이는 분석모형을 이용하여 산출하면 다음과 같다.

실제가격 (AQ × AP)	실제사용량에 대한 표준가격 실제배합 (AQ × SP)	표준가격(변동예산) (SQ × SP)
A재료 : 220 × 90 = 19,800	220 × 100 = 22,000	200[1] × 100 = 20,000
B재료 : 390 × 152 = 59,280	390 × 150 = 58,500	400[2] × 150 = 60,000
계 ₩79,080	₩80,500	₩80,000

가격차이 ₩−1,420(F) 능률차이 ₩500(U)

변동예산차이(총차이) ₩−920(F)

1) 20단위 × 10 = 200단위

2) 20단위 × 20 = 400단위

재료원가의 배합차이와 수율차이는 분석모형을 이용하여 다음과 같이 산출할 수 있다.

	실제배합 (AQ × AP)	표준배합율에 의한 표준가격 Total AQ × BM × SP	표준가격(변동예산) (SQ × SP)
A재료	220 × 100 = 22,000	610 × (1/3) × 100 = 20,333	200 × 100 = 20,000
B재료	390 × 150 = 58,500	610 × (2/3) × 150 = 61,000	400 × 150 = 60,000
계	₩80,500	₩81,333	₩80,000

배합차이 ₩−833(F)　　　　수율차이₩1,333 (U)

능률차이 ₩500 (U)

제3절 수익 및 이익중심점의 성과평가

1. 이익중심점 성과평가의 의의

수익중심점(revenue center)은 수익의 획득에 대하여 책임을 지는 중심점이며, 제품의 판매를 담당하는 판매부분이 이에 해당한다. 수익중심점으로 운영되는 경우 판매부문 관리자는 수익의 증가만을 목적으로 하게 되므로 원가의 발생이나 이익에 대해서는 책임을 지지 않으므로 매출액만을 기준으로 성과평가를 하면 잘못된 판단을 내릴 수 있게 된다.

이익중심점(profit center)은 수익뿐만 아니라 제조원가나 판매관리비 등 수익창출을 위해 발생한 원가까지 책임을 지는 중심점이며, 분권화된 조직의 각 사업부나 지역별 영업본부가 이에 해당한다. 기업의 조직에서 제조부문은 원가중심점으로 운영되며, 판매부문은 수익중심점 또는 이익중심점으로 운영될 수 있지만 이익중심점으로 운영되는 것이 바람직하다. 왜냐하면 이익중심점은 매출에 따른 수익뿐만 아니라 수익과 관련된 비용에 대해서도 책임을 지게 되므로 이익중심점으로 판매부문을 운영하는 것이 보다 정확한 성과평가를 가능하게 하기 때문이다.

판매부문의 성과평가는 고정예산(종합예산)을 평가기준으로 하여 실제성과, 변동예산 및 고정예산을 비교함으로 이루어진다. 판매부문의 성과는 매출액과 판매관리비에 의하여 결정되며, 실제매출액과 예산매출액을 비교한 차이가 판매가격이나 판매수량의 차이로 인한 것인지 아니면 매출배합이나 시장규모의 변동으로 인한 것인지를 분석하게 된다.

판매부문의 성과분석을 위해서는 수익과 판매관련 비용을 분석하여야 한다. 이때 주된 분석도구로 사용되는 개념은 매출액에서 변동원가를 차감한 잔액, 즉 공헌이익(contribution margin)이다. 또한 판매부문의 성과평가도 사전목표와 실제성과를 대비하는 차이분석의 형태로 나타나지만, 제조부문의 차이분석과는 다음과 같은 차이점이 있다.

첫째, 판매부문의 성과평가는 고정예산과 실제성과를 비교하여 평가한다. 제조부문은 실제산출량(생산량)에 허용된 표준투입량과 실제투입량의 차이를 분석대상으로 하지만, 판매부문은 목표매출액(예산매출액)과 실제매출액의 차이, 즉 매출액차이를 대상으로 한다. 따라서 판매부문에서는 표준이란 용어대신에 예산이란 용어를 사용한다. 이때의 예산매출액은 고정예산(종합예산)으로 편성된 목표매출액을 의미한다.

둘째, 판매부문의 차이분석은 공헌이익접근법으로 분석한다. 실제성과와 고정예산의 비교는 매출액과 변동원가가 모두 포함된 공헌이익의 비교에서 시작된다. 따라서 판매부문의 성과평가인 매출차이분석은 매출수량차이와 공헌이익차이로 나누어 분석한다.

셋째, 제조부문의 성과평가에서 실제변동원가는 제조과정에서 실제로 발생된 변동원가이지만, 판매부서의 성과평가에서 실제변동원가는 제조부서의 능률 또는 비능률에 의한 원가차이를 배제하기 위하여 판매활동과 관련된 것만 실제변동원가이고, 제조활동과 관련된 것은 표준변동원가로 표시된다.

넷째, 매출차이분석에서 유리 또는 불리한 차이의 방향이 원가차이분석과는 반대로 나타난다. 매출액차이는 궁극적으로 공헌이익의 차이를 의미하는 것이므로 실적 〉 예산이면 유리한차이이고, 그 반대이면 불리한 차이이다. 즉 원가는 적을수록 유리한 차이이지만, 이익은 많을수록 유리한 차이이기 때문이다.

판매부문의 성과보고서를 작성하면 예산매출액과 실제매출액의 차이가 발생하는데, 차이의 원인과 책임을 분석하기 위해서 매출차이를 매출가격차이와 매출조업도차이(매출활동차이)로 구분한다. 여러 가지 제품을 판매하는 경우에는 매출조업도차이를 매출배합차이와 매출수량차이로 세분하며, 매출수량차이는 시장규모차이와 시장점유율차이로 세분한다.

매출차이분석의 기본모형은 〈그림 15-2〉와 같다.

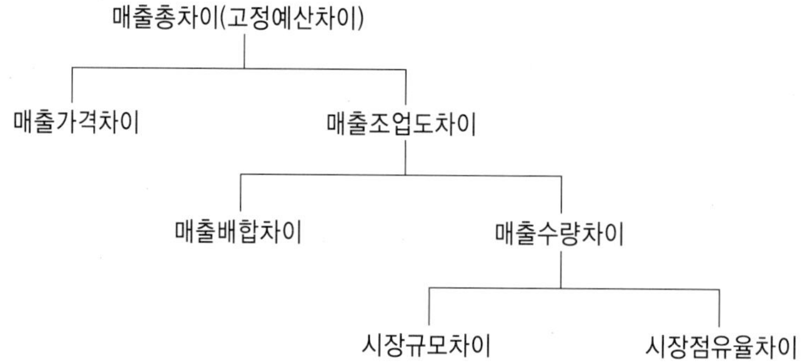

〈그림 15-2〉 매출차이분석의 기본모형

2. 매출가격차이와 매출조업도차이

매출총차이(total sales variance)는 실제매출액과 고정예산매출액의 차이이다. 이 차이는 판매가격이나 매출수량의 차이에 의하여 발생하며, 실제공헌이익과 고정예산공헌이익의 차이로서 측정된다. 실제공헌이익은 실제판매가격에서 예산(표준)변동원가를 차감한 금액이며, 예산공헌이익은 예산판매가격에서 예산(표준)변동원가를 차감한 금액이다. 매출총차이는 판매가격변화에 의한 매출가격차이와 매출수량변화에 의한 매출조업도차이로 분류할 수 있다.

매출총차이 = 매출가격차이 + 매출조업도차이
= 실제공헌이익 − 예산공헌이익
= AQ (AP − SV) − BQ (BP − SV)

AQ : 실제판매량　　BQ : 고정예산판매량
AP : 단위당 실제판매가격　　BP : 단위당 예산판매가격
SV : 단위당 표준변동원가

매출가격차이(sales price variance)는 실제판매가격과 예산판매가격의 차이로 인한 공헌이익의 차이이며, 실제판매수량이 일정한 상태에서 단위당 실제공헌이익과 예산공헌이익의 차이이다. 매출가격차이는 단위당 실제판매가격과 예상판매가격의 차이에 실제판매수량을 곱하여 계산한다. 이는 기업이 예상한 판매가격보다 실제판매가격이 얼마나 차이가 있는가에 대한 정보를 제공한다.

매출가격차이 = 실제매출수량 × (단위당 실제판매가격 − 단위당 예상판매가격)
= 실제매출수량 × (실제판매가격 − 표준변동원가)
− 실제매출수량 × (예상판매가격 − 표준변동원가)
= AQ × (AP − BP)
= AQ × (AP − SV) − AQ(BP − SV)

매출조업도차이(sales volume variance)는 실제매출수량과 예산매출수량의 차이로 인한 공헌이익의 차이이며, **매출활동차이**(sales activity variance)라고도 한다. 즉, 단위당 공헌이익이 일정한 상태에서 실제매출수량과 예산매출수량의 차이를 말한다. 이러한 매출조업도차이는 순수한 매출수량의 차이만을 의미하므로 **매출수량차이**라고도 한다. 매출조업도차이는 단위당 예산공헌이익에 실제매출수량과 예산매출수량의 차이를 곱하여 계산한다. 이는 기업이 계획한 예산판매량과 실제판매수량의 차이가 어느 정도인가에

대한 정보를 제공한다.

> 매출조업도차이 = 단위당 예산공헌이익 × (실제매출수량 − 예산매출수량)
> = 실제매출수량 × (단위당 예상판매가격 − 표준변동원가)
> − 예산매출수량 × (단위당 예상판매가격 − 표준변동원가)
> = (BP − SV) × (AQ − BQ)
> = AQ × (BP − SV) − BQ × (BP − SV)

판매부문은 목표매출액의 달성책임이 있으므로, 제조부문의 성과평가에서 사용된 변동예산과는 달리 종합예산(고정예산)이 성과평가의 기준이 된다.

매출총차이와 매출가격차이, 매출조업도차이를 정리하면 다음과 같다.

실제 ①	변동예산 ②	고정예산 ③
실제매출량 × 실제공헌이익	실제매출량 × 예산공헌이익	예산매출량 × 예산공헌이익
AQ(AP − SV)	AQ(BP − SV)	BQ(BP − SV)

매출가격차이 ①−② 매출조업도차이 ②−③

매출총차이 ①−③

(예제 15-4) 경기산업(주)의 제품단위당 예상판매가격은 ₩200, 실제판매가격이 ₩220이고 예산상의 판매수량은 6,000개, 실제판매수량은 5,000개이다. 또한 단위당 표준변동원가는 ₩105이다.

(요구사항)

매출총차이와 매출가격차이, 매출조업도차이를 계산하시오.

(풀이)

매출가격차이: 5,000 × (220 − 200) = ₩100,000 (유리한 차이)

매출조업도차이: (200 − 105) × (6,000 − 5,000) = ₩95,000 (불리한 차이)

매출총차이: 100,000(F) − 95,000(U) = ₩5,000(F)

3. 매출배합차이와 수량차이

여러 가지 제품을 판매하는 경우에도 매출가격차이와 매출조업도차이는 단일제품을 판매하는 경우와 동일하게 분석된다. 그러나 여러 가지 상호대체적인 제품을 판매하는 경우에 예산매출액을 구하려면 각 제품의 구성비율을 가정해야 한다. 이때 예상구성비율과 실제 판매된 제품의 구성비율이 일치하지 않을 수가 있다. 따라서 매출조업도차이는 추가적으로 분석되어 매출배합차이와 매출수량차이로 세분하여 분석한다.

매출배합차이(sales mix variance)는 실제매출수량에서 실제매출배합률과 예산매출배합률이 다르기 때문에 발생하는 차이이다. 이는 실제매출수량에 기초한 변동예산의 공헌이익과 예산매출배합에 기초한 변동예산공헌이익의 차이로 계산되며, 각 제품 공헌이익의 상대적 비율에 의해 영향을 받는다. 실제매출배합률은 실제판매량을 전체판매수량으로 나눈 비율이며, 예산매출배합률은 예산판매량을 예산전체판매량으로 나눈 비율이다. 분석모형에 의한 차이분석을 하는 경우에는 실제배합률을 계산할 필요가 없이 개별제품의 실제 매출수량을 이용한다. 그러나 문제 유형에 따라서는 적용하는 경우(공식이용)도 있다.

> 매출배합차이 = 단위당 예산공헌이익 × [(실제배합률 − 예상배합률) × 실제총판매수량]
> = (실제매출량 × 실제매출배합률에 의한 변동예산공헌이익)
> −(실제매출량 × 예산매출배합률에 의한 변동예산공헌이익)
> = AQ × AM(BP − SV) − AQ × BM(BP − SV)
>
> AQ: 실제의 전체매출수량　　AM: 실제매출배합
> BP: 단위당 예상판매가격　　SV: 단위당 표준변동원가
> BM: 예산매출배합　　BQ: 예산 전체매출수량

매출수량차이(sales quantity variance)는 기업이 예상한 제품 간의 매출배합이 그대로 유지된다는 가정 하에 실제매출수량과 예산매출수량의 차이이다. 이는 실제매출수량에 매출배합률을 곱한 변동예산공헌이익과 예산매출수량에 매출배합률을 곱한 종합예산공헌이익의 차이로 계산되며 실제로 판매된 제품의 수량에 의해 영향을 받는다.

> 매출수량차이 = 단위당 예산공헌이익 × [예상배합률 × (실제판매수량 − 예상판매수량)]
> =(실제매출수량 × 예산매출배합률에 의한 변동예산공헌이익)
> −(예산매출수량 × 예산매출매합률에 의한 고정예산공헌이익)
> =AQ × BM(BP − SV) − BQ × BM(BP − SV)

위에서 설명한 매출조업도차이, 매출배합차이와 매출수량차이를 정리하면 다음과 같다.

변동예산(실제배합) ①	변동예산(예산배합) ②	고정예산 ③
실제매출량 × 예산공헌이익	실제매출량 ×예산공헌이익	예산매출량 × 예산공헌이익
AQ × AM(BP − SV)	AQ × BM(BP − SV)	BQ × BM(BP − SV)

매출배합차이①−②　　　매출수량차이 ②−③

매출조업차이 ①−③

AQ: 실제 전체매출수량　　AM: 실제 매출배합

BP: 예산판매가격　　SV: 표준변동원가

BM: 예산매출배합　　BQ:예산 전체매출수량

(예제 15-5) KS전자(주)의 A, B제품에 대한 예산자료와 실제자료는 다음과 같다.

(예산자료)

항　목	A제품	B제품
판매수량	600개	400개
판매단가	₩100	₩60
단위당 표준변동원가	40	30

(실제성과)

항목	A제품	B제품
판매수량	400개	800개
판매단가	₩90	₩50
단위당 표준변동원가	50	30

예산고정원가는 ₩30,000이고 실제고정원가는 ₩20,000이다.

(요구사항)

1) 매출가격차이, 매출조업도차이, 매출총차이를 구하시오.

2) 매출배합차이와 매출수량차이를 구하시오.

(풀이)

1) 매출총차이

	실제성과AQ(AP − SV)	변동예산 AQ(BP − SV)	고정예산BQ(BP − SV)
A	400(90 − 40) = 20,000	400(100 − 40) = 24,000	600(100 − 40) = 36,000
B	800(50 − 30) = 16,000	800(60 − 30) = 24,000	400(60 − 30) = 12,000
	₩36,000	₩48,000	₩48,000

매출가격차이 ₩12,000(U)　　매출조업도차이 ₩ 0

매출총차이 ₩12,000(U)

2) 매출조업도차이

	변동예산AQ(BP − SV)	변동예산 AQ × BM(BP − SV)	고정예산BQ(BP − SV)
A	400(100 − 40) = 24,000	1,200 × 0.6(100 − 40) = 43,200	600(100 − 40) = 36,000
B	800(60 − 30) = 24,000	1,200 × 0.4(60 − 30) = 14,400	400(60 − 30) = 12,000
	₩48,000	₩57,600	₩48,000

매출배합차이 ₩9,600(U)　　　매출수량차이 ₩9,600(F)

매출조업도차이 0

4. 시장점유율차이와 시장규모차이

기업의 판매량은 기업의 시장점유율이나 시장전체규모에 영향을 받게 된다. 시장전체규모가 일정하다고 가정할 때 시장점유율이 증가하면 기업의 매출수량이 증가하며, 시장점유율이 일정하다고 가정할 때 시장전체규모가 증가하면 기업의 매출수량도 증가하게 된다. 기업입장에서 시장규모는 통제불가능한 요소이지만 시장점유율은 통제가능한 요소이다. 이러한 관점에서 〈그림 15-2〉에서와 같이 매출수량차이를 통제가능한 요소인 시장점유율차이와 통제불가능요소인 시장규모차이로 세분화 할 수 있다.

시장점유율차이(market share variance)는 산업전체의 시장규모에서 실제시장점유율과 예산시장점유율의 차이가 공헌이익에 미치는 영향을 나타낸다. 이는 실제시장점유율과 예산시장점유율의 차이에 해당하는 판매수량에 단위당 예산평균공헌이익을 곱하여 계산한다. 따라서 시장점유율차이는 매출조업도차이의 원인 중에서 얼마만큼이 시장점유율의 변화에 따라 발생한 것인가에 대한 정보를 나타내며, 이를 통하여 영업활동의 성과를 측정할 수 있다. 만일 유리한 시장점유율차이가 발생한다면, 이는 기업이 산업전체의 평균영업성과보다 더 나은 성과를 내고 있다는 것을 나타낸다.

> 시장점유율차이
> 　= (실제시장점유율 − 예산시장점유율) × 실제시장규모 × 단위당예산평균공헌이익

시장규모차이(market size variance)는 예산시장점유율이 일정하다는 가정 하에 실제시장규모와 예산시장규모의 차이가 공헌이익에 미치는 영향을 나타내며, 산업전체의 실제판매수량과 예산판매수량의 차이에 기업의 예산시장점유율과 단위당 예산공헌이익을 곱하여 계산한다. 시장규모차이는 매출활동차이의 원인 중에서 기업의 시장점유율이 예상과 같다고 가정할 때 산업전체의 판매수량변화에 따라 어느 정도 매출수량차이가 발생하였는가에 대한 정보를 제공한다.

시장규모차이=예산시장점유율×(실제시장규모－예산시장규모)×단위당예산평균공헌이익

시장점유율차이와 시장규모차이를 분석하기 위해서는 **제품단위당 예산평균공헌이익**을 알아야 한다. **예산평균공헌이익은 판매하고 있는 제품의 총예산공헌이익을 총예산판매량을 나눈 것이다.** 이는 기업이 판매하고 있는 제품의 총예산공헌이익을 기업이 속한 산업내의 매출배합비율로 가중평균한 계산한 것이다. (예제 15-5)의 자료를 이용하여 단위당 예산평균공헌이익(budgeted average contribution margin, BACM)을 산출하면 다음과 같다.

단위당 예산평균공헌이익$=\dfrac{48{,}000\text{원}}{600+400\text{개}}=60\times0.6+30\times0.4=48\text{원}$

위에서 설명한 매출수량차이, 시장점유율차이, 시장규모차이를 정리하면 다음과 같다.

변동예산(실제배합) ①	변동예산(예산배합) ②	고정예산 ③
실제규모 × 실제점유율 × BC	실제규모 × 예산점유율 × BC	예산규모 × 예산점유율 × BC

시장점유율차이①－②　　시장규모차이 ②－③

매출수량차이 ①－③

BC: 예산평균공헌이익

(예제 15-6) KS전자(주)의 (예제 15-5)에서 시장조사기관이 예측한 시장규모는 10,000개이고, 판매부문에서 추정한 예상시장점유율은 10%이며, 실제 시장규모가 15,000개이다.

(요구사항)

1) 매출수량차이를 시장점유율차이와 시장규모차이로 분리하시오.
2) 차이발생의 원인을 설명하시오.

(풀이)

1) 매출수량차이분석

실제규모 × 실제점유율 × BC	실제규모 × 예산점유율 × BC	예산규모 × 예산점유율 × BC
15,000 × 0.08[1] × 48 = 57,600	15,000 × 0.1 × 48 = 72,000	10,000 × 0.1 × 48 = 48,000

시장점유율차이 ₩14,400 (U)　　시장규모차이 ₩24,000(F)

매출수량차이 ₩9,600 (F)

1) 1,200/15,000 = 0.08

- 공식을 이용한 차이분석은 다음과 같다.

시장점유율차이 =(0.08－0.01) × 15,000 × 48 = ₩14,400 (U)

시장규모차이 = (15,000 - 10,000) × 0.1 × 48 = 24,000 (F)
매출수량차이 = (1,200 - 1,000) × 48 = 9,600

2) 차이발생원인: 시장점유율차이: 불리한 차이이며, 통제가능요소이므로 개선이 필요하다.
시장규모차이: 유리한 차이이며, 통제불가능한 요소이다.

제4절 투자중심점의 성과평가

1. 투자중심점의 성과평가의 의의

투자중심점(investment center)은 수익과 원가뿐만 아니라 투자의사결정에 대해서도 책임을 지는 중심점이다. 투자의사결정의 책임은 유형자산과 재고자산의 구입과 처분, 매출채권의 설정, 마케팅전략 등에 대한 자금이 투자됨에 따라 부담해야 하는 책임이다. 투자중심점의 책임자는 분권화된 사업부(division)의 책임자로서 유동자산뿐 아니라 유형자산과 관련된 투자결정을 하게 되며, 투자중심점은 가장 포괄적이고 광범위한 책임중심점이다.

수익 또는 이익중심점으로서 판매부문의 성과를 평가할 때는 매출액이나 공헌이익 등의 지표를 이용하였다. 그러나 이러한 지표들은 단순한 수익의 크기만을 나타내므로 투자중심점의 평과평가로는 부적절하다.

투자중심점의 성과평가는 사업부의 경영자가 관리하고 있는 자산을 얼마나 효율적으로 이용하였는가를 기준으로 이루어지며, 투자중심점의 성과평가의 측정치로는 투자수익률과 잔여이익 및 경제적 부가가치 등을 이용한다. 경제적 부가가치는 균형성과표와 더불어 새로운 성과지표로 사용되고 있다.

2. 투자수익률분석

(1) 투자수익률의 의의와 계산

투자수익률(return on investment, ROI)은 이익을 투자액으로 나눈 비율이며, 대표적 수익성지표로 사용된다. 투자수익률은 투자된 자본 한 단위가 획득한 이익의 크기를 나타내며, 미국의 듀폰(Du pont)사가 개발하여 가장 널리 사용되고 있는 성과평가의 지표이다. 투자수익률은 영업이익을 투자중심점의 영업자산으로 나누어 계산하며, 이것은 다시 매출액이익률과 자산회전율로 분해할 수 있다. 투자수익률의 공식을 표시하면 다음과 같다.

$$\text{투자수익률} = \frac{\text{영업이익}}{\text{투자액(영업자산)}}$$
$$= \frac{\text{영업이익}}{\text{매출액}} \times \frac{\text{매출액}}{\text{투자액}} = \text{매출액이익률} \times \text{자산회전율}$$

*분자에 순이익, 분모에 자기자본 또는 총자산을 이용할 수도 있다.

위의 공식에서 투자수익률을 높이기 위해서는 매출액이익률을 높이거나 자산회전율을 높여야 한다는 것을 알 수 있다. 일정 매출액수준에서 매출액이익률을 높이기 위해서는 영업이익을 높이는 것이 필요하며, 이를 위한 방법 중의 하나는 원가를 절감하는 것이다. 자산회전율을 높이기 위해서는 매출액을 증대시키거나 일정수준의 매출액을 창출하는 데 소요되는 투자액을 최소한으로 낮추는 것이다. 투자수익률 계산식에서 투자액(영업자산)은 기초나 기말자산을 이용할 수도 있으나, 기초와 기말을 가중평균한 금액을 이용하는 것이 기중 투자액의 변동을 반영할 수 있으므로 보다 바람직하다.

투자수익률은 투자중심점의 자산에 대한 영업이익의 비율(%)로 표시된다. 투자수익률을 이용한 의사결정에서는 투자수익률이 투자중심점의 필수수익률을 초과하는 투자안은 채택하고, 미달하는 투자안은 기각한다. 그리고 회사전체의 투자수익률은 개별 투자중심점의 투자수익률의 합이 아니라는 사실에 주의하여야 한다. 이와 같은 투자수익률을 이용하여 수익성을 평가하면 투자규모가 서로 다른 투자중심점의 성과평가 및 기간별 비교가 가능하므로 이익의 크기만으로 수익성을 평가하는 것보다 더 적절한 방법이다.

(2) 투자수익률의 장점과 유의점

투자수익률을 이용하여 성과평가를 하면 다음과 같은 장점이 있다.

첫째, 투자중심점의 이익뿐 아니라 투자액도 함께 고려하여 평가하므로 해당부문 경영자의 성과지표로 유용하게 사용될 수 있다.

둘째, 투자수익률이 비율로 표시되므로 유사한 상황에 있는 다른 투자안의 수익률을 상호 비교할 수 있다.

투자수익률을 성과평가기준으로 사용하는 데는 다음과 같은 점에 유의하여야 한다.

첫째, 투자수익률은 현금흐름이 아닌 회계적 이익에 의하여 산출되므로 각 투자중심점의 사업내용이 상이하고 서로 다른 회계원칙이 적용되는 경우에는 투자중심점간의 정확한 성과평가가 어렵게 된다.

둘째, 투자중심점의 수익률극대화를 위한 노력이 기업전체적으로는 이익의 감소를 초래하여 준최적화 현상이 발생되는 경우가 있다. **준최적화**(sub optimization)는 목표불일치 의사결정이라고도 하며, 개별 투자중심점의 입장에서는 최적의사결정이지만 조직전체적인 관점에서는 최적이 아닌 의사결정을 하게 되는 경우를 말한다. 투자중심점의 경영자들이 투자수익률 극대화를 위하여 기업전체의 관점에서 보면 바람직한 투자안임에도 불구하고 부당하게 기각하는 경우가 발생할 수 있다. 즉, 기업전체의 필수수익률보다 높은 수익률을 제공하는 좋은 투자안이 개별 투자중심점의 투자수익률보다 낮기 때문에 기각되는 현상이 발생하게 된다.

셋째, 투자수익률은 화폐의 시간가치를 고려하지 않고 있다. 장기적인 투자결정에 있어서는 화폐의 현재가치와 명목가치의 차이가 중요하므로 시간가치를 고려하여 한다. 따라서 투자수익률에 의한 성과평가는 내부수익률법이나 순현재가치법 등의 자본예산기법에 의한 성과평가에 비하여 단기적인 성과를 강조한다는 점에 유의하여야 한다.

(예제 15-7) 투자수익률분석

KS전자(주)는 두 개의 사업부로 구성되어 있으며, 각 사업부의 투자수익에 대한 자료는 다음과 같다.

	TV사업부	가전사업부
매 출 액	₩200,000	₩800,000
영업이익	75,000	80,000
기초영업자산	480,000	350,000
기말영업자산	520,000	450,000

(요구사항)

1) 각 사업부의 매출액이익률, 자산회전율, 투자수익률을 구하시오.
2) 투자수익률기준 우선순위를 정하시오.
3) TV사업부의 매출액이 ₩300,000으로 증가한 경우 투자수익률을 구하시오. 단, 영업자산과 영업이익은 변화가 없다고 가정한다.
4) TV사업부는 ₩100,000을 추가투자하면 ₩25,000의 이익을 얻을 수 있는 새로운 투자기회를 검토하고 있다. 자본비용이 20%인 경우 투자안 채택여부를 결정하시오.

(풀이)

1) 매출액이익률, 자산회전율, 투자수익률

	TV사업부	가전사업부
매출액이익률:	$\frac{₩75,000}{₩200,000}=38\%$	$\frac{₩80,000}{₩800,000}=10\%$
자산회전률:	$\frac{₩200,000}{₩500,000}=0.4$회	$\frac{₩800,000}{₩400,000}=2$회
투자수익률:	$0.38\times0.4=15\%$	$0.1\times2=20\%$

2) 투자우선순위결정

1순위: 가전사업부(20%) 2순위: TV사업부 (15%)

3) 매출액증가에 따른 투자수익률

투자수익률 = $\frac{75,000}{500,000}$ = 15%이며, 영업이익과 영업자산이 동일한 상황에서 매출액이 증가하여도 투자수익률은 동일하다.

4) 추가투자결정

투자수익률 = $\frac{₩75,000 + 25,000}{₩500,000 + 100,000}$ = 17% 〉자본비용20%이므로 투자안을 기각한다.

3. 잔여이익분석

(1) 잔여이익의 의의와 계산

잔여이익(residual income, RI)은 투자중심점이 사용하는 영업자산으로부터 획득하여야 하는 최소한의 이익을 초과하는 영업이익이다. 잔여이익은 투자수익률이 갖고 있는 준최적화의 문제를 해결하기 위하여 도입된 개념이며, 미국의 General Electric사에서 성과평가지표로 개발한 기법이다.

잔여이익은 투자중심점의 영업이익에서 투자액에 대하여 요구되는 이익만큼 차감한 금액이며, 영업이익에서 영업자산에 대한 묵시적인 이자를 차감한 금액이다. 영업자산에 대한 묵시적인 이자는 영업자산에 대하여 회사가 요구하는 최저필수수익률을 곱하여 계산한다. 최저필수수익률은 회사전체의 자본비용을 기초로 하며 투자중심점인 사업부의 위험을 추가적으로 고려하여 결정한다. 특정 투자중심점의 위험은 회사전체의 위험과 다른 것이 보통이므로 그 투자중심점의 위험을 반영한 필수수익률을 이용한다.

잔여이익 = 투자중심점의 영업이익 - 투자중심점의 영업자산 × 요구수익률
= 투자중심점의 영업이익 - 투자중심점의 영업자산 × 최저필수수익률

투자수익률은 투자중심점의 자산에 대한 투자중심점의 영업이익의 비율(%)로 표시되지만, 잔여이익은 절대금액으로 표시된다. 잔여이익을 이용한 의사결정에서 투자중심점의 경영자는 특정투자안의 잔여이익이 0보다 크면 투자안을 채택하고, 잔여이익이 0보다 작으면 그 투자안을 기각한다.

(2) 잔여이익의 장점과 단점

잔여이익을 투자중심점의 성과평가지표로 이용하면 다음과 같은 장점이 있다.

첫째, 투자수익률을 이용하는 경우에 발생할 수 있는 준최적화의 문제를 극복할 수 있다. 잔여이익을 이용하면 투자중심점의 경영자는 최저필수수익률을 초과하는 투자안을 모두 채택하므로 투자중심점과 회사전체의 잔여이익을 동시에 극대화시킬 수 있다.

둘째, 각 투자중심점의 사업내용이 다른 경우에는 그 위험의 정도를 요구수익률에 반

영하여 잔여이익을 측정하므로 보다 의미있는 성과평가를 할 수 있다.

반면에 잔여이익은 다음과 같은 단점도 가지고 있으므로 이를 고려해야 한다.

첫째, 잔여이익을 이용하면 투자규모가 다른 투자중심점을 서로 비교할 수 없고 기간별 비교도 어렵다. 투자규모가 큰 투자중심점의 잔여이익이 크게 나타나므로 소규모 투자중심점보다 유리한 평가를 받게 된다.

둘째, 투자수익률과 마찬가지로 회계적 이익에 기초하여 잔여이익이 산출되므로 사업내용이 다르고 회계원칙에 차이가 있으면 잔여이익을 이용하여 평가하는 의미가 없어진다.

(예제 15-8) 잔여이익의 계산

투자중심점인 A사업부는 당기에 ₩500,000의 영업자산을 투자하여 ₩100,000의 영업이익을 실현하였다. A사업부는 ₩300,000을 추가투자하면 ₩45,000의 이익을 얻을 수 있는 새로운 투자기회를 검토하고 있으며, 투자안에 대한 최저필수수익률은 12%이다.

(요구사항)

1. A사업부의 당기 잔여이익을 계산하시오.
2. 회사전체의 관점에서 새로운 투자안을 채택할 것인가를 결정하시오.
3. A사업부 입장에서 새로운 투자안의 채택여부를 결정하시오.

(풀이)

1. 잔여이익의 계산

   ₩100,000 − (₩500,000 × 0.12) = ₩40,000

2. 새로운 투자안의 잔여이익

   ₩45,000 − (₩300,000 × 0.12) = ₩9,000

   새로운 투자안의 잔여이익이 0보다 크므로 투자안을 채택한다.

3. 사업부경영자의 의사결정

   A사업부의 현재의 잔여이익: ₩40,000

   새로운 투자안 채택후의 잔여이익:

   = (₩100,000 + ₩45,000) − (₩500,000 + ₩300,000) × 12% = ₩49,000

   새로운 투자안을 채택하면 잔여이익이 증가하므로 A사업부 경영자는 새로운 투자안을 채택한다.

제5절 균형성과표

1. 균형성과표의 의의

(1) 균형성과표의 도입배경

현대기업은 정보화 지식기반의 경영환경에 속에서 기업 간에 치열한 경쟁을 하고 있으며, 핵심경쟁력을 키우기 위해 많은 투자를 하고 있다. 또한 경영목표를 정하는 것부터 어떤 산업에 진출하여 어떻게 경쟁할 것인지 등 다양한 의사결정에 직면하게 된다. 이러한 환경 속에서 기업은 소품종의 제품을 저렴하게 대량생산하여 고객에게 제공하는 시대에 중요하게 인식되는 생산효율성과 재무적 성과만으로는 경영자에게 적절한 성과평가정보를 제공해 주지 못한다.

오늘날의 경영환경 속에서 기업들은 유형자산과 아울러 지식이나 핵심역량과 같은 무형자산을 효과적으로 운용하고 활용할 수 있어야 경쟁우위를 확보할 수 있게 된다. 따라서 기업가치의 향상이나 경쟁력 제고 등에 대한 적절한 평가를 하기 위해서는 재무적 지표 외에도 다양한 형태의 지표가 필요하다. 기업들이 전통적으로 사용해온 성과평가제도는 회계시스템에 의한 재무적 지표에 과도하게 치중하고 있어서 새로운 환경변화에 적합하지 않다는 비판을 받아 왔다. 따라서 재무적 지표 이외에도 다양한 형태의 지표가 필요하며, 최근 급변하는 경영환경에서는 다음과 같은 문제점을 가지고 있다.

① 전통적인 성과평가제도는 과거지향적이며, 성과와 보상이 지나치게 단기업적에만 치중하고 있다. 또한 업적에 대한 평가만 하게 되며 문제에 대한 근본적인 개선책을 제시하지 못한다.

② 전통적인 성과평가제도는 고객과의 관련성을 가지지 못하며, 기업가치의 많은 부문을 차지하고 있는 무형자산, 지식자산의 가치를 반영하지 못한다.

③ 전통적인 성과평가제도는 전략과 연계가 부족하며, 성과평가지표간의 연계 및 통합뿐만 아니라 기업내부기능간의 상호관련성을 반영하지 못한다.

④ 전통적인 성과평가시스템은 각 부문의 원가절감을 통한 부문최적화에 중점을 두기 때문에 개인의 목표와 조직전반의 목표가 일치되지 않는 한계점이 있다.

⑤ 전통적인 책임회계는 표준이나 예산 등과 같이 기업내부의 목표치만을 이용하여 성과평가를 하는데 최근에는 고객만족도, 경쟁사와의 비교 등 외부평가 자료를 이용하는 것이 중요해지고 있다.

따라서 새로운 경영환경에 적합한 보다 균형있는 성과평가시스템이 요구되며, 이러한 성과평가시스템에는 이익, 수익성, 주주가치 등과 같은 재무적 성과뿐만 아니라 고객과의 관계, 내부프로세스의 개선, 지적자산, 학습과 성장잠재력 등과 같은 변화와 혁신의

동인이 될 수 있는 비재무적 성과도 포함되어야 한다. 이러한 배경 하에서 개발된 새로운 전략적 성과평가제도가 균형성과표이다.

(2) 균형성과표의 개념

균형성과표(balanced scorecard, BSC)는 전통적으로 중요시되어 오던 재무적 관점 이외에도 고객, 내부프로세스, 학습과 성장이라는 비재무적 관점도 함께 고려하여 조직의 전략과 성과를 종합적이고 균형적으로 관리할 수 있는 새로운 성과평가시스템이다. 균형성과표는 기업의 전략평가 관점을 재무적인 관점, 고객관점, 내부프로세스관점, 학습과 성장관점의 네 가지 관점으로 나누어 성과를 평가하는 것이며, 각 관점의 성과평가 지표들이 전략달성에 맞도록 유기적으로 구성되어야 한다. 균형성과표는 하버드대 교수의 캐플란(Kaplan)과 국제적인 컨설팅사의 사장인 노튼(Norton)이 복수의 미국기업의 협력을 얻어 1992년에 공동으로 창안한 경영혁신기법이다. 균형성과표는 다음과 같이 여러 가지 관점의 지표들을 균형있게 사용해서 기업의 성과를 평가한다.

① 전통적인 책임회계에서 사용하던 재무적인 지표 이외에도 다양한 비재무적 지표를 사용하여 성과평가의 균형을 이룬다.

② 재무적 지표와 같은 과거지향적 지표와 종업원의 핵심역량의 강화와 같은 미래지향적인 지표가 균형을 이룬다.

③ 이익률이나 불량률과 같은 정량적 측정치(quantitative measures)와 종업원의 사기와 같은 정성적인 측정치(qualitative measures)가 균형을 이룬다.

④ 표준과 예산과 같은 기업의 내부성과지표와 고객만족도, 경쟁사의 실적과 같은 외부평가지표가 균형을 이룬다.

균형성과표를 위한 목표와 추정치는 각 사업단위의 비전과 전략에서 도출되어야 하며, 각각의 목표와 추정치는 서로 균형을 이루어야 한다. 균형성과표에서는 주주와 고객을 위한 외부적인 측정치와 내부프로세스의 개선 및 학습과 성장이라는 내부적인 측정치간에 균형을 이루어야 한다. 또한 과거 노력의 산출물과 미래성과를 창출할 측청치 간에도 균형을 이루어야 하며, 객관적이고 정량적인 재무적 측정치와 주관적 판단이 요구되는 비재무적 측정치 간에도 균형을 이루어야 한다.

균형성과표는 기업의 가치를 향상시키기 위하여 전통적인 재무지표이외에 다양한 관점의 성과지표가 측정되어야 한다는 것을 강조한다. 왜냐하면, 측정되는 것만이 관리되기 때문이다. 즉 재무적인 지표만을 측정하고 강조하면 단기적인 재무성과만이 강조될 뿐 장기적인 경쟁력과 기업가치향상을 기대할 수 없게 된다. 따라서 장기적인 성과를 높이기 위해서는 장기적인 경쟁력 향상에 필요한 지표가 측정되고 관리되어야 한다.

균형성과표의 핵심목표는 균형된 성과평가를 통하여 조직 구성원을 동기부여하여 기업의 가치를 향상시키는 방향으로 행동을 취하도록 하는 관리시스템이다. 성과지표가 네 가지 관점에서 균형을 이루었다고 해도 자동적으로 가치가 향상되는 것은 아니며, 이 지표가 모두 해당조직의 전략과 비전으로부터 도출되어야 한다는 점이 핵심이다.

균형성과표의 네 가지 관점과 이들의 상호관계는 〈그림 15-3〉과 같이 표시할 수 있다.

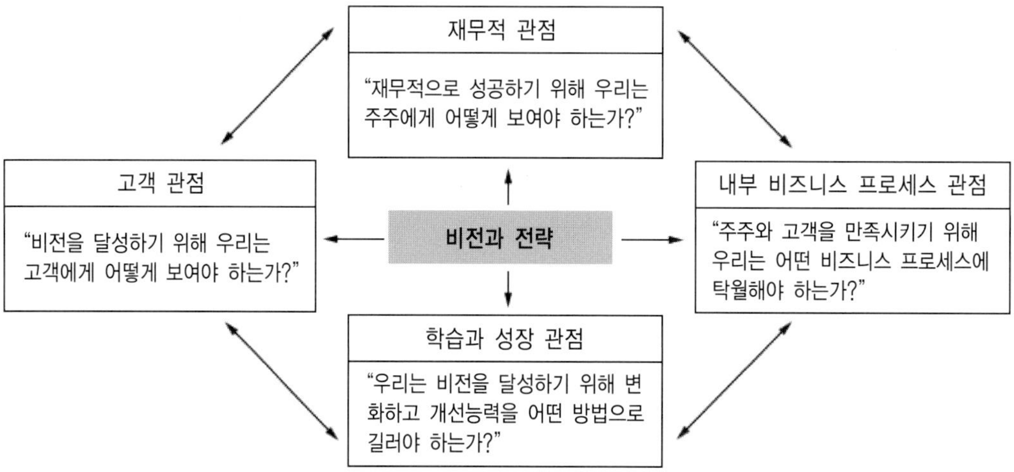

〈그림 15-3〉 균형성과표의 구조: 네 가지 관점과 상호관계

2. 균형성과표의 네 가지 관점

균형성과표의 네 가지 관점과 영역은 외부평가지표인 재무적 관점과 고객관점, 내부평가지표인 내부프로세스관점과 학습 및 성장관점으로 구분된다. 균형성과표는 네 가지 관점 중 학습 및 성장을 통하여 조직의 내부프로세스를 개선하고 이러한 개선으로 인하여 고객이 만족하게 되면 결과적으로 재무적 성과가 개선된다고 가정한다.

(1) 재무적 관점

재무적 관점(financial perspective)은 전략을 실행하여 순이익과 같은 재무적 성과가 개선되었는지를 측정하는 것이며, 주주에게 어떻게 보일 것인가를 중요시하는 관점이다. 재무적 관점의 성과측정지표는 영업이익, 투자수익률, 잔여이익, 경제적 부가가치 등을 사용하지만 판매성장이나 현금흐름 등이 사용될 수 있다. 이러한 재무적 관점의 성과는 수익증대전략이나 생산성향상전략을 통하여 달성된다.

재무적 관점의 성과지표는 회계시스템을 통하여 쉽게 확보할 수 있으며, 조직단위간의 성과를 비교할 때 이용될 수 있다. 그러나 조직단위의 전략이 다른 경우에는 전략의 특성에 적합한 재무적 지료를 사용하는 것이 바람직하다. 예를 들어 성장기의 사업부는 매출액증가율과 같은 지표로 사업규모의 확장수준을 평가할 수 있고, 성숙기에 있는 사업부는 매출액증가율보다는 투자수익률과 같은 수익성 지표를 사용하는 것이 바람직하다.

재무적 성과지표는 많은 단점이 있음에도 불구하고 기존의 회계시스템에서 쉽게 제공할 수 있고, 사용이 익숙한 정보이며, 비교적 객관성과 신뢰성이 높은 요약지표이다. 또한 기업의 궁극적인 목표는 재무성과를 향상시키는 것이므로 재무적 관점의 성과지표는 내부이해관계자는 물론 외부이해관계자에 가장 중요한 성과지표 중의 하나라고 할 수 있다.

(2) 고객관점

고객관점(customer perspective)은 기업이 고객에게 가치를 제공하여 고객과 관련된 성과가 얼마나 개선되었는가를 측정하는 것이며, 고객에게 어떻게 보일 것인가를 중요시하는 관점이다. 고객관점의 성과측정지표로서 고객만족도, 시장점유율, 고객유지율, 신규고객확보율, 고객수익성 등을 사용한다.

기업의 재무성과는 고객을 통하여 이루어지므로 균형성과표는 고객관점의 성과측정치를 성과평가지표에 포함하고 있다. 따라서 고객관점의 성과를 평가할 때에는 성과평가의 대상이 되는 고객의 범위를 명확히 하여야 하며, 대상고객이 기업의 어떤 요소로 인하여 만족을 얻고 있는지도 함께 파악하여야 한다. 특정기업이나 사업부는 시장에 존재하는 모든 고객을 만족시켜야 하는 것이 아니므로 전략적으로 차별화하고 있는 시장에 존재하는 기존고객과 잠재고객을 명확하게 파악하여야 한다.

(3) 내부프로세스 관점

내부프로세스관점(internal process perspective)은 주주나 고객을 만족시키기 위하여 기업이 내부적으로 무엇을 해야 하는가를 중요시하는 관점이다. 내부프로세스관점은 기업이 내부적으로 가치를 창출할 수 있는 프로세스를 가지고 있어야 하며, 이러한 내부적 운용활동이 얼마나 개선되었는지를 측정하는 것이다. 내부프로세스는 가치사슬모델을 이용하여 다음과 같이 세 가지로 분류할 수 있다.

1) 혁신프로세스(innovation process)

혁신프로세스는 고객의 잠재적인 욕구를 충족시키기 위하여 새로운 제품이나 서비스를 창출하는 것이다. 즉, 새로운 시장, 새로운 고객, 고객의 새로운 욕구를 파악하고 이를 충족시킬 수 있는 제품을 개발해 내는 프로세스이다. 혁신프로세스는 신제품, 신기술, 새로운 프로세스의 연구개발이나 설계 등을 포함하고 투입과 산출 간의 명확한 관계를 파악하기 어렵기 때문에 성과지표의 개발이 지연되어 왔다. 그러나 기업의 경쟁력 향상을 위하여 운영상의 효율보다는 혁신적인 제품이나 기술개발의 중요성이 커지면서 혁신프로세스에 대한 평가의 중요성도 커지고 있다. 이에 대한 성과측정지표는 신제품의 수, 신제품수익률, 독점제품(시장주도제품)의 수익률, 제품개발소요시간, 신제품 매출액의 비중, 특허권의 수 등이 사용된다.

2) 운영프로세스(operation process)

운영프로세스는 고객에게 현재의 제품이나 서비스를 좋은 품질로 신속하고 효율적으로 생산하여 전달하는 것이다. 운영프로세스는 기존제품이나 서비스를 생산하여 고객에게 전달하는 프로세스이며 고객에게 주문을 받는 것부터 시작하여 고객에게 제품이나 서비스를 전달하는 것으로 끝난다. 따라서 운영프로세스는 시간(time), 품질(quality) 그리고 원가의 측면에서 개선이 이루어져야 한다. 시간관리 능력을 측정하는 지표에는 고객대응시간과 정시납품성과 및 제조주기효율성이 등이 있다. 품질평가지표로는 불량률, 수율(합격품/생산가능수량), 작업폐물, 재작업률, 반품 등이 있다.

시간과 품질의 중요성을 지나치게 강조하면 원가측면에서는 경쟁우위를 잃을 수도 있으므로 운영프로세스의 원가를 성과평가지표에 포함시키는 것이 필수적이다. 품질이 좋은 제품을 고객에게 빠르게 전달하기 위해서는 원가가 상승하기 마련이며, 원가상승은 가격상승으로 이어져 시장에서 경쟁력을 상실할 수도 있기 때문이다. 활동기준원가시스템을 사용하여 각 프로세스별로 발생한 원가를 측정하면 프로세스별로 발생한 원가를 정확하게 측정할 수 있다.

3) 판매후 서비스프로세스(post-sales process)

내부가치사슬의 마지막 단계인 판매후 서비스프로세스는 고객에게 제품이나 서비스를 판매한 후에 현장서비스나 기술자원을 제공하는 것이다. 판매후 서비스프로세스는 제품이 고객에게 전달된 이후에 즉각적인 서비스를 제공하여 고객을 만족시키는 프로세스이다. 예를 들어 정밀기계나 소프트웨어와 같은 업종에서는 이 프로세스의 강점을 고객만족요소로 파악하기도 한다. 즉, 고객회사의 작업자에게 기계나 소프트웨어의 사용법을 자세하게 교육하고 고장이 발생하였을 때 신속하게 정비해주는 것으로 고객을 만족시키는 것이다. 이러한 성과측정지표로는 현장도달시간, 수선요청건수, 불량건수, 하자보증비용, 서비스처리시간 등이 사용된다.

4) 고객대응시간과 제조주기효율성

경영환경의 빠른 변화와 함께 시장에서 경쟁이 치열해지면서 기업이 고객의 주문에 신속하게 대응하는 것이 수익창출의 중요한 요소로 인식되고 있다. 운영프로세스의 중요한 성과지표인 시간은 고객대응시간과 정시납품성과, 제조주기효율성 등이 있다.

고객대응시간(customer response time)은 고객이 제품을 주문하거나 서비스를 요청하는 시간으로부터 제품과 서비스를 고객에게 인도하는 데까지 소요되는 시간이며, **배달주기**라고도 한다. 고객대응시간은 고객주문에 얼마나 신속하게 대응하였는지를 평가하는 지표이며, 주문접수시간, 생산대기시간, 생산시간, 인도시간으로 구분된다. 고객대응시간에서 생산대기시간과 생산시간을 **제조주기** 또는 **생산주기**라고 하며, 생산부서가 주문을 접수한 시간부터 제품을 생산할 때까지 소요되는 시간으로 구성된다.

정시납품성과(on time performance)는 제품이나 서비스를 납품하기로 계획한 시간을 실제로 얼마나 정확하게 지켰는지를 측정하는 것이다. 최근 경쟁이 치열해지면서 대부분의 고객들은 정시납품을 기대하고 있으므로 정시납품성과는 중요한 고객만족요인이다.

제조주기효율성(manufacturing cycle efficiency, MCE)은 제조주기 중에서 고객에게 만족을 줄 수 있는 부가가치시간이 차지하는 비중이다. 부가가치시간은 제조주기(또는 통과시간) 중에서 고객에서 만족을 주는 가치를 창출하는 시간이다. 제조주기는 일반적으로 공정시간(process time), 검사시간, 이동시간, 투입준비시간(queue time) 그리고 대기시간으로 구성되며, 이 중에서 고객에게 만족을 줄 수 있는 부가가치시간은 공정시간이며, 나머지는 자원만 낭비하는 비부가가치시간이다.

$$\text{제조주기효율성(MCE)} = \frac{\text{부가가치시간}}{\text{제조주기}}$$

$$\text{제조주기} = \underbrace{\text{공정시간}}_{\text{부가가치시간}} + \underbrace{\text{검사시간} + \text{이동시간} + \text{투입준비시간} + \text{대기시간}}_{\text{비부가가치시간}}$$

제조주기효율성이 1보다 작다는 것은 비부가가치시간이 존재한다는 의미이며, 1에 가까울수록 비부가가치시간의 비중이 작다는 것을 의미한다. 따라서 경영자는 제조주기효율성을 성과측정지표로 사용하는 경우 제조주기효율성이 1보다 작다면 비부가가치시간을 찾아내어 이를 감소시키거나 제거하기 위한 노력을 해야 한다.

(예제 15-9) 고객대응시간과 제조주기효율성

(주)서울의 경영자는 제조주기, 제조주기효율성, 고객대응시간을 성과평가지표에 포함시키기로 하고 제품단위당 시간자료를 집계한 결과 다음과 같은 자료를 얻었다.

주문접수시간	15.5일	검사시간	0.9일
공정시간	1.7	투입준비시간	5.6
이동시간	0.3	인도시간	2.0

(요구사항)

제조주기, 제조주기효율성, 고객대응시간은 각각 얼마인가?

(풀이)

1. 제조주기: 검사시간 0.9일 + 공정시간 1.7일 + 투입준비시간 5.6일 + 이동시간 0.3일 = 8.5일
2. 제조주기효율성(MCE): $\frac{\text{공정시간 1.7일}}{\text{제조주기 8.5일}} = 20\%$
3. 고객대응시간: 주문접수시간 15.5일 + 제조주기 8.5일 + 인도시간 2일 = 26일

(4) 학습과 성장관점

학습과 성장관점(learning and growth perspective)은 기업이 장기적인 성장 발전을 위하여 인적자원과 정보시스템 및 조직의 절차 등이 얼마나 개선되었는지를 측정하는 것이며, 비전을 달성하기 위하여 변화하고 개선하는 능력을 어떤 방법으로 높일 것인가를 중요시하는 관점이다. 기업이 새로운 프로세스를 개발하고 핵심역량을 강화하여 장기적으로 성장하기 위해서는 고객을 만족시킬 수 있는 능력을 지속적으로 향상시켜 나갈 수 있는 조직기반을 가지고 있어야 하며, 이러한 분야의 성과를 평가하는 것이 학습과 성장관점이다.

학습과 성장관점은 균형성과표의 네 가지 관점 중 가장 장기적인 관점으로서 조직의 인프라에 해당하는 부분이다. 종업원의 학습과 성장 가능성이 없이는 내부프로세스, 고객관점, 재무적 관점의 성과가 향상될 수 없기 때문이다. 이러한 학습과 성장관점의 성과측정지표는 다음과 같이 세 가지로 나눌 수 있다.

① 인적자원(종업원의 능력): 종업원의 교육수준, 종업원의 만족도와 이직률, 핵심종업원 유지율, 종업원 생산성 등

② 정보시스템: 정보시스템의 활용정도, 종업원당 PC수, 네트워크수준, 실시간 능력

③ 조직의 절차: 종업원당 제안채택률, 종업원에 대한 보상정도, 직원 1인당 제안건수

일반적으로 조직의 장기적인 성장 발전은 인적자원, 정보시스템, 조직의 절차 등 세 가지 원천으로부터 이루어지는데 이러한 세 가지 원천에 대한 현재의 역량과 균형성과표상의 나머지 관점, 즉 재무적 관점, 고객관점, 내부프로세스 관점의 목표를 달성하는 데 필요한 역량 간에는 커다란 차이가 존재한다. 이러한 격차를 줄이기 위하여 종업원을 교육 훈련시키고 정보기술과 시스템을 강화하며 조직의 절차가 전략에 부합하도록 하여야 한다.

산업화시대와 달리 정보화시대에는 종업원이 소유하고 있는 지식과 정보가 재무제표에는 나타나지 않지만 매우 중요한 자산이다. 핵심종업원유지율은 기업이 보유하고 있는 무형자산의 유지율을 의미하므로 정보화시대에서 장기적 성장에 필요한 핵심지표 중의 하나이다. 학습과 성장관점은 조직의 장기적인 성장과 발전을 위하여 필요한 원천을 강화시키고 지속적으로 가치를 창출할 수 있게 하는 전략수립에 유용하다.

3. 균형성과표 구축시 고려사항

균형성과표는 전략적 성과평가제도의 대표적인 형태이며, 전략의 구체적인 수행목표를 결정해주고 이에 대한 성과평가를 가능하게 한다. 이러한 균형성과표가 전략목표를 달성하는데 유용한 역할을 하기 위해서는 균형성과표를 구축할 때 다음사항을 고려하여야 한다.

균형성과표에서는 네 가지 관점의 성과지표가 서로 인과관계가 있는 것으로 가정한다. 따라서 핵심변수에 초점을 두고 네 관점의 성과평가지표가 서로 인과관계를 가지도록 해야 한다. 인과관계에서 원인이 되는 지표를 선행지표(leading indicator)라고 하고 그 결과로 나타나는 지표를 후행지표(lagging indicator) 또는 결과지표(outcome measure)라고 한다. 예를 들어 내부프로세스관점 지표 중의 하나인 주문처리소요시간이 단축되면 적시배송률이 향상되고, 적시배송률이 향상되면 고객만족도가 높아진다. 이 경우 주문처리소요시간은 적시배송률의 선행지표이고, 적시배송률은 후행지표이다. 그러나 적시배송률은 고객만족도의 선행지표이고, 고객만족도는 적시배송률의 후행지표가 된다.

균형성과표에서 강조하는 네 가지 관점의 지표는 해당조직의 전략적 목표를 달성하는데 유용한 지표로서 구성되어야 하며, 서로 인과관계를 갖고 있는 하나의 지도형태로 나타낼 수 있어야 한다. 다양한 지표간의 어떤 인과관계를 통해 전략을 어떻게 수행하는가를 보여주는 성과지표의 체계를 **전략지도**(strategy map)라고 한다. 그러나 지표간의 인과관계, 성과지표와 전략과의 관계는 실제자료에 의해 지지되지 않는 한 가설에 지나지 않는다. 따라서 기업이나 기타조직단위에서 성과평가시스템을 설계할 때 가정한 성과지표간의 인과관계, 특정성과지표가 전략달성에 기여하는가를 지속적으로 평가하여야 한다.

균형성과표를 구축하기 위해서는 기업의 전략을 이해하고, 전략을 달성하기 위한 핵심성공요소를 명확히 해야 하며, 이에 대한 성과를 핵심성과지표에 반영하여 조직 구성원이 핵심성과지표의 관리에 관심을 집중하도록 해야 한다. 기업의 비전과 전략의 틀은 조직 구성원이 이해할 수 있는 형태로 모든 조직계층에 확산되어야 하며 조직 구성원 각자가 구체적으로 무엇을 해야 하는지 명확히 파악될 수 있도록 해야 한다.

균형성과표는 단순한 성과측정을 위한 방법이 아니며, 전략목표를 구체화하고 전략이 실제업무에 시행될 수 있도록 해야 한다. 또한 진정한 균형성과표는 구성원간의 기업전략에 대한 동적인 의사소통과 피드백이 되어야 한다. 기업이 처한 경영환경이 쉽게 변화되기 때문에 의사소통과 피드백을 통하여 기업환경에 맞도록 성과지표를 재조정해가는 과정이 형성되어야 한다.

기업에서 적용하고 있는 균형성과표를 예시하면 〈표 15-3〉과 같다.

〈표 15-3〉 균형성과표 예시

관점	목표	전략	평가수단 (성과측정지표)	목표성과	실제성과
재무	주주가치증가	원가 및 미사용 능력관리	생산성 향상으로 인한 영업이익 증가	₩10,000,000	₩10,500,000
고객	시장점유율증가	고객의 요구예측	시장점유율	7.5%	8.2%
	고객만족도증가	판매조직의 고객관심증가	고객만족도	80%의 고객이 상위2개 만족도 선택	75%의 고객이 상위2개 만족도 선택
내부 프로세스	생산능력증진	발전된 통제 시스템의 개발	새로운 통제 기법을 적용한 공정의 비율	60%	65%
	판매후서비스 개선	고객서비스프로세스개선	서비스 대응시간	6시간 이내	5시간 이내
	고객배달시간 단축	주문 - 배달프로세스 재설계	주문 - 배달기간	3일	3일
학습과 성장	종업원만족	직원참여 및 제안제도 확충	종업원 직무만족도	80%직원이 상위 2개 만족도 선택	85%직원이 상위 2개 만족도 선택
	정보시스템능력 향상	온라인과 오프라인 정보수집개선	제조과정 중 실시간 피드백 정보의 비율	75%	70%

토의문제

1. 전통적인 원가회계와 책임회계제도는 서로 어떻게 다른가?
2. 책임회계제도의 시행에서 주의할 점은 무엇인가?
3. 원가중심점, 수익중심점, 이익중심점, 투자중심점은 각각 어떻게 다른가?
4. 책임회계제도의 성과평가에서 고려해야 할 사항은 무엇인가?
5. 성과평가의 방법을 설명하시오.
6. 매출배합차이와 매출수량차이, 시장점유율차이와 시장규모차이의 개념을 비교 설명하라.
7. 생산부문의 성과평가에서 배합차이와 수율차이의 개념을 설명하라.
8. 투자수익률과 잔여이익은 무엇인가? 각 방법의 장점과 단점을 논하라.
9. 균형성과표의 의미와 네 가지 관점에 대하여 설명하시오.

연습문제

(15-1) 직접재료원가와 직접노무원가, 제조간접원가 차이분석

KS(주)는 두 개의 직접원가영역(직접재료원가, 직접노무원가)으로 구성된 개별원가시스템을 사용하고 있으며, 제조간접원가는 표준직접노동시간을 기준으로 배부한다. 20×1년초 회사는 다음과 같은 표준을 설정하였다.

단위당 표준원가

	표준수량	표준가격	표준원가
직접재료원가:	3kg	₩ 5/kg	15
직접노무원가:	5시간	₩15/시간	75
제조간접원가:			
변동원가:	5시간	₩ 6/시간	30
고정원가:	5시간	₩ 8/시간	40
단위당 표준제조원가			₩ 160

월별 총제조간접원가의 기준조업도는 40,000직접노동시간이다. 1월중의 실제 생산량은 7,800단위이며, 원가기록은 다음과 같다.

직접재료구입 25,000kg(₩5.50/kg) 재료사용 23,100kg
직접노무원가 40,100시간(₩14.60/시간)
제조간접원가발생액 ₩600,000

(요구사항)

1. 1월중의 실제생산량에 대한 표준제조원가와 변동예산원가를 작성하시오.
2. 다음 제조원가차이를 계산하고 유리한 차이와 불리한 차이로 표시하시오.
   ① 직접재료원가 가격차이와 능률차이 (구입시점기준)

② 직접노무원가 가격차이와 능률차이

③ 제조간접원가 소비차이와 능률차이, 조업도차이

(15-2) 원가차이분석: 배합차이와 수율차이

다음은 경기산업(주)의 제품생산관련 자료이다.

제품단위당 표준원가: 직접재료 A 900개 단위당 ₩100

직접재료 B 300개 단위당 ₩300

당기제품생산량: 100단위

직접재료실제투입량: 직접재료 A 7,700개 실제원가 ₩ 924,000

직접재료 B 3,300개 실제원가 ₩1,023,000

(요구사항)

1. 직접재료원가의 가격차이와 수량차이를 계산하시오.
2. 직접재료원가의 배합차이와 수율차이를 계산하시오.

(15-3) 원가차이분석: 가격차이와 능률차이, 배합차이와 수율차이

한양상사(주)의 제품에는 3가지 원재료가 사용된다. 제품 한 단위를 생산하는 원재료 A, B, C의 표준투입량은 각각 4kg, 3kg, 3kg이며, 표준원가는 kg당 각각 ₩60, 35, 25이다. 이달의 생산량은 1,250단위를 생산하였으며 세 가지 원재료의 실제사용량과 실제단위당 원가는 다음과 같다.

원 재 료	단 위	단위당 원가
재료 A	4,500kg	₩ 55
재료 B	3,500	42
재료 C	2,000	27
합 계	10,000kg	

(요구사항)

1. 직접재료원가의 가격차이와 능률차이는 각각 얼마인가?
2. 직접재료원가의 배합차이와 수율차이는 얼마인가?

(15-4) 원가차이분석: 가격(임률)차이, 능률차이, 배합차이와 수율차이

M-net 기업은 인터넷서비스를 제공하며 전문가와 비전문가를 동시에 채용하고 있으며, 이들에 대한 시간당 표준임금과 서비스 단위당 표준원가는 다음과 같다.

표준임금	표준시간	표준임률	표준원가
전문가	3분	₩300/분	₩900
비전문가	7분	100/분	700
서비스 단위당 표준원가			₩ 1,600

이 회사는 지난 주에 500회의 서비스를 제공하였으며, 실제 발생된 임금은 다음과 같다.

실제임금	실제시간	실제임률	실제원가
전문가	1,200분	₩400/분	₩480,000
비전문가	4,000분	130/분	520,000
실제원가 총액			₩ 1,000,000

(요구사항)

1. 표준원가를 기초로 임률차이와 능률차이로 분해하시오.
2. 능률차이를 배합차이와 수율차이로 분해하시오.

(15-5) 매출차이분석: 매출조업도차이, 배합차이, 수량차이

(주)서울은 전자제품 두 종류를 생산하고 있으며, 관련 자료는 다음과 같다.

	고급형	일반형
단위당 예산공헌이익	₩ 51,000	₩ 18,000
당기 예상판매량	180,000단위	400,000 단위
단위당 실제공헌이익	₩ 51,500	₩19,000
당기실제판매량	200,000단위	300,000 단위

(요구사항)

각 제품의 매출조업도차이, 매출배합차이, 매출수량차이를 구하시오.

(15-6) 매출차이분석: 매출가격차이, 시장점유율차이, 시장규모차이

(주)운송은 예산수립과 성과평가시 요금을 부담하는 승객 1인이 1km 여행하였을 때 1인의 단위를 사용하고 있으며, 운송관련자료는 다음과 같다.

예상수익: 승객 40인, 1인당 요금 ₩ 4,000

실제수익: 승객 43인, 1인당 요금 ₩ 4,060

예상보다 운송업계 전체승객이 7% 더 상장한 것으로 나타났다.

(요구사항)

위의 자료를 이용하여 매출가격차이, 시장점유율차이, 시장규모차이를 구하시오(단, 차이분석시 공헌이익의 대용치로 수익을 사용한다.)

(15-7) 매출차이, 조업도차이, 수량차이

(주)제일은 제품 A와 B를 생산하고 있으며, 원가와 판매에 관련된 자료는 다음과 같다.

(종합예산)

	A제품	B제품
매출수량:	1,200개	800개

단위당 판매가격	₩500	₩700
단위당 변동원가	300	400
고정원가	₩100,000	

(실제판매상황)

	A제품	B제품
매출수량:	960개	1,440개
단위당 판매가격	₩570	₩650
단위당 변동원가	320	350
고정원가	₩120,000	

제품 A와 B는 동일시장에서 판매되는 제품이며, 예산상의 시장규모는 25,000개이나 실제시장 규모는 32,000개이다.

(요구사항)

1. 매출총차이를 매출가격차이와 매출조업도차이로 분리하시오.
2. 매출조업도차이를 매출배합차이와 매출수량차이로 분리하시오.
3. 매출수량차이를 시장점유율차이와 시장규모차이로 세분하시오.

(15-8) 수익분석; 복수제품

(주)한양은 3가지 종류의 전자제품을 생산하고 있으며, 이번 달의 예산과 실제성과는 다음과 같다.

(종합예산)

원가항목	제품 A	제품 B	제품C	합계
판매수량	1,000단위	1,000단위	2,000단위	4,000단위
판매가격	₩1,000,000	₩2,000,000	₩3,000,000	₩6,000,000
변동제조원가	700,000	1,600,000	2,300,000	4,600,000
공헌이익	300,000	400,000	700,000	1,400,000
고정제조원가	200,000	200,000	300,000	700,000
영업이익	₩100,000	₩200,000	₩400,000	₩700,000

(실제성과)

원가항목	제품 A	제품 B	제품C	합계
판매수량	800단위	1,000단위	2,100단위	3,900단위
판매가격	₩810,000	₩2,000,000	₩3,000,000	₩5,810,000
변동제조원가	560,000	1,610,000	2,320,000	4,490,000
공헌이익	250,000	390,000	680,000	1,320,000
고정제조원가	210,000	220,000	315,000	745,000
영업이익	₩40,000	₩170,000	₩365,000	₩575,000

전자제품에 대한 시장규모는 40,000단위였으나 실제로는 38,000단위이다.

(요구사항)

1. 매출가격차이와 매출활동차이는 얼마인가?

2. 매출배합차이와 매출수량차이는 얼마인가?
3. 시장점유율차이와 시장규모차이는 얼마인가?

(15-9) 투자중심점의 성과평가: 투자수익률

(주)KS의 식품사업부에 대한 자료는 다음과 같다.

매출액	₩ 500,000	영업이익	₩ 300,000
기초영업자산	100,000	기말영업자산	140,000

(요구사항)

1. 평균영업자산을 이용하여 매출액이익률, 자산회전율, 투자수익률을 구하시오.
2. 영업이익이 ₩240,000으로 감소한 경우 투자수익률을 구하시오. 단, 매출액과 영업자산은 변하지 않았다.

(15-10) 투자수익률과 잔여이익

다음은 두 사업부의 영업활동과 관련된 자료이다.

	A사업부	B사업부	C 사업부
매출액	₩ 750,000	₩ 500,000	( )
영업이익	( )	40,000	( )
평균영업자산	250,000	( )	1,250,000
투자수익률	24%	20%	( )
매출액이익률	( )	( )	5%
자산회전율	( )	( )	2.4
최저필수수익률	20%	18%	10%
잔여이익	( )	( )	( )

(요구사항)

위의 ( )에 해당하는 값을 구하시오

(15-11) 투자수익률과 잔여이익

다음은 세 개의 사업부의 자료를 운영하고 있는 (주)일화의 자료이며, 회사의 필수수익률은 20%이다.

	A사업부	B사업부	C 사업부
평균영업자산	₩ 1,000,000	₩ 500,000	₩ 500,000
영업이익	320,000	300,000	210,000
매 출 액	4,000,000	3,000,000	3,000,000

(요구사항)

1. 각 사업부별로 다음을 계산하시오.

① 매출액이익률 ② 자산회전율 ③ 투자수익률

2. 투자수익률기준으로 운선순위를 결정하시오.
3. 잔여이익기준으로 성과평가를 하고 우선순위를 결정하시오.
4. A사업부는 현재 ₩400,000을 투자하면 ₩100,000의 이익을 얻을 수 있는 투자기회를 고려하고 있다. 다음 각각의 기준에 의해 투자안 채택여부를 결정하시오.
   ① 투자수익률 ② 잔여이익 ③ 기업전체의 입장

(15-12) 균형성과표

(주)경기는 생산담당임원의 상여금을 수년간 아래와 같은 방법으로 지급하여 왔다.

상여금 = ₩50,000 + 0.5% × 직접노무원가절감액 + 0.2% × 제조간접원가절감액

그러나 당해 연도부터 균형성과표를 도입하여 고객만족도, 품질향상, 종업원성취도 등과 같은 다양한 목표를 설정하고 그 성과를 상여금에 반영하려고 한다. 회사는 목표달성을 위하여 상여금 지급방법을 다음과 같이 변경하였다.

(1) 고객만족도 - 정시납품률을 상여금 지급액에 반영한다.
(2) 품질향상 - 불량률을 상여금지급에 반영한다.
(3) 종업원성취도 - 종업원업무만족도를 상여금지급에 반영한다.

(요구사항)

1. 성과평가에서 위의 사항을 반영하는 경우 회사 전체적으로 미치는 영향은 무엇인가?
2. 균형성과표와 관련하여 회사가 고려해야 할 관점을 열거하시오.
3. 균형성과표를 사용하는 경우 장점을 설명하시오.

CHAPTER 16 전략적 원가관리

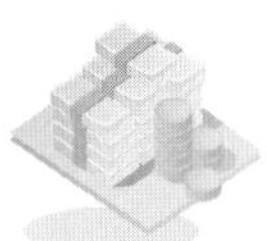

기업이 경쟁력 있는 세계적인 기업이 되려면 글로벌 경쟁요구에 맞게 모든 원가가 지능적으로 식별, 측정 그리고 관리되어야 한다. 최근 경영자들은 제조이전단계에서 발생된 원가와 제품이 완성된 이후단계에서 발생된 원가에 대하여 보다 많은 초점을 두고 있다. 또한 제품수명주기가 단축됨에 따라 수명주기 내에서 발생된 수익과 원가에 의해 성과평가를 하게 되므로 실현된 수익과 발생된 원가에 관심을 집중하고 있다. 기업은 치열한 경쟁과 변화하는 경영환경 속에서 성장과 생존을 위한 전략을 세우고 그중에서 최적의 전략을 선택해야 한다. 이러한 경영환경에서 경쟁우위를 얻기 위하여 전략개발과 의사결정에 있어 원가정보를 활용하는 것이 전략적 원가관리이다. 본장에서는 전략적 원가관리방법으로서 목표원가계산, 카이젠원가계산, 제품수명주기원가계산, 품질원가계산 등에 대하여 설명한다.

제1절 전략적 원가관리의 의의

최근의 기업들은 치열한 국제적 경쟁과 생산기술의 발전, 소비자 욕구의 다양화 등 급변하는 경영환경에 직면하여 있으며, 소비자들은 계속하여 새로운 제품과 서비스를 요구하고 있다. 이러한 경영환경에서 경영자는 기업의 경쟁력을 확보하고 경영성과를 높이기 위하여 제품과 서비스의 가격, 품질, 고객만족, 연구개발 등의 요소를 전략적으로 관리하는 것이 중요함을 인식하게 되었다. 따라서 원가관리회계에서도 기업의 전략 수립과 그 실행에 도움을 주는 여러 가지 혁신적인 관리기법을 개발하여 성과측정의 도구로 사용되고 있는데, 이러한 관리기법을 전략적 원가관리라고 한다. **전략적 원가관리**(strategic cost management)는 제품 및 서비스의 원가를 감소시키는 것과 관련하여 기업의 전략적 관리에 유용한 정보를 제공하는 새로운 혁신적인 원가관리회계기법을 말한다. 즉, 기업이 경쟁우위를 확보하기 위하여 전략개발과 의사결정에 원가정보를 파악하고 활용하는 것이다.

전통적인 관리회계가 기업의 상황을 주어진 조건으로 보고 효율적인 관리만 추구한다면, 전략적 원가관리는 원가와 고객가치를 고려하여 기업이 경쟁업체에 비하여 낮은 비용으로 높은 가치를 창출할 수 있도록 원가정보를 분석하고 활용하여 효과적으로 경쟁우위를 확보할 수 있도록 한다. 전략적 원가관리기법은 크게 제품수명주기의 체계 안에서 설명될 수 있는 기법과 제품수명주기와 관련이 없는 기법으로 구분될 수 있는데 본장에서는 제품수명주기의 체계 안에서 설명될 수 있는 기법에 대하여 설명한다. 전략적 원가관리내용을 제품수명주기에 대비하여 소개하면 <그림 16-1>과 같다.

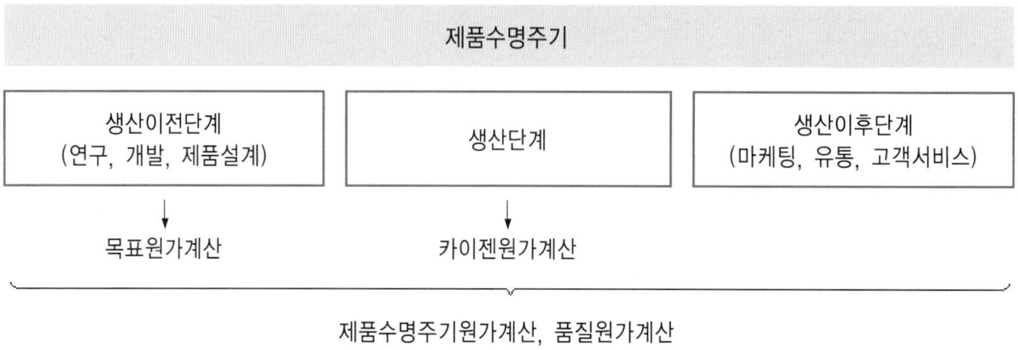

<그림 16-1> 제품수명주기를 이용한 전략적 원가관리기법

전략적 관리는 기업의 목적과 목표를 정하고 설정된 목표를 달성하기 위한 경영전략을 수립하는 과정을 의미한다. 만족할 정도의 이익을 실현하며, 사회가 필요로 하는 품질이 우수한 제품이나 서비스를 제공하며 종업원들에게 보상을 주는 일자리를 제공하는 것과 같은 일반적 목적(goals)을 보다 구체적인 목표(objectives)로 전환시켜야 한다. 경영전략은 기업목적 및 목표달성과 일치되어야 한다. 이에 덧붙여 원가회계제도를 포함한 경영정보시스템은 이러한 경영층의 전략적 업무 및 관련활동을 보조하는데 시기적절하고 적합한 정보를 제공하여야 한다.

전통적인 제품원가제도는 단지 제조과정에만 초점을 두고 있기 때문에 기업의 전략을 수립하고 실행하는데 도움이 되는 정보를 제공하지 못한다. 즉 전통적인 원가계산제도에서는 생산이전단계나 생산이후단계에서 발생된 원가를 모두 기간비용으로 처리하므로 이러한 원가는 개별제품에 연계되지 못하고 있다. 가치사슬과 수명주기원가계산의 개념은 바로 전략적 계획 및 통제에 유용한 원가정보를 제공해 준다.

전략적 원가관리는 다음과 같은 특징을 가지고 있다.

(1) 기존의 조업도 중심 관련원가 분석이 단기적 분석을 위주로 이루어지나 전략적 원가관리는 전략적 요소를 고려하여 광범위한 원가분석이 실시된다.

(2) 전통적 원가관리를 제조, 판매, 물류 등 경영기능전반에 걸친 유기적인 관계 속에서 광범위하고 장기적인 시각에서 파악하도록 한다.

(3) 지속적인 경쟁우위를 확보하여 전략이 달성될 수 있도록 원가정보를 활용한다.

(4) 전통적 원가관리는 각 공정의 효율성에 초점을 두는데 비하여 전략적 원가관리는 고객가치를 효과적으로 창출하는데 관심의 초점을 두고 있다.

(5) 제품수명주기가 짧아지고 있기 때문에 제조원가를 중심으로 하는 원가관리에서 벗어나 수명주기전체에 걸친 원가를 관리대상으로 한다.

제2절 목표원가계산

1. 목표원가계산의 의의

목표원가계산(target costing)은 시장의 수요에 기초하여 제품의 수익성이 확보될 수 있도록 원가를 결정하는 접근법이며, 불연속적인 제조공정에서 생산되며 비교적 제품수명주기가 짧은 제품에 적용되는 원가기획방법이다. 목표원가계산은 제품개발의 초기단계에서 사용되며 **원가기획**이라고도 한다. 목표원가의 시작은 공학적인 방법을 사용하여 제품개발단계에서 원가절감방안을 모색하는 것을 목표로 하는 기법이었으며 이후에 관리회계나 마케팅 등을 고려하여 종합적인 이익원가관리기법으로 체계화되었다.

전통적인 제품가격결정방법은 내부적인 원가분석을 기초로 적정한 이익을 가산하여 제품의 판매가격을 결정한다. 그러나 경쟁이 치열한 상황에서 기업이 결정한 가격으로 제품을 판매하는 것보다 소비자들이 특정 제품에 대하여 지불할 의사가 있는 가격으로 제품을 판매하는 것이 회사의 수익성을 더 증대시킬 수 있다. 이와 같이 시장에서의 수집된 정보를 바탕으로 소비자들이 지불할 의향이 있는 가격을 제품가격으로 결정하는 방법이 '시장기준가격결정방법'이다. 이 방법은 소비자들이 원하는 목표판매가격이 결정되어 있으므로 기업은 목표이익을 얻기 위한 목표원가를 달성하여야 한다. 즉 **목표원가**(target cost)는 소비자들이 원하는 목표판매가격에서 기업이 획득하여야 하는 목표이익을 차감한 금액으로서 목표이익을 얻기 위하여 달성하여야 할 원가이다.

목표원가 = 목표판매가격 - 목표이익

이러한 목표원가를 도입하는 경우 제품의 생산단계 뿐만 아니라 제품의 연구 개발 설계단계부터 목표원가를 달성하기 위한 노력을 기울여야 한다. 그 이유는 제품원가의 대부분(약80%)이 연구 개발 및 설계단계에서 이미 결정되기 때문이다. 따라서 목표원가관리시스템은 제품의 연구 개발 및 설계단계부터 제품의 생산에 이르기까지 원가절감의 모든 아이디어를 검토함으로써 제품의 획기적인 원가절감을 목표로 하는 활동이라고 할 수 있으며 특히 제품의 연구 개발 및 설계단계를 중요시하는 특징이 있다.

전통적으로 기업은 제품원가에 적정한 이익을 가산하여 판매가격을 결정하지만 목표원가계산에서는 역으로 제품의 시장가격을 근거로 목표이익을 차감하여 목표원가를 설정한다. 이러한 목표원가계산은 다음과 같은 기본원칙을 가지고 있다.

① 시장가격으로부터 최대 허용가능원가인 목표원가가 도출된다.

② 제품 및 공정의 사전설계를 통하여 불필요한 원가발생을 제거한다.

③ 급변하는 환경에서 품질, 납기 등에 대한 고객의 요구를 명확히 반영해야 한다.

④ 제품수명주기전체에서 발생한 총원가의 절감에 초점을 맞추는데 이는 가치공학이나 가치분석의 방법을 통하여 이루어진다.

⑤ 목표원가계산은 여러 가지 복잡한 활동을 수반하므로 이를 위하여 둘 이상의 분야에 걸친 팀의 사용이 필요하다. 또한 기업내부 뿐만 아니라 외부의 관계자들도 적극적으로 원가절감에 참여시킨다.

참고로 전통적인 원가관리시스템과 목표원가관리시스템을 비교하면 다음과 같다.

〈표 16-1〉 전통적인 원가관리시스템과 목표원가관리시스템의 비교

구 분	전통적인 원가관리시스템	목표원가관리시스템
1단계	시장조사를 통하여 소비자욕구파악	시장조사를 통하여 소비자욕구파악
2단계	소비자욕구에 맞는 제품설계	시장상황을 분석하여 목표가격 결정
3단계	설계에 맞는 제품의 예상원가결정	목표가격에서 목표이익을 차감하여 목표원가를 결정
4단계	예상원가에 예상이익을 가산하여 예상 판매가격을 결정	목표원가가 달성되도록 연구 개발 및 제품설계
5단계	제품을 생산하면서 주기적으로 원가 절감노력을 함	제품을 생산하면서 지속적으로 원가 절감노력을 함

(예제 16-1) 목표원가

(주)CNK는 새로운 제품을 개발하여 판매할 계획으로 시장상황을 조사한 결과 새로운 제품은 단위당 판매가격이 ₩1,000인 경우 연간 10,000개의 수요가 있을 것으로 조사되었다. 회사의 목표이익률은 매출액의 20%이고 새로운 제품의 연구개발비가 ₩3,000,000으로 예상되는 경우, 연구개발비를 제외한 제품단위당 목표원가는 얼마인가?

(풀이)

목표매출액: 10,000개×@1,000 =	₩10,000,000
목표이익: ₩10,000,000× 20% =	(2,000,000)
총목표원가:	8,000,000
연구개발비	(3,000,000)

목표원가 (연구개발비제외)	5,000,000
예상생산량	÷ 10,000개
제품단위당 목표원가(연구개발비제외)	₩ 500

2. 목표원가의 달성방법과 문제점

목표원가를 설정한 후에는 여러 가지 방법을 이용하여 목표원가를 달성하도록 노력해야 하며, 이러한 방법에는 가치공학, 동시설계, 게스트엔지니리어링 등이 있다.

① **가치공학**(Value engineering)[17]: 제품의 연구·개발 및 설계단계에서부터 제조, 마케팅, 유통, 고객서비스에 이르기까지의 모든 기능을 분석하여 동일한 기능에서 원가를 낮추거나 동일한 원가에서 기능을 추가하여 제품의 효익을 증가시키는 등 원가를 절감하고 제품의 가치를 높이면서 기업에서 설정한 목표원가를 달성하는 것이다.

② **동시설계**(concurrent engineering): 제품기획, 마케팅, 영업담당 등이 제품의 연구개발 설계부서 등과 다기능팀(multi-functional team)을 구성하여 제품의 초기단계에서부터 협력하여 제품을 개발하는 기법이다. 기업의 가치사슬 전체적으로 원가를 감소시키는 것이 제품의 전체원가를 최소화한다.

③ **게스트엔지니어링**(guest engineering): 제품의 설계단계에서부터 협력업체를 참여시켜 원가절감방안을 모색하는 것이다. 이 기법은 공급사슬 전체적으로 비용을 최소화하는 것이며 협력업체를 배제하고 제품을 개발하였을 경우 발생할 수 있는 비효율을 예방할 수 있고 협력업체와 우호적인 협력관계를 유지하게 한다.

이러한 목표원가계산시스템은 경쟁이 치열한 상황에서는 유용성이 높지만, 다음과 같은 문제점이 발생할 수도 있다.

① 목표원가계산 프로세스와 관련된 여러 당사자들 사이에 마찰이 발생할 수 있다. 실무적으로 제품생산기업은 계획 및 원가절감에 맞추도록 협력업체에 심한 압력을 주는 경우가 있다.

② 종업원들은 목표원가를 충족시켜야 한다는 압력 때문에 심한 스트레스를 받을 수 있다. 특히 설계엔지니어들이 가장 심한 고통을 경험하는 것으로 알려져 있다.

③ 목표원가를 달성하기 위해서는 개발시간이 많이 소요되므로 이로 인하여 신제품 출시의 시기를 놓칠 수 있다. 어떤 제품의 경우 원가를 조금 더 발생시키는 것보다 출시시기를 놓치는 것의 손실이 더 클 수 있다.

---

17) 이와 유사한 개념으로 가치분석(value analysis)이 있으며, 이는 주로 생산되는 제품에 대한 구매품(원재료나 부품)의 원가분석에 초점을 둔다.

제3절 카이젠원가계산

1. 카이젠원가계산의 의의

카이젠원가계산(kaizen costing)은 제품의 생산단계에서 지속적이고 점진적인 공정개선과 원가절감을 도모하는 원가관리방법이다.[18] 카이젠원가계산은 제품수명주기 중 생산주기에 초점을 두고 이미 결정된 제품설계에 따라 제품을 생산하면서 지속적인 개선을 통하여 원가를 절감하려는 방법이다. 원가절감을 목표로 한다는 점은 목표원가와 비슷하지만 목표원가는 생산주기 이전단계인 연구·개발 및 설계단계에서 혁신적인 원가절감에 초점을 두고 있고, 카이젠원가는 생산단계에서의 공정개선과 원가절감을 지속적이고 점진적으로 추구한다는 점에서 차이가 있다.

전통적인 원가통제방법인 표준원가계산은 관리자나 엔지니어가 표준원가를 설정하고 이러한 표준원가 달성여부가 작업자의 성과평가를 위한 기준이 되지만, 카이젠원가는 공정에서 직접 작업을 수행하는 작업자에게 원가절감에 대한 책임을 부여하고 작업자의 원가절감액이 성과평가의 기준이 된다는 점에서 차이가 있다. 전통적인 원가통제인 표준원가와 카이젠원가를 비교하면 다음 〈표 16-2〉와 같다.

〈표 16-2〉 표준원가계산과 카이젠원가계산의 비교

구분	표준원가계산	카이젠원가계산
개념과 운영목적	원가통제시스템	원가절감시스템
원가절감지식보유자	경영자, 엔지니어	작업을 수행하는 작업자
공정에 대한 가정	생산공정을 안정적으로 가정	생산활동의 지속적 개선을 가정
목표	사전에 설정된 표준원가의 달성	원가절감목표의 달성
표준원가 설정주기	매년 또는 분기별 설정	원가절감목표를 매달수립
원가차이분석	표준원가와 실제원가를 비교 표준미달성시 차이조사	목표원가절감액과 실제원가절감액을 비교, 미달성시 차이조사

2. 카이젠원가계산의 문제점

카이젠원가를 적용하면 지속적이고 점진적으로 공정을 개선하고 원가를 절감할 수 있지만, 작업자들이 원가절감에 대한 중압감에 시달리게 된다. 왜냐하면 카이젠원가는

18) 카이젠은 커다란 혁신을 통해서가 아니라 프로세스에 대한 지속적인 개선(改善)을 의미하는 일본어이다.

공정개선과 원가절감에 대한 책임이 공학자가 아닌 공정을 관리하는 작업자에게 부여되기 때문이다. 따라서 이러한 문제를 해결하기 위해서는 신제품이 개발되는 경우 본격적인 제품생산이전에 작업자들에게 생산절차를 충분히 학습할 수 있는 기회를 제공한 후에 카이젠목표원가를 적용하는 것이 효과적이다.

표준원가와 카이젠원가는 제조단계에서 원가를 절감하는 방법으로 원가절감의 여지가 크지 않다. 혁신적인 원가절감을 위해서는 연구개발단계에서 원가절감방안을 모색하여야 하며 수명주기원가계산이나 목표원가(원가기획)가 이에 해당한다.

(예제 16-2) 카이젠원가

(주)제일전자는 20×1년 2월 1,000대의 세탁기를 제조하였으며 단위당 직접재료원가와 직접노무원가는 다음과 같다.

	단위당 사용량		단가		금액
직접재료원가	10kg	×	₩10,000/kg	=	₩100,000
직접노무원가	2시간	×	20,000/시간	=	40,000
계					₩140,000

회사는 3월부터 카이젠원가를 도입하여 매달 목표원가절감액을 전월원가발생액에 대비하여 1%로 설정하였다. 3월에는 세탁기 1,000대를 생산하였으며, 실제발생한 원가는 다음과 같다.

	실제발생원가
직접재료원가	₩ 99,500
직접노무원가	39,400
계	₩138,900

(요구사항)

3월의 카이젠원가를 계산하고 실제원가와 차이분석을 통하여 원가절감달성여부를 평가하시오.

(풀이)

	실제원가	카이젠원가	차이
직접재료원가	₩99,500	₩100,000*×(1-0.1) = ₩99,000	₩500 (U)
직접노무원가	39,400	40,000 ×(1-0.1) = 39,600	200 (F)
계			₩300 (U)

*2월의 실제발생원가

따라서 직접재료원가는 원가절감목표를 달성하지 못하였으나, 직접노무원가는 원가절감목표를 달성하였다.

제4절 제품수명주기원가계산

1. 제품수명주기원가계산의 의의

기존의 원가계산방법은 생산단계에서의 정확한 원가측정을 강조해 왔고 그 이전의 단계나 그 이후의 단계에서 발생하는 원가나 활동을 무시하는 경향이 있었다. 이에 비하여 **제품수명주기원가계산**(product life-cycle costing)은 특정 제품이 고안된 시점부터 폐기되는 시점, 즉 연구·개발, 설계, 생산, 마케팅·유통, 고객서비스, 폐기까지의 모든 비용을 식별 추정하여 집계하는 원가계산제도이다. 수명주기원가계산은 제품수명주기 전체에서 발생하는 원가를 절감할 수 있는 방법을 모색하는 원가관리기법으로 원가통제보다는 원가절감을 목표로 한다. 관련연구에 의하면 제품수명주기 중에서 발생하는 원가 중에서 대부분의 원가(약 80~85%)가 생산이전단계인 연구·개발 및 설계단계에서 결정된다고 하며 이러한 원가를 **확정원가**(committed cost)라고 한다. 확정원가는 차후 제품원가의 발생을 결정하는데 기여한 것을 의미하며, 고착원가라고도 한다. 따라서 제품수명주기원가계산은 연구·개발 및 설계단계에서부터 원가절감을 위한 노력을 해야 한다는 점을 강조하고 있다.

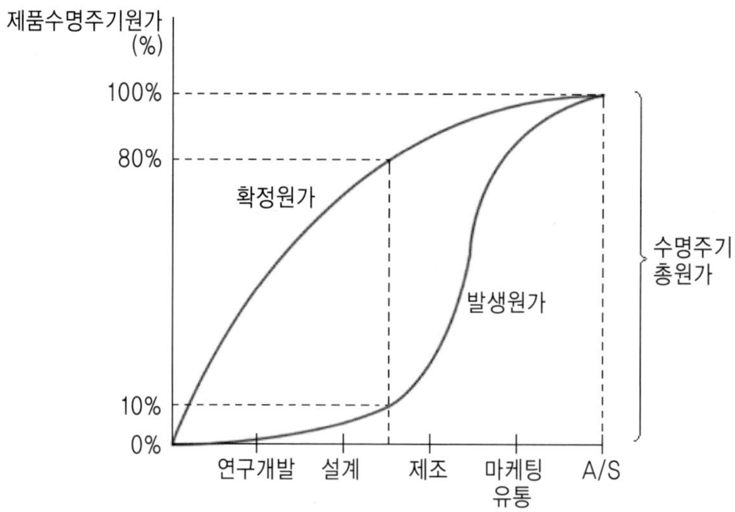

〈그림 16-2〉 제품수명주기원가곡선

제품수명주기원가계산을 적용하는 경우에는 경영관리목적으로 수명주기 포괄손익계산서를 작성하는데 이는 전통적인 포괄손익계산서와는 달리 각각 제품별로 각 제품의 수명주기 전체기간을 대상으로 작성한다. 또한 제품수명주기가 짧은 제품을 생산하는 기업에서는 이러한 방법을 사용할 충분한 시간이 없으므로 수명주기계획을 철저히 수립하여 제품을 생산하여야 한다. 이때 활동기준원가계산에서 산출된 원가정보를 이용하면 원가절감에 도움이 될 수 있다.

(예제 16-3) 제품수명주기원가계산

(주)아이폰시스템이 개발한 신제품의 수명은 3년으로 예상되며 예상판매수량은 200,000개, 단위당 판매가격은 ₩100이다. 회사는 예산포괄손익계산서를 작성하려고 하며, 이에 대한 원가자료는 다음과 같다.

연구・개발 및 설계원가	₩2,000,000
제조원가	
단위당 변동제조원가	₩30
뱃치(묶음)당 변동제조원가	1,200
뱃치당 제품수	500개
고정제조원가	₩2,800,000
마케팅원가	
단위당 변동비	₩6.4
고정비	2,000,000
유통원가	
뱃치당 변동비	₩560
뱃치당 제품수	160개
고정비	₩1,720,000
고객서비스원가 단위당변동비	3

(요구사항)

1. 수명주기 예산포괄손익계산서를 작성하시오.
2. 수명주기예산원가 중에서 연구・개발 및 설계단계에서 발생하는 원가의 비율은 얼마인가?
3. 관련연구에 의하면 제품수명주기원가의 80%가 연구개발과 설계단계에서 결정된다고 한다. 이러한 사실은 회사가 원가를 관리하는데 있어서 갖는 의미는 무엇인가?
4. 제품의 가격을 ₩6낮추면 10%만큼 매출수량이 증가한다고 추정한다. 이 경우 회사는 뱃치당 제품수를 10% 증가시키고자 한다. 다른 원가자료는 동일하다고 할 때 제품가격을 낮추어야 하는가를 판단하시오.

(풀이)

1. 수명주기 예산포괄손익계산서의 작성

수명주기 예산포괄손익계산서

매　출: 200,000개×@100	₩20,000,000
제품수명주기원가	

연구·개발 및 설계		2,000,000
제조원가		9,280,000
변 동 비 : 200,000개×@30	₩6,000,000	
배치변동비: 400뱃치[1)]×@1,200	480,000	
고 정 비	2,800,000	
마케팅		3,280,000
변 동 비 : 200,000개×@6.4	₩1,280,000	
고 정 비	2,000,000	
유 통		2,420,000
뱃치변동비: 1,250뱃치[2)]×@560	₩700,000	
고 정 비	1,720,000	
고객서비스		600,000
변 동 비	₩600,000	
소 계		17,580,000
순 이 익		₩ 2,420,000

*1) 200,000개/500개=400뱃치

2) 200,000개/160개=1,250뱃치

2. 연구개발 및 설계단계의 원가발생비율

$$\frac{₩\ 2{,}000{,}000}{₩17{,}580{,}000} = 11.38\%$$

3. 원가관리방안

제품수명주기원가의 11.38%가 연구·개발과 설계단계에서 발생함에도 수명주기원가의 80%가 연구개발과 설계단계에서 결정된다는 사실은 연구·개발과 설계단계가 원가관리에서 중요하다는 것을 의미한다. 따라서 연구·개발과 설계단계에서 원가가 결정되기 전에 설계 등을 변경함으로써 수명주기원가를 절감하거나 변경할 수 있다.

4. 가격인하결정

10%만큼 매출수량이 증가하고 동시에 뱃치당 제품수도 10%만큼 증가하므로 뱃치수는 변함이 없다. 가격을 인하하는 경우의 증분이익은 다음과 같다.

1. 증분수익			₩680,000
가격인하후 매출액	(200,000개×1.1)×(@100-@6)=	₩20,680,000	
가격인하전 매출액	(200,000개×@100)=	(20,000,000)	
2. 증분비용			(788,000)
변동제조원가	(200,000개×10%)×@30 =	₩600,000	

변동마케팅원가	(200,000개×10%)×@6.4 =	128,000	
변동고객서비스원가	(200,000개×10%)×@3 =	60,000	
3. 증분이익(손실)			(₩108,000)

- 가격을 ₩6만큼 낮추는 경우 순이익이 ₩108,000감소하므로 가격을 낮추면 안 된다.

2. 제품수명주기원가계산의 중요성과 유용성

최근에는 제조원가 이외에 연구・개발비, 마케팅비용, 유지비용, 폐기비용 등과 같은 원가를 관리하기 위해 수명주기원가관리의 중요성이 커지고 있으며, 그 이유는 다음과 같다.

① 공장자동화로 제조단계에서 원가를 절감할 여지는 감소하고 있으며 원가관리의 중점이 계획 및 설계단계의 관리로 바뀌고 있다.

② 마케팅비용이 증가하고 있다.

③ 자동차나 가전제품과 같은 내구재의 소비가 증가되면서 사용자원가에 대한 관리가 중요해지고 있다.

④ 환경문제 등으로 제품의 폐기비용이 증가하고 있다.

이와 같이 제품수명주기원가관리의 중요성이 커지면서 보다 많은 기업에서 수명주기원가관리를 사용하고 있다. 수명주기원가계산은 제품수명주기 전체기간을 대상으로 원가를 집계하므로 다음과 같은 유용성을 가지고 있다.

① 전통적인 원가계산제도는 연구・개발, 설계, 마케팅・유통, 고객서비스와 관련된 원가를 명확하게 보고할 수 없었으나 제품수명주기원가의 정보를 이용하면 모든 원가를 정확하게 파악할 수 있게 된다.

② 제품수명주기 단계별(도입기, 성장기, 성숙기, 쇠퇴기)원가에 대한 절감이나 제품의 판매가격결정 등에 적절한 의사결정을 할 수 있으므로 제품수익성에 대한 합리적 예측이 가능해 진다.

③ 제품수명주기 동안에 걸쳐 발생하는 원가들의 상호관계를 파악하고 분석하여 원가들 간의 상호관련성에 대한 정보를 알 수 있게 된다.

④ 제품수명주기원가의 대부분이 생산이전단계에서 결정되므로 연구・개발 및 설계단계에서부터 체계적인 원가절감방안을 모색하여 효과적인 원가절감을 할 수 있다.

⑤ 제품별로 전체 수명주기원가 중에서 수명주기 초기단계의 원가가 차지하는 비율을 알 수 있게 한다. 이 비율이 높은 제품일수록 가능한 빨리 그 제품의 수익성에 대한 정확한 예측을 하여 제품개발여부를 신중히 결정해야 한다.

제5절 품질원가

1. 품질원가의 의의

품질(quality)은 제품이 보유하고 있는 우수성의 정도나 등급을 의미하는 것으로서 양호함(goodness)에 대한 상대적인 척도를 말한다. 기업이 제조하는 제품에 대하여 품질의 개념을 적용하는 경우 좋은 품질의 제품은 소비자의 기대에 적합한 제품을 의미한다. 대부분의 관리기법들이 주로 원가절감에 초점을 두고 있다. 그러나 중요한 것은 원가절감을 무조건 추진하는 것이 아니라 제품이나 서비스가 소비가 원하는 품질수준을 만족시키는 한도 내에서 이루어져야 한다. 왜냐하면 원가절감 때문에 품질이 떨어지는 경우에는 치열한 경쟁 환경에서는 기업이 생존할 수 없기 때문이다. 따라서 기업은 제품이나 서비스의 품질관리에 주의를 기울이고 있으며, 기업이 관리해야 하는 제품이나 서비스의 품질에는 다음과 같이 설계품질과 제조품질이 있다.

① 설계품질(quality of design)

제품의 특성이 소비자의 욕구(needs)를 얼마나 만족시키는지를 평가하는 것으로 그 제품의 품질경쟁력을 결정짓는 중요한 요소이다. 예컨대, 휴대전화에 대하여 소비자들은 통화, 카메라, 게임, 사전, DMB기능을 원하는데 단순히 통화만 가능한 제품을 설계하였다면 설계품질은 낮다고 볼 수 있다.

② 제조품질(또는 일치품질, 적합품질 quality of conformance)

생산된 제품이나 서비스가 제품의 사양과 얼마나 일치하는지를 평가하는 것이다. 예컨대, 휴대전화의 통화기능이나 카메라기능 등이 불량하다면, 제조품질은 낮다고 말할 수 있다.

이와 같은 설계품질과 제조품질 중에서 최근에는 설계품질의 중요성이 커지고 있다. 제조품질은 단지 무결점의 제품을 생산하는데 역점을 두고 있기 때문에 제조품질이 향상되었다고 해도 그 제품의 품질경쟁력이 향상되었다는 것을 의미하지 않는다. 따라서 설계품질이 그 제품이나 서비스의 품질경쟁력을 결정짓는 중요한 요소이다. 설계품질과 제조품질의 관계는 〈그림 16-3〉과 같다.

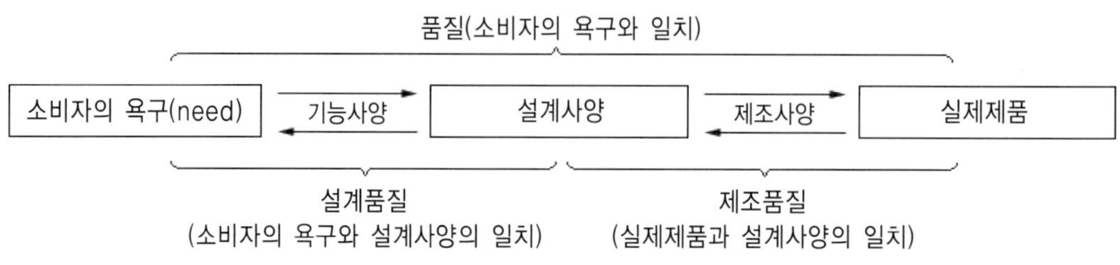

〈그림 16-3〉 설계품질과 제조품질

이처럼 품질은 기업의 경쟁력을 유지하기 위한 중요한 요소이므로, 기업은 제품이나 서비스의 품질을 유지하기 위하여 여러 가지 비용을 지출하게 되는데, 제품이나 서비스의 품질관리와 관련하여 발생한 모든 원가를 품질원가라고 한다. 즉, **품질원가**(cost of quality)는 제품이나 서비스의 품질에 문제가 발생하지 않도록 예방하거나 품질에 문제가 발생하는지를 검사하고 품질에 문제가 발생하는 경우 이를 해결하기 위하여 발생한 모든 원가를 말한다. 최근에는 기업 간의 경쟁이 치열해지면서 기업들은 품질유지에 보다 많은 비용을 지출하게 되었고 이를 체계적으로 관리할 필요성이 커지게 되었다.

2. 품질원가의 분류

품질원가는 다양한 형태로 발생되지만 일반적으로 예방원가, 평가원가, 내부실패원가, 외부실패원가의 네 가지 유형으로 구분된다. 이들 네 가지 종류의 품질원가는 다시 통제원가와 실패원가로 분류된다. **통제원가**(control costs)는 불량품의 발생을 방지하기 위하여 기업이 지출하는 비용으로서 예방원가와 평가원가를 포함하는 개념이고, **실패원가**(failure costs)는 실제로 불량품이 발생하였을 경우에 지출하는 비용으로서 내부실패원가와 외부실패원가를 포함하는 개념이다.

① 예방원가(prevention costs)

제조과정에서 불량품이 발생하지 않도록 예방하기 위하여 발생한 원가이며, 예방원가가 많이 지출이 될수록 불량품이 발생할 가능성은 낮아진다. 그 예로서 불량이 최소화되도록 제품을 설계하는 비용, 우수협력업체를 선정하기 위한 비용, 작업자의 교육 및 훈련비용, 생산설비의 유지보수비용 등을 들 수 있다.

② 평가원가(appraisal costs)

기업이 생산하는 제품이나 서비스가 품질기준을 충족하는지를 검사하고 평가하기 위하여 발생하는 원가이다. 그 예로서 원재료의 검사비용, 재공품 및 완성품 검사비용, 검사장비의 유지비, 생산공정의 검사비용 등을 들 수 있다.

③ 내부실패원가(inter failure costs)

품질기준에 미달하는 제품이나 서비스가 소비자에게 전달되기 전에 발견하여 제품을 수리하거나 폐기하는데 발생하는 원가이다. 여기에는 불량품의 재작업원가, 불량품의 폐기원가, 공손원가, 품질결함으로 인한 제조작업 중단비용 등이 포함된다.

④ 외부실패원가(external failure costs)

소비자에게 제품이나 서비스를 공급한 이후에 품질결함이 발견되어 발생되는 원가이다. 그 예로서 보증수리비용 고객서비스센터 운용비용, 불량품교환비용, 손해배상비용, 기업이미지 실추에 따른 기회비용 등을 들 수 있다.

〈표 16-3〉 품질원가의 분류

구 분		해당원가의 사례
통제원가	예방원가	품질을 고려한 제품설계비용, 우수협력업체선정비용, 작업자의 교육 및 훈련비용, 생산설비의 유지·보수비용
	평가원가	원재료 검사비용, 재공품 및 제품검사비용, 검사장비의 유지비용, 생산공정의 검사비용
실패원가	내부실패원가	불량품 재작업원가 및 폐기원가, 공손원가, 불량으로 인한 제조작업 중단비용
	외부실패원가	보증수리비용, 고객서비스센터 운영비용, 불량품 교환비용, 판매기회 상실로 인한 기회비용

품질예방조치를 강화하면 품질검사 및 평가의 필요성이 낮아지고, 품질예방조치가 불충분하면 품질검사 및 평가를 강화해야 품질을 높은 수준으로 유지할 수 있다. 따라서 예방원가와 평가원가는 상호보완적이며, 예방과 검사활동을 많이 할수록 품질수준이 높아지므로 통제원가와 품질수준은 정(+)의 상관관계를 가진다. 그리고 품질수준이 높아지면 실패원가가 낮아지므로 실패원가는 품질수준과 부(−)의 상관관계를 가진다.

3. 품질원가의 관리

경영자는 네 가지 종류의 품질원가를 효율적으로 관리하여 총품질원가가 최소화되도록 노력하여야 한다. 이러한 품질원가를 관리하는 방법에는 허용품질수준관점과 무결점수준관점, 전사적 품질관리가 있다.

(1) 허용품질수준관점

허용품질수준관점(acceptable quality level view)은 통제원가와 실패원가의 합계인 총품질원가를 최소화하는 최적지출배합이 존재한다고 보고 최적지출배합에 맞도록 통제원가와 실패원가를 관리하는 방법이다. 허용품질수준관점에 따라 최적지출배합에 해당하는 통제원가를 지출하면 일정수준의 불량률을 감수하여야 하는데 이를 **허용품질수준**(acceptable quality level, AQL)이라고 한다. 즉, 통제원가가 많이 지출되면 불량률이 낮아져 실패원가가 적게 지출되고, 통제원가가 적게 지출되면 불량률이 높아져 실패원가가 많이 지출되므로 통제원가와 실패원가의 합계인 총품질원가가 최소화되도록 통제원가와 실패원가를 관리하는 방법이다.

(2) 무결점수준관점

무결점수준관점(zero-defects view)은 불량률이 0(zero)이 되도록 품질원가를 관리하는 방법이다. 이 관점에서는 통제원가와 실패원가가 일정 품질수준까지는 부(－)의 상관관계를 갖지만 일단 통제원가를 증가시켜 불량률이 0(무결점수준)에 가깝게 되면 통제원가와 실패원가가 함께 감소하는 현상이 발생한다고 가정한다. 즉, 불량률이 영(0)이 되는 총품질원가 수준이 존재한다는 것이다. 허용품질수준관점과 무결점수준관점에서 품질원가의 발생형태를 그림으로 나타내면 <그림 16-4>와 같다.

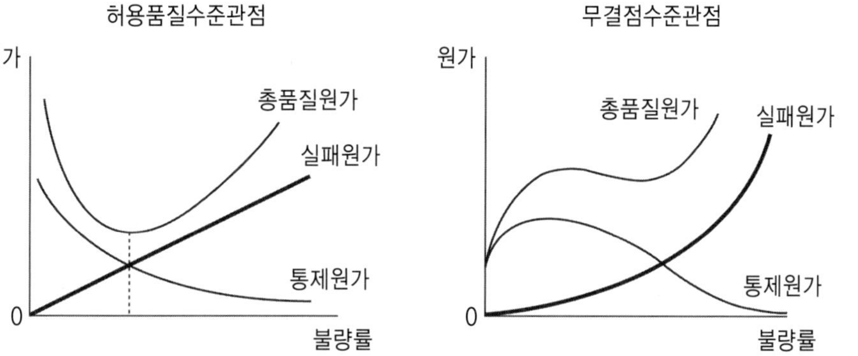

<그림 16-4> 품질원가발생형태

허용품질수준관점과 무결점수준관점의 차이는 다음과 같다.

① 허용품질수준관점은 품질수준이 높아질수록 통제원가가 계속 증가되지만, 무결점수준관점은 일정품질수준까지는 통제원가가 증가되고 무결점수준에 가까워지면 통제원가가 오히려 감소한다고 본다.

② 허용품질수준관점에서는 실패원가가 영(0)이 될 수 없다고 보지만, 무결점수준관점에서는 실패원가가 영(0)이 될 수 있다고 가정한다.

최근의 연구결과에서 불량률이 영(0)에 가까워질수록 총품질원가가 감소하는 것으로 나타나고 있다. 따라서 불량률이 무결점(zero-defects)수준이 되도록 총품질원가를 관리하는 것이 품질원가를 최소화하는 일반적인 관리방법이라고 본다.

(3) 전사적 품질관리

전사적 품질관리(total quality control, TQC)는 품질원가가 제품수명주기 전체에 걸쳐서 발생하므로 전종업원이 참여하여 품질관리를 계획하고 실행하고 통제하는 것을 말한다. 이러한 전사적 품질관리를 적용하게 되면 일반적으로 시간이 경과함에 따라 품질원가 중에서 예방원가와 평가원가가 완만하게 증가하다가 일정한 수준을 유지하며 품질개선노력의 효과가 나타나게 되면 내부실패원가와 외부실패원가가 큰 폭으로 감소되어 총품질원가는 감소하게 된다. 전사적 품질과리를 적용하는 경우에 품질원가의 장기적인 추세는 〈그림 16-5〉와 같이 나타낼 수 있다.

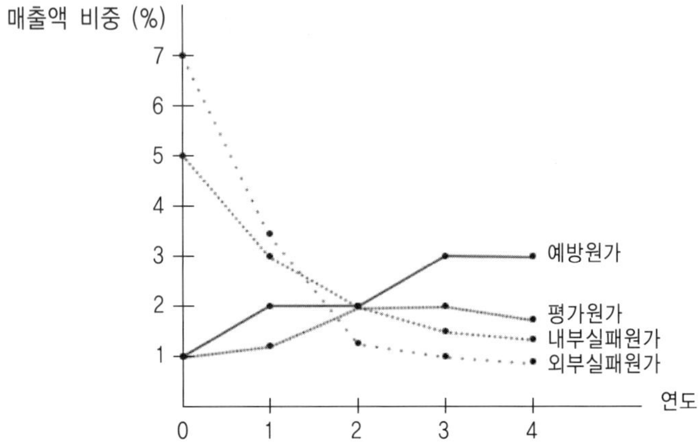

〈그림 16-5〉 품질원가의 장기적 추세

4. 품질원가보고서

품질에 대한 통제를 위하여 경영자들은 품질원가보고서를 작성한다. 품질원가에 대한 정보를 수집하고 이를 보고하는 **품질원가보고서**(quality cost report)는 기업의 예방원가, 평가원가, 내부실패원가, 외부실패원가를 집계한 것이다. 이와 같이 집계한 품질원가보고서는 경영자에게 품질원가의 유형과 크기 및 변화추이를 제공한다. 품질원가보고서는 매출액에 대한 각 품질원가의 비율로 나타내거나 총품질원가 중 각 품질원가가 차지하는 비율로도 나타낼 수 있다.

품질원가보고서에 의한 품질원가정보는 경영자에게 품질이 갖는 재무적인 중요성을 알게 하며, 품질성과의 개선을 측정할 수 있다. 또한 품질원가정보는 서로 다른 품질개선노력을 비교하고 상충관계를 파악할 수 있는 기회를 제공한다.

(예제 16-4) 품질원가계산

다음은 (주)아이템전자의 7차년도 품질원가정보이다.

매출액	₩ 12,500,000	설계엔지니어링	₩ 60,000
라인검사	150,000	디자인분석	50,000
작업폐물	300,000	제품손해배상	125,000
반품제품검사	145,000	입고재료검사	90,000
검사장비유지	130,000	공정중단	250,000
고객지원	190,000	품질관리훈련	30,000
재작업	450,000	공급자평가	30,000

(요구사항)

1. 매출액대비 품질원가보고서를 작성하시오.
2. 종류별 품질원가의 분포보고서를 작성하시오.
3. 품질원가를 절감하기 위한 경영자의 고려사항을 말하시오.

(풀이)

1. 품질원가보고서

품질원가		연간발생원가	매출액비율
예방원가	설계엔지니어링	₩60,000	0.48%
	디자인분석	50,000	0.40
	품질관리훈련	30,000	0.24
	공급자평가	30,000	0.24
	계	₩170,000	1.36%
평가원가	라인검사	₩150,000	0.12%
	검사장비유지	130,000	1.04
	입고재료검사	90,000	0.72
	계	₩370,000	2.96%
내부실패원가	작업폐물	₩300,000	2.40%
	재작업	450,000	3.60
	공정중단	250,000	2.00
	계	₩1,000,000	8.00%
외부실패원가	반품제품검사	₩145,000	1.16%
	고객지원	190,000	1.52
	제품손해배상	125,000	1.00
	계	₩460,000	3.68%
총품질원가		₩2,000,000	16.00%

2. 종류별 품질원가의 분포보고서

품질원가		상대적 분포
예방원가	₩ 170,000	8.50%
평가원가	370,000	18.50
내부실패원가	1,000,000	50.00
외부실패원가	460,000	23.00
총품질원가	₩ 2,000,000	100.00%

3. 품질원가의 관리

(주)아이템전자의 품질원가보고서를 검토하면, 예방원가는 전체품질원가의 8.50%로 매우 적은 반면 내부실패원가는 50%로 매우 크게 발생하고 있다. 따라서 제품설계를 변경하거나 품질에 대한 교육을 통하여 예방원가의 지출을 증가시켜 내부실패원가를 감소시키는 것이 제품수명주기 전체의 품질원가를 최소화시키는 방법이다.

토의문제

1. 전략적 원가관리의 의미와 특성은 무엇인가?
2. 목표원가계산과 표준원가계산을 비교하여 설명하시오.
3. 목표원가의 달성방법과 문제점은 무엇인가?
4. 카이젠원가와 표준원가를 비교 설명하시오.
5. 카이젠원가의 문제점은 무엇인가?
6. 제품수명주기원가계산의 개념을 설명하시오.
7. 수명주기원가정보를 활용하는 방법에 대하여설명하시오.
8. 품질원가의 개념과 내용을 설명하시오.
9. 설계품질과 적합품질은 서로 어떻게 다른가?
10. 품질원가의 관리방법을 설명하시오.

연습문제

(16-1) 목표원가계산

(주)대웅은 반도체 제품을 생산하고 있는데 경영진은 제품설계를 변경하면 원가를 13%절감 할 수 있을 것으로 기대하고 있다. 회사는 월 600개의 제품을 생산하고 있으며 원가자료는 다음과 같다.

구 분	원 가	비 고
직접재료원가	₩100,000	
직접노무원가	120,000	
제조간접원가		
기계작업원가	40,000	고정비
주문원가	25,000	주문횟수 8회
작업준비원가	27,200	작업준비시간10시간
부품처리원가	40,000	부품사용개수 80개
검사원가	83,800	
재작업원가	104,000	재작업수량은 양품생산량의 10%
총제조원가	₩540,000	

회사가 고려하고 있는 제품설계방안을 시행하면 원가는 다음과 같을 것으로 예상되며 기타원가는 설계변경전과 동일하다.

기계작업원가: 단위당 기계작업시간 25%로 절감

주문횟수: 4회로 감소

작업준비원가: 작업준비시간 5시간 감소

부품사용개수: 50개로 감소
검사원가: 25%절감
재작업원가: 재작업수량은 양품생산량의 5%

(요구사항)

1. 활동기준원가계계산을 이용하여 제품의 설계변경 후 단위당 원가를 계산하시오.
2. 설계변경 후 원가절감액이 목표 13%이상으로 달성되었는가?
3. 생산단계에서의 원가절감노력보다는 설계변경으로 인한 원가절감노력이 더 효과적인 이유는 무엇인가?

(16-2) 목표원가계산

서강전자(주)는 직접재료원가를 기준으로 가공비를 배부하는 원가계산방법을 적용하고 있으며 20×1년도에 A제품 100개와 B제품 200개를 생산하였다. 생산관련 자료는 다음과 같다.

제품	단위당 직접재료원가	부품수	선반기계 회전수	기계시간	선적된 주문횟수	조립시간
A	₩15,000	50개	80회	30시간	1회	200시간
B	25,000	100개	150회	20시간	1회	200시간

활동	원가동인	가공원가
① 재료처리활동	부품수 150개	₩3,000,000
② 절삭작업활동	기계시간 50시간	2,000,000
③ 선반작업활동	기계회전수 230회	690,000
④ 연마작업활동	부품수 150개	1,950,000
⑤ 부품조립활동	조립시간 400시간	1,020,000
⑥ 선적작업활동	선적주문서수 2회	3,040,000
		₩11,700,000

회사는 동종업계인 한양전자로부터 기존의 A제품과 B제품을 개량한 유사한 제품에 대하여 각각 100단위씩 특별주문공급을 받았다. 이 경우 개량된 A제품과 B제품의 단위당 원가 및 활동자료는 다음과 같으며 목표이익은 원가의 10%이다.

	A제품	B제품
직접재료원가	₩10,000	₩25,000
재료처리활동 – 부품수	0.5개	0.5개
절삭작업활동 – 기계시간	0.3시간	0.2시간
선반작업활동 – 기계회전수	1회	1.5회
연마작업활동 – 부품수	0.5개	0.5개
부품조립활동 – 조립시간	2.5시간	1.5시간
선적작업활동 – 선적횟수	-	-

단, 선적활동 관련원가는 기존 제품의 생산과 관련한 원가 이외에는 추가로 발생하지 않는다고 가정한다. 특별주문단가는 A제품 ₩42,000, B제품 ₩56,000이다.

(요구사항)

1. 목표원가(target costing)를 구하시오. 단, 기존시스템의 경우와 ABC시스템인 경우로 구분하여 접근하고, 기존시스템의 경우 가공원가배부율을 적용하시오.
2. 목표원가와 관련하여 회사가 기존의 원가계산방법을 적용하는 경우 특별주문에 대하여 어떤 의사결정을 하여야 하는가?
3. 목표원가와 관련하여 회사가 ABC방법을 적용하는 경우 어떤 의사결정을 하여야 하는가?

(16-3) 카이젠원가계산

(주)나노시스템은 전자제품을 생산하고 있다. 20×1년 7월 100대의 제품을 생산하였으며 단위당 직접재료원가와 직접노무원가는 다음과 같다.

	단위당 사용량		단가		금액
직접재료원가	50kg	×	₩20,000/kg	=	₩1,000,000
직접노무원가	20시간	×	10,000/시간	=	200,000
계					₩1,200,000

회사는 생산공정에서 지속적이고 점진적인 원가절감을 위하여 8월부터 카이젠원가를 도입하기로 하였다. 매월 원가절감목표는 전월 발생액에 대하여 직접재료원가는 1%, 직접노무원가는 0.5%로 결정하였다. 8월과 9월의 실제발생원가는 다음과 같으며 생산량은 7월과 동일한 월간 100대이다.

	8월	9월
직접재료원가	₩ 980,000	₩ 970,000
직접노무원가	199,800	199,000
계	₩1,179,800	₩1,169,000

(요구사항)

8월과 9월의 카이젠원가를 계산하고 실제원가와 차이를 분석하시오.

(16-4) 수명주기원가계산

(주)경기산업은 디지털 시계를 생산한다. 회사는 신제품AX에 대하여 제품수명주기 예산을 작성 중이다. 제품AX에 대한 원가추정치는 다음과 같다.

수명주기 생산 및 판매량	400,000단위
단위당판매가격	₩400
수명주기원가	
연구개발 및 설계원가	₩10,000,000
제조원가	
단위당 변동원가	₩150
생산묶음당 변동원가	₩6,000
생산묶음당 제품수량	500단위
고정원가	₩18,000,000
마케팅원가	
단위당 변동원가	₩32
고정원가	₩10,000,000
물류원가	
물류묶음당 변동원가	₩2,800
물류묶음당 제품수량	160단위
고정원가	₩7,200,000
단위당 고객서비스원가	₩15

(요구사항)

1. 신제품에 대한 수명주기 예산영업이익을 계산하시오.
2. 연구개발 및 설계단계까지 발생하는 원가는 수명주기 예산총원가의 몇 %인가?
3. 연구결과에 따르면 신제품에 대한 수명주기 예산총원가의 80%가 연구개발 및 설계단계까지 동결된다고 한다. 이와 같은 연구내용이 AX의 원가를 관리하는데 주는 시사점은 무엇인가?
4. 회사의 시장조사에 의하면 AX의 가격을 ₩30줄이는 경우 수명주기 동안의 판매량을 10% 증가시킬 것으로 예측하였다. 판매량이 증가된다면 회사는 생산과 물류에 대한 묶음당 제품수량을 10%증가시킬 예정이다. 기타 모든 변동원가와 고정원가는 동일하다고 가정한다. 회사가 신제품의 가격을 인하하여야 하는지를 결정하시오.

(16-5) 수명주기원가계산

(주)일산은 컴퓨터 소프트웨어를 판매하고 있으며, 각 제품에 대한 수익성과 가격결정정책을 검토하고 있다. 제품의 수명주기는 2년이며 각 제품의 생산자료는 다음과 같다.

제품	판매가격	1차년도 판매량	2차년도 판매량
A	₩1,250	200	800
B	1,500	200	300
C	1,000	500	300

회사는 어느 제품의 생산을 강화할 것인지를 고려하는 중이며, 연구개발비를 증가시키려 한다. 경영진은 수명주기원가계산을 도입하기로 하고 각 제품에 대한 관련정보를 다음과 같이 수집하였다.

제 품	A 제품		B 제품		C 제품	
기간별	1차년	2차년	1차년	2차년	1차년	2차년
수익	₩250,000	₩1,000,000	₩300,000	₩450,000	₩500,000	₩300,000
원가						
연구개발	₩350,000	₩ 0	₩225,000	₩ 0	₩120,000	₩ 0
제품설계	92,500	7,500	55,000	5,000	40,000	8,000
제조	37,500	112,500	52,500	52,500	71,500	32,500
마케팅	70,000	180,000	60,000	75,000	120,000	104,500
물류	7,500	30,000	12,000	18,000	30,000	18,000
고객서비스	25,000	162,500	22,500	52,500	110,000	194,000

(요구사항)

1. 수명주기포괄손익계산서와 회계연도별 포괄손익계산서는 어떻게 다른가? 또한 수명주기보고서를 이용하는 경우 장점은 무엇인가?
2. 각 제품에 대한 수명주기포괄손익계산서를 작성하시오. 어느 제품의 수익성이 가장 높은가?

(16-6) 품질원가계산

신림전자(주)는 두 가지 형태의 냉장고를 생산하고 있으며, 품질경쟁력을 높이기 위하여 품질관리를 위한 원가를 계산하여 전사적 품질관리를 시도하게 되었다. 품질원가에 대한 자료를 수집한 결과 품질원가는 4가지 범주로 구분된다는 것을 파악하고 품질원가보고서를 작성하기로 하였다.

각 제품과 관련된 품질관리 자료는 다음과 같다.

구 분	A 형	B 형
생산 및 판매수량	10,000단위	5,000단위
단위당 판매가격	₩ 200,000	₩ 150,000
단위당 변동비	₩ 120,000	₩ 80,000
설계개선에 소요된 시간	6,000시간	1,000시간
단위당 품질검사시간	1시간	0.5시간
재작업수량비율	4%	10%
냉장고당 재작업원가	₩ 50,000	₩ 40,000
고객요구에 따른 수선수량비율	3%	8%
단위당 수선비	₩ 30,000	₩ 20,000
불량품으로 인하여 상실된 추정매출수량	-	300단위
손해배상추정액	₩ 10,000,000	₩ 5,000,000

품질관리와 관련하여 설계개선에 참가한 직원과 품질검사원의 임률은 다음과 같다.

① 설계개선에 참가한 직원: 시간당 ₩7,500

② 품질검사원: 시간당 ₩4,000

(요구사항)

1. 품질원가를 네 가지 범주로 구분하여 각 제품에 대한 품질원가와 매출액 대비 범주별 원가 비율을 나타내는 품질원가보고서를 작성하시오. 단, 비율은 %로 나타내고 소수3자리에서 반올림하시오.
2. 회사의 매출액 대비 각 범주별 품질원가의 비율에 기초하여 제품 A형과 B형에 대한 품질원가를 비교 설명하시오.
3. 무결점(zero defects)을 추구하는 신림전자(주)의 품질원가형태를 품질원가와 품질수준(quality of conformance)의 관계를 이용하여 도표로 나타내시오.

(16-7) 품질원가계산

(주)새롬의 K제품에 대한 연간수요는 500,000단위이다. 회사는 110,000기계시간의 생산능력을 갖고 있고, 기계시간당 K제품 4단위씩 생산할 수 있다. 제품의 연간생산 판매량은 400,000단위이며, 생산량의 10%인 40,000단위의 재작업을 한다. 재작업을 위하여 4단위당 1기계시간이 필요하므로 10,000기계시간이 재작업에 사용된다. 재작업이 필요 없는 K제품의 단위당 공헌이익은 ₩10이다. 회사의 재작업원가는 ₩280,000이며 세부내역은 다음과 같다.

① 직접재료원가, 직접노무원가 등의 변동원가: 단위당 ₩5

② 설비감가상각비, 임차료 등의 고정원가배부액: 단위당 ₩4

(주)새롬의 공정설계자는 현재의 공정속도를 유지하면서 재작업을 근본적으로 제거하는 공정개선안을 개발하였으며, 이를 실행하기 위하여 연간 ₩250,000이 추가로 소요된다.

(요구사항)

1. (주)새롬이 새로운 공정을 채택하는 것이 좋은지, 기존공정을 유지하는 것이 좋은지 계산과정을 표시하고 판단하시오.
2. 새로운 공정을 채택하였다고 가정한다. 회사가 (주)삼성으로부터 K제품과 유사한 Y제품 330,000단위의 특별주문을 받았으며 Y제품은 재작업 없이 기계시간당 3단위씩 생산할 수 있다. Y제품의 공헌이익이 ₩12인 경우 특별주문을 수락하여야 하는지 계산과정을 표시하고 결정하시오.

부 록

APPENDIX

1. 원가계산준칙

2. 찾아보기

원 가 계 산 준 칙

제 정 1998. 4. 1
개 정 1999.12. 8

제1장 총 칙

제1조(목적) 이 준칙은 기업회계기준 제90조의 규정에 의하여 회사가 재무제표를 작성하기 위하여 제품의 원가를 산정함에 있어 준거해야 할 세부사항에 관하여 정함을 목적으로 한다.(개정 1999.12.8)

제2조(적용범위) 이 준칙은 회사가 제품의 생산과 관련하여 발생한 원가(이하 "제조원가"라 한다)를 산정하는데 적용한다.

제3조(원가계산제도의 확립등) ① 회사는 제조원가를 계속적으로 수집 · 측정 · 배분 · 보고하기 위한 계산절차로서 실제원가계산제도 또는 표준원가계산제도를 확립하여야 한다.

② 회사가 채택한 원가계산제도는 매기 계속하여 적용하여야 하며, 정당한 이유없이 이를 변경하여서는 아니된다.

제4조(제조원가의 범위) ① 제조원가는 제품의 생산과 관련하여 소비된 경제적 자원의 가치만을 포함한다.

② 비정상적으로 발생한 경제적 자원의 소비는 제조원가에 포함하지 아니한다.

제5조(원가계산기간) 원가계산기간은 회사의 회계연도와 일치하여야 한다. 다만, 필요한 경우에는 월별 또는 분기별 등으로 세분하여 원가계산을 실시할 수 있다.

제6조(원가계산의 일반원칙) 제조원가의 계산은 다음 각호에 따른다.

1. 제조원가는 일정한 제품의 생산량과 관련시켜 집계하고 계산한다.
2. 제조원가는 신뢰할 수 있는 객관적인 자료와 증거에 의하여 계산한다.
3. 제조원가는 제품의 생산과 관련하여 발생한 원가에 의하여 계산한다.
4. 제조원가는 그 발생의 경제적 효익 또는 인과관계에 비례하여 관련제품 또는 원가부문에 직접부과하고, 직접부과가 곤란한 경우에는 합리적인 배부기준을 설정하여 배부한다.

제7조(제조원가요소의 분류) ① 제조원가요소는 재료비, 노무비 및 경비로 분류하거나, 회사가 채택하고 있는 원가계산방법에 따라 직접재료비, 직접노무비 및 제조간접비 등으로 분류할 수 있다.

② 제조원가요소와 판매비와 일반관리비요소는 구분하여 집계한다. 다만, 그 구분이 명확하지 아니한 경우에는 발생원가를 비목별로 집계한 후, 일정한 기준에 따라 제조원가와 판매비와 일반관리비로 구분하여 배부할 수 있다.

제 2 장 실제원가계산제도

제8조(실제원가계산의 절차) 실제원가계산은 원가요소의 실제발생액을 비목별 계산을 거쳐 원가부문별로 계산한 후 제품별로 제조원가를 집계한다.

제9조(재료비의 계산) ① 재료비는 기초재료재고액에 당기재료매입액을 가산하고 기말재료재고액을 차감하여 계산한다.

② 재료의 소비수량은 계속기록법에 의하여 계산하며 필요한 경우에는 실지재고조사법 또는 역산법에 의하여 계산할 수 있고, 2 이상의 방법을 병행하여 적용할 수 있다.

③ 재료의 소비가격은 취득원가에 의하여 계산하며, 동일재료의 취득원가가 다를 경우에는 개별법·선입선출법·후입선출법·이동평균법 또는 총평균법 등의 방법을 적용하여 계산한다.

제10조(노무비의 계산) ① 노무비는 그 지급기준에 기초하여 당해기간에 실제로 발생한 비용을 집계하여 계산한다.

② 작업시간 또는 작업량에 비례하여 발생하는 노무비는 실제작업시간 또는 실제작업량에 임율을 곱하여 계산한다. 이 경우 임율은 개별임율 또는 평균임율에 의한다.

③ 상여금 또는 특별수당 등과 같이 월별·분기별로 지급금액 또는 지급시기가 일정하지 아니한 노무비는 회계연도중의 원가계산기간에 안분하여 계산한다.

제11조(경비의 계산) ① 경비는 제조원가중 재료비와 노무비를 제외한 모든 비용을 포함하고 그 내용을 표시하는 적절한 세부과목으로 구분하여 기재한다.

② 경비는 당해기간에 실제로 발생한 비용을 집계하여 계산한다.

③ 시간 또는 수량에 비례하여 발생하는 경비는 실제시간 또는 실제수량에 단가를 곱하여 계산한다.

제12조(외주가공비의 계산) ① 당기제품제조와 관련하여 발생한 외주가공비는 당해기간에 실제로 발생한 비용을 집계하여 계산한다.

② 외주가공비는 그 성격에 따라 재료비 또는 경비에 포함하여 계상할 수 있으며, 그 금액이 중요한 경우에는 별도의 과목으로 기재할 수 있다.

제13조(예정가격등의 적용 특례) 제8조의 규정에 불구하고 제조원가는 재료의 가격, 임율 및 경비를 예정가격 또는 예정액으로 계산할 수 있으며, 제조간접비는 예정배부율을 적용하여 계산할 수 있다.

제14조(원가부문별 계산) ① 원가계산은 원가의 발생을 관리하고 제품원가의 계산을 정확히 하기 위하여 부문별로 계산할 수 있다. 이 경우 원가의 비목별 계산에서 집계된 원가요소는 그 전부 또는 일부를 다시 원가부문별로 집계한 후, 이를 다시 제품별로 배분할 수 있다.

② 원가부문은 원가요소를 분류·집계하는 계산상의 구분으로서 제조부문과 보조부문으로 구분한다.

③ 제조부문은 직접 제조작업을 수행하는 부문을 말하며 제조활동등에 따라 세분할 수 있다.

④ 보조부문은 직접 생산활동을 수행하지 아니하고 제조부문을 지원·보조하는 부문으로서 그 수행하는 내용에 따라 세분할 수 있다.

제15조(부문비 계산의 절차) ① 원가의 부문별 계산은 원가요소를 제조부문과 보조부문에 배부하고, 보조부문비는 직접배부법·단계배부법 또는 상호배부법 등을 적용하여 각 제조부문에 합리적으로 배부한다.

② 제조부문에 집계된 원가요소는 필요에 따라 그 부문의 소공정 또는 작업단위별로 집계할 수 있다.

제16조(부문개별비와 부문공통비) ① 원가요소는 발생한 원가의 직접적인 집계가능성여부에 따라 부문개별비와 부문공통비로 구분한다.

② 문개별비는 원가발생액을 당해 발생부문에 직접부과하고, 부문공통비는 인과관계 또는 효익관계 등을 감안한 합리적인 배부기준에 의하여 관련부문에 배부한다.

제17조(원가의 제품별 계산방법) 원가의 제품별 계산은 원가요소를 제품단위에 집계하여 단위 제품의 제조원가를 산정하는 절차를 말하며, 이는 생산형태에 따라 개별원가계산방식과 종합원가계산방식 등으로 분류한다.

제18조(개별원가계산) ① 개별원가계산은 다른 종류의 제품을 개별적으로 생산하는 생산형태에 적용하며, 각 제조지시서별로 원가를 산정한다.

② 제조간접비의 제품별 배부액은 각 제조부문별 · 소공정별 또는 작업단위별로 예정배부율 또는 실제배부기준에 의하여 배부한다. 다만, 필요한 경우에는 제조부문에 배부하지 않고 직접 제품에 부과할 수 있다.

제19조(종합원가계산) ① 종합원가계산은 동일 종류 또는 다른 종류의 제품을 연속하여 반복적으로 생산하는 생산형태에 적용한다.

② 종합원가계산의 단위당원가는 발생한 모든 원가요소를 집계한 당기총제조비용에 기초재공품원가를 가산한 후 그 합계액을 완성품과 기말재공품에 안분계산함으로써 완성품총원가를 계산하고, 이를 제품단위에 배분하여 산정한다.

③ 종합원가계산에 있어서 완성품원가와 기말재공품원가는 완성품환산량에 의하여 선입선출법 · 후입선출법 또는 총평균법 등 기타 합리적인 방법을 적용하여 계산한다.

④ 기말재공품의 완성품환산량은 재료의 투입정도 또는 가공정도 등을 고려하여 직접재료비와 가공비로 구분하여 산정할 수 있다.

⑤ 종합원가계산은 생산되는 제품의 형태 및 공정에 따라 공정별원가계산, 조별원가계산, 등급별원가계산 및 연산품원가계산 등으로 분류한다.

제20조(공정별원가계산) ① 공정별원가계산은 제조공정이 2 이상의 연속되는 공정으로 구분되고 각 공정별로 당해 공정제품의 제조원가를 계산할 경우에 적용한다.

② 전공정에서 다음 공정으로 대체되는 제조원가는 전공정대체원가로 하여 다음 공정의 제조원가에 가산한다.

③ 재료가 최초 공정에 전량 투입되고 다음 공정 이후에는 단순히 가공비만이 발생하는 경우 완성품총원가는 각 공정별로 가공비를 집계하고 여기에 재료비를 가산하여 계산할 수 있다.

제21조(조별원가계산) ① 조별원가계산은 다른 종류의 제품을 조별로 연속하여 생산하는 생산형태에 적용한다.

② 조별원가계산에서는 당해기간의 제조원가를 조직접비와 조간접비로 구분하여 조직접비는 각 조에 직접부과하고, 조간접비는 일정한 배부기준에 의하여 각 조별로 배부하여 조별총제조원가를 산출한다.

제22조(등급별원가계산) ① 등급별원가계산은 동일 종류의 제품이 동일공정에서 연속적으로 생산되나 그 제품의 품질등이 다른 경우에 적용한다.

② 등급품별단위당원가는 각 등급품에 대하여 합리적인 배부기준을 정하고, 당해 기간의 완성

품총원가를 동 배부기준에 따라 안분하여 계산한다.

③ 등급품별로 직접원가를 구분하는 것이 가능할 경우 직접원가는 당해 제품에 직접부과하고 간접원가는 제2항의 배부기준에 따라 배부할 수 있다.

제23조(연산품원가계산) ① 연산품원가계산은 동일재료로 동일공정에서 생산되는 다른 종류의 제품으로서 주산물과 부산물을 명확히 구분하기 곤란한 경우에 적용한다.

② 연산품원가계산은 제22조제2항 및 제3항의 규정을 준용한다.

제24조(부산물과 작업폐물의 평가) ① 부산물은 제22조의 규정을 준용하여 평가하거나, 다음 각호의 방법에 의하여 그 가액을 산정하여 이를 발생부문의 주산물 총원가에서 안분하여 차감한다.

1. 부산물을 그대로 외부에 매각할 수 있는 경우에는 추정매각가격에서 판매비와 일반관리비 및 정상이윤을 공제한 가액
2. 부산물로서 추가가공후 매각하는 경우에는 가공제품의 추정매각가격에서 추가가공비, 판매비와 일반관리비 및 정상이윤을 공제한 가액
3. 부산물을 그대로 자가소비하는 경우에는 그 추정매입가격
4. 부산물로서 추가가공후 자가소비하는 것은 그 추정매입가격에서 추가가공비 발생액을 공제한 가액

② 부산물의 추정매각가격 또는 추정매입가격은 최근의 거래가격 또는 권위있는 물가조사기관의 물가조사표에 의한 시가를 적용한다.

③ 판매비와 일반관리비 및 정상이윤은 유사제품의 최근 평균매출원가율을 적용하여 계산한다.

④ 작업폐물은 제1항 내지 제3항의 규정을 준용하여 평가하고, 이를 발생부문의 제조원가에서 차감하거나 필요에 따라 당해 제품의 제조원가에서 차감할 수 있다.

제25조(공손비의 계산) ① 공손비는 다음 각호에 따라 계산하여 당해 제품의 제조원가에 부과하거나 원가발생부문의 간접비용으로 한다. 다만, 비정상적인 공손비는 영업외비용으로 한다.

1. 공손이 보수에 의하여 회복될 경우 공손비는 그 보수비용으로 한다.
2. 공손이 보수로서 회복되지 않고 그 전부를 다시 생산할 경우 공손비는 기발생된 공손품 제조원가에서 공손품의 평가액을 차감한 가액으로 한다.
3. 공손이 보수로서 완전 회복되지 않고 그 일부를 다시 생산할 경우 공손비는 추가적으로 발생하는 제조원가에서 공손품의 평가액을 차감한 가액으로 한다.

② 제1항제2호 및 제3호의 규정에 의한 공손품의 평가는 제24조의 규정을 준용한다.

제3장 표준원가계산제도

제26조(표준원가계산의 적용) ① 표준원가계산은 사전에 객관적이고 합리적인 방법에 의하여 산정한 원가(이하 "표준원가"라 한다)를 이용하여 제조원가를 계산하는 경우에 적용한다.

② 표준원가는 회사의 제반사정을 고려하여 현실적으로 달성가능하도록 설정한다.

제27조(표준원가의 산정) ① 표준원가는 직접재료비, 직접노무비 및 제조간접비에 대하여 산정하고, 다시 제품원가에 대하여 설정한다.

② 원가요소의 표준은 수량과 가격에 대하여 각각 설정한다.

제28조(표준직접재료비) ① 표준직접재료비는 직접재료의 종류별로 재품단위당 표준소비수량과 표준소비가격을 설정하고, 이 양자를 곱하여 산정한다.

② 표준소비수량은 과학적·통계적 조사에 의하여 제품의 생산에 필요한 각종 재료의 종류, 품질, 가공방법 등을 고려하여 정한다. 이 경우 표준소비수량에는 정상적인 공손 및 감손을 포함한다.

③ 동일한 기능을 수행하는 여러 종류의 재료가 대체적으로 사용되는 경우 표준직접재료비는 각 재료의 표준배합비율을 설정하고, 이에 각 재료의 표준소비수량과 표준소비가격을 곱하여 산정한다.

④ 표준소비가격은 과거 및 현재의 시장가격과 장래에 예측되는 가격동향이나 거래관습 등 제반 경제적 여건을 고려하여 정한다.

제29조(표준직접노무비) ① 표준직접노무비는 직접작업의 구분마다 제품단위당 표준작업시간과 표준임율을 설정하고, 이 양자를 곱하여 산정한다.

② 표준작업시간은 과학적·통계적 조사에 의하여 작업의 종류, 사용기계공구, 작업방식, 노동의 등급 등을 고려하여 정한다.

③ 표준임율은 과거 및 현재의 임율과 장래에 예측되는 변동등 제반 여건을 고려하여 정한다.

제30조(제조간접비의 표준) ① 제조간접비의 표준은 부문별 또는 작업단위별로 일정기간에 발생할 제조간접비의 예정액으로 산정한다.

② 부문별 제조간접비 표준의 산정방법은 제14조 내지 제16조의 규정을 준용한다.

제31조(표준원가의 수정) 표준원가는 생산의 조건등에 변화가 있는 경우 이를 적절히 수정한다.

제32조(원가차이의 산정) 표준원가와 실제발생원가와의 차액(이하 "원가차이"라 한다)은 원가계산기간별로 산정한다. 이 경우 실제발생원가의 산정은 제8조 내지 제16조의 규정에 의한다.

제33조(원가차이의 회계처리) ① 원가차이는 일정한 기준에 따라 회계연도의 매출원가와 기말재고자산에 배부하며, 원가차이의 배부를 보다 정확히 하기 위하여 원가요소별로 다른 배부기준을 적용할 수 있다.

② 비정상적으로 발생한 원가차이는 영업외수익 또는 영업외비용으로 한다.

③ 실제원가계산제도에 있어서 원가의 일부를 예정가격 등으로 계산할 경우 발생한 원가차이는 제1항 및 제2항의 규정을 준용하여 처리한다.

제4장 보 칙

제34조(준용규정) 이 준칙은 제조업 이외의 업종을 영위하는 회사가 원가계산을 함에 있어서도 이를 준용할 수 있다.

부 칙

제1조(시행일) 이 준칙은 1998년 4월 1일부터 시행한다.

제2조(종전준칙의 폐지 및 이에 따른 경과조치) ① 종전 증권관리위원회의 원가계산준칙(이하 "종전준칙"이라 한다)은 이 준칙 시행일부터 이를 폐지한다.

② 이 준칙 시행전에 종전준칙에 의하여 회계처리한 경우에는 이 준칙을 적용한 것으로 본다.

제3조(다른 규정과의 관계) 이 준칙 시행당시 다른 규정에서 종전준칙을 인용하고 있는 경우에 이 준칙 중 그에 해당하는 규정이 있는 경우에는 종전준칙에 갈음하여 이 준칙 또는 이 준칙의 해당규정을 인용한 것으로 본다.

부 칙

이 준칙은 1999년 12월 9일부터 시행한다.

[별지 제23호 서식](1998.12.11)

제 조 원 가 명 세 서

(단위 : 원)

과목	당기		전기	
Ⅰ. 재료비				
1. 기초재료재고액				
2. 당기재료매입액				
계				
3. 기말재료재고액				
Ⅱ. 노무비				
1. 급여				
2. 퇴직급여				
Ⅲ. 경비				
1. 전력비				
2. 가스수도비				
3. 운임				
4. 감가상각비				
5. 수선비				
6. 소모품비				
7. 세금과공과				
8. 임차료				
9. 보험료				
10. 복리후생비				
11. 여비교통비				
12. 통신비				
13. 특허권사용료				
14.				
15. 잡비				
Ⅳ. 당기총제조비용				
Ⅴ. 기초재공품원가				
Ⅵ. 합계				
Ⅶ. 기말재공품원가				
Ⅷ. 유형자산(또는타계정)대체액				
Ⅸ. 당기제품제조원가				

기재상의 주의

1. 개별원가계산제도를 채용하는 경우에는 당기총제조비용은 이를 직접재료비·직접노무비·제조간접비로 구분하여 기재할 수 있다.
2. 공정별 종합원가계산제도를 채용하는 경우에는 이에 적합한 내용으로 기재한다. 표준원가계산제도를 채용하는 경우에도 또한 같다.

찾아보기

ㄹ

ㅁ

ㅂ

ㅅ

ㅇ

ㅈ

ㅊ

ㅋ

ㅌ

ㅍ

ㅎ

저자약력

정경수(鄭炅樹)

조선대학교 경영학과 졸업
전남대학교 경영대학원 경영학석사
전남대학교 대학원 경영학석사
전남대학교 대학원 경영학박사
미국일리노이주립대학교 연구교수
여수대학교 경영학과 교수
현재 : 전남대학교 경상학부 교수

저서

재무관리 제 2 판 (도서출판 대명, 2007)
K-IFRS 회계원리 (도서출판 대명, 2010)
원가정보의 생산과 관리적 이용 (전남대학교출판부, 2010)

주요논문

기업회계의 공시제도에 관한 연구
자본구조결정에 있어서 대리인비용의 효과에 관한 연구
소유구조가 자본구조와 투자결정에 미치는 영향
부채의 만기구조에 관한 연구 등 다수

원가관리회계

Cost-Managerial Accounting

2012년 2월 20일 제1판 1쇄 인쇄
2012년 2월 25일 제1판 1쇄 발행

저 자 —— 정경수
발 행 —— 김윤수
발행처 —— 전남대학교출판부

등록 1981. 5. 21. 제53호
500-757 광주광역시 북구 용봉로 77
TEL. (062) 530-0571～3
FAX. (062) 530-0579
http://altair.chonnam.ac.kr/～cnup

값 30,000 원

ISBN 978-89-7598-998-8 (93320)

이 도서의 국립중앙도서관 출판시도서목록(CIP)은 e-CIP홈페이지(http://www.nl.go.kr/ecip)와
국가자료공동목록시스템(http://www.nl.go.kr/kolisnet)에서 이용하실 수 있습니다.
(CIP제어번호 : CIP2012000886)